古代文学と隣接諸学 3

古代王権の史実と虚構

仁藤敦史 編

竹林舎

監修のことば

『古代文学と隣接諸学』と題する本シリーズは、古代日本の文芸、言語や文字文化を対象とする文学のほか、歴史学、美術史学、宗教史学などの隣接諸分野の研究成果を広く包摂した全一〇巻の論文集である。すでに公刊されている『平安文学と隣接諸学』『中世文学と隣接諸学』などに続くシリーズとして、二〇一四年初夏、私が本シリーズの企画、編集のスーパーバイズを求められて以来、編者の委託、執筆者の依頼、内容の検討を経てここに実現するに至った。

『古代文学と隣接諸学』の各巻に共通する目標ないし特色は、古代日本の人々の様々な営みを東アジアの視点から認識する姿勢である。作品や資料を遡及的、解釈的に捉えるだけにとどめず、歴史的展開の諸要素を一々細かくフォーカスして、古代史像の総体的な復元に立ち向かうことである。特に歴史学については、古代史における王権や国家の働きをア・プリオリに認めるのでなく、個々の事実に基づいて真の成り立ちや実態を追い求め、本質を突こうと努めている。加えて、人々のイデオロギーや心性、社会と密接な芸術、生活空間、環境、交通などにも目配りしている。

このように『古代文学と隣接諸学』は、核とする文学とそれに隣り合う専門分野の第一線で活躍する大勢の中堅、気鋭による多彩で豊富な論考を集めて、今日の研究の最高峰を指し示すものである。

本シリーズには学際研究の新鮮なエッセンスが満ちている。学際研究は異分野の研究を互いに認め合って接近し、知識やヒントを得たり方法論や理論を摂取したりすることができる。既成の事実の再考察を促すこともある。さらには研究の融合、進化をも可能にする。文学では、上代、上古、中古などという独自の時代区分を考え直すことになる。文学と文芸の関係性を解く糸口が得られる。世界文学と日本文学をめぐる議論を作り出すかもしれない。歴史学でも、多様な知見に耳を傾け、または抗うことによって、細分化する傾向にある古代史研究の総合化、体系化の方向を展望できるであろう。

本シリーズが多くの読者を魅了し、諸学の成果を踏まえて未知の地平を切り拓き、今後の研究を押し広げ、深めるきっかけとなることが大いに期待される。それが新たな文学と文学史の再構築につながり、ひいては日本の人文科学の進展に寄与するならば幸いである。

二〇一七年四月

鈴木靖民

目次

Ⅱ　信仰と王権

Ⅲ　王権儀礼

Ⅳ　王権論の諸相

総　論

――王権論の射程――

仁藤　敦史

本書は「古代文学と隣接諸科学」シリーズの第三巻として「古代王権の史実と虚構」をテーマとする一冊である。

平成が終わり、二〇一九年には新しい天皇が即位することが決定した。従来の代替わりと大きく異なるのは、生前譲位により新しい天皇が即位する点である。象徴天皇制という戦後の天皇制度はすでに七十年以上が経過している。にもかかわらずその内実は漠然としており、論者により異なる内実を与えてきた。二〇一六年八月八日の「象徴としてのお務めについての天皇陛下のおことば」にはじまる今回の動きは、日本国憲法に規定された象徴天皇制の内実が必ずしも十分には定まっていなかったことを国民に強く印象づけた。

とりわけ憲法で定められた「国事行為」以外に天皇は何を為すことができるのか、あるいはできないのかについての明確な合意さえない。そもそもが、天皇による譲位の意思表示も認められてはいない。古代以来の即位儀礼である大嘗祭も神道的な宗教的儀式であるため公的な儀礼なのかについて疑義が存在する。すでに論じたことがあるように、戦後七十年が経過したにもかかわらず、万世一系、男系男子、終身在位や元首的立場にこだわってきた近代天皇制と、生前譲位、太上天皇さらには女帝も許容した古代以来の天皇制度との軋轢がこれにより露わになってしまった（拙稿「古代王権論の成果と課題――女帝・譲位・太上天皇の成立――」『歴史評論』八一四、二〇一八年）。

一方で、女帝や側室制度、譲位と太上天皇制は、前近代の天皇制度としては、それなりに機能していた。伝統として何を残すのかは必ずしも自明なことではない。近代君主制の導入により、大きく前近代の伝統的天皇制を変えてしまったことが、その遠因にある。軍隊の統帥権を象徴する大元帥天皇の役割は女帝にふさわしくないとされ、欧米のキリスト教的家族婚姻形態との齟齬により、側室制度も戦後にあっさり廃止された。また、世界史的に類のない、前君主の地位を制度的に認めた二重王権としての譲位制および太上天皇制も、天皇の絶対的権威を弱めるものとして採用されなかった。元号も譲位がおこなわれれば、一世一元とはならなくなる。伝統的な制度といわれながら、天皇の皇位継承システムは明らかに前近代と近代では大きく変化したのである。「国民の総意」に基づき「伝統的」な天皇制度の未来は真剣に考えられなければならない。

歴史学における古代王権論は、従来の天皇制研究が『記紀』の記述の構想に基本的に従って、極めて特殊な君主制であることを強調していたのに対して、『記紀』に対する厳密な史料批判を前提に、文化人類学などの影響を受けて、世界の王制に共通する要素を強調する点が特徴である。

また君主に求められる要件は、社会や国家のあり方により変化し、年齢・性差・資質・血統などの要素のうち、どの要素を強調するかによって歴史的に求められる君主像は変化してきた。王権論はこうした時代とともに変化する要素にも着目する。譲位をめぐる現代の問題も天皇制の変容という点で例外ではない。

時代的変化を概観するならば、軍事・外交的な資質が要求された五世紀には、倭の五王のような広い範囲の王系から選択された成人男性が求められたが、カリスマ的な血統が確立する六世紀には、候補者の範囲が狭くなることにより、性差よりも四十歳以上を適齢期とする年齢的要素が優先されて元キサキの即位が可能となった。さらに、譲位と太上天皇制や皇太子制が八世紀以降に成立すると、天皇即位年齢の若年化が進み、九世紀には摂関の補佐により幼帝の即位も可能となったと考えられる。

従来、政争史や政治史において、皇位継承の問題にのみ収斂して王権が議論されることが多かったのではないか。その場合にも、王権制度の充実度に規定されるという見方は弱く、また均質な皇権が誰により行使されたかという議論の立て方が一般的で、静的な権力分析が多かったように思われる。空位時や称制のような非常時のあり方は、通常と異なる権力的な問題が生じるのであり、王による正常な統治とは異なるあり方が出現するとの認識はあまりなかったのではないか。こうした点の分析も、近年強調されるようになったといえる。王権ということば自体は、多く使用されるようになったが、上述の天皇制との違いを意識した議論は、それほど多くない。王権の定義としては、あくまで「王を王たらしめている構造・制度」を中核として議論すべきで、四・五世紀の倭王段階に由来する大王・天皇が本来有する権力と権威を前提に考えるべきであろう。摂政・関白などの王権代行者の役割についても、時間的限定と権力の質を問うことが求められる。

「古代王権」を表題とし、当該テーマに特化して、約二十名の方々が執筆する論集は、これまでになかったと自負している。先行する類書としては、古代学協会が中心となった初期王権研究委員会編『古代王権の誕生』全四巻（角川書店、二〇〇三年）が、世界における初期王権の形成過程を網羅している。また、岩波書店からは『岩波講座　天皇と王権を考える』全十巻（岩波書店、二〇〇二・三年）がすでに刊行されている。「日本国」と天皇の一三〇〇余年の歴史を、列島社会の長い歩みの中に位置づけて相対化し、徹底的な総括の対象として、自らの位相と立場を正確に認識することを課題にしている点は、本書と問題意識を共通にする。しかしながら、地域と時代を広く扱うという構成であり、日本古代に特化したものではなかった。すでにこれらシリーズからは、十五年以上が経過しており、王権研究の深化はこの間に著しいものがあり、これらを概観する一書を世に問うことはそれなりの意味があると考えた。

本書の問題意識および編集意図を簡単に述べるならば、編者としては、各テーマで先鋭的な論文をご執筆いただいたことは当然であるが、各論文の指向性の統一は重要であり、前提として講座論文のように、最低限の研究史整理や通説的見解のまとめにより、研究状況がつかめる工夫をお願いした。その上で、各人の個性的な見解を自由に展開していただくスタイルをお願いした。

さらにもう一つ留意した点としては、古代文献史の方法論だけでなく、国文学・考古学など他の隣接諸学を意識した内容に挑戦していただきたいとの要望である。また、王権論は比較史的検討により世界史的に普遍的要素を追求することを特徴としていることから、少なくとも東アジア的な視野での考察や、現代の君主制にも通じる要素など、時間と空間の広がりを意識した論点の提示もお願いした。

こうした問題意識から本書は、まず時系列における王権の質の変化を追求する第一部、さらに古代の天皇が祭祀と深い関係を有することから、神祇や仏教などと王権の関係を考察する第二部、そして王権を正当化かつ荘厳化するための装置としての諸儀礼を概観する第三部、最後に王権との関係で検討すべき都市、外交、史書編纂、夷狄などの諸問題を考察する第四部という構成により、「古代王権の史実と虚構」の実相に迫る。

第一部「古代王権の諸段階」には、五世紀から摂関期に至る時系列による変化に従って六本の論考を収めた。

古市晃「五世紀の王権――王宮・王族・地域社会――」は、文献史学の手法で五世紀の王権の諸問題を検討する場合、記紀や風土記などの編纂史料の解釈に改めてどう向き合うかという新たな史料批判の方法を構築することを課題とする。五世紀における王名と王宮の分析から不安定な王族の存在形態と奉仕集団の存在を想定し、一方で『播磨国風土記』の分析から、地域社会における地域的神格や信仰圏の存在を指摘する。この新たな史料批判の方法は、どのように再検証可能かが問われるのではないか。

佐藤長門「六世紀の王権――専制王権の確立と合議制――」は、当該期の倭王権について、世襲王権の成立と合議機関の創設に焦点をあて、権力構造の変質を分析する。独裁的ではあるが不安定な雄略の五世紀的構造から転換して、世襲化による王統の安定と、政策決定の恣意性を排除した合議制による、より高次な専制王権の確立を指向したと論じる。国造制・ミヤケ制・部民制が展開したのもこの時期で、王権による地域秩序への介入が本格化し、有力な豪族や王族に拡大したトモ―べ的な管理を任せる分節的支配が群臣会議の前提として展開する。

仁藤敦史「七世紀の王権――女帝即位と東アジア情勢――」は、推古・皇極（斉明）・持統という三人の女帝をとりあげ、女帝の成立と対外関係の問題を主軸に七世紀の王権を概観する。政治的な葬儀としての「モガリの主宰」が成立期の女帝即位において重要な意味を有したこと、隋との外交において礼的秩序の整備が必要であったこと、皇極は外交路線の対立から、退位を強制されたが、唐に独自の天下観の承認を働きかけたこと、持統が親新羅的外交路線の転換を視野に入れつつ大津皇子を排除することができた前提には、日嗣を定める政治的なモガリ期間において特殊な政治的立場が認められていたこと、などを指摘した。

関根淳「女帝と政争の奈良王権」は、当該期の王権について、女帝・太上天皇・皇太子・皇后の近年における研究史を詳細に分析したうえで、多極構造として位置づけ、天皇権力の「代行・補佐」という側面と、安定した王権の再生産という二つの要素に分類する。そのうえで、次第に前者の役割が縮小し、後者の「継承」という側面に特化していくと総括する。幼帝と摂政・関白の出現はこうした新たな局面を象徴すると論じる。

ただし、天皇空位時の「代行」は、安定的な皇位継承とともに多極構造を必要とした要因であり、その限りでは必ずしもその役割は失われていない。また、皇位継承に限った女帝の「中継ぎ」論は、対概念としての嫡系男子の即位確立が前提であるが、理念としては存在しても、女性皇太子を容認しているように血統や年齢が、まだ性差よりも重視される未熟な段階であったと評価される。

仁藤智子「平安初期の王権――女帝・皇后不在の時代へ――」は、九世紀の王権の特質として女帝の終焉、王統の収斂と幼帝の出現、三后制と皇后の不在、摂政・関白の創出を指摘したうえで、皇太子・キサキの居住形態などから王権の特質を考察する。幼帝の出現により、王族皇后が途絶える状況において臣下皇太后（生母）の内裏内同居が発生したことを重視し、これが摂政の成立をもたらしたとする。

神谷正昌「摂関期の皇統と王権」は、光孝天皇即位以降の皇位継承と摂政・関白の関係から摂関期の王権を考える。光孝・宇多天皇は不安定な皇位・皇統に対処するため、自らの系統を正統化することに努力した。摂政・関白へ就任する条件は、初期において外戚は必ずしも必要ではなく、藤原氏の氏の長者で廟堂の首班であることが原則であったとする。強力な後見を持たない天皇は、退位や譲位を迫られた。強力な後見を天皇が必要としたため、政務経験が豊富な特別な臣下として藤原氏を優遇したもので、天皇を凌駕する専権を振るったわけではないと評価する。

第二部「信仰と王権」には、神祇・伊勢斎王・仏教など三本の論考を収めた。

佐々田悠「神祇と王権」は、神祇と王権の関係を多角的に考察する。記紀と系譜には伴造氏族が重視され、臣系氏族は誄により表現されたこと、祭祀と神話は直接はつながらず、税の貢納を正統化するイデオロギーとして語られたこと、祭祀は九世紀中葉以降は王権と国司に関係するものに収斂されていくことなどが論じられる。

榎村寛之「伊勢と斎王」は、斎王と伊勢神宮の「意義」について多角的に考える。伊勢神宮は、内宮・外宮の歴史性を捨象した「神宮」として天武・持統期に整備される。天を支配する天照大神の子孫からの直系血統に基づく委託というイデオロギーは「祖先祭祀による家の維持」という儒教的王権意識と連関すると論じる。そして、斎王の国家機関としての本格的制度化は聖武朝に始まり、桓武朝の『儀式帳』以降に、遷宮制度と年中行事化がなされ、斎王は特定の天皇権威の代行者として位置づけられていくと述べる。

中林隆之「古代王権と仏教」は、六世紀半ばから十世紀初めごろまでの王権と仏教の関係について論じる。具体的には、東アジアにおける仏教受容過程、律令制下の地方寺院の拡大、僧尼の身分編成と一切経の書写事業、国家的法会と学僧教学集団の整備、天皇と仏教の関係などについて概観する。

第三部「王権儀礼」は、王権の儀礼として特徴的な即位儀礼・殯儀礼・祥瑞災異・年中行事・服忌など五本の論考を収めた。

藤森健太郎「即位儀礼と王権」は、「践祚」と「即位儀」という二つの儀礼の時代的変遷に注目し、王権の伝統の根強さと時代に適合させる変質の様相を説く。従来、大嘗祭が即位儀礼として注目されてきたが、君主就任を確定する儀礼ではないことを強調する。「践祚」は亡き先帝からの宝器の相承を中心とする。一方、「即位儀」は、新帝が高御座（壇場）で群臣に対して、即位詔を発する儀礼である。太上天皇と譲位の制度はすでに八世紀に存在するが、それに対応した先帝譲位と先帝没後の区別が儀式的に定例化するのは桓武朝の前後であると主張する。

堀裕「天武天皇殯儀礼の構造的研究」は、天武天皇の殯儀礼についての構造的分析。長期にわたる殯儀礼を四期に区分し、天皇の死を迎えた直後の王に対する慰撫から、過去の王として天皇の系譜に位置づけられていく様子を時間的・空間的に明らかにする。これに加えるならば、譲位制確立以前における王位継承が、「葬礼畢りぬ。嗣位未だ定まらず」（舒明即位前紀）とあるように、原則として殯儀礼の終了までに決定していたとすれば、新たな王への連続の要素も考慮すべきではなかろうか。

水口幹記「祥瑞災異と改元」は、古代前半期の年号と改元について、その特徴や意義について論じる。我が国では七世紀中葉の大化から断続的に年号が制定されたが、八世紀の大宝以降、継続的に年号が設定されるようになる。当初は、代替わりの「代始」と祥瑞を理由としていたが、醍醐天皇の延喜に至り辛酉革命という「革年」が理由としてあらわれ、以後は祥瑞が消え、災異が増えると論じる。そして白雉の献上はレガリヤとしての完全な即位を目指したものとし、養老は皇権の安定が目指されたと述べる。

大日方克己「不堪佃田奏にみる政務・儀式・年中行事」は、不堪佃田奏をとりあげて、その実質的意味から儀式化、年中行事化、さらには王権の支配理念とその虚実について考察する。当初は租の収取と天皇による免除裁許という実際の手続きとしての意味と機能をもって成立した不堪佃田奏は、理念上の天皇による国土支配を象徴する儀式だったため存続したとする。

井上正望「王権と服忌」は、従来諸説あった天皇服喪の時期について、本来は喪服でなかった錫紵の導入を手かがりに考察する。実例の検討により、奈良時代の大宝令・養老令段階に天皇の服喪は全く想定されていなかったこと、やがて桓武崩御時以降、唐風化を意識した対応が開始され、平城太上天皇の崩御時から父母を意識した天皇服喪が開始されたとする。その後、清和天皇は祖母順子に対して錫紵を喪服として使用して以後、喪服として規定されるが、これは貞観格式編纂に連動した措置であったと論じる。

第四部「王権論の諸相」は、王権とかかわりが深いテーマについて、都市・正史・対外関係・蝦夷隼人・氏族について五本の論考を収めた。

久米舞子「長岡は「荒都」か?――都市と王権――」は、これまでの都市論を総括したうえで、平安遷都後の旧都長岡に注目し、平安京の郊外として廃都後も機能しつづけ、「都市的な場」として継続したことを主張する。ただし、旧都長岡の「都市的な場」「都市性」とは、単独では機能せず、あくまで「平安京の郊外」としての条件がまずは重要で、さらに長岡の地がすでに藤原京や平城京以前の「荒都」とは同一に扱えない、「水陸の便」を考慮した経済都市化した都城であったということを、前提とする必要があるのではないか。

伊集院葉子「比売朝臣・姫帝・姫太上天皇――女帝と女官に付された「ヒメ」をめぐって――」は、ジェンダー記号としての「ヒメ」に注目する。その画期は、男女別の出仕法を規定した天武朝であったと推測する。大宝令や『日本書紀』編纂過程において女帝や女官に対して性別を意味する記号として特別な意味を付与されたが、平安時代には女性一般への尊称となったと述べる。興味深く、重要な論点であるがゆえに、結論を急がず、個々の史料の年代決定や「ヒメマエツキミ」「ヒメトネ」などの議論を含めた訓みの確定がもう少し必要にも思う。

久禮旦雄「日本古代の正史編纂と王権」は、正史（国史）編纂の性格と意義についてまとめたうえで、「正史」に取りいれられなかったものとの比較により、その違いを論じてその本質に迫る。結論として、皇室と氏族の系譜関係が重要で、本筋から大きく逸脱しなければある程度のバリエーションが許容されたが、平安中期以降は変質し、その役割を終えたとする。

平野卓治「対外交流と王権」は、対外交流は当該期の王権のあり方を規定するとの立場から、六世紀後半にはじまる高句麗との交流過程、および外国使の迎接方式の様相を検討する。高句麗との交流開始によりその認識や評価が形成され、唐・新羅と結ぶ路線をとらず、高句麗・百済との連携路線を選択させたとする。また七世紀の王権は独自の世界観を前提に大王は外国使と会見しないなど、中国的な「賓礼」とは異なる外国使の迎接方式を整備したと述べる。

熊谷公男「蝦夷・隼人と王権――隼人の奉仕形態を中心にして――」は、隼人を中心に王権との関係を蝦夷と対比的に検討する。反乱伝承や城柵の設置、移住、朝貢などの点で両者は共通するが、相違点も大きいと論じる。すなわち、蝦夷の朝貢が、朝賀への参列による王権への服属の確認を目的にしたのに対して、隼人の朝貢は、王権守護の奉仕のために在京勤務をすることを目的とした点が異なるとする。これは六世紀以来の王宮警備の伝統によると推測する。

長谷部将司「氏族と王権――高橋氏による「高橋氏文」作成をめぐって――」は、氏文を素材として王権と氏族の関係を考察する。とりわけ氏族の側の主張だけでなく、王権側が氏族の主張を取り入れた側面に注目する。氏は王権に依存せざるを得ない非自立的な存在であったことから、絶えずその「奉事根源」を王権側に承認してもらう必要があった。天武期の「八色之姓」以降は、旧来の「天降之績」（記紀神話的な奉事根源）だけでなく、新たな「当年之労」（壬申年功などの近代の功績）をも加味する原理的転換がなされた。高橋氏による「高橋氏文」作成は、王権による取り込みを期待したもので、「当年之労」の獲得を目指したものであったとする。

以上で、本書に収められた各論考の紹介を終える。本書が、古代王権論の議論の活性化に、いささかなりとも刺激となることを祈念しつつ、拙い文章を閉じることとしたい。

I 古代王権の諸段階

五世紀の王権
——王宮・王族・地域社会——

古市　晃

はじめに

文献史学の手法で五世紀の王権の諸問題を検討する際の基本的な問題点は、信頼できる文献史料が不足していることである。かつてさかんに用いられた『古事記』『日本書紀』（以下、記紀。個別には『記』、『紀』）をはじめ、諸国の風土記などの編纂史料は、史料批判の進展により、五世紀の歴史的実態を検討する史料としては根本的な疑問が呈されるに至っている。一方で、同時代の外国史料や金石文は限られており、新たな論点を提起するのは難しい。木簡や墨書土器といった出土文字史料の多くは七世紀以降のものである。六世紀以前の研究は、前提となるべき史料にそもそも恵まれていないといえる。いきおい、議論は史料解釈の評価に関わる問題点が中心とならざるを得ず、王権論としての本格的な進展に到達するのが困難という状況にある。

こうした研究状況を乗り越えるための史料批判の方法を構築することが、目下の主要な課題である。それは記紀や風土記などの編纂史料の解釈に改めてどう向き合うかという問題と密接に結びついている。それによって、文献史料による五世紀の王権論が成り立ち得るのかどうかが問われなくてはならない。ここではまず、五世紀の王権についての従来の研究史を概観しつつ、具体的事例に即してこれらの課題を検討したい。具体的事例とは、王宮及び中央支配者集団の存在形態をめぐる問題であり、かつ王権と地域社会の関係、およびこれらが五世紀を通じてどのような展開を遂げるかという問題である。

一　問題の所在

八世紀前半に完成した記紀が、律令制下の天皇統治の正統性を示すための造作の所産であるという認識は、近代歴史学においては二〇世紀前半の津田左右吉の一連の業績[注1]により明らかにされ、一九六〇年代以降、大化改新否定論[注2]と総称される史料批判の蓄積により広く共有されるに至った。一九七〇年代以降、直木孝次郎[注3]や塚口義信[注4]らの研究もあるが、記紀を用いた研究は全体としては減少する。代わって、中国の史書を中心とする外国史料を用いた坂元義種[注5]、鈴木靖民[注6]らの研究、出土文字史料としての刀剣銘文を用いた川口勝康[注7]らの研究が大きな成果を挙げるようになる。

坂元は宋から倭の使節に賜与された官爵の分析から、倭国内の王族と豪族の地位に実質的な差異がなかったことを明らかにした。鈴木は、倭国が中国の府官制を導入して列島社会の統合を試みていたことを指摘している。埼玉県稲荷山古墳出土の鉄剣銘や、熊本県江田船山古墳出土の鉄刀銘によって、五世紀後半、倭王武の時代に、倭王権が関東地方から九州地方に至る地域勢力を統合していたこと、その際に彼らを某人と称する役職名で編成する、人制が導入されていたことなどが明らかにされてきた。

このような、後世の造作の考慮を要さない史料による事実の指摘が、倭王権の性格解明に果たした意義は大きい。しかし一方で、こうした断片的な史料から列島支配の内実を解明することには自ずから一定の限界がある。たとえば倭王権が府官制を導入していたことは事実として認められるとしても、それによって地域諸勢力による統合の成熟度を測ることは難しい。人制については、近年、五世紀段階を人制またはプレ部民制の段階として位置づける傾向もあるが、人制が六世紀以降の部民制のような包括的な支配体制であったとは考え難く、渡来集団を中心に王宮に奉仕する集団を編成するにとどまったと理解した方が実態に即しているであろう。制度の語が一人歩きしている印象を否定できないのである。五世紀の列島社会の主要な部分が倭王によって代表されていたことは確実であるが、一方でそれは六世紀以降の機構的支配で支えられるような固定的な関係ではなく、流動的で不安定な状況にあったと考える。この点については、すでに大平聡[注8]や佐藤長門[注9]の研究によって指摘されるところであるが、指摘のままにとどまっており、六世紀の世襲王権の成立に至る過程が明らかにされていない点は問題が残る。

五世紀の支配・従属関係の実態、及び六世紀への展開を理解するためには、称号や人制のような支配機構の端緒形態によってではなく、王権と地域社会の関係を実態的に解明し得る方法論を見出すことが必要となる。この点で、狩野久によって一九七〇年に提起された名代・子代論[注10]は、現在においても継承すべき論点を有していると思われる。狩野の研究によって、名代・子代とは、王宮の名を負うことによってその宮及び宮を拠点とする王族に対する奉仕集団であることが明らかにされ、かつそれが部民制の本質であることが指摘された。狩野はこうした名代・子代が五世紀に遡って存在することを説いたが、後に鎌田元一は、部の確実な呼称が六世紀に降ることを指摘した。[注11]また山尾幸久や仁藤敦史は、名代・子代の成立は欽明朝で、それ以前とされるものは仁徳・武烈系の王統から欽明系王統への転換を正当化するための造作の所産とする。[注12]しかしそうした造作の埒外にあると思われる王宮への奉仕集団を検出することが可能である。允恭の王宮は『紀』には記載がなく、『記』には遠飛鳥宮とされる。しかし允恭の名号は雄朝津間稚子宿禰であり、飛鳥とは対応しない。実はアサヅマは大和国葛上郡の朝妻にあたる地名であり、允恭の王宮は朝妻に所在した可能性が高い。古代には朝妻の地名は列島の諸地域にみえ、それは往々にして穴穂など、允恭系王族の名号にちなむ地名に隣接する。[注13]部と表記されない朝妻地名のこうした分布状況は、允恭の朝妻の王宮に対する奉仕集団が五世紀に実在したことを強く推定させる。

また記紀には垂仁所生の五十瓊敷皇子が和泉に所在する河上宮に居したことがみえ、それに対応する河上部の存在を記す。五十瓊敷皇子が実在したとは思われないことから、河上部の実在性も疑わしいように思われるが、『記』允恭段では、允恭后、忍坂大中姫の「弟」、田井中比売の名代として河部を定めたことがみえる。河と河上は共に河上宮に奉仕する集団であり、川人など、人制に遡る集団の存在は河上宮が允恭朝段階で実在した可能性を示唆する。[注14]六世紀段階での名代・子代の造作を想定する必要のない王宮への奉仕集団が存在したことは、こうした事例からみて確実であろう。記紀の編纂過程でこうした造作が行われる必然性はなく、名代・子代の淵源は五世紀代に実在したと考える。制度による支配・従属関係が固定化されていない五世紀の王権を検討する場合、王宮によって結節される支配・従属関係の検討から出発する必要があるのである。

研究史に基づいてもう一点、確認しておきたいのは、王権を構成する王族と有力豪族の存在形態を論じた河内王権論（河内政権、河内王朝とも）をめぐってである。直木孝次郎[注15]らによって提唱された河内王権論は、大和と河内という、本拠を異にする二つの王権の対立と抗争によって五世紀の政局を構想するものであったが、大和と河内に分かれるとされた倭王の間に大きな相違がなく、有力氏族の拠点も基本的に相違はないとの有力な批判が相次ぎ、現在、この説を採る研究者は少ない。この点は同意できるが、しかし王権の存在形態を固定的に捉えず、専制王権の成立を歴史的所産として考えようとしたその出発点には、その前提となった王朝交替説共々、学ぶべき部分も多い。五世紀の王権を充分な史料批判のないままに専制的と理解することと、記紀の天皇系譜をそのままに理解することの間に大きな差異はない。倭王と王族をいかに実態に即して捉えるか、その方法論は不断に錬磨される必要がある。

二　王宮の機能

前節の検討に基づき、文献史学による五世紀の王権論の基軸となるものとして、王宮の存在形態を取り上げたい。王制が採用される政治的統一体においては、王宮の構造、またそこで挙行される種々の政治的統合儀礼の解明が王権の性格解明の中心的な課題となる。洋の東西を問わず、また時代を問わず王宮研究が歴史学上の重要な課題となってきたのは、そのためであった。[注16]

六世紀以前の日本の場合、王宮における統合儀礼を検討することは、史料が残っていないため、不可能である。また王宮自体の存在形態についても、史料的制約が大きい。記紀は歴代天皇の宮号を記し、それが天皇ごとに異なることから、代替わりにともなって王宮の所在地もまた遷移したという歴代遷宮論があるが、記紀の宮号が最終的に確定したのは七世紀末という指摘を踏まえれば、それに基づく立論にはしたがうことができない。七世紀、飛鳥時代の事例であるが、舒明から天武に至る飛鳥の王宮は、宮号は天皇ごとに異なるものの、基本的には同一の場所に営まれた王宮を指すという指摘[注17]には説得力がある。考古学による発掘調査で明らかにされている最古の王宮は、確実な事例としては七世紀前半の舒明の飛鳥岡本宮であり、それ以前の事例としては、大和の城上郡、長谷の入り口に位置する脇本遺跡（奈良県桜井市）が雄略の長谷の王宮と推定されているにすぎない。

こうした状況にあって重要な手がかりとなるのが、先にもみた、狩野久の論じた部民制論である。狩野の指摘により、王名と王宮名の間に密接な関係が存在することが明らかになったことは、五世紀の王宮を考える際の出発点として重要な意味を持つ。王名と宮号の関係が記紀の操作によるものではない以上、王名によって王宮を検討することは、記紀の恣意性から相対的には自由であることを意味するからである。

五世紀および六世紀に存在したとされる王族は、記紀をはじめとする諸史料に、実在しなかった可能性の高い人物を含めて、およそ二百名程度がみえる。[注18]王名には幼名や兄弟間の出生順を表すもの、通称、尊称などがみえるほか、地名にちなむものがある。なお大海人皇子のように、資養にあたった氏族にちなむ名を持つ王族名は七世紀以前には少なく、一般的とはいえない。その中で、王宮名の可能性が高い地名を冠した王族は、およそ六〇例に上る。概数にして三割の確率で、王宮名を冠する王族が存在することになる。実在しなかった王族や、王宮を継承することができなかった王族の存在を考慮に入れるならば、五・六世紀の王族が王宮名を冠する確率はかなり高いといえる。狩野が明らかにしたように、王宮には王族に奉仕する集団のほか、その維持に必要な諸物資が集積されたことも確実である。五世紀には、王宮名を冠する王族は実際にその地に住み、服属集団の奉仕と物資の貢納を受ける存在であったと考えられる。王宮にちなむ名号の中には、その後、世代を異にする王族に継承されるものも存在する。このことは、主要な王宮に蓄積された諸権益が、世代を超えて継承されたことを示している。王名から明らかになる五世紀代の王宮の存在形態は、以下の二点である。第一は、王宮は長谷や磐余、石上、また飛鳥の橘といった奈良盆地南部に集中しつつ、佐保や矢田などの奈良盆地北部、宇治などの京都盆地南部、また日下や丹比などの広義の大阪湾岸など、大和・山背、摂津・和泉を含む広義の河内に分散する傾向を持つことである。長谷や矢田などの王名は、王宮、王族に対する奉仕集団としての名代として従来から認められてきたものであるが、摂津の住吉や和泉の茅渟など、かならずしも直接には名代に関わらない王宮、王族名によって分布が推定できるものも含まれる。さらに、これらの王宮名にちなむ王族名の継承の様態に注目するならば、五世紀の段階で王名としてくり返し用いられるのは、奈良盆地南部の王宮名に限定される。五世紀の王宮はたんに散在的に展開しているのではなく、奈良盆地南部の中枢部王宮群と、それ以外の周縁的王宮群に大別できる。

第二は、一方で、倭王を含む有力な王族の王宮は一部広義の河内に置かれるものの、基本的には一貫して奈良盆地南部にあり、長谷、磐余、石上に固定化する傾向を持つことである。長谷、磐余、石上には、それぞれに長谷部、石寸（磐余）部、石上部などの奉仕集団がある。これらの王宮を拠点とした倭王[注19]はいずれも各自の名号にちなむ奉仕集団を有しているので、長谷部、磐余部、石上部は、これらの王宮固有の奉仕集団であった可能性が高い。これらの王宮の地は短期間で放棄されたのではなく、長期間にわたって利用されていたことも合わせ考えるならば、倭王宮として用いられる王宮はある程度固定化していたとみるべきである。

中枢部王宮群の固定化と周縁部王宮群の広域的展開という、一見矛盾する双方の特徴を統一的に把握することが、五世紀の王権の特質を把握する上で最も基本的な課題となる。注目すべきは、個々の王宮の立地である。

中枢部王宮群の場合、長谷、磐余、石上をはじめ、いずれも平坦地ではなく、狭小な丘陵部や谷部に位置する。このことは、王宮の占地にあたっては視覚的効果よりも軍事的機能が優先されたことを示している。石上の場合、大量の武器が蓄積されていたこと（『日本後紀』延暦二四年〔八〇五〕二月庚戌条）、履中即位の際の住吉仲王の乱で、履中が難波から石上に逃れたと伝承されること（『紀』履中即位前紀仁徳八七年正月条）などからも、その軍事的性格が裏づけられる。周縁部王宮群の場合、中枢部王宮群ほどには正確に位置を推測できないものが多いが、ほぼすべてにおいて記紀の王族の叛逆伝承が生じた地と対応していることが注目される。茅渟の王宮はその唯一の例外であるが、茅渟は対外関係に大きな力を持ち、王権への叛乱伝承（根使主の叛乱）をも有する紀伊集団を掣肘し得る地である。周縁部王宮群についても、軍事的性格を重視すべきである。

王宮の存在形態についての以上の検討を踏まえるならば、五世紀の王権はその拠点を継続して維持し得る程度の安定性は有していたものの、儀礼空間として充分な立地と規模を有するには至っていなかったと評し得る。この理解に立てば、王権の拠点の周縁に広範に展開する王宮群の軍事的性格についても過大な評価は不可能であり、むしろ王権の存立基盤の不安定性の反映と捉えるのが妥当であるように思われる。このことは、六世紀に入って設置されたと考えられる王宮との対応で、いっそう明らかになる。五世紀の段階では、筒木（筒城）、宇治（菟道）を除き、淀川水系には安定的な王宮は存在しなかった。一方、継体即位以降、乙訓、樟葉、茨田など、淀川中・下流域への王宮が相次いで設置され、安閑・宣化朝では淀川に近接する大阪湾岸、猪名に王宮が設置されるようになる。五世紀の王権は、淀川水系にはいまだ安定的に王宮を造営するだけの力量に欠けていたと考えることができる。王宮の存在形態からは、五世紀の倭王権が専制的支配体制を構築していたとは考えがたい。

三　中央支配者集団の存在形態

倭王権が倭王と奈良、大阪などの近畿地方主要部の有力集団を中心に構成されていたことは、現在、大方の承認を得られているところであろう。『宋書』を中心とする中国史書には、五世紀の二〇年代から七〇年代を通じて五人の倭王が存在したこと、倭王と共にその臣下に対しても郡軍号が仮授されていることが記されている。これによって、鈴木靖民は倭王が中国の府官制を導入し、自らを含む支配者集団が開府することで列島社会を統治したと指摘する。一方、埼玉県稲荷山古墳出土の鉄剣銘文を中心とする日本列島出土の刀剣銘文の分析によって、五世紀には倭王による支配が少なくとも関東地方から九州地方にまで及んでいたこと、倭王宮に列島著地域の有力者が参集し、奉仕する体制が成立していたことが指摘されている。

考古学的研究では、吉備などを除けば近畿地方主要部の墳丘規模や、副葬された武具類の質量が他地域を圧倒していることや、鉄製品や須恵器などの手工業生産が奈良、大阪に集中する体制が取られることなどから、五世紀の倭王権の専制化が指摘される。[注20]しかし一方で、都出比呂志は王権中枢内での権力の移動と、墳丘型式の共通性などからその勢力との密接な関係が推定される地域勢力の消長が一致することから、この段階の王権の不安定性を指摘している。[注21]南朝の皇帝から倭王とその臣下に授けられた軍郡号の格を比較した坂元義種は、そこに実質的な差異がないことを指摘している。これらの指摘を総合的に捉えるならば、倭王と王族、及び有力豪族は、この段階では統一的な王権を構成してはいるが、その内実は流動的と捉える方が実態に即していることになる。

さらに、倭王の地位そのものを検討する際の前提となるのが、藤間生大によって指摘された、[注22]複数の王統の存在である。いわゆる倭の五王について、『宋書』は讃と珍の二人を兄弟とし、済と興を父子、興・武を兄弟とするが、珍と済の間に血縁関係を記さない。『宋書』に後出する『梁書』は珍と済を親子とするが、藤間は『宋書』を採り、この段階の王統が血縁関係のみで継承されるようなものではなく、複数の王統が存在したことを指摘した。藤間説に対しては批判もあるが、基本的には妥当である。倭王と共に問題となるのが王族の存在であり、『宋書』にみえる倭姓の人物と百済の王族の記載との間に差があることから、倭国における王族の存在に懐疑的な見方もある。しかし百済と倭で王族のあり方が異なるのは当然であり、それによって王族の存在を否定することは困難であろう。ここでは、五世紀の倭国には王族と共に倭王が存在し、それが他の有力豪族と共に倭国の中央支配者集団、つまり倭王権を構成していたこと、倭王の継承原理はかならずしも血縁によらず、複数の王統が存在したことを確認しておきたい。

その王権の内実を検討する上で不可欠となるのが、記紀をはじめとする編纂史料の分析である。従来、記紀などの編纂史料が律令制下の天皇制の支配イデオロギーの産物であることから、その利用には消極的な論者が多かった。しかしそれらが真に後世の造作のみによって構成され、利用に堪えないものであるかどうかは、分析の上ではじめて論じ得ることである。

こうした立場からまず注目されるのが、前節で検討した周縁部王宮群に関連して、その所在地と王族の叛逆伝承の舞台が共通するという事実である。奈良盆地北部の佐保（春日）には垂仁朝の狭穂彦王・狭穂姫の叛乱伝承があり（『紀』垂仁四年九月戊申条、同五年一〇月己卯朔条、『記』中、垂仁段）、京都盆地南部、宇治では、応神所生の菟道稚郎子が同じ応神所生の大山守王を討伐する伝承がみえ（『紀』仁徳即位前紀応神四一年二月条、『記』中、応神段）。仲哀所生とされる忍熊王が叛乱を起こした際、宇治で討伐されたとされる（『紀』神功摂政元年三月庚子条、『記』中、仲哀段）。河内の王宮群についても、住吉は履中殺害を企てた住吉仲王の伝承がある他（『紀』履中即位前紀仁徳八七年正月条、『記』下、履中段）、忍熊王の軍の待機地とされ（『紀』神功摂政元年二月条）、履中による召喚を拒否したとされる鷲住王が居したのも住吉であった（『紀』履中六年二月癸丑朔条）。

これらの伝承は歴史的事実を直接反映したものではない。しかし周縁部王宮群の存在は王名の検討によって明らかとなったことであり、記紀の造作の埒外にある。五世紀段階の王族はかならずしも倭王の下に一元的に統合されるような存在ではなかった。倭王を輩出する中枢的な王族の他に、系譜と拠点を異にする周縁的な王族が広範に存在したことが推定できる。周縁部王宮群はそうした王族を掣肘するために作られた中枢的な王族の拠点であろう。

周縁的な王族の性格を明らかにする際に注目されるのが、周縁部王宮群が所在地する大坂湾岸、京都盆地南部に海人集団に関わる氏族や式内社が濃密に分布し、叛逆承自体にも阿曇氏をはじめとする海人集団に関わる要素が多く含まれることが一致する点である。[注23] 大阪湾岸自体、阿曇氏の拠点であるが（難波地域にその名を冠する阿曇江が存在し、住吉地域には阿曇氏の祖神が祭られる）、住吉仲王の叛乱には阿曇氏の他に淡路の野島の海人、またいわゆる神武東征の際に海路を先導したという伝承を有する倭直の荷担したことが記される。京都盆地南部にも阿曇氏が奉斎する神社が分布し（「山城国風土記」逸文）、宇治と難波を往還した海人の伝承が存在する（『紀』仁徳即位前紀応神四一年二月条）。

大阪湾岸と京都盆地を結ぶ淀川流域には、たとえば摂津国島下郡に式内伊射奈岐神社があるように、海人集団に関わる神格を祭る勢力の存在が確認できる。海人集団の勢力範囲は大阪湾岸にとどまらず、淀川流域を通じて京都盆地南部にまで展開していることが確認できる。

海人集団と共通する勢力範囲を持つのが、葛城氏である。奈良盆地南部の葛城・金剛山東麓を本拠とする葛城氏は大阪湾岸南部の和泉から中河内地域という、大和川流域に分布する他、淀川から木津川流域に至る木津川水系に沿っても広く分布する。その葛城に拠点を有する勢力の中に、王族として認識されていた存在があったことを確認できる。垂仁朝に垂仁と狭穂媛所生で、生来発語できないとされたホムチワケ王（ホムツワケとも）は、その名からすれば大和国葛下郡品治郷に拠点を有する勢力を前提として伝承化された存在である。史料上、ホムチ部の存在が確認できることからすれば、品治郷には実際に王宮が存在し、ホムチ部はホムチの王宮に対する奉仕集団として設置された可能性が高い。[注24]

ホムチワケ王と同様、葛城地域における王族の存在を強く示唆する神格として、アヂスキタカヒコネ神がある。同神は『記』で皇室祖先神に限定して用いられる大御神の称号を持ち、『出雲国風土記』ではホムチワケ王と同じく発語できない存在として描かれ（『出雲国風土記』ではアヂスキタカヒコと表記）、その妻とされるアメノミカジヒメは、「尾張国風土記」逸文ではホムチワケ王の発語の契機を作った存在として描かれる（尾張国風土記」逸文ではアメノミカツヒメと表記）。アヂスキタカヒコネ神は葛上郡高鴨の地に祭られる。葛城出自の王族はひろく葛城地域全域を拠点としていたことがうかがえる。

記紀や風土記の伝承がそのまま実態であるわけではなく、ホムチワケ王やアヂスキタカヒコネ神の実在性を問うことも意味をなさない。そうしたこととは別に、葛城地域に王宮が存在し、そこを拠点とする王族が存在したことを読み取り得ることが重要である。

周縁的な王族の事例として葛城地域を拠点とする勢力を析出し得ることは、先行研究が指摘してきた五世紀の王権の流動性、不安定性の内実を具体的に説明できる点で重要な意義を有する。このことは、記紀や風土記の記事の分析なしに見出しがたい現象である。

よく知られるように、歴代后妃を輩出する最有力の豪族として記紀に描かれるのが葛城氏である。五世紀にはいまだウヂは成立していないが、王族を出すことのできる葛城地域の勢力が、後に葛城氏として記された可能性はきわめて高い。[注25]葛城氏は一方で、その始祖的存在である襲津彦は天皇の怒りに触れて外征の途次に死んだとする伝承を持ち、允恭朝には襲津彦の孫とされる玉田宿禰が誅殺される（『紀』允恭五年七月己丑条）。さらに雄略朝でも、安康を殺害した眉輪王（大日下王所生）を保護した罪により、円大臣が誅殺されたとの伝承がある（同、雄略即位前紀安康三年八月条、『記』下、安康段）。仁徳系の王統は葛城氏に代表される周縁王族との婚姻関係をくり返すことで王権の相対的安定を維持していたが、允恭系の王統は仁徳系のみならず周縁王族をも誅滅することで専権の確立を意図していたことが推定できる。

以上にみた雄略の専権指向、またワカタケル＝雄略と彼に奉仕する人物の名を記した刀剣が列島社会の東西で出土していること（埼玉県稲荷山古墳出土鉄剣、熊本県江田船山古墳出土鉄刀）、また吉備や伊勢などの地域勢力を誅滅する伝承が雄略朝に集中することなどから、雄略に代表される五世紀の倭王権が列島社会の専制的支配を実現していたとする見解が有力である。しかし『紀』には、雄略逝去後、吉備出自の星川王の叛乱がただちに発生していること、雄略を継いだ清寧（白髪王）が后妃を得ることも子を得ることもできないままに逝去すると、葛城の忍海高木角刺宮を拠点とする、仁徳系の忍海飯豊女王の支配下で、顕宗（弘計王）・仁賢（億計王）が即位したことにより仁徳系の王統が復活すると、允恭系王統は以後、男系としては復活しないことを重視する必要がある。

五世紀後半は、仁徳系、允恭系の二つの王統と周縁王族からなる流動的な王族編成に起因する王権内部の矛盾が極限に達し、允恭系王統の暴力的支配によるその再編が目指された段階である。しかし大平聡が指摘するように、雄略の専制と評されるものは基本的にむき出しの暴力の発現にすぎず、機構による組織的暴力とは性格が異なる。その再編は、武烈（小泊瀬稚鷦鷯王）の死によって仁徳系王統もまた男系では途絶し、北陸・東海地方を基盤に持つ継体（男大迹王）の即位を経て、安閑・宣化・欽明の三人の倭王の治世下で、大臣制、大夫制、ミヤケ制、また部民制などの機構の成立による実現を待たなくてはならなかった。

四　地域社会論をめぐって

地域社会と王権の関係を検討することは、王権論にとって不可欠の課題である。王権が地域社会とどのような関係を結び、またどのような編成を行おうとしたのかを明らかにすることで、王権の基盤もまたはじめて明らかにし得るからである。かつてマルクス・エンゲルスの史的唯物論に基づく社会構成史研究が盛行した一九六〇年代から七〇年代にかけては、八世紀以前の社会について、典型的には家父長制的世帯共同体を基礎とする郡規模程度のアジア的共同体の首長の存在が措定されていた。その社会が奴隷制的段階にあるのか、奴隷制であるとすればどのような性格を有するのか、または奴隷制の次の段階としての隷農制の段階にあるのかといった論争が厳しく検討された[注26]。さらに、石母田正が郡司に代表される地域社会の有力者層を在地首長と定義し、彼らと最高首長としての天皇の間の支配・従属関係こそが古代社会を規定する「首長制の生産関係」と評価[注27]して以降、地域首長や郡司、またその下部に位置付けられる村落首長の問題をめぐって多くの議論が蓄積された。

今日、こうした社会構成史的関心に基づく研究には、実証的にはさまざまな問題のあることが指摘されている。家父長制的世帯共同体をめぐっては吉田孝、また関口裕子、義江明子らの諸研究[注28]によって双系的性格が指摘され、史料的根拠となってきた戸籍・計帳についてもその擬制的性格が指摘されてきた[注29]。在地首長制についてもその存在が実証的に証明されてきたわけではなく、その点では作業仮説の域を出るものではなかったことが指摘されている[注30]。奴隷制をめぐっては、八九年以降のソ連・東欧の社会主義諸国の崩壊により、議論の枠組に対する関心自体がほぼ消滅している状況にある。

しかし一方で、支配権力をそれが存立する社会との関係で捉える視座そのものの必要性は、依然として存在している。社会と権力との関係を捨象するのではなく、また抽象的に議論して事足れりとするのでもなく、地域社会と権力の関係を個別具体的に明らかにする必要がある。その際、たとえば今津勝紀が人口統計学の方法論を積極的に援用しつつ、大宝二年（七〇二）美濃国戸籍の検討を改めて行い、飢餓や疫病による短命な古代社会の中での郷戸の存在意義を検討しているように[注31]、多様な手法を駆使しつつ地域社会の実態に迫る必要がある。

ここでは当面、大坂湾岸から北部九州にかけての瀬戸内海沿岸、わけても播磨を中心に五世紀の地域社会を概観したい。播磨には、『播磨国風土記』や既多寺大智度論などの地域史に関わる史料が豊富に存在することと、倭王権の政治的中枢域と朝鮮半島を結ぶ瀬戸内海沿岸地域が、国家形成期に大きく変動を受け、それが史料上観察可能なことが主な理由である。『播磨国風土記』は八世紀の編纂史料であるが、かならずしも記紀の枠組に収斂されない独自の神話・伝承が存在し、その分析によって五・六世紀の地域社会と王権の関係を段階的に析出することができる[注32]。

『播磨国風土記』を通じて播磨の地域社会を検討する際、注目されるのは播磨独自の地域的神格の存在と神統譜の存在である。播磨独自の地域神とは、伊和大神と呼ばれる、播磨の最高神である。播磨には伊和の地名が宍粟郡と飾磨郡の二箇所にみえるが、伊和大神が鎮座するのは宍粟郡である。また伊和大神とよく似た神格として、大汝命と葦原志挙乎命という二つの神が現れるが、これらの神格も『播磨国風土記』の中では基本的には伊和大神と共通する存在として理解できる[注33]。伊和大神が宍粟郡に鎮座することは先に述べたとおりであるが、大神の伝承は播磨一円に存在し[注34]、各地で支配神であることを示す国占め伝承を残していることから、播磨一国を代表する神格として理解すべきである。『播磨国風土記』には他国から到来した神々との対立伝承が多くみられるが、それらの外来の神格と対立し、それを排除する役割を果たすのが伊和大神であることも、この見通しを裏付ける。

伊和大神の信仰圏の成立年代を考える上で、大神と国占めを争い、但馬に退く神格として現れる天日槍の解釈が重要である。天日槍は新羅から渡来した王子として記紀に描かれるが、実態は但馬の神格である。但馬の地域勢力は葛城氏と密接に結びついている。伊和大神と天日槍の対立伝承は、神話・伝承にとどまらず、歴史実態的に但馬の地域勢力が播磨に侵入して生じた対立を踏まえていると考える。先にみたように、葛城氏が五世紀後半に衰退することからすれば、但馬との連合関係が六世紀に降る可能性は低い。伊和大神伝承の下限を示すのは、大汝命と御子神の火明命の対立関係を示す飾磨郡伊和里条で、火明命を奉斎する東海地域の勢力の西進が継体朝頃とすれば、伊和大神の伝承は六世紀初頭までの播磨勢力の活動を反映したものとみることができる。播磨一国規模での地域勢力の統合は、五世紀には確実に存在したのである。

播磨の場合、地域社会の伝承が原形に近い形で風土記に残されていたため、こうした推定が可能であるが、吉備や筑紫などの他の地域でも事情は近いものがあったであろう。五世紀代の瀬戸内海沿岸では、七世紀にはみることのできる国の原形が、ある程度成立していた可能性を想定したい。

以上を前提としつつ、伊和大神伝承にみえるもう一つの興味深い側面である、神統譜の問題を取り上げる。『播磨国風土記』には、伊和大神の妻、兄弟、または御子とされる神格の伝承が散見する。妻とされる神、また御子神の伝承に注目する場合、これらの神格に冠せられた地名は、基本的には律令制下の郷名またはその下の小地名に由来する（たとえば飾磨郡英賀里に由来する阿賀比古・阿賀比売、揖保郡林田里の伊勢野に由来する伊勢都比古・伊勢都比売）。これらの地名は多くその地域の開発と灌漑を規定する、地域の小河川に関わる。播磨の場合、後に律令制下の里（郷）として把握される領域が、五世紀代には一つの神格に代表されるような信仰と政治の単位として成立していることも注目されるのであるが、ここでは、これらの小地域が直接伊和大神の神統譜に組み込まれていることに注目したい。

『播磨国風土記』から見出し得る五世紀の地域社会は、国規模の政治的単位が、里またはそれ以下の小地域を直接掌握することで成立していたといえる。当然、評や郡に相当する規模の信仰と政治の単位が存在していたのか、またはしていなかったのかが問われることになる。『播磨国風土記』からは、少数の例外を除き[注35]、後の評・郡規模の勢力による地域統合が広範に実現していた徴証を見出すことはできない。

これらの地域社会の諸勢力と中央支配者集団である王権との関係で注目されるのが、大坂湾岸から北部九州にかけての瀬戸内海沿岸における、地域社会の諸勢力の移動である[注36]。周防の佐波郡を拠点とする地域勢力に関わる佐婆部が大阪湾岸の難波地域にあったことが、「難波佐婆部」と記された木簡から明らかにされている（『長岡京木簡』一）。佐婆部に関連する氏族として、他に讃岐国寒川郡に佐婆部首がある（『続日本紀』延暦一〇年〔七九一〕一二月丙申条）。奈良時代の佐波郡には玉祖神社があり、難波にほど近い河内の高安郡にも同名の式内社があった。『紀』神功摂政前紀分注には、筑紫の橿日宮に沙麼県主があったことを記す（仲哀九年一二月辛亥条一云）。当該条文の全体には信を置くことはできないが、遠隔地の地域勢力の名を具体的に記したことには裏付けがあったことを示す。佐波の地を拠点とする地域勢力は北部九州から大阪湾岸にかけての瀬戸内海沿岸を広域に移動していた。

一方、佐波には豊後の地域勢力である国前臣の祖や、筑紫、遠賀郡を拠点とする岡県主が到来したことを示す記述がある（『紀』景行一二年九月戊辰条、仲哀八年正月壬午条）。いずれも全体としては造作された天皇の行幸伝承の一部を構成する要素であるが、国前臣が北部九州の拠点的港津として著名な国埼津との、岡県主が遠賀川河口の岡水門との密接な関係を有することは明らかであり、むしろこうした事実に基づきつつ造作が行われた可能性が高い。佐波もまた佐波水門と称される港津を擁しており（『紀』雄略二三年八月丙子条）、各地の拠点的港津に所在する地域勢力が相互に関係を持ちつつ移動していたことが確認できる。

こうした地域勢力の広域にわたる分布と共通して分布するのが、葛城、吉備、紀の各集団である。これらの集団は六世紀以降も存続するが、いずれも五世紀後半の雄略朝に大規模な弾圧を加えられたことが知られ[注37]、それ以降、独自の勢力を展開し得た可能性は低い。瀬戸内沿岸にこれらの集団が分布し得た前提条件は五世紀にあったと考えるのが合理的である。葛城、吉備、紀の各集団は、朝鮮半島との交渉を主導する存在であり、渡来集団の招来にも深く関わる存在であった。佐波や飾磨には、辛人（韓人）、多々良公といった、分布がかなり限定される渡来集団が存在する[注38]。

瀬戸内沿岸をめぐるこのような諸勢力の動きは、五世紀代、葛城、吉備、紀といった王権を構成する有力勢力によって朝鮮半島から渡来集団や文物が招来され、それに連動して各地の地域勢力が移動を行っていたことを示す。その原動力となったのは先進の文明の入手による生産活動の拡大であったと考えられる。こうした先進文明取得の要求は六世紀以降にも当然に存在したが、以上の動向から推定できる五世紀の特徴は、それがかならずしも倭王主導ではなく、葛城、吉備、紀という、王権の分節的存在によって担われたことと、地域勢力の移動が相対的には自立的に行われたことの二点である。このことは、王と地域社会の統合段階が対応関係にあったことを示している。こうした分節的状況が解消されるのは、王権については先に示したように、継体の即位に端を発し、安閑・宣化を経て欽明に引き継がれる専制的王権の成立によってであり、地域社会の編成については、期を同じくして施行される部民制、ミヤケ制の成立によってであった。

おわりに

本稿では、停滞傾向にある五世紀の王権論を活性化させるべく、外国史料と金石文の利用にとどまらず、記紀や風土記の情報を、厳密な史料批判を経た上で積極的に利用することに努めた。王宮を検討する際に王名に含まれる地名を用いたこと、諸伝承を造作の所産として一律に否定するのではなく、伝承自体の造作の過程を明らかにした上で用いるべき部分を確定してゆくことなどが、試みたことの一例である。その結果、五世紀の王族の分節的状況と政局の流動性を述べ、対応する地域社会の相対的自立性を強調することになった。

考古学の諸研究が強調するように、五世紀の王権にも専制化の徴候が存在することはいうまでもないが、王宮の軍事的性格や王族相互の対立・抗争の歴史、そして列島社会の再生産と直結する先進文明の招来に際しての分節的状況などは、この段階の王権の未成熟性を象徴するものと理解するのが適切と考える。こうした状況を克服するためには、継体の出現によって王権の支持基盤が北陸と東国に拡大し、さらに中央支配者集団にあっては大臣制や大夫制などの支配機構の成立と部民制の採用、地域社会にあってはミヤケ制の成立などの整備が必要であり、その上に欽明以降の世襲王権が成立することを念頭に置く必要がある。しかしその専制化もまた、五世紀後半以来の高句麗の南下、百済の一時的滅亡と復活による加耶諸国の衰退といった朝鮮半島情勢の激変の影響により、倭国の権益が消滅するという危機的状況と表裏一体の関係にあったことを忘れてはならない。王権論、また国家形成史研究は、このような国際関係と地域社会、またそれを結節する中央支配者集団の解明という、三つの視点の下に行われる必要がある。

注

1 津田左右吉『古事記及び日本書紀の研究』（洛陽堂、一九一九年。増補改訂を経て『津田左右吉全集一　日本古典の研究　上』岩波書店、一九六三年）に収録。

2 原秀三郎『日本古代国家史研究』（東京大学出版会、一九八〇年）他。

3 直木孝次郎『飛鳥奈良時代の研究』（塙書房、一九七五年）他。

4 塚口義信『神功皇后伝説の研究』（創元社、一九八〇年）。

5 坂元義種『百済史の研究』（塙書房、一九七八年）。

6 鈴木靖民『古代対外関係史の研究』（吉川弘文館、一九八五年）、同『倭国史の展開と東アジア』（岩波書店、二〇一二年）。

7 川口勝康「瑞刃刀と大王号の成立」（『古代史論叢　上』吉川弘文館、一九七八年）他。

8 大平聡「世襲王権の成立」（鈴木靖民編『日本の時代史二　倭国と東アジア』吉川弘文館、二〇〇二年）。以下、大平説はこれによる。

9 佐藤長門「倭王権の列島支配」（同『日本古代王権の構造と展開』吉川弘文館、二〇〇九年、初出一九九八年）。

10 狩野久「部民制」（同『日本古代の国家と都城』東京大学出版会、一九九〇年、初出一九七〇年）。

11 鎌田元一「部民制の構造と展開」（同『律令公民制の研究』塙書房、二〇〇一年、初出一九八四年）。

12 山尾幸久『日本古代王権形成史論』（岩波書店、一九八三年）、仁藤敦史「トネリと采女」（『列島の古代史四　人と物の移動』岩波書店、二〇〇五年）。

13 拙稿「王名朝妻とその分布」（拙著『国家形成期の王宮と地域社会』塙書房、二〇一九年刊行予定、初出二〇一五年）。

14 拙稿「五世紀における茅渟の王宮」（拙著前掲『国家形成期の王宮と地域社会』初出二〇一二年）。

15　直木孝次郎『古代河内政権の研究』（塙書房、二〇〇五年）他。
16　ヨーロッパ史の事例として、ルイ一四世のヴェルサイユ宮殿とそこでの儀礼を検討したN．エリアス『宮廷社会』（波田節夫訳。法政大学出版局、一九八一年）、中国史の事例として、唐代の王宮と儀礼を論じた渡辺信一郎『天空の玉座――中国古代帝国の朝政と儀礼――』（柏書房、一九九六年）、日本古代史の事例として、古瀬奈津子『日本古代王権と儀式』（吉川弘文館、一九九八年）、山下信一郎「古代饗宴儀礼の成立と藤原宮大極殿閤門」（佐藤信編『史料・史跡と古代社会』吉川弘文館、二〇一八年）他。
17　小澤毅『日本古代宮都構造の研究』（青木書店、二〇〇三年）。
18　拙稿「五・六世紀における王宮の存在形態――王名と叛逆伝承――」（拙著前掲『国家形成期の王宮と地域社会』初出二〇一一年）。なお初出時には、一九〇名程度としていたが、その後の知見の増加により、二〇〇名程度と改めた。
19　長谷、磐余、石上を拠点とした五世紀の王族で、記紀では市辺押磐王のみ天皇とされていない。しかし『紀』に「於市辺宮治天下天万国万押磐尊」（顕宗即位前紀清寧二年一一月条）、『播磨国風土記』に「市辺天皇命」（美嚢郡志深里条）とあるように、同王が倭王位にあった可能性は高い。
20　菱田哲郎「五・六世紀の手工業生産と王権」（『日本史研究』六五六、二〇一七年）。
21　都出比呂志「古墳時代首長系譜の継続と断絶」（同『前方後円墳と社会』塙書房、二〇〇五年、初出一九八八年）。
22　藤間生大『倭の五王』（岩波新書、一九六八年）。
23　拙稿「倭王権の支配構造とその展開」（拙著前掲『国家形成期の王宮と地域社会』初出二〇一三年）。
24　拙稿「国家形成期における王族の編成形態――ホムチワケ王・アヂスキタカヒコネ神伝承を手がかりに――」（拙著前掲『国家形成期の王宮と地域社会』初出同じ）。
25　葛城氏の構成と勢力範囲については塚口義信「葛城県と蘇我氏」（『続日本紀研究』二三一、二三二、一九八四年）を参照。
26　研究史についてはさしあたり、浅野充「アジア的生産様式論争」（歴史科学協議会『戦後歴史学用語辞典』東京堂、二〇一二年）を参照。
27　石母田正『日本の古代国家』（『石母田正著作集』三、岩波書店、一九八九年、初出一九七一年）。
28　吉田孝『律令国家と古代の社会』（岩波書店、一九八三年）、関口裕子『日本古代婚姻史の研究』上・下（塙書房、一九九三年）、義江明子『日本古代女性史論』。なおこれらの研究史の問題点と課題を示した論考として、今津勝紀「問題の所在と本書の構成」（同『日本古代の税制と社会』塙書房、二〇一二年、初出同じ）、坂江渉「本書の課題と構成」（同『日本古代の農民規範と地域社会』思文閣出版、二〇一六年、初出同じ）があり、それぞれに独自の見方を示している。

29 岸俊男「古代後期の社会機構」（同『日本古代籍帳の研究』塙書房、一九七三年、初出一九五二年）。

30 今津勝紀前掲「問題の所在と本書の構成」。

31 今津勝紀「御野国加毛郡半布里戸籍をめぐる予備的考察」（同前掲『日本古代の税制と社会』初出二〇〇三年）。

32 拙稿「古代播磨の地域社会構造――播磨国風土記を中心に――」（拙著前掲『国家形成期の王宮と地域社会』初出二〇一四年）。

33 対立する神格や国占めなどの行動、妻神、御子神の存在といった存在形態の共通性を重視する。また『延喜式』では、宍粟郡の伊和神社が「伊和坐大名持御魂神社」と記される点も重視する。

34 『播磨国風土記』は明石郡と赤穂郡の二郡を欠くが、『延喜式』神名は両郡に伊和都比売神社の存在を記す。これらは伊和大神がヒメ神の形を取ったものと考える。

35 郡規模の神格としては、伊和大神と田の稲の成長を競って勝利した佐用郡の賛用都比売命、神崎郡の神前山に鎮座したと伝える建石敷命がみられる程度である。

36 拙稿「国家形成期の王権と地域社会」（拙著前掲『国家形成期の王宮と地域社会』初出二〇一五年）。

37 葛城は円大臣の誅殺、吉備はその出身である星川王の乱とその失敗、紀氏は同族の坂本臣の祖である根使主の誅殺がみえる。

38 佐波郡の辛人は平城宮跡出土木簡にみえ、隣接する吉城郡にも分布した（天平勝宝九歳〔七五七〕四月七日「西南角領解」『大日本古文書』編年四―二二八）佐波郡に達良郷があり、達良君がいた他（周防国府跡出土木簡。『木簡研究』二二）、周防国玖珂郡にも多々良公がみえる（延喜八年〔九〇八〕「周防国玖珂郡玖珂郷戸籍」『平安遺文』一九九号）。

六世紀の王権

——専制王権の確立と合議制——

佐藤　長門

はじめに

ほかの時代と比べると、文献史料の数が相対的に少ない古代史にあっては、新たな文字資料が発見されると、それによって関連分野の研究が一挙に進むことがある。その端的な例としてあげられるのが、一九七八年に刀身の両面に一一五字の漢字が金象嵌《きんぞうがん》されていることが確認された埼玉県稲荷山《いなりやま》古墳出土鉄剣銘である。この鉄剣銘は、そこに刻まれている「獲加多支鹵《わかたける》大王」が記紀にみえる雄略《ゆうりゃく》天皇[注1]に比定されたことで著名であり、またそれによって熊本県江田船山《えたふなやま》古墳出土大刀銘に刻まれている大王を「治天下復□□□歯大王」（＝復宮《たぢひ》に天の下治す□□歯大王）と読んで、記紀に「タヂヒノミツハ」とみえる反正《はんぜい》天皇に比定していた従来の解釈[注2]に変更を迫り、それも「治天下獲加多支鹵大王」と読んで雄略とみなすべきとした点でも、画期的な〝発見〟であった。[注3]

稲荷山鉄剣銘が公表されたのち、井上光貞と岸俊男という当時の古代史学界を牽引していたふたりの碩学が、相次いで雄略期に関する論文を発表している。まず井上の論考は、葛城《かつらぎ》氏を滅ぼして王位を獲得した雄略の王権は、それまでの畿内氏族との連合体制から軍事的専制王権に転換したものの、その時期は朝鮮半島経営から後退する一方、国家体制の整備をはかる契機をはらんだ初発的な時代であり、雄略の没後に起きた吉備や筑紫というきわめて自立度の高かった地方勢力の制圧を経て、五世紀までとは質的に異なる超越的な王権の形成がその後にみられるというものであった。[注4] それに対して岸は、その名も「画期としての雄略朝」という論文を著し、[注5] 雑歌・相聞・挽歌という代表的な部立がほぼ年代順に配列されている『万葉集』巻一・二と巻九の冒頭に、いずれも雄略天皇作と伝わる歌が置かれていることや、『日本書紀』（以下『書紀』と表記する）の文章上の特徴や紀年構成に使用された暦法（儀鳳暦と元嘉暦）を分析すると、雄略紀（巻十四）の前後で区別できることなどから、この時代を古代の画期とする認識が存在したことを指摘したのである。

このように雄略期の評価に関しては、一定の進展は認めるものの、重要な転期は五・六世紀の間にあるとする井上説と、それを古代史上の画期ととらえる岸説とが対立していることになる。ただ岸の見解は、雄略期に関する文献史料を詳細に検討したものではなく、自身も具体的な実証については今後の課題として一旦考察を閉じたのだが、結局その後にみずから課題を解明することなく、「画期としての雄略朝」というタームだけがひとり歩きをはじめることとなった。[注6] 岸がもし、自身の手で残された課題の解明に取りかかっていたとしたら、どのような結論に至ったのかについては大いに関心があるが、近年の雄略期に対する評価は必ずしも岸が推定したようには進まず、むしろその時代的限界を指摘し、六世紀の画期性を強調する研究が有力になっている。[注7] 本稿もまた、五・六世紀の交に画期が存在したとする考えに左袒するが、以下では六世紀の倭王権のどの点が画期なのかについて、世襲王権の成立・合議機構の創設の二点を中心に検討していくことにする。

一　世襲王権の成立と展開

1　原帝紀論からみた五世紀の大王系譜

六世紀の王権構造を検討するうえで、まず指摘しなければならないのは、大王位の継承がひとつの王統に独占されたこと、換言すれば世襲王権が成立したことだろう。神武以来の万世一系を主張する記紀の伝承から離れ、客観的な同時代史料である『宋書』倭国伝にもとづいて五世紀の大王系譜を復元してみると、いわゆる倭の五王の讃・珍と済・興・武との間に続柄の記載がないことに気づく。つまり『宋書』倭国伝によると、讃と珍の関係は兄弟で、済・興・武の関係は興・武が済を父とする兄弟であったことはわかるが、珍と済の関係だけは記されておらず、この点にはじめて着目した藤間生大以来、讃・珍と済・興・武との間には血縁関係がなかった可能性が指摘されている。[注8]それに対して近年、吉村武彦は『宋書』文帝本紀・元嘉二十八年（四五一）七月甲辰条に[注9]「安東将軍倭王倭済、号を安東大将軍に進む」とあることから、珍と済との血縁関係はなお不明であるものの、『宋書』倭国伝に「倭讃」や「倭隋」とあるのと同じく、済も「倭」を姓とする父系同一氏族集団として扱われていたとする批判を提示している。[注10]しかし倭王の姓を「倭」とするのは、吉村のいうように倭側の自称というより、すでに父系の同一集団による皇帝位継承がおこなわれていた宋側の認識ととらえるべきで、[注11]倭王の「倭」姓は高句麗王に「高」姓、百済王に「扶余（余）」姓を付けているように、当時の中国が周辺国の王に対して国号や種族名の一部を姓として認識していたことを示しているにすぎず、このことから倭の五王のすべてが同一氏族集団から出たとみることはできないだろう。

系譜1　A系・B系と「一云」系譜

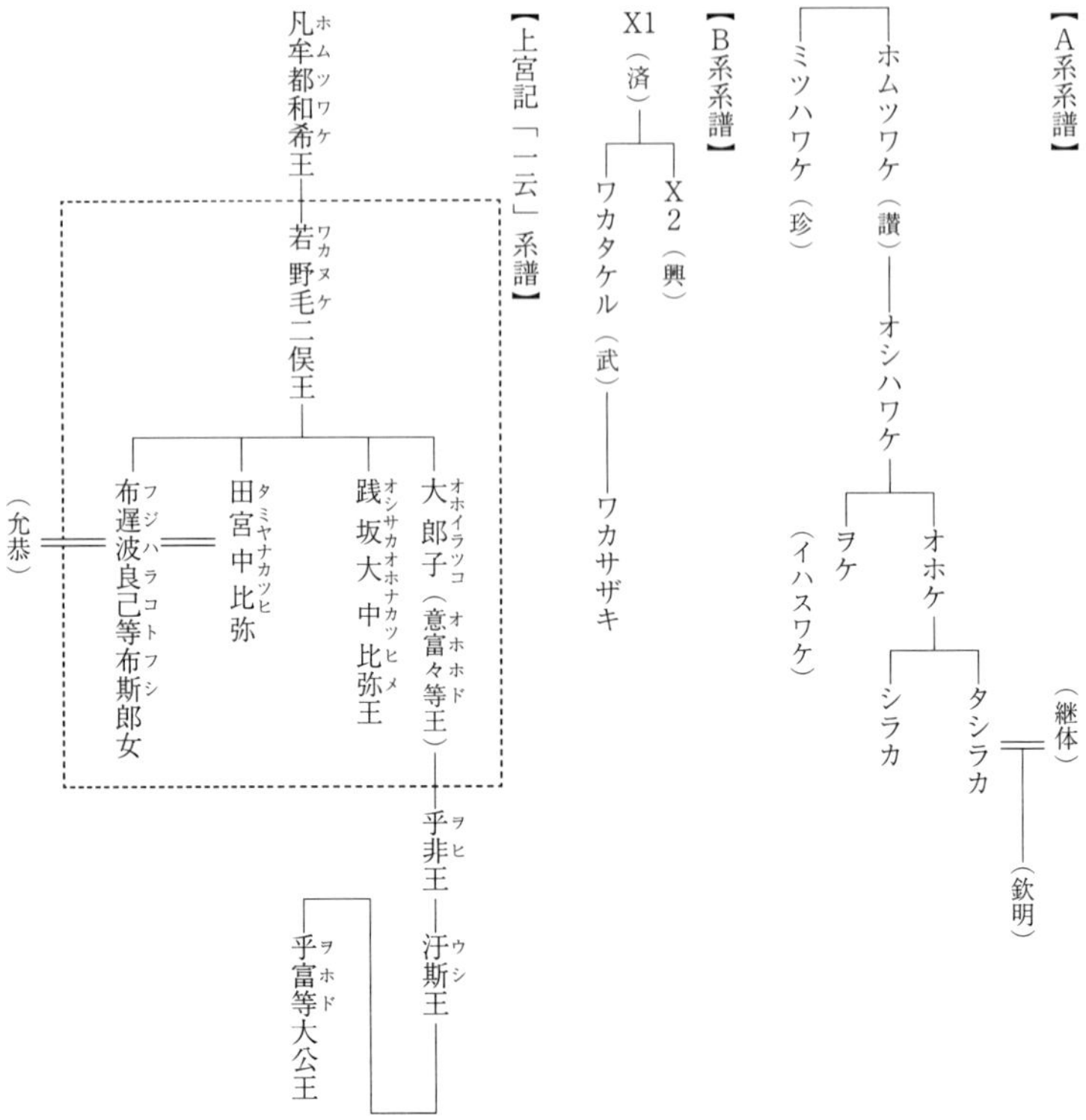

この点について川口勝康は原帝紀論の立場から、五世紀の大王系譜を次のように復元している。[注12]まず讃・珍をA系、済・興・武をB系と呼んで「異なった系統の王家」ととらえ、定点となる讃の名にはホムタワケあるいはホムツワケが考えられるとした[注13]うえで、A系とB系にあたる王統の名を記紀から抜き出して上に掲げた系譜を作成する。[注14]そして『釈日本紀』が引用する上宮記逸文の「一云」にみられる継体の系譜を取りあげ、「凡牟都和希」の訓みがホムツワケ・ホムタワケのどちらだろうと倭王讃の名とみるべきで、A系系譜では讃から第三世代にあたる継体《けいたい》天皇（オホド）が「一云」系譜では第五世代となっているが、両者に二世代のズレが生じている[注15]のは後者の点線で囲んだ部分があとから追加されたためであろうとする。さらに、ふたつの血脈

を統合する系譜上だけの存在[注16]を二俣《ふたまた》王と規定し、A系の履中《りちゅう》天皇（讃）・反正天皇（珍）とB系の允恭《いんぎょう》天皇（済）を統合している仁徳《にんとく》天皇もその役割をになった存在で、仁徳とワカヌケ二俣王を同じ始祖＝応神《おうじん》天皇の子とすれば、過去の大王家との婚姻によってのみ王位継承が主張できた新興の大王家である継体の系統（C系）をも統合する系譜が完成するとし、ここに倭王讃にあたるホムツワケはA・B両系とC系を同格に位置づけるため、共通する始祖（応神）の名に上昇したと結論づけたのである。そのほか川口は、ふたつの系統を婚姻によって接合する役割を果たした王女をナカツヒメとする[注17]などして、系譜統合の痕跡を解明しようとしているが、いずれにしてもこのような理論的検討によって、五世紀の大王位が複数の王統（王家）によって構成されていたことは、ほぼ立証されたと考えてよいだろう。

ではなぜ五世紀の倭王権は、複数の王統の存在を許容したのだろうか。それはこの時期の王権継承が前大王との血縁関係を必須の要件とせず、人格・資質にすぐれた人物が実力で継承していたことが要因として考えられる。倭王武の上表文に明瞭にあらわれているように、当時の倭王権は南下政策を

系譜2　完成した統合系譜とナカツヒメ婚

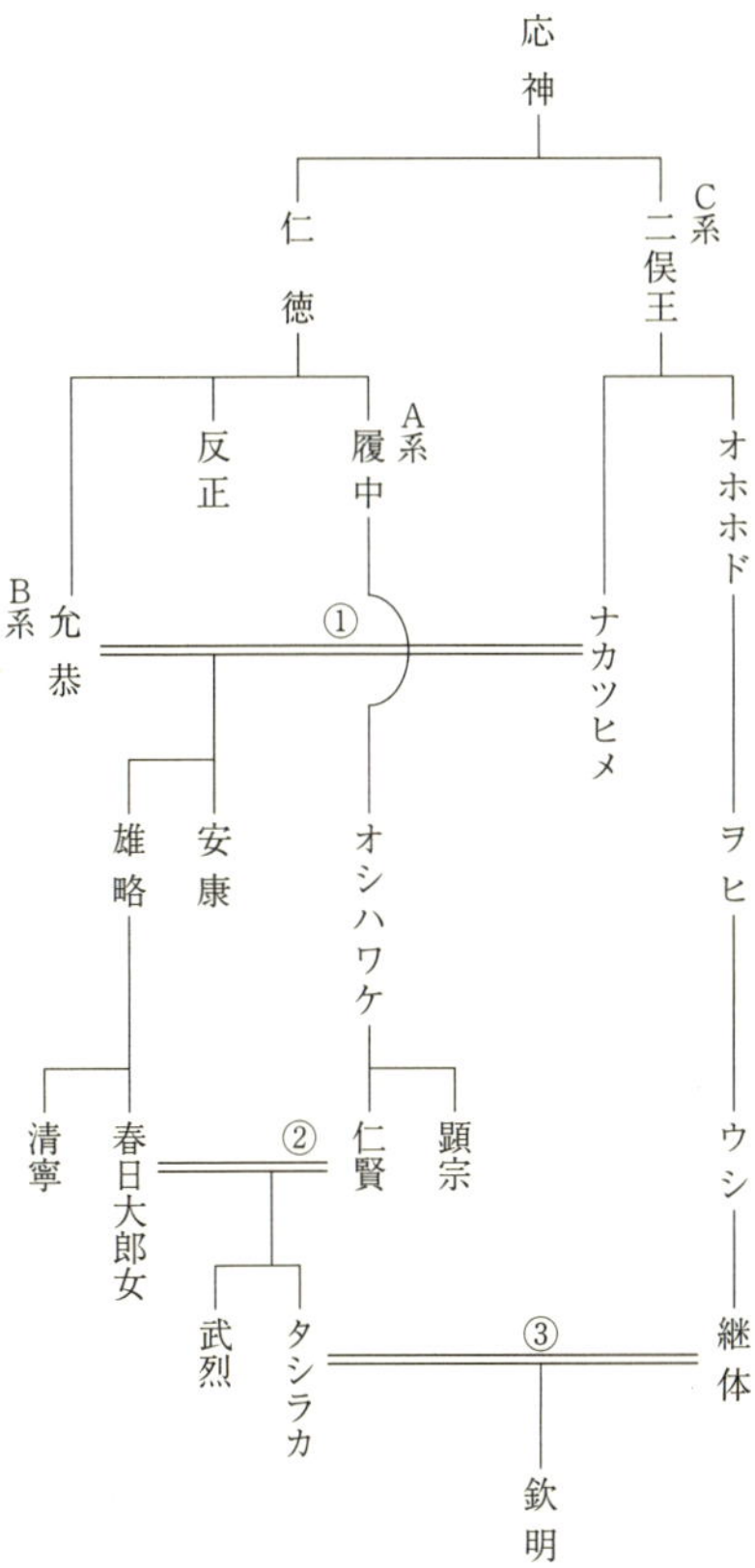

推し進める高句麗に対抗して朝鮮半島南部に軍事権を設定し、[注18]弁韓地域から採掘される鉄資源の獲得[注19]に精力を注いでいた。このような時代にあっては、鉄資源や威信財[注20]などの確保・再分配[注21]を安定的におこなう能力や、大規模な戦闘指導能力、外交主導の力量などという資質が大王に求められたと考えられており[注22]、前大王の子孫たちに王権の共同利害を体現する人格・資質が欠けていた場合、大王位はほかの資質にすぐれた人物（王統・王家）に容易に転移する可能性があったのである。[注23]

2　継体天皇の即位と辛亥の変

『書紀』継体即位前紀によると、継嗣がいなかった武烈《ぶれつ》天皇が亡くなると、大伴金村《おおとものかなむら》らはまず仲哀《ちゅうあい》天皇五世孫の倭彦《やまとひこ》王を丹波国桑田郡から擁立しようとしたが、迎兵を恐れて遁走されたため、次には越前国三国[注24]にいた応神天皇五世孫の男大迹《をほど》王を奉迎したという。これが継体天皇である。継体の本拠地としては、記紀にみえる伝承的な越前や近江ではなく、「樟葉《くすは》宮」（河内国交野郡葛葉）・「山背筒城《つつき》」（山城国綴喜郡）・「弟国《おとくに》」（山城国乙訓郡）と移った宮都や「藍野《あゐの》陵」（『延喜式』では「三嶋藍野陵」、摂津国嶋上郡）の所在地などから、河内国樟葉や摂津国三嶋などの淀川流域を想定する見解が提示されている。[注25]ともかく継体の王妃たちの出身地から推測すると、彼は越前や近江、尾張、美濃などの首長層と広範囲な交流をもっており、即位前から倭王権を構成する有力者のひとりであったことは確かだろう。継体はみずからの実力を示して王権内の支持を集め、候補者たちとの競争に勝利して即位するという、五世紀的な王権継承のあり方をいまだに払拭していない大王[注26]であり、前王統（A系）につらなる仁賢《にんけん》皇女の手白香《たしらか》を娶って即位の正当性を担保することも忘れなかった。A系王統と継体新王統との婚姻はほかに、安閑《あんかん》天皇と春日山田《かすがのやまだ》皇女、宣化《せんか》天皇と橘仲《たちばなのなかつ》皇女との間にも認められるが、このように親

系譜3　継体新王統の入り婿婚

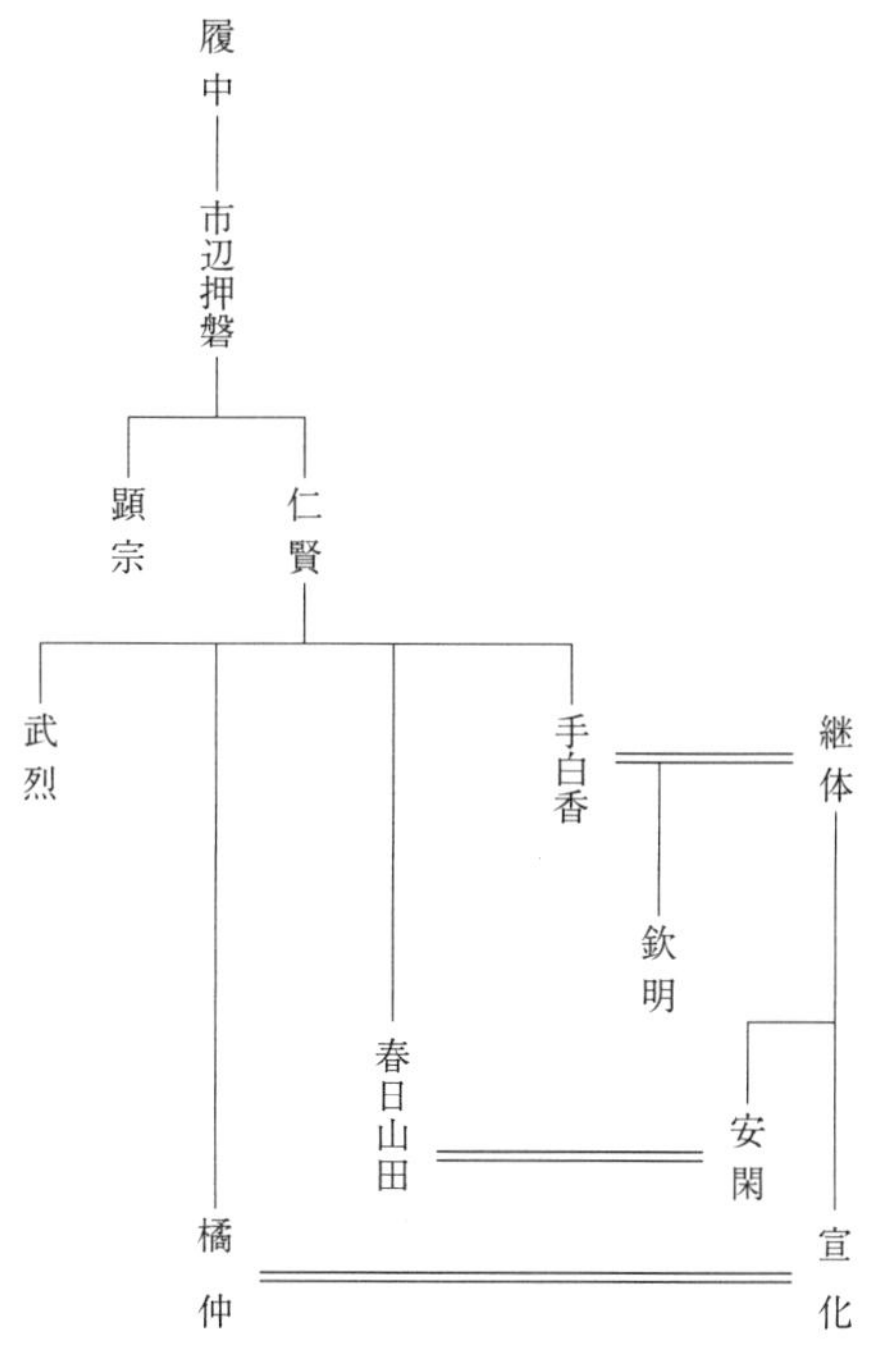

子二代にわたる重層的な入り婿婚の伝承は、継体王統が新たな大王家として正当性の保持にいかに腐心していたかを窺わせるものである。

『書紀』継体二十五年（五三一）二月丁未（七日）条によると、継体は磐余玉穂宮《いわれのたまほ》（大和国十市郡）において八十二歳で亡くなったとある。しかし同年十二月庚子（五日）条の細注では、或本を引用して二十八年歳次甲寅に没したとの異伝を載せ、また『古事記』継体天皇段ではその没年を四十三歳とし、細注で丁未年としている。このように、継体の没年については記紀に異同があり、古くから着目されてきた。まず平子鐸嶺は継体没年を『古事記』に従って丁未年（五二七）とし、『書紀』では安閑の在位二年、乙卯（五三五）没を動かせなかったので即位前に二年間の空位を設けたが、右の十二月庚子条に引く『百済本記』に「日本の天皇及び太子・皇子、倶に崩薨りましぬ」とあるのは宣化とその皇子のことと推察されるので、安閑没年は継体の死から二年後の己酉年（五二九）であったとする。また継体二十三年（五二九）九月に薨じた巨勢男人《こせのおひと》を、『続日本紀』天平勝宝三年（七五一）二月己卯（二十六日）条では継体・安閑両朝に供奉したとあるので、その薨年はすでに安閑期であったとし、欽明《きんめい》天皇は『上宮聖徳法王帝説《じょうぐうしょうとくほうおうていせつ》』（以下『法王帝説』と表記する）に在位四十一年、辛卯年（五七一）

表1　継体〜欽明期をめぐる平子・喜田説

西暦（干支）	書紀在位	記事	平子説	喜田説
五二七（丁未）	継体	継体没（古事記）	継体	継体
五二八（戊申）			安閑	
五二九（己酉）				
五三〇（庚戌）			宣化	
五三一（辛亥）		継体没（百済本紀）／欽明即位（帝説）	欽明	欽明
五三二（壬子）	空位	欽明即位（縁起）		
五三三（癸丑）				
五三四（甲寅）	安閑	継体没（書紀或本）		安閑／欽明
五三五（乙卯）				
五三六（丙辰）	宣化			宣化／欽明
五三七（丁巳）				
五三八（戊午）		仏教公伝（帝説・縁起）		
五三九（己未）				
五四〇（庚申）	欽明	欽明元年（書紀）		
⋯⋯				
五五二（壬申）		仏教公伝（書紀）		
⋯⋯				
五七一（辛卯）		欽明没（書紀・帝説）		

没と伝わることから、その即位は辛亥年（五三一）であったとして、安閑・宣化の治世を『書紀』が主張する継体の治世中に繰り入れる仮説を提示した。[注27]

　これに対して喜田貞吉は、平子が『書紀』の紀年を重視せず、取捨が断定的であることを問題視し、『書紀』が継体没年の二十八年説を知りながら本文で二十五年説を採用していることや、即位前に二年の空位を設けてまで安閑元年を甲寅（五三四）としているのも、それらの年次を改められなかったからとする。また『法王帝説』が欽明の治世を四十一年としたのは誤写や誤伝ではなく、醍醐寺本『諸寺縁起』所収『元《がん》興寺《ごうじ》伽藍《がらん》縁起《えんぎ》并《ならびに》流記《るき》資財帳《しざいちょう》』に仏教が伝来した戊午年を欽明七年と明記しているのも疑いようがないので、欽明元年は『百済本記』に天皇・太子らが没したとある辛亥の翌年（五三二）に相当するとみる。しかし戊午年（五三八）を宣化三年とする『書紀』などの所伝も無視できないので、欽明は継体存命中に即位したものの、その没後に「皇室において何かの事変」が発生し、欽明即位を認めない勢力が欽明と重複して甲寅年に安閑そして宣化を擁立したと推論したのである。注28

以上の論争を引き継いで、戦後それを内乱論にリメイクした林屋辰三郎は、継体の死に先立って即位したのは安閑ではなく欽明で、大伴氏主導による半島経営の失敗などを受けて台頭した蘇我《そが》氏に推戴されたとし、辛亥年にわずかに難を逃れた「太子」安閑が二年後ふたたび大伴氏によって擁立されたとみた。林屋はこの時期、両者が武力衝突をした実証はないものの、秦大津父《はたのおおつち》が二頭の狼（貴神）の争いを抑え止めたという『書紀』欽明即位前紀の逸話は、宣化・欽明両天皇が対立し続ければ他勢力（族長層に表明される民衆勢力）に取って代わられる危険性を暗示したもので、磐井《いわい》の乱からはじまる九年におよぶ全国規模の一大内乱期であったとしている。注29

その後、かかる〝辛亥の変〟についての関心は、安閑・宣化と欽明にそれぞれ大伴・蘇我・物部《もののべ》などの氏族をどう組み合わせるかに矮小化していったが、現在では継体没年と安閑即位は辛亥年が原初の設定であり、『書紀』の空位は二種類ある百済王暦の三年差を利用して安閑即位を甲寅年にくり下げ元年とすることで、安閑と欽明による王権分裂を糊塗しようとしたとみる川口の見解注30が大方の支持を得ているのではないかと思われる。私見もまた、この時期に全国的な内乱が発生していたことは確認できないものの、大王位をめぐって王権中枢部に深刻な意見対立が生じていたことは認めてよいと考える。ところで、五世紀代の王権継承が人格・資質を重視したものであったことは前述したが、それは一方で王統（王家）の支配を安定・永続させるうえでは本質的にそぐわない点を内包していた。よって、継体新王統の登場や辛亥の変という王権分裂を経験した六世紀の倭王権は、かかる混乱にともない王権そのものの体力が著しく低下するのを避けるため、それまでの資質重視の継承原理を転換して、新たに血統や世代を重視する継承原理を創出し、大王位の世襲化・単一化をめざすことになったと思われる。

3　血統重視の王権継承

辛亥の変以後の倭王権はおそらく意図的に、大王を輩出できる王統（王家）を欽明天皇の子孫に限定して大王位の世襲化をはかったが、その後の継承資格者には大王宮から独立した王宮（皇子宮《みこのみや》）を経営して政治経験を積んだ「大兄《おおえ》」（同じ母から生まれた王族集団中の長子を指し、名前に大兄がついていないものも含める）がなり、[注31]年齢や人格的成熟度を重視する当時の政治慣習に規定されて、前大王の死後にはまず同一世代の「大兄」が年齢順に即位し、それが尽きたのちに次世代に移行するという方法をとった。[注32]以下では六世紀の王権継承について、具体的にみていく。

欽明の皇子女には、三つの有力な同母集団が存在していた。ひとつは宣化天皇の女《むすめ》である石姫《いしひめ》皇女を母とするグループ（のちに敏達《びたつ》天皇が百済大井《くだらのおおい》宮〈桜井市吉備〉、子の押坂彦人《おしさかのひこひと》大兄皇子が水派《みまた》宮〈桜井市戒重〉、孫の舒明《じょめい》天皇が百済大宮〈桜井市吉備〉に王宮を営んだので、以下ではこの系統を「百済宮家《くだらのみやけ》」と称する）で、箭田珠勝《やたのたまかつ》大兄皇子と訳語田渟中倉太珠敷尊《おさだのぬなくらのふとだましきのみこと》（のちの敏達天皇）、そして笠縫《かさぬい》皇女が属していた。次に蘇我稲目《いなめ》の女堅塩媛《きたしひめ》を母とするグループ（のちに用明《ようめい》天皇の子の厩戸《うまやと》皇子と孫の山背《やましろ》大兄王がともに斑鳩《いかるが》宮に居住したので、以下ではこの系統を「斑鳩宮家《いかるがのみやけ》」と称する）があり、大兄皇子（のちの用明天皇）や臘嘴鳥《あとり》皇子などのほか、伊勢大神に侍《つか》え祀《まつ》った磐《いわ》隈《くま》皇女や額田部《ぬかたべ》皇女（のちの推古《すいこ》天皇）など七男六女で構成されていた。そして堅塩媛の同母妹である小姉君《おあねのきみ》を母とするグループ（のちに崇峻《すしゅん》天皇が倉梯柴垣《くらはしのしばがき》宮〈桜井市倉橋〉を経営したので、以下ではこの系統を「倉梯宮《くらはしのみや》家《け》」と称する）が続き、茨城《うまらき》・葛城《かづらき》・穴穂部《あなほべ》・泊瀬部《はつせべ》（のちの崇峻天皇）という四人の皇子と穴穂部間人《あなほべのはしひと》皇女が生まれていた。[注33]これらのうち、「大兄」として次期大王候補となるのは百済宮家から箭田珠勝大兄、斑鳩宮家から大兄、倉梯宮家から茨城の三人のはずだったが、箭田珠勝大兄は欽明十三年（五五二）四月に早世したため、その後継には次子の訳語田渟中倉太珠敷がつき、倉梯宮家でも長子茨城が神祀りをしていた磐隈を奸して「大兄」の地位を剥奪され、次子葛城もおそらく夭折したことにより、第三子の穴穂部がその役割をになうこととなった。

ただし同じ「大兄」であっても、年齢が高く政治経験の豊富なものから即位するという上記の原理が働いて、欽明の没後には諸「大兄」のなかで最も年長である訳語田渟中倉太珠敷がまず即位して、敏達天皇となった。注34 皇后には息長真手《おきながのまて》王の女広姫《ひろひめ》が立って押坂彦人大兄皇子など一男二女を儲け、そのほか春日仲君《かすがのなかつきみ》の女老女子夫人《おみなごのおおとじ》が難波《なにわ》皇子・春日《かすが》皇子ら三男一女を、伊勢大鹿小熊《いせのおおかのおぐま》の女菟名子《うなこ》夫人が糠手姫《あらてひめ》皇女ら二女を生み、広姫没後には斑鳩宮家から異母妹注35の額田部皇女（炊屋姫《かしきやひめ》）が皇后に迎えられ、竹田《たけだ》皇子ら二男五女を儲けている。六世紀の倭王権が資質重視から血統重視の王権継承に転換し、単一の世襲王家が成立したことは前述した通りであるが、この時期の大王に求められた要件から人格・資質がまったく省除されたわけではなかった。大王が亡くなると、その皇子から次期大王が選出されるのではなく、前大王と同一世代の政治経験豊

系譜4　六世紀の大王系譜

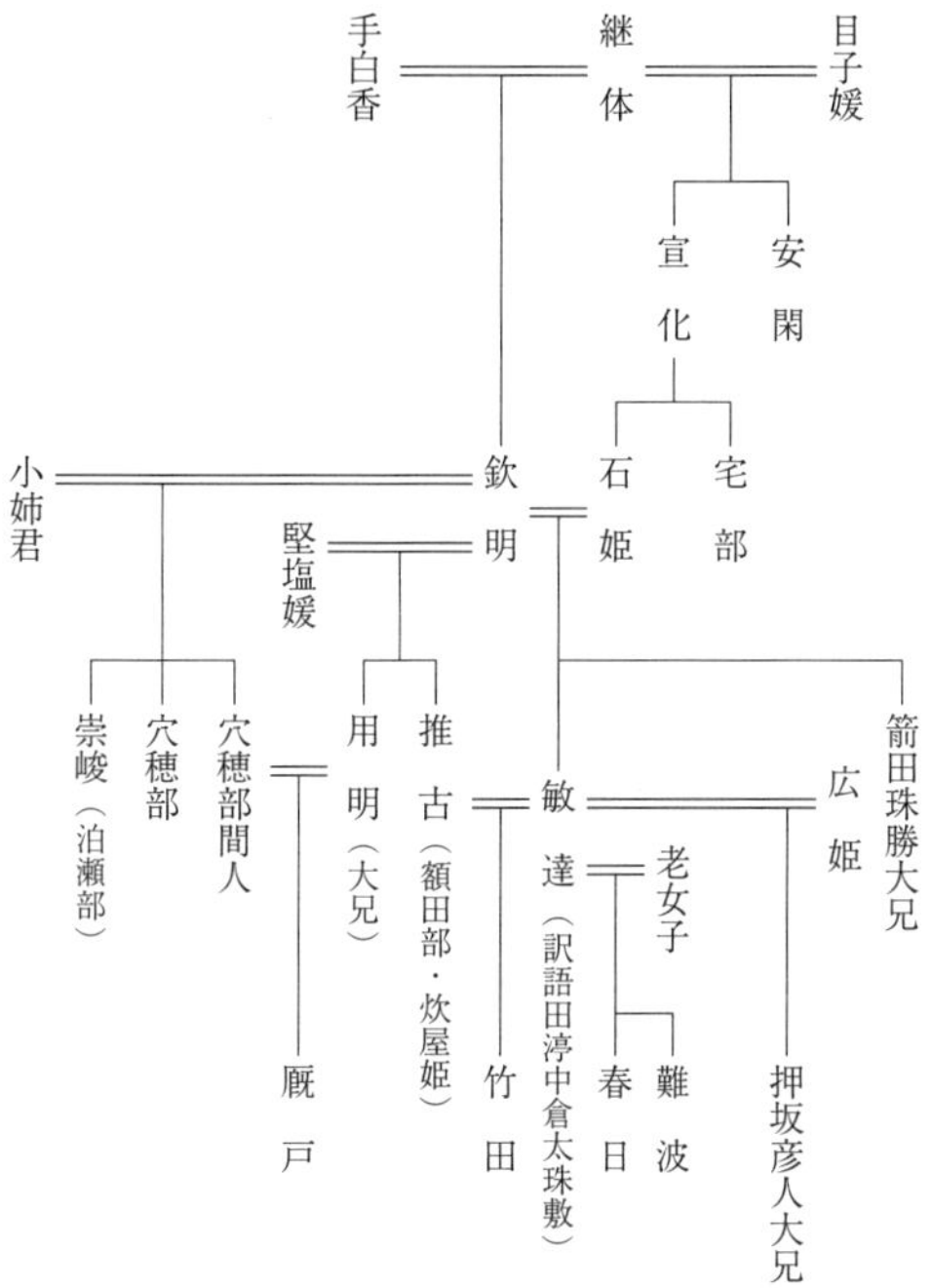

富な「大兄」から擁立されたというのも、執政能力に欠ける皇子が血統のみで即位するのを避けるための保険であったといえるだろう。実際、敏達が没すると、彼の諸皇子のなかからではなく、敏達と同じ欽明の第一世代で、斑鳩宮家の「大兄」であった大兄皇子が立って用明天皇となった。その皇后には倉梯宮家から異母妹の穴穂部間人皇女が冊立され、厩戸皇子ら四男を儲けたほか、蘇我稲目の女石寸名《いしきな》が田目《ため》皇子を、葛城磐村《いわむら》の女広子《ひろこ》が麻呂子《まろこ》皇子ら一男一女を生んでいる。

用明の即位後、倉梯宮家の「大兄」となった穴穂部が敏達の殯宮《もがりのみや》[注36]へ侵入し、奉斎していた炊屋姫皇后を奸そうとする事件が起きる。その試みは、敏達の寵臣であった三輪逆《みわのさかう》によって阻止されたが、逆恨《さかうら》みした穴穂部が物部守屋《もりや》をさそって逆を斬殺したため、炊屋姫や蘇我馬子《うまこ》との関係が決定的にこじれることになる。この穴穂部による不可解な行動は、用明の即位に不満をもつ穴穂部が、炊屋姫の支持を得て即位をはかった行動とか、敏達の長子である押坂彦人大兄が「太子」[注37]となったことから、即位の望みが絶たれた穴穂部が起こした抗議行動などと考えられているが、用明と比べて相対的に若い穴穂部がすぐに即位できるわけではないことからすると、「大兄」としての経験が少ない穴穂部が前王妃を獲得して自己の存在をアピールし、次期天皇候補としての地歩を固めようとした行動であったと考えるべきだろう。[注38]ただし、その行動はあまりにも性急で身勝手なものだったこともあり、斑鳩宮家と倉梯宮家との王権継承をめぐる対立にとどまらず、それぞれ蘇我氏と物部氏という有力氏族を味方に引き入れ、かつ残る百済宮家をも巻き込んで、大きな政治抗争に進展していく。

用明二年（五八七）四月に天皇が病を発すると、身の危険を察した物部守屋が阿都《あと》（河内国渋川郡跡部）の別業《べつぎょう》に退いて軍備を整え、同派の中臣勝海《なかとみのかつみ》が押坂彦人大兄の水派宮を急襲しておそらく大兄を殺害するも[注39]、自身も舎人《とねり》迹見赤檮《とみのいちい》によって斬殺されるという事件が起こる。数日後に用明天皇が没すると、炊屋姫の命で穴穂部皇子と宅部《やかべ》皇子[注40]が殺害され、泊瀬部皇子・竹田皇子・厩戸皇子・難波皇子・春日皇子といった有力王族と、蘇我・紀《き》・巨勢《こせ》・大伴・阿倍《あべ》・平群《へぐり》ら有力氏族が糾合して物部氏の別業に迫り、苦戦の末にようやく守屋を射殺することに成功する。かかる一連の抗争を丁未《ていび》の役《えき》と称するが、ここにみえる皇子のうち、竹田・難波・春日は百済宮家、厩戸は斑鳩宮家でとくに問題はないが、穴穂部の弟で、本来なら敵方であるはずの泊瀬部が物部討伐軍に加わっているのは不可解である（系譜4参照）。しかしこれについては、押坂彦人大兄が中臣勝海に殺害されたことにより、自派に即位年齢に達した有力皇子がいなくなったことと[注41]、倉梯宮家の勢力削減をねらって分断をはかったことから、泊瀬部の取り込みがはかられたと推察できよう。

丁未の役の結果、炊屋姫と群臣の推戴により、倉梯宮家の泊瀬部皇子が即位して崇峻天皇となった。この即位は参戦した王族のうち、崇峻だけが欽明の子どもの世代であることから、当時の継承原理からすれば順当なものであった。ただし、崇峻は『書紀』用明元年（五八六）五月条が引く或本に、三輪逆殺害を物部守屋に命じた主体として穴穂部とともに明記されているように、炊屋姫にとっては不倶戴天の敵であることに違いはなかったし、またそれほど政治能力にも長けてはいなかったようである。中国大陸では五八一年に、隋によって約三百年ぶりの統一国家が樹立されており、それへの対応をめぐって的確な政治判断が求められていた。崇峻二年（五八九）七月に実施された東山・東海・北陸各道への国境視察や、同四年十一月におこなわれた任那復興軍の編成および新羅・任那への問任那事使の派遣は、このような大陸情勢や周辺地域（とくに朝鮮半島）の状況への対処措置であったが、おそらく崇峻では日々刻々と変化する国内外の政治情勢に対応できないと判断され、同五年（五九二）十一月に蘇我馬子の命を受けた東漢駒《やまとのあやのこま》によって、東国からの調物貢進の日に殺害されてしまうのである。

この日本史上はじめての臣下による〝王殺し〟を壬子《じんし》の変と称するが、これを『書紀』は馬子による単独立案と説明している。しかし大王が暗殺されたにもかかわらず、その後に支配層が動揺した形跡は認められず、推古天皇の即位まで比較的順調に進んでいることからすれば、馬子の背後には広範な支配層の支持があったと考えるのが合理的だろう。そもそもこの事件は、三韓からの調物貢進の日に発生した乙巳《いっし》の変とモチーフが非常によく似ており、その後にことさら恐怖政治をおこなうことなく体制改革が進行している点でも類似している。乙巳の変では中大兄《なかのおおえ》皇子や中臣鎌足《かまたり》の功績を強調するため背後の支持層にはふれなかったが、壬子の変では〝大王弑《しい》逆《ぎゃく》〟という大罪を蘇我氏ひとりに背負わせるため単独立案・実行に書き換えられたのだろう。ともかく大王位はその後、竹田や厩戸などの次世代に移るはずであったが、彼らはまだ二十歳前後の若年だったのでただちに即位できず、世代交代を一時的に遅らせる効果をねらって斑鳩宮家出身の炊屋姫（額田部皇女）に白羽の矢が立つこととなる。日本史上初の女帝、推古天皇の登場である。ただし推古の場合も、王妃の経済基盤であった私宮《きさいのみや》の経営や丁未の役以来の的確な言動などで、その執政能力が支配層に認知されていたことが大きかったのであり、血統に加えて人格・資質が即位の要件であったことは「大兄」たちと何ら変わらなかった点は留意すべきであろう。

二　合議機構の創設

1　首長間連合から国造制へ

六世紀に王権継承の原理が変化したことについては以上の通りであるが、この時期には地域の支配構造についても大きな変動が生じるようになる。五世紀段階にあっては、大王（倭王）と各地域を統轄する地域首長が権力構造的に比較的フラットな関係を保ち、婚姻等の人格的関係によってゆるやかな〝首長間連合〟を築いていた。このような政治構造にあっては、大王といえども在地の問題に介入することはできず、各地域の支配は大王権力から相対的に自立していた地域首長によって貫徹していたのである。よって王権中枢と人格的関係を結び得ない中・下位首長は、かかる政治構造からは排除されており、それは五世紀における地域首長クラスの墳墓が墳丘・葺石・埴輪・埋葬施設・副葬品などにおいて大王墓のそれと似かよっているのに対し、そのほかの小型低方墳はあくまで在地的な内容にとどまっていたという考古学的知見[注42]とも合致している。

このように、権力構造的には当時の政治的主体といっても過言ではない地域首長であったが、中・下位首長や共同体成員の支持をつなぎ止めて自己の在地支配を安定的に維持するため、彼らに再分配する威信財の確保を心がけなければならなかった。ところでそれら威信財のほとんどは舶載品であり、高句麗が南下をはじめた四世紀後半以後においては、個々の首長が個別の交易ルートを駆使してそれらを十分に確保することがむずかしくなっていた。そのため地域首長たちは、威信財の安定供給という個別利害を成就させる目的で、大王（最高首長）のもとに結集する道を最終的に選択し、みずからの外交・軍事権を大王に〝委任〟したと考えられるのである[注43]。これによって大王は、対高句麗戦などに独裁的な軍事指揮権を行使することが可能になったが、その際に編成された軍隊は地域首長の命令を待って動員されるものであり、彼らからの委任なくしては成立しない権限であったことを忘れてはならないだろう。

しかしこのような支配構造は、六世紀に入ると劇的に変化する。それまで倭王権への鉄資源の供給源であった加耶地域が、百済と新羅に挟撃されて五六二年に滅亡してしまうと、そこからの威信財供給に頼ってみずからの政治的地位を保ってきた地域首長の権力基盤がもろくも崩壊してしまったのである。上述したように、五世紀の地域首長は在地のヘゲモニーを掌握して大王権力の介入を許さなかったが、鉄資源をはじめとする威信財を安定的に確保することが首長としての地位を維持するうえで不可欠の要件であったため、権限の一部を委譲してでも大王との連携を組まざるを得ないという、階級的支配者としての不完全さも持ち合わせていた。その意味では、彼らの在地支配は〝地域王権〟と呼べるほど十全なものではなかったし、地域内部からの〝反乱〟の危険性を常に警戒しなければならない不安定な存在でもあった。それがここへきて、地域首長の権威の源泉であった威信財の入手が困難になったことで、もはや彼らを上位首長としていただく必要がなくなった中・下位首長からの突き上げをくらうはめとなり、それをかわすために威信財に代わる権威として大王への一層の従属を余儀なくされたのである。

『書紀』安閑元年閏十二月是月条には、〝武蔵国造の乱〟に関する記事がみえる。この事件は、武蔵の地域首長であった笠原直使主《おみ》に同族の小杵《をき》が反乱をくわだて、隣接する大首長であった上毛野小熊に援助を求めたのに対し、使主が倭王権に訴えたことで小杵が殺害されたというものである。この事件の性格については、それまで上位首長(地域首長、使主)の支配下にあった下位首長(小杵)が、政治・経済的台頭によって従来の支配からの自立・抵抗を試みた〝グムラオ反乱[注44]〟的行動であったととらえるのがよいと考えるが、ともかく使主には反乱を鎮めるだけの権威がなくなっており、最終的に大王(最高首長)の「臨断《つみさだめ》」を仰ぐことでようやく決着したことが重要である。なぜならこのような紛争処理形態は、倭王権が在地の問題に直接介入できなかった五世紀段階ではあり得ず、大王と地域首長との関係が新たな段階に入ったことを示すからである。大王と地域首長との新たな関係とは、『書紀』継体二十一年六月甲午(三日)条にみえる〝磐井の乱〟のやりとりに明瞭にあらわれている。

この地域反乱については従来から注目され、その歴史的性格についても諸説あるが、右の記事に磐井が毛野に対して「今こそ使者たれ、昔は吾《わ》が伴《ともだち》として、肩摩《かたす》り肘触《ひぢす》りつつ、共器《おなじけ》にして同食《ものくら》ひき。安《いづくに》ぞ率爾《にはか》に使となりて、余《われ》をして儞《い》が前に自伏《したが》は俾《し》めむ」と「乱語揚言」したとされていることから、私見ではそれまで比較的フラットであった各首長間に、政治的・社会的な序列が生じた結果、もとの状態に戻そうとして起こされる〝平等化現象[注45]〟、あるいは旧来の伝統的秩序が権力者によって無視された際、その回復を求めて起こされた〝伝統主義的革命[注46]〟の一種であったととらえたい。しかし緊迫を増す朝鮮半島情勢は、近畿の有力首長と地域首長が相対的に平等であったそれまでの政治秩序（首長間連合）の継続を許さず、磐井に一方的な服属を強要してきたのである。結局、磐井による〝異議申し立て〟は、物部麁鹿火《あらかひ》が派遣されて力でねじ伏せられ、その後に同様の反乱が生じることはなかった。磐井の子の筑紫君葛子《くずこ》は糟屋《かすや》屯倉を献上して死罪を免れるが、おそらく大半の地域首長は筑紫君のように大王権力との衝突によって軍門に降ったのではなく、笠原直のように下位首長からの突き上げによって地域の共同利害を体現できなくなったため、それまで保持してきた地域の再分配センターとしての機能を放棄して、みずからに集約させてきた貢納・奉仕関係を大王に中継する〝国造〟に望んで退転していったと考えるべきだろう。

2　合議制の成立とその特徴

六世紀の王権構造の特徴は、倭王権に対する地域首長の従属度が深まったことで、大王への求心力が以前よりも相対的に上昇した点にある。その結果、列島各地の貢納・奉仕関係が大王に一元化され、必然的に王権の行政事務が量的に拡大したことにより、統治機構が前代よりも整備・拡充されることになった。それまでも中国王朝からの将軍号除正とともに開設された軍府を拠点として、その属僚である府官（長吏・司馬・参軍など）に臣下を任じた府官制[注47]や、稲荷山古墳出土鉄剣銘や江田船山古墳出土大刀銘に象嵌されている「杖刀人首」や「典曹人」のように、「○○人」などと表現された個人や集団が特定の職務（○○の部分が職掌名をあらわす）をになって王権に奉仕した人制[注48]などの初源的な統治機構は存在したと思われるが、それらは体系的な統治システムというにはほど遠く、王権全体が統治機構によって運営されていたとはいい難かった。それが王権の行政事務が肥大化したことによって、本来は大王に集約されるべき仕奉《しぶ》集団（トモ―ベ集団）の数量が飛躍的に増大し、大王がすべての集団を直接管掌できない事態におちいったのである。ここに至って倭王権は、トモ―ベ集団の管轄権を一部の有力階層（群臣）にゆだねる体制を選択したのだが、そのため新たに王権全体の意思統一をはかる必要が生じたことで、管轄権を分与された有力階層を糾合する中枢機構が創設されることになったと考えられる。[注49]

また加耶地域における利権喪失という事態は、王権に執政内容を質的に進化させる必要性を痛感させ、軍事・外交部門に利権回復を至上命題とする渡来系氏族主体の専門家集団が体系的に成立することとなった。これによって大王は専門知識を統治に活用できるようになったが、同時にそれは専門知識を有する集団の重要性を高める一方、大王自身のカリスマを相対的に低下させる負の効果をも持ちあわせていた。いまだに大王が所持する超人的・非日常的な能力に依拠した支配が継続されていた当時にあって、それは大王としての資質が疑われかねない危険な事態であった。よって大王は、専門知識を利用しつつも大王としての地位の保身をはかるという二律背反的課題を解決するため、王権全体における〝共同利害の唯一の体現者〟たる自己をアピールする必要にせまられ、政策決定までのプロセスで――形式的ではあるが――恣意性を排除し、それによって自己の安全性を追求する目的の諮問・議決機関を用意することになったのである。[注50][注51]

さらに前節で述べた血統重視の王権継承も、六世紀の王権機構のあり方に多大な影響をおよぼした。なぜなら王統が世襲化・単一化されたことは、支配を安定的に継続させるうえでは効果を発揮するが、大王を選択する幅がせばまった分だけ王位をめざす王族と群臣との関係が緊密化し、本来は大王のもとに一体であるべき群臣層がそれぞれに意中の有力王族をいただくことで、権力が系列化して王権分裂の危険をもたらすものであった。また新たに大王に求められた執政能力という資質も、前代の資質に比するとすぐれて日常的であるがゆえに、客観的に候補者間の優劣を判断しにくいものであったため、いったん対立が生じると解決までに時間がかかり、抗争が激化する要因にもなっていた。よって王権分裂の危険を未然にさける必要から、有力階層による不断の意思確認の場が設定されるに至ったと思われるのである。[注52]

これらの理由が複合的に絡みあって成立した合議制であるが、その権限には大王の諮問を受けて〝国政〟を議論し、意見を具申する参議・奏宣権、大王が即位する際に鏡・剣などのレガリア（王位を象徴する物品、宝器）を献上して即位を承認する王位推戴権、[注53]各地域の国造によって徴発された軍隊（国造軍）を指揮・統率する軍隊統帥権などがあったと考えられる。たとえば『書紀』欽明十三年（五五二）十月条の〝仏教公伝〟記事では、百済の聖明王（聖王《ソンワン》）から贈られた金銅製釈迦仏一躯・幡蓋若干・経論若干巻を前にした欽明天皇が、群臣に対して「西蕃《にしのとなりのくに》の献《たてまつ》れる仏の相貌《かほ》端厳《きらぎら》し。全《もは》ら未だ曾てあらず。礼《いやま》ふべきや不《いな》や」と崇拝の是非を議論するよう諮問したところ、蘇我稲目が「西蕃の諸国、一《もはら》に皆礼ふ。豊秋日本《とよあきつやまと》、豈独《あにひと》り背《そむ》かむや」と答えたとある。私見では、古代日本の仏教受容は『書紀』等に描かれているような受動的〝伝来〟ではなく、『隋書』倭国伝に「仏法を敬ひ、百済に求めて仏経を得」たとあるような自発的〝導入〟であったと考えているが、[注54]ともかく仏教受容の是非は外交政策とも密接に関係する重要事案であったため、合議が開かれて審議されたのであろう。ここで留意すべきは、主に王権の外交・財政部門を管掌していた蘇我稲目が宗教部門（仏教）にも関与しようとしたところ、その運用をめぐって宗教部門（神祇）の統轄者であった物部尾輿《おこし》・中臣鎌子《かまこ》が弾劾したことで、この点から合議の場では個々の群臣が管掌していた事項の管理・運営自体が議論の対象になり得たこと、そして群臣はその能力に応じて複数の部門（職務）を同時に管轄することが可能であったことがわかる。

ところで合議制の成立は、この時代の権力構造が有力群臣による〝貴族共和制〟的形態に変質したことを意味するのであろうか。一見、大王による〝専制君主制〟とは相容れないと思われがちな合議制であるが、前述したようにそれは六世紀初頭に相前後して起こった〝首長制秩序の動揺〟〝朝鮮半島情勢の変動〟〝王権継承をめぐる抗争〟などの事態に対処するため、王権が設定した専制体制の安定化を目的とした機関であった。よってこれを大王側の視点からとらえると、みずからの意思形成に際して、一定の有力階層を政策決定に関与させることで、彼らにも応分の責任を分担させ、その政策遂行を群臣層に〝保障〟させることにより、大王の意思を王権全体の意思にまで昇華させるための機関（大王による専制体制の〝保障〟機関）であったとみることが可能で[注55]、一方それを群臣の視点からとらえると、みずからの存在のみでは完結できない未熟な支配階層であった群臣は、その階級的脆弱性を克服するため常に体制の安定的統一を指向していたが、その過程で彼らの共同利害を体現するにたる人物、すなわち大王を核として結集することで、みずからの地位を〝保障〟してもらうための機関（群臣の共同利害貫徹のための〝保障〟機関）であったと規定[注56]することができるだろう。

3　群臣の性格とその範囲

それでは合議に参画した群臣には、どのような氏族がいたのだろうか。この点については、どのような条件に合致した氏族が合議に参加できたのかを考えることが肝要だろう。六世紀に入ると、行政実務を担当するトモ―

べ制が整備されるが、周知のようにその特徴は特定の氏族によってある職務が世襲されることにある。いわば個々の伴造氏族が〝ツカサ〟の役割を果たしていたのであるが、当時の国内外の政治情勢は縦割りの行政分掌のみで乗り切れるほど容易なものではなく、複数の〝ツカサ〟にまたがる複合的問題や一氏族の世襲的・独占的管轄によっては解決がむずかしい深刻な状況に至っており、そのうえ前述のように王権行政の肥大化すら引き起こしていた。よってそのような情勢に対処するべく、倭王権は有力階層にトモ―べ集団の管轄権、すなわち行政事務の一部をゆだねる選択をしたのだが、より具体的にはトモ―べ制をになう伴造氏族や国造層を統属して彼らの王権への奉仕活動を管理・運用することこそが群臣の役割（下位集団を率いるという点では伴造氏族と似かよっているが、固定的・世襲的・独占的な形態の一般伴造氏族とは異なるため、群臣の職務形態を〝大伴造〟と仮称する）であり、この本源的性格がなければ群臣の国政審議職としての職務も付与されなかったと思われる。[注57]

さて先に指摘したように、群臣の〝大伴造〟としての統轄形態は一般の伴造氏族と異なり、能力次第では複数の職務（仕奉集団）を同時に担当することが可能であったが、合議の場では彼らの管理・運営自体が議論の対象になり得るという特徴があった。かかる点からすると、もともと群臣には特定の管轄分野など存在せず、蘇我氏の外交・財政部門や大伴・物部氏の軍事部門、物部・中臣氏の宗教部門など、通常考えられている群臣の属性は彼らが率いた下位集団の職務に規定され、その統轄関係が固定化していったことから形成された、歴史的・伝統的所産であったことが想定される。したがって、彼らの管理・運営が王権の意向に沿わない場合には、統属関係の解消も当然あり得た話で、複数の職務を同時に担当するなど、表層的には強大な権勢を有していたかのようにみえる群臣であったが、実際には王権の意向を斟酌しながら、そこに寄生する存在であったことには留意すべきである。では具体的に、どのような氏族を群臣とみなしてよいのだろうか。先行研究のなかには『書紀』に名前が登場するほとんどの氏族を群臣としているものもあるが、私見では次の三条件を満たした氏族を恒常的な群臣と考えたい。

ⅰ．史料に大臣・大連・大夫と明記されていること

ⅱ．それ以外でも、群臣とわかる記載がされていること

ⅲ．その活動が一代限りでなく、数代にわたっていること

まずⅰの条件に合致するものとしては、『古事記』や『書紀』に大臣とある蘇我氏、同じく大連とみえる大伴・物部氏、そして大夫とある阿倍・中臣氏の五氏族があげられよう。彼らの活躍はみな数代にわたっており、ⅲの条件にも合致している。ⅰで問題になるのは、蘇我氏のほかに大臣就任伝承を有する巨勢・平群両氏のあつかいであるが、両氏の伝承についてはすでに信憑性の低いことが明らかにされており、彼らを大臣としてⅰの条件に合致する群臣とすることはできない。しかし巨勢氏については、欽明元年（五四〇）九月に新羅征討を討議した際の諸臣に稲持《いなもち》が、崇峻四年（五九一）十一月の任那復興軍の大将軍として猿《さる》が、丁未の役で守屋の別業を襲撃した際の群臣に比良夫《ひらぶ》がみえることから、ⅱとⅲに該当する群臣として認めてよいと思う。また平群氏についても、丁未の役で守屋の「渋河家」（河内国渋川郡）に向かった群臣に神手《かみて》がおり、推古三十一年（六二三）の新羅征討軍の副将軍に宇志《うし》の名がみえること、平群氏の奥津城《おくつき》とみなされている奈良県西北部の平群谷古墳群には、神手の活躍時期と重なる六世紀後半から群臣クラスの墳墓に数多く採用された畿内型横穴式石室を有する古墳が継続して築かれていることの二点より、平群氏は神手の代から群臣に上昇したとみなしたい。このほかⅱに合致する群臣として、五世紀から朝鮮経営で活躍した伝承を持ち、丁未の役では蘇我馬子とともに〝氏＋名＋宿祢〟という敬譲用法で記される男麻呂《おまろ》を擁する紀氏を加えることができるだろう。

以上みてきたように、私見では右にあげた八氏族がほぼ恒常的に合議に参画できた群臣だったのではないかと考える。このほか、大王との個別的人格関係にもとづく側近（敏達の「寵臣」と記される三輪氏など）や新知識を有する渡来系氏族・僧侶、そして群臣の勢力拡大にともなって引き立てられた傍系同族（紀氏同族の坂本氏や阿倍氏同族の膳氏など）も、大王の招集や議題の種類によっては時々の合議に加わることがあり[注58]、さらには次代をになう「大兄」たちも一定の年齢を経たのちは、各宮家を代表して合議に参画していたとみるべきだろう。ともかく、令制導入以後の八世紀前半にあっても、一年ごとの議政官数を集計すると十名を超えないことからすれば、行政組織が未発達な倭王権段階においては政務がそれほど細分化されていたとは考えにくく、それらを分掌していた群臣が常時十名以上いたとはとても想定できないと思われる。

結びにかえて

本稿は六世紀の倭王権について、世襲王権の成立と合議機関の創設に焦点をあて、権力構造が五世紀段階からどのように変質していったのかを分析したものである。考察の結果を改めてまとめることはしないが、五世紀と六世紀との間に質的な違いがみられることについてはほぼ論証できたと思われるし、この時代に選択した方向性が八世紀の律令制国家成立につながっていくことも、どうやら想定できそうである。さまざまな要因から大王への志向性が高まった六世紀、倭王権は独裁的ではあるが不安定な五世紀（雄略）的権力構造をあえて選択せず、世襲化によって王統を安定させるとともに、合議制を採用して高次の専制王権確立をめざすことにした。合議制が専制王権と矛盾しないのは、そこにほぼ恒常的に関与する資格を持った群臣の数が意外と少なく（範囲の限定性）、そこには大王の側近や新知識を有する渡来系氏族なども参加しており（構成の柔軟性）、こののち冠位制の施行など外的要因によって範囲が容易に変動し（階層の流動性）、その地位は無条件の継続・世襲を必ずしも約束されていなかった（地位の一過性）という特徴をみれば一目瞭然で、合議制を〝氏族勢力の牙城〟とみなすことはできないと思われる。[注59]

次期大王をめざす「大兄」が政治経験を積む場であった皇子宮は、「大兄」をはじめとする同母集団の家政機関であるとともに、王権から委託された仕奉集団を管轄する執務遂行センターでもあった。同じことは群臣の邸宅にもいえ、これら皇子宮や群臣宅が大王宮と有機的に結びついて王権中枢を構成していたのが当時の王権構造であったといえる。かかる形態を本稿では〝宮・宅体制〟と呼称するが、当時の政治状況から必然的に要請されたこの形態は、専制王権の確立と運営には役立ったものの、有力階層の〝宮・宅〟は彼らの農業経営・地域開発の拠点でもあったことから、そこを直接の奉仕先と認識していた仕奉集団や土地が次第に有力階層によって占有化される事態が七世紀になると生じてくる。[注60]この矛

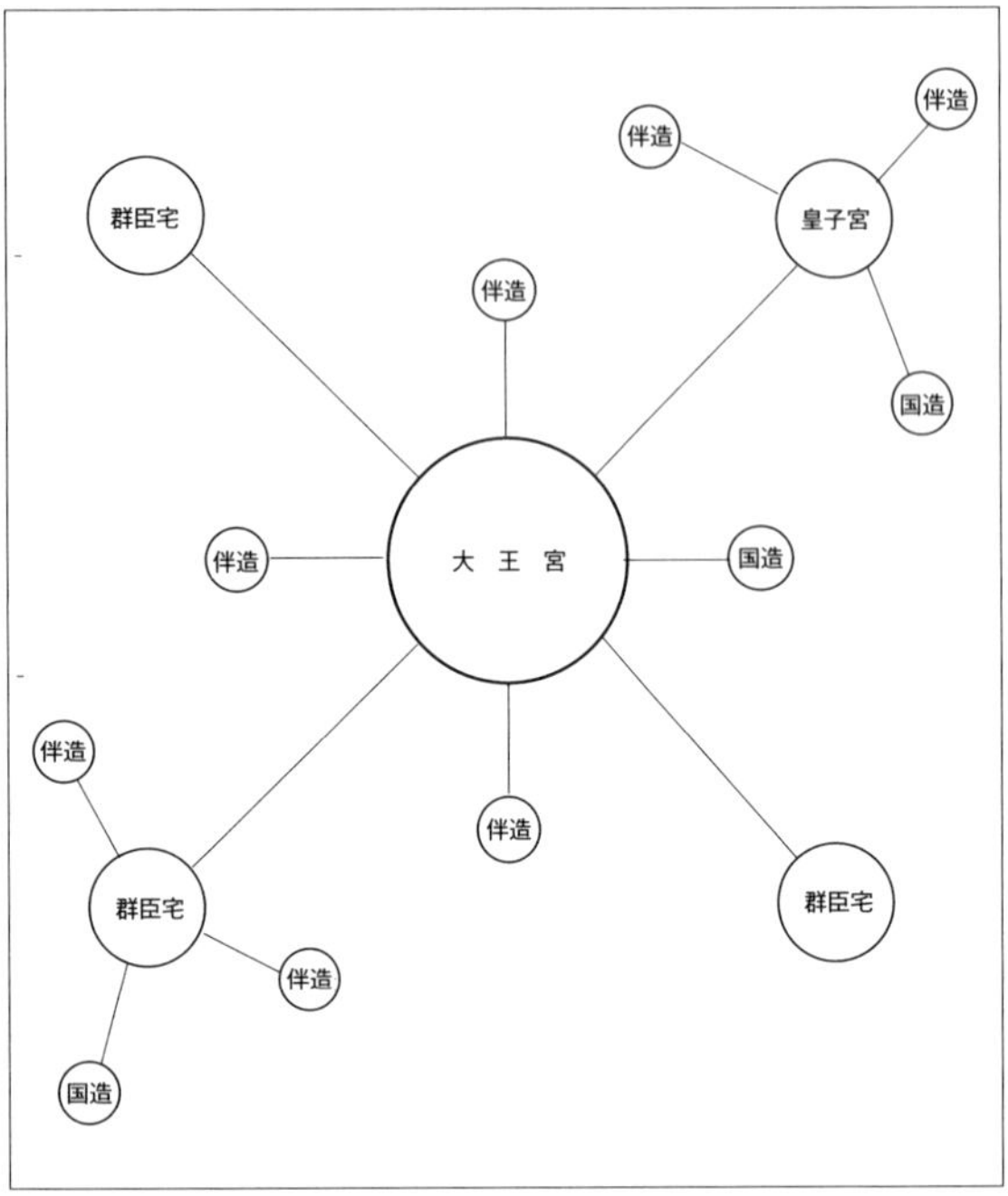

挿図１ “宮・宅体制”概念図

盾解消のため、倭王権はさらなる政治改革に突き進むことになるのであるが、それについては本稿の課題を越えるので、ひとまず擱筆することにする。

注

1　本稿では便宜上、即位した人物を指す場合には「〇〇天皇」と称し、そのほかの場合には「大王家」や「大王位」などと表記する。
2　福山敏男「江田発掘大刀及び隅田八幡神社鏡の製作年代について」（『日本建築史研究』所収、墨水書房、一九六八年、初出は一九三四年）。
3　稲荷山古墳出土鉄剣銘、および江田船山古墳出土大刀銘についての私見は、拙稿「有銘刀剣の下賜・顕彰」（『文字と古代日本1　支配と文字』所収、吉川弘文館、二〇〇四年）を参照されたい。
4　井上光貞「雄略朝における王権と東アジア」（井上光貞著作集第五巻『古代の日本と東アジア』所収、岩波書店、一九八六年、初出は一九八〇年）。
5　岸俊男「画期としての雄略朝——稲荷山鉄剣銘付考——」（『日本古代文物の研究』所収、塙書房、一九八八年、初出は一九八四年）。
6　大平聡「ワカタケル——倭の五王の到達点」（『古代の人物1　日出づる国の誕生』所収、清文堂、二〇〇九年）。
7　平野卓治「ヤマト王権と近江・越前」（『新版日本の古代』五・近畿編Ⅰ所収、角川書店、一九九二年）、拙稿「倭王権の列島支配」（『日本古代王権の構造と展開』所収、吉川弘文館、二〇〇九年、初出は一九九八年）、大平聡「ワカタケル——倭の五王の到達点」（前掲注6論文）など。
8　藤間生大『倭の五王』（岩波新書、一九六八年）、原島礼二『倭の五王とその前後』（塙選書、一九七〇年）、川口勝康「五世紀の大王と王統譜を探る」（『巨大古墳と倭の五王』所収、青木書店、一九八一年）など。
9　吉村は後掲注10書（六二頁）で、この条文を孝武帝紀としているが、本文のように文帝紀が正しい。
10　吉村武彦「倭の五王とは誰か」（『争点日本の歴史2古代編Ⅰ』所収、新人物往来社、一九九〇年）、同『古代天皇の誕生』（角川選書、一九九八年）。

11 平野卓治「ヤマト王権と近江・越前」（前掲注7論文）、大平聡「世襲王権の成立」（『日本の時代史2 倭国と東アジア』所収、吉川弘文館、二〇〇二年）。

12 川口勝康「五世紀の大王と王統譜を探る」（前掲注8論文）。以下、原帝紀論に関する川口の見解は、この論文による。

13 ただし、これらはあくまで珍（ミツハワケ）の兄である讃の名であり、垂仁皇子の名（ホムツワケ）や応神の名（ホムタワケ）と考えるべきではないとする。

14 川口はここで、ワカタケル（雄略）の子とされるシラカ（清寧）とオホケ（仁賢）の子とされるワカサザキ（武烈）を、ワカタケル―ワカサザキ、シラカ―タシラカという名前の類似、隅田八幡神社所蔵人物画像鏡銘による武烈天皇実在の想定などによって交換している。

15 川口はA系系譜の継体と「一云」系譜の乎非王（継体の祖父、すなわち二世代前）が同世代になっていると説明しているが、わかりやすさに配慮して本文のように改めた。ただし、その論旨に違いはない。

16 「一云」系譜の点線部分にふくまれる人々は、このような系譜上の意味をもつ虚像にすぎないとする。

17 系譜2におけるナカツヒメ、春日大郎女、タシラカが〝ナカツヒメ〟で、それぞれ允恭（①）、仁賢（②）、継体（③）と婚姻することで、ふたつの系統を接合する役割をになっている。かかる婚姻が実際にあったか否かについては、登場人物の実在性をみきわめない限りむずかしい問題であるが、婚姻の形態としては入り婿婚で、A系の仁賢はB系に、C系の継体はA系に入り婿することで、前王統の政治的権威や権力を受け継ぎ、ようやく王権継承を実現することができたといえる。

18 珍が劉宋の太祖・文帝（劉義隆）に除正を求めた「使持節・都督倭百済新羅任那秦韓慕韓六国諸軍事・安東大将軍・倭国王」号、済が元嘉二十八年（四五一）にそれまでの「安東将軍・倭国王」に加えて許された「使持節・都督倭新羅任那加羅秦韓慕韓六国諸軍事」号、そして武が順帝（劉準）の昇明二年（四七八）に上表文のなかで自称した「使持節・都督倭百済新羅任那加羅秦韓慕韓七国諸軍事・安東大将軍・倭国王」号に朝鮮半島の国名や地域名が入っているのは、それらの地域の軍事的支配権を劉宋に承認してもらうためであった。坂元義種「五世紀の日本と朝鮮――中国南朝の冊封と関連して――」（『古代東アジアの日本と朝鮮』所収、吉川弘文館、一九七八年、初出は一九六九年）、同「倭の五王――その遺使と叙爵をめぐって――」（『同右書』所収、初出は一九七〇年）、同『倭の五王――空白の五世紀――』（教育社、一九八一年）など。

19　鈴木靖民「加耶の鉄と倭王権についての歴史的パースペクティヴ」（『日本古代国家の展開』上所収、思文閣出版、一九九五年）、同「鉄をめぐる倭国と弁韓・加耶」（『倭国史の展開と東アジア』所収、岩波書店、二〇一二年、初出は二〇〇四年）。

20　首長位を象徴する財物のこと。古代日本の古墳時代前期では銅鏡・銅鏃・碧玉製品などであったが、中期には甲冑や鉄剣などの武器に変化したとされる。田中晋作「埋納遺物からみた古墳被葬者の性格」（『考古学論叢』所収、関西大学、一九八三年）。

21　社会人類学の概念で、個人や集団間で財・サーヴィスを互換することを互酬というのに対し、集団内で一旦貢納・寄贈された物財をふたたび還元することを再分配といった。再分配は時期をずらした互酬行為とも考えられるが、当初首長には共同体への最大の貢献者が選ばれたため、自己の名声や気前のよさを証明する手段として再分配行為がさかんにおこなわれた。

22　遠山美都男「古代王権の諸段階と在地首長制」（『歴史学研究』五八六、一九八八年）。なおこの論文は、のち『古代王権と大化改新』（雄山閣出版、一九九九年）に収録されたが、該当箇所は削除されている。

23　拙稿「倭王権の列島支配」（前掲注7論文）。なお最近、五世紀段階では「相互に血縁関係をもたない複数の王統の間で王位が回り持ちされていた」とする私見などに対し、その背後に「国家の基礎単位としての豪族や地域首長を想定する貴族制論の影が残存し続けてはいないだろうか」との批判が北康宏「国家形成史の過去と現在」（『歴史評論』八〇九、二〇一七年）から提示されている。しかし私見では、本文に記したように、五世紀の大王位が他の王統に転移する可能性があったと述べたことはあるが、複数の王統間で「回り持ち」されたと書いたことは一度もなく、引用が不正確である。また複数の王統説の背後に、貴族制論の影をみようとする点についても、大王を輩出できる集団（王家）が五世紀段階にはまだ固定化・世襲化していなかったと考えることと、「国家の基礎単位としての豪族や地域首長を想定する」こととは位相が異なっており、理解に苦しむ。五世紀における複数の王統説とは、記紀にもとづく素朴な万世一系観に対する批判の試みであり、当時から大王（および大王を輩出する家系）が特別視・神聖視されていたわけではないことを明らかにする学問的検証ではあっても、豪・貴族が国家の基礎単位であったことを主張したものではない。

24　『古事記』武烈天皇段では、即位以前の居地を近淡海国（近江）とする。

25　平野卓治「ヤマト王権と近江・越前」（前掲注7論文）、仁藤敦史「継体天皇」（『古代の人物1　日出づる国の誕生』所収、前掲注6書）。

26　平野卓治「ヤマト王権と近江・越前」（前掲注7論文）、拙稿「倭王権の列島支配」（前掲注7論文）。

27　平子鐸嶺「継体以下三皇紀の錯簡を弁ず」（『史学雑誌』一六―六・七、一九〇五年）。

28 喜田貞吉「継体天皇以下三天皇皇位継承に関する疑問」（喜田貞吉著作集3『国史と仏教史』所収、平凡社、一九八一年、初出は一九二八年）。

29 林屋辰三郎「継体・欽明朝内乱の史的分析」（『古代国家の解体』所収、東京大学出版会、一九五五年、初出は一九五二年）。

30 川口勝康「紀年論と「辛亥の変」について」（『日本古代の社会と経済』上所収、吉川弘文館、一九七八年）。

31 これを「大兄」の原理という。荒木敏夫『日本古代の皇太子』（吉川弘文館、一九八五年）。

32 これを世代内継承原理という。大平聡「日本古代王権継承試論」（『歴史評論』四二九、一九八六年）、遠山美都男『大化改新――六四五年六月の宮廷革命』（中公新書、一九九三年）。

33 『書紀』によれば、このほか欽明の妻妃には石姫の同母妹である稚綾姫《わかあやひめ》皇女と日影《ひかげ》皇女、春日日抓《かすがのひつめ》の女糠子《あらこ》がおり、それぞれ石上《いそのかみ》皇子、倉《くら》皇子、春日山田《かすがのやまだ》皇女と橘《たちばなの》麻呂《まろ》皇子を生んでいる。

34 敏達は百済宮家の次子ではあったが、『書紀』敏達即位前紀に「天国排開広庭《あめくにおしはらきひろにわ》天皇（欽明）の第二子なり」とあるように、欽明の皇子全体からみても箭田珠勝大兄を除けば最年長であった。

35 古代日本におけるインセスト・タブー（近親婚についての禁忌）は同母兄妹間のみで、異母兄妹間については許されていた。

36 死去した天皇など貴人の遺体を、葬儀のときまで安置して祀っているところ。〝あらきのみや〟ともいう。

37 『書紀』用明二年（五八七）四月丙午（二日）条に、「太子彦人皇子」とみえる。

38 拙稿「用明・崇峻期の政変と蘇我氏――飛鳥寺建立前夜の倭王権――」（『古代東アジアの仏教と王権――王興寺から飛鳥寺へ――』所収、勉誠出版、二〇一〇年）。

39 応永三十三年（一四二六）に成立した天皇家の系図である『本朝皇胤紹運録《ほんちょうこういんじょううんろく》』などには、在位十三年（六四一）で亡くなった舒明天皇の年齢を四十九歳としており、これにもとづくと舒明は推古元年（五九三）に生まれたことになるので、その父の押坂彦人大兄皇子もそのころまでは生存していなければならないことになる。しかし、自己の政治能力をアピールできる絶好の場であったはずの守屋討伐戦に姿をあらわさず、その後も『書紀』には一切あらわれないことからすると、押坂彦人大兄は用明二年（五八七）の段階で百済宮家・斑鳩宮家派の有力な皇位継承候補となっていたため、反対派の中臣勝海によって殺害されたとみるのが整合的であろう。拙稿「用明・崇峻期の政変と蘇我氏――飛鳥寺建立前夜の倭王権――」（前掲注38論文）、拙著『蘇我大臣家』（山川出版社、二〇一六年）。

40　『書紀』に宣化天皇の子で、上女王《かみつひめおおきみ》の父とみえる。この場面になぜ突然、宅部皇子があらわれるのかは不詳であるが、殺害指令が出ていることは彼が王権継承と無関係ではなかったことを示しており、若さ故に傍若無人なふるまいが目立った穴穂部に替わって、世代的にも上の宅部がこの時期には倉梯宮家派の皇位継承候補となっていた可能性が考えられる。拙稿「用明・崇峻期の政変と蘇我氏――飛鳥寺建立前夜の倭王権――」（前掲注38論文）、拙著『蘇我大臣家』（前掲注39書）。

41　百済宮家の最有力皇子と思われる竹田は炊屋姫の第二子で、その立妃時期（欽明三十二年（五七一））から考えると、早くても敏達二年（五七三）の生まれとなり、丁未の役時は十五歳前後ということになる。一方、斑鳩宮家の厩戸については、『法王帝説』に丁未の役時の年齢が十四歳とあり、『書紀』にはこのとき十五・六歳の髪型をしていたと記している。『書紀』の記載順からすると、竹田のほうが厩戸より年長だったと思われるが、いずれにしてもこの当時、たとえ竹田や厩戸の人格・資質がとくに優れていたとしても、十四・五歳の少年が即位することはあり得なかった。

42　和田晴吾「群集墳と終末期古墳」（『新版日本の古代』五・近畿編Ⅰ所収、前掲注7書）。

43　拙稿「倭王権の転成」（『日本の時代史2　倭国と東アジア』所収、前掲注11書）。

44　世襲的首長〈グムサ〉が階級支配を認めない指導者〈グムラオ〉の反乱によって追放されること。グムラオ指導者は野心と能力を持った傍系の小貴族であることが多く、その地位は容易にグムサ首長に転位したという。エドモンド・R・リーチ『高地ビルマの政治体系』（関本照夫訳、弘文堂、一九八七年）。

45　鈴木靖民「日本古代国家形成史の諸段階」（『倭国史の展開と東アジア』所収、前掲注19書、初出は一九九三年）。

46　マックス・ヴェーバー『支配の諸類型』（世良晃志郎訳、創文社、一九七〇年）。伝統主義的革命の標的は、伝統を無視する人物（近江毛野）であって、体制（首長間連合）そのものではない点が通常の革命と異なる。

47　坂元義種『倭の五王――空白の五世紀――』（前掲注18書）、鈴木靖民「倭の五王の外交と内政――府官制秩序の形成」（『倭国史の展開と東アジア』所収、前掲注19書、初出は一九八五年）、河内春人『倭の五王――王位継承と五世紀の東アジア』（中公新書、二〇一八年）など。

48　吉村武彦「倭国と大和王権」（『岩波講座日本通史』二・古代一所収、岩波書店、一九九三年）。

49　拙稿「倭王権における合議制の機能と構造」（『日本古代王権の構造と展開』所収、前掲注7書、初出は一九九四年）、同「倭王権の列島支配」（前掲注7論文）。

50　マックス・ヴェーバー『支配の社会学Ⅰ』（世良晃志郎訳、創文社、一九六〇年）。
51　拙稿「倭王権の列島支配」（前掲注7論文）。
52　拙稿「倭王権の列島支配」（前掲注7論文）。
53　この権限については、先帝没後に群臣が新帝を推挙し、レガリアを献上することで即位が可能になる当時の慣習下では、たとえ太子があらかじめ決まっていても群臣の〝介在〟が必要で、現任大王および王族は次代の大王を決められず、大臣・大夫などの群臣が決定したとする吉村武彦『古代王権の展開』（集英社、一九九一年）の説が現在でも有力である。しかし吉村自身が述べているように、この時期の群臣は歴代の大王に対して〝仕奉の継承〟を通じて結合し、代替わり時にそれを確認し直してはじめて職位の留任が認められた（吉村武彦「仕奉と貢納」、『日本古代の社会と国家』所収、岩波書店、一九九六年、初出は一九八六年）が、それは大王から諸臣への一方的なものではなく、新帝即位に際してレガリアを献上し推戴するプロセスが不可欠であるような、相互補完的関係であった（吉村武彦「古代の王位継承と群臣」、『日本古代の社会と国家』所収、初出は一九八九年）。つまりこの権限は、みずからの実力で王位についた大王に対し、従前の地位の確認を求めるためにおこなわれた最初の〝仕奉〟行為にすぎず、それによって新帝が決まるような強大な権限ではなかったと考えるべきである。拙稿「倭王権における合議制の機能と構造」（前掲注49論文）。
54　拙稿「用明・崇峻期の政変と蘇我氏――飛鳥寺建立前夜の倭王権――」（前掲注38論文）、拙著『蘇我大臣家』（前掲注39書）。
55　拙稿「倭王権における合議制の史的展開」（『日本古代王権の構造と展開』所収、前掲注7書、初出は一九九六年）。
56　拙稿「倭王権における合議制の機能と構造」（前掲注49論文）。
57　拙稿「阿倍氏と王権儀礼」（『日本歴史』五四〇、一九九三年）。
58　拙稿「倭王権における合議制の史的展開」（前掲注55論文）。
59　拙稿「倭王権における合議制の史的展開」（前掲注55論文）。
60　拙稿「倭王権の転成」（前掲注43論文）。

七世紀の王権
——女帝即位と東アジア情勢——

仁藤　敦史

はじめに——女帝の世紀——

七・八世紀は女帝の時代と呼ばれる。男帝と女帝がほとんど交互に即位している。従来は、男帝優位の「万世一系」的歴史観により、女帝は「中継ぎ」という位置付けがなされ、その即位は特殊かつ例外とする見方が一般的であった。しかしながら、ほとんど交互に即位している状況を例外と決めつけるのはいささか問題があり、近年は「中継ぎ」ではない見方が提起されている。[注1]とりわけ、推古女帝の即位は、確実な初めての女帝であり、その即位事情を考察することは女帝出現の条件を考えることにつながる。

前提として、女帝即位への道筋として「皇太后（実質は元キサキ）」からの即位を重視し、[注2]王族皇后による大王との共同統治の伝統、および嫡妻たる皇后（大后）の子が即位する皇位継承の原則が存在するという見解が、[注3]半世紀以上通説的な位置を占めてきたことが指摘できる。これに対して近年では否定的な見解が強調されるようになった。[注4] 筆者もすでに王族皇后は実子の即位を知る『日本書紀』による整序された後知恵であり、必須の要件ではなく、キサキの権力分掌を示すような記載がないことから日常的な共同統治者であったとは考え難いと論じたことがある。[注5] このように共同統治者として「皇后」（大后）から「皇太后」（女帝）への連続的な移行を想定する通説的見解は疑問であり、別な視角から女帝出現を考える必要がある。

七世紀の王権を考える場合、もう一つの重要な視角としては、東アジア情勢が指摘できる。とりわけ孝徳期前後における対外関係は、隋唐帝国の成立による東アジア諸国の緊張を背景に権力集中を試みた時期として位置付ける議論が通説的位置を占める。[注6] 高句麗の泉蓋蘇文、新羅の金春秋、さらには百済の義慈王による権力集中と、倭国における乙巳の変および「大化改新」の諸政策は、当時の超大国である隋唐帝国の東アジアへの軍事的・外交的介入に対する国家的な対応策として評価されている。対外的契機が内政に転化するプロセスを検討することは、この時期の王権を理解するうえで重要な視角である。対朝鮮三国および対中国関係における対外的緊張関係が、王権の制度化や内部対立をもたらした大きな要素として指摘できる。さらに権力集中や制度化だけでなく、対外関係を規定する王権の自己中心的・非対称的な世界観の形成にも東アジアの超大国たる隋唐帝国の成立は大きな影響を与えている。具体的には、推古期の遣隋使派遣、皇極の強制退位、斉明の「三失政」、白村江の敗北、天武期における新羅との交流などは、当時の東アジア情勢と連動していたと考えられる。

以下では、こうした女帝の問題と対外関係の問題を主軸に七世紀の王権を概観したい。

一　推古女帝の即位と推古期の王権

1　政治的モガリの主宰

殯とは、死者の復活を願いながらも、遺体の変化を確認することで最終的な死を確認するという両義的な儀礼であった。三世紀の「魏志倭人伝」の記述では十日程度の期間であったとする葬儀が、七世紀の『隋書』倭国伝では、一般的な葬儀と区別されて、支配層は三年のモガリを行ったとあるように、長期化している。おそらく渡来人の喪葬儀礼の導入によりモガリが整備され、長期化して「殯」と表現されるようになったと考えられる。やがて、モガリは特権的な儀礼として神聖化され、この期間中の合意形成により後継者を決定するということが一般化し、皇位継承と深い関係を有するようになった。盛大なモガリ儀礼を首尾よく終えることが政争の回避に重要な意味を持つようになったのである。

殯宮の儀礼については、和田萃氏が一九六九年に発表された「殯の基礎的考察」という論考が通説的位置を占めている。[注7]和田氏による論点は多岐に渡るが、巫女的な「中継ぎ」女帝即位に連続する「忌み籠もる女性のイメージ」を前提に、女（内）の挽歌と男（外）の誄のように内外に二分された殯宮のあり方を提起している。すなわち、殯宮内部での儀礼と殯宮が営まれている殯庭での儀礼に二分されること、前者はおそらくは女性に限られた血縁者や女官・遊部らによる私的な奉仕儀礼であり、後者は王権による殯庭での公的儀礼と位置付けられている。天武の殯宮には鸕野皇后が籠もり、草壁は喪主として公的儀礼に供奉したと対比的に位置付けるように、モガリの全期間にわたり籠もる女性を強調する点が特色となっている。女帝即位との関係では皇位継承の争いを避け、これを鎮める便法とされるように、井上光貞や折口信夫以来の巫女的な「中継ぎ」女帝論を前提に論じられている。[注8] 殯宮の二分法的な理解については、河原での儀礼との連続性の観点や、喪屋（殯大殿）と殯庭（誄）が門（兵衛）と垣で囲われる一体的な構造からは、成立しにくい。[注9]

推古による敏達のモガリは、『日本書紀』敏達紀十四年八月己亥条に「天皇病弥留、崩二于大殿一。是時起二殯宮於広瀬一」と見えてから、同崇峻紀四年四月甲子条に「葬二訳語田天皇於磯長陵一」とあるまで、つまり五八五年八月から五九一年四月までの五年八ヶ月がその期間と考えられる。この期間に用明と崇峻の即位があり、用明のモガリとも重なる特異な時期にあたる。用明のモガリは明記されていないが、『日本書紀』用明紀二年四月癸丑条に「天皇崩二于大殿一」、同崇峻紀即位前紀用明二年四月条にも「橘豊日天皇崩」と見えてから、同用明紀二年七月甲午条に「葬二于磐余池上陵一」とあるまで、五八七年中における最大三ヶ月間と推測される。まさにこの期間に重要な事件が発生している。

『日本書紀』崇峻即位前紀用明二年六月庚戌条

蘇我馬子宿禰等奉二炊屋姫尊一、詔二佐伯連丹経手・土師連磐村・的臣眞噛一曰、汝等厳レ兵速往、誅二殺穴穂部皇子与二宅部皇子一。

敏達および用明天皇のモガリ期間中、蘇我馬子が元キサキ炊屋姫を奉じて、穴穂部皇子の誅殺を命令している。用明のモガリも同時進行中であることを勘案すれば、複数のモガリの主宰者が併存するにもかかわらず、元キサキの序列上位者が権力的な命令（詔）を発布していることが確認される。おそらくは、年齢・先代キサキ・キサキ経験年数などが考慮されて、用明の元キサキであった間人穴穂部よりも炊屋姫が上位のキサキと判断されたと推測される。元キサキのうちで相対的に上位なキサキが政治的モガリを主宰するとともに、大王空位の期間においては権力的な命令（詔勅）が可能であり、後に「大后」と追号されたと考えられる。

皇太子制が存在しない令制前においては、大王空位時という、次期大王が決定していない瞬間において、しばしば前キサキのうちで有力な者がモガリを主宰するという慣行が存在した。譲位制確立以前の王位継承は、推古没後の混乱において「葬礼畢りぬ。嗣位未だ定まらず」（舒明即位前紀）とあるように、通常はモガリの終了までに決定していたことが慣行として想定される。実例においてもモガリの最終段階での「皇祖等之騰極次第」（持統紀二年十一月乙丑条）、「息長山田公奉㆑誄㆓日嗣㆒」（皇極紀十二月乙未条）と表現された誄による日嗣の奏上（嗣位の決定）がなされていたことが指摘できる。多くの場合、そのモガリを主宰したのは、他ならぬ前大王のキサキの一人であり、その人物こそが「大后」と追号された人物であったと考えられる。『日本書紀』の「皇太后」追号は、死後の追号を含む令制下とは異なり、実子の即位に限定され、「オオキサキ」と訓まれているのは、元キサキの権力的なあり方を示している。少なくともモガリの主宰は、多くのキサキのうち一人が選択されており、そこに単なる称号に留まらない特殊な政治的地位を想定することは可能である。この場合のモガリ主宰とは、忌み籠もる要素よりも、この期間における権力的・政治的な振る舞いこそが女帝に連続する重要な要素と考える。しばしば「詔勅」と表現される権力的な発動が確認され、次期王位継承者についての合意形成や指名が行われていることは重要で、まさにこの点に女帝へ連続する要素が確認される。

大王空位時における、権力的編成のあり方として、推古や持統に典型的なように、モガリの主宰・次期大王の指名・大王代行というステップを昇り、その連続性のうえに女帝の即位を位置付けることは、大王空位という非常時の安全弁としての役割の延長上に位置づけられる。[注10]

用明や崇峻の即位は敏達のモガリ期間中であることを重視するならば、正式な即位とは言いにくい異常なあり方をしている。とりわけ用明の執政については、用明天皇は「諒闇に居すと雖も、勤めざるべからず」という状況のため「即位と称せず」（『伝暦』）と評されたようにモガリ終了以前の即位として扱われ正式な即位とはされていない（事績もほとんどなく、践祚を示す新嘗の直後から病臥）。推古の後援による称制的・共治的なあり方が読み取れる。推古が用明よりも形式的には上位の地位にあったとも推測される。崇峻についてもその即位は、「炊屋姫尊与二群臣一、勧二進天皇一、即天皇之位」（『日本書紀』崇峻即位前紀用明二年八月甲辰条）とあるように推古による指名であることが確認される。

このように推古による敏達のモガリ期間中に、蘇我氏と物部氏のモガリでの対立から物部氏の滅亡への展開、用明・崇峻さらには穴穂部間人・宅部・彦人大兄ら有力なミコたちが死去し、さらに少なからず推古は、これらミコたちの擁立（用明・崇峻）・失脚（穴穂部間人・宅部）に主導的に関与していることを重視するならば、大王空位時の元キサキの役割の大きさと、女帝としての即位は連続的に理解される。女帝出現の背景として、モガリの期間中に元キサキが大きな政治的役割を果たしており、それは前王の近親者としてモガリを主宰したことに求めるのが妥当と判断される

2　蘇我馬子と厩戸王

推古女帝は、『日本書紀』推古即位前紀によれば、

> 三十九歳、当二于泊瀬部天皇五年十一月一。天皇為二大臣馬子宿禰一見レ殺。嗣位既空。群臣請二渟中倉太珠敷天皇之皇后額田部皇女一、以将レ令二践祚一。皇后辞譲之。百寮上表勧進。至二于三一。乃従之。因以奉二天皇璽印一。

とあるように、三回の辞退や印璽の献上の記載には潤色があるものの、三十九歳で蘇我馬子による崇峻の殺害に

より大王空位が発生したことをうけて豊浦宮で即位している。蘇我馬子を筆頭とする群臣の支持により即位していることは注目される。

推古女帝の時代は『日本書紀』の記載を尊重して、従来は蘇我氏の氏姓制度的政治を打破した大化改新の先駆たる「聖徳太子の政治」として総括されるのが一般的であった。推古天皇の「皇太子」であった「聖徳太子」は「摂政」に任命され、国政を担当したと説明され、憲法十七条、冠位十二階、遣隋使の派遣などは、すべて聖徳太子の事績として語られていた。ところが、近年「聖徳太子はいなかった」とする議論が注目され、蘇我氏中心の議論も提起されたが、それに対する批判も多く提起されている。[注11]さらに、多く伝えられる「聖徳太子」の名号のうち、生前にさかのぼって使用されたことが明らかとされていた事例についても、近年ではその真偽をめぐる議論が活発となっているが[注12]、聖徳太子の生前の名号としては、上宮（幼少時の宮号）と廐戸（養育氏族名）、さらには豊聡耳が用いられた可能性がある。[注13]

推古朝の政治基調については、「大臣」馬子と「摂政」廐戸を中心に位置付けられ、推古は「中継ぎ」の名目的な君主とされることが多かった。しかしながら、「詔二皇太子及大臣一」（『日本書紀』推古紀二年二月丙寅条）とあるように彼らは推古の命令（詔）により活動していること、馬子による葛城県の割譲要求を拒絶したこと（同三十二年癸卯条）、などを重視するならば、推古の大王としての主体性は否定できず、少なくとも三極構造として政治基調を考察する必要がある。とりわけ『法王帝説』に「少治田宮御宇天皇之世、上宮廐戸豊聰耳命・嶋大臣共輔二天下政一」みえるように、女帝推古のもとで有力な王族廐戸王子と大臣蘇我馬子とが共同執政したと位置づけるのが妥当である。[注14]

『日本書紀』によれば廐戸は、内政では推古十一年（六〇三）、人材登用をはかるため冠位十二階を制定し、翌年には十七条憲法を制定して官僚の心得を示したと伝えられる。

特に冠位十二階は、冠の種類により個人の朝廷内での地位を示した最初の冠位制度として重要である。これにより大王を中心とする身分秩序を可視的に服飾により示すことが可能となった。徳・仁・礼・信・義・智という儒教の徳目からとった六種類の冠を大小に分け、計十二階とした。重要なのは、中国における仁・義・礼・智・信という徳目の順位とは異なり、礼と信を強調している点で、後述するように十七条憲法との思想的連関が指摘できる。従来の姓による世襲制の弊害を改めるため、氏ではなく個人に対して冠を与え、本人の能力により昇進が可能となった点が評価されている。ただし、大夫層（後の四位相当）までが対象で、王族や紫冠の蘇我氏および地方豪族は対象外であり、基本的には氏の伝統的な地位を大きく逸脱するものではなく、官僚制的秩序よりも儀礼や外交における位次を示すのが第一義的であったと考えられる。[注15] 冠位十二階が制定されたことは『隋書』に記載があり、さらに、外交義礼において冠位が実際に用いられたことは、『日本書紀』以外にも『隋書』に「小徳阿輩台」「大礼哥多毗」とあることにより確実である。しばしば聖徳太子の事績として冠位十二階も評価されるが、少なくとも『日本書紀』には明記されておらず、『法王帝説』には「聖徳王」と「嶋大臣」の「共謀」により仏教興隆と冠位十二階が行われたとあること、大臣の紫冠は対象外であったことを考慮すれば、大臣馬子との共同作業の可能性が高いと考えられる。

一方、「和を以て、貴しとなす」という冒頭の文章が有名な十七条憲法は、日本最初の成文法で、内容は豪族・官吏の守るべき道徳的訓戒を十七ヶ条におよぶ漢文で示したものである。『日本書紀』によれば、「皇太子親ら肇めて憲法十七条を作る」とあり、聖徳太子単独の事績として明示された唯一の記載となっている。「国司」の用字を問題視した津田左右吉以来、十七条憲法が果たして、当時のものなのか、起草者は聖徳太子か、という疑問が提起されてきた。しかし、十七条憲法では「礼を以って本と為よ」（第四条）、「信は是義の本なり」（第九条）のように、礼と信を重要視していることが確認される。[注16]こうした思想は冠位十二階においても、一般的な儒教の徳目の序列である「仁義礼智信」を、「仁礼信義智」と改めたことと対応している。これらから十七条憲法を同時代のものと想定することは自然である。

さらに推古朝には、「皇太子嶋大臣共議之、録㆓天皇記及国記、臣連伴造国造百八十部幷公民等本記㆒」とあるように「天皇記」「国記」が編纂された（『日本書紀』推古紀二十八年是歳条）。おそらく「天皇記」は、原帝紀としての性格があり、この王統譜には氏族系譜の「奉仕文言」に対応するものとして、「世々」の「日嗣」（皇祖等之騰極次第）が語られていたと考えられる。一方、「国記」は「臣連伴造国造百八十部幷公民等本記」と説明されるように、諸氏族の奉仕の起源が語られていたと推定される。[注17]「天皇記」「国記」の内容が、「世々」の「日嗣」（騰極之次第）が記された大王系譜（帝紀）と氏族の奉仕根源というセットで編纂されたことは重要な意味がある。「日嗣」が記された大王系譜（帝紀）と諸氏族の奉仕根源記載（本記）のセットが、欽明王統の確立にともない記録化されるようになったと想定される。[注18]

3　小墾田宮の儀礼

六世紀以降、地方首長の王権への従属度が深まり、伴造・部民制的関係の量的拡大がおこった。この段階に大王から伴造・部民集団の管轄権を委譲された有力王子と大夫による合議制が生まれたと考えられる。中小伴造の奉仕先であるツカサ（司・官）が大王宮だけに収斂されなくなり、王族の宮や豪族の宅を拠点として機能させるようになったのである。廐戸王が独自に斑鳩宮を経営し、蘇我氏の邸宅で「天皇記・国記」の編纂管理がおこなわれたように、大王宮のみに収斂しない分節的な権力構造であったため、軍事・外交などの重要な政策課題については、大王のもとでの有力王族・大夫らによる群臣会議が開催される必要があった。群臣の宅や有力王子の宮、キサキ宮に馬司（官）のような職務執行の機構《ツカサ》が分散したため、この段階に大王から伴造・部民集団の管轄権を委譲された有力王子や大夫による群臣会議が生まれ、大殿前の庭が大王臨御の御前会議の場となっていた。注19

『日本書紀』によれば、崇峻五年（五九二）十二月に大王敏達の元キサキであった額田部王女は、飛鳥の豊浦宮で推古女帝として即位する。これは以後七・八世紀に頻出する女帝としての最初である。この出来事は、それだけでなく平城遷都まで約一世紀の間、飛鳥地域に宮が連続するようになる嚆矢でもあった。つぎの「小墾田宮」は、推古十一年（六〇三）以降に大王推古が使用した宮室であるが、宮は、大王の居住区画である「大殿」、と豪族たちの政治の場としての「庁」「朝庭」によって構成されていた。「大殿」は、大王の私的空間（日常生活の場）となり、大殿の前庭は、内政を分担した大臣・大夫らが召し入れられる公的空間としての機能を果たしていた。大殿の空間は都城制段階には「内裏」、後者の「庁」「朝庭」は、天皇が出御する「大極殿」と役人たちが政務を行う「朝堂」に分離される。役所は、後代のように日常政務を執り行う官舎（ツカサ）の集中はまだ行われていなかった。この時期はまだ官僚制や文書行政は整備されておらず、基本的に政務は、大夫層の居館で分散的に処理されていた。「みやこ」には「宮」が存在するのみで、「宮」を中心に諸豪族が集住する特別行政区域＝「京」は、「倭京」のように自然発生的に重層化することはあっても、計画的にはまだ造都されてはいなかった。

小墾田宮には大殿の前の庭―朝庭―南庭という合計三ヶ所の庭と称される空間がありそれぞれの用途が異なっていた。小墾田宮には、

禁省（大殿）―庭―閤門（大門）―朝庭・庁―宮門（南門）―南庭

という構造が復元できる。[注20]

律令制下の大極殿・朝堂と比較して異なっている点は、第一に、庁がまだ官人全体の場ではなく、大臣・大夫ら有力臣下の場であり、百官の座はまだ設定されていないことである。古代中国の朝堂は東西二堂が基本であり、都城の東西第一堂は親王・大臣の朝座とされ、他より大型であるという指摘によれば、小墾田宮以来、東西二堂が古い形式であったと推定される。第二には、北側にまだ天皇が出御して、朝賀や即位など国家行事に用いられる排他的な大極殿的な空間が形成されていないことである。

『隋書』倭国伝には「開皇二十年、倭王、姓は阿毎、字は多利思比孤、号は阿輩雞弥なるもの、使を遣して闕に詣らしむ」として推古八年（六〇〇）の遣隋使についての記載がある。この記載は『日本書紀』に見えないため、非公式かつ予備的なものと考えられている。ここで、使者は所司から風俗を問われ、伝統的な政務方式を説明したところ、高祖文帝は道理に合わないとして、使者に諭してこれを改めさせたとある。倭国の使者は、この時に礼的秩序に基づく中国的な位階や公服、儀礼などについてその必要性を痛感し、その知識を学習して帰国したと考えられる。隋との正式な国交を開くためには倭国の制度的な整備が必要であるとの認識から、次回の遣使までにこれらの整備を約束したのであろう。事実、推古八年の遣使から、次の同十五年（六〇七）までの正式な遣隋使までの間に、倭国ではさまざまな制度的な整備が行われている。

『日本書紀』によれば、推古十一年（六〇三）、人材登用をはかるため冠位十二階を制定し、さらに翌年には十七条憲法を制定して官僚の心得を示したとある。同様に、同十一年（六〇三）の儀礼空間の構築たる小墾田宮造営と儀仗の整備、同十二年（六〇四）の匍匐礼導入による朝礼の改変、同十三年（六〇五）の諸王・諸臣への褶着用の強制などもこうした中国的な礼制導入の一環と位置付けられる。

ちなみに、『元興寺縁起』には推古十五年（六〇七）の遣隋使の帰国に際して、裴世清の一行の次官に「使副尚書祠部主事遍光高」の名前がみえる。「尚書祠部」という礼制や儀礼を担当する役人が派遣されたことは、倭国の儀礼を視察し、不足や誤りがあれば教諭することが目的であったと考えられる。

特に冠位十二階は、冠の種類により個人の朝廷内での地位を示した最初の冠位制度として重要である。これにより大王を中心とする身分秩序を可視的に服飾により示すことが可能となった。推古十六年（六〇八）八月に裴世清の一行は小墾田宮において国書を奏上しているが、そこからは整備された儀礼空間としての「朝庭」と冠位十二階による服色の区別を読み取ることができる。

記載によれば、唐客を「朝庭」に召して、使者の趣旨を奏上させたが、この時、阿倍鳥臣と物部依網連抱の二人を案内役とした。大唐国の進物を「庭中」に置き、使者の裴世清は自ら書簡を持って二度拝礼し、立って使者の趣旨を言上した。その時に阿倍臣が進み出て、書を受け取って、さらに前へ進んだ。大伴囓連が迎え出て書を受け取り、大門の前の机上に置いて奏上し、それが終わると退出したとある。この時、儀式に参加した皇子・諸王・諸臣たちはみな金の飾り物を頭に挿し、衣服もみな錦・紫・繡・織と五色の綾羅を用いたが、服の色はそれぞれの冠の色に合わせたとの註釈がある。

豊浦宮から小墾田宮へ遷宮した大きな目的は、こうした外交儀礼の場として宮室を整備する必要があったためと考えられる。[注21]

二　改新期の権力構造と外交

1　「大化改新」と東アジア情勢

唐は六三〇年に東突厥を破って以降、東アジア諸国に対して高圧的な態度で冊封秩序への編入を図り、冊封諸国相互の戦闘を禁止していた。こうした状況では、倭国が隋段階では曲がりなりにも中国に認められていた新羅・百済に対する礼的優位や百済と連携した旧金官国の新羅からの奪還は不可能となる。そのため唐およびその交渉窓口として指定された新羅に対して、対立か従属かという明確な態度をとることが求められるようになったと考えられる。唐に対する完全な属国化あるいは決定的な対立による戦争状態を回避しつつも、唐に対して従属的な立場に立つか、あるいは相対的な独立を維持するかの選択が求められるようになったのである。

唐王朝の成立により東アジア諸国の政治秩序に直接介入する政治圧力が強まり、従来のように大国的立場を中国王朝に承認されることが困難となったため、従属的な親唐・親新羅か、独立的な親百済・高句麗かの外交路線の選択が重要な意味を持つようになったと考えられる。六二三年の恵日の帰国を契機として、こうした倭国内部の外交論争は顕在化するが、六三二年の唐使高表仁との交渉では、唐に対する属国化の路線を拒否し、少なくとも六五三年まで遣唐使は断絶するので、親百済・高句麗路線のまま推移していたことになる。六三九年と翌年にも唐からの大唐学問僧らが新羅送使に従い帰朝するが蘇我氏政権下では重用されていない。新羅は一時的に唐の積極的な支持を失ったため、その対策として倭国への接近を強化したと考えられる。『旧唐書』百済伝と高句麗伝によれば、六三七年に百済が、六四〇年には高句麗が唐にそれぞれ入朝し、これに対して太宗は「優労」したとあり、唐に対する新羅の外交的優越は一時的に相対化されている。そのため唐の不介入を確信して、両国の新羅攻撃の記事が六三〇年代には散見する。この時、倭国による新羅・百済使者への冊封国的な扱いがなされていることは、唐に対抗して大国意識を強化しつつあったことがうかがわれる。図式的には推古期以来の親百済・高句麗・隋―反新羅の路線が、六三二年以降、親百済・高句麗―反新羅・唐に変化したと解されるが、新羅からの先進文物導入の欲求や新羅経由の唐からの帰朝者の働きかけにより、水面下では親唐・新羅派も台頭してきた状況が想定される。

六四〇年代になると、唐の外交・軍事圧力に対抗するため専制的な体制を整える必要から、百済と高句麗ではクーデターが発生し、倭国にもその情報が伝えられた。百済は新羅領を侵略し、高句麗と連携して、反唐的立場を明らかにする。その結果、新羅は孤立し唐へ援助要請を行うが、女王の退位など無理な要求に対して毗曇の乱に連続する国論の分裂が顕在化する。百済では義慈王により親倭国派の粛正追放が行われ、親百済路線の蘇我氏外交は行き詰まりをみせ、新百済路線への反感が高まったと考えられる。六四四年には唐の停戦命令に高句麗が背いたため、高句麗遠征が開始され、百済と新羅に対して参戦命令が出されている。百済も新羅に侵攻したが、唐に対しては表向き従順な態度をとった。

唐による高句麗遠征や新羅への女王の退位要求は、倭国の大国的立場の主張や皇極女帝の存在に対する無言の圧力となり、大きな政策転換の要求が乙巳の変という形で発生する。

乙巳の変の原因については、『日本書紀』に古人大兄の言として「韓政」の対立が蘇我本宗家滅亡の理由であると語られている。この「韓政」の具体的な内容については、外交路線の対立とする見解もあるが、必ずしも十分に解明されてこなかった。その理由としては、新政権の外交方針が混乱しており、一元的な外交方針が読み取りにくかったこと、加えて改革の中心人物を中大兄とする通説の理解が、孝徳の政策との対立点を不明確なものにしてきたと考えられる。近年、有力化してきた孝徳を改革の中心に位置づける議論に従うならば、改新期における外交政策の対立軸は、改新の中心たる孝徳と、皇極（斉明）・天智の間に存在したことになる。

そして、皇極の生前譲位は外交方針の対立による強制的な退位であった可能性が指摘できる。具体的には、六四三年に唐は「国女君、故為レ鄰侮、我以二宗室一主二而国一」という提案をしている（『新唐書』高句麗伝）。これは対高句麗戦において新羅援軍の条件として女王を廃し唐王族を王とせよとの提案であった。皇極女帝を擁する倭国にとっても、こうした提案は対岸の火事では済まない問題である。新羅では六四七年に「女王不能善理」を主張し女王の廃位を計画した毗曇の乱が発生している。

倭国内の支配層においても、唐による高句麗遠征（六四五年）、百済領「任那」の新羅への返還命令（六四九年）、倭国への新羅援助命令（六五四年）に連続していく対外的な圧力、および高句麗の百済接近という事態に対して、唐に距離を置き、欽明期以来の蘇我氏路線を継承し、百済と親密な関係を維持していこうとする独立派と、超大国唐に迎合する親唐・新羅派の路線対立が存在した。おそらく、改新の中心たる孝徳は女帝を承認しない唐に迎合するため皇極の強制退位を選択し、男帝として即位する。

これに対して不本意のまま退位させられた皇極（斉明）と中大兄は、唐に対しては独立的な立場、新羅に対しては大国的立場から白村江の戦いに連続する従来の蘇我氏的親百済路線を重視したものと考えられる。孝徳の海岸部への難波遷都は唐・新羅との積極外交を象徴し、高向玄理の新羅派遣（六四六年）や「任那之調」から人質（実質は外交官的性格）への転換（六四七年）が行われ、唐に対しては新羅経由の交渉（六四八年）や遣唐使派遣（六五三・六五四年）がなされた。皇極（斉明）と中大兄は、百済との交渉を継続し（六五一～六五六年）、国土防衛を重視した飛鳥還都（六五三年）や大津遷都をおこない、不本意なままの強制退位に対抗するべく斉明女帝として重祚する。斉明の飛鳥での興事もこうした一貫した観点から理解される。世界の中心と観念された須弥山を飛鳥に作り、隼人と蝦夷を服属させ、遣唐使に蝦夷を連れて中国皇帝に献上しているのは、自己の大国的立場を隋代と同じく認めてもらうことを試みたものである。結局こうした試みは失敗し、唐の高句麗・百済征討（海東之政）を発端として、白村江における唐・新羅との軍事的対決に向かうこととなる。

2　斉明の天下観

孝徳朝には唐・新羅に対する積極的な外交的必要性から難波に宮室が置かれたが、皇祖母（王母）皇極と中大兄らは、蘇我氏以来の親百済路線の立場から、白雉年間後半には孝徳と対立し、再び飛鳥へ宮を戻すこととなった。重祚した大王斉明は斉明二年（六五六）に後飛鳥岡本宮に宮地を定めた。彼女は「興事を好む」と評されたように、宮室だけでなく、大溝・山城などの並外れた大土木工事を開始した。孝徳期の難波とは対照的に、唐・新羅に対する防衛的な意味から飛鳥へ戻り、さらに天智朝には近江へ引き籠もったと解される。

古くから槻樹があった飛鳥寺の西の広場付近には須弥山と漏刻が設けられた。須弥山とは、仏教的世界観で宇宙の中心に位置する想像上の山で、国土・国王を守る四天王が住むとされる。斉明朝から持統朝にかけて、都貨羅・多禰嶋・隼人・粛慎など異種族視された人々をここで饗宴し、服属を誓約させている。仏教的世界観においてその中心と観念された須弥山を飛鳥に置き、異種族視された周辺諸集団を招き、服属儀礼や饗宴をその場で行っていることは、王権による飛鳥中心の世界観を示すもので、空間的な支配を象徴するものである。一方、漏刻による時間の把握が王権により可能となることは、推古期における暦の導入とともに王権による時間の支配はより充実することになる。

もともと槻の大木が存在し、宗教的な聖地とされていた飛鳥寺の西の広場付近に、斉明朝に須弥山と漏刻が新たに設置されたことは偶然ではなく、王権による空間と時間の支配を象徴するシンボルとして新たに造営されたものである。斉明朝はその意味で、王権の新たな段階を迎えたと評価される。

朝堂に天皇が出御する大極殿が付加されるのは、飛鳥寺の西の広場の消滅時期と対応しており、天下の中心で天上世界との唯一の結節点である高御座の成立とも関係する。高御座が天の接点とされるようになるのは、かつて宮の近傍で行われていた槻下での儀礼が廃絶して以降となる。王権の表象物が律令制度や都城制成立にともない、各地に所在した天との接点である槻木から高御座へと収斂し、転換したことが指摘できる。

大王斉明による大規模な土木工事は、孝徳期の積極的な外交を指向した難波遷都とは対照的に、唐・新羅に対する防衛的な倭京の造営を指向したものであった。とりわけ漏刻と須弥山の施設は、先述したように王権の時間と空間の支配を強化するための象徴物であった。漏刻と鐘鼓による時間の報知は、倭京全体に対するもので官人の集住が一定程度おこなわれていたことを示し、政治都市として飛鳥を位置づける指標と位置づけられる。一方、須弥山における異種族視された人々に対する服属儀礼や饗宴からは、ヤマト王権による大国意識が読み取れ、中国の「天下」（世界秩序）から離脱した、飛鳥を「天下」の中心とする仏教的な世界観を構想していたと考えられる。斉明朝には阿倍比羅夫による蝦夷・粛慎征討が行われ、遣唐使には朝貢した道奥の男女蝦夷が伴われ、中国皇帝に献上されているように、倭国独自の世界秩序に対する承認を唐帝国に求めている。皇帝には三種の蝦夷（津軽・麁蝦夷・熟蝦夷）の説明もなされている。斉明朝はこれまで、『日本書紀』の記述に従って、造営工事を女帝の気まぐれによる「失政」として評価されることが多かったが、むしろ国家意識や都市の成立において重要な画期として位置づけられるべきである。宮室も、斉明の後岡本宮が同一場所での建て替えにより、天武・持統朝の浄御原宮に継承されたと考えられ、代替わりを超えた恒常的施設（漏刻台・須弥山）が造営されることを指標とするならば、歴代遷宮の段階を脱し、プレ都城制段階に入ったと評価される。[注22]

三　持統の即位と譲位

1　持統のモガリ主宰——大津皇子の謀反——

天智と天武は、舒明と皇極（斉明）の子として生まれ、乙巳の変から白村江の戦いの激動を共に経験し、その後相次いで即位して、律令法・都城・歴史書・戸籍・官人制・位階制など、律令国家に至る基本的な骨格を整備した。つぎに即位した持統は天智の娘であるとともに、天武の元キサキであった。彼女は、推古・皇極（斉明）に続く三番の女帝として即位する。

しばしば、持統については「夫を守り、わが子を擁護するという妻として母としての立場」を強調した理解がなされてきたが、[注23]その独自の政治的実力は近年、高く評価されるようになった。[注24]具体的には、天武十二年（六八三）以来「朝政を聴く」ことを認められた有力なミコであった大津を排除するという果敢な行動により資質を群臣に見せつけ、実力で即位したと評価されている。ただし留意すべきは、大津皇子を排除した期間が、先帝天武のモガリの期間であり、そのモガリを持統が主宰していたことである。

『日本書紀』によれば、朱鳥元年（六八六）九月丙午（九日）に天武は死去し、同戊申（十一日）にはモガリが開始され、持統二年（六八八）十一月乙丑（十一日）に大内陵に埋葬されるまで二年以上の長期にわたりモガリは継続している。大津皇子の謀反は、まさにモガリが開始された直後の朱鳥元年十月己巳（二日）に発覚している。大津皇子は、天智の娘大田皇女と天武の間に生まれた皇子で、大田皇女は持統の姉にあたり、若くして亡くなっていなければ、大津の即位の可能性はその資質により草壁よりも高かったと考えられる。すでに同年七月には、天武の意思により皇后（持統）と皇太子（草壁）による代行が正式に認められており、さらに持統が天武のモガリを主宰し、その間において天皇権力を代行するという特殊な政治権力を掌握することができたことで、推古の前例に従って、大津の排除は、対等な権力闘争ではなく正当な権力行使により行えたと評価される。先述したように推古は敏達のモガリの期間において、ミコたちの擁立（用明・崇峻）・失脚（穴穂部間人・宅部）などに主導的に関与していることと類似する。大津を排除することができた前提には、こうした日嗣を定める政治的なモガリ期間において特殊な政治的立場に持統があったことに考慮する必要がある。さらに、九月中にモガリ儀礼において国造や六官など、官僚組織からの忠誠の確認がなされた直後において、大津の排除を実行していることは重要な意味があったと考えられる。

『懐風藻』の記載によれば新羅僧行心が大津に逆謀を勧めたという。大津自身に謀反の意図があったかは不明であるが、政治勢力が結集することを恐れた持統側が、草壁の即位を確実なものにするため、排除されたと考えられる。

皇位継承の側面だけてなく、外交路線の対立から大津の変を読み解くならば、天武朝から続く、親新羅的路線の継続か、それからの転換かという問題も無視できない。持統期にも新羅との交渉は続けられたが、必ずしも相互に好意的ではなくなっており、晩年には疎遠であった中国にも遣唐使が送られているのは大きな変化といえる。

具体的には、『日本書紀』持統紀三年五月甲戌条によれば、田中朝臣法麻呂らを派遣して天武の喪を新羅に伝えようとしたが、奉勅者の地位をめぐり対立し、遂にその使者の役目を果たさず帰国したとあり、新羅からの弔使の位階が低いことも非難している。また、調賦の船が一艘だけであったのを咎め、献上物を返還している。このように天武期の密接な関係とは異なる対応が両国でなされているのは無視できない。天武の時には新羅から賀騰極使が派遣されているが、持統の時には新羅からこうした使者は派遣されなかったことは象徴的な差異といえる。さらに、持統三年には新羅に対して神功皇后伝承を前提に貢納を強制している。

そうした観点から、大津の事件を見るならば、大津は外交官たる新羅僧を介して、天武と同じ親新羅的路線を継承しようとしていたのに対して、持統は父の天智と同じく新羅とは距離を置く立場であったと考えられる。[注25]大津皇子の謀反については、連座した者は少なく、飛驒国に流された行心ら数人のみであり、人望があったとの『懐風藻』による人物評価を尊重すれば、親新羅系政治勢力の結集を持統が危惧していたことが推測される。

2　吉野の盟約――一母同産――

正史たる『日本書紀』には、天武朝の六七九年に天武系だけでなく天智系を含む六皇子を「同異を別たず」に「一母同産」として扱うことを宣言した「吉野盟約」が語られている（『日本書紀』天武紀八年五月条）。当時、成人していた六人の皇子が、同一世代（天武・天智の子世代）における皇位継承候補として承認しつつも、世代が異なる母とされた持統（本来ならば天智の娘なので同一世代となる）、およびその実子の草壁の優位を示そうとしたセレモニーであったと考えられる。さらに、この記載を前提に、天智系皇子の子孫も天武系に対する優先度は別にして「皇緒」の範囲として扱う歴史的根拠になり、この正史に記載された「吉野盟約」を前提とした皇緒の選択範囲は、後の天智系光仁の擁立において回顧されている。

持統の即位儀礼以降、群臣の推戴の象徴であるレガリアの献上から転換して、すでに神の委任を受けて即位している天皇に、儀式としてレガリアが形式的に献上されるとの指摘がされている。[注26] ただし、これ以前に群臣が大王をフリーハンドで「えらぶ」権限があったと理解するのはいささか疑問である。

まず確認しておくべきは、群臣推戴の典型的事例とされる継体・舒明・光仁などの即位時の状況は、武烈・推古・称徳の没後、当時の王権が、後の太上天皇・天皇・皇后・皇太子など権力核に相当する構成要素をすべて欠き、王権側の明確な意思を示せなくなった危機的時期にあたっている点であり、この事例を根拠にして群臣による後継者の擁立が一般的であったとすることには無理があると考える。それどころか、推古女帝や称徳女帝の「遺詔」によってしか群臣間の候補対立が止揚できなかったことは、反対に王権側の意思が後継の指名に大きな役割を果たしていたことを示すと考えられる。あくまで群臣の積極的関与は、キングメーカー不在のような王権側の意思が明確に示せない緊急の場合に限定され、追認的な役割が中心であったと考えられる。

しばしば、『日本書紀』舒明即位前紀にみられる大夫の会議が推古天皇没後の皇位を決定したことから、大夫層の後裔である畿内五位以上官人層により皇位が承認されていたとされる。[注27] しかし、大王と群臣の関係は、こうした群臣による共立とともに一方で大臣・大連の地位の確認が「代替わり」ごとになされる必要があった。[注28] しかも、王権内での地位の確認は、自己の属する族長位（氏上）の継承と不可分の関係があり、王権から相対的に独立した一族内部の問題に限定されなかった。したがって、各豪族が誰を次の大王に推薦するかについて、フリーハンドの選択権を持っているわけではなかった。律令制以前においては、大王との人格的な関係によって、その支配が成り立っており、「代替わり」ごとにその関係はすべて再確認されなければならなかった。原理的には大夫層といえども、王の代替わりごとに入れ替わる可能性があり、自らの政治的地位を安定的に保持するためには、王位継承に絶えず関与し続けなければならなかった。次期大王位の継承に大きな発言力を有し、新大王またはその皇子の母族であることは、その氏族の安定にとって大きな意味を有することになる。「大王宮」だけではなく廐戸皇子が経営した斑鳩宮のような「皇子宮」へ群臣の奉仕や結集がなされたのには、こうした背景を視野に入れなければならない。舒明即位前紀における混乱も、推古の没後に王族内部の有力者が不在の時期であることを考慮すべきである。蘇我馬子と境部臣摩理勢との族長争いという性格が強く、同一氏族内で、それぞれ田村皇子と山背大兄王を分裂して支持したのも、両者の争いがあったからと考えられる。しかも、推古の死後、たびたび開かれた大夫層との会議だけでは「共同意志の形成」ができず、摩理勢を倒すとすんなり田村皇子の即位を認めているのは、こうした背景ぬきには考えられない。大王との人格的関係を前提とし、大臣・大夫などの地位も代替わりごとの確認が必要であったとする点では、「畿内豪族」の地位はむしろ不安定であったとしなければならない。[注29]

しばしば、言及される『懐風藻』の葛野王伝には「高市皇子の薨じて後、皇太后、王公卿士を禁中に引きて、日嗣を立てむことを謀る」とあることから、群臣が後継者を定めたとする事例ともされている。しかしながら、あくまでこれは皇太后（持統）が謀ったとあるように持統の諮問にもとづくものであること、さらにこれは天皇ではなく、日嗣すなわち新たに定められた地位である皇太子をあらかじめ決定すること、この二点に留意する必要がある。「皇太后その一言にして国を定むることを嘉し」とあるように、あくまで最終決定権は持統が有していたのであり、「群臣各私好を挟み、衆議紛紜なり」と表された群臣の関与は、この点で限定的であったとしなければならない。

氏族統制においては、まず天武十年（六八一）に氏上の自主的な申告制度による決定を認めたが、翌年には、諸氏の氏上を定めるように改めた。これは氏族側での自主性が尊重された従来の方式から王権側での決定に変化したもので、氏族側の王権に対する忠誠をより強く求められる段階に変化している。同十三年（六八四）における「八色の姓」も従来の臣連を中心とする氏姓秩序を大きく相対化させるものであった。さらに、諸臣らが、正史の編纂と連動して、持統の命令により「己が先祖等の仕へまつる状」を内容とする誄を奏上している。これにより各氏族の忠誠を誓わせた後、仕上げとして「皇祖等之騰極次第」が皇位継承の系譜とともに、草壁が日嗣であることをモガリの最後に宣言された。

持統の立場は、天武の意思による持統と草壁による共同統治命令以後、皇太后の臨朝称制→日嗣たる草壁の死去→（即位）→持統天皇→（譲位）→持統太上天皇へと地位が変化している。天武の意思による持統と草壁による共同統治命令は、結局、大宝令制下での天皇と太上天皇という制度的関係に継承されていく。

おわりに――譲位と太上天皇――

大宝令において太上天皇が規定され、持統女帝から文武天皇への譲位がその初例となった。天皇の生前譲位を可能とした太上天皇の出現は、唯一の皇位継承予定者としての皇太子制の確立とともに、「制度化された権力」の重要な核を構成することとなった。この「制度化された権力」は、高度な政策決定能力と安定的皇位継承という二律背反的な要求、すなわち資質と血統の選択という究極的な課題に対して直系尊属関係に基づく共同統治として運営するものであった。[注30] 一方、文武でモガリが廃止され、しばしば次期大王の指名をおこなった元キサキの役割が変化したことにより、代わりに先帝意思の尊重を示す「不改常典」の出現が必然化し、草壁嫡系継承というあらたな皇統意識が主張されていく。[注31]

注

1 小林敏男『古代女帝の時代』（校倉書房、一九八七年）、荒木敏夫『可能性としての女帝』（青木書店、一九九九年）、義江明子『日本古代女帝論』（塙書房、二〇一七年）など。なお、私見は拙著『女帝の世紀』（角川学芸出版、二〇〇六年）、拙稿「古代女帝の成立」（『古代王権と支配構造』吉川弘文館、二〇一二年、初出二〇〇三年）、同「古代王権論の成果と課題」（『歴史評論』八一三、二〇一八年）など参照。

2 井上光貞「古代の女帝」（『井上光貞著作集』一、岩波書店、一九八五年。初出一九六四年）。

3 岸俊男「光明立后の史的意義」（『古代政治史研究』塙書房、一九六六年、初出一九五七年）。

4 遠藤みどり「〈大后制〉の再検討」（『日本古代の女帝と譲位』塙書房、二〇一五年、初出二〇一一年）。

5 拙稿「古代女帝の成立」注1前掲論文、同「書評 荒木敏夫著『日本古代の王権』」『古文書研究』六五、二〇〇八年。

6 石母田正『日本の古代国家』（岩波書店、二〇一七年、初出一九七一年）、鈴木靖民「七世紀東アジアの争乱と変革」（『日本の古代国家形成と東アジア』吉川弘文館、二〇一一年、初出一九九二年）、同「東アジアにおける国家変動と国家形成」（『倭国史の展開と東アジア』岩波書店、二〇一二年、初出一九九四年）など。

7 和田萃「殯の基礎的考察」（『日本の儀礼と祭祀・信仰』塙書房、一九九五年、初出一九六九年）、同「飛鳥・奈良時代の喪葬儀礼」（同前、初出一九八二年）、同「殯宮儀礼の再分析」（同前、初出一九八〇年）。

8 折口信夫「女帝考」（『折口信夫全集』二〇、中央公論社、一九五六年）、井上光貞「古代の女帝」（『天皇と古代王権』岩波書店、二〇〇〇年、初出一九六四年）。

9 拙稿「倭国における政治空間の成立」（『唐代史研究』二〇、二〇一七年）において指摘したように、モガリの場は、敏達の広瀬、斉明の飛鳥川原のように河原での儀礼に起源がある。推古への誄は南庭の殯宮内部でおこなわれ（推古紀三十六年三月癸丑条・

同九月戊子条）、広瀬では殯庭への侵入を隼人が防いだともあるように（敏達紀十四年八月己亥条）、門垣に囲まれた殯宮内部に殯庭が存在すると考えられる。宮外の河原での儀礼を継承し、喪屋（殯大殿）と殯庭（誄）が門（兵衛）と垣で囲われる一体的な構造と推定され、殯庭は殯宮の内部（殯内）と考えられるので、内外の二分法的な理解は困難と考えられる。

10 誤解がないように述べておくならば、大后について大王在位時からの共治・輔政を強調する説（小林敏男「大后制の成立事情」『古代女帝の時代』校倉書房、一九八七年、初出一九八一年）に対して、殯宮の主宰により元キサキの立場が顕在化すると考えるので見解は異なる。

11 大山誠一「〈聖徳太子〉研究の再検討」（『長屋王家木簡と金石文』吉川弘文館、一九九八年、初出一九九六年）、同『〈聖徳太子〉の誕生』（吉川弘文館、一九九九年）、同編『聖徳太子の真実』（平凡社、二〇〇三年）、同編『日本書紀の謎と聖徳太子』（平凡社、二〇一一年）など。「聖徳太子虚構説」に対する批判は、「聖徳太子は実在したのか」（『中学校 歴史のしおり』帝国書院、二〇〇五年）参照。

12 新川登亀男『聖徳太子の歴史学』（講談社、二〇〇七年）、古市晃「聖徳太子の名号と王宮——上宮・豊聡耳・厩戸——」（『日本歴史』七六八、二〇一二年）、大平聡『聖徳太子』（山川出版社、二〇一四年）。

13 拙稿「「聖徳太子」の名号について」（新川登亀男編『古代史の方法と意義』勉誠出版、二〇一八年）。

14 関晃「推古朝政治の性格」（『関晃著作集』二、吉川弘文館、一九九六年、初出一九六七年）。

15 井上光貞「冠位十二階とその史的意義」（『井上光貞著作集』一、岩波書店、一九八五年、初出一九六三年）、黛弘道「冠位十二階考」（『律令国家成立史の研究』吉川弘文館、一九八二年、初出一九五九年）。なお、『日本書紀』推古紀十六年八月壬子条に「是時皇子・諸王・諸臣、悉以二金髻華一著頭。亦衣服皆用二錦・紫・繡・織及五色綾羅一。〈一云。服色皆用二冠色一。〉」とあり、以後の大化三年制が「大小織・大小繡・大小紫・大小錦」であったことを前提とすれば、「織・繡」は王族（皇子・諸王）、紫は「大臣」、「錦」は大夫＝徳位に配された可能性がある。

16 坂本太郎『聖徳太子』（吉川弘文館、一九七九年）。

17 関根淳「天皇記・国記」（『日本史研究』六〇五、二〇一三年）は、国記には氏族系譜だけでなく、国という書名から原初的な戸籍の要素を指摘されるが、これは天智期の「庚午年籍」にも継承される要素と考えられる。すなわち、「庚午年籍」段階においても、中央・地方の氏別編成を除外したところで、課税単位としての五十戸編成がおこなわれる二元的な編成であり、領域的な編戸としては不十分な段階であった（拙稿「七世紀後半における公民制の形成過程」『国立歴史民俗博物館研究報告』一七八、二〇一三年）。

18　拙稿「帝紀・旧辞と王統譜の成立」（『史料としての「日本書紀」』勉誠出版、二〇一一年）。

19　拙稿「「斑鳩宮」の経営について」（『古代王権と都城』吉川弘文館、一九九八年、初出一九九〇年）、拙稿「六、七世紀の宮と支配関係」（『考古学研究』五五―二、二〇〇八年）。

20　拙稿「小墾田宮と浄御原宮」（『古代文化』五一―三、一九九九年）。

21　拙著『都はなぜ移るのか』（吉川弘文館、二〇一一年）。

22　同前。

23　直木孝次郎『持統天皇』（吉川弘文館、一九六〇年）。

24　義江明子「持統王権の歴史的意義」（『日本古代女帝論』塙書房、二〇一七年、初出二〇一五年）。

25　大和岩雄『古事記と天武天皇の謎』（臨川書店、一九九三年、初出一九七九年）。

26　熊谷公男「持統の即位儀と「治天下大王」の即位儀礼」（『日本史研究』四七四、二〇〇二年）。

27　関晃「大化前後の大夫について」（『関晃著作集』二、吉川弘文館、一九九六年、初出一九五九年）、大津透『古代の天皇制』（岩波書店、一九九九年）。

28　吉村武彦「仕奉と貢納」（『日本古代の社会と国家』岩波書店　一九九六年、初出一九八六年）。

29　拙稿「「斑鳩宮」の経営について」（『古代王権と都城』吉川弘文館、一九九八年、初出一九九〇年）、同「律令国家論の現状と課題」一九九一年（『古代王権と官僚制』臨川書店　二〇〇〇年、初出一九九一年）。

30　拙稿「太上天皇天皇制の展開」（『古代王権と官僚制』臨川書店、二〇〇〇年、初出一九九六年）。

31　拙稿「古代王権論の成果と課題」（前掲注1論文）。

女帝と政争の奈良王権

関根　淳

はじめに

奈良期の王権にはどのような特色があるのか。王権の構成要素には天皇以外にも太上天皇・皇太子・皇后などがあり、「女帝」という語もふくめてこれらはすべて大宝令・養老令に定められている法制用語である。[注1] すなわち、奈良期の王権は国制として機能している。日本の古代王権は飛鳥浄御原令（六八九年）・大宝律令（七〇一年）によって律令国家が成立する過程で天皇制として転成するが、[注2] それは時代に応じて変容しつつ途切れることなく現在にいたる。現代の日本にも象徴天皇制という〈王権〉が存在するのである。

本稿では、与えられた課題である奈良期の王権を考察するために女帝と政争を分析視角として取り上げる。女帝については奈良時代の天皇八代に四代（三人）が存在し、そのあり方は太上天皇や皇太子・皇后と非常に関係が深い。いっぽう奈良時代には天皇が直接関与する政変が多く、このことは天皇の権能や地位が実質的に未確立であり、当時の王権がいかに不安定であったかを示している。[注3] 政争は王権や国家のあり方にも影響を及ぼすのである。[注4] 女帝と政争を通してみた奈良王権とはいったいどのようなものであろうか。

一　研究史にみる王権の諸相

1　女帝研究の現在

まず、研究史を通じて当該期の王権を概観したい。古代史学界における王権研究のなかで近年もっとも進展したのは女帝に関する研究である。二〇〇一年、皇太子に女子が誕生したことによって集中した女帝研究は、二〇一七年における天皇の退位論と関連して再び高揚しつつある。単純な中継ぎ論やその贖罪としての巫女論がひと段落した二〇〇〇年前後、非中継ぎ論を提起して女帝研究を一新したのが荒木敏夫・義江明子・仁藤敦史の各氏である。[注5] 現在の女帝研究の地平はこの三氏によってつくられており、これに対して新たな意味での「中継ぎ」論を提唱しているのが佐藤長門・遠藤みどり・桜田真理絵の諸氏である。[注6] 両者の論説はそれぞれの論考で整理されているが、現在の女帝研究における主な論点は「中継ぎ」の是非と不婚のとらえ方になっている。

「中継ぎ」の概念については、「王位継承上の文脈のなかでのみ使用されるべきもので、王としての資質に関する概念ではない」とする佐藤長門氏の提言が当を得ている。[注7] この考え方自体は非中継ぎ論の立場からも賛意を得ているが、同時に直系男子による皇位（王位）継承ルールが未確立の段階では「中継ぎ」という概念自体が成り立たないという批判がある。[注8] たしかに明治の皇室典範の制定（一八八九年）以前に皇位継承の法則はなく、それはその時々の政治情勢によって大きく左右されている。しかし、法則の有無にかかわらず、次世代への皇位継承は当該王権にとって所与の通時的な課題である。その意味で「中継ぎ」の概念は常時成立しうる。従来の中継ぎ論は直系男子の皇位継承を自明とし、かつ女帝の統治能力を否定的にみることによって成り立っていたが、近年の「中継ぎ」論は佐藤氏の提言を得て新たな意味をもって展開しており、筆者もこれに賛同したい。[注9]

次に不婚について。女帝の不婚は即位後の新たな皇統の出現を防ぐために強制されたが、飛鳥時代に即位した推古・皇極・斉明・持統・元明は即位前に婚姻しており、「不婚」ではない。これに対して奈良時代に即位した元正・孝謙・称徳は配偶者がおらず文字通りの不婚であり、同じ女帝でも飛鳥時代と奈良時代では性質が異なる。これは大王としての執政能力が問われた段階と天皇制が国制として整備された令制以後の違いを表している。奈良時代以前の女帝はすべて先・前大王の大后、もしくはこれに準じる地位を根拠に即位しているが、奈良時代における女帝はそういった地位とは無関係に不婚による「中継ぎ」に徹している。飛鳥時代における前者は執政権を重視する大后型の女帝、奈良時代における後者は皇位の継承を重視する「中継ぎ」型の女帝と言うことができるだろう。

「中継ぎ」型の女帝である元正天皇や孝謙・称徳天皇の不婚の時期と意図をめぐってはさまざまな議論がある。しかし、それは当該期の政治情勢の分析だけでなく、当事者の年齢や配偶者候補となる皇族男子の存在、律令制下の皇女・内親王の政治的処遇やその婚姻形態まで視野に入れて論じるべきである。[注10]その際、内親王は皇族としか婚姻できなかったことや、[注11]またそれによって天皇家の血統の確立に寄与するか、不婚のまま伊勢神宮の斎王として存在するしかなかったという考察はその前提になる。[注12]婚姻の制限やその究極である不婚は女帝だけの特徴ではなく、一般の内親王や斎王にもあてはまるのである。

以上のことからすれば、不婚は女帝に限定されず、かつ古代女帝のすべてにはあてはまらないことが分かる。

これまでの女帝研究の論点は「中継ぎ」の是非に集約されていたが、それも王権を取りまく歴史的条件の差異を視野に入れて論じなければならず、不婚の問題もふくめて従来のような一括した議論では立ちゆかないのが現状である。[注13]

2　太上天皇・皇太子・皇后研究の現在

太上天皇に対する研究が一気に進展したのは昭和天皇の死去をうけた一九九〇年代の前半であった。春名宏昭・仁藤敦史両氏の精力的な研究を嚆矢として、[注14]その後、筧敏生・齋藤融・水野柳太郎・石野雅彦らの諸氏が論点を追加していった。[注15]現在の太上天皇に関する研究水準は基本的にこの時期に形成されており、その後の成果としては中野渡俊治氏の研究がある。[注16]これら太上天皇研究における最大の問題は、太上天皇を天皇と同質とみるか否かという点にある。春名氏は太上天皇を天皇大権を掌握する〝もう一人の天皇〟とみなし、仁藤氏は太上天皇と天皇は高度な政策決定能力（人格的権威）と安定的な皇位継承（制度的権威）を分担する相互補完的な関係とみて議論は対立し、現在にいたる。太上天皇と天皇の関係性を権能論ではなく皇位継承の側面からとらえるならば、太上天皇は天皇の正当性（正統性）を保証する役割を担っている。両者は天皇権力の行使（代行）という役割においてはほぼ同じであるが、皇位継承の問題はその同質性という議論からは把握しにくい。その意味で、筆者は王権内部における機能分担をみる仁藤説を支持する。

皇太子に対する研究は東宮機構を中心とした官制面からの考察が主流である。現在の皇太子研究の基盤は、唐制との比較を中心にさまざまな観点からこれを検討した一九八〇年代半ばの荒木敏夫氏の研究である。[注17]荒木氏は、皇太子を「国の固鎮」としてその制度化の過程を説き、これにより王権は安定したが一方でまた政変を惹起するなどの脆弱性を内包する、という基本的な評価を下した。それまで天皇専制か貴族制かという議論に収斂されがちだった王権研究を、皇太子という論点を設定したことによって相対化することに成功した荒木氏の功績は大きい。その後は大平聡・坂上康俊・齋藤融・柴田博子・保母崇・堀江潔氏らによって皇太子に関する諸制度、および皇位継承次第の研究が進展する。[注18]近年は山下紘嗣氏が研究を進めており、筆者も皇太子監国という観点から考察をおこなっている。[注19]しかし、それらは一部をのぞいて制度的・儀礼的な側面での考察が主であり、王権論という包括的な観点から言えば先の荒木氏の議論を超えるものではない。

皇后に関する研究は以上の諸研究と比較すると論点が定まらず、王権論としてはやや立ちおくれている。[注20]本稿の対象とする奈良時代に関して言えば一九五〇年代後半に発表された岸俊男氏の論考がいまだにその起点であろう。[注21]一九九〇年代にいたって井上亘氏が岸論文のレトリックを明らかにしたが、[注22]それでもその影響力はなお残っている。岸氏が先鞭をつけた光明皇后に対する考察はその後も進められており、それ自体は皇后論を深化させる貴重な材料である。[注23]また、家族史的な観点から西野悠紀子氏、皇統の形成・転換という観点から山本一也氏の研究があり、[注24]それぞれ古代の皇后を俯瞰しており有益である。さらに宮都論から橋本義則氏、官制論（皇后宮職論）から中林隆之氏の論考がある。[注25]そのような研究史のなかで特筆すべきなのが井山温子氏の論考である。[注26]井山氏は皇后の権限を太上天皇や女帝との関連において考察しており、王権論全体を視野に入れている点が評価される。近年、その皇后の権限をより詳しく分析したのが上村正裕氏であり、[注27]今後の皇后研究は両氏の論考が基盤となるべきである。

3　王権論における女帝と政争

以上のような王権のあり方は、それぞれがその権能・権力を制度的・実態的に有するという意味で「多極構造」と称される。[注28]現在、日本の古代王権を多極構造としてとらえることに異論はないが、問題は構造そのものの指摘だけでなく、その具体的な関係性や権力の発動形態を解明することになっている。ここで議論の鍵となってくるのが女帝である。太上天皇はその初期が持統・元明・元正とみな女帝であり、これを単なる偶然とみなせるだろうか。いっぽう皇后に関しては、後述するように大王・天皇の政治補佐と安定した王権の再生産という二つの機能に分けて考える必要があるが、前者においては大后型の女帝が、後者においては「中継ぎ」型の女帝の不婚の問題が関係してくる。以上の諸問題に留意しつつ、奈良時代前後における王権各極（太上天皇・皇太子・皇后）の形成と変化を実際の政治過程にトレースしてみるとどうなるか。

太上天皇の地位は持統天皇から文武への譲位と後見を意図しており、大宝令で定められた。[注29]皇太子の法制化は飛鳥浄御原令で最初の皇太子は軽皇子（文武天皇）であったが、[注30]このときの天皇も持統である。つまり、太上天皇と皇太子はともに女帝・持統によって文武天皇への皇位継承という課題のなかで天皇制に組成されている。そのいっぽうで、皇后も天皇・皇太子とあわせて飛鳥浄御原令で制定されている。[注31]しかし、国制におけるこれらの定着ということになるといずれも一定の時間を要している。太上天皇と天皇の関係が確定するのは平安初期の平城太上天皇の変（八一〇年）まで待たなければならず、皇太子に関しては早良皇太子の変（七八五年）まで下るとみた方がよい。いっぽう皇后は長屋王の変（七二九年）の直後における藤原光明子の立后や井上内親王の廃后事件（七七二年）にその地位や機能の変質が認められる。

以上からすれば、王権を構成する各極の形成と変化が現実の政治過程、すなわち政争と連動していることが分かるだろう。次章ではこの点についてさらに詳しくみていきたい。

二　奈良時代の政争と王権

1　奈良前期の政変と王権

実は筆者は先のような観点からすでに古代の政変と天皇・国家の関係に対して概括的な考察をおこなっている。[注32]そこで取り上げたのが山口昌男『天皇制の文化人類学』（岩波現代文庫、二〇〇〇年）に紹介されているマックス・グラックマン（一九一一～七五）というイギリスの文化人類学者の研究である。そこでは、アフリカの「ベンバ族の歴史における王位継承戦が、王権の基礎を脆弱にするどころか、逆に特定の王に対する異議申し立てによって、王権の理念を再確認・補強するという作用を持った」のであり、「この立場は古代天皇制に常にまとわりついた内乱陰謀の性格を明らかにする上で示唆的な観点であろう」と述べられている（四三頁）。政争史を偶然の個別事象として棄却せず、これを歴史過程に位置づけるひとつの有効な研究視角であろう。以下、この提言を念頭におき、王権のあり方に焦点をあてて奈良時代の政争についてみていきたい。

天平元年（七二九）二月、天武天皇の二世王・長屋王が国家の転覆計画をはかっているという密告があった。いわゆる長屋王の変である。[注33]その後、長屋王は服毒自殺に追い込まれたと考えられるが、それは後に「誣告」（偽りの密告）と明記されるように無実であった（『続日本紀』天平十年七月壬子条）。そして変の半年後、藤原光明子が人臣初の皇后となる。従来は藤原四子（武智麻呂・房前・宇合・麻呂）を首謀者として長屋王の変と光明立后を関連づけるのが一般的であったが、[注34]近年は変と光明立后を切りはなし、長屋王と吉備内親王（元明天皇の女）のあいだに生まれた膳夫王らの排除を目的とする見方が主流になりつつある。[注35]長屋王・吉備内親王所生の膳夫王らの血統は持統太上天皇が設定した聖武系皇統のスペアであり、有力な皇位継承候補者である。光明立后において長屋王と吉備内親王・膳夫王らの殺害は必要条件ではなく、その皇統の断絶が求められたのは前年九月に基皇太子を当歳で亡くした聖武の皇位継承問題においてである。

いわゆる光明立后の詔では、第一に皇太子を生んだことの功績、第二に「しりへの政」（天皇の輔政）の必要性が説かれている（『続日本紀』天平元年八月壬午条）。これにより、当時の皇后が皇位継承の安定と天皇の政治補佐という二つの役割を期待されていることが分かる。後者に関してはその後の国分寺建立の進言や皇太后となってからの詔の発布などがあり、意図どおり機能しているとみてよい。この事実を等閑視して変から立后にいたる政争史とその後の政治史を分離し、これを藤原氏の陰謀としてのみ理解するのは適切ではない。『万葉集』巻三―四四一には「左大臣長屋王に死を賜ひし後」の倉橋部女王（長屋王の女か）のものとして「大君の命恐み大殯の時にはあらねども雲がくります」という歌があり、長屋王の死が聖武天皇に命じられたものであることが分かる。長屋王の変は聖武自らが中心となって自身の皇統を確立するために起こした政変であり、光明立后はこれとは無関係に前代以来の皇后の輔政機能を期待した聖武の意向だったと考えられる。[注36]

2　奈良中期の政変と王権

天平宝字元年（七五七）七月、橘奈良麻呂の変が発生した。天平十七年から十年以上、四度にわたるこの謀反計画は第一に藤原仲麻呂を殺害し、第二に皇太子・大炊王（淳仁天皇）を廃太子とし、第三に光明皇太后から兵馬の差発権を有する鈴印を奪取し、第四に孝謙天皇を廃して新たな天皇をたてる、というものであった。ここでは、光明皇太后が孝謙天皇にかわって天皇権力の象徴である鈴印を保管していること、皇太子と天皇を廃位して新たな天皇が擁立されようとしていることが注目される。また、最初の謀反計画があった天平十七年当時、橘奈良麻呂は聖武の容体が悪化した際に「猶、皇嗣立つること無し。恐らくは変有らんか」と語っており（『続日本紀』天平宝字元年七月庚戌条）、皇位継承の不安定が政争を誘発していることが看取できる。

天平宝字八年九月、藤原仲麻呂（恵美押勝）が道鏡を排除するための反乱を起こした。しかし、これは仲麻呂が主体となって起こしたものではなく、孝謙太上天皇の方から仕掛けた争乱とみられる。[注37] したがって本稿ではこれを年号にちなんで「天平宝字の内乱」と呼称する。[注38] この政変で注目すべきなのは天皇権力の脆弱性とこれに反比例する太上天皇の強権である。反乱に追い込まれた仲麻呂は天武天皇の二世王・塩焼王を「今帝」に立てているが（『続日本紀』天平宝字八年九月壬子条）、「今帝」という語は在位中の天皇を指す用語である（『大日本古文書』八巻五八二頁など）。仲麻呂は淳仁天皇を放棄して塩焼王を新天皇とし、いっぽうの孝謙太上天皇は淳仁天皇のもとにある鈴印を奪取して自身の権限を確保している。ここでは太上天皇の権力が天皇を凌駕しており、個人の資質によって両者の関係が逆転するという前代以来の王権内部の矛盾が露呈している。

天平宝字の内乱の翌年である天平神護元年（七六五）八月、天武天皇の三世王・和気王が称徳天皇に対して謀反をおこした。この政変では「己が先霊に祈願える書」という物的証拠が存在しており（『続日本紀』天平神護元年八月庚申条）、穿った見方をする必要はない。そこでは「皇統に嗣無くして」という変勃発の背景が語られており、橘奈良麻呂の変と同じく皇位継承問題が政変の背景となっていることが分かる。

神護景雲三年（七六九）三月、宇佐八幡神託事件が発生する。宇佐八幡神による非皇族の即位勧告は道鏡自身の謀略ではなく、仏弟子として法王・道鏡に執心していた称徳天皇の意思であったと考えられる。[注39] しかし、「皇緒」（皇族）というルールを逸脱した皇位継承は「記紀」神話とそれに基づく氏族制に支えられたこれまでの王権のあり方を全否定することに等しい。先の即位勧告に関しては最終的に「天之日嗣は必ず皇緒を立てよ」という託宣が下っており（『続日本紀』神護景雲三年九月己丑条）、非皇族の道鏡による即位はその重大な危険性を察知した貴族層の合意によって阻止されたのである。

3　奈良後期の政変と王権

宝亀三年（七七二）三月、光仁天皇の皇后・井上内親王が謀反により廃位され、その子・他部皇太子もその二カ月後に廃太子となった。そして翌年正月に山部親王（桓武天皇）が立太子され、同年十月に先の二人は幽閉。三年後の宝亀六年四月の同日に死亡する。光仁天皇は「暴虐」とされた他部皇太子（『類聚国史』賞功／延暦廿二年正月壬戌条）よりも、山部親王や「愛子」である早良親王（『大安寺碑文』）に期待をかけており、さらに他部の母・井上皇后との関係も良好ではなかったらしい（『水鏡』光仁天皇段）。これらのことから、当該事件は山部親王・早良親王の血統に皇位を伝えるために光仁天皇によって引き起こされたものであり、藤原百川らはこれを実行に移したに過ぎないと考えられる。

延暦元年（七八二）閏正月、前年末の光仁太上天皇の崩御をうけて、氷上川継が桓武天皇に対して謀反を起こした。川継は天平宝字の内乱で「今帝」となった塩焼王の子で天武天皇の四世王にあたる。氷上川継の従者である大和乙人の自白した計画の具体性や川継自身の逃亡劇などからこの謀反は事実とみられ、このときかつて山部親王（桓武天皇）の立太子に反対した川継の義父・藤原浜成が左遷されている。先の井上・他部廃后廃太子事件もふくめて、天智系の光仁・桓武王権は天武系皇親が起こした政変の処罰を通じて自己の王権を逆に強化していることが注目される。

延暦四年九月、長岡京造宮使の藤原種継が暗殺される事件が起こった。[注40]その主犯である大伴継人・佐伯高成らが斬首されるとともに、これに関与した早良皇太子が廃太子となり、配流先の淡路へ護送中に飲食を絶たれて殺害された。この政変は安殿親王（平城天皇）に皇位を継承するための桓武天皇の陰謀とみられることが多いが、種継の暗殺は「皇太子に啓して遂に其事を行う」とあるように早良皇太子の認可によって、「早良王を君に為すために実行されたものである（『日本紀略』延暦四年九月丙辰・庚申条）。事件によって自身の即位を企図したのは早良皇太子自身であり、一連の事件は「早良皇太子の変」と呼称するのがふさわしい。桓武天皇は実弟・早良の殺害という果断をもってこれに対処したのである。

三　王権史のなかの奈良時代

1　王権の主体性

ここまで政争における王権の動向という視点でその事実関係を把握してきた。これらの政争を天皇代ごとに整理すると次のようになる（○印は女帝）。

○元明朝

○元正朝

聖武朝　長屋王の変（七二九年）・橘奈良麻呂の変（七五七年）

○孝謙朝

淳仁朝　天平宝字の内乱（七六四年）

○称徳朝　和気王の変（七六五年）・宇佐八幡神託事件（七六九年）

光仁朝　井上・他部廃后廃太子事件（七七二年）

桓武朝　氷上川継の変（七八二年）・早良皇太子の変（七八五年）

まず、女帝だからといって政争が多発しているわけではない。元明・元正朝に皇位継承に関連する政変はみられないし、孝謙朝においても同様である。これは皇太子として首皇子（聖武天皇：和銅七年〈七一四〉立太子）、道祖王（天平勝宝八歳〈七五六〉立太子）・大炊王（淳仁天皇：天平勝宝九年立太子）らが存在していたためで、この一件をみても皇位継承における「中継ぎ」としての女帝の存在意義は高く評価できる。天皇の性別を問わず奈良後期に政変が多発するのは皇太子の不在と皇統の転換が原因であって、皇位継承に問題が生じたときに政情が不安定化し、政変を惹起するのである。

その奈良時代の政変には王権が主体となって発生したものが意外に多い。自身の皇統、あるいは意図する者への皇位継承権を確保、設定するために天皇自身が引き起こした政変として長屋王の変、宇佐八幡神託事件、井上・他部廃后廃太子事件がある。また、天平宝字の内乱は孝謙太上天皇、早良皇太子の変は皇太子が起点となっており、やはり王権が主体である。このほか和気王の変や氷上川継の変もこれに準じて考えることができる。従来はそのほとんどが藤原氏の〝陰謀〟として語られていた奈良朝政争史であるが、実は王権側が非常に能動的、かつ主体的に関与している。そこでの藤原氏は王権の意思を忖度して行動するその忠実な代行者であり、殺害までふくめた最終的な決断は王権によってなされていたと考えられる。古代政治史における権力ソースはあくまで天皇にあり、奈良時代の政変の多くは王権が自らのあり方を模索した結果として発生しているのである。

2　政変による王権の推移

また、従来ほとんど区別されていないが、王権における各極の機能は天皇権力の「代行」と皇位の「継承」という二つの側面に分けることができる。天皇権力の代行という面では太上天皇・皇后は鈴印の保持や詔勅の発布、皇太子は監国や臨時執政をおこない、皇位継承という面では太上天皇は譲位、皇太子は即位、皇后は皇太子の出産という役割を担っている。女帝に関して言えば天皇権力そのものを行使し、皇位継承という側面において「中継ぎ」と譲位をおこなう。初期の太上天皇（持統・元明・元正）が女帝であるのはその機能が譲位という皇位継承の面で結節しているからである。では、それら王権各極の「代行」と「継承」という機能は奈良時代の政争によってどのように変化したのであろうか。

太上天皇の権能が問題となったのは天平宝字の内乱である。孝謙太上天皇と淳仁天皇の対立、すなわち太上天皇と天皇の衝突という王権の危機は、前者を「高野天皇」、後者を「廃帝」（『続日本紀』廿一～卅巻標題）と呼称することによって極小化された。[注41] しかし、それのみでは個人的資質による太上天皇と天皇の権力の逆転という問題を解消できず、それが後の平城太上天皇の変につながっている。その平城太上天皇と天皇の変後に、太上天皇は天皇の下位に位置づけられて両者の制度上の関係が確定する。[注42] 天平宝字の内乱はその前史であり、王権の歴史過程において両者は一連の流れで理解するべきである。

皇太子の権力に変化が生じたのが早良皇太子の変である。この政変は皇太子監国という天皇の不在時に発生したものであり、即位予定者である皇太子による天皇権力の代行は両者の逆転を容易にしている。この点は先の太上天皇と同じ奈良王権の構造的矛盾である。この後、天皇不在時の権力代行である皇太子監国は実施されなくなり、皇太子の権力は皇位の継承権を強化することを目的とした臨時執政に収着するのである。

皇后の権力については井上内親王の廃后事件が大きな転機である。[注43]聖武天皇の女であり女帝・称徳の妹である井上皇后は、高齢の光仁天皇の死後に大后型の女帝として即位する可能性があった。光仁が他部皇太子とあわせて井上皇后を廃したのは、その執政権と大后型の女帝としての即位の可能性を消失させるためである。古代の皇后については、令制前のキサキは大王の補佐という政治的役割を担っていたがそれを徐々に失っていき、平安期以降になると安定した皇位継承のための形式的な地位に変化するとみる理解で一致している。[注44]令制前のキサキは大王家が未確立の段階において双系制による「王族」だったのであり、その後、律令制導入以後の唐制の影響のもと父系制に移行して天皇家が確立され、キサキは臣下へと移行する。その結果、非皇族の皇后には即位の可能性がなくなり、ここに大后型の女帝は姿を消すのである。その意味で、かつて井上亘氏が光明皇后を「最後の大后であり、また最初の皇后であった」と評したのは当を得ている。[注45]

以上の結果として、太上天皇・皇太子・皇后のすべてが天皇権力の「代行」機能を縮小させ、「継承」という側面にその機能を特化していく。しかし、王権各極による天皇権力の「代行」機能が消失した結果として大きな問題が発生している。称徳朝においては太上天皇・皇后・皇太子が存在せず、光明皇太后の死後に称徳天皇の権力が極度に専制化している。これが支配者層の合意を形成せずに自己の意思のみによって非皇族を後継者に指名するという宇佐八幡神託事件をもたらしている。このとき貴族層は天皇が単独で王権を構成すること、さらには「中継ぎ」の機能を揚棄した女帝の危険性を認識したと考えられる。このように奈良から平安初期の政争を経過した段階で王権の課題となったのは、天皇個人の専制化を抑止してその権力を代行し、かつそれが皇位を脅かさない地位の設定である。それが藤原氏による摂政と関白であった。

摂政の権能については、藤原基経（八三六〜八九一）が摂政を辞退した際の史料として『菅家文草』巻十に「臣、謹んで故事を検ずるに、皇帝の母、必ず尊位に升く。また前修を察するに、幼主の代、太后、朝に臨む。」とあり、母后（皇太后）のそれを根源とするという理解が主流である。[注46]しかし、別に『本朝文粋』巻四には「臣、謹んで前記を検ずるに、太上天皇、世に在らば、いまだ臣下の摂政を聞かず。幼主、位に即く時、あるいは太后、朝に臨むことあり。」とあり、基経の摂政辞退の理由の第一は太上天皇が存在することであった。奈良時代における天皇後見の実例をみてみると、元明・元正・聖武・孝謙・光仁など太上天皇の存在は通時的に認められる。ところが、母后（皇太后）に関しては孝謙天皇における光明皇太后のみであり、事例が限定されている。したがって、太上天皇と母后では前者の方に天皇後見の実績があり、先の藤原基経の認識もこれによっているとみられる。先の二つの上表文の異同は慎重に検討するべきであるが、後者は外記局の案文に拠ったと推測されており、[注47]史料としてはこちらを優先するべきであろう。すなわち摂政は母后（皇太后）ではなく、太上天皇の権能を継承したものと考えるべきであり、[注48]関白はその延長としてとらえられる。太上天皇と摂政・関白は天皇権力の「代行」という点では共通するが、非皇族の藤原氏が即位する可能性は宇佐八幡神託事件によってすでになく、その意味で摂政・関白は天皇家にとって安全を確保された存在だった。

3　奈良王権の特徴と政争・女帝

奈良時代においては橘奈良麻呂の変、天平宝字の内乱、和気王の変、氷上川継の変などいくつかの政変において、強制退位もふくめて天皇個人に直接被害が及ぶ可能性が見出される。これについては、五九二年に殺害された崇峻天皇、乙巳の変（六四五年）で強制退位させられた皇極天皇、壬申の乱（六七二年）で敗死した弘文天皇（大友皇子）など飛鳥時代の王権にその類例を見出すことができる。ところが、平安時代以降は平城太上天皇の変を最後に天皇に直接危害を加えようとする政変は実態としてなくなり、皇太子の廃立など政変の標的はその周辺にシフトしていく。奈良期までの天皇は個性にもとづいた政治活動をおこなっており、その結果として多くの政変を誘発している。天皇の個性（専制）は律令制の構造上、制御が効かないという点で支配者層全体にとっての危険要素であり、それが具現化したのが称徳天皇による宇佐八幡神託事件である。宇多天皇（八六七〜九三一）による『寛平御遺誡』には、「愛憎に迷うこと莫れ」「意を平均に用いて、好悪に由る莫れ」「能く喜怒を慎み、色を形にする莫れ」とある。平安期以降の王権はその反省に立ち、個性を極力おさえて自らの地位を象徴化していく方法を選択したのである。[注49]

奈良時代の王権がそれ以前と異なるのは、冒頭で述べたように律令制によって王権が国制化され、天皇制が成立したことである。大王・大后・大兄などは基本的に尊称であって制度ではなく、令制前の王権は個別人格を基盤とする以外にない。この弱点を克服すべく、王権の各極を制度化して有機的に関連づけたのが律令国家における天皇制である。その後、天皇権力の「代行」を担っていた太上天皇・皇太子・皇后は常態としてはその機能を停止し、藤原氏による摂政・関白がこれを担保していく。それは奈良時代の政変において現出したリスクを一つ一つ回避した結果として選択された平安時代の王権構造であり、その意味で奈良時代の政争がその後の王権の転成をもたらしている。その過程において女帝は「中継ぎ」の天皇として即位しているが、太上天皇・皇太子の皇位継承上の機能が確定して摂関制が整備された平安前期以降は「中継ぎ」自体が必要なくなり、古代女帝の歴史的役割は終わりをつげるのである。

おわりに

現在の皇室典範では第一条に「皇位は、皇統に属する男系の男子が、これを継承する」と記されている。執政能力が問題とされず、皇位継承の法規が定められた現代の天皇制においては大后型の女帝も「中継ぎ」型の女帝も不要である。女性天皇の是非が日本国家の課題になるのは現在の皇室典範では皇位継承が不可能になったときであり、その意味で皇位継承問題と女帝の関係性は古代から現代までまったく変わっていない。オランダをはじめとするヨーロッパ憲法や明治初期の憲法草案をみても女性天皇はけっして特別なことではなく、[注50]そのための議論はやはり継続するべきなのではないか。

また、現代の天皇は政治的中立を厳守している。現天皇が皇太子時代に学んだと言われる論考に福沢諭吉の「帝室論」があるが、そこでは「帝室は政治社外のもの」で「帝室の直接に政治に関して国の為に不利なる」ことが論じられている。[注51]この福沢の理解の源流は数々の政争を経てたどり着いた宇多天皇の『寛平御遺戒』に求めることが出来る。現天皇は古代以来の天皇の事績について詳細に学んでいると言われ、[注52]非華族層出身の現皇后は自身と光明皇后を重ね合わせている可能性もある。[注53]女性天皇の問題もふくめて、象徴天皇制という現代日本の〈王権〉を考える材料は古代以来の歴史に求められるのである。

注

1 養老継嗣令1皇兄弟条、儀制令1天子条・同3皇后条など。

2 拙稿「天皇号成立の研究史」(『日本史研究』六五五、二〇一八年)。

3 西山良平「奈良朝《謀反》顚末論」(井上満郎・杉橋隆夫編『古代・中世の政治と文化』思文閣出版、一九九四年)、笹山晴生「平安時代の王権」(『平安初期の王権と文化』吉川弘文館、二〇一六年。初出二〇〇七年)。

4 拙稿a「日本古代政治史研究の射程と方法」(『日本古代・中世史 研究と資料』一八、二〇〇一年)・同b「奈良朝政治史研究に関する一考察」(『史聚』四七、二〇一四年)。

5 荒木敏夫a『可能性としての女帝』(青木書店、一九九九年)・同b『日本古代王権の研究』(吉川弘文館、二〇〇六年)、義江明子『日本古代女帝論』(塙書房、二〇一七年)、仁藤敦史a『女帝の世紀』(角川選書、二〇〇六年)・同b『古代王権と支配構造』(吉川弘文館、二〇一二年)。

6 佐藤長門「古代天皇制の構造とその展開」・同「史実としての古代女帝」(ともに『日本古代王権の構造と展開』吉川弘文館、二〇〇九年。初出は二〇〇一・二〇〇四年)、遠藤みどり『日本古代の女帝と譲位』(塙書房、二〇一五年)、桜田真理絵「未婚の女帝と皇位継承」(『駿台史学』一五六、二〇一六年)。そのほか、遠山美都男『古代日本の女帝とキサキ』(角川書店、二〇〇五年)、吉川敏子「女帝と皇位継承」(『史聚』四一、二〇〇八年)、新村明子「女帝「中継ぎ」論に関しての一見解」(明治大学大学院『文学研究論集』二九、二〇〇八年)、大平聡「女帝・皇后・近親婚」(鈴木靖民編『日本古代の王権と東アジア』吉川弘文館、二〇一二年)も参照。

7 佐藤注6書二七五頁。

8 義江注5書二四・一〇七頁、仁藤注5b書三四四頁。

9 拙稿「書評 佐藤長門『日本古代王権の構造と展開』」(『歴史学研究』八七一、二〇一〇年)。

10 桜田・新村注6論文、山本一也a「日本古代の皇后とキサキの序列」(『日本史研究』四七〇、二〇〇一年)・同b「日本古代の近親婚と皇位継承(上・下)」(『古代文化』五三―八・九、二〇〇一年)、石和田京子a「古代皇女の役割とその意義」(『聖心女子大学大学院論集』二五、二〇〇三年)・同b「元正天皇即位の背景とその意義」(『史学研究集録』三二、二〇〇七年)、清水美奈子「奈良時代における皇位継承」(京都橘大学大学院『研究論集』四、二〇〇四年)、大津透「律令制と女帝・皇后の役割」(『東アジアの古代文化』一一九、二〇〇四年)。

11　養老継嗣令4王娶親王条。

12　石和田注10a論文。

13　仁藤智子「女帝の終焉」(『日本歴史』八三七、二〇一八年)、桜田真理絵「女帝「非婚」と「未婚」のあいだ」(『文化継承学論集』一三、二〇一八年)。

14　春名宏昭a「太上天皇制の成立」(『史学雑誌』九九―二、一九九〇年)・同b「平安期太上天皇の公と私」(『史学雑誌』一〇〇―三、一九九一年)・同c「「院」について」(『日本歴史』五三八、一九九三年)・同d「太上天皇と内印」(皆川完一編『古代中世史料学研究』下、吉川弘文館、一九九八年)、仁藤敦史「古代国家における都城と行幸」(『古代王権と都城』吉川弘文館、一九九八年。初出一九九〇年)・同「律令制成立期における太上天皇と天皇」・同「太上天皇制の展開」(ともに『古代王権と官僚制』臨川書店、二〇〇〇年。初出は一九九〇・一九九六年)・「太上天皇の「詔勅」について」(吉村武彦編『律令制国家と古代社会』塙書房、二〇〇五年)。

15　筧敏生『古代王権と律令国家』(校倉書房、二〇〇二年)、齋藤融「太上天皇管見」(黛弘道編『古代国家の歴史と伝承』吉川弘文館、一九九二年)、水野柳太郎「奈良時代の太上天皇と天皇」(『奈良史学』一三、一九九五年)、石野雅彦「詔勅からみた奈良時代の太上天皇」(『国史学』一五七、一九九五年)。

16　中野渡俊治『古代太上天皇の研究』(思文閣出版、二〇一七年)。

17　荒木敏夫『日本古代の皇太子』(吉川弘文館、一九八五年)。

18　大平聡「天平期の国家と王権」(『歴史学研究』五九九、一九八九年)、坂上康俊「東宮機構と皇太子」(九州大学国史学研究室編『古代中世史論集』吉川弘文館、一九九〇年)、齋藤融「立太子儀の成立」(『神田外語大学日本研究所紀要』二、一九九五年)・同「道祖王立太子についての一考察」(虎尾俊哉編『律令国家の政務と儀礼』吉川弘文館、一九九五年)・同「立太子宣命にみえる「随法」覚書」(阿部猛編『日本社会における王権と封建』東京堂出版、一九九七年)、柴田博子「立太子宣命にみえる「食国法」」(門脇禎二編『日本古代国家の展開』上、思文閣出版、一九九五年)、保母崇「奈良末期から平安初期の東宮官人と皇太子」(『日本歴史』六二五、二〇〇〇年)・同「律令制下における春宮坊の構造とその特質について」(『待兼山論叢』三四、二〇〇〇年)、堀江潔「奈良時代における「皇嗣」と皇太子制」(『日本歴史』六〇九、一九九九年)・同「東宮封の成立」(『続日本紀研究』三一八、一九九九年）・同「『日本書紀』立太子記事の再検討」（『古代文化』五五―八、二〇〇四年）・同「「法のまにまにあるべき政」考」（『日本史研究』五三〇、二〇〇六年）。

19　山下紘嗣「日本古代の皇太子と帯剣」（『史学』七八―一・二、二〇〇九年）・同「律令条文に規定される皇太子の権限とその実態」（三田古代史研究会編『法制と社会の古代史』慶應義塾大学出版会、二〇一五年）、拙稿「皇太子監国と藤原種継暗殺事件」（『ヒストリア』二四〇、二〇一三年）。

20　田村葉子「立后儀式と后権」（『日本歴史』六四五、二〇〇二年）。

21　岸俊男「光明立后の史的意義」（『日本古代政治史研究』塙書房、一九六六年。初出一九五七年）。

22　井上亘「光明立后の史的意義をめぐって」（『日本古代の天皇と祭儀』吉川弘文館、一九九八年。初出一九九三年）。

23　近藤毅大「紫微中台と光明皇太后の「勅」」（『ヒストリア』一五五、一九九七年）、吉川敏子「紫微中台の「居中奉勅」についての考察」（『律令貴族成立史の研究』塙書房、二〇〇六年。初出二〇〇〇年）、米田雄介「光明皇后」（GBS実行委員会編『論集　光明皇后』法藏館、二〇一一年）、瀧浪貞子『光明皇后』（中公新書、二〇一七年）。

24　山本注10a・b論文、西野悠紀子a「中宮論」（大山喬平教授退官記念会編『日本国家の史的特質　古代・中世』思文閣出版、一九九七年）・同b「母后と皇后」（前近代女性史研究会編『家・社会・女性』吉川弘文館、一九九七年）。

25　橋本義則「平安宮内裏の成立過程」（『平安宮成立史の研究』塙書房、一九九五年）・同『古代宮都の内裏構造』（吉川弘文館、二〇一一年）、中林隆之「律令制下の皇后宮職」（『日本史研究』三七二、一九九三年）。

26　井山温子「「しりへの政」その権能と所在の展開」（『古代史研究』一三、一九九五年）。

27　上村正裕「しりへの政と皇后」（『日本歴史』八四四、二〇一八年）。

28　荒木敏夫「王権論の現在」（注5b書。初出一九九七年）。

29　石尾芳久「藤原不比等と律令の成立」（『古代の法と大王と神話』木鐸社、一九七七年。初出一九六七年）。

30　荒木注17書一六七～一七二頁。

31　青木和夫「日本書紀考証三題」（『日本律令国家論攷』一九九二年。初出一九六二年）。

32　拙稿「古代の天皇制と政変・国家」（『歴史学研究』八四六、二〇〇八年）。

33　拙稿a「「長屋王の変」の構造」（平田耿二教授還暦記念論文集『歴史における史料の発見』同会、一九九七年）・b「長屋王の「誣

告」記事と桓武朝の歴史認識」（『日本歴史』六六七、二〇〇三年）・c「長屋親王」（歴史科学協議会編『天皇・天皇制をよむ』東京大学出版会、二〇〇八年）。

34 岸注21論文。

35 倉本一宏『奈良朝の政変劇』（吉川弘文館、一九九八年）六七頁、木本好信『藤原四子』（ミネルヴァ書房、二〇一三年）一三〇～一四三頁。なお、拙稿注4b・33c論文も参照。

36 瀧浪注23書七七～八三頁、河内祥輔『古代政治史における天皇制の論理』増訂版（吉川弘文館、二〇一四年。初出一九八六年）八〇～九〇頁、遠山美都男『彷徨の王権　聖武天皇』（角川選書、一九九九年）九〇～九一頁。

37 中西康裕「恵美仲麻呂の乱」（『続日本紀と奈良朝の政変』吉川弘文館、二〇〇二年）、木本好信『藤原仲麻呂』（ミネルヴァ書房、二〇一一年）二八五～三〇七頁、拙稿「岸俊男『藤原仲麻呂』と木本好信『藤原仲麻呂』」（『史聚』四五、二〇一二年）。

38 すでに木本好信氏はこれを「宝字の内乱」と称すべきことを提唱しており（「藤原仲麻呂、逆賊にあらず」ミネルヴァ通信『究』九、二〇一一年）、本稿はこれに準じている。

39 河内注36書一〇八～一一九頁、北山茂夫『女帝と道鏡』（講談社学術文庫、二〇〇八年。初出一九六九年）一二九～一三五頁、勝浦令子『孝謙・称徳天皇』（ミネルヴァ書房、二〇一四年）二七六～二八六頁。

40 拙稿注19論文。

41 鈴木靖民「高野天皇の称号について」（『国学院雑誌』七七―九、一九七六年）。

42 春名注14a論文。

43 仁藤注13論文、西野注24a論文、榎村寛之「元・斎王井上内親王廃后事件と八世紀王権の転成」（『国立歴史民俗博物館研究報告』一三四、二〇〇七年）。

44 山本注10a・b論文、津田京子「日本古代の皇后について」（『寧楽史苑』三七、一九九二年）、岡村幸子「皇后制の変質」（『古代文化』四八―九、一九九六年）、春名宏昭「平安時代の后位」（『東京大学日本史学研究室紀要』四、二〇〇〇年）。

45 井上注22論文一一六頁。植野良子「天武系皇統と「皇后」の地位」（栄原永遠男編『日本古代の王権と社会』塙書房、二〇一〇年）も参照。

46 古瀬奈津子「摂関政治成立の歴史的意義」（『日本史研究』四六三、二〇〇一年）、神谷正昌「平安時代の王権と摂関政治」（『歴

史学研究』七六八、二〇〇二年）、服藤早苗「九世紀の天皇と国母」（『平安王朝社会のジェンダー』校倉書房、二〇〇五年。初出二〇〇三年）。

47 大曾根章介「解説」（新日本古典文学大系『本朝文粋』岩波書店、一九九二年）。

48 佐伯有清「政変と律令天皇制の変貌」（『日本古代の政治と社会』吉川弘文館、一九七〇年）、瀧浪貞子「阿衡の紛議」（『史窓』五八、一九九一年）・同「陽成天皇廃位の真相」（朧谷壽・山中章編『平安京とその時代』思文閣出版、二〇〇九年）。

49 早川庄八「律令国家・王朝国家における天皇」（『天皇と古代国家』講談社学術文庫、二〇〇〇年。初出一九八七年）。

50 福井淳「明治前期における女性天皇構想の形成」（安在邦夫ほか編著『明治期の天皇と宮廷』梓出版社、二〇一六年）。

51 『毎日新聞』（東京版）二〇一七年六月一〇日の社説。引用文は福沢諭吉「帝室論」（『福沢諭吉著作集』9、慶應義塾大学出版会、二〇〇二年）一六八・一七二頁。

52 瀬畑源「「平成の終焉」と象徴天皇制」（『歴史評論』八一四、二〇一八年）。

53 原武史「よみがえる光明皇后」（『皇后考』講談社学術文庫、二〇一七年。初出二〇一五年）。

平安初期の王権
――女帝・皇后不在の時代へ――

仁藤　智子

はじめに

平安初期――九世紀――の王権を歴史学としてどう位置づけるか、が本稿に与えられた課題である。この時期の王権の特徴としては、

（1）女帝（女性天皇）の終焉
（2）王統の収斂とそれに伴う幼帝の出現
（3）三后制の内実化と皇后の不在
（4）天皇権力の補完装置としての摂政・関白の創出

の四点があげられよう。

まず、（1）であるが、宝亀元年（七七〇）に没した称徳天皇が、日本の古代社会における最後の女帝となった。

その後、一七世紀の明正天皇、一八世紀の後桜町天皇の出現まで、女帝の出現はなかった。また、未婚（不婚）であった称徳天皇の死没によって、天武―草壁系王統から天智―志貴系王統へと王統が移り、桓武嫡系、さらには幾多の政変を経て嵯峨嫡系へ収斂していった。その継承は男系の男子に限られるようになり、その結果として資質よりも血統が優先され、幼帝が出現することになった（2）。

（3）の三后とは、皇后―皇太后―太皇太后のことで、光仁朝以降の後宮の成立や整備と相まって、九世紀に整えられた。近年のキサキ研究の深化に伴う成果は、広く享受されている。[注1] 三后制は、光明皇后―皇太后の例があるが、制度的に異質のものであり、歴史的にも押さえておくべき点であろう。その一方で、皇后については、正子皇后を最後に約一世紀のあいだ空位になる。その代わりに「皇太夫人」という地位が復活する。幼帝のもとで、母后である皇太后との関連で創出されるのが、摂政と関白である（4）。藤原良房・基経父子が嚆矢であることは周知であろう。藤原氏陰謀史観的な見方から距離をおいて、王権がどのようにこの職務・地位を必要とし、創出・享受したのか、再検討しなければならない。

従来の研究が、ややもすれば（2）や（4）に集中し、天皇の変質や有力貴族の動向や政争、政争の到達点としての摂政・関白の創出に偏っていたきらいがあることは否めない。しかし、上述した四点は、当時の王権構造や政治構造と綿密にかかわり、九世紀に出現した現象である。すなわち、八世紀までの女帝を輩出した王権構造が変化したことによって王統が収斂し、その結果として幼帝の出現を可能にさせた。このことは、血統によりつつも、王としての資質を問うてきた古代国家のありようの変化と直結する問題である。未成人の、しかも年端のゆかない幼児が皇位を継承することになったのは、官僚制の成熟を基盤としながらも、それを補完する王権構造が形成されたことを物語っている。

このような王権の変質はどのようにして起こり、そして帰結を迎えるのであろうか。この問題を考えるためには、天皇、キサキ、摂関のいずれかを単独で分析対象とする方法では限界があるのではないかと考える。能力と紙幅の制約があるが、本稿では天皇だけでなく、王権構造内の構成員である皇太子・キサキの居住形態や動向から、当該期の王権の特質を可能な限り検証していきたい。

一　高子の后位復活の詔

天慶六年（九四三）五月に一つの詔が出された。[注2]

二条前后復二本位一詔　　菅三品

詔。朕以二菲虚一、忝嗣二鴻業一。思下施二徳政之政一、以致中治理之風上。元慶皇太后、在昔停二徽号一、称二前皇太后一。椒庭之月長閑、芝砌之霜多改。未レ及二渙汗一。早断二徳音一。往事在レ耳、朕猶慟焉。故追復二本号一、以慰二芳魂一。青苔故宮、縦無レ増二光於雨露之影一、白楊荒瑟、庶更変二風於山陵之声一。普告二天下一、俾レ知二朕意一。主者施行。

天慶六年五月廿七日

この詔を出したのは朱雀天皇であり、起草したのは、菅三品と称された菅原文時である。文時は、菅原道真の孫にあたり、昌泰の変で一家離散の憂き目にあったため、官人としての出仕が遅れたが、文才には定評があり、この詔も漢籍を引用し対句表現に富む四六駢儷体で記された名文として記録された。詔の中の「二条前后」「元慶皇太后」は同一人物を指し、清和女御で陽成生母の藤原高子のことである。生前に廃后されて前皇太后となっていた高子の后位を復活させることを命じている。このような詔が、なぜ高子の死後のこの時期に出されたかは後述するとして、藤原高子の人生を糸口にして、九世紀の王権構造を考えてみよう。

藤原高子は、承和九年（八四二）に、藤原長良と藤原総継の娘乙春の子として生を受けた。注3 同年は、嵯峨太上天皇が没し、その直後に承和の変が起きた年でもある。同母の兄弟に基経・高経・弘経・清経らがおり、注4 異母ではあるが国経・遠経など兄弟に恵まれた。清和が東宮であった時期に入宮し、「東宮のみやす所」と称せられていたらしい。注5 貞観元年（八五九）十一月には大嘗会の五節舞を奏した功で、従五位下に叙せられた。注6 貞観八年（八六六）、応天門の変の直後に女御となった。注7 このあたりの状況については、かつて述べたことがあるが、次節で詳述したい。注8 貞観十年（八六八）に清和の第一皇子である貞明親王を出産した。注9 その後、貞保親王と敦子内親王も生まれた。注10

貞観十八年（八七六）末に、貞明親王が清和天皇から譲位を受ける。このとき陽成天皇は九歳。再び幼帝の出現である。清和太上天皇は内裏を離れ、染殿宮に移った。注11 翌元慶元年（八七七）正月に陽成天皇が即位すると、同日に生母である高子は皇太夫人となった。皇太夫人となった高子には、家政機関として中宮職が設置されている。注12 さらにこの中宮職には「中臺印」が充てられているが、これはもともと太皇太后である五条宮、すなわち藤原順子に与えられたものであった。今回、陽成の勅命で、高子のもとにもたらされたのである。注13 一方、譲位した清和太上天皇は染殿宮にいた。染殿とは、清和の祖父良房の邸宅のあった場所である。そのため清和生母の明子は、染殿后と呼ばれていた。この一角を後院として、染殿宮または清和院と称した。高子がここにいる清和のもとに参上し、それに公卿や親王らが相従したことが見える。注14 このことからも、嵯峨以降の慣例を破って高子が宮中に残り、清和と行動を主にしなかったことが知られる。高子は幼帝陽成のもとに残っていたのである。そののち、清和太上天皇は粟田院へ移るが、ここは藤原基経の山荘であった。注15 その直後、ここで出家して法名を素眞と改めた。元慶四年（八八〇）に清和太上天皇は亡くなるが、この時もまだ陽成天皇は成年に達しておらず、引き続き高子が母后として内裏に残留した。高子の実兄である基経が、関白として政治的に補佐していた。

元慶六年（八八二）正月に陽成天皇が元服すると、皇太后であった藤原明子は太皇太后、生母である高子には皇太后の后位がおくられた。[注16]同年三月には皇太后宮職が設置され、皇太后宮大夫である異母兄弟の藤原国経以下が、皇太后の四十賀に仕えた褒章として位階を進められた。またこのころ、御願寺として東光寺を建立したようである。

元慶八年（八八四）二月に、退位させられた陽成天皇の後継者として、仁明皇子である時貞親王が即位して、光孝天皇となる。ところが、寛平八年（八九六）九月になって皇太后の后位が停止される。

『日本紀略』寛平八年九月条には、

九月廿二日、停二廃皇太后藤原朝臣高子一。清和后、陽成院母儀。事秘不レ知。

廿三日、廃二皇太后一之由、申二諸社一。

とあり、高子の廃位の理由は語られていない。即時に皇太后宮職も停止された。[注17]この事情について、『扶桑略記』は、

九月廿二日、陽成太上天皇之母儀皇太后藤原高子與東光寺善祐法師、竊交通云々。仍廃二后位一。至二于善祐法師一配二流伊豆一。

と記す。このほか、延暦寺座主までになった幽仙との関係も取りざたされている。[注18]目崎徳衛氏は、自らの御願寺である東光寺僧との関係が、后位停止の一因とする。[注19]それに疑問を呈した角田文衛氏は、陽成の復位を目指す動き、さらには陽成の同母弟貞保親王を擁立しようとする動きを封じるためであったとする。[注20]しかし、この廃后は

后位をめぐる措置だったのではないかと考える。后位を宇多天皇に剝奪された高子は、その後延喜十年（九一〇）三月二十四日に生涯を閉じた。醍醐天皇は喪に服して、三日間政治を見なかった。[注21] それから、三十余年を経た朱雀天皇の治世に至って、高子は本位を復活されたのである。

高子の生涯を簡略に追ってみたが、冒頭で触れた九世紀の王権の特質と絡めて考えてみたい。まず、高子の夫である清和と所生子の陽成という二人の幼帝の出現をどのように考えるのか、さらには幼帝を輔弼する態勢はどのようにして作られていったのか、また当該期の王権構造の中でキサキの変質はどのように位置づけられるのであろうか。節を改めて、この三点を検討していこう。

二　女帝の終焉と幼帝の出現

1　幼帝清和の登壇

天安二年（八五八）八月、三十一歳の文徳天皇が冷然院新成殿にて没した。文徳は諱を道康といい、父は仁明天皇、母は藤原冬嗣の娘順子であった。承和の変で廃太子された淳和皇子恒貞に代わって立太子され、即位したのは、父仁明の死没を受けた嘉祥三年（八五〇）のことであった。しかし、即位後も内裏内に居住することはなく、内裏は「主なき空間」となった。かつて祖父母嵯峨太上天皇と橘嘉智子の居所であった後院の冷然院に住み、亡くなるまで内裏内に戻らなかったことは異例である。

生後間もなく皇太子に立てられた文徳第四皇子の惟仁親王が、わずか数え九歳で践祚した。天皇神璽・剣・鈴などレガリアが冷然院内の皇太子直曹で渡御され、先帝の葬儀については公卿が蔵人所にて定めた。そのなかで、皇太子が新帝として宮中に遷御する。その様子は『三代実録』天安二年八月条に次のように記されている。

廿九日丁巳、諸衛鎧甲厳レ警。皇太子與二皇太夫人一同輿遷二御東宮一。儀同二行幸一。但不二警蹕一。先レ是廿七日、奉レ迎二皇太夫人於東五條宮一。欲レ令レ擁二護幼冲太子一也。

二十九日になって、皇太子惟仁は「皇太夫人」と同輿して宮中の東宮に遷御したとみえる。この「皇太夫人」が誰かというところが問題になる。幼帝（皇太子）と同輿して宮中に入ったということは、皇太子の後見ということになり、実際に幼帝を補佐・輔弼していたということになる。これより先の二十七日に、文徳が亡くなったその日のうちに、同輿する「皇太夫人」を東五條宮から呼び寄せている。東五條宮の住人であった[注22]とすると、この「皇太夫人」は、仁明女御であった藤原順子と考えられる[注23]。『文徳実録』には、「皇后」と見えるが、当時皇后は空位であった。清和の生母である藤原明子が皇太夫人に立てられるのは、即位ののちである[注24]から、この「皇太夫人」は順子と解される[注25]。つまり、幼帝清和は、祖母である順子を後見として平安宮（大内裏）の主となったということになる。このように順子の実質的な皇太后臨朝によって、幼帝の出現は輔弼されていたことは特筆すべきである。また、その入宮の様子は、警蹕がなかったものの行幸と同様であったというので、大掛かりなものであったことが知られる。

順子が皇太后となったのは、斉衡元年（八五四）であるが[注26]、『三代実録』天安二年十一月に、

廿五日壬午、宣二 詔内外一云、宜下改二元中宮職一、為中皇大后宮職上。

とあり、七日に明子が皇太夫人とされたことを受けて、順子の中宮職は皇太后宮職に改編されている。順子の皇太后宮職の長官である大夫は、中宮職時代からの腹心伴善男が勤めている[注27]。その後、順子は貞観元年四月に一年足らずで清和のいる東宮を退去し、実弟の藤原良相の西京三条第へ移った。さらに一年後、東五條宮へ戻った[注28]。

幼帝清和の一連の即位儀礼を見届けて、大内裏外へ退出したことになる。順子は、落飾し仏門に入り、さらには延暦寺座主円仁から菩薩戒を受けて尼となった。[注29] 貞観六年正月には、清和の生母である明子が皇太夫人から皇太后へ進むと、順子は大皇太后となった。[注30]

皇太后順子が退去した後も、清和は東宮に居住していたが、このとき生母皇太夫人明子と同居していたことは明らかである。しかし、母子同居の空間はあくまでも内裏の外の東宮であったことに注意しておきたい。明子が順子のように具体的な補佐・輔弼をしたことは史料上からは確認できない。しかし、後述するように、明子が東宮から内裏内後宮にある常寧殿へ入ったことを考慮すると、少なからず影響力は持っていたと思われる。

清和天皇は、元服した翌年の貞観七年（八六五）十一月になって、ようやく東宮より内裏仁寿殿に入った。[注31] こうして文徳即位以来十五年余り「主なき空間」となっていた内裏に、天皇が戻ってきたのである。戻ってきたのは、天皇だけでなかった。その翌年貞観八年（八六六）応天門の変の直後に、清和の生母で皇太后明子が、内裏の後宮に入るという前代未聞の事態が生じる。

『三代実録』貞観八年十一月条には、

十七日戊午、皇太后遷レ自二東宮一、御二常寧殿一。

と見える。成人した天皇の後宮の中心にある常寧殿に、母后が入ったことは今まで例のなかった事態である。この後、貞観十四年から十六年の間に染殿第へ退出するまで、[注32] 明子は常寧殿に居座ることになる。

この時期の天皇の居所の変遷と皇太后などの移動をまとめてみると、次の表1のようになる。

表1　仁明朝～清和朝における天皇居所の変遷

（仁明）　（文徳）　（清和）

内裏	→	宮外の冷然院	→	東宮（東西雅院）〈皇太后順子と一時同居〉〈皇太夫人明子と同居〉→ 太政官庁 → 内裏・仁寿殿〈皇太后明子は常寧殿へ〉

天皇の配偶者が居住すべき空間に、母后が入る事態が可能になったのは、応天門の変が大きく関わっていたと考えられる。応天門の変以前は、右大臣藤原良相の全盛期であり、彼をサポートしていたのは姉の大皇太后順子であった。[注33]しかし事変によって、順子の片腕であった大皇太后宮大夫伴善男が、放火犯として政界から追放・配流された。このことは、順子自身の政界での勢力減退を意味しただけでなく、良相の事実上の政界引退を引き起こした。一方で、政界への復帰を果たした良房は、娘で皇太后の明子を後宮（常寧殿）に据えて、権勢の建て直しを図ったものと思われる。「摂政」となった良房が職御曹司に直蘆を置いたことも重要である。[注34]

この政変は、政界の権力構造を大きく変えた。政界での主導権は、藤原良相から良房へ、王権構造内における力関係も順子から明子へと変化した。そして、良房・基経父子はかねてより懸案であった養女高子の入内を敢行したのである。[注35]

若年ゆえに皇后（妻后）や皇太子を持ち得ない天皇（幼帝）は、父帝である太上天皇が不在となれば、皇太后しか王権を補完するものがいないという状況におかれた。その中で皇太后臨朝が実現せざるをえない事態が出来した。清和の場合は、生母ではなく祖母であったことは留意されるが、天皇のまつりごとや皇位継承からから排除されてきた「臣下キサキ」が、太上天皇の不在における幼帝の登場という緊急事態において、天皇権力に直接関わるようになった初例である。后権力が王権構造の中心に包摂されていくプロセスの中で生み出されたのが、「摂政」であったことも重要である。

2　幼帝陽成への譲位

清和天皇から陽成天皇への譲位が行われたのは、貞観十八年十一月のことである。多少煩雑になるが、その一連の動きを『三代実録』から見ていこう。

廿五日戊戌。皇子貞眞年一歳、貞頼年一歳並為二親王一。貞眞親王母、更衣斎宮頭従五位上藤原朝臣諸藤之女也。貞頼親王母更衣木工允正六位上藤原朝臣直宗之女也。（中略）以二従五位上藤原朝臣貞風一為二典侍一。正五位下藤原朝臣御康、紀朝臣全子並為二典藏一。従五位下小野朝臣後賢子為二尚書一。従五位上多治真人亮子為二尚薬一。外従五位下榎本連直子為二尚兵一。従五位上坂本朝臣氏子為二尚水一。従五位上藤原朝臣元子為二尚膳一。正四位下潔子女王為二尚縫一。正五位下田中朝臣保子。安倍朝臣基子並為二典縫一。

譲位に先立つ十一月二十五日には、清和天皇の幼少の皇子貞眞と貞頼に親王宣下が行われた。そして、興味深いのが、後宮女官の任命である。譲位を目の前にした天皇が、女官を新たに任命することは珍しく、新天皇の実務を支える女官を整備・強化したと解することができる。[注36] 幼帝陽成を支える基盤づくりの一つであったろう。

廿七日庚子。車駕幸二染殿院一。

廿八日辛丑。天皇有レ意二譲位一。故出二居外宮一。遣レ使守二内外之要害之處一。以戒二不虞一。（中略）是日。淳和太皇太后遣レ使奉レ問二起居一。天皇殊加二優答一、賜二使者物一。

廿九日壬寅。皇太子出レ自二東宮一。駕二牛車一、詣二染殿院一。是日、天皇譲二位於皇太子一。勅二右大臣従二位兼行左近衛大将藤原朝臣基經一、保二輔幼主一。攝二行天子之政一、如二忠仁公故事一。詔曰、（中略）皇太子受二天子神璽寶劔一。御二鳳輦一。帰二於東宮一。文武百官扈従如二常儀一。

二十七日、清和天皇は内裏を出て、染殿院へ行幸する。先述したように染殿院は藤原良房の邸宅で、正親町の南、京極の西、土御門の北、富小路の東にあった[注37]。ここを清和の生母皇太后明子が居所としており、こののち南半分が清和院となった。翌日、清和の染殿院への行幸は、譲位のためであったとして、宮中が警固され、兵庫や馬寮の厳重管理態勢がとられた。また、近江・伊勢・美濃三関に固関使が派遣され、事実上の戒厳令が引かれた。そのなか、淳和太后正子から清和へ安否を尋ねる使者が遣わされた。

二十九日、貞明は東宮を牛車で出立し、清和天皇のいる染殿院へ向かった。そして、ここ染殿院において譲位が決行された。陽成天皇は数え年九歳。右大臣藤原基経が父忠仁公良房の故事に倣って、幼帝の輔弼として天子の政を摂行するように命じる清和の詔が出された。新帝陽成は璽・宝剣などレガリアを携えたまま、鳳輦にのって、平安宮東宮に還御した。平安宮の外である染殿院で皇位継承が行われたことは、留意するべきであろう。

十二月八日には、清和に太上天皇の尊号が奉じられ、太上天皇宮には御料が充てられた。伊勢神宮と田邑山陵（文徳陵）に即位が告げられ、翌年正月三日に豊楽殿において即位儀が執り行われた。日程がこなされると、幼帝陽成は東宮に還御している。その後、まもなく陽成は東宮より内裏・仁寿殿へ入る。生母高子は、即位の詔の中で皇太夫人とされて中宮職が設置されたが[注38]、その居所は後宮の常寧殿になった。清和（子）—明子（母）の内裏内同居を先例として、母后が内裏の後宮に入ったのである。

陽成即位時における王権構造は、染殿院における清和と明子母子と、内裏の陽成と高子という二重の母子同居

表2　陽成天皇即位時における居住形態

を基本とし、その間を取り持つように摂政基経の直盧が職御曹司に置かれていた。図示すると表2のようになる。

明子と基経と高子が兄妹であることを考慮するならば、染殿院と内裏という二つの結節点に職御曹司があったことは、摂政・関白の発生が、皇太后臨朝を迫られた母后を介在する形で起きたことを端的に物語っていよう。

では、なぜ幼帝が出現したのであろうか。

従来、幼帝の出現は、一部の男系血統に王統が収斂し、父子継承が定着した結果として考えられてきた。また、それを可能にしたのは、「天皇の王としての資質」に頼らなくても国家運営が可能になった「律令官僚制の成熟」であったとも評価されてきた。この二点は、九世紀を評価するうえで重要な指摘である。しかし、もう一点重要な点を看過してきたのではないだろうか。それは、女帝の終焉である。女帝が終焉すると幼帝が出現しうる、この両者が関連付けられることはなかった。

女帝とは、男系女子または双系の女子による皇位継承によって登場する。王統は、血統が保証されていれば、

（1）男系の男子

（2）男系の女子

（3）双系（男系・女系）の男子
（4）双系（男系・女系）の女子

によって継承されうる。このうち、男系の女子（2）の所産子が（3）・（4）になる。八・九世紀の天皇・皇太子をこれに当てはめてみると、

（1）聖武・淳仁・光仁・桓武・平城・嵯峨・淳和・仁明・文徳・清和・陽成・光孝・宇多・醍醐　某親王・道祖王・早良・高丘
（2）持統・元明・孝謙＝称徳
（3）文武　他戸・恒貞
（4）元正

となる。

称徳女帝の死以降も、女帝の可能性が完全に絶たれたのではないと筆者は述べたことがある。その可能性とは、井上―酒人―朝原の母娘三代[注39]と正子内親王である。[注40]この四人は（4）の双系の女子となる。それだけではなく、井上と正子は、（2）持統・元明の系譜をひく「内親王皇后」であった。すなわち、所生子だけでなく、自らも皇位に就きうる女帝の可能性を秘めていたことになる。しかし、井上の場合は、自らも廃后されただけでなく、所生子である他戸も廃太子され、女系王統への継承は阻まれた。[注41]また、正子の場合も、承和の変によって、所生子である恒貞が廃太子された。[注42]時代は女系王統への継承を可能にする「内親王皇后」を忌避し、所生子しか皇位継承にかかわれない、言い換えれば女帝の可能性がない「臣下皇后」を志向するようになった。その結果、天長十年（八三三）に嵯峨内親王で淳和皇后正子が皇太后になってから、康保四年（九六七）に立后された朱雀内親王

で冷泉中宮昌子まで、「内親王皇后」は百三十余年出現しなかった。さらに、「皇后」という后位自体、前述の正子皇后から、正暦元年（九九〇）に中宮に冊立される円融中宮藤原遵子まで、百六十余年間空位であったことも重要である。[注43]九世紀中葉以降、「内親王皇后」だけでなく「臣下皇后」も出現しなかった。

女帝と皇后の不在中で、（1）男系の男子しか皇位継承できない状況が生じた。その結果、天皇の若すぎる死は、次世代の成長を待つことがかなわず、幼帝を生み出したのである。その天皇を輔弼するために、王権内では「臣下キサキ」である皇太后や皇太夫人が、内裏内外で天皇と同居する状況が生じた。「臣下キサキ」による皇太后臨朝のなかで、皇太后の職御曹司などに、天皇の行うべき実務を「摂政」する良房や基経の直盧が置かれることになった。今までとは異なった形で、王権の輔弼が行われるようになったのである。これが、八世紀までとは次元を異にする九世紀の王権の特色である。

このような状況のなかで九世紀に出現する「臣下キサキ」としての皇太夫人は、后位と同列に考えられない。[注44]后位はあくまで、天皇によってキサキの中から皇后（妻后）を冊立することを起点とするものである。藤原順子、藤原明子、藤原高子は、それぞれ所生子である天皇の即位後に宣命によって皇太夫人とされている。その後に、皇太后→太皇太后へと后位を付与されるが、妻后としてではなく母后としての処遇であることに留意すべきであろう。

三　平安初期の王権構造

最後に、九世紀の王権構造の変遷を追っていきたい。

尼天皇であった女帝称徳の死後、新たに擁立された光仁天皇は、「内親王皇后」井上と「皇后の子」他戸という、皇后と皇太子に補完される王権構造をとった。しかし、それが破綻すると、生涯再び皇后を置くことなく、男系の男子である山部・早良を皇嗣とし、生前譲位によって太上天皇が天皇を補佐するようにした。

桓武は、「臣下皇后」藤原乙牟漏を冊立し、「皇后の子」である安殿・神野への皇位継承をした。[注45] 平城・嵯峨も基本的に「臣下皇后」をおき、「内親王皇后」を立てることはなかった。女帝となりうる「内親王皇后」を意図的に忌避したと考えられる。[注46] しかし、この時期の皇嗣は皇太弟であるか、複数の王統からの迭立が続き、王権の交替時には政治的緊張を禁じえなかった。平城上皇の変以降、譲位後の太上天皇は宮外の後院へと退去し、天皇は内裏内の仁寿殿もしくは清涼殿に、立后された皇后は後宮の常寧殿に、皇太子は東宮に居住するようになった。内裏が天皇一人の空間になったことで、不要な政治的混乱を回避しようとした。朝覲行幸などは、その過程で王権内の序列を可視化する儀礼として整備された。

仁明朝には表3のように、九世紀前半に相次いだ迭立によって二重の王権構造が顕在化することになる。譲位と共に、嵯峨と橘嘉智子は嵯峨院あるいは冷然院へと退去し、淳和と正子も淳和院を後院とした。仁明天皇は清涼殿に、皇太子である恒貞は大内裏内の東宮に居住しており、内裏の主は天皇だけであるという原則は貫徹されていた。

前太上天皇（嵯峨） 太皇太后（橘嘉智子） 天皇（仁明）	皇太后（正子） 後太上天皇（淳和） 皇太子（恒貞）

表3　承和の変前の王権構造

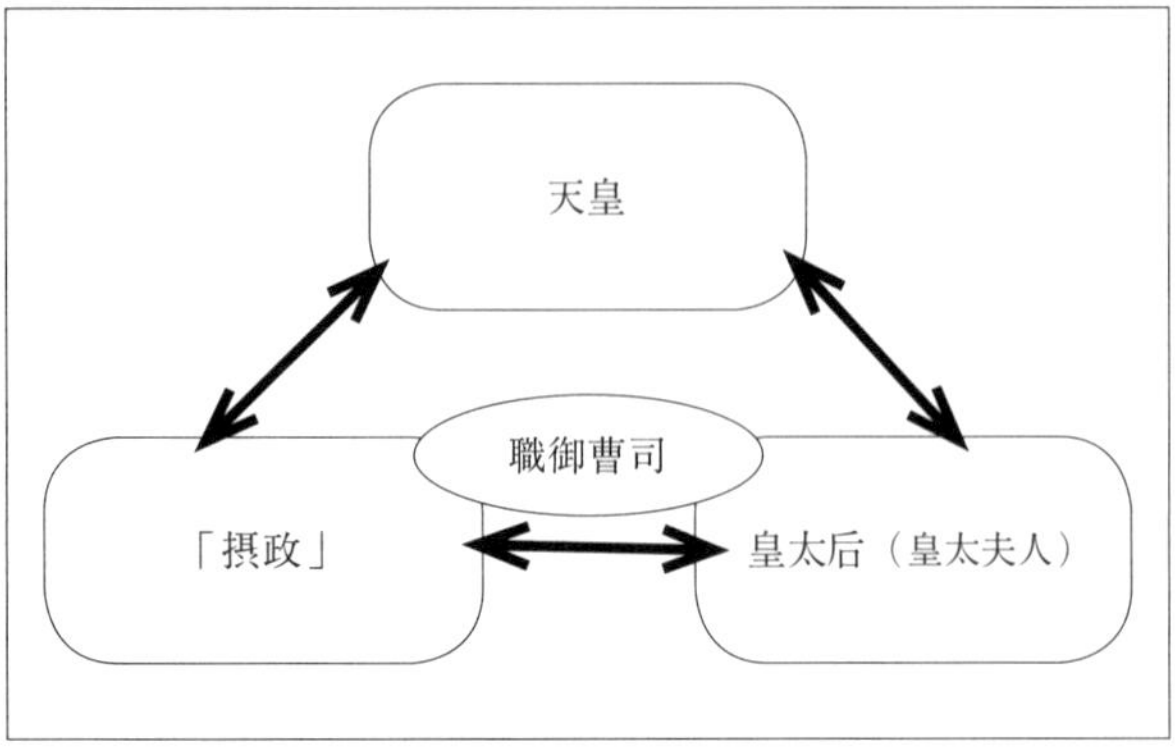

表4　清和・陽成朝の王権構造

承和九年（八四二）に起きた承和の変が、このような二重王権の矛盾が露呈したものであることは周知である。この時、仁明天皇は皇太子恒貞を伴って、太皇太后橘嘉智子の居所である冷然院にて避暑していた。内裏の空白期間を狙って、謀反計画は露見した。天皇と皇太子の両者を手中に収めていた太皇太后の判断によって、正子―恒貞という女系かつ双系王統が排除された。恒貞だけでなく、「内親王皇后」であり、女帝になりうる正子の皇位継承も同時に潰えたのである。[注47] こうした数度にわたる王統の収斂によって、嵯峨―仁明王統だけが皇位継承を独占していくことになる。女帝の廃除と収斂による王統の一本化は、先細りと断絶の危機に見舞われる。後年、陽成の後継者問題の際に、廃太子されて仏門に入っていた恒貞や嵯峨源氏の源融が有資格者として認識されたことが、それを端的に物語っている。

幼帝として即位した清和・陽成朝は、先述したように「臣下キサキ」である幼帝の祖母、あるいは母が同居することで実質的に補佐されていた。皇后不在の中で、皇位継承から排除された「臣下キサキ」が臨朝したことは、九世紀後半の大きな変化であった。その家政機関である皇太后宮職・中宮職が置かれていた職御曹司に、「摂政」「関白」となった良房・基経が直廬を、一時的にせよ置いたことは偶然ではない。表4のように、発生初期の「摂政」「関白」は、幼帝と「臣下キサキ」など王権の要請で、王権を輔弼するために設置された側面もあるのだということは否定できない。

陽成の退位によって、再び成年の光孝天皇が出現すると、状況は一変する。その詳細については、後続の「摂関期の王権」に譲ることにしたい。

結びにかえて

本稿の課題は、平安初期――九世紀――の王権の特質を抽出することである。天皇、キサキ、摂関のいずれかを単独で分析対象とする従来の方法ではなく、それぞれの構成員がどのような王権の多極構造を作ることによって、王を王たらしめていたのか、という点を中心に考察してきた。

実兄基経との確執の中で、陽成の退位を強要された高子は、元慶八年（八八四）二月陽成の内裏退去と共に後宮の常寧殿を明け渡し、二条院へ退去した。『三代実録』には、その様子が記されている。

二月壬辰朔、四日乙未。先レ是、天皇手書、送二呈太政大臣一曰、「朕、近身病数発、動多二疲頓一。社稷事重、神器叵レ守。所レ願、速遜二此位一焉」。宸筆再呈、旨在二難忤一。是日、天皇出レ自二綾綺殿一、遷二幸二条院一。二品行兵部卿本康親王・右大臣従二位兼行左近衛大将源朝臣多・大納言正三位兼行右近衛大将太皇太后宮大夫陸奥出羽按察使藤原朝臣良世・中納言従三位在原朝臣行平・中納言従三位兼行左衛門督源朝臣能有・参議刑部卿正四位下兼行近江守忠貞王・参議正四位下行伊予権守源朝臣冷・参議正四位下行右衛門督兼近江権守藤原朝臣諸葛・参議正四位下行左近衛中将藤原朝臣有実扈従。文武百官、供奉如レ常。但少納言不奏二給レ鈴之状一。諸衛不レ称二警蹕一。神璽宝剣鏡等、依レ例相従、驛鈴傳符内印管鑰等、留二置承明門内東廊一。令二参議正四位下行左大弁兼播磨守藤原朝臣山陰・従五位上行少納言兼侍従藤原朝臣諸房・左少弁正五位下安倍朝臣清行等一留守焉。会二文武百官於院南門一、詔曰（中略）。中納言在原朝臣行平、於レ庭詰レ之。百辟群寮並立侍焉。事畢、王公已下拝舞而退。於レ是、以二神璽宝鏡剣等一、付二於王公一。即日、親王公卿歩行、奉二天子神璽宝鏡剣等今皇帝（光孝）於東二条宮一。百官諸仗囲繞相従。二条院与二二条宮一、相去東数百歩。是夜、皇太后、出レ自二常寧殿一、遷二御二条院一。

十六歳になっていた陽成天皇は、自ら認めた親書を太政大臣基経に送った。その内容は、近来病気がちで統治することもままならないので、速やかに退位させてほしいというものであった。その後、陽成は居所の綾綺殿から二条院へ移った。兵部卿本康親王以下がそれに付き従った。神璽・宝剣・鏡などは天皇の移御に随伴されたが、駅鈴・伝符・内印・管鑰などは承明門内東廊に留め置かれた。藤原山陰以下が留守を預かった院南門において宣命が宣られたのち、親王公卿以下は拝舞して退出した。ここで、神璽宝鏡剣等などは王公によって、即日、東二条宮にいた今皇帝となった光孝天皇に授けられた。その夜、皇太后高子も常寧殿を出て、二条院へ向かった。二条院で陽成太上天皇と皇太后高子母子はまた同居を再開した。その後、高子は宇多天皇によって后位を剝奪（廃后）されて、失意の中で没した。皇太后の后位は、翌寛平九年（八九七）七月に元服した醍醐天皇への譲位[注48]と共に、宇多天皇の生母班子女王に与えられた。同時に宇多女御であった藤原温子が皇太夫人（のちには中宮）と称される。[注49]温子は最後の皇太夫人になる。既に山本一也氏が指摘するように、高子廃后は、班子のために、皇太后位を空けることを目的としたと解せられる。[注50]朱雀天皇の時代になり、生母穏子は一世紀ぶりに中宮に冊立されて皇太后となったため、皇后（中宮）は空位になった。平将門や藤原純友など地方の兵乱の余波が残り、国際情勢も不穏ななかで、高子の名誉を回復して復位させることで慰撫祈念が行われたのであろう。

平安初期において、天皇権力の強化と安定的な継承のために、王権は多極構造を形成した。付言すれば、この王権の多極構造は、王権の危機時のみに顕在化する。当初は生前譲位による太上天皇制を積極的に取ったが、平城上皇の変や承和の変によって大きな転換を余儀なくされた。女帝の終焉と王統の収斂によって、嵯峨―仁明王統が皇位継承を独占するようになる。男系の男子の父子継承が既定路線となりつつあるなか、文徳の若死は幼帝を出現させることになった。この危機を救ったのは、五条后と呼ばれていた幼帝清和の祖母藤原順子であった。文徳天皇は内裏に入らず、宮外の冷然院で生涯を終えたが、大内裏の東宮に同居した皇太后が積極的に幼帝を補佐する皇太后臨朝によって、最悪の事態を免れることができた。順子が東宮を去ると、生母明子が大内裏内に居住し、応天門の変を契機に内裏・後宮の常寧殿に入り、母子の内裏内での同居が始まる。その職御曹司にて政務の一端を担ったのが、「摂政」良房と基経であった。続く幼帝陽成も、生母高子と内裏内で同居した。九世紀後半は、皇后（妻后）不在のなか、「臣下キサキ」である皇太后（母后）が王権内で重要な位置を占めることになった。その中で職御曹司に直盧を置く「摂政」が置かれたことは、当該期の大きな変化であった。また、皇位継承が平安宮外で行われたことも特筆すべきことである。

既に紙幅も尽きたが、本稿は、摂関期に先立つ九世紀を固有な時代枠として、そこにおけるキサキの存在を、王権構造――天皇・太上天皇・キサキ・皇太子の総体――の中に、位置づけることを目的とした。桓武から仁明に至る王権構造の権力の分有状態や礼的な秩序の形成については既稿に譲り、文徳・清和・陽成朝を題材に、天皇と「臣下キサキ（母后・妻后）」の居住形態や権能の分有から考察を重ねた。若年ゆえに皇后（妻后）や皇太子を持ち得ない天皇（幼帝）は、父帝である太上天皇が不在となれば、皇太后しか王権を補完するものがいないという状況の中で、皇太后臨朝が実現する。天皇のまつりごとや皇位継承から排除されてきた「臣下キサキ」である皇太夫人や皇太后が、「内親王皇后」不在の中、王権構造の中で、天皇権力に直接関わるようになったこと、さらにこのような「臣下キサキ」の権力が王権構造の中心に包摂されていくプロセスの中で生み出されたのが、「摂政」「関白」であったことを指摘して、与えられた責務を果たしたい。

注

1　平安期におけるキサキ研究の深化は、近年目を見張るものがある。その背景には一九九一年に至るまで編纂・公刊されてきた『皇室制度史　后妃一～五』（宮内庁書陵部編纂、吉川弘文館）の存在が大きい。后妃にかかわる通時代的な史料が収集され、その制度的な変遷を解説された。その中心となった橋本義彦「中宮の意義と沿革」（『平安貴族社会の研究』所収、吉川弘文館、一九七六年、初出は一九七〇年）は、キサキ研究の基本的な研究である。制度史的な研究としては、春名宏昭「平安時代の后位」（『東京大学日本史学研究室紀要』四号、二〇〇〇年）、山本一也「日本古代の皇后とキサキの序列――皇位継承に関連して――」（『日本史研究』四七〇号、二〇〇一年）、同「藤原高子」（『古代の人物4　平安の新京』所収、清文堂、二〇一五年）、古瀬奈津子「摂関政治成立の歴史的意義」（『日本史研究』四六三号、二〇〇一年）、岡村幸子「皇后制の変質――皇嗣決定と関連して」（『古代文化』四八―九、一九九六年）、「職御曹司について」（『日本歴史』五八二号、一九九六年）などが輩出された。特に、古代におけるキサキの存在を、時代幅をとって俯瞰した山本一也「日本古代の皇后とキサキの序列」は、橋本氏の研究を精査し、前進させたという点で基本的な研究になった。

一方で、キサキ研究は、ジェンダー史の視角から、一〇世紀以降の藤原穏子や彰子などの皇后（中宮）や摂関期に創出される女院の分析から飛躍的に拡大した。その中で、九世紀のキサキだけに限れば、西野悠紀子「母后と皇后――九世紀を中心に――」（『家・社会・女性――古代から中世へ――』吉川弘文館、一九九七年）、同「九世紀の天皇と母后」（『古代史研究』十六号、一九九九年）、同「皇女が天皇になった時代」（『歴史の中の皇女たち』所収、小学館、二〇〇二年）、梅村恵子「天皇家における皇后の位置——中国と日本との比較——」（『女と男の時空——日本女性史再考 Ⅱ』所収、藤原書店、一九九六年）、並木和子「平安時代の妻后について」（『史潮』三七号、一九九五年）、服藤早苗「王権と国母」（『平安王朝社会のジェンダー』所収、校倉書房、二〇〇五年、初出は一九九八年）、同「王権の父母子秩序の成立——朝覲・朝拝を中心に——」（前掲書、初出は一九九九年）、同「九世紀の天皇と国母——女帝から国母へ——」（前掲書、初出は二〇〇三年）、同「王朝を支えた皇女」（『歴史の中の皇女たち』所収、小学館、二〇〇二年）、東海林亜矢子「母后の内裏居住と王権」（『平安時代の后と王権』所収、吉川弘文館、二〇一八年、初出は二〇〇四年）などが成果である。しかし、キサキだけで王権を論ずることには無理がある。一九八〇年代後半から唱えられてきた王権論は、まさにそこを突くものであった。

荒木敏夫「王権論の現在」（『日本古代王権の研究』所収、吉川弘文館、二〇〇六年、初出は一九九七年）、同『日本古代の王権』（敬文舎、二〇一三年）などは、多極構造をとる王権総体を論じようとしたものである。しかし、九世紀の王権については、さらなる詳細な検討が必要とされている。また、傾向は異なるが、天皇・皇太子・摂関などを総体的に論じようとした研究としては、佐藤信「摂関成立期の王権についての覚書」（山中裕編『摂関時代と古記録』所収、吉川弘文館、一九九一年）が先駆になろう。本稿では、このような研究史的な観点から、摂関期に先立つ九世紀を固有な時代枠として、そこにおけるキサキの存在を、王権構造——天皇・太上天皇・キサキ・皇太子——さらには摂関との連携に、位置づけることを目的としている。

2 『本朝文粋』巻二、詔・四八。以下、本文は新日本古典文学大系本により、校訂は金原理による。

3 高子の生年は記録にないが、『日本紀略』延喜十年三月廿四日条、『大鏡』裏書などの薨去記事より逆算。

4 『尊卑文脈』第一冊四一～四三頁。

5 『古今和歌集』巻一—八題詞。巻五—二九三題詞。以上、岩波古典文学大系本による。

6 『三代実録』貞観元年十一月十九日・廿日条および『古今和歌集目録』による。『古今和歌集目録』には、次のように見える。

皇后一人。

二条后一首。春上。

諱高子。中納言贈太政大臣従二位藤原長良二女。母紀伊守従五位上総継女也。貞観元年十一月二十日叙従五位下。五節舞姫。九年正月八日叙従四位下。十三年正月八日叙従三位。女御。元慶元年正月為皇大夫人中宮。歳三十六。六年正月為皇太后。寛平八年九月廃之。歳五十五。延喜十年三月廿四日薨。号二条前后宮。天慶六年五月追復本位。

7　『古今和歌集目録』は、藤原仲実（一〇五七~一一一八）の著作として知られる。古今集の歌数と作者の略伝を記したもので、『群書類従』巻二八五所収。高子が五節舞姫を務めたことは、服藤早苗『平安王朝の五節舞姫・童女』（塙書房、二〇一五年）四〇頁。以下、『続日本後紀』・『文徳実録』・『三代実録』は国史大系本による。

8　『三代実録』貞観八年十二月二十七日条。

9　拙稿「応天門の変と『伴大納言絵巻』――記録と記憶の間――」（『国士舘史学』十九号、二〇一五年）。以下、拙稿Aとする。

10　『三代実録』貞観十年十二月十六日条および陽成天皇即位前紀。

11　『三代実録』貞観十二年九月十三日条。

12　『三代実録』元慶元年正月三日条。

13　『三代実録』元慶元年正月十日条では、中宮大夫藤原秀道以下の任命記事が見える。

14　『三代実録』元慶元年閏二月二十七日条。

15　『三代実録』元慶元年三月八日条。

16　『三代実録』元慶三年五月四日、八日条。『扶桑略記』巻二十、陽成天皇条。

17　『三代実録』元慶六年正月七日条。

18　『公卿補任』寛平八年、藤原国経条。

19　『大日本史料』一編昌泰三年二月二十七日条。

20　目崎徳衛「在原業平の歌人形成」（『平安文化史論』所収、桜楓社、一九八六年、初出は一九六六年）。

21　角田文衛「藤原高子の生涯」（『王朝の映像』所収、東京堂出版、一九七〇年、初出一九六八年）、同「敦仁親王の立太子」（『王朝の明暗』所収、東京堂出版、一九七七年）。

22　『日本紀略』延喜十年三月二十四日条、『新儀式』巻五、臨時下、三等以上親喪服錫紵事。

23　『文徳実録』嘉祥三年四月己巳条によれば、仁明没後、文徳によって皇太夫人となった順子は、東五条院へ移った。

24　この点は、荒木敏夫「日本古代の幼帝」（『日本古代王権の研究』所収、吉川弘文館、二〇〇六年）及び服藤早苗前掲注1論文で指摘されている。

明子が皇太夫人に立てられるのは、『三代実録』天安二年十一月七日条である。

25　拙稿「平安初期における后位の変質過程をめぐって——」（『国士舘人文学』第七号、二〇一六年）。以下、拙稿Bとする。
26　『文徳実録』斉衡元年四月二十六日条。拙稿B参照。今回、新たに中宮職が設けられ、同日には、中宮大夫には藤原良仁、中宮亮には藤原家宗が任じられている。順子の皇太后宮職は、九月二十五日に中宮大進であった三統真浄が亮に、少進の御船彦主が大進に進んでいる。
27　拙稿A参照。
28　『三代実録』貞観元年四月十八日条。貞観二年四月二十日条。
29　『三代実録』貞観三年二月二十九日条。
30　『三代実録』貞観六年正月七日条。
31　『三代実録』によれば、八月十二日に天皇が太政官庁に移るために、左右弁官が暫定的に宮内省に移り、二十一日に天皇が移ってきた。方違えのち、十一月四日に内裏に入った。同月の新嘗祭には神嘉殿への出御はなかったが、翌日の賜宴では紫宸殿に出御している。
32　東海林亜矢子前掲注1論文。
33　拙稿A参照。
34　『大鏡』裏書。このことを早くに指摘したのは、岡村幸子前掲注1論文である。筆者も、「在原業平の時代」（三重県立斎宮博物館記念講演、二〇〇九年）で述べた。東海林亜矢子前掲注1論文もこの点に着目している。一方で、鈴木琢郎「大臣曹司の基礎的研究」（『古代文化』五九—一、二〇〇七年）は良房直盧として職御曹司は使われなかったとする。史料的に、良房が職御曹司を使用したことを否定するものはないと考える。
35　『三代実録』貞観八年十二月二十七日条。
36　藤原貞風は、『三代実録』元慶三年正月十三日条にみえる。前年十一月に行われた明子の五十賀の褒賞として、太皇太后明子付きの女官の進階が行われている中の一人である。尚侍は嵯峨皇女の源全姫。
37　『拾芥抄』中。
38　『三代実録』元慶元年正月三日、十日条。大時、中宮亮に高子の兄と遠経が任命されている。
39　拙稿「女帝の終焉——井上・酒人・朝原三代と皇位継承」（『日本歴史』八三七号、二〇一八年）。以下、拙稿Cとする。

40 拙稿B参照。
41 拙稿C参照。
42 拙稿B参照。
43 山本一也前掲注1論文、伴瀬明美「摂関期の立后儀式――その構造と成立について」（大津透編『摂関期の国家と社会』所収、山川出版社、二〇一六年）。および拙稿B。
44 中町美香子「平安時代の后宮・皇太子の啓陣」（『ヒストリア』二〇四号、二〇〇七年）、伴瀬前掲注43論文。
45 拙稿「平安初期における王権の多極構造」（新川登亀男編『日本古代史の方法と意義』所収、勉誠出版、二〇一八年）。以下、拙稿Dとする。
46 拙稿CおよびD参照。
47 拙稿B参照。
48 『日本紀略』寛平九年七月三日条、『扶桑略記』所引外記日記など。
49 『大日本史料』一編二巻、寛平九年七月二十六日条。
50 山本前掲注1「藤原高子」論文。

摂関期の皇統と王権

神谷　正昌

はじめに

摂関期とは、その名称が示す通り摂関政治が行われた時期のことである。一般に、天安二年（八五八）に清和天皇が幼帝として即位し、貞観八年（八六六）に藤原良房が人臣初の摂政に就いてから、醍醐天皇・村上天皇の延喜・天暦の治を挟んで、康保四年（九六七）に藤原実頼が冷泉天皇の関白となり、治暦四年（一〇六八）に藤原氏を外戚としない後三条天皇が即位するまでの期間をいう。言うまでもなく、摂関政治とは、摂政が幼少の天皇に代わって王権を代行し、また、関白が成人の天皇の政務を補佐した政治形態をさす。従って、摂関期の王権は、摂政・関白が王権に深く関与していたところに特徴がある。

一方、天皇の皇位継承をみてみると、桓武天皇の死後、平城天皇・嵯峨天皇・淳和天皇の三兄弟が相次いで即位するが、平城天皇が嵯峨天皇に譲位すると高岳親王が皇太子となり、嵯峨天皇が淳和天皇に譲位すると正良親王（仁明天皇）が皇太子となり、淳和天皇が仁明天皇に譲位すると恒貞親王が皇太子となるなど、いずれも譲位した太上天皇の皇子が皇太子となっている。これらは自らの系統に皇位を継がせるためと考えられ、平安時代初期は皇統形成原理が分化する様相を呈した。しかし、薬子の変で高岳親王、承和の変で恒貞親王が皇太子を廃されると、皇統は嵯峨天皇・仁明天皇の系統に一本化され、直系継承原理が確立される。そして、九世紀後半は文徳天皇・清和天皇・陽成天皇と父子に皇位が継承されていった。ただし、この原理を推し進めていくと、父帝が若くして亡くなれば幼帝の即位は不可避となり、摂政が登場するのである。本来なら、幼帝を後見するのは太上天皇（上皇）の役割であったと考えられる。[注1]一般に薬子の変によって太上天皇の権威・権限は後退したとされるが、[注2]平城上皇・嵯峨上皇・淳和上皇はそれぞれ皇太子の実父として後見していたとみるべきであろう。しかし、家父長制的権威を形成していた嵯峨上皇が、承和九年（八四二）の承和の変直前に死去して以後、太上天皇不在の時期が続き、それに代わって権威を高めたのが、嵯峨天皇の皇后で仁明天皇の母である皇太后橘嘉智子など、母后である。中国では皇太后臨朝が行われる例もあり、ここでは不在の太上天皇の権威を母后が継承したのであるが、さらにその母后の権威を包摂して家父長的権威を引き継いでいったのが外戚の摂政・関白である。摂政・関白は内裏に直盧が与えられたが、もともとは母后の居所にその近親（父または兄弟）として出入りが可能だったのであり、[注3]そこに母后の権威を包摂する素地があったと考えられよう。

ところが、元慶八年（八八四）に光孝天皇が即位すると、宇多天皇・醍醐天皇と皇位が受け継がれ、新たな皇統が成立し、以後の摂関期はこの皇統のもとで王権が展開していくこととなる。小稿では、光孝天皇即位以降の皇位継承と摂政・関白との関係を跡づけ、それから摂関期の王権について叙述していきたい。

一　光孝皇統の成立

元慶八年（八八四）二月、陽成天皇の譲位をうけて光孝天皇が即位し、新たな皇統に移行した。なぜ、まだ十七歳の陽成天皇が退位したのか、また、なぜ新たに即位したのが文徳天皇の弟で陽成天皇からみると祖父の世代にあたり、すでに五十五歳となっていた光孝天皇だったのか。これにはいくつかの要因が指摘されているが[注4]、前年の十一月十日に宮中で格殺事件が起き[注5]、『日本三代実録』には明記されていないものの、手を下したのは陽成天皇とされ、そのことが退位の直接的契機となったと推測される。そして、光孝天皇の即位はそうした不測の事態に対処したものと考えられるが、さらに、清和天皇・陽成天皇と幼帝が続いたものの、幼帝の即位は必ずしも正規の状態とはいえず、特に陽成天皇の退位事情も影響して、この時点でそれは避けるべきものと認識されたのではないか。すなわち、皇族のなかでも年長者である光孝天皇が擁立されたのは、幼帝を回避するという意図が大きく働いたと考えられる[注6]。この後、五十年近くも幼帝が出現しなかったことは、それを物語っているといえよう。

しかし、光孝天皇は即位に当たって自分の皇子女を臣籍に降下しており、このことから、少なくとも光孝天皇の皇統に皇位が継がれることが当初から予定されていたわけではなかったことがわかる。従って、この光孝天皇の即位によって直ちに新たな皇統が創設されたとは見做し難い。その皇位は不安定だったと考えられ、そのため、自らの手でその皇統を正統化しなければならなかったのである。そこで、光孝天皇は「效二承和天子旧風一[注7]」というように父仁明天皇を強く意識し、その治世への回帰を図った。たとえば、仁明天皇の時期まで、政務儀礼・献上儀・神事には天皇が紫宸殿に出御して行われていたが、文徳天皇以降、不出御儀が恒例化していた。[注8]それを奏銓議郡領や奏御卜といった儀式において天皇出御儀を復活しており、そのことから、自らの皇位は父から受け継いだものであることを示そうとしたのであろう。[注9]また、陽成天皇の摂政であった藤原基経を優遇し、奏すべき文書や下すべき文書を必ず諮稟させることで、自らの王権を擁護させたのである。これが事実上の関白の嚆矢とされている。

続く宇多天皇も事情は同様であった。仁和三年（八八七）、光孝天皇の死去に際し、その皇子で臣籍に降下していた宇多天皇は皇籍に復し即位した。これには光孝天皇の意向が強く働いていたと考えられるが、一旦、臣籍に降っていた天皇の皇位はやはり不安定であった。そこで、基経を引き続き関白として王権を擁護させようとしたのであるが、その過程で阿衡の紛議が起きたことは有名である。従って、宇多天皇も自らの皇位を安定させる必要があったのである。そのなかで、宇多天皇は、天皇と人格的関係を結んだ身分秩序の整備に努めた。九世紀を通じて、蔵人や殿上人など新たな身分が重視されるようになっていったが、宇多天皇は、清涼殿の殿上の間に日給の簡を設けて殿上人の上日（出仕した日）を通計させた。これは宇多天皇が清涼殿で日常政務を視、そこを日常政務の場兼私生活の場としたからであるが、昇殿制が公的な制度となる画期となったのである。[注10]このように、宇多天皇によって新たな宮廷秩序が整備されていったが、そこには自身の皇位の安定化を図ろうとする意図が感じられる。さらに、宇多天皇はいくつもの儀式を整備したと言われるが、[注11]同じ趣旨によるものといえよう。

このように、光孝天皇・宇多天皇は不安定であった皇位・皇統を、自ら正統化することに努力したのであるなお、宇多天皇は寛平九年（八九七）に三十一歳で皇太子の敦仁親王（醍醐天皇）に譲位するが、まだ十三歳であった。醍醐天皇といえば、延喜の治と称される天皇親政で有名であるが、即位時点では摂政が置かれてもおか

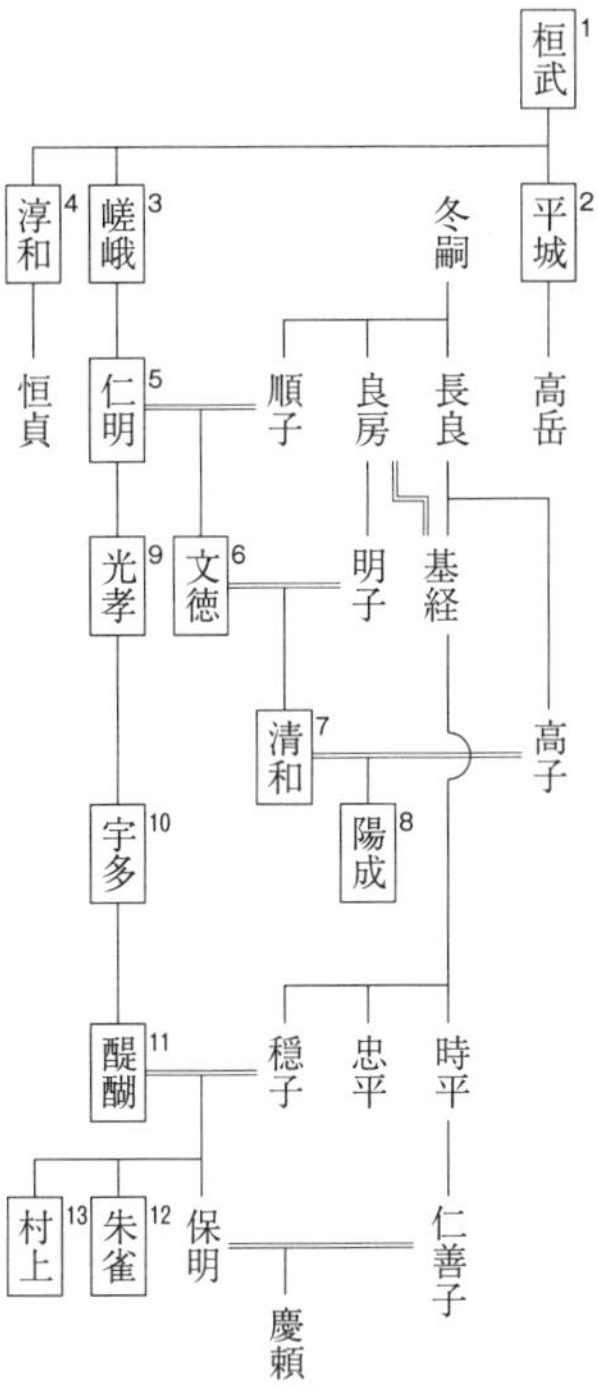

天皇・藤原氏系図1

しくはない年齢であった。それにもかかわらず、即位の当日に元服をさせているのは、摂政を置くことができなかったからである。この時、廟堂の首班は藤原時平と菅原道真であり、二人は中納言から大納言になったばかりで大臣経験がなかった。また、醍醐天皇の母は藤原高藤の娘胤子で、外戚の地位が低くそれを摂政にすることができなかった。それでは、なぜ病気でもないのに宇多天皇は若くして幼少の醍醐天皇に譲位したのであろうか。宇多上皇に院政を行う意志があったかどうか定かではないが、むしろ、最も大きな理由は、自らの血筋に皇統を伝えたかったからではなかろうか。前述したように、光孝天皇・宇多天皇ともその皇位は不安定だったのであり、その系統に皇位が確実に継がれるとはいえなかったのである。そこで、宇多天皇は自分が健在のうちに自らの系統に皇位を継承させるため、醍醐天皇に譲位したと考えられよう。従って、この醍醐天皇の即位をもって、光孝天皇の皇統が確立したといえるのである。

ただし、当初は、醍醐天皇の統治能力が年齢的に十分ではなく、摂政も置けない状況であった。一方で、執政能力を十分に保持した壮年の宇多上皇が健在であったことから、宇多上皇は醍醐天皇を後見し、場合によっては政治に介入することがみられるようになったのである。ところが、醍醐天皇が成長するにつれて、醍醐天皇と宇多上皇との間で微妙な齟齬が生じるようになる。それを象徴するのが、延喜元年（九〇一）に起きた昌泰の変である。これは、右大臣菅原道真が左大臣藤原時平によって大宰権帥に左遷された事件であり、かつては藤原氏による他氏排斥事件の一つとして捉えられていた。しかし、醍醐天皇と宇多上皇との軋轢も要因の一つと考えられ[注12]、宇多上皇に信頼されていた道真を左遷することによって、宇多上皇の上皇権を否定したことも否めない。そのことは、道真の左遷を聴いて宇多上皇がとりなしのため醍醐天皇の居所に駆け付けたのに対し、醍醐天皇は門を閉ざして宇多上皇に会わなかったという逸話からも窺われる。この変は、以後の摂関期を通じての上皇権に大きな影響を与えた事件だったといえよう。

　さてここから、延喜の治が始まるわけだが、天皇親政であり、国史や格式・儀式書等の編纂、地方政治再建の努力、文人学者出身貴族の活躍と文運隆昌など、後世、天暦の治と併せて聖代視されるようになる。こうして光孝天皇の皇統が安定を迎えるわけだが、ここでは、天皇家の皇位継承と藤原氏の系統について触れたい。

　醍醐天皇の皇太子には当初、第二皇子の保明親王が立てられた。保明親王は延喜三年（九〇三）、醍醐天皇と藤原基経の娘穏子との間に生まれ、翌年、二歳で立太子した。穏子は時平の妹であり、時平と確執のある宇多上皇はこれを快く思わず、そのため、穏子は入内を停められたという。その後、保明親王は延喜十六年（九一六）に元服したものの、延長元年（九二三）、即位することなく二十一歳で没した。これは当時、菅原道真の怨霊の祟りと噂された。続いて、保明親王の子、慶頼王が三歳で皇太孫とされた。母は時平の娘仁善子とされ、醍醐天皇と時平との結びつきから、その系統に皇位を継がせていこうという意図がみてとれる。しかし、その慶頼王も延長三年（九二五）、わずか五歳で夭折した。このように、醍醐天皇の直系継承は、当初の意図が崩れるのである。これに対し、穏子からは保明親王が死去した延長元年（九二三）に寛明親王（朱雀天皇）、延長四年（九二六）に成明親王（村上天皇）が生まれた。

一方、藤原氏は良房以降、基経・時平と嫡流によってほぼ廟堂の首班が継承されてきた。しかし、醍醐天皇と藤原時平の関係は、外戚でもなければ、即位当初は大臣でもなく、ここに良房・基経との大きな差があったといえる。それでも醍醐天皇と時平とは強い信頼関係で結ばれていたとされるが、左大臣となった時平は延喜九年（九〇九）に三十九歳で死去する。時平の子の藤原保忠は十八歳とまだ若く、前年、参議となった時平の弟の藤原仲平・忠平のうち、忠平が権中納言となる。廟堂の首班は右大臣の源光であったが、忠平はこの後、昇進を重ね、保忠が延喜十四年（九一四）に二十三歳で漸く参議になった時には、右大臣で廟堂の首班となっていた。保忠もこの後、大納言まで昇進するが、承平六年（九三六）に死去し、その後、保忠の弟の藤原顕忠・敦忠も参議になるが、その時、忠平はすでに太政大臣として朱雀天皇の摂政となっていた。こうして藤原氏の嫡流は、時平の子孫ではなく、忠平の系統に移っていったのである。このように、皇統においてもそれを補佐する藤原摂関家においても、本来、嫡流を予定されていた系統が外れ、傍流が嫡流になったのである。

その後、醍醐天皇は延長八年（九三〇）に病によって朱雀天皇に譲位し、一週間後に死去するが、新たに即位した朱雀天皇は八歳の幼帝であった。陽成天皇以降、五十年ぶりに幼帝が復活したのであり、醍醐天皇が死期を迎えやむなく幼少の朱雀天皇に譲位したことが窺われる。左大臣になっていた忠平が摂政となり、朱雀天皇が天慶元年（九三八）に元服すると、その三年後に忠平は関白となる。

この朱雀天皇の承平・天慶期は、忠平がその摂政・関白となったことから、藤原忠平政権期などと呼ばれる。そして、この藤原忠平政権こそが摂関政治体制成立の画期との指摘がある。注13 それはまず、幼帝が即位している時は摂政を置き、元服した後は関白に転じるという忠平の事例によって、摂政・関白が制度的に定着し、また、貴族政治において政務と一体不可分の関係にあり重要な意味を持つ儀式・故実が成立し、さらに、天皇家、外戚である摂関、これらとミウチ関係にある親王・賜姓源氏・藤原氏などの上流貴族集団が、相互依存の権力の環を形成して摂関政治を支える貴族連合体制が確立したことによるというのである。ただし、この時期に画期性が求められるかは疑問とせざるを得ない。忠平の摂政・関白は、良房・基経が幼帝の摂政となり、成人天皇が即位すると摂政を優遇して関白とされた基経の延長上にあるにすぎない。また、忠平の儀式・故実も、それぞれ子の藤原実頼の小野宮流、藤原師輔の九条流に継承されていったというが、もともとは本康親王・貞保親王を介して基経の儀礼を継承したものという。[注14]『西宮記』の勘物をみると、むしろ醍醐天皇・村上天皇の例が多く引かれており、後世、こちらの方が規範として意識されていたことがわかる。[注15]光孝天皇以降、紫宸殿における政務儀礼・献上儀・神事に天皇出御儀が復活したものの、この朱雀天皇から再び不出御儀となり、その後、村上天皇を例外としてそれが定着していくが、そもそも不出御儀はすでに文徳天皇からみられたものであり、貞観・元慶期などを経て変容を遂げてきたのである。[注16]このように、摂関政治体制は九世紀中葉から徐々に形成されてきたのであり、貴族連合体制を含めて、この藤原忠平政権期はその過程の一時期とみるべきであろう。

さて、朱雀天皇には皇嗣がなく、天慶九年（九四六）、二十一歳となった同母弟の村上天皇に譲位する。光孝天皇・宇多天皇・醍醐天皇・朱雀天皇と父子継承が続いてきたが、ここで兄弟継承となる。忠平が引き続き関白となるが、これは関白が元々摂政経験者を優遇したものであり、この時期はまだ、摂政・関白に就任した者は死ぬまで摂政・関白であり続けたのである。さらに、兄弟継承であった村上天皇の皇位を擁護する役割も担ったのであろう。その忠平死後、廟堂は藤原実頼・師輔の兄弟が左大臣・右大臣に並び、藤原時平の子藤原顕忠が大納言となって天皇を支える体制が続き、いわゆる天暦の治が展開されるのである。『栄花物語』は、この村上天皇を起点として語られている。

二　摂政・関白と外戚

村上天皇には、天暦四年（九五〇）、第一皇子の広平親王が生まれた。母は当時中納言だった藤原元方の娘祐姫であった。しかし、同年四月に藤原師輔の娘安子に第二皇子の憲平親王（冷泉天皇）が誕生し、こちらが七月に皇太子に立てられる。この後、安子からは天暦六年（九五二）に為平親王、天徳三年（九五九）に守平親王（円融天皇）が生まれ、皇位は安子所生の皇子の系統に受け継がれていく。

そして、康保四年（九六七）に村上天皇が死去すると、冷泉天皇が即位する。十八歳の成人天皇だったものの、精神的に弱く異常な面もあり奇行も目立った。それは、広平親王が皇太子に立てられなかったことで天暦七年（九五三）に憤死した元方の怨霊とされた。そこで、左大臣の実頼が関白として補佐することになる。それまでの関白は、藤原基経も忠平も前摂政への特別待遇であったのだが、実頼は摂政未経験で初の関白となり、さらにこれ以後、摂政・関白・内覧が常置されることになるなど、摂政・関白が制度化する画期となったのである。

しかし、冷泉天皇の母安子は、天徳四年（九六〇）に死去した師輔の娘であり、実頼は冷泉天皇の外戚ではなかった。摂関政治は一般に外戚政治といわれるが、外戚は時代を超えて存在するものである。それでは、摂政・関白と外戚とはどのような関係にあったのだろうか。

そもそも、当初の摂政・関白は単なる外戚ではない。藤原良房は、文徳天皇の母順子の兄であり、清和天皇の母明子の父であるが、同時に藤原氏の氏長者で廟堂の首班として太政大臣まで昇りつめた。太政大臣は適任者がいなければ置かれることのない則闕の官であり、臣下として生前にこの職に就いたのは奈良時代の藤原仲麻呂と道鏡以来である。同様に、藤原基経は陽成天皇の母高子の兄であるだけでなく右大臣から太政大臣となり、いずれも天皇の外戚であると同時に、廟堂の首班であり、さらに北家藤原氏の嫡流で氏長者であった。そして、初期の摂政・関白はまだ制度化されたものではなく、官職というよりは王権を代行・補佐する特別な資格であり、それを与えられたのがこのような特別な臣下なのである。他の臣下を超越する権能が与えられるには、これらの要件が合わさっていなければならなかったのであり、摂政・関白になるには単に外戚というだけでは不十分だったのである。そして、皇太后臨朝が行われるのではなく王権代行者として摂政が置かれたのは、良房・基経の廟堂における政務経験が優先・重視されたからではなかろうか。藤原忠平も朱雀天皇・村上天皇の母穏子の兄であり、左大臣から太政大臣となるなど、良房・基経の事例を引き継いだといえる。

さらに、基経と光孝天皇・宇多天皇の関係にみられるように、関白は前摂政の特別待遇だったため、当初から外戚でない場合も存在した。そして、冷泉天皇の外戚ではなかった実頼が関白となったのは、長年、左大臣として廟堂の首班を勤め、藤原氏の氏長者だったからである。なお、冷泉天皇の皇太弟に立てられたのは、同母弟でも二歳下の為平親王ではなく九歳の守平親王であったが、これは為平親王が醍醐天皇の皇子で右大臣の源高明の娘を妃としていたからとされる。そして、安和二年（九六九）三月に高明が左遷される安和の変が起き、八月に冷泉天皇が譲位して円融天皇が十一歳で即位すると、太政大臣となっていた実頼は関白から摂政に転じた。円融天皇も母は安子であり、実頼とは外戚関係になく、摂政であっても外戚ではない事例は存在した。従って、摂政・関白の条件として、当初は外戚よりも廟堂の首班であることの方が重視されていたのである。摂政・関白には藤原氏の氏長者で廟堂の首班を任じることが原則だったといえよう。

しかし、実頼において外戚と摂政・関白の矛盾が生じたことも事実であり、摂政未経験だったこともあり、その関白としての権威は弱く「揚名関白」と嘆かせる状況にあったとされる。[注17]そして、天禄元年（九七〇）に実頼が死去すると、円融天皇の摂政は、師輔の子の右大臣藤原伊尹が引き継いだ。それまで摂政・関白は、藤原良房・基経・忠平・実頼と養子を含め父子で継承されていたが、それは代々廟堂の首班として天皇を支えてきた藤原氏の嫡流であったところに意味があったのであろう。しかしここで、実頼ではなく弟の師輔の系統に摂政・関白が移るのである。むろん、伊尹はこの時点で廟堂の首班で藤原氏の氏長者あったのだが、そもそも、伊尹がそうなりえたのは、円融天皇の伯父であり外戚であったことが影響したと考えられる。さらに、天禄三年（九七二）の伊尹の死後、実頼の子で右大臣だった藤原頼忠をさしおいて、伊尹の弟藤原兼通が関白となるのだが、このことは摂政・関白の要件として廟堂の首班であることよりも外戚であることの方が重視されるようになったことを示している。[注18]円融天皇はこの時点で父村上天皇・外祖父藤原師輔・母安子を亡くしており、冷泉天皇系との関係も微妙であった。そこで外伯父である兼通を後見とし、兼通も娘の媓子を天延元年（九七三）に入内させて円融天皇を擁護したのである。[注19]なお、貞元二年（九七七）の兼通の死に際し、弟藤原兼家との確執から頼忠を関白とした『大鏡』の話が有名である。ただし、これは廟堂の首班である頼忠を関白とする原則に、一旦、戻ったに過ぎない。しかし、永観二年（九八四）に円融天皇から皇位を継いだ冷泉天皇の皇子花山天皇が、寛和二年（九八六）に電撃的に出家し、円融天皇の皇子一条天皇が七歳で即位すると、外祖父にあたる兼家が摂政となる。関白太政大臣の頼忠が存命だったにもかかわらず、他の人物に摂政・関白が移るのは初めてのことであり、再び外戚が重視されるようになったことを示している。ここで、上席に頼忠が居たので、兼家は右大臣を辞退したのだが、これによって外戚と廟堂の首班との矛盾の解消が図られたのである。

　このように、本来、摂政・関白は外戚であり廟堂の首班であり藤原氏の氏長者という要件を備えていることが条件であった。しかし、外戚と廟堂の首班とが矛盾すると、当初は摂政・関白の要件として廟堂の首班の方が重視されていたが、その後、外戚を重視するように転換したのである。

なお、外戚としての摂政・関白というと、天皇の外祖父という印象が強いのではないかと想像されるが、それに該当するのは、清和天皇の摂政となった藤原良房、一条天皇の摂政となった藤原兼家、後一条天皇の摂政となった藤原道長の三例しかない。これは当時の寿命からして、孫の天皇が即位するまで外祖父が存命であることが稀だったからである。ほとんどの摂政・関白が天皇の外伯叔父であったが、当然、娘を入内させ、さらにはその后としての地位を高めることが競われた。このように、天皇の外伯叔父であると同時に義父（后の父）であるという二重の外戚関係を結んだところに意味があるのであろう。[注20]

これらのことを踏まえて、その後の皇位継承と摂政・関白についてみていきたい。

花山天皇・一条天皇の後、寛弘八年（一〇一一）に花山天皇の弟の三条天皇、次いで長和五年（一〇一六）に一条天皇の皇子の後一条天皇が即位するなど、冷泉天皇系と円融天皇系の天皇が交互に皇位に就き、両統迭立状態が続いた。これは、自らの系統に皇統を繋いでいきたいとする意志を両統が持っていたことに起因するものであり、兄弟継承になれば、当然、起こり得る現象であった。朱雀天皇・村上天皇の兄弟では、朱雀天皇に皇嗣がいなかったため、村上天皇の系統に一本化された。しかし、冷泉天皇・円融天皇の兄弟においては、両統迭立の原則が存在したかどうかは不明だが、結果的にそのような状態が現出したことは事実である。当初は、冷泉天皇系こそが正統とされていたというが、円融天皇の在位が十五年、一条天皇が二十五年であるのに対し、冷泉天皇は二年、花山天皇も二年、三条天皇は五年と短く、両者の間にはかなりの差があった。これには、後一条天皇も含めて円融天皇系の天皇が幼帝として即位したことも影響している。そして、後一条天皇の皇太子となったのは、当初、

天皇系図2

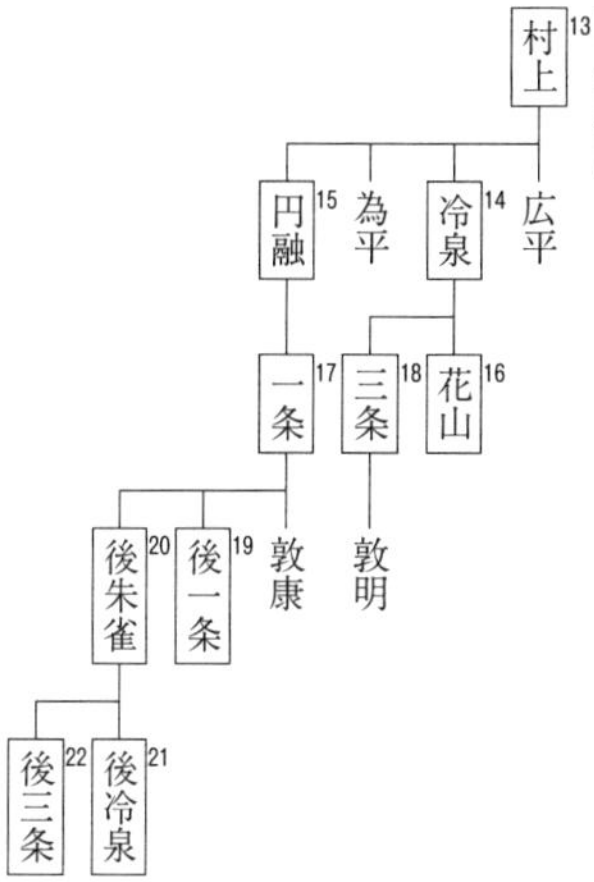

藤原氏系図2

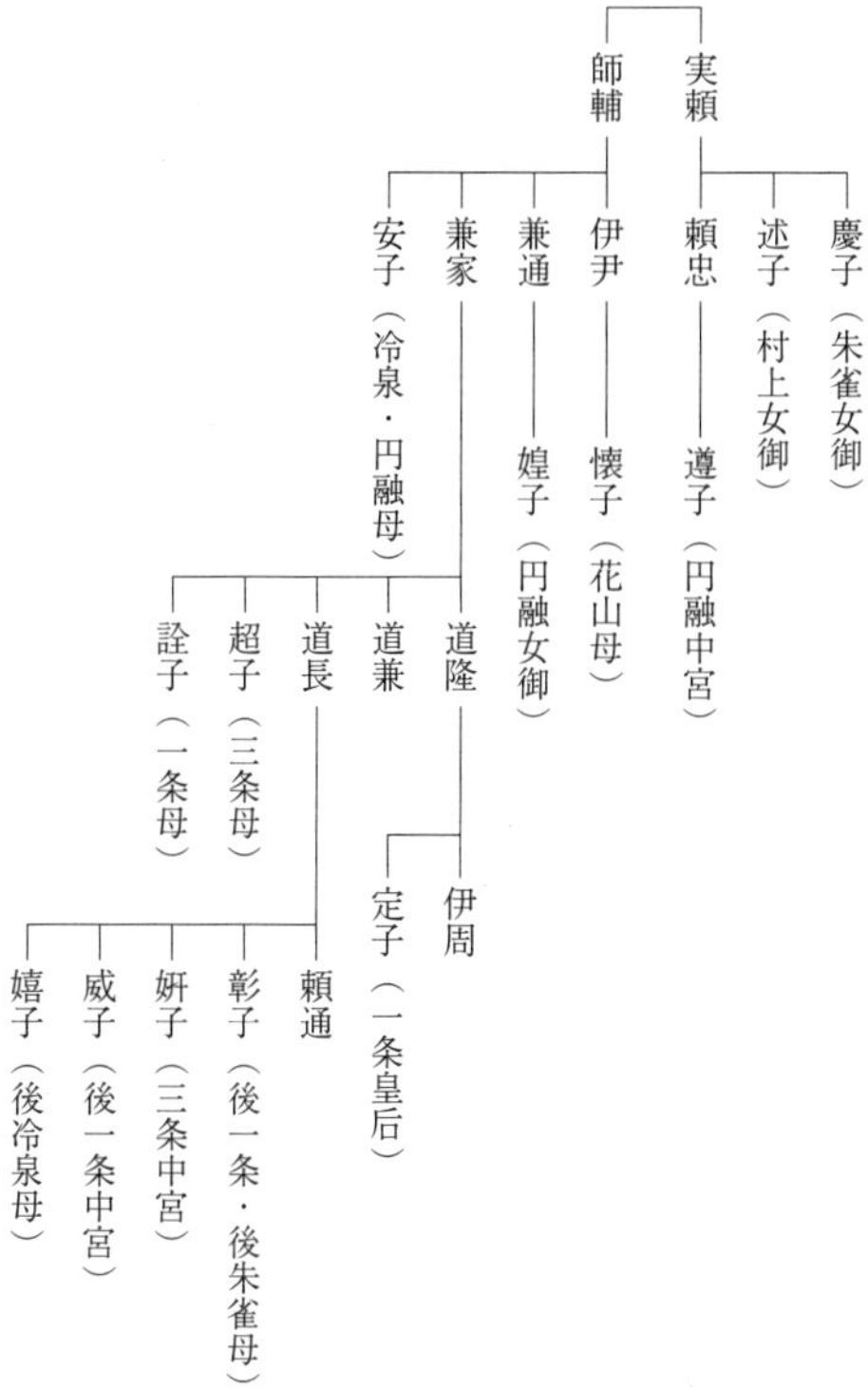

三条天皇の皇子の敦明親王だったがそれを返上し、後一条天皇の同母弟の敦良親王（後朱雀天皇）が新たに皇太子となることで皇統が円融天皇系に固定し、この問題の決着をみるのである。

留意すべきは、敦明親王の立太子は三条天皇が強く望んだことであるが、その生母はすでに死去していた大納言藤原済時の娘娍子であり、強力な後見を持たなかった。これに対し、後一条天皇・後朱雀天皇ともに、生母が藤原道長の娘彰子であったことが、皇太子の変更の決定的要因となっている。そもそも、一条天皇の第一皇子は摂政・関白となった藤原道隆の娘定子所生の敦康親王であったが、兄の藤原伊周左遷以降の生まれで強力な後見のなかったことから、敦康親王をさしおいて第二皇子の敦成親王（後一条天皇）が皇太子となったのである。前述したように、村上天皇の第一皇子は広平親王であったが、皇太子となったのは第二皇子の憲平親王（冷泉天皇）であった。これは、広平親王の母が中納言藤原元方の娘であったのに対し、憲平親王の母は右大臣藤原師輔の娘安子だったためであり、安子所生からは冷泉天皇・円融天皇と二人が即位した。生母の尊卑が問題となるのは、天智天皇の皇子大友皇子や文徳天皇の皇子惟喬親王の例を挙げるまでもなく、古くから多数みられたことである。『源氏物語』において、強力な後見を持たない光源氏は皇位継承から外れるが、それが当時の現実だったのである。そして、冷泉天皇系は強力な後見を持たなかったことから、花山天皇のように突然の出家によって退位させられたり、三条天皇のように藤原道長をはじめとする貴族らの圧力によって譲位を迫られたりしたのである。[注21]

同様に、摂政・関白の要件として外戚が重視されるようになったといっても、それは無条件だったわけではなく、外戚になれるかどうかは廟堂における地位に左右されたのであり、摂政・関白の家格も藤原氏の嫡流に固定化されていった。藤原氏の嫡流は、藤原実頼の小野宮流と弟の藤原師輔の九条流に分裂する。これも当初、小野宮流が嫡流とされるが、実頼の娘慶子（朱雀天皇女御）・述子（村上天皇女御）も藤原頼忠の娘遵子（円融天皇中宮）も天皇の生母となることはなく、有効な外戚関係を構築することはなかった。これに対し、九条流の師輔の娘安子（村上天皇皇后）からは冷泉天皇・円融天皇が誕生し、これが両統迭立状態をもたらすこととなる。また、藤原伊尹の娘懐子（冷泉天皇女御）は花山天皇を生み、藤原兼家の娘詮子（円融天皇女御）は一条天皇を、同じく超子（冷泉天皇女御）は三条天皇を生んだ。そして、藤原道長の娘彰子（一条天皇中宮）は後一条天皇・後朱雀天皇、同じく嬉子（後朱雀天皇妃）は後冷泉天皇を生み、天皇の母后となり、外戚関係を強固にしていったのである。これによって、藤原氏の嫡流は九条流、さらに道長の系統に受け継がれていくことになるが、どの皇子が天皇に即位するのかも、強力な後見を持つか否かによって決定されるようになったのである。

その後、後朱雀天皇の皇太子となり、寛徳二年（一〇四五）に即位したのは後朱雀天皇の皇子後冷泉天皇であるが、母はやはり道長の娘嬉子であった。円融天皇系に皇統が固定化されたとはいっても、後一条天皇・後朱雀天皇・後冷泉天皇は道長の外孫にあたり、そのことが皇位に就いた最も大きな要素となったことは言うまでもない。これによって、道長の子の藤原頼通が五十年にわたり摂政・関白として後見し得たのである。なお、続いて治暦四年（一〇六八）に即位したのは、後冷泉天皇の異母弟の後三条天皇であり、摂関家と外戚関係になく、これによって摂関政治の終焉を迎えることになる。ただし、母の禎子内親王は三条天皇と道長の娘妍子との間に生まれた皇女であり、道長の血を引くことが考慮されたのであろう。そして、後一条天皇・後朱雀天皇、さらに後冷泉天皇・後三条天皇と兄弟継承が続いたのは、直系継承原理よりも、その要素が重視されたからであろう。

三　摂関政治と王権

以上みてきたように、光孝天皇が即位し、宇多天皇・醍醐天皇と直系継承がなされたことで新皇統が確立したが、保明親王の死後、朱雀天皇・村上天皇の兄弟継承となり、さらに冷泉天皇系と円融天皇系の両統迭立状態が現出する。一方、文徳天皇系の直系継承による幼帝即位にともない登場した摂政・関白は、外戚というだけではなく、廟堂の首班であり代々天皇家を支えてきた藤原氏の氏長者という特別な臣下だったのであり、そこに他の臣下を超越する権能が付与される資格があったといえる。これが藤原実頼以降、制度化されていくわけだが、外戚と廟堂の首班とが齟齬をきたした場合、当初、摂政・関白の要件としては後者が重視されていたが、やがて外戚であることが重視されるようになる。これは、天皇が強力な後見を持つことを必要としたからであり、従って、外戚となれるのも廟堂における地位が影響し、それよって天皇の後見となり得たのである。そして、皇統が円融天皇系に一本化された後も兄弟継承が続いたのは、道長の血筋とその後見が重視されたからである。

こうした天皇の後見について、吉川真司氏は、父院の国政関与を、天皇の後見行為ではなく父権によって天皇権力を掌握・代行したもの、母后の天皇後見を、同居を前提とする直接的・日常的奉仕、天皇の政治的意志形成や政治的行為の補助とし、これに対し、外戚の摂政・関白は、公的な政務補佐と日常的かつ直接的な奉仕という二重の後見であるとしている。[注22] 確かに、太上天皇が国政に関与した例をみることはできるが、道長に顕著に表れるように、家父長的権威を外戚の摂政・関白が継承するようになるのである。また、母后は必ずしも同居を前提としていたわけではないとの指摘もあり、[注23] そのうえで政治的意志形成・行為の補助の例がみられた。しかし、摂政・関白が詔勅によって政務の代行・補佐の権限が付与されていることを考えれば、制度的にその権能が保証されていることになり、確かに、摂政・関白は家父長的権威と王権の代行・補佐の権能を併せ持った二重の後見といえるであろう。

翻って、宮廷社会の変化に注目してみたい。もともと九世紀前半には、豊楽院や神泉苑で全官人が参加して行われていた節会の翌日に、次侍従以上・五位以上のみが参加する儀式が行われるなど重層構造がみられたが、[注24] 九世紀中葉に豊楽院儀・神泉苑儀が紫宸殿儀に移行し、次第に参列者も五位以上に限定されていくなど、国家的饗宴の場から六位以下の下級官人が排除されていくようになる。[注25] 叙位制度の面からも、五位以上と六位以下との格差は増大していった。[注26] さらに、九世紀を通じて正月元日の朝賀や二日の皇后・皇太子拝賀儀礼が廃される例が増加していくのに代わって、十世紀以降に小朝拝や二宮大饗といった公卿・殿上人という身分秩序を重視した儀式が定着していった。すなわち、昇殿制や公卿・殿上人・蔵人など天皇との人格的関係を特徴とする身分が成立していき、天皇を取り巻く宮廷社会が縮小化・重層化していく傾向がみられた。

また、奈良時代まで天皇がどこで政務を視ていたかは議論があるが、[注27]平安初期には紫宸殿で政務を視ていたことが確認される。[注28]しかし、『日本三代実録』貞観十三年（八七一）二月十四日条に「天皇御二紫宸殿一視レ事、承和以往、皇帝毎日御二紫宸殿一、視二政事一、仁寿以降、絶無二此儀一、是日、帝初聴レ政」とあるように、仁明天皇まで紫宸殿に出御して政務を視ていたが、文徳天皇以降、出御しなくなったという。清和天皇はこの三日後にも紫宸殿に出御し政務を視ているが、その後、政務に天皇が出御する記事は極端に減り、告朔や旬儀以外ではみられなくなる。[注29]紫宸殿で行われた政務儀礼・献上儀・神事にも、前述したように、文徳天皇から出御しなくなり、上卿や蔵人、外記、本司官人などを介して清涼殿にいる天皇に適宜奏上される形態になる。この後、光孝天皇・宇多天皇・醍醐天皇の時に出御儀が復活したが、朱雀天皇の時に再び不出御儀となり、村上天皇が一時的に出御するものの、その後、不出御儀が定着するのである。[注30]このような古代の天皇の変遷を、仁藤敦史氏は、「動く王」から「動かない王」へ、そして「見えない天皇」へと評したが、天皇は公卿・官人と政務決裁の場を共有せず、可視化されなくなるのである。[注31]

そして、摂関期の政務は、必ずしも太政官制が衰退したわけではないが、一上が陣定を主導するようになった。陣定は合議機関であっても意志決定をするわけではなく、意見を集約あるいは併記して天皇に奏上し、最終的に意思決定するのはあくまでも天皇であった。摂政・関白が天皇をさしおいて専権をふるっていたわけではない。

それでは、摂政・関白は具体的にどのような権能を有していたのか。

まず、幼帝が即位した時に設置された摂政については、橋本義彦氏が、詔書の御画日、詔書覆奏の「可」または「聞」を代筆すること、天皇に代わって官奏を覧ること、叙位・除目議を代行すること、官中奏下一切の文書を内覧すること、幼帝諸出御儀に際しこれを扶持し代行することの五つを挙げている。[注32] さらに、『皇室制度史料』では、伊勢神宮奉幣使発遣にあたり天皇に代わって宸筆宣命を書き仰詞を奉幣使に伝え代拝すること、即位式に先立つ礼服御覧を代行すること、天皇御元服の加冠を奉仕することの三つを加えているが、[注33] このうち天皇御元服の加冠奉仕は、摂政ではなく、むしろ太政大臣の職掌と考えられる。[注34] これらを総合すると、官奏、叙位・除目、伊勢神宮奉幣使発遣など、天皇の政務大権・人事権・祭祀権の一部を象徴する儀式や礼服御覧を代行するほか、幼帝出御儀を扶持・代行し、日常政務においても詔書や覆奏の御画日・可・聞の代筆、官中奏下一切の文書を内覧することとなる。[注35]

これに対し関白は、百官を総理し奏上すべきこと宣行すべきことはまず諮稟に預かるというもので、これは摂政の官中奏下一切の文書を内覧することと同じであり、成人天皇の補佐に過ぎないとされる。しかし坂本賞三氏は、天皇は関白のみに諮問し他の公卿には行えない一人諮問を挙げ、また春名宏昭氏は、奏上する文書を取捨選択したり下す文書を留めたりするとしている。[注36] さらに、諸儀式書をみると、叙位・除目に際し天皇の御前で諮問に預かっており、国政決裁権や人事権に大きく関与しているのである。[注37]

いずれも、太政官の議政官としてではなく、太政官から天皇に奏聞された文書の決裁に関与する立場にあったといえよう。

さて、義江彰夫氏は、平安時代を通して天皇の権威と権力が法制的にみる限り、律令制における制約から順次解放されて、時代の下降とともに高められていったとする。すなわち、摂政・関白の地位のうちに天皇権力を掣肘しうる法的根拠は一つもなく、院権力も天皇と別個の法的根拠に立っていたわけではない。そして、摂政・関白を頂点として公卿・殿上人・諸司官人からなる官人集団は、全体として、国政全般にわたって律令制下のような法的自立性を失い、天皇の命によって職に就き、職務遵行の全過程が形式上天皇によってチェックされる存在となり、総じて天皇に強く依存し、天皇の権威に支えられて、王権の担う目標を分掌する集団になってきたという[注38]。

ここで「律令制における制約」とは、太政官制が天皇権力を制約しているという見方にもとづいたものと思われる。これには疑問がなくはないが、一方、「摂政・関白の地位のうちに天皇権力を掣肘しうる法的根拠は一つもない」とは、摂政・関白が天皇権力を制約していたとする旧来の見方を否定したものであり、現在は定説となっている。そして、平安時代が天皇との人格的関係に重点を置いた公卿・殿上人・諸大夫という身分秩序が確立したことから、義江氏の理解に拠るならば、天皇に強く依存しその権威に支えられているとされる摂政・関白も、律令制における制約から解放されていることになり、そこに王権に深く関わる存在になり得た理由があるのではなかろうか。

また、玉井力氏は、王権が様々な後見者に支えられ分権化したことは事実だが、その後見者たちはいずれも天皇に依存する特別な人々であるとしながらも、その一方で、摂政・関白は貴族の出ではあるが、その立場は他の貴族とは同一に論じるべきではなく、むしろ王権に引きつけて考えるべきであり、従って、一部代行が可能となることにより変質した天皇制、分権的王制であるとする[注39]。

このように摂関期は、天皇や太上天皇、母后、外戚の摂政・関白らのうちで王権が分有され、天皇と公卿、さらに下級官人との距離が拡がった重層化された宮廷社会であったところに特徴がある。ただし、ここで天皇がその中核にあることは事実だが、[注40]それが他に超越する絶対性を有していたかというとそう単純ではない。花山天皇や三条天皇が譲位に追い込まれたりするなど、天皇もまた代替可能だったのである。天皇の権威・権力は強力な後見を持つことによって保障されていたのである。

なお、摂関政治の全盛を築いたとされる藤原道長は、廟堂の首班となっても二十年以上、一条天皇・三条天皇の関白になっていない。一般に、道長は内覧と一上を兼ねることによって天皇の輔弼と太政官の掌握を可能とし、より強大な権力を握ったとされる。[注41]しかし、それならばなぜ、そのような方式がその後に踏襲されなかったのか説明がつかない。道長の内覧は当初、藤原伊周との関白争いの妥協策であり、それが決着した後も一条天皇と道長は協調関係にあり、関白とならなくとも安定していたのである。一方、三条天皇は道長に関白を要請したが、道長は孫である後一条天皇の即位を早めるために、それを受けなかったと考えられる。そして、道長は後一条天皇の摂政を一年だけ勤め、それを息子の藤原頼通に譲ったが、それは、父藤原兼家や自身が兄弟間で摂政・関白を継いでいったのに対し、確実に頼通に継承させるためであった。このように、道長は摂政・関白の地位も自身の系統に繋げていく意志を持っていたのである。しかし、その後も大殿として権威を保っており、さらには、外戚とは関係なく頼通の系統に摂関家が固定していったことが、摂政・関白の形骸化を招いたことは否定できない。[注42]

おわりに

最後に院政についての展望を試みたい。院政の先蹤については、近年、藤原道長に由来するものとの見方[注43]や、藤原彰子など女院に由来するものとの見方が示されている。[注44] 確かに、道長の大殿としての権威や仏教に傾倒していったことは後の院を彷彿とさせ、また、彰子も天皇の母であり摂政・関白頼通の姉として、国政に影響力を発揮した事例も見受けられる。しかし、これらは現象面からの類似性を指摘しているにとどまるのではないか。

院政の根本には、皇位継承が存在する。前述したように、平安初期の平城上皇・嵯峨上皇・淳和上皇は、それぞれ譲位することによって実子が皇太子となり、さらにその後見となっていたと考えられる。宇多上皇も、十三歳の醍醐天皇に譲位したのは、自らの系統に皇位を継承させるためであった。そして、院政を開始した白河上皇は、即位当初は異母弟の実仁親王が皇太弟に立てられており、その死の翌応徳三年（一〇八六）に実子である八歳の堀河天皇に譲位した。これは、やはり異母弟である輔仁親王の立太子を防いで、自分の子に皇位を継がせるためだったという。そして、関白藤原師通が在世中は政務全般を視るわけではなかったが、師通とさらには堀河天皇が死去して、嘉承二年（一一〇七）に孫の鳥羽天皇が五歳で即位すると、白河上皇の院政が本格化したのである。このように、幼い実子に譲位をするのは、あくまでも自らの系統に皇位を継承させることが目的だったが、幼帝が十分に政務を執ることができない状況では、父である上皇がその後見となり、さらに政務を視る責任も生じたであろう。院政が、自分の子孫が皇位に即いている時に限るのはそのためである。ただし、こうしてみると、平安時代を通じて院政が行われる可能性が潜在的に存在したことになるが、それではなぜ、これ以前には院政が行われず、白河上皇に至って院政が開始されたのか。それには、岡野友彦氏が指摘したように、ちょうどこの時期に拡大していった荘園制が関係していると考えられる。[注45] すなわち、荘園制の展開のなかで、白河上皇が天皇家の財産権を掌握していったことが、家父長としての権威を保持し、院政を行うに至った要因ではなかろうか。

注

1 貞観十八年（八七六）に陽成天皇が即位し、藤原基経が摂政に任じられると、基経はそれを辞退する表を奉ったが、『本朝文粋』巻第四表上所収のその時の表に「太上天皇在レ世、未レ聞二臣下摂政一、幼主即位之時、或有二太后臨朝一」とある。摂政は太上天皇や皇太后臨朝に代わって政務を摂り行うということになるが、ここからも太上天皇が幼帝を後見するとの観念が窺われる。

2 春名宏昭「太上天皇制の成立」（『史学雑誌』九九―二、一九九〇年）。

3 岡村幸子「職御曹司について――中宮職庁と公卿直盧――」（『日本歴史』五八二、一九九七年）。

4 角田文衞氏は、陽成天皇の退位は藤原基経と陽成天皇の母后で基経の妹高子との対立に起因するものと指摘している（「陽成天皇の退位について」『王朝の残映』東京堂出版、一九七〇年、初出一九六八年）。すなわち、元慶六年（八八二）に陽成天皇が元服して以後、母后である高子の政治的影響力が高まり、兄基経との対立が深まってきたため、基経は高子を排除するため陽成天皇の退位に踏み切ったというのである。近年では瀧浪貞子氏（「陽成天皇廃位の真相――摂政と上皇・国母――」朧谷寿・山中章編『平安京とその時代』思文閣出版、二〇一〇年）、佐藤早樹子氏（「陽成・光孝・宇多をめぐる皇位継承問題」『日本歴史』八〇六、二〇一五年）などがその説に拠っている。しかし、高子が政治に影響力を行使した形跡や、それによって基経と対立が生じたとしなければ解釈できない事例は見当たらず、対立が実際に存在したのか定かでない。さらに、もしそうだったとしても、そのような理由で基経は皇位を廃立できたのか、基経にそうした権限があったのかも疑問である。やはり、格殺のような具体的事件が起きなければ、廃位はできなかったであろう。

5 『日本三代実録』元慶七年（八八三）十一月十日癸酉条。

6 陽成天皇に最も近い血縁者には、同じく高子を母とする弟の貞保親王がおり、また異母弟ながら藤原基経の娘佳珠子を母とする貞辰親王がいた。すでに幼帝が即位した実例があることから、二人が即位するのに支障があるわけではなく、彼らの方が即位するのにふさわしいように思える。しかし、それをさしおいて光孝天皇が即位したのは、候補としてまず承和の変によって廃太子とされた恒貞親王があがったことから（『恒貞親王伝』）、承和の変以前への回帰をめざしたものとの指摘もある（木村茂光「光孝朝の成立と承和の変」十世紀研究会編『中世成立期の政治・文化』東京堂出版、一九九九年）。しかし、幼帝が二代続いたことで、直ちに幼帝即位に支障がなくなったわけではなく、むしろ、陽成天皇の事例からしてそれを忌避する意向が生まれてきたのではないか。

7 『日本三代実録』元慶八年（八八四）二月二十八日己未条。
8 拙稿「九世紀の儀式と天皇」（『平安宮廷の儀式と天皇』同成社、二〇一六年、初出一九九〇年）。
9 拙稿「阿衡の紛議と藤原基経の関白」（『続日本紀研究』三九三、二〇一一年）。
10 古瀬奈津子「昇殿制の成立」（『日本古代王権と儀式』吉川弘文館、一九九八年、初出一九八七年）。
11 山中裕『平安朝の年中行事』塙書房、一九七二年。
12 今正秀『敗者の日本史3　摂関政治と菅原道真』吉川弘文館、二〇一三年。
13 黒板伸夫「藤原忠平政権に対する一考察」（『摂関時代史論集』吉川弘文館、一九八〇年、初出一九六九年）。橋本義彦「貴族政権の政治構造」（『平安貴族』平凡社、一九八六年、初出一九七六年）。
14 竹内理三「口伝と教命――公卿学の系譜（秘事口伝成立以前）――」（『竹内理三著作集第五巻　貴族政治の展開』角川書店、一九九九年、初出一九四〇年）。
15 堀井佳代子『日記で読む日本史7　平安宮廷の日記の利用法　『醍醐天皇御記』をめぐって』臨川書店、二〇一七年。
16 拙稿「平安貴族社会と儀式」（前掲注8書）。
17 『源語秘訣』所引『清慎公記』康保四年（九六七）七月二十日条。
18 拙稿「摂関政治期の関白と天皇」（『国史学』二二一、二〇一七年）。
19 沢田和久「円融朝政治史の一試論」（『日本歴史』六四八、二〇〇二年）。栗山圭子「兼通政権の前提――外戚と後見――」（服藤早苗編『平安朝の女性と政治文化　宮廷・生活・ジェンダー』明石書店、二〇一七年）。
20 冷泉天皇・円融天皇の母安子の兄の藤原伊尹は娘懐子を冷泉天皇の女御とし、同じく藤原兼通は娘媓子を円融天皇の女御とし、さらに弟の藤原兼家は娘の超子を冷泉天皇の女御、同じく詮子を円融天皇の女御としている。また、一条天皇の母詮子の兄の藤原道隆は娘定子を一条天皇の皇后とし、弟の藤原道長は娘彰子を同じく一条天皇の中宮としている。なお、道長は三条天皇の母超子の弟でもあり、娘妍子を三条天皇の中宮としている。
21 倉本一宏『三条天皇』ミネルヴァ書房、二〇一〇年。
22 吉川真司「摂関政治の転成」（『律令官僚制の研究』塙書房、一九九八年、初出一九九五年）。
23 服藤早苗「国母の政治文化――東三条院詮子と上東門院彰子――」（前掲注19書）。

24 大日方克己『古代国家と年中行事』吉川弘文館、一九九三年。
25 古瀬奈津子「平安時代の「儀式」と天皇」（前掲注10書、初出一九八六年）。拙稿「紫宸殿と節会」（前掲注8書、初出一九九一年）。
26 黒板伸夫「位階制変質の一側面――平安中期以降における下級位階――」（『平安王朝の宮廷社会』吉川弘文館、一九九五年、初出一九八四年）。拙稿「平安初期の成選擬階儀」（前掲注8書、初出一九九二年）。
27 古瀬奈津子氏は毎日大極殿に出御して政務を視ていたとするのに対し（「宮の構造と政務運営法――内裏・朝堂院分離に関する一考察――」前掲注10書、初出一九八四年）、橋本義則氏は内裏で視ていたとし（「朝政・朝儀の展開」『平安宮成立史の研究』塙書房、一九九五年、初出一九八四年）、さらに吉田歓氏は大極殿では象徴的な聴政、内裏で実質的な聴政が行われた二重構造であったとしている（「大極殿と聴政」『日中宮城の比較研究』吉川弘文館、二〇〇二年、初出一九九九年）。
28 『寛平御遺誡』に「延暦帝王、毎日御二南殿帳中一、政務之後、解二服衣冠一、臥起飲食」とある。
29 吉田歓「旬儀の成立と展開」（前掲注27書、初出一九九六年）。
30 拙稿前掲注8論文。
31 仁藤敦史「古代国家における都城と行幸――「動く王」から「動かない王」への変質――」（『古代王権と都城』吉川弘文館、一九九八年、初出一九九〇年）。
32 橋本義彦前掲注13論文。
33 宮内庁書陵部編「摂政の職掌」（『皇室制度史料』摂政二、吉川弘文館、一九八二年）。
34 橋本義彦「太政大臣沿革考」（前掲注13書、初出一九八二年）。
35 拙稿「平安時代の摂政と儀式」（前掲注8書、初出一九九六年）。
36 坂本賞三「一人諮問の由来」（『神戸学院大学人文学部紀要』創刊号、一九九〇年）。春名宏昭「草創期の内覧について」（『律令国家官制の研究』吉川弘文館、一九九七年）。
37 拙稿前掲注18論文。
38 義江彰夫「天皇と公家身分集団」（『講座前近代の天皇第三巻　天皇と社会諸集団』青木書店、一九九三年）。
39 玉井力「一〇―一一世紀の日本――摂関政治――」（『平安時代の貴族と天皇』岩波書店、二〇〇〇年、初出一九九五年）。
40 黒板伸夫前掲注13論文。倉本一宏「一条朝の公卿議定」（『摂関政治と王朝貴族』吉川弘文館、二〇〇〇年、初出一九八七年）。

41　橋本義彦前掲注13論文。
42　拙稿「平安時代の王権と摂関政治」（『歴史学研究』七六八、二〇〇二年）。同「摂関政治の諸段階」（『国史学』一九七、二〇〇九年）。
43　上島享「藤原道長と院政」（『日本中世社会の形成と王権』名古屋大学出版会、二〇一〇年、初出二〇〇一年）。
44　高松百香「院政期摂関家と上東門院故実」（『日本史研究』五一三、二〇〇五年）。樋口健太郎「院政の成立と摂関家――上東門院・白河院の連続性に着目して――」（『中世摂関家の家と権力』校倉書房、二〇一一年）。
45　岡野友彦『院政とは何だったか「権門体制論」を見直す』ＰＨＰ新書、二〇一三年。

Ⅱ　信仰と王権

神祇と王権

佐々田　悠

はじめに

日本では西洋のＧＯＤを日本語に訳す際に、中国にならって「神」の語を選択した。[注1]しかしよく知られているように、日本の神が意味するところはＧＯＤとは大きく異なる。古代以来、日本ではさまざまな奇異な現象や存在が神と称された。自然現象や動植物、氏族の祖先や守護する存在、さらには同世代の人間も、その超越的な力や作用によって神として認識され、祭られた。日本の神々は絶対的な存在ではなく、日常世界からずれた現象や存在を認識するための仕組みであったと言える。古代において天皇を神とした認識も、本来はそうした用法の一つであった。

このような神々のあり方は基本的に現代まで存続するが、権力による把握を経るなかでいくつかの重大な変化があったことが明らかにされている。七世紀後半、律令体制に基づく古代国家（律令国家）の形成とともに「明神」天皇が制度化され、神祇祭祀——宮廷内での神事や全国の神々に対する祭りの制度——が整備されたことは、その最たるものであろう。[注2] このことは、その後の国家と祭祀の関係や、地域社会の信仰にも多大な影響を与えることになった。

ここに言う神祇とは「天神地祇」の略称で、広く全国の神々・神社を指す言葉である。もとは中国の祭祀思想に由来し、天上世界に由来を持つ「天神」と地上に由来する「地祇」に大別される。天平十年（七三八）頃成立とされる古記（『令集解』所引の大宝令注釈書）では、天神の具体例として伊勢（延喜神名式にいう神宮、以下同じ）、山城鴨（賀茂御祖神社・賀茂別雷神社）、住吉（住吉坐神社）、出雲国造斎神（熊野坐神社）を、地祇として大神（大神大物主神社）、大倭（大和坐大国魂神社）、葛木鴨（鴨都波八重事代主命神社）、出雲大汝神（杵築大社）を挙げている。もっともこうした区分はあまり厳密ではなかった。天神地祇は実際には総称としての用例がほとんどで、朝廷が全国の神々・神社に対峙する場面で用いられた。つまりこの言葉は、朝廷が神々を統治するための、あるいは神々が朝廷を護持するためのカテゴリーなのである。無論その背後には氏族や地域社会による多様な信仰・崇拝があったはずで、神祇はその一部に依拠して、あるいは全く新たに設けられたものと言わなければならない。以下では地域社会に展開した神信仰のうち、朝廷に把握され、奉斎の役割を担った部分（官社とされるもの）を神祇として捉えることにしよう。[注3]

本稿に与えられたテーマは、こうした神祇について主に王権との関わりから論じることにある。王権にとって神祇は、自らに正統性を与え、支配を荘厳する存在であったが、そうした役割は仏教においても同様である。したがって神祇特有の論理とその限界が問われよう。一方、神祇というカテゴリーは、王権を不可欠の前提とし、王権を離れては存在しなかった。また、王権を介した神祇の自覚化は、土壌となった神信仰へも深い影響を与えたと考えられる。そうした非対称な関係がもたらす権力性を、さまざま場面で問う必要があるだろう。それはまた、文学を考える上でも必要な視点となるはずである。[注4]

一　記紀という「起源」

神祇と王権の関係性を論じるにあたって、まず記紀における氏族（王権に仕えるウジ）の位置づけを確認したい。神祇の多くは氏族の祖神や守護神（氏神）に関わるから、氏族の神話的・系譜的な配置をどう理解するかが重要だからである。

記紀の神代巻には、天上世界である高天原の神々や高天原から降った皇孫である天皇（大王）家、それに従った伴造たちの祖神が登場する。ここに王権の「起源」が集約的に表現されているが、意外なことに天皇と伴造以外の神々はほとんど登場しない。一方で、朝廷に仕えた、あるいは反抗した有力豪族たちの系譜は、神代巻ではなく、主に初期の天皇系譜のなかに見出される。朝廷に集う諸氏族の「起源」を示すという意味において、神話と初期天皇系譜は明らかに対称的に配置されている。[注5]

神話に関して重要なのは、一部に宮廷祭祀と相通じる内容が見られることである。神話と祭祀が不可分の関係にあることは古くから指摘されている通りで、神話は天皇や伴造たちの祖神を登場させながら、現にある祭祀の祖型というべきものを物語っている（祭儀神話論）。[注6]具体的な物語によって、王権と王権を直接支えてきた伴造との関係性を示すわけである。それに対して毎年の祭祀は、そうした関係性を所作や音声（祝詞）のかたちで、より端的に語る役割を担ったと言えるだろう。神話と祭祀は全く同一の内容というわけではなかったが、相通じる

題材の上に立っている。[注7]

たとえば、十一月に行われる新嘗の神事は、天皇が新穀を皇祖神に捧げ、自らも食す神人共食の儀礼であり、鎮魂祭はそれに先立って御魂の回復をはかる呪術的な儀礼である。いずれも七世紀後半の天武朝に成立の画期があったことが史料的に裏付けられている。『儀式』『延喜式』などの次第によれば、鎮魂祭では御巫が槽上で桙を撞《つ》く所作をし、神祇伯が木綿鬘を結んで御魂を鎮め、また女神の死と再生を思わせる歌（『年中行事秘抄』所引）があるなど、明らかに天岩戸神話（記・紀第七段）と共通する題材が見られる。天岩戸神話は、中臣・忌部・猿女をはじめとする伴造たちの多様な奉仕の由来を集約した重要な物語であり、鎮魂祭の所作はそうした伴造たちの由来と重なるのである。[注8] 新嘗についても、神話との対応は明瞭でないが、天岩戸に先立つスサノヲの乱行は新嘗へのタブーであったから、岩戸隠れを経てアマテラスが再生し、正しい新嘗が可能になった、と理解することができよう。[注9] 鎮魂祭から翌日の新嘗へという流れ自体に、神話との共通性が見られる。

さて、『延喜式』の関係規定によれば、鎮魂祭には大臣以下の議政官のほか、中務・宮内省被官の諸司などから男女三百人ほどが宮内省に集った。翌日の新嘗も似たような陣容で、中和院正殿の神嘉殿を場とし、神事は彼らの眼前で行われた。新嘗当日は廃務で、直接参加しない官人たちもそれぞれの本司で斎戒する定めであったから、間接的に神事に従っていたと言えよう。[注10] 別稿で指摘したように、こうした官人たちの供奉が確認できるのは七世紀後半の天武朝からである。それまで皇子や大臣といった有力層それぞれが新嘗を行っていた段階から、すべて天皇のもとに統合されたのである。[注11] 神話はもともと大王と伴造中心の、言うなれば大王家の神話に過ぎなかったが、そうした狭く古い内容を、祭祀というかたちで新たに朝廷として共有したわけである。参加者たちは自らが伴造であるか否かを越えて、大王家の在りし過去に奉仕したのだと言えよう。

他方、有力豪族たちの祖が初期天皇系譜に集中的に配置されたことには、どういった意義があるだろうか。神武紀では東征に助力した豪族が倭国造に任じられ、帰順した大和の豪族たちは県主とされた（いずれも神別氏族）。二代綏靖から九代開化までのいわゆる欠史八代では、記紀ともに七代孝霊まで后妃の出身を磯城・十市・春日の県主とする所伝があり（紀は主に異伝）、天皇家との婚姻関係を表している。後に「倭六県」と称される王権膝下の地域からはじめて、王権と氏族との「起源」を説くわけである。県主たちは大和川支流の水源に神社を擁し、後世広瀬・龍田祭や祈年祭の祭祀を受けたことで知られる。

欠史八代にはほかにも氏族の祖が見え、記は地方の国造まで後裔を細かく注記する。八代孝元の記紀には、阿倍臣・膳臣ら皇別七族の祖や武内宿禰に繋がる系譜が見出される。武内宿禰は数代の天皇に仕えた伝説的忠臣で、紀氏・巨勢氏・平群氏・葛城氏・蘇我氏など大臣を輩出した中央有力氏族の祖として著名である。このように独立性の高い臣系の大豪族たちへと対象を広げながら、朝廷を構成する諸氏族の「起源」が語られるのである。

上記のごとき系譜は、もちろん記紀それぞれの編纂事情に規定されており、史実に直結させることはできない。しかし、武内宿禰を除けば、机上で創作された全くの虚構とも言えず、ある程度受け継がれてきた古い伝承を反映していよう。[注12] 系譜の架上や統廃合を伴いつつも、氏族の系譜は何より大王との繋がりによって自覚化され、相互依存的に継承されてきたであろうことが推測される。残る武内宿禰に関しては、大王の近臣ないし大臣像を理想化したもので、大臣蘇我氏または内臣藤原氏に相応しい祖先として七世紀に入って創出され、記紀編纂時に発展させられたとする見方が有力である。[注13] 逆に言えば、有力氏族の一部は大王系譜に統合されるのが遅く、独立性を保っていたとも言えよう。

このように諸氏族の「起源」は一様ではないが、それらはどう共有され、定着したのだろうか。注目されるのは誄《しのびごと》である。天武天皇の死後、長い殯宮儀礼のなかでたびたび誄が奉られた。葬送が迫った日にも公卿百寮が再び挙哀したが、その際に「諸臣おのおの己が先祖等の仕へまつれる状を挙げて、たがひに進みて、誄たてまつる」とある（『日本書紀』持統二年〔六八八〕十一月戊午条）。先祖以来いかに王権に奉仕してきたかを言い、亡き天皇の魂を慰撫しつつ、次なる皇位への服属を誓ったのである。[注14]「諸臣」は読みのごとく大夫を指すと思われ、中小の伴造ではなく、上記にいうような有力氏族であろう。彼らは誄儀礼が遡る六世紀以来、大王の代替わりごとに、おそらく大王の系譜に連ねて、百官の現前で自らの「起源」を言挙げしたのである。

以上、記紀における氏族の「起源」は、天皇家とともに神話内に位置づけられた伴造氏族と、初期天皇系譜に紐付いて由緒をなした臣系を中心とする有力氏族とに大別されることを見てきた。彼らの祭る神々は、記紀という書物では前者は神話上に明確であったのに対して、後者は系譜関係のみで祖神への言及などなかった。しかし、実践の場を考えれば、前者は一部の祭祀に由来を残すものの、後者は誄においておそらく始祖からの奉仕を表明しており、より直接的な語りとして朝廷で共有された、と言うこともできよう。このように氏族の神々は王権との関わりにおいて決して均等に存在したのではなく、その共有性にも差があったと言える。それを踏まえて、以下の二つの論点につなげたい。

一つは神祇令の祭祀の意義である。神祇令の内容は多様であるが、中心となるのはやはり天神地祇を祭るものである。右のごとく均等ではない神々を神祇として認定し、一定の祭式によって斉一的に祭るところに大きな意義があるだろう。ただし、そうした内容は上記した祭儀神話とは必ずしも整合しない。神祇令の全体像を見渡しながら、祭儀神話論や同論を批判する作品論を含めて、従来の議論を位置づけ直す必要がある。

いま一つは神祇が担った役割とその変化である。神祇祭祀における神祇の位置づけは、常に不変であったのではない。神祇の対象やその役割は、時代とともに変化した。そこに王権はどう関わるのだろうか。少し長いスパンで概観し、どのような画期が設定し得るかを考えてみたい。

二　神祇令の達成

神祇祭祀の制度は、大宝元年（七〇一）に施行された大宝律令において一応の完成をみた。律令の篇目にある神祇令は、文字通り神祇官が祭るべき天神地祇の規定をいい、祭祀全般には及ばないが（たとえば天皇の神事そのものは規定しない）、朝廷の祭祀体系をうかがうには充分である。大宝・養老の神祇令に記載されている祭祀を表1に示す。[注15]

祭祀を掌ったのは二官の一つ、神祇官である。神祇官は伴造出身の中臣・忌部氏を中心に構成され、各地から集めた異能者（壱岐や伊豆の卜部）や童男童女（戸座、巫など）を従えて、宮廷内や都城でのさまざまな祭祀を執行した。また、地方官の国司を通じて全国の神祇を管轄した。神祇官に管轄され、後の『延喜式』巻九・十（延喜神名式、延喜式神名帳とも）に登録された神社のことを官社または式内社という。

神祇＝官社の神々を祭る恒例の祭祀として、もっとも重視されたのが祈年祭・月次祭・新嘗祭（a・g・m）の四箇祭である（四時祭ともいう）。祈年祭（a）は豊穣を祈り、かつ感謝するため、農耕開始にあたる二月に全官社を祭った最大の祭祀である。すべての神々をいわば「御年神」として祭るところに特徴がある。この日、全国から神職たちが神祇官に呼び出された。神祇官の庭には大臣以下、政府中枢の官人たちが居並び、膨大な量の

表1　神祇令に定められた祭祀一覧

	名称	時期	祭る対象	形態	内容
恒例	a. 祈年祭（としごいのまつり）	2月	全官社3132座（全国）	神祇官で班幣	災害を避け、穀物の豊穣を祈る
	b. 鎮花祭（はなしずめのまつり）	3月	大神・狭井神社（大和国）	大神氏に幣帛を渡して祭らせる	疫病を鎮める
	c. 神衣祭（かむみそのまつり）	4月・9月	伊勢神宮（伊勢国）	神宮司に祭らせる	天照大神に御衣を奉る
	d. 大忌祭（おおいみのまつり）	4月・7月	広瀬神社（大和国）	使を派遣して祭る	荒水を避け、豊穣を祈る
	e. 風神祭（かざかみのまつり）	4月・7月	龍田神社（大和国）	使を派遣して祭る	悪風を避け、豊穣を祈る
	f. 三枝祭（さいぐさのまつり）	4月	率川神社（大和国）	大神氏に幣帛を渡して祭らせる	花で飾った酒樽を奉る
	g. 月次祭（つきなみのまつり）	6月・12月	官社304座（主に畿内）	神祇官で班幣／夜に神今食あり	天皇・朝廷の安泰を祈る
	h. 鎮火祭（ひしずめのまつり）	6月・12月	火神	宮の四隅で祭る	火災を防ぐ
	i. 道饗祭（みちあえのまつり）	6月・12月	悪鬼／境界神	京の四隅で祭る	悪鬼の流入を防ぐ
	j. 神嘗祭（かむなめのまつり）	9月	伊勢神宮（伊勢国）	神宮司に祭らせる（朝廷からも使を派遣して祭る）	天照大神に収穫物を奉る
	k. 相嘗祭（あいなめのまつり）	11月上卯	官社71座（主に大和国）	各神社に幣帛を渡して祭らせる	収穫を祝う
	l. 鎮魂祭（たましずめのまつり）	11月寅日		宮内省で歌舞を行い、玉緒を結ぶ	天皇の御魂を鎮める
	m. 新嘗祭（にいなめのまつり）※	11月下卯	官社304座（主に畿内）	神祇官で班幣／夜に新嘗あり	天皇の新嘗を祝う
	n. 大祓（おおはらえ）	6月・12月晦日		罪・穢れを移した物を川に流す	天皇や官人たちの罪・穢れを取り除く
臨時	o. 惣天神地祇祭	天皇即位時	全官社3132座（全国）	神祇官で班幣？	新天皇の即位を知らしめる
	p. 臨時祭	随時		五位以上の官人を派遣して祭る	

※令文上は大嘗祭（おおなめのまつり）と称す。

幣帛が積み上げられていた。そして神祇官の中臣氏によって祝詞が読み上げられると、参加者による拍手があり、神職たち一人ひとりに幣帛が配られた。この儀式を班幣という。天皇はその場には姿を現さない。しかし、祝詞には繰り返し「皇御孫《すめみま》の命《みこと》」が立ち現れ、参加者にその存在を深く印象づけただろう。[注16]また、神祇官に一堂に会することで、上下の秩序を実感するとともに、天皇へ臣従する共同性を分かち合う意義があったと考えられる。その後、神職は神社に戻ってそれぞれの神へ幣帛を捧げた。神社の側からすれば、官社になると年に一度は都鄙を交通し、祈年祭の幣帛を受け取る必要があったと言える。

月次祭（g）は六月・十二月の二度、朝廷の安泰を祈るもので、天皇への祟りを特定する御体御卜や、罪穢をはらう大祓（n）と連動して行われた。[注17]新嘗祭（m）は十一月に天皇が収穫を感謝する新嘗の神事にあわせて祭るものである。いずれも祈年祭とほぼ同様の班幣が行われたが、『延喜式』によれば対象は主に畿内地域で、畿外は一部の有力な神社（官幣大社）に限られた。畿外の有力神社は主に国造の奉斎する神社であった。国造は各地域の有力豪族であり、一国を代表する存在であったから、数は少なくとも彼らの神社を対象とすることで、理念的には全国を対象としたと言ってよい。

これら班幣祭祀は、国家の特定の目的のために、多様な性格を持つ神々を一斉に祭るという極めて中央集権的な性格を持つ。その成立は律令体制とともに七世紀後半――天智朝から文武朝までの間で諸説あるが、持統四年（六九〇）正月の持統即位に伴う祭祀を始まりとするのが至当である[注18]――の時期にあたると考えられる。ここに、朝廷・国家を護持する神祇が成立したと言えよう。

このうち月次祭・新嘗祭に関しては、班幣後の夜に、天皇みずから神に神饌を捧げる神事が行われたことも重要である。月次祭後は旧穀を用いる神今食が、新嘗祭後は新穀を用いる新嘗が挙行された。この二祭は祈年祭とは違って天皇の神事と連関し、また祭る対象も畿内に偏っている。そのため、成立段階と組み合わせた議論がなされてきた。すなわち朝廷の本拠である畿内を重視した月次祭や新嘗祭が古くに成立し、祈年祭は朝廷の支配領域の拡大に伴って後から創り出されたとする説や、大宝律令とともに祈年祭自体の範囲が拡大されたとの説である。[注19] たしかに持統朝の祭祀では「畿内天神地祇」が対象であったが（『日本書紀』持統四年〔六九〇〕正月庚子条）、大宝二年（七〇二）二月に急遽国造たちを都に召集し（『続日本紀』二月庚戌条）、翌月に「物頒二幣帛於畿内及七道諸社一」とあって（同三月己卯条）、畿内だけでなく畿外七道の神社にも幣帛が頒たれた。召集した国造たちに幣帛が渡されたと考えてよく、彼らの奉斎する神社を新たに官社＝神祇とし、祭祀を全国化させたことが知られよう。もっとも、国造らの奉斎する神社は月次祭・新嘗祭にも預かったから、従来説のように祈年祭のみが拡大されたとは言い難い。この段階では畿内および一部の畿外有力神社が神祇を担い、四箇祭すべてに預かった、と言うべきだろう。その後、主に畿外に官社の対象が増え、祈年祭のみが広まっていくのである。[注20]

以上のほか、神祇令には天皇家の祖である天照大神を祭る伊勢神宮（c・j）、三輪山を御神体とする大神神社（b）など、特定の神祇を対象とした祭祀が定められた。また、大忌・風神祭（d・e）では広瀬・龍田神社に周辺の諸神社を祭る有力者を集めて風雨の順調を祈り、相嘗祭（k）では主に大和国の諸神社で収穫を祝う祭りを行わせた。当時の朝廷にとって、どの土地や氏族が重要であったのかがうかがえよう。なお、これらの祭祀は王臣を派遣したり、氏上に祭らせたりするもので、形式的にみて班幣祭祀よりも古く、天武朝に整備されたとみて誤りない。なかでも大忌・風神祭は特定多数の神祇を対象とする班幣の原形と言える構造を持ち、天武四年（六七五）に創り出されたことが史料上に確認できる。のちに神祇令にまとめられる祭祀のうち、まず天武朝に成立した一群があったと言えよう。[注21] 班幣祭祀はその後に、持統朝になって成立するわけである。神祇令の祭祀自体が二段階の、あるいは二重の異なる成立事情を内包していることに注意したい。

　臨時の祭祀としては、祈止雨に使者を派遣する祭祀（p）や、即位時の大嘗祭（m）がある。大嘗祭は天皇の即位年ないし翌年の新嘗祭のことで（令文では「毎世大嘗祭」）、即位に伴う儀礼として特に重視された。平時の新嘗祭（令文では「毎年大嘗祭」）の新嘗では畿内産出の新穀が食されたが、大嘗祭夜の大嘗は大規模なもので、神祇官の卜によって畿外から二つの国郡（悠紀《ゆき》・主基《すき》という）が選出され、その地の新穀が食された。生産物を食することはその地を支配することを表している。[注22] 新天皇が全国を代表する二つの国郡の稲穀を食することで、朝廷の全国支配を理念的に表現する儀式になっていたのである。

　以上、神祇令の祭祀を見てきたが、その多くは農耕と関連し、祭祀の淵源という意味では古くに遡るだろう。しかし、それが朝廷の支配を体現する儀式として編成されたのは、七世紀後半から大宝律令に至る幾つかの段階においてであった。ちょうど律令体制が確立し、記紀が編纂され、天皇の神格化が進んだころにあたる。このころ、皇孫である天皇は「明神」として崇められる一方、全国の神祇を統治する姿勢を明確に打ち出したのである。そのための装置が神祇官であり、神祇令であった。

三　神話の行方

　以上のように理解した上で、再び祭儀神話論について考えたい。

　従来、祭儀神話論では神話と宮廷祭祀（＝神祇令の祭祀）の間にいくつもの対応関係を見出してきた。武田祐吉氏や岡田精司氏に代表される研究では、記紀の神話と道饗祭（i、黄泉国からの帰還）、鎮火祭（h、イザナミの死）、鎮魂祭（l、天岩戸、または伊勢の神嘗祭）、大祓（n、スサノヲの追放）との具体的な関係が説かれ、祈年祭についても思想的な関係が模索された。[注23]より広範に対応関係を見出す研究もあるが、[注24]祝詞の内容や所作の上で対応が明瞭なのは上記の四つの祭りに限られよう。祭祀の成立年代としては、鎮魂祭・大祓は天武朝に初見記事があり、道饗祭・鎮火祭は都城ないしそれに類する領域的区画を前提とすることから、持統朝前半を下らない。

注意すべきことに、これらの祭祀は上記してきた神祇＝官社を対象とするものに当てはまらない。道饗祭は宮城四隅の道上で疫鬼に饗し、また八衢比古らを祭るもので、鎮火祭では同様に火結神を祭ったが、いずれも特定の官社には関わらない。鎮魂祭では八神の座を宮内省に設けたが、通常神祇官西院に祭られる神々であり、他の神祇（官社）とは明らかに異なる。朱雀門前で行う大祓は、そもそも祭神を置かない。つまり、これらは確かに神祇令に規定されているが、「神祇令の祭祀」としては一般化し難いのである。対して、神祇令の主流をなした神祇＝官社を対象とする祭祀は、思想的に通底する要素はあるものの、神話の再現が目指された様子は——それと分かるかたちでは——無い。

最初に取り上げたように、記紀の神話は大王家と伴造中心の狭い神話に基づくもので、対応する祭祀はそのありし過去（神話）を広く現在の朝廷において模す（祭祀）という擬制的関係にあった。伴造はそこで神話以来とされる役割を担うわけである。ただし、祭祀の次第や祭神は、右のごとくあくまで宮城内で完結するのであって、たとえ祭祀に深く関わる伴造であっても、その氏神を祭る神祇＝官社が介在するようなものではなかった。他方、伴造を含めて、諸氏族の神祇を斉一的に祭る祭祀群が神話とは別次元で存在した、ということになろう。後者の祭祀は天武から持統朝、そして大宝律令へと段階を経て成立した。このように神祇令はその成立において、また内容において、幾つかの重大な差異を抱えていることを認識したい。本稿はこの点を踏まえ、神祇令が示す祭儀神話の範囲と意味については、やや限定的に捉えたいと思う。

このように限定を付しつつも、祭儀神話論はなお有効であると考えるが、ここで関連して作品論（テキスト論）に触れておきたい。祭儀神話論への批判として、記紀を別個の物語として読み、テキストを全体として捉える神野志隆光氏に代表される議論がある。[注25]論点は種々あるが、最も重要なのは一つの神話基盤から記・紀が成り立つ、あるいは祭祀から神話がつくられるという成立論的把握への根本的な疑義である。あり得た過去を安易に実体化してしまう危険性の指摘は重要であろう。かつて神話の諸要素を分断し、民族的な「日本」神話へと遡及させる傾向が見られたのも確かで、そうした批判は正当である。

ただその一方で、従来の試みを前後関係に単純化して否定するがごとき論法には従い難い。また、その否定的論証にも疑問がある。神野志氏は道饗祭や鎮火祭を例に、祝詞に神話との共通性が見られる場合も、それは元来のものではなく、記紀の成立後にテキストに影響されて組み立て直されたと見る。無論その可能性は排除し切れないが、道饗祭を除けば議論に足る根拠は示されておらず、一般的であったとは考えられない。祝詞の改変と記紀に基づく祭祀の体系化という重大な事態が、その時期や背景の考察もなしに、あまりに軽く論じられてはいないだろうか。一方で、神祇令の理解は粗く、表面的である。[注26]

祭祀の実践は祖型の反復であり、神話はその祖型を物語る、という図式はやはり有用であろう。もとより淵源を歴史化するのではなく、歴史的な関係論として理解する必要がある。この点は近年具体的な議論が可能になっている。別稿で論じたように、朝廷では六世紀代より文字化が進むものの、依然として誄や寿詞《よごと》・古詞《ふるごと》など、音声と所作によって共有される神話や系譜・説話群が優勢であった。そのなかから、七世紀後半に性質を異にする二つの集約化がはじまる。祭祀（神祇令）と書物（記紀）である。両者は一部に共通の題材を持ち、同じ実践に由来すると観念されながら、独自に発達していく。[注27]その関係性を重視したい。

神野志氏は記紀以前にありえた神話・祭儀を考察することなど「できない」とする。それは一面で正しい。しかし、祭祀と神話を繋ぐにせよ切り離すにせよ、究極的には不可知の上で何をどう問うかが問題なのであって、それは作品論とて同根である。[注28]安易な実体化は避けるべきであるが、歴史的観点を持ち、祭儀を問う姿勢からしか見えないものがあるのではないか。神野志氏が切り捨てた先行研究から、我々はもっと多くを学び取らなければならない。たとえば岡田精司氏が神祇令には残らなかった王権の祭儀を復元したような試みを、いかに批判的に継承できるかが問われていよう。

さて述べてきたように、祭祀は古い淵源を持ちつつ、天武・持統朝を通じて段階的に成立した。それに対して記紀は天武朝に始まり、最終的に八世紀前半に完成する。両者の間には成立時期にずれがあり、また音声や所作中心のものと、文字による書物という質的に大きな違いがあった。この差は重大である。前者は参加者のみが「見聞き」し、即時的に共有されるのに対して、後者は時と場に制約されず、「読む」ことで広く共有される。文字によって複雑な系譜や伝承は初めて明確な姿となり、言わば新たなものとして成り立つ。細部の検証も可能となっただろう。このことはかえって異伝を必要としたと考えられる。書紀の場合、編纂に多くの氏族が関わり、素材として十八氏の墓記が提出された。また、完成翌年には講書が行われ、公的な場で読み上げられた。想定読者たる諸氏族が受容する上で、ただ一つの正伝にまとめるのは困難であり、多くの異伝を併存させる必要があったのである。[注29]

こうして書紀は伝承の複数性を保ちながら、氏族たちの来し方の根拠となった。そしてひとたび出来上がった書紀は、新たな付会を生み出す権威となっていく。各氏族（家）が系譜や事績を書き記したものに、前記の墓記のほか、家牒や氏文、本系帳などがある。これらは自らの地位を主張するために、朝廷に提出したもの（神祇を担った斎部氏の『古語拾遺』、内膳司を務めた高橋氏の『高橋氏文』など）、または朝廷が提出させたもの（天平宝字五年〔七六一〕の氏族志、延暦十八年〔七九九〕の姓氏録編纂のための本系など）である。このうち延暦十八年提出の本系は、弘仁六年〔八一五〕完成の『新撰姓氏録』の素材となり、京畿内氏族の祖神など出自が取りまとめられたが、そこには書紀と同内容の箇所が少なからず確認されている。この例に端的にうかがえるように、正史は家牒らの記述の枠組みとして機能し、家牒はその装いのもとで独自の伝承や認識を主張し得た。文字による氏族の言説は、正史と分かち難く結びつくことで成り立つのである。[注30] そもそも氏族系譜は、王権と不離一体な奉事根源の文字化であったことが思い起こされよう。

かくして諸氏族は正史に意味を付会しながら、祖神以下の系譜と事績をこの世界のなかに位置づけていった。その世界とは天皇の支配による王朝である。氏族がいかに独自の伝承を持ち、バリアント（異伝）を増幅させようとも、自己を位置づけた世界は否定し得ない。書紀は決して王権の一つの物語を押しつけて権威となったのではなく、複数性を保ちながら以後の言説の決定的な根源となり、受容する側から絶えず権威化されたと言うべきだろう。ここに古代における史書編纂の権力性がうかがえる。氏族にとって、神祇にとっての王権の意味がここに端的に表れている。[注31]

四　拡散と変転

神を祭る際には捧げ物をし、言葉をもって祈るのが基本である。神祇令の祭祀では、捧げ物＝幣帛のうち、鏡や武器を神宝や神財と表現する一方、幾多の物産を初穂や荷前《のさき》と称した。注目すべきは後者で、祝詞では「天の下の公民の取り作れる奥《おき》つ御歳《みとし》」の「初穂」（祈年祭ほか）、「四方《よも》の国の進《たてまつ》れる御調《みつき》の荷前」（春日祭・平野祭）などと表現し、全国から集められた初穂や荷前である物産や御服を「皇御孫の命」すなわち天皇の命令によって捧げるという論理が示されている。先に神祇令の祭祀の多くは神話とは別次元で存在したと述べたが、そこでは神話に代わって、幣帛が朝廷への貢納物の一部であること、それを天皇の名のもとに捧げることが殊更に言挙げされたのである。祭祀は租税（調庸）を財源とした消費行動の一つであった。

そもそも租税の起源には、共同体が首長を介して収穫物の初物を神に奉献する仕組みがあり、それが首長への貢納へと転化し、やがて国家（天皇）への貢納へと編成されていったと考えられている。[注32] その意味で、国家が祭祀を行うことは貢納の結果であり、また貢納を成り立たせる前提であったと言えよう。祈年祭に代表される班幣祭祀の成立とその全国化は、各地域の神々を統治する政策であるとともに、律令体制による新たな租税（調庸制）へのある種の反対給付、あるいは互酬として捉えることが可能である。なお、調庸を収取する現場においても、貢納物から神分を割いて神祇＝官社に捧げる仕組みが見出されている。つまり、国家権力発現の最たる場面である租税の収取・消費双方の現場に、必ず神祇を介在させ、祭っているのである。[注33] それ無くして権力は成り立たなかったわけで、古代国家のありようとして留意しておきたい。

さて、このように神祇＝官社は租税（調庸制）のあり方と不可分に展開したが、その存在は決して全国に均等に展開したのでなく、またその意義が不変であったわけではなかった。以下では神祇の分布と内実がどう変遷したのかを簡単に跡づけてみよう。[注34]

天武朝を経た持統朝において、神祇はほぼ畿内地域に限られていた。その内実は、最初に触れた伴造や臣系有力氏族など、王権を支える氏族の神々が主であったろう。畿外には伊勢や鹿島、宗像といった、記紀神話に連なり、神郡を設けられた神宮レベルの有力神社が拠点的に存在していたと考えられる。次いで既述のように、大宝律令を機に畿外の国造らの奉斎する神社が神祇に取り込まれた。ここに神祇は理念的に全国化した。その後も官社は追加されていき、延長五年（九二七）完成の『延喜式』には二八六一社三一三二座もの神々が並ぶ。時代を追うごとに、全国津々浦々に神祇が広げられたかのごとくである。しかし、『延喜式』はあくまで結果であり、こうした姿が当初から想定されていたとは考えられない。極端に言えば、全国を対象とする仕組みは国造らによって担われていればよかった。官社以外にも祭るべき存在は知られていたが（「天神地祇」に対して「山川」などと表現される）、必ずしも官社に組み込む意図はなかったのである。

その方針を大きく変えたのは未曾有の疫病であった。天平九年（七三七）、天然痘の大流行に際して「其在㆓諸国㆒、能起㆓風雨㆒、為㆓国家㆒有㆑験神、未㆑預㆓幣帛㆒者、悉入㆓供幣之例㆒」（『続日本紀』同年八月甲寅条）との詔が発せられた。効験のある神を等し並みに「供幣の例」に入れ、官社としたという。これまで範疇外であった「山川」を神祇としたわけで、古来の氏族が祭っていた神祇に、新興の有力層や地域が信仰する自然神などを追加したものと想像される。畿外の国造らが担っていた理念的な側面は残りつつも、神祇の内実はなし崩し的に広げられ、拡散したと言えよう。なお、この年から新たに見え始める神に八幡神（八幡大菩薩宇佐宮）がある。同神は東大寺の大仏造営のために「天神地祇を率ゐいざなひて必ず成し奉らむ」と託宣し、天平勝宝元年（七四九）に上京した（同年十二月丁亥条）。その際、大神に一品、比咩神に二品が授けられるなど、拡散し続ける神祇の上位に位置づけられたことに注意しておきたい。

さて、しかし、対象の拡散とともに矛盾は露呈する。神祇＝官社になると祈年祭の幣帛を受け取りに上京しなければならない。遠方ではこれがかなりの負担で、不参が問題化したのである。そこで延暦十七年（七九八）、官社を増やすにあたって参集を止め、幣帛は諸国でまかなうことになった（『類聚国史』同年九月癸丑条）。いわゆる国幣の導入である。『延喜式』三一三二座のうち、実に三分の二は畿外の国幣であり（畿内はなし）、かつてはこの時に国幣へ切り替えられたと理解されてきたが、実際にはこれを機に、あるいはこれ以後に官社になったものが多かったはずである。国幣導入が神祇の拡散を加速させたのである。

一方、四箇祭に預かる神祇（畿内および一部の畿外有力神社）に国幣は導入されず、神祇官での班幣（官幣）のままであった。したがって、神祇が本来担っていた理念はなお生きていたと言えよう。畿内の神祇に対しては九世紀末に至っても不参への罰則があり、その維持が試みられている。しかし、畿外については遅くとも九世紀中葉には神職を参集させる仕組みは崩壊し、その維持も断念されてしまう。班幣の場には代わりに上京中の国司が参列した。ここに政府中枢官人と神職らによる共同性は完全に失われたと言わなければならない。神祇・朝廷双方にとって、班幣に意味を見出せなくなったのである。

示唆的なのは出雲国造である。記紀にうかがえるように、出雲は朝廷にとって地方を集約させたような存在である。その代表者である出雲国造は、新たに補任されると国内の祝部たちを率いて上京し、記紀神話に通じる内容で天皇の治世を寿ぐ神賀詞を奏上した。畿外の国造たちは大宝律令を機に班幣祭祀に組み込まれ、地方性を背負ったが、出雲国造は就任からして儀礼化され、王権の正統性を保証する役割を担わされたのである。しかし、その奏上儀礼は霊亀二年（七一六）の初見以来、天長十年（八三三）を最後に確認できない。要するに、国造らを対象とすることで体現されていた王権の古代的統治理念とでも言うべきものが、九世紀中葉までに決定的に消滅するのである。

類似の事象は他にも多く確認される。このころ朝廷では従来の神話的・氏族的秩序から脱し、儀式や意識の上で唐風化が進んだとされ[注35]、また現実の調庸制は解体が進み、律令国家は大きな改編の途上にあった[注36]。氏族のあり方や、それに応じた租税の仕組みは根底から変わり、かたちの上でも維持し難くなったのである。「天の下の公民」「四方の国」から貢進される初穂・荷前という観念のみが空しく残っていたと言えよう。

このように神祇＝官社の制度は九世紀代に形骸化したが、それと入れ替わるように登場するのが名神や神階の制度である。名神は畿内を中心に七道諸国に分散的に設定された社格で（『延喜式』段階で二二五社三一〇座）、拡散しつづける神祇＝官社を代表するような存在であった。八世紀末より全国の名神を対象に遣使奉幣されたが、畿内では次第に特定の名神が重視され、九世紀末の宇多朝において、あらゆる祈願の対象として十六社（伊勢・石清水・賀茂下上・松尾・平野・稲荷・春日・大原野・大神・石上・大和・広瀬・龍田・丹生・貴船）が固定した[注37]。このなかには神祇令で重視された神社もあるが、むしろ天皇の外戚に関わる神社が少なくなかった。九世紀を通じて外戚の氏神祭祀が公祭化されており、王権の動向を如実に反映しながら、朝廷の祈願対象が京近郊において再編されたことが知られよう[注38]。その由来も対象の所在も、王権に極めて近い範囲に収斂されたのである。一方、畿外においては、即位関連を除けば朝廷からの遣使奉幣は稀であった。そのなかで、国司の判断による独自の祭祀が発達していく。名神を中心に国内秩序が形成され（後に一宮になったものも多い）、また国司の寄進・加挙によって新たな祭祀・法会の国例化が進むなど、中世的な国衙祭祀が準備された。そこに関わる租税はもちろん調庸制ではなく、検田による官物の収取であったが、国司と郡司・荘園との合意が神への起請という形をとるなど、やはり神を介在させていることは興味深い[注39]。なお、神階については、嘉祥三年（八五〇）文徳天皇の即位時に官社に限らず一階を増し、無位には正六位上を叙位した。以後、神階は非官社をも包摂する制度として、神祇＝

官社の枠組みを超えていく。注40

このように神祇＝官社の実質的な意義はほとんど失われ、中世へ続く枠組みへと移行した。ただし、記紀や神祇令がその後も祭祀のあるべき姿として参照されたことは重要である。降って、近世の国学や近代国家に大きな影響を与え、祈年祭・大嘗祭など同じ用語の祭祀も創出された。もちろん内容は異なるが、この時期の神祇祭祀が日本の「伝統」とされていった側面にも注意しておく必要があろう。

おわりに

神祇と王権の関係性について、幾つかの観点から論じてきた。記紀の神話と系譜には、王権に臣従する伴造氏族と臣系有力氏族の違いが見出され、神話は大王家と伴造氏族の限られた世界に過ぎなかったが、それを祭祀のかたちで朝廷全体として共有したことが知られた。ただ、祭儀神話は神祇令の祭祀の一部に過ぎず、祈年祭など神祇を祭る主要な祭祀群は神話とは直接繋がらないこと、そこでは神話ではなく、調庸制に基づく全国からの貢納とその分配が「皇御孫の命」と不可分のかたちで語られることを確認した。そうした神祇祭祀は八世紀初頭に達成されるが、次第に実効性を失い、九世紀中葉には意味を失ってしまう。それは前代からの氏族のあり方や租税制度が変転したためで、代わってより王権に密着した祭祀対象が登場し、あるいは諸国では国司のもとに新たな祭祀秩序が形成されていくのである。

最後に、こうした神祇祭祀と地域社会の祭り・信仰との間のズレについて、少し触れておきたい。たとえば祈年祭の班幣は国家の儀式として昼間に行われたが、地域社会での豊作祈願や収穫感謝の祭りは、天皇の新嘗神事のように夜間に行われたらしい。本来の祭りの時間である夜間（＝非日常の時間帯）に、昼間（＝日常の時間帯）の神祇祭祀が重層したと言える。[注41] また、神々は本来必ずしも人格神として観念されておらず、祭りのための施設も常設されていなかった。しかし、幣帛や神階が奉られることで、常設の神社に住む人格神という風潮が広まったと考えられる。昼間の祭りや神社という建造物は、神祇祭祀に伴って次第に普及したのである。[注42] このように神祇祭祀は、地域社会の祭り・信仰に起因する部分を持ちながらも、決して同質なものではなかった。そして、地域社会の祭り・信仰に一定の画一性をもたらすことになったのである。こうした祭祀の重層性と相互影響の歴史を具体的に明らかにすることが、今後より求められるだろう。

以上、雑駁なまとめに終始した。王権との関わりという意味では、八幡神や神仏習合について深めるべきであったかもしれない。力不足から叶わなかった点、ご寛恕願いたい。

注

1 柳父章『「ゴッド」は神か上帝か』（岩波書店、二〇〇一年、初出一九八六年）。

2 岡田精司「律令的祭祀形態の成立」（『古代王権の祭祀と神話』塙書房、一九七〇年）、西宮秀紀『律令国家と神祇祭祀制度の研究』（塙書房、二〇〇四年）。

3 神祇の捉え方については、西宮秀紀「神祇祭祀」（上原真人ほか編『列島の古代史七　信仰と世界観』岩波書店、二〇〇六年）、また拙稿「律令国家の地方祭祀構造」（『日本史研究』第五一六号、二〇〇五年）も参照。

4 本稿は概説的叙述に重きを置いたため、典拠史料などに必ずしも触れ得なかったところがある。詳細については注記する論文等を参照していただきたい。なお、伊勢神宮に関しては、本書所収、榎村寛之氏論文参照。

5 岡田精司「記紀神話の成立」（『岩波講座日本歴史　古代二』岩波書店、一九七五年）二九一～二九九頁。以下の叙述は岡田氏の見解を敷衍したに過ぎない。

6 祭儀神話の捉え方は論者によって多少ばらつきがあり、それ自体議論を要する。本稿では祭祀と神話の一部に大まかな対応を認め、その淵源を過去に投影して理解する古代的観念として捉える。叙述上、対応を見出すのは現在の我々であるが、その関係性は古代においても認識され、支配層に通有されていたと考えている。ただし、神話の意味や機能はただ一つに固定して捉えられるべきでなく、多義性を持っていたことに充分留意したい。

祭儀神話論の代表的研究として、武田祐吉『古事記説話群の研究』（明治書院、一九五四年）、松前健『古代伝承と宮廷祭祀』（塙書房、一九七四年）。また、現在の観点から見れば種々の問題を抱えているが、ミルチャ・エリアーデ／堀一郎訳『永遠回帰の神話――祖型と反復――』（未来社、一九六三年）はやはり重要であろう。

7 この点については不十分ながら、拙稿「記紀神話と王権の祭祀」（『岩波講座日本歴史　古代二』岩波書店、二〇一四年）においても論じた（三〇九～三一四頁）。

8 こうした捉え方は、すでに斎部広成撰『古語拾遺』（大同二年〔八〇七〕撰）に明確に認められる。猿女の役割と意味については、松前健「鎮魂祭の原形と形成」（前掲注6著書所収、初出一九七三年）に詳しい。

9 『古語拾遺』には岩戸から出たアマテラスを「新殿に遷し座さしむ」とあり、古訓も参照すると、「新殿」を新嘗の殿舎への復帰として語っている可能性が高い（ただし、このくだりは大殿祭と関係する可能性も残っている）。

10 斎戒の内容と意義については、拙稿「天武の親祭計画をめぐって――神祇令成立前史――」（『ヒストリア』第二四三号、二〇一四年）七～九頁。

11 拙稿「記紀神話と王権の祭祀」前掲注7論文、二九九頁。

12 溝口睦子『日本古代氏族系譜の成立』（学習院、一九八二年）一〇八～一一八頁。

13 日野昭「武内宿禰とその後裔」（『日本古代氏族伝承の研究』永田文昌堂、一九七一年、初出一九五九年ほか）、岸俊男「たまきはる内の臣」（『日本古代政治史研究』塙書房、一九六六年、初出一九六四年）。岸氏は伝承の成立自体を七世紀後半に引き下げるが、その段階で元となる伝承は成立していたと思われる。

14 和田萃「殯宮儀礼の再分析――服属と儀礼――」（『日本古代の儀礼と祭祀・信仰　上』塙書房、一九九五年、初出一九八〇年）。

15 神祇令の祭祀体系については、井上光貞「神祇令の特質とその成立」（『日本古代の王権と祭祀』東京大学出版会、一九八四年）、西宮秀紀「律令国家の神祇祭祀の構造とその歴史的特質」（前掲注2著書所収、初出一九八六年）など参照。

16 拙稿「律令国家の地方祭祀構造」前掲注3論文、二二一～二二三頁。
17 岡田莊司「天皇と神々の循環型祭祀体系」(『神道宗教』第一九九・二〇〇号、二〇〇五年)。御体御卜は国土に生じ得る神々の祟りを天皇の身体に集約して制度化したものであり、王権の役割がよく示されている。
18 拙稿「律令制祭祀の形成過程」(『史学雑誌』第一一一編第一二号、二〇〇二年)五一頁。
19 順に、早川庄八「律令制と天皇」(『日本古代官僚制の研究』岩波書店、一九八六年、初出一九七六年)、加藤優「律令制祭祀と天神地祇の惣祭」(『研究論集Ⅳ』奈良国立文化財研究所学報第三三冊、一九七八年)。
20 拙稿「記紀神話と王権の祭祀」前掲注7論文、三〇四頁。
21 以上、拙稿「律令制祭祀の形成過程」前掲注18論文、四〇～五〇頁。
22 岡田精司「大化前代の服属儀礼と新嘗」(前掲注2著書所収、初出一九六二年)。
23 武田祐吉『古事記説話群の研究』前掲注6著書、岡田精司「記紀神話の成立」前掲注5論文。
24 水林彪『記紀神話と王権の祭り(新訂版)』(岩波書店、二〇〇一年)は八世紀の律令国家の祭儀神話として、古事記と神祇令祭祀の間にさまざまな対応を見出している。
25 作品論の議論は多岐に及ぶが、祭儀神話論への具体的な批判は、神野志隆光「天皇神話と律令神話――祭儀神話論批判――」(『古代天皇神話論』若草書房、一九九九年、初出同年に加筆)に詳しい。同「語りと神話叙述」(前掲書所収、初出一九九五年)、水林彪氏との対論「『古事記』の本質をどうとらえるか――神話・祭祀・律令国家」(神野志隆光編『古事記の現在』笠間書院、一九九九年)も参照。
26 神野志氏は祭祀を論じる際、成立年代のくだる『延喜式』を用いず、情報量の少ない古記や『令義解』で読むしかないとする。一見厳密な態度のように思えるが、その読みは古記や義解の語らない部分を無いものとして、あるいは『延喜式』と別のものという前提で実体化してしまってはいないだろうか。周知のように『延喜式』は過去の多様な細則を編纂したもので、編纂時の同時代性に欠けるから、他の史料と突き合わせつつ、条文ごとに法的由来の研究を積み重ねるべき代物である。祭祀関係について言えば、国幣の導入や御体御卜の簡略化などを除けば、今のところ大きな変化は想定しがたい。この点、前注対論の水林氏の史料理解も心許ない。
27 以上、拙稿「記紀神話と王権の祭祀」前掲注7論文、三一二～三一四頁。

28 テキスト自体がある、あるいはテキストを正しく認識できる私、という理解そのものがきわめてフィクショナルな前提に立っている。無論その上での立論に意義を認めないのではない。結局は全体性と多義性のバランスのなかでいかに研究を成り立たせるか、という常識的な問題に帰着する。テキスト論批判としては、西澤一光「古代テキストとの対話ということをめぐって」(『国語と国文学』第九三巻第十一号、二〇一六年)など参照。

29 遠藤慶太「『日本書紀』の分註――伝承の複数性から――」(『日本書紀の形成と諸資料』塙書房、二〇一五年、初出二〇〇九年)。

30 磯前順一「記紀解釈史の展開――国史・神道・神話」(『記紀神話と考古学』角川学芸出版、二〇〇九年、初出一九九九年ほか)。

31 『日本書紀』はその後も権威を保ち続けたが、そのありようは別のアプローチを必要とする。平安時代の講書、あるいは中世におけるテキストの運動(中世日本紀)については、神野志隆光『変奏される日本書紀』(東京大学出版会、二〇〇九年)ほか、それぞれ専論を参照されたい。

32 石母田正『日本の古代国家』(岩波書店、一九七一年)二九八〜三〇四頁。

33 拙稿「律令国家の地方祭祀構造」前掲注3論文。初穂・初物の租税化という意味では、まず収取の場における祭祀構造の成り立ちが問題となるだろう。

34 以下の叙述は、拙稿「平安期祭祀制度の展開と都鄙交通」(『国史学』第一九一号、二〇〇七年)に基づく。

35 大津透「天皇制唐風化の画期」(『古代の天皇制』岩波書店、一九九九年、初出一九九二年)、笹山晴生「唐風文化と国風文化」(『岩波講座日本通史　古代四』岩波書店、一九九五年)。

36 近年の研究として、吉川真司「九世紀の調庸制――課丁数の変化と偏差――」(財団法人古代学協会編『仁明朝史の研究』思文閣出版、二〇一一年)。

37 岡田莊司「十六社奉幣制の成立」(『平安時代の国家と祭祀』続群書類従完成会、一九九四年、初出一九八七年)。

38 岡田莊司「平安前期　神社祭祀の公祭化」(前掲注37著書所収、初出一九八六年)。

39 佐藤泰弘「国の検田」(『日本中世の黎明』京都大学学術出版会、二〇〇一年、初出一九九二年)。

40 小倉慈司「八・九世紀における地方神社行政の展開」(『史学雑誌』第一〇三編第三号、一九九四年)。

41 三宅和朗「古代の祭祀と時刻」(『古代の王権祭祀と自然』吉川弘文館、二〇〇八年)。

42 近年の研究として、山岸常人「神社建築の形成過程」(『史林』第九八巻第五号、二〇一五年)。

伊勢と斎王

榎村　寛之

はじめに

斎王と伊勢神宮の「意義」について改めて考えてみようと思う。

いうまでもなく斎王は古代天皇を荘厳化する、一種のイデオロギー装置として創られた。しかしその具体的意義については古代天皇制を論じる研究者の間でも十分に議論されてこなかったように思う。

たとえば岡田精司[注1]や溝口睦子[注2]の研究は、近代において自明の理とされていた伊勢神宮と天照大神を相対化することに大きな意味があった。岡田は伊勢神宮の原型として、のちに外宮となる南伊勢地域の日神信仰の存在と、五世紀の支配と国際関係の矛盾の中で生じた王権守護神の遷移により、内宮がその上位に成立する歴史的必然性を説き、溝口は素朴な日神オオヒルメノムチから北方騎馬民族系神格としてのタカミムスヒへ、そして律令国家の主神としての天照大神へという最高神の変化を、国家の成立に至る権力形成と関係付ける俯瞰図を著した。

また近年では、斎藤英喜や佐藤弘夫など、中世文化の研究者からは祟り神としての伊勢神宮が論じられ[注3]、三橋正は平安時代の二十二社体制成立に至る過程での伊勢神宮祭祀の相対的な軽視、オンリーワンからナンバーワンへの変化を通じて、古代から中世への王権イデオロギーの転換を論じている[注4]。王権論の立場からは、上島享によって古代から中世への転換の中での伊勢神宮の仏教への従属と中世的権威化が論じられ[注5]、松本郁代は中世の即位儀礼の研究を通じて、古代から中世への即位儀礼の神仏習合的な転換の中で神祇祭祀の相対的後退を説く[注6]。

しかしいずれも、それぞれに正鵠を射ているようで、どこか隔靴掻痒なのである。それは、どの説に立脚しても、斎王の存在意義やその必要性が説明できないからである。これは伊勢神宮の存在意義とも直結する問題である。

極めて単純化すると、斎宮は国家機構の一部である。従って律令国家が経済的破綻を起こし、天皇が政治的な実権を喪失する南北朝時代にこの制度は保ち得なくなる。一方、独立行政法人のように独自の財政基盤を持つ伊勢神宮は、中世的権門となり、独自の思想体系である伊勢神道を形成し、また祭主や神宮伝奏を通じて天皇権威との関係も保ち続けることができた[注7]。

しかしそれでも、律令国家の継承者たちは最後まで斎王にこだわり続けた。伊勢と対になる賀茂斎王が十三世紀前半に廃絶しても、伊勢斎王はなお百年生き延びた、斎王制度の形骸化は論じられても、なぜ王権がそこまでこの制度にこだわり続けたのか、という意味については王権論の中でも軽視されてきたように思う。その点に留意しつつ、伊勢神宮とは何か、斎宮とは何かについて考えるところを改めてまとめてみようと思う。

一　伊勢神宮の古代「意識」

伊勢神宮に興味を持つ人にとっては有名な事ではあり、私自身もあちこちで取り上げてきたが、『日本書紀』は伊勢神宮二段階成立説をとっている。崇神朝のトヨスキイリヒメ段階での天皇大殿から倭笠縫邑への移動と、垂仁朝のヤマトヒメによる近江・美濃を経ての伊勢への遷移である。しかしこれには異説があり、垂仁朝にヤマトヒメによって大和国内での移動と伊勢への遷移が行われたともされる。もっともこの異説が『日本書紀』の成立段階から掲載されていたかどうかは、いささか問題がある。『皇太神宮儀式帳』以降でないと見られない「御杖」という用語が使われており、天照大神は天原・皇御孫尊は葦原中国の八十魂神を統べ、倭大国魂神が「大地官」となるという、いわば道教的な用語も見られるなど、八世紀初頭としては異様な情報が見られるからである。とはいえ、単純から複雑へという伝承の一般的な展開過程を考慮すれば、トヨスキイリヒメとヤマトヒメが一体になっている異説の方が古態に思える。また、この異伝は大倭直氏の伝承と考えられるが、『日本書紀』に取り込まれたのはいつか、という問題はあれど、氏族伝承としてはよくまとまっている。[注8]しかし大倭直氏が独自に伊勢神宮成立伝承を持つ意味はない、この異説はある時期に朝廷から発信されていた情報に大倭氏が自己の伝承を結びつけたと考えられる。大倭神社は持統朝に特に注目される神社であり、大倭氏で最も活躍した大倭宿禰長岡の活躍時期を加味して考えれば、細部はともかくこの異説の成立画期は持統朝に求められよう。二段階成立説がそれより後に形成されたとすれば、文武段階での成立と見られ、伊勢神宮成立伝承の形成を文体から見て八世紀初頭と見る森博達説[注9]にも符合する。

また、崇神、すなわち神祇体制成立の時代の天皇と八世紀末期にこの漢風諡号を送られたミマキイリヒコイニエの時代に伊勢神宮成立の起源を置くというのも『日本書紀』の全体構想の中に織込まれたものといえるだろう。『古事記』では神祇体制の構築とは三輪山祭祀の確立であり、『日本書紀』においても本筋は同様である。その動機となった流行病の蔓延等の社会不安には、天照大神の天皇大殿からの移遷は何の効果も果たしていない。そして垂仁、すなわち「仁政を垂れる」天皇の時代に伊勢神宮体制が制度として安定した、というのも理解ができる。もっとも、次の世代のヤマトタケル説話とのバランスでいえば、垂仁朝までしか引き上げられなかったともいえる。ヤマトタケルとヤマトヒメは、『日本書紀』では日本武尊と倭姫命だが、『古事記』では倭建命と倭姫命と対応性のある表記になっている。そして『古事記』には伊勢神宮成立伝承がなく、ヤマトタケルの物語が唯一のヤマトヒメの活躍場所なのである。つまりヤマトヒメの最も古い物語は、ヤマトタケルの物語だったと考えられる。景行朝のヤマトヒメを崇神期にまで押し上げるのはいくら何でも無理が多すぎる。

『古事記』では伊勢神宮は景行段階の倭建命物語で唐突に現れる。では『古事記』は伊勢神宮の成立をどのように語っているか。現存する『古事記』では、室町時代に遡るとみられる真福寺本や梵舜本で、崇神記に見られるトヨスキイリヒメ、垂仁記に見られるヤマトヒメにはそれぞれ「伊勢大神之宮」「伊勢大神宮」を祀ったとする割注が見られるが、それらがどの時期に成立した書き込みなのかはがわからない。仮に原文にあったと認めるにしても、「初」や「拓」などの表記がないので、せいぜい「だいたいこの頃までには祀っていた」程度の認識があったかもしれない、というところまでしか論じられない。

さて、『古事記』の伊勢神宮については、天孫降臨条の次のような記述が注目されてきた。

ここに、其の遠岐斯（此の三字は音を以ゐる）八尺勾璁、鏡と草那藝劒・常世思金神・手力男神・天石門別神を副へ賜ひ、詔者らさく「此の鏡は、専ら我御魂と為て、吾が前を拝むが如く、伊都岐奉れ」とのらす。次に「思金神は、前の事を取り持ちて政を為よ」とのらす。此の二柱の神は、拝祭佐久久斯侶伊須受能宮（佐より能以までは音を以ゐる）。次に、登由宇氣神、此は外宮の度相に坐す神也。次に、天石戸別神、亦の名は櫛石窻神と謂ふ、亦の名は豊石窻神と謂ふ、此神は、御門の神也。次に、手力男神は、佐那那縣に坐す也。故、其天兒屋命は（中臣連等らの祖ぞ）。布刀玉命は（忌部首等の祖ぞ）。天宇受売命は（猿女君等の祖ぞ）。伊斯許理度売命は、（鏡を作る連等之祖ぞ）。玉祖命は（玉祖連等之祖ぞ）。

ここでは、ニニギノミコトが天照大神より鏡を「此の鏡は、専ら我が御魂と為て、吾が前を拝むが如く、いつき奉れ」と下され、その鏡は「佐久久斯侶伊須受能宮」に祀られたとする。この部分の読み方、特に「二柱」の神の理解についてはかなり難解だが、近年山村孝一は、天孫降臨の時に、ニニギとオモヒカネの「二柱神」に「佐久久斯侶伊須受能宮（サククシロイスズノミヤ）」で、アマテラス同等の鏡を祀らせるよう命ずる、というのが『古事記』の考え方であり、その時に「外宮に坐す度相の神」である「トヨウケ」についても述べている（天孫降臨の随行神ではない）と指摘した。注10 この指摘は大いに賛同できる。つまり、天孫降臨で降りた鏡は佐久久斯侶伊須受能宮で祀られ、在地の神で食物神でもある、外部の宮にいる度会の神、登由宇氣神がそれに仕える、という構図が語られているのである。この記事を伊勢神宮の成立と見なす見解がしばしば見られるが、これはある時期の実態としての伊勢での祭祀の形を語っている、すなわち「今の形」の起源が神話の中にある、という考え方だと理解する方が正しいだろう。つまり『古事記』段階では、天照大神と同様の意味を持つ鏡を祀る「内宮」は外部から来た神、一方内宮の外にある宮で祀られていた「外宮」は在地の神、と認識されていたことになる。

もとより『日本書紀』には「外宮」についての記述は一切なく、『止由気宮儀式帳』で初めて丹波からの移遷が語られる。これはそれとは違う神宮観であると理解できるだろう。そして佐久久斯侶伊須受能宮が、『日本書紀』神功皇后紀に見られる「折鈴五十鈴宮」と同義であることを考えれば、この神宮の異名は『古事記』編纂段階の創作とは考え難い、注11 たとえば六世紀後半頃の内宮の呼称の一つだったかもしれないのである。

『古事記』と『日本書紀』を比べると、伊勢神宮については、『日本書紀』が詳しく手厚い、という傾向は他の箇所でも見ることができる。仁徳天皇代の隼別皇子の反乱記事でも、隼別と雌鳥皇女が伊勢神宮に逃げ込もうとした、とするのは『日本書紀』だけである。この記事で留意すべきは、ここで伊勢神宮を取り上げることが『日本書紀』段階では意味があった、という点である。また、ヤマトタケル伝説の場合、東征時に「道を曲げて」伊勢神宮に行ったとするのは『日本書紀』だけで、『古事記』では伊勢神宮に「わざわざ寄らないと行けない」ことはそれほど重視していない。この二つの資料は、『古事記』段階では、伊勢神宮に行くことの事件性がさほど強調されていないことを示している。また、神功皇后に託する神が『古事記』ではあっさりと天照大神としているだけなのに対し、『日本書紀』では「折鈴五十鈴宮」に坐す「撞賢木厳之御魂天疎向津媛命」と名乗っている。

このように、『古事記』に比べ『日本書紀』は伊勢神宮を強調する傾向がある、というより、具体的なモノ（実在あるいはシステム）あるいは場所として認識している傾向がある。『古事記』の伊勢神宮は観念的で、それほど具体性が感じられないのである。

二　祭祀遺跡としての伊勢神宮と伊勢神宮祭祀の変化

さて、伊勢、とくに現在の伊勢市域と重なる地域は、少なくとも七世紀以降、政治的に重要な意味を持つわけではなかった。たとえば美濃国は壬申の乱の拠点であり、不破関が置かれた。伊勢国も壬申の乱に関わり、鈴鹿関が置かれ、尾張との国境、朝明の迹太川では大海人皇子（天武天皇）が「天照大神」を遙拝してはいるが、それは北勢地域と呼ばれる伊勢国北部の話であり、伊勢神宮のある地域、つまり狭義の伊勢とは少し様相が異なる。

伊勢神宮内宮においては、五世紀から六世紀頃に滑石製勾玉などが表土採集されており、荒祭宮祭祀遺跡と呼ばれている。内宮所在地は現在御裳裾川と神路川という二本の河川が合流して平野部に出るあたりで、自然と開発の境界線上という、最も祭祀が行われやすい地域である。東京国立博物館や國學院大學に保管されているこれらの遺物は、たしかに内宮域で祭祀が行われていた証拠ではある。[注12]

一方、外宮の裏山である高倉山には、七世紀初頭と見られる大型の横穴式石室を有する高倉山古墳があり、その造営時期は後述する『日本書紀』から伊勢大神の関係記事か消える、つまり在地有力者層に祭祀が委託されていた可能性が高い、推古朝後半から皇極朝の頃と見られている。[注13]ただし、広い意味での神宮境内になぜ古墳があるのか、というのは大きな問題である。

このように現在の伊勢神宮境内域では、遅くとも六世紀に遡る祭祀が内外宮ともに行われていた可能性は高い。こうした考古資料から伊勢神宮祭祀の原型を内宮荒祭宮に見て、その成立を五世紀以前とする岡田登氏の研究があるが、[注14]荒祭宮祭祀遺跡の遺物は特に突出した祭祀遺物ともいいにくい。そのため伊勢神宮は考古学的には七世紀をさかのぼらないとする山中章氏の見解もあり、[注15]両宮の祭祀遺跡の性格はそれぞれに複雑である。立地、あるいは水系から見ても、外宮は宮川河口部の三角州を見下ろす丘陵地に、内宮は神路川と御裳裾川が合流してできた扇状地を見下ろす山麓に所在している。ならば地域開発との連携性から見れば、宮川の堆積作用と河口部の湊が外宮の、五十鈴川の扇状地形成と開発が内宮の、本来の「聖地性」の根拠だったと考えられる。

しかし、六世紀代の南伊勢地域で最も有力な者の墓と見られるのは装飾付船形埴輪が発見された松阪市宝塚1号墳であり、もっとも重要な遺物が発見されているのは、今は破壊された、金銅製真庇付冑（現・アメリカ・メトロポリタン美術館）が出土したと伝わる同市佐久米大塚山古墳で、飯高郡から飯野郡から櫛田川左岸域を経て海に至る地域を支配していた勢力の墓と見られている。[注16] 一方、伊勢神宮の神宝の中にも六世紀に起源を持つ紡織具が見られ、鳥羽市の神島にある八代神社の伝世品の紡織具神宝との関連性が指摘されている。[注17] 神島の伝世品の時代や性格は明確ではなく、穂積裕昌氏は同神社に伝わる頭椎大刀と明和町坂本1号墳出土の頭椎大刀をはじめとした多気郡域の考古資料との比較から、神島と六～七世紀に関連していたのは麻績、服部氏など多気郡域のヤマトに由来する勢力で、原・神衣祭に関与していたと指摘している。[注18] 伊勢湾外を通る現・伊勢市域からの海路ではなく、多気郡にある的形浦を基盤にした伊勢湾内の航路とヤマト王権のかかわりにより、多気郡平地部、現在の多気郡明和町域が伊勢市域よりも有力であったとする考え方である。なお、伊勢神宮と国家の関係を示唆する計画的な土師器焼成遺跡は明和町域に集中しており、その上限は六世紀半ばである。[注19]

伊勢神宮成立の前提として伊勢地域が東国との海上交通との関係で重視されていたことはまず間違いないが、その拠点が現在の伊勢市域なのかというと、未だ問題は多い。いずれにしても伊勢神宮境内で発掘調査が行えない現状では、考古学的研究にはまだまだ課題が多いと言わざるをえない。

とはいえ伊勢神宮の神戸が三河、尾張にあることや、伊勢と志摩との神界の海で祭祀（贄海神事）が行われていること、伊勢物語の斎宮章段で伊勢と尾張の海路が出てくること、源平合戦期に熊野勢力が海から伊勢神宮を襲っていること、墨俣川の戦いに伊勢の水軍が動員されていることなど、伊勢が海上交通の要衝であることは文献からも知ることができる。[注20]

しかし『日本書紀』では伊勢神宮の地域性は観念的なものにすぎない。また律令国家段階でも、伊勢国の海上交通はそれほど重視されているわけではない、少なくとも『延喜式』などを見る限りでは、伊勢をめぐる交通体系は、あくまで陸上交通最優先の考え方で構築されており、伊勢国支配の拠点、伊勢国府も東海道を基準にして置かれている。実態はともあれ、八世紀~九世紀の文献資料上では伊勢地域の重要性はそれほど明確ではなくなっている。

ではいろいろな傍証が見られるのに、なぜ伊勢神宮の地域性は重視されないのか。それは、伊勢神宮が天皇の正統性を担保するための神社、守護神以上の「天皇を創出しなければ成り立たないような国家概念」を具体化・視覚化した神社となったからだと考えられる。六世紀後半、伊勢神宮を奉斎した用明天皇皇女酢香手姫は、交替要員が用意されないので、独自の判断で帰京したと『日本書紀』は記している。その後、皇極天皇四年四年正月の記事に、河辺や宮寺、つまり飛鳥のそこここで猿の鳴くような声がするが姿が見えないという変事があり、時の人が「伊勢大神の使」ではないかと噂した、という記事を除き、壬申の乱の際の天武天皇の「天照大神」遙拝まで、伊勢神宮に関する記事は見られなくなる。神功皇后伝承では新羅との関わりで天照大神が盛んに語られているのに、斉明朝での対唐・新羅戦役では全く見えないのも象徴的である。しかし『皇太神宮儀式帳』には、孝徳朝のこととして、それまでの神域のうち飯野評を公評として立評し、多気・度会評を後の神郡として「屯倉」を設置したという記事が見られる。この時に高倉山古墳を造営したような勢力は大きな打撃を受けたのである。その結果、神郡支配を行う評の官人と神宮祭祀を行う禰宜層は分離され、神宮の行政雑務は後の太神宮司に当たる組織が行うことになった。神郡支配は畿内に由来を持つ麻績、新家氏が行っており、王権による統制強化が強まったことがうかがえる。

こうした変革を踏まえて、壬申の乱に天照大神が登場し、斎王制の仮スタートが始まるのである。もはや伊勢大神は、境内に大きな古墳を造り、猿の姿で警告を発するような神ではいられなくなってきた。大来皇女は「伊勢大神」を「天照大神」に再構築するため派遣されてきた。それは七世紀半ばから進められてきた伊勢神宮改革を天武が継承した最初の大事業だった。そして持統行幸を経て、内宮・外宮それぞれの歴史性を捨象した「神宮」が立案される。その最終的な完成が、大宝年号成立直前の文武天皇二年（六九八）の多気大神宮の度会への移遷だったと私は考える。多気大神宮こそは大来が入った天照大神宮の後進であり、天武の天照大神祭祀と、持統の伊勢整備計画が一つになり、文物の儀が整った文武朝を迎えるというのが、持統朝から計画された伊勢神宮整備の最終的完成ではなかったか。

三　律令制下における伊勢神宮と天照大神――「伊勢」と「斎王」をつなぐもの

第一章で見たように、伊勢神宮の成立については、『古事記』と『日本書紀』では大きな認識の相違がある。そして『日本書紀』の中でも、たとえば神名でさえ「天照大神」「おおひるめのむち」「伊勢大神」「日神」あるいは神社名でも「伊勢神宮」「天照大神宮」など、さまざまなものが見られ、いろいろな要素が入り混じっている。「秘匿性が高い」という理解もあるが、[注21]『日本書紀』段階でもまだその性格が統一には至っていないと理解する方が正しいように思われる。というのも、律令国家段階になると、これとは別に天照大神とは何か、ということについて、最も確信的な、かつ広範囲にわたる情報発信が行われていたからである。その定義は、祈年祭祝詞に見られる。

祈年祭祝詞は、律令国家によって全国に発信される農耕開始宣言であり、全国の主要神社の禰宜・祝などが聞くことを前提にしていた。その構成は、農耕神である御年神、宮廷内の主要神、伊勢神宮、大和の御県の水分神への祈願からなり、大王が先進的経営を行っていた直営田の祭祀として始まったものが全国化したものと考えられる。[注22]その全国化を定義するのが伊勢神宮に関わる部分である。

伊勢に坐す天照大御神の大前に白さく
皇神の見霽かし坐す四方の國は　天の壁立つ極み　國の退立つ限り　青雲の靄く極み　白雲の墜坐向伏す限り　青海原は棹柁干さず　舟の艫の至り留まる極み　大海に舟満ちつづけて　陸より往く道は荷の緒縛ひ堅めて　磐根木根履みさくみて　馬の爪の至り留まる限り　長道間なく立ちつづけて　狭き國は広く　峻しき國は平らけく　遠き國は　八十綱打挂けて引き寄する事の如く　皇太御神の寄さし奉らば　荷前は皇太御神の大前に　横山の如く打積み置きて　残りをば平らけく聞し看さむ　又皇御孫命の御世を　手長の御世と堅磐に常磐に斎ひ奉り　茂し御世に幸はへ奉るが故に　皇吾睦神漏伎・神漏弥命と　宇事物頸根衝き抜きて
　皇御孫命の宇豆の幣帛を　称辞竟へ奉らく
と宣る

ここで規定されているのは次の通りである。

天照大神は天の支配者で、その支配は空の限り、海の限りに及ぶ。しかし陸は馬や徒歩で行ける限りとする。すなわち、天の全ての支配者で、その中の列島部分を天皇に委託支配させている。

この「事実」に基づき、天皇は天照大神に荷前（初収穫物）を奉り、天神の子孫である天皇の長寿と治世の長さを祈願する。

この宣言の中では、この列島を天皇が支配する根拠は、「天」を主催する天照大神からの、血統（皇御孫）に基づく委託だとされている。ここで言う「天」はいわば「和風に解釈された中国的な天＝世界秩序」であり、その中の「国」＝列島を天皇が支配することが強調されている。これは天下の中心に中華があり、皇帝が直接支配するという本来の天の思想[注23]と、「日本」を特化する高天原的世界観とを併存させる考え方で、「天命開別天皇（天智）」「天渟中原瀛真人天皇（天武）」の「天」の内容である。それは天国排開広庭天皇（欽明）に始まる天皇特化過程の一定の帰結であり、律令国家において、他姓者による王位簒奪が行われえない「理論的」根拠の重要なひとつだったと考えられる、ゆえに天皇は日本限定の支配者なのであり、天皇が血統に基づく支配を行うことが、国家の基盤事業である農業振興の必須事項であるとされていたのである。その意味で天皇に代わって天照大神を最初に祀った皇女が、トヨスキイリヒメ（＝豊かな鋤の神聖な皇女）という自然との闘いによる大規模農業開発を象徴する名の皇女に充てたのは偶然ではあるまい。

しかし、留意しておかなければならないのは、『日本書紀』『古事記』ともに、「天照大神からの血統」が、意外に形式的にしか書かれていないことである。天照大神から神武天皇、欠史八代を経て崇神・景行・成務までの極めて創作性の高い系譜は単純な男子直系とされている。この不自然さは律令国家の王権意識と歴史認識の顕れと考えることで理解できる。

実際の律令国家の皇位継承はかなり複雑なものだが、その中に天武―草壁―文武―聖武―孝謙という直系継承意識が見られることは有名であろう。しかしこの血統は草壁に「岡宮天皇」と諡号することで、天皇直系継承となっていること[注24]、さらに、天智―元明―文武―聖武―孝謙という形で母系的にも天皇直系継承となっていることには留意すべきである。天皇の直系継承は実際には理念的であり、その補完的存在として、持統、元明、元正がいたが、それぞれの即位も、天智―持統、天智―元明、岡宮―元正と天皇直系継承のルールは守られている。また、血統に変化があった時には、天武―崇道尽恭（舎人）―淡路廃帝、あるいは天智―春日宮御宇（志貴）―光仁という系譜が創作された。天皇は直系で、天皇の子が継承するという意識、それが『日本書紀』に反映された律令国家の「高天原以来」の王権認識である。いわゆる「不改常典」の認識とはこれであり、例えば稲荷山鉄剣銘の系譜に見られる「児」、つまり義江明子が指摘したような[注25]、世代間継承という意味でのオヤ―コ継承とは異なる意識であった。

このような直系の血統を重視する意識は、天皇と皇太「子」に典型的に見られるものではあるが、それだけではない。天皇と斎王の関係もまた、同様の意識に基づいているのである。『日本書紀』崇神・垂仁紀では、天照大神は天皇の娘である豊鍬入姫命や倭姫命によって祖先神として拝されている。それは天皇の次の世代から、父の天皇を通して祖先の天照大神を一直線に拝礼することに他ならない。そしてこの意識の原型は、「伊勢大神」や「日神」に仕え、豊鍬入姫や倭姫命より雑然とした性格の六世紀の皇女に求められる。

『古事記』では、継体の娘「佐佐宜女（佐々宜王）」が「伊勢神宮を拝」したとする[注26]。しかし、『日本書紀』にある雄略朝の稚足姫皇女の記述はなく、欽明の娘石坰王（紀では磐隈）、敏達朝の宇遅王（菟道皇女）、用明朝の須加志呂古郎女（酢香手姫皇女）など伊勢大神に仕えたとされる王女は、系譜にこそ名があるものの伊勢神宮拝祭の記述がなく、記紀の意識の相違がうかがえる。つまり『古事記』では、伊勢神宮に仕える王女の継続性は重視されず、契機となった王女のみが取り上げられる。他方『日本書紀』では、多分に伝説的ながら雄略以降の歴代性が強調される。それは斎王が継続的に存在する律令体制下のイメージの反映と見ることができ、『古事記』段階ではその意識が未成熟だったと理解できるだろう。単純に八世紀の斎王が六世紀の伊勢神宮に仕える皇女を継承していると考えることはできない。

しかし記紀ともに伊勢神宮に関わる王女が「天皇の娘」としているのは注目すべきである。『古事記』のもとになった資料の段階で既に、天皇の娘であることが重要だったのであり、三代に奉祀して天皇の娘から姪に遷移する酢香手姫皇女の段階でこのシステムが断絶するのは象徴的なことなのである。

おそらく、記紀成立直前の王権には「継体朝前後から、大王支配の正統性を体現する伊勢神宮祭祀には、日神を祀る日奉部の祭祀[注27]に架上する形で王女の参加が行われていた」程度の認識があり[注28]、その記憶を前提に、七世紀中盤以降の改革を踏まえた天武による天照大神の祖先神化により、天皇の神からの血統による継承を確認するシステムとして斎王制度が「再生」したものと考えられる。

とすれば、八世紀に完成する「斎王制度」は、律令国家における儒教的王権意識、すなわち「祖先祭祀による家の維持」とも関連すると考えられよう[注29]。

『皇太神宮儀式帳』では、斎王は神宮の内玉垣南御門前で拝礼する。伊勢神宮の構造はこの門で内廷(正殿周辺)・外廷(前庭)に二分することができ、それは推古朝飛鳥宮以来の宮廷構造に似ている。斎王は内廷と外廷の中間で「仕える者」という位置づけである。

四　斎王の意義と役割

近年、北康宏が指摘したように[注30]、前方後円墳が「首長位の継承儀礼などで使用されるモニュメントであるが、世代を超えた永続性祭祀の対象でなかった」とすれば、その衰退契機となる継体朝に皇女が継続して行う伊勢祭祀が現れることは偶然ではない。先述した『日本書紀』の伊勢大神に仕える王女の兄弟は、必ず次の皇位継承者となっている。その祭祀は、政治権と祭祀権を持つ大王がその子に王位を継承させるという、六世紀に芽生えた初期的な直系継承意識とも連動したものであり、他氏族に先駆け、欽明朝に行われた大王血統の特化＝「大王氏の形成」と密接に関係すると考えられよう。

しかしながら、この制度は先述のように、用明朝の酢香手姫皇女で廃絶する。その原因として考えられるのは、「倭王は天を以て兄と爲し、日を以て弟と爲す。天の未だ明けざる時に出て政を聴き、跏趺して坐す。日出ずれば便ち理務を停め、我弟に云いて委ぬ。」という六世紀的な天と日の祭祀の限界である。『日本書紀』では酢香手姫皇女の退出から天武天皇の天照大神遥拝まで神宮祭祀の欠落期間がある、これは天皇の支配イデオロギーが、天や日との個人的な一体性から、天の秩序下での天神の子孫という血統的尊貴性へと転換する期間なのである[注31]。後進的として一端放擲された「天」の祭祀が再生され、神に仕えた皇族女性も天皇の名代として倭姫命に由来し、都から伊勢に天照大神を導く「斎王」として復活したのである。

しかし、天武の王権を継承した持統は斎王を置かなかった、これは『古事記』に見られる「代々送られる王女という意識の未熟性」と関連すると私は考える。続く文武は即位当初から当耆皇女を斎宮に侍らせ、それが斎王の宮殿としての「斎宮」の語の初出となる。『古事記』と『日本書紀』の意識の差が生じるのはこの段階であろう。

しかしながら、斎王の本格的な制度化は、大来に続く天皇の娘の斎王就任、聖武朝の井上内親王に始まるものと見られる。この時期に斎宮は斎宮寮の拡充と官位相当の決定、経済的な自立が行われ、国家機関としての体制が整えられるとともに、斎宮跡でも東西南北の正方位を意識した中枢区画と判断できる遺構が確認できるようになる。聖武の娘の斎王就任は、その華麗な就任行列とともに[注32]、斎王の位置づけを明確にし、文武の子孫の皇位継承の正当性を補完するものとなった。聖武、さらに孝謙は斎王を置いたが、天皇なら斎王を置くべしという考え方は元正朝に既にうかがうことができる。斎王は男帝の補完ではなく、天皇の正当性の証明として機能していたのである。その意識は、『続日本紀』天平宝字二年（七五八）八月十九日の、淳仁即位に際して池田王を勅使とし「斎王の事を伊勢大神宮に告げ」させるという記事からもうかがえる。これは引き続いて神宮奉幣があり、それが諸国神社奉幣につながるという即位関係記事で、文武の直系の子孫ではない淳仁が、天武以来の「正当な」天皇として斎王を置くことを報告したものと考えられる。斎王は律令天皇制にとって不可欠な存在となっていたのである。

しかしながら称徳（孝謙重祚）は斎王を置かなかった。これは伊勢神宮の神宮寺を重視することに代表される、神仏一体化による新たな祭祀の試行のためと推測できる。つまり天武から文武・聖武と続いた伊勢神宮祭祀を淳仁は継承し、称徳は変革したのである。それは道鏡への皇位禅譲、つまり仏教の長が王権を継承するなど、血縁を超克した王権成立の可能性も含めた王権の転換模索の中での斎王制の中断ともいうべきものであった。

しかし称徳の急逝を受けて即位した光仁は、聖武の娘で元斎王であった井上を母とした酒人内親王を斎王として、三品という当時の皇族としても破格の待遇を与えた。彼女と、彼女が帰京後桓武との間に儲けた朝原内親王が斎王に就任したのは、やはり文武からの直系性を強く意識したものと考えられる。

ところが桓武の時代になるとかなり状況が変わる。桓武段階では『神宮儀式帳』が整備され、斎宮が拡大されて長岡京に準じた集積型区画設計の方格地割が作られるなど、伊勢神宮にかかる政策に大きな変化が見られる。『儀式帳』の最大の特質は、遷宮制度と神宮年中行事の成文化といえるだろう。その内容は整理されて『弘仁式』の「神式」にまとめられ、『延喜式』の「太神宮式」でその概要を見ることができる。つまり伊勢神宮の儀礼が監督できるようになったのである。そこで見られる今一つの大きな特質は、仏教儀礼の欠落である。先述のように称徳朝の伊勢神宮では神宮寺が重視され、何らかの仏教儀礼が行われていた可能性もあるのだが、『儀式帳』では、倭姫命の段階で仏教関係の忌詞が定められており、『日本書紀』の仏教公伝は無視されている。このことは伊勢神宮をめぐる仏教との接近と分離がきわめて政治的な作為だったことを示唆している。

同様のことは斎宮にもいえる。広大な斎宮の区画は斎王の権威の象徴となり、以後斎宮は継続することが必然となる。一方、斎宮寮では桓武朝に斎宮頭と伊勢国司の守・介の兼任が見られるようになり、桓武朝末期には史生を増員するなど、斎宮の行政機関化が進められ、斎宮跡ではこの時期に整然とした正殿・西脇殿・東脇殿を擁する斎宮寮庁が完成すると見られている。[注33]『大和物語』に見られる「たけのみやこ」のイメージはこの時期に形成されたといえる。

しかしこの時期に井上のような「元斎王」の「内親王キサキ」の力が減退することは見逃せない。井上の娘、酒人の場合は、式部卿、大蔵卿、安勅内親王の三人の桓武子女を養子としているなど、内親王キサキの特異性がうかがえるが、[注34]そうした斎王は以後見られず、酒人と桓武の娘の朝原は平城と結婚するが後に妃の身位を返上している。斎王の個性の後退は以後顕著で、桓武天皇の皇女布勢、平城皇女大原、嵯峨皇女仁子などは事跡がきわめて少なくなっている。斎王の権威は斎王自身に関係なく保たれ、天皇権威の代行者としての位置付けがより明確になっていくのである。それは斎王の「確立」であると同時に「システム化」の始まりでもあった。

五　私幣禁断と斎王

さて、古代伊勢神宮のもっとも重要な特徴と考えられてきたものに、私幣禁断がある。[注35]これは伊勢神宮が天皇

個人に特化された神社であることを意味している制度で、その根拠は『延喜神祇式』の「伊勢大神宮式」の

凡そ王臣以下は、輙く大神に幣帛を供すを得ざれ。其の三后・皇太子もし応さに供すべきは、臨時に奏聞せよ

という条文である。この文言について留意すべきは、「王臣」としていて「親王」が見えないことである。もとより皇太子は八世紀に成立したもので、この意識はそれ以降のものである。そして皇太子でも天皇に奏聞した上でとしているのだから、親王は当然それ以下、つまり王臣の中に入るはずである。では天皇以外の皇族の守護神はどのようになっていたのだろうか。

延喜式祝詞を見ても、四時祭の次第を見ても、皇族をも含む天皇「氏」に関わる祭祀は出てこない。唯一の例外が平野祭に見られる「物忌王氏」で、和氏（和＝高野新笠の氏）、大江氏（和新笠の母系土師氏に関わるか）と並び王氏から物忌が出されていたことがわかる。さらに『儀式』によると皇太子奉幣も行われていたらしい。しかし平野神社と国家祭祀のかかわりは桓武即位以前には考えがたく[注36]、奈良時代の皇族祭祀の実態はやはりよくわからない。

そこで注目してみたいのは、天皇に関わる祭祀の祝詞を集成した『延喜式祝詞』における皇族表現である。「春日祭」の祝詞には「王等卿等」、「広瀬大忌祭」には「親王等、王等、臣等、天下公民」「王等臣等百官人等」、「龍田風神祭」には「王卿等、百官人等、倭国六県刀禰、男女に至るまで」、「久度古関祭」には「親王等王等臣等百官人」、「大殿祭」には「親王・諸王・諸臣・百官人等」、「六月大祓」では「親王・諸王・諸臣・百官人等」、「道饗祭」では「親王・王等・臣等・百官人等・天下公民」とある。親王は筆頭とはいえ、百官人などと同じく臣下として扱われている。

ところが、伊勢神宮祝詞の場合は少し異なる。「六月月次祭」祝詞では天皇への祝福祈願ののち「あれませる（今存在する）皇子等」も恵むことと、「百官人等天下四方の百姓に至るまで」護ることを願っており、「豊受宮神嘗祭」祝詞にも同様の文言が見られる。天皇とあれませる皇子までと、百官以下との間で文脈が切れているのである。ここでは皇子（当然皇女も含む）は天皇から生まれたもの、天皇の分枝とされているのである。そして親王と王の区別も見られない。とすれば、この「皇子」は「親王」身分が成立する以前の「王（ミコ）」意識を引きずっているのではないだろうか。

先述のように、天皇「家」に先行する大王「氏」の形成は、欽明の子女の異母キョウダイ婚による血統的な特化を契機とするする可能性が高い。この変革の結果成立するのが「王族」概念である。そもそも大王とその子孫に姓がないことの意味を考えれば、同時期に成立すると見られる氏の制度は、天皇とそれ以外の識別ではなく、大王氏とそれ以外の識別として成立したものだと推測できる。王族とは、大王候補者には姓がない、という論理の元に作られた血縁グループなのである。したがってその代表である天皇を守護する伊勢神宮は、本来王族＝大王氏全てを守護する神とみられていた。[注37]その意識が残存する奈良時代の親王や王には守護神が必要ないと考えられていたのであろう。

では斎王はどうか。斎王が大化前代の天皇と「ヒメ＝ヒコ」的な関係にあったという考え方は今でも根強いが、[注38]それを確認できる史料はない。たとえば『日本書紀』がいう、天皇大殿で天照大神を祭っていた時代には斎王はいなかったのであり、斎王が天皇を助ける関連事例とされるヤマトタケルとヤマトヒメは甥と叔母である。斎王とヒメ＝ヒコ制を結び付けて考える論理は、一段階の論理の飛躍を伴っている。また、斎王を天皇が伊勢神宮に出す采女だという説[注39]にも大きな問題がある。少なくとも六世紀段階の伊勢神宮に仕える「皇女」については、問題を起こして廃せられた時、交替要員が送られた記録がない。采女だとあり得ないことである。

結局、『日本書紀』では伊勢大神あるいは日神に仕える王族の娘は、
・大王の娘が伊勢の神に仕える
・一代に一人で、問題を起こせば交替要員は送らない
・問題がなければ、継続する場合もありうる
という程度の認識で書かれているだけで、後世の斎王イメージが単純に投影されたものではない。

『延喜式』に採録された伊勢神宮祝詞は、命令主体を「皇御孫命（すめみまのみこと）」とする古い形から「天皇」とする新しい形への改変期のものであった可能性が高い。[注40] つまり八世紀的な古態を残した祝詞である。そして皇御孫命は「皇大神」（九月内宮神嘗祭）、「皇大御神」（遷宮）など、「すめおほかみ」と対応する際にのみ限定的に使用されている。つまり神の子孫という系譜的意識に基づいた言い換え、天皇の存立根拠を記紀神話に求めていた意識の反映である。とすれば、「あれませる皇子」たちを百官人と切り離す感覚も、「王臣」という感覚より古いと考えられる。奈良時代の感覚では皇子女＝ミコは広義には王族全般を指し、百官とは違って天皇の側に立つ存在だったのではないかと推測ができるのである。

このように考えるのは、『政事要略』所引の『官曹事類』に見られる井上王の斎王就任の際の行列が王族総出で構成されていたことから、奈良時代の斎王には「天皇・親王・諸王を含む王族の代表」という立場だったのではないかと推測できるゆえである。[注41] 少なくとも奈良時代の伊勢神宮は、天皇を守り、その余沢として王族を守護する神社と考えられていたのではなかったか。男系直系を基本とする天皇の「家筋」意識が八世紀末から九世紀にかけて成立したことについては、服藤早苗氏が明らかにされて以来、[注42] 定説と考えてよい。

しかしこの考え方と伊勢神宮は天皇の独占物であるとする考え方は並立するのだろうか。その答えが斎王にあると私は考える。斎王奉入の際に神嘗祭祝詞に付け加えられる祝詞には、このように書かれている。

今進る斎の内親王は、恒の例によりて、三年斎ひ清はりて、御杖代と定めて進りたまふ事は、皇御孫尊を、天地日月と共に常磐に堅磐に、平けく安らけく御座坐さしめむと、御杖代と進りたまふ

つまり斎王とは、高天原に由来する「皇御孫尊」の平安な治世が永遠に続くことを祈念して、「御杖代」として奉るというのである。

この御杖代という言葉は『日本書紀』本文には出てこない。先述のように大倭神社系史料と考えられる垂仁紀の異伝の「御杖」が初出で、『日本書紀』編纂時には正史が採択するほど定着した用語ではなかったと見られる。『六国史』では『類聚国史』、すなわち『日本後紀』逸文の天長五年（八二八）、淳和朝の斎王、氏子内親王退出と宜子女王卜定記事が初出となる。一方、『日本三代実録』貞観十九年（八七七）二月二十三日の清和朝斎王恬子内親王から陽成朝斎王識子内親王への交替の告文では、高天原の天照之坐皇太神の厚助によって天日嗣した天皇が、天下泰平を祈願して、恬子内親王が太上天皇の大神の御杖代として仕えているのを識子内親王に代える、とする。斎王は高天原からの由来を持つ天の日嗣その人の御杖代、つまり個人の祈願物とされている。斎王は「ある」天皇だけを特化する存在で、天皇は斎王を出して初めて、天照大神への恩恵祈願ができるのである。

このように見てくると、私幣禁断と斎王は同じ天皇の特権ではあるが、似て非なる考え方に立っていると思われる。私幣禁断は臣下を支配する王族の長に属する特権であり、斎王は神の正統な子孫として直系で継承される天皇個人に属する特権と考えた方がよさそうである。大王氏の他の氏に対する最優位を象徴するのが伊勢神宮だとすれば、天皇の専制権に対応するのが斎王なのである。

律令国家とともに成立した伊勢神宮祭祀は極めて安定したシステムとして設計されていた。天皇の分身である斎王を頂点に迎え、神祇官祭祀に関わる中臣氏から出た宮司が行政的に管轄し、在地の禰宜氏族である神主（荒木田・度会）氏が日常の祭祀を司る。斎王には託宣や夢告のような巫女的機能は期待されない。しかし卜庭祭が行われていることから、斎宮では斎王の御体御卜が行われていた可能性が高い。つまり斎王は、天照大神が天皇に向けて発信する情報を受け止める生きたセンサーであり、[注43]その健康な生育は天皇の「常磐堅磐」を象徴する重要な表象だったのである。

律令国家の成立により、それまでの大王＝「ウジの代表」に代わり、親王以下を臣下とみなす「天皇」が析出される。斎王はその段階で、天皇一代に「仕え続け」、天皇個人の長命と安定を祈願する「代理人の皇女」として整備されたのである。斎王がもともと「斎内親王」と呼ばれることは故のあることだった。

六　天皇「システム」と斎王

奈良時代、斎王が京を出る時、百官が京外まで送ることがしばしばあった。百官による見送りは平安時代にも見られない壮麗な儀礼だが、重要なのはその場に天皇がいないことである。これは斎王と天皇の対面がその前提となる重要な儀礼として行われたことを示唆している。[注44]延暦四年（七八五）に桓武が娘の朝原内親王の発遣のために長岡京から平城旧京に帰京したのもその重要性を裏付ける史料となろう。発遣儀礼に関する具体的な記述が初めて見られるのは『延喜式』で、おそらくその原型は『弘仁式』にある。しかし嵯峨天皇は伊勢斎王より賀茂斎王を重視しており、この儀礼を整備したとは考えにくく、平安遷都後の神宮関連儀式の形成過程で記録されたものと見られる。この儀礼は平安時代の史料では、天皇は帛衣を着て、高御座の東側の平座に座り、斎王の額に黄楊の小櫛を挿し「みやこのかたにおもむきたまふな」と声をかけ、櫛は勢多頓宮（近江国府）で櫛箱に収納されるというもので、通称「別れの小櫛」と言われる。しかし詳細記事の初出である『本朝世記』天慶元年（九三八）の斎王徽子女王発遣記事では櫛が見られない。この時には「櫛の儀」として『吏部王記（重明親王＝徽子の父の日記）』『貞信公記（藤原忠平＝徽子の祖父の日記）』など関係者の日記に記録があるので行われたことは間違いない。これは『本朝世記』の原資料である外記日記の筆録者には記録できない儀礼だったためと考えられる。徽子は朱雀幼少のため皇姪から選ばれ、その発遣儀礼は朱雀の物忌により、清和天皇を前例（外祖父藤原良房が代行）として、太政大臣忠平が代行したため、二人の日記には記されたのであろう。櫛を挿すことは本来ごく私的に行われた秘儀で、斎王を擬制的に成人させ、天皇の祭祀権を分与するもので、近江まで挿すことで都の関係者に披露したものと見られる。さらに天皇が帛衣を着るのはこの儀礼を祭祀とみなす意識とともに、帛衣を礼服として着た八世紀の天皇の形の残存と考えられ、高御座の不使用は天照大神への敬意と考えられよう。[注45][注46]

以後、この儀礼は『西宮記』『小右記』『江家次第』などに詳細な記録が残される。奈良時代以来継続してきた斎王が天皇と対面する秘儀が記録されることにより、斎王の天皇の分身としての性格はより強調されることになる。

しかしこの儀礼は、天皇の性格変化により斎王が変化することをも象徴していた。幼帝の場合、斎王は姉妹以遠の血縁者から選ばざるを得ず、先述した天皇不出御という事態も起き、天皇の分身意識も相対的に弱くなろう。

しかしこうした変化がそのまま伊勢神宮の地位低下に結びつくわけではない。例えば『続日本後紀』に見られる淳和から仁明への譲位にかかる詔のやり取りを見ても、漢風文言の中に「現神」「明神」「天之日嗣」「天日嗣高座業」「食国」などの文言が「近江大津乃宮尓御宇之天皇乃初賜比定賜部留法」と同時に語られており、日本的な「天」を神からの血統で支配する「現神」という感覚は依然として有効性を持っていた。また、祈年祭は延暦段階での国幣制の許容により全国展開し、当然その祝詞もまた全国で反復されることになる。九世紀でも、天皇が血統的祖先である天照大神を祀ることにより常磐堅磐を保障されるというイメージは継続していたのである。

また、斎王についても、例えば『源氏物語』でも『狭衣物語』でも、斎王出身のキサキが重要な役割を果たしており、[注47]斎王隆子女王の急逝とそれに伴う規子内親王の就任とその後の斎宮内院の一部放棄と縮小[注48]は、天照大神の祟と認識された事件が宮廷に大きな影響を与えていたことを示唆している。

そして天皇個人の権威の象徴という斎王の根源的な性格は実は基本的に変わっていない。それは天皇が斎王を出す限り、天皇個人の伊勢神宮への信頼と尊崇は保全され続けるという意識なのである。九世紀には、官僚機構の整備とともに、天皇の個性は次第に後退し、幼帝でも統治可能な律令国家のシステム化が進み、さらに外戚の政治介入により摂関政治が形成される。しかし十一世紀の斎王を見ると、三条朝の当子内親王や後朱雀朝の良子内親王のように天皇の娘が斎王になれば、危機に際しては夢告を行い、後一条朝の嫥子女王のように、天皇が伊勢神宮を軽視していると見なされれば警告を発するような事例が見られるようになる。天皇の分身で補佐する斎王という位置づけはより具体性を増しているように思える。

とはいえ、九世紀には賀茂斎王や春日斎女など、斎王に準ずる制度が創始されるようになり、伊勢神宮の独自性に大きな変化が生じたのは事実である。また、春日祭、梅宮祭をはじめ天皇の母系氏族に関わる祭祀が公祭化される傾向も指摘されている。この動きは後に二十二社制に帰結し、伊勢神宮の地位の相対的低下につながるとする指摘もある。[注49] しかし天皇が色々なチャンネルを利用してその地位を安定させようとしていることを、流動化と見るか安定化と見るかについては、検討すべき余地は少なくない。

一方、十世紀段階での斎宮に関わる顕著な変化としては、方格地割の縮小、内院の縮小、そして斎女王の増加と祭主権力の伸長などが挙げられる。[注50] 政治的組織としての斎宮自体の役割低下は指摘できるが、斎王自体の位置づけが低下しているわけではない。たとえば醍醐朝の斎王柔子内親王は、約三十年に渡って斎宮にあり、これという事蹟も残していないが、宇多上皇の院政下で同母兄の醍醐天皇の斎王となり、母系氏族である勧修寺流藤原氏のネットワークなどで都と緊密な関係を保ち、補佐されていた。[注51] 宇多天皇の『寛平御遺戒』で斎宮が遠方にあるため特に配慮するように指摘しているのも、陽成系皇族に対し出自に弱点がある宇多系天皇の補佐としての斎王の重要性を強調したものと理解することができる。

この時期に伊勢神宮は太神宮司が勢力を伸張させ、斎宮寮をも圧迫するようになる。太神宮司の上部機構は神宮祭主で、ともに大中臣氏が氏職としていた。太神宮司は神郡雑務を掌握し、祭主は神祇大副を兼ねて神祇官を実質的に掌握する。伊勢神宮は祭主を通じて天皇と直結するチャンネルを開拓している。[注52] 一方王権の側でも、十世紀末と見られる内侍所神楽の成立[注53]により、伊勢神宮を介さない天照大神祭祀が形成されたことや、『更級日記』の著者、菅原孝標女が天照大神を知らなかったことなどから伊勢神宮の相対的地位の低下が指摘されている。しかし同時代にも天皇は斎王を介して天照大神に「忠節」を尽くす者であり、斎王は伊勢神宮に「奉公」する者と認識されていたの[注54]も事実である。これらの事実を当時の王権の中でどのように評価するかはなお難しい問題が残されていると考えられる。

平安中期以降の斎王と王権の関係は、当時の王権のあり方とその中で天皇が果たす役割をどのように評価するかという問題と深くかかわっており、天皇制のあり方を考える問題として、依然有効であると考えられるのである。

おわりに

伊勢神宮の位置づけを考えることは、律令国家の形成と転換を考える事と直結する。それは天照大神の位置づけとも置き換えられる問題ではあるが、現在の研究では、理念の研究に留まり、政治や王権との現実的な関わりについては未だしの感がある。その間を埋めると理解できるのが斎王の問題であり、伊勢神宮と斎王を研究することは王権の根幹にかかわる重要課題であり、それを除外した研究には大きな問題がある、というのが私の主張である。

注

1　岡田精司「伊勢神宮の起源」（『古代王権の祭祀と神話』所収、塙書房、一九七〇年、初出一九六〇年）、以下『古代王権の祭祀と神話』『古代祭祀の史的研究』（塙書房、一九九二年）所収の各論文など。

2　溝口睦子『王権神話の二元構造――タカミムスヒとアマテラス――』（吉川弘文館、二〇〇〇年）

3　斎藤英喜『アマテラスの深みへ――古代神話を読み直す』（新耀社、一九九六年）、佐藤弘夫『アマテラスの変貌』（法藏館、二〇〇〇年）など。ただし私は「祟」については、大江篤『日本古代の神と霊』（臨川書店、二〇〇七年）が指摘する、神の意思の顕れ、メッセージという理解が正しく、神の一般的属性であったと考えているので、これらの説には与していない。

4　三橋正『日本古代神祇制度の形成と展開』（法藏館、二〇一〇年）
5　上島享「中世王権の創出とその正統性――中世天皇の特質――」（『日本中世社会の形成と王権』所収、名古屋大学出版会、二〇一〇年）
6　松本郁代『天皇の即位儀礼と神仏』（吉川弘文館、二〇一七年）
7　藤波家文書研究会編『大中臣祭主藤波家の歴史』（続群書類従完成会、一九九三年）、國學院大學日本文化研究所編『大中臣祭主藤波家の研究』（続群書類従完成会、二〇〇〇年）、渡辺修『神宮伝奏の研究』（山川出版社、二〇一七年）、しかし吉田神道の伸長により、伊勢神道は室町時代後期には苦しい立場になっていた。なお大西源一『大神宮史要』（平凡社、一九六〇年）参照。
8　『日本書紀私記』丙本垂仁天皇条（国史大系所収）に「大地官」が「おおつちのつかさ」と刷る古訓があり、この異説が平安前期の講書テキストにあったことは間違いない。
9　森博達「皇祖天照大神はいつ誕生したか――『日本書紀』区分論から史実を探る」（『京都産業大学日本文化研究所紀要』19、二〇一四年）
10　山村孝一「天孫降臨と登由宇気神――古事記「次登由宇気神此者坐外宮之度相神」から見えてくるもの――」（祭祀史料研究会編『祭祀研究と日本文化』塙書房、二〇一六年）
11　『日本書紀』では「折鈴五十鈴宮」の託宣神を「撞賢木厳之御魂天疎向津媛命」としているが、『古事記』では単純に天照大神としており、原資料を改変している可能性が高い。
12　大場磐雄「神宮宮域発見の子持勾玉と滑石製品」（『皇国時報』六四九、一九三七年）
13　竹内英昭「伊勢湾地域の横穴式石室の構造とその展開」（『季刊考古学・別冊一六、東海の古墳風景』所収、雄山閣、二〇〇八年）
14　岡田登「皇大神宮（内宮）の創建年代について」（『皇學館大学創立百三十周年・再興五十周年記念　神宮と日本文化』所収、皇學館大学出版部、二〇一二年）
15　山中章「考古学からみた伊勢神宮の起源――ヤマト王権の伊勢支配――」（J・ブリーン編『変容する聖地　伊勢』思文閣出版、二〇一六年）
16　穂積裕昌『伊勢神宮の考古学』（雄山閣、二〇一三年）
17　金子裕之「三重県鳥羽市八代神社の神宝」「同2」『奈良文化財研究所紀要2004・2005』二〇〇四、二〇〇五年）

18　穂積裕昌「神衣祭とその奉斎氏族」（『斎宮歴史博物館研究紀要』25、二〇一六年）
19　上村安生「古代の伊勢における土師器生産について」（八賀晋編『伊勢・伊賀の古墳と古代社会』所収、同成社、二〇一〇年）
20　伊勢市編『伊勢市史　中世編』第一章「鎌倉時代の伊勢」第一節「源平の争乱と伊勢」（二〇一一年）
21　松本郁代前掲注6書
22　榎村「「律令祭祀」と「律令天皇制祭祀」――律令国家を維持したイデオロギーとその限界――」（『歴史学研究』九一一、二〇一三年）
23　壇上寛『天下と天朝の中国史』（岩波書店、二〇一六年）
24　「岡宮天皇」の諡号は、天平宝字二年の舎人親王への諡号にあわせて贈られたものではあるが、「日並皇子」と称して天皇と同等と見る意識は元明崩伝にすでに見られる。しかし一方、天皇の直系意識が血統の実態がぶれ始めたこの時期に強調されることにも注意しておきたい。なお、薗田香融「護り刀考」（『日本古代の貴族と地方豪族』所収、塙書房、一九九二年、初出一九六四年）参照。
25　義江明子『日本古代系譜様式論』（吉川弘文館、二〇〇〇年）
26　「ささげの皇女」については、捧げられた皇女で、斎王の称号が成立する以前の公称であるとする説（『日本思想大系　古事記』）がある。また、「やまとひめ」がそうした女性の総称であったとする説もある（松前健「皇大神宮・豊受大神宮」『松前健著作集第三巻』所収、一九九七年、初出一九八六年）。
27　岡田精司「日奉部と神祇先行官司」（『古代王権の祭祀と神話』所収、塙書房、一九七〇年、初出一九六二年）
28　ただしこの王女の奉仕が斎宮のような常設の宮殿を伴うものかどうかは不明である。『皇大神宮儀式帳』では倭姫内親王は伊勢神宮を制定したのち、報告のため都に帰ったとしており、あるいは大和からの参詣形式だった可能性もある。
29　榎村「神仏習合と神仏分離」（国立歴史民俗博物館編『桓武と激動の長岡京時代』所収、山川出版社、二〇〇九年）
30　北康宏「国家形成史の過去と現在」（『歴史評論』八〇九、二〇一七年）
31　河内春人「推古朝における君主号の定立」は、推古朝以降に君主の位置付けが「権力を保証する天（アメ）との関係において擬制的な兄弟関係から直系的関係に変化した」と指摘している。傾聴すべき見解である。
32　榎村「斎王を送る行列について」（『伊勢斎宮の歴史と文化』所収、塙書房、二〇〇九年）

33　大川勝宏「斎宮と方格地割」（考古調査ハンドブック13『律令国家と斎宮』所収、ニューサイエンス社、二〇一六年）
34　「為酒人内親公主遺言」（『性霊集』所収）。なお、ここで見られる式部卿は葛原親王、大蔵卿は仲野親王の可能性が高い。
35　私幣禁断については、岡田精司「古代における伊勢神宮の性格――私幣禁断をめぐって――」（『古代祭祀の史的研究』所収、塙書房、一九九二年）参照。
36　義江明子「平野社の成立と背景」（『日本古代の氏の構造』所収、吉川弘文館、一九八六年）
37　伊勢神宮祭祀における勅使は、勅使王と呼ばれ皇族から選ばれるのが本来の形であり、平安時代になると公卿勅使が別に成立する。公卿勅使は天皇の私的祈願のために付加されたものと見られ、他氏を勅使に立てないのが本来の形である。これは、伊勢神宮祭祀が大王「氏」の祭祀であった時代の名残と考えることもできよう。
38　倉塚曄子『巫女の文化』（平凡社、一九七九年）など。
39　上野千鶴子「〈外部〉の分節――記紀の神話論理学」（『大系仏教と日本人一　神と仏』所収、平凡社、一九八五年）など。
40　榎村「『延喜式』の神宮祝詞について」（『律令天皇制祭祀の研究』所収、塙書房、一九九六年）
41　榎村前掲注32論文
42　服藤早苗『家成立史の研究――祖先祭祀・女・子ども』（校倉書房、一九九一年）
43　榎村『斎宮――伊勢斎王たちの生きた古代史――』（中央公論新社、二〇一七年）
44　以下斎王発遣儀礼についての筆者のこれまでの研究については、榎村「斎王発遣儀礼の本質について」（『律令天皇制祭祀の研究』所収、塙書房、一九九六年）
45　武田佐知子・津田大輔『礼服』（特に第五章「天皇の礼服」大阪大学出版会、二〇一六年）
46　高御座についての近年の研究については、吉江崇「律令天皇制儀礼の基礎的構造――高御座に関する考察から――」（『史学雑誌』一一二―三、二〇〇三年）、樋笠逸人「高御座の成立――八世紀における登壇儀礼の再検討――」（『日本史研究』六二三、二〇一四年）など参照。
47　本橋裕美『斎宮の文学史』（翰林書房、二〇一六年）
48　斎宮方格地割の中心区画の一つである鍛冶山西区画は、光仁朝と推定される八世紀後期以来使用されていたが、十世紀中頃に廃棄される。なお、『斎宮跡発掘調査報告Ⅰ』（斎宮歴史博物館、二〇〇一年）参照。

49 三橋正『平安時代の信仰と宗教儀礼』（八木書店、二〇〇〇年）ほか。

50 考古調査ハンドブック13『律令国家と斎宮』（ニューサイエンス社、二〇一六年）

51 榎村前掲注43

52 藤森馨『改訂増補　平安時代の宮廷祭祀と神祇官人』（原書房、二〇〇八年）

53 松前健「内侍所神楽の成立」（『松前健著作集第四巻　神と芸能』所収、おうふう、一九九八年、初出一九七一年）

54 『小右記』長元四年八月四日条。なお斎王の奉公の文言は、同じく長元の託宣を記録した『太神宮諸雑事記』にはこの文言は見られず、「斎王り奉公」は京の貴族にとって重要な意識だったことがうかがえる。

古代王権と仏教

中林　隆之

問題の所在

本稿で筆者に与えられた主題は「古代王権と仏教」である。倭国―日本古代における「王権」とは、君主とその権能を分有した親族構成員（令前の大王とキサキ・ミコ、律令制下の天皇・太上天皇、三后などのキサキや皇太子）を中核としつつ、そのもとに結集した中央貴族層を主体として、序列的・権威的に秩序づけられた支配層の政治体制を指示する。

そうした古代王権と仏教との関係について考えていく上で、あらかじめ仏教そのものの性格についてもごく簡単に確認しておく。仏教はインドにおいてバラモン教の異端として成立し、以後アジア地域一帯に普及した〈世界宗教〉である。その性格は時代と受容空間によって様々に変容するが、対象とする日本列島の古代王権が受容したものは、インドから様々な経路を通じて、僧侶や信奉する政治権力・信者、聖遺物の移動、仏典の請来などにより波状的・累積的に中国大陸にもたらされ、仏典の漢訳を伴い、且つ在来の思想と習合し、アレンジされながら形成された思想・宗教であった。[注1]

倭国―日本にとってそうした仏教（漢訳仏教）は、みずからの王権が東アジア世界に参入し、そこで正当に認知されるうえで不可欠な条件であったので、その受容と興隆は不可避であった。その際、倭国は当初、直接的にはそうした仏教を朝鮮半島（百済）より中央権力主導で継受した。唐帝国の成立と百済・高句麗の滅亡以後、律令体制を整備した古代日本国家は、とりわけ遣唐使や留学・請益僧の帰国にともなって中国仏教の直接的な導入を図ったが、その後も新羅や渤海を介しての仏教関連文物の流入や人的交流も続いた。

王権ないし中央権力が主導的に受容・興隆した仏教の構成内容を、後論との関係上概括的に示すと、以下のようになろう。まず専門の機構・装置としての寺院とその資財がある。寺院は、追善を主目的とし、導入期以来一貫して最新の船載技術を集約して建立された「文明」を象徴する建造物であった。またそれは君主・キサキ・ミコの宮や行政施設などとの互換性を有し、官人・官司機構整備の駆動因ともなった。さらに全国での寺院建立は国家的基盤（インフラ）整備とも連動し、総じて国家機構の外縁部を構成する要素となった。七世紀末までには中央では勅願の官大寺や有力寺院が都城とその周辺に整備され、地方にも数百にのぼる寺院（定額寺）が、国家権力の助成により地方豪族層を主体として相次いで建立されていった。

そうした寺院には、俗人とは区別された特別な身分としての僧尼が専属スタッフとして配属された。僧尼らの出身は、中央・地方の中小豪族である場合が多く、したがって階層的に舎人・帳内・資人・兵衛・宮人や郡司などと重なり合い、身分は互換性を有していた。僧尼らは官許により一般の戸籍から離脱し各種の特権を得る一方、王権・国家の要請に応えて種々の仏事・法会を実修した。また彼らは、仏典の教義をはじめ、医学・薬学など様々な知識・技能などを貴顕らに提供する役割をも果たした。僧尼らはそうした実践を通して王権中部とも結びつき、栄達する場合もあった。

また仏典は、仏教の「知」を象徴し、その思想内容を具体的に示す舶載典籍である。倭国の場合、その初発の受容は、体系的文字言語の習得と密接したであろうことが指摘されている。[注2]その後も王権は、遣隋使・遣唐使・遣新羅使などを通して一貫して仏典の請来につとめ、一切経・章疏類の書写事業を推進した。

僧尼らが仏典類を活用して実施した国家的法会は、寺院のみならず中央・地方の行政機構でも開催され、そこでは実修者の僧尼のみならず、主催者ないし後援者である天皇・キサキ・貴族・百官人や、地方豪族らも参加し、国家の安寧や、支配層の身体の保全と延命、一族の安寧や世代継承、疾病・自然災害・穢れなどからの除災が祈念された。さらに一切経典の蒐集・書写の進展にともない、これらを活用した学僧等の教学的編成のための法会も準備され、それに伴い教義習得・講義内容などにもとづく僧官の昇進階梯も整備された。

王権中枢部の君主・キサキは、受容以来一貫して仏教興隆につとめたが、律令制の確立にともない「明神」と規定された天皇と仏教との関係は、時代とともに変容している。とりわけ八世紀半ばの聖武朝から称徳朝には、王権中枢部の仏教理念への内在化の動きが進展し、その帰結として、天皇の性格の変容がもたらされるまでにいたり、その後の王権の宗教的性格や政治的動向にも大きな影響を与えることになった。

以上の概括的論点を念頭に置きながら、以下、具体的考察に入りたい。

一　仏教の受容と王権

倭王権は、朝鮮半島における高句麗・新羅・百済の慢性的な戦争状況と新羅による加耶地域の併合の動向の中で、百済が遂行した戦争に対する軍事的援助への見返りとして、最新の「文明」の一環として仏教を受容した。古代王権の公的歴史認識を示すとみられる『日本書紀』によれば、いわゆる「公伝」は、欽明十三年（五五二）のこととされる（欽明紀十三年十月条）。ただし、実際にはそれに先立つ五四七年四月に、百済からの交代制の上番者の一環として、僧道深ら七名が派遣されて七年間ほど倭国に滞在し、その後曇恵ら九名の僧と交替したことが実録的記事によって確認できる（欽明紀八年四月条・同紀十五年二月条）。王権間の外交交渉を前提とした仏教の専修スタッフたる僧の派遣という点を重視するならば、これこそが事実上の「公伝」とみなしてよいのではなかろうか。[注3] なお、百済はそれに先立つ五四一年に南朝梁に朝貢し、孟子博士とともに『涅槃経義』、工匠・画師などの下賜を要請し許可されているので（『梁書』巻五十四諸夷百済伝、『三国史記』百済本紀第四聖王十九年条）、百済による倭国への僧七名の派遣は、こうした最新の梁仏教の知識を前提にしたものであった蓋然性が高いだろう。

ただし欽明紀二十三年（五六二）八月条の別伝（一云）で、同十一年（五五〇）年のこととして記された、大伴狭手彦（佐弖比古）が百済と共に高句麗・新羅と戦い、戦利品を伴って凱旋したとする伝承も軽視できない。なお欽明二十三年は新羅が大加耶を最終的に併合した年次であり、そこに高句麗は基本的に関与していないとみられるので、既に指摘されているように、本文の伝承の紀年は正しいとは言いがたく、むしろ別伝の紀年の方が蓋然性が高い。ただ内容的には、本文中にみられる蘇我稲目に送ったとされる「鍾・五色幡」は仏具であったことを示唆している。また年次はともかく、二十三年条本文をふくめた大伴狭手彦の凱旋譚は、『新撰姓氏録』左京諸蕃下の和薬使主の所伝で、欽明朝に和薬使主の祖である智聡が、狭手彦にしたがって内外典や薬書・明堂図等百六十四巻・仏像一軀・伎楽調度一具などをたずさえて来朝したとみえる伝承とも連動する。そのうえ鞍部司馬達等子多須奈と同時に出家した尼として、大伴狭手彦連女の善徳や大伴狛夫人が、新羅媛善妙・百済媛妙光らとともにみられることも（崇峻紀三年是歳条）、大伴氏と仏教との深いつながりを示しており、上記の一連の狭手彦を通した仏教文物の受容伝承とも整合的で注目される。

このように倭国の仏教受容は、朝鮮半島における慢性的な戦争状態のもと、高句麗や新羅などに対抗した百済による安全保障上の措置として、倭国からの軍事援助の見返りとして、最新の南朝系仏教が伝えられた、というのが実相であったとみられる。その際、倭国の中央氏族の中では、蘇我氏のみならず、上記のごとく半島情勢に主体的に関与した大伴氏もその受容に大きな役割を果たした蓋然性が高いと推定される。[注4]

『日本書紀』によれば、当初仏は新奇な「蕃神」として描かれ（欽明紀十三年十月条）、仏舎利に関する奇瑞譚もみえているが（敏達紀十三年是年条）、こうした受容のあり方は、五胡十六国など初期に仏教を受容し仏図澄を代表とする西域出身の神異僧を活用した非漢族系を中心とした中国諸王朝（地方政権）のあり方や、新羅の異次頓伝承にみられる怪異譚を契機とした受容伝承などとも共通した側面を有する。

ただし、その継続的な受容を裏付けたのは、さまざまな現世利益的な効能のみではない。むしろ仏教の掲げた〈世界宗教〉としての「普遍」的な契機、すなわち「苦」＝生・老・病・死からの解放の理念とも関わって、とりわけ「死」者の鎮魂・追善の機能であったと考えられる。ちなみに、倭国に先立って仏教を興隆した高句麗では、王都の近隣の伝東明王陵（長寿王陵カ）のそばに定陵寺を建立し、その後百済も扶余の聖明王陵の近傍に陵山里寺を建てている。[注5]これらはいずれも王家の陵墓と一体の王陵寺院とみられており、両国の場合、追善の観念が仏教受容の重要な思想的要素であったことがわかる。しかも高句麗の定陵寺の建立事情は、北魏の文明皇太后の永固陵と思遠仏寺との関係の影響を受けたものであることが推定されており、[注6]権力中枢の死者の追善に伴う寺院建立は南北朝期の東アジア世界の支配層に通有する。

その点を倭国に即して言えば、『日本書紀』推古二年（五九四）二月丙寅条に「詔二皇太子及大臣一、令レ興二隆三宝一、是時、諸臣連等、各為二君親之恩一、競二造仏舎一、即是謂レ寺焉」とみられることが重要である。この記事は、倭国の場合も、寺院の建立事業が、支配層を構成する王族・氏族構成員の「死」に伴う諸権益の安定的な世代継承と、君主への報「恩」を仏教理念により裏付ける機能を重視してなされたものであったことを、明瞭に示している。

推古三十二年（六二四）には、王権を領導していた蘇我氏が主導して建立した法興寺（飛鳥寺）を筆頭に四十六所の寺院があり、八百十六人の僧・五百六十九人の尼がいたことが確認されている（推古紀三十二年九月丙子条）。これらの寺々の中には、豊浦宮―豊浦寺（額田部王女）、斑鳩宮―法隆寺若草伽藍（厩戸王子）といったような、王族の宮を寺院に転用した事例も含まれていた。そうした王族や中央氏族らが相次いで建立した寺々において毎年七月に挙行された盂蘭盆会は、追善・報恩を基本とした「君親之恩」を象徴的に示す法会であった。[注7]また盂蘭盆会とともに、仏教そのものを象徴する釈迦の誕生を祝う仏誕会も恒例化されたが、その四月・七月の斎会は、「大会」・「饗客」といった内政・外交時の重要な宮廷行事と同様に、官人らが冠位を着用する形で挙行された（『日本書紀』大化三年是年条の冠位十三階制定記事、その起源は推古朝の冠位十二階制定時点まで遡ろう）。

なお法興寺に代表される当該期の寺院は、建築技術や多様な最新の貴金属類・木工などの加工技術の粋を集約したものであり、世代を超えていわば永続的に屹立しつづける「文明」の象徴とされる建造物であった。そうした寺院（や仏像）の建立は、氏族制的性格を超えた技術の師—弟関係を軸としたあらたな技術伝習システムや、[注8]持続的な造寺官司などの成立をもたらし、官司機構成立の駆動因ともなったと考えられる。[注9]

こうして倭国の中央支配層は、仏教理念（とくに報「恩」の論理）にもとづいて氏の権益の継承と氏構成員個々の王権への結集を確認し、そうした仏事の恒例化を世俗の宮中行事や階統制的秩序形成（冠位システム）、官司制的秩序の生成などに連動させながら国家形成を進めたのである。

二　律令制的寺院制度と古代王権

勅願寺院としての官大寺造営は、大王舒明発願の百済大寺を濫觴としつつ、蘇我本宗家の滅亡以後、律令体制の整備過程に並行して七世紀半ば以降に本格化し、斉明の追善を目的とした川原寺（弘福寺）や天武・持統両天皇に関わる薬師寺などが相次いで建立された。

天皇あるいはキサキの死去後の追善ないし生前の病気平癒（身体擁護）などを契機として建立された官大寺は、それにふさわしく天皇・キサキ死去後の初七日から七七法会、そして周忌斎およびその後の国忌の会場としての性格を基本とする寺院ということができるだろう。また法興寺（元興寺）や法隆寺といった古くからの寺院や、天智や草壁皇子の追善に関わる近江の崇福寺、[注10]また藤原氏の氏寺である興福寺なども勅願寺に準じた扱いで遇され、一定の統制・制限を付けつつも、仏具・経典や食封・荘園などの資財の施入をはじめとした、手厚い経済的特権が付与された（『日本書紀』天武四年二月己丑条・天武九年四月是月条など）。
一方、七世紀後半以降には、国郡（評）制・七道制の整備に連動する形で、全国に多数の地方寺院が建立されている。『扶桑略記』持統六年九月条によると、勅により天下の諸寺を総計したところ五百四十五寺あり、王権は寺別に燈分稲を施入したという。[注11]
発掘調査もしくは現況確認の結果、確認・推定されている、いわゆる白鳳期前後の廃寺の数も、この『扶桑略記』に記された寺数五百四十五に匹敵もしくは上回ると見られている。白鳳期の廃寺を、天武十四年（六八五）三月の「諸国家ごとに仏舎を作れ」の詔（『日本書紀』）を前提とした寺院群と想定し、詔にいう「家」を郡家（評家）とみて、郡衙付属寺院の整備とみるむきもある。しかし、実際には地方寺院の建立の状況は諸道・諸国ごとにかなりの偏差があり、とうてい一郡一寺とは言いがたい。とりわけ畿内および近江などの周辺地域や山陽道諸国などは、地域によっては一郷一寺ほどの甍が立ち並ぶほど稠密であった。他方、北陸道諸国などの場合、現状では廃寺はせいぜい一国に二・三寺程度が確認されているにすぎず、一郡一寺にも及ばない。無論、全国的に見渡した場合、郡衙などの地方官衙に付属する寺院が敷設される場合もしばしばあった。また辺要諸国の場合、蝦夷などに対する仏教文化の誇示や鎮護国家を目的とした強い国家的意思にもとづく造寺（や造仏）が政治上・軍事上重要な拠点的官衙の近傍でなされる場合もあった。[注12]しかし、大多数の諸国の寺院の場合、むしろほとんどは、かつて古墳を建立した地方豪族らが古墳にかわって建立したモニュメントとしての性格が強いだろう。その寺院の建立の契機はさまざまに想定しうるものの、基底にはやはり、上記した氏族集団の祖先に対する追善観念があるとみてよいのではなかろうか。
同時に、造寺を裏打ちしたのは、大化元年（六四五）八月癸卯の詔による伴造層以上への助成から、上記の天武十四年三月の詔にいたるまでの、伴造層や郡領（評督・助督）層といった官人となりうる階層を主たる対象とした、国家主導の全国的な造寺推進政策であった点にも、注目しておく必要がある。国家は治部省（理官）に「本系帳」（譜第）を提出させた地方豪族層を地方官人・トネリの出身母胎層と位置づけ、彼らの氏族的基盤とその世代継承を保護する一環として寺院造営を奨励・助成したと考えられるのである。[注13]そして彼ら地方寺院建立者の子孫たる檀越らは、地方寺院の資財などに対し「檀越専制」と称されて規制の対象とされるほどの権益を有していた（『続日本紀』霊亀二年五月庚寅条）。なお、これらの国家的な助成・統制を受けた地方寺院は定額寺と称されていく（『続日本紀』天平勝宝元年七月乙巳条）。

国家による寺院の建立奨励政策は、推古朝以来の官道などの基盤整備事業とも連動した政策でもあったとみられる。隋の使者裴世清は、来朝の際、難波津より大和川水運を利用して小治田宮に向かったと考えられるが、その後、そのルートの大和川に沿っていわゆる渋川道が整備され、その沿道に七世紀前半までに四天王寺・渋川廃寺・船橋廃寺が相次いで建てられ、竜田道の近傍にも平隆寺・法隆寺・法起寺などが建立されている。これらについては、推古二十一年（六一三）冬十一月の「難波より京に至るまでに大道を置く」とする『日本書紀』の記事に該当する官道整備と、それに連動した寺院の建立である可能性が指摘されている。[注14]その後、律令制下では七道およびその枝道が整備されているが、白鳳期以降の地方寺院は、この官道の沿線に建立される場合が多い。畿内では、摂津から和泉にかけての「熊野街道」や摂津の山陽道沿線に多く廃寺があるのみならず、とりわけ渡来系氏族の集住地として知られる河内地域から大和に至る東西道たる「長尾街道」および「竹内街道」、また河内から摂津へ南北に通る「東高野街道」などの幹線道路沿線に、おびただしい数の白鳳期前後の寺院が建ち並んでいたことが確認されている。[注15]一方、摂津以西の山陽道地域をみると、備前から備中の山陽道沿線および瀬戸内海沿岸沿いに廃寺跡が密集している。また、美作から山陰道にかけて通された通称出雲道でも、同様に沿道に多数の廃寺の存在がうかがえる。[注16]東国でも、たとえば美濃や尾張近辺では東山道や東海道沿線に地方寺院が建立されている。[注17]これらの地方寺院はいずれも基本的に在地の豪族層らが建立主体であろうが、国家はその建立を（特に西日本の場合は、おそらく対外的な外交使節の往来などをも考慮した視覚的荘厳効果を意識し）、官道整備に連動させるように誘導・助成したものと考えられる。

そしてこうした全国の官道沿いの寺院や国衙・国分寺などには、国師（講師）や中央寺院の僧・国分寺僧らが、職務上もしくは地方寺院の檀越の招請などの契機で、しばしば赴くようになった。『東大寺諷誦文稿』は、そうした官大寺僧が地方豪族の寺（堂）に招かれた際に法会で唱えるための文例集（雛形）であったと推定されている。[注18]また薬師寺僧景戒によって編纂された『日本霊異記』に収録された諸説話は、官道や駅家を活用して京―地方を往還した官僧らが国衙や地方寺院のネットワークの場などにあった在地の説話群を収集したものを前提に、それらを中国の説話なども活用しつつ二次的な加工を施しながら編成したものであることが指摘されている。[注19]

二　僧尼身分編成・一切経整備と王権

都城およびその周辺に立ち並んだ官大寺・有封寺には多数の僧尼が集住し、定額寺にも僧尼が配置されていた。

百済王権を通じて仏教を中央権力主導によって受容した倭国―日本の場合、僧尼身分の創出と管理・統制も、その中央世俗権力の主導性が際立つ。導入期には、上記したように蘇我氏や大伴氏およびその配下の渡来系氏族が出家を主導したが、蘇我本宗家の滅亡後には王権が主導し、そのもとで律令制下の僧尼は、国家的身分として位置づけられた。彼らは原則として、得度資格に関わる試業を経たのち、治部省―玄蕃寮による勘籍をともなって一般戸籍から離脱して僧尼名籍に登録され（雑令38条）、僧尼令の統制の下、課役が免除されて寺院に寂居し、国家・王権や貴顕・豪族の招請に応じて仏事を遂行する宗教者として位置づけられた。[注20] 僧尼身分の出身階層は、渡来系氏族や地方豪族がかなりの割合を占めたと考えられるので、郡司や兵衛・帳内・資人といったトネリや女孺などに近似する階層で、出身のあり方としても互換性を有していたとみてよいだろう。ただしそうした僧尼は、とりわけ天平期以降、天皇・キサキなどの仏教崇拝の進展に伴って、内裏・キサキ宮などに近侍するものが多数出現し、[注21] 厚遇を受ける者も続出している。玄昉・道鏡・法均尼（和気広虫）などはその典型的な事例で、天皇やその親族に密接して著しい栄達を遂げ、世俗政治にも大きな影響を与えた。

なお得度官許制度については、天平六年（七三四）十一月二十日太政官奏（『類聚三代格』巻二）で、嘱請による得度が蔓延している状況を批判し、『法華経』もしくは『最勝王経』一部を闇誦でき、兼ねて礼仏し浄行三年以上のものを得度させることとしたのが、一つの画期となる。正倉院文書中に残存する優婆塞（夷）貢進文の実例でも、得度申請者の本貫や年齢の他に、上記の二経を含む仏典の読経・誦経の可否と浄行年数が記載されている事例が多く確認できる。

またこの時期には戒師招請も計画されており、天平期までには、一貫した方針のもとに国家的な僧尼身分養成システムが整備されていったことがうかがえる。そして鑑真来日の後、東大寺に戒壇院が設置され、具足戒壇が整えられた。[注22] 東国戒壇および西国戒壇については『続日本紀』には記載がみえない。ただ後の史料ではあるものの『帝王編年紀』『僧綱補任抄出』『東寺文書』などで天平宝字五年（七六一）正月二十一日付の勅で東山道諸国や西海道諸国に戒壇を設置したとの記事がみられ、他の史料とも概ね齟齬がない。おそらくこうして『延喜式』に記された所謂天下三戒壇が、このころまでに整備されたものとみてよかろう。[注23]

ところで、戒師招請が計画された天平年間には、国家的な一切経書写事業も本格化していくが、王権の個別経典を超えた経典群そのものへの関心は、七世紀代に遡る。難波の味経宮で読経されたという「一切経」の内実は不詳だが、『日本書紀』によれば、天武二年（六七三）三月（是月条）には川原寺で書生を集めて一切経書写を開始し、おそらくその関連で同四年（六七五）十月癸酉には使者を四方に発遣し一切経を求め、同六年には飛鳥寺において斎会が開催され一切経が読経されるなど、王権が主導して組織的な仏典類の蒐集・書写・読経活動を展開している。その後、八世紀の前半ごろまでには官大寺などでも、それぞれ経典が蒐集・整備されていたことが資財帳などの記載からうかがえる。[注24]その上で天平期に入ると、内裏の写経機関や藤原光明子の皇后宮職系統の写経所などで、新たに一切経の書写事業が開始された。その際、とくに重視されたのは、玄昉が『開元釈教録』に準拠して唐で蒐集した五〇〇〇巻近くの請来経典群であった。[注25]

光明皇后発願の「五月一日経」は古代日本の代表的な一切経書写事業で、天平五年（七三三）ごろから書写活動が開始されていたが、玄昉の舶載経典がもたらされると、以後、その玄昉の請来した本経に依拠して写経がなされるようになった。その写経事業は、『開元釈教録』掲載の全ての経律論の書写がテキストの不在により不可能であることが判明した天平十四年以降には、書写対象に別生経・録外経や章疏類をも加えて、聖武太上天皇の死去した天平勝宝八歳（七五六）まで書写が継続され、結果、六五〇〇巻以上の仏典コレクションとなった。[注26]こうした「五月一日経」は以後の日本の「勅定」一切経書写のモデルとされた。[注27]

その後、九世紀初頭には新たに空海によって『貞元新定釈教目録』がもたらされ、入唐八家らによって天台・真言系を中心とした仏典類なども増補されていった。ただしその際も、日本王権は「五月一日経」以来のスタイルを踏襲し、別生経や録外経・章疏類なども排除せずに目録化と書写を行い、十世紀初めには宇多—醍醐王権の主導で、密教典籍類の集成と目録化（「安然録」）、および真言宗以外の諸宗の章疏類の書写と目録（「五宗録」）編成事業が遂行されるにいたる。注28

三　国家的法会・教学編成と王権

一方、律令体制初期の国家がとくに重視した法会は、『仁王経』や『金光明経（最勝王経）』といった護国経典の読経・講説法会であった。『仁王経』の講説は仁王会と称された。唐や新羅で百高座として挙行された事例が確認でき、倭国—日本でもそれを継受して挙行したとみられる。仁王会は、宮中・官大寺において、百人の僧を招請して対外的問題を含む国家や王権の危機的事態に際して臨機に挙行された。八世紀には、多くの場合、新写された一〇〇部の『仁王経』が用意され、講師が章疏類も活用して宮中のみならず東大寺をはじめとした官大寺で講説法会が挙行され、法会修了後には儀式で使用された経典・調度類が関連諸寺に施入された。注29その後平安期には、春秋の仁王会が宮中で開催され、大極殿で百高座を敷設する体制も整備された。注30また仁王会は、孝謙天皇の即位儀礼として開催されたことを濫觴としつつ、九世紀以降には天皇の代替わり儀礼の一環として定例化し（弘仁式：一代一度仁王会）、都城・全国で挙行された。

『金光明経（最勝王経）』も災厄や国内外の危機を攘い、五穀豊穣や天下安寧を祈念することを臨機に行う場合もあったが、むしろ、毎年正月八日から一週間、宮中にて読経法会を挙行し、国家・国土の安寧を定期的に祈念するとともに、その場で毎年年分度者を養成するという機能が重要であった。なお、正月の宮中法会はのち吉祥天悔過の法要を含めた「御斎会」と呼ばれる法会へと発展し、[注31]九世紀以降には薬師寺最勝会と興福寺維摩会とともに三会と称され、官大寺僧らを招請し国家の鎮護を定期的に祈念し、僧綱などの僧官を再生産するための最重要の国家的法会として位置づけられるようになる。[注32]

諸国でも持統八年（六九四）に一百部の『金光明経』が頒布され、宮中に連動して官物を用いて正月上弦に『金光明経』・『最勝王経』の読経法会がなされる体制が整えられた（『日本書紀』持統八年五月癸巳条）。正倉院文書中に現存する天平期の諸国の正税帳では、正月十四日の『金光明経』・『最勝王経』読経に際しての供養料の支出がいくつも確認できる。国分寺創建以前には、基本的には読経は国衙でなされたようだが、天平十年（七三八）の和泉監正税帳には「貳寺」で読経がなされ、供養料が支給されたと記されており（『大日本古文書』二ノ七七）、国内有力寺院で挙行される場合もあったことがわかる。加えて、天平十三年（七四一）には国分寺建立詔が発せられ、以降、諸国に「国華」たるべき寺院として（尼寺とともに）建立が進められた。この寺は正式名称が「金光明四天王護国之寺」であることからも判明するように、『金光明最勝王経』の四天王品の教説をもとに、鎮護国家を目的として建立された寺院であった。国分寺建立詔では、国分尼寺とあわせた二寺の僧尼により毎年八日に『最勝王経』を転読するよう規定されていた。また安居においても当初より国師（講師）の指導のもと『最勝王経』の講説がなされたとみられる。[注33]なお、王権に国分寺の建立を企画させた重要な要因に、天然痘の流行によって藤原四兄弟をはじめとした有力貴族層を含む多数の人民の罹患・病死による人口激減という未曾有の危機的社会状況が背景にあったであろうことは間違いないであろう。また藤原広嗣の乱にみられる王権中枢部の分裂の反省を踏まえ、藤原光明子が率先して仏法による統一と安寧を願って発願するという一面もあったはずである（『続日本紀』天平十三年正月丁酉条、同天平宝字四年六月乙丑条）。なお国分寺は、聖武天皇の一周忌のころまでにはかなりの諸国で伽藍が整備されていたようだが（『続日本紀』天平勝宝八歳十二月己亥条）、それ以降、九世紀代にも既存の定額寺を国分寺に改編したり、新たな堂舎や仏像を建立したりする事例も確認でき[注34]、古代国家の地方安寧への一貫した意思がうかがわれる。

国分寺造立詔の後、天平十五年（七四三）には紫香楽宮で盧舎那仏造立の詔も出され、曲折を経た後、天平十七年以降は還都した平城の地で造営が引き継がれた。

大仏は天平勝宝四年（七五二）四月の仏誕日（八日）には開眼会が挙行される予定であったが（実際には九日に実施）、それは『日本書紀』に描かれた仏教「公伝」から二百年を期して計画的に企画された仏事であった[注35]。開眼会当日の様子は『続日本紀』に、「仏法東帰、斎会之儀、未㆔嘗有㆓如㆑此盛㆒也」と特記され、天皇以下礼服を着した百官や一万の僧らを招請して開催され、伎楽や様々な舞・歌などが奉納された[注36]。正倉院文書中のいわゆる蠟燭文書は、この時招請された僧名を列挙した歴名簿とみられている[注37]。

盧舎那仏は『華厳経』の教主であったが、大仏の建立は、天平十二年（七四〇）の聖武による河内大県郡への行幸での智識寺の盧舎那仏礼拝を一つの契機としている（『続日本紀』天平勝宝元年十二月丁亥条）。また同年より審詳を講師として招請し、三年にわたる六十巻本（旧訳）の講説が金鐘寺で開始され、以後、講師を替えながら天平二十一年（七四九）まで新旧の華厳経の講説がなされたことも重要である[注38]（『東大寺要録』巻第五、諸宗章第六、所収「東大寺華厳別供縁起」）。新羅留学僧であった審詳を招請したのは聖武に密接し東大寺造営の立役者となった良弁だが、この『華厳経』講説はもともと聖武の四十歳の満賀を祝って企画されたものであったという。これらの事情があいまって、聖武や光明子などの盧舎那仏・『華厳経』への信仰が急速に深まっていったものと思われる。

その後天平二十一年四月に、聖武は陸奥からの産金を祝して東大寺へ行幸し、「天平感宝」へと改元、同元年（七四九）閏五月癸丑には、「太上天皇沙弥勝満」と自称した詔（いわゆる「花厳経為本」詔）において、『華厳経』を根本において一切経（大乗小乗経・律・論・抄・疏・章…「五月一日経」を基準とする）を恒久的に転読・講説することを命じ、その実現のために、十二寺に莫大な資財を施入している（『続日本紀』同日条）。

またこの詔を受けて、良弁とその弟子智憬らの主導によって、章疏類が博捜・蒐集・書写され、それをもとに一切経典類の分担的な転読講説のための学僧集団が組織されていった。すなわち南都六宗（花厳宗・法性宗・三論宗・律宗・倶舎宗・成実宗）である。なおその過程での章疏類の整備事業には、審詳が新羅から請来した典籍を含むいわゆる「審詳経」も一定の役割をはたしていた。注39

南都六宗の教学の枠組みと学僧集団の性格は、その後平安期に入って法性宗の法相宗への転換、天台宗さらには真言宗の承認、倶舎・成実両宗の法相・三論宗の寓宗化などによって平安諸宗（八宗）として再編され、それが以後の学僧集団と諸宗の教学の枠組みを規定していくこととなった。なお上記した「五宗録」は、十世紀初頭における各宗の教学の枠組みを章疏類から示すという点でも重要な目録群である。

四　王権中枢部の仏教受容とその変遷

律令体制の整備にともなって、君主たる天皇は律令法上に「明神」と位置づけられ（公式令詔書式条、宣命での実例では「現御神」)、且つ皇祖神から天津日嗣を継承し、様々な天神地祇の頂点的位置を占めて神事を親祭・監督する存在と規定された(神祇令)。他方、仏教との関係では天皇の身位にともなう律令法上の規定はなんら存在しない。そうした天皇は、当初は仏教に対して外護者として造寺や僧尼の生産に関わり、法会を開催することで追善儀礼を行い、また鎮護国家・天下安寧を求めることが主軸であった。[注40] したがって当然ながら、自身が仏教的論理(とくに僧尼的秩序)に内在し、そこで特定の位置を占めることはなかった。[注41]

ところが、そうした君主と仏教との関係は、天平期以降、聖武天皇のもとで大きく変化した。[注42] 聖武は皇后藤原光明子とともに、国分寺や盧舎那大仏・東大寺の建立を推進し、東大寺建立の過程では、自身を「仏弟子」や「三宝乃奴」と位置づけ、ついには「太上天皇沙弥勝満」と自称し、詔(勅書)にて譲位と出家の意思を明示して、僧綱がある薬師寺宮に入り、以後大仏開眼会・南都六宗の確立・戒壇の整備(と菩薩戒の受戒)といった仏教事業のみに専心した。その後即位した未婚の孝謙天皇は、紫微中台を設けて皇権を実質的に掌握していた母光明子の生存中は光明子や藤原仲麻呂の意向に従い、ほどなく傍系の淳仁天皇に譲位したものの、母の死後には道鏡を寵愛して淳仁と対立し、淳仁や仲麻呂(恵美押勝)を放逐・排除し、出家して尼となったまま復位した。天皇の出家は、経典(『最勝王経』)の内容から正当化された(『続日本紀』天平神護元年十一月庚辰条)。

またそれらの過程で聖武の東大寺造営時には宇佐八幡宮が助力し、八幡宮の禰宜「尼」の大神朝臣杜女が紫の輿に乗って上洛した(『続日本紀』天平勝宝元年十二月丁亥条)。称徳の復位時には、女帝は尼として大嘗祭を執行し、その神事に僧も参加した(『続日本紀』前掲天平神護元年十一月庚辰条)。また伊勢にも神宮寺を建立し丈六仏を安置する[注43](『続日本紀』天平神護二年七月条)など、天皇の性格の変容にあわせる形で、天皇主導による神仏習合政策が推進された。さらに称徳は、自身の皇位の後継者として道鏡を予定するまでにいたった。結局、その企ては王権中枢を構成する支配層多数の賛同が得られず、宇佐八幡託宣事件で挫折する結果となった。しかし、こうした聖武―称徳の行動は、従来の天皇の身位と仏教の関係や、皇位そのものの継承の原則をも大きく変貌させようとする企画であった。それらの企てをなすにいっては、東アジア諸国の歴代君主のあり方も参照されたとみられるが、[注44]聖武・称徳にその方向性をうながした根本的な要因は、おそらくは、律令体制の完成とともにようやく確立させた草壁皇子末裔の直系皇統の断絶への諦念であったと考えられる。

称徳の死去にともなって道鏡は排除され、これ以後、日本王権では「皇儲」以外の者の皇位継承が企画されることはなくなった。また在位中の君主（天皇）は九世紀以降、菩薩戒の受戒や密教の結縁灌頂を受けることはあっても、[注45]出家することは（臨終間際を除いて）なくなった。また、皇祖神を祀る伊勢神宮でも神仏隔離が推進された（『続日本紀』宝亀三年八月甲寅条・同十一年二月丙申朔条）。

ただし、光仁朝段階でも早良親王は出家した皇子として東大寺や大安寺で活動し、親王禅師と称され、皇太弟となった段階でも南都の官大寺・僧らに大きな影響力を保持した。また平城天皇の皇子高岳親王も出家して東大寺に入り、その後宗叡らと入唐し、さらに長安で宗叡らと分かれてインドへの巡礼を図り、途中羅越国で客死している。[注46]彼らは以後の出家する皇族（法親王など）の先鞭となった。

さらに宇多天皇は、譲位後、権僧都益信より密教の伝法灌頂を受けて法皇と称し、仁和寺に入寺して真言宗の頂点に座した。[注47]また上記した「安然録」や「五宗録」の編纂を指令して諸宗の教学編成を主導し、また熊野[注48]や高野山・比叡山・金峯山など、畿内近隣の「山」の信仰の統合を模索するなどして、宗教界を統率しようとした。この宇多の宗教的統合政策が、以後の社会的な宗教権門の確立への大きな原動力となったと考えられるのである。

むすびにかえて

六世紀半ばから十世紀初めごろまでの王権と仏教の関係について、東アジアの政治情勢と関わる受容過程の様相、仏教を興隆した中央―地方の支配層の信仰とその内容、官大寺―定額寺などの寺院の特徴と国家体制の整備との関連、僧尼の身分的特徴と貴顕との関わり、仏典の請来と章疏類を含む一切経の書写事業、それらを活用した諸法会と教学編成システムの特徴、また王権中枢の仏教との関係構造の推移などについて、私見を概括的に提示した。ただし、本稿に与えられた主題とも関わって、王権・支配層が主導した仏教興隆事業にほぼ的を絞って論述したため、行基に典型的にみられるような畿内を中心とした社会的な仏教信仰の動きや、近年、各地で多く発見・発掘されている文字資料を含んだ仏教ないし宗教的な考古遺構・遺物への言及は、その評価も含めてほとんどできなかった。また紙幅の都合もあり、神仏習合の動向や「山」での宗教活動の実態などについても、ごく一部の言及にとどまらざるを得なかった。これらについては、いずれも機会を改めて考えてみたい。

注

1 古代東アジアの仏教受容とその特徴については、『新アジア仏教史06中国Ⅰ　南北朝　仏教の東伝と受容』佼成出版社、二〇一〇年、『新アジア仏教史07中国Ⅱ　隋・唐　興隆・発展する仏教』佼成出版、二〇一〇年、などを参照。また、中林隆之「東アジア〈政治―宗教〉世界の形成と日本古代国家」『歴史学研究　増刊号』八八五、二〇一一年でも概観した。

2 東野治之「古代日本の文字文化――空白の六世紀を考える――」国立歴史民俗博物館・平川南編『古代日本　文字の来た道

古代中国・朝鮮から列島へ』大修館書店、二〇〇五年。

3 山尾幸久「日本への仏教伝来の学説をめぐって」『立命館文学』五一一、一九八九年など。

4 以上の本文でみた仏教受容に際して果たした大伴氏の役割の重要性については、日野昭「大伴狭手彦の伝承と仏教」同『日野昭論文集Ⅰ　日本書紀と古代の仏教』和泉書院、二〇一五年、所収（初出一九八一年）を参照。また同書所収の他の一連の論考も参照。

5 千田剛道「高句麗・百済の王陵付属寺院」『奈良文化財研究所紀要』二〇〇七年。

6 門田誠一「高句麗王陵の築造思想にみる儒教と仏教――追孝から追福へ――」同『東アジア古代金石文研究』法藏館、二〇一六年（初出二〇一二年）。

7 中林隆之「古代国家の形成と仏教導入」同『日本古代国家の仏教編成』塙書房、二〇〇七年、古市晃「四月・七月斎会の史的意義――七世紀倭王権の統合論理と仏教――」同『日本古代王権の支配論理』塙書房、二〇〇九年（初出二〇〇七年）など。

8 田中史生「飛鳥寺建立と渡来工人・僧侶たち――倭国における技能伝習の新局面――」鈴木靖民編『古代東アジアの仏教と王権　王興寺から飛鳥寺へ』勉誠出版、二〇一〇年を参照。

9 中林隆之前掲注7「古代国家の形成と仏教導入」。

10 草壁皇子の追善との関係については、森公章『天智天皇』吉川弘文館、二〇一六年が、『延喜玄蕃寮式』にみえる四月十三日の悔過を草壁の命日に関わると指摘している。

11 この施入された燈分稲は、『延喜玄蕃寮式』にみられる「凡諸寺燈油者…其国分二寺幷定額寺、別稲一千束已下五百束已上出挙以息利買用之…」とあるものの起源であろう。なお寺ごとの燈分稲とその出挙の現地管理・運用権は、大同三年（八〇八）七月四日官符（『類聚三代格』巻三）で国司から講師・三綱に移管されている。

12 菱田哲郎「古代日本における仏教の普及――仏法僧の交易をめぐって」『考古学研究』二〇七、二〇〇五年、三上喜孝「古代の辺要国と四天王法」『山形大学歴史・地理・人類学論集』5、二〇〇四年、同「「古代の辺要国と四天王法」についての補論」『山形大学歴史・地理・人類学論集』6、二〇〇五年など参照。

13 中林隆之「日本古代の寺院資財管理と檀越」栄原永遠男編『日本古代の王権と社会』塙書房、二〇一〇年。

14 安村俊史「推古21年設置の大道」『古代学研究』一九六、二〇一二年。

15　藤田憲司・鹿野塁・松浦暢久「摂河泉古代寺院地名表」『平成19年度春季特別展　河内古代寺院巡礼』大阪府立近つ飛鳥博物館、二〇〇七年。

16　出宮徳尚「第七章 古代　第二節 古代寺院址」近藤義郎編『岡山県の考古学』吉川弘文館、一九八七年。

17　三舟隆之「道場法師系説話群の成立――美濃・尾張国の交通網」同『『日本霊異記』説話の地域史的研究』法蔵館、二〇一六年。

18　鈴木景二「都鄙間交通と在地秩序――奈良・平安初期の仏教を素材として」『日本史研究』三七九、一九九四年。

19　三舟隆之「総論 『日本霊異記』に見える僧侶の交通と地域関係説話の形成」同前掲注17『『日本霊異記』説話の地域史的研究』。

20　佐久間竜「官僧について」同『日本古代僧伝の研究』吉川弘文館、一九八三年（初出一九五六年）。

21　正倉院文書中には、皇后宮や内裏で仏事や奏宣などの業務に従事した僧尼が多数みえる。また勝浦令子「八世紀の内裏仏事と女性――「仏名会」前身仏事を手がかりに――」同『日本古代の僧尼と社会』吉川弘文館、二〇〇〇年（初出一九九五年）は、二条大路木簡中に「内侍尼」をはじめとした多数の尼が確認できることを指摘している。

22　東野治之『鑑真』岩波新書、二〇〇九年。

23　佐藤信「下野薬師寺と下野国河内郡――地域社会の古代史」同『出土史料の古代史』東京大学出版会、二〇〇二年（初出一九八八年）。

24　諸大寺以外では、飛鳥寺禅院（のち禅院寺）が、道昭が請来した経典群を保持していたことが注目される。禅院（寺）の道昭請来経典は、当初、道昭の弟子等が木簡などを活用しつつ管理・出納した。この点については、竹内亮「飛鳥池遺跡北地区出土木簡と飛鳥寺」同『日本古代の寺院と社会』塙書房、二〇一六年、を参照。

25　玄昉の請来仏典の詳細については、山本幸男「玄昉将来経典と「五月一日経」の書写」同『奈良朝仏教史攷』法蔵館、二〇一五年（初出二〇〇六・二〇〇七年）、また請来仏典の大枠については、榎本淳一「日本古代における仏典の将来について」『日本史研究』六一五、二〇一三年、を参照。

26　皆川完一「光明皇后願経五月一日経の書写について」同『正倉院文書と古代中世史料の研究』吉川弘文館、二〇一二年（初出一九六二年）。

27 山下有美「勅旨一切経所について――皇后宮職系統写経機構の性格――」同『正倉院文書と写経所の研究』吉川弘文館、一九九九年（初出一九九六年）。
28 宮﨑健司「奈良時代の一切経の行方」同『日本古代の写経と社会』塙書房、二〇〇六年（初出一九九九年・二〇〇一年の二編を改編）、中林隆之「南都六宗から平安諸宗へ――「五宗録」からみた平安前期の王権・国家と仏教――」同編『経典目録よりみた古代国家の宗教編成策に関する多面的研究』二〇一〇～二〇一二年度科学研究費補助金基盤研究(C)研究成果報告書、二〇一三年。
29 中林隆之「日本古代の仁王会」同前掲注7『日本古代国家の仏教編成』（初出一九九九年）。
30 内田敦士「平安時代の仁王会」『ヒストリア』二六五、二〇一七年。
31 堀池春峰「維摩会と閑道の昇進」同『南都仏教史の研究　遺芳篇』法蔵館、二〇〇四年（初出、一九八八年）、上島享「中世前期の国家と仏教」『日本史研究』四〇三、一九九六年。
32 吉田一彦「御斎会の研究」同『日本古代社会と仏教』吉川弘文館、一九九五年（初出一九九三年）。
33 『類聚三代格』延暦廿五年四月廿五日官符参照。この官符では、国分寺において従来よりなされていた『最勝王経』に副えて、『仁王般若経』も講ずることを命じている。
34 荒井秀規「四　仏と神と」『古代の東国③　覚醒する〈関東〉』吉川弘文館、二〇一七年。
35 吉村怜「東大寺大仏開眼会と仏教伝来二百年」『美術史研究』九、一九七二年。
36 杉本一樹「正倉院文書はなぜ国際色豊かなのか」吉村武彦・吉岡眞之編『新視点日本の歴史　第三巻古代編Ⅱ』新人物往来社、一九九三年、栄原永遠男「大仏開眼会の構造とその政治的意義」『都市文化研究』二、二〇〇三年。
37 杉本一樹『正倉院――歴史と宝物』中公新書、二〇〇八年。
38 堀池春峰「華厳経講説よりみた良弁と審詳」同『南都仏教史の研究上　東大寺篇』法蔵館、一九八〇年（初出一九七三年）。
39 中林隆之「「花厳経為本」の一切経法会体制」同前掲注7『日本古代国家の仏教編成』、同「日本古代の「知」の編成と仏典・漢籍」『国立歴史民俗博物館研究報告』一九四、二〇一五年。
40 本郷真紹「律令国家仏教の成立と展開」同『律令国家仏教の研究』法蔵館、二〇〇五年（初出一九八七年・一九九三年）。
41 律令制成立期に古人大兄皇子が皇位継承を避けるために仏道修行を行うため吉野入りし（『日本書紀』皇極四年六月条）、また天智天皇より後事を託された大海人皇子もひげと髪を剃り吉野に入った（『日本書紀』天智十年十月庚辰条）という事例はあるが、いずれも政争を回避するための緊急避難的措置の意味合いが強い。

42 天皇の出家をめぐっては、岸俊男「天皇と出家」岸俊男編『日本の歴史7　まつりごとの展開』中央公論社、一九八六年、東野治之「現人神の出家」同『大和古寺の研究』塙書房、二〇一一年（初出一九九七年）、本郷真紹前掲注40論文、勝浦令子「聖武天皇出家攷――「三宝の奴と仕へ奉る天皇」と「太上天皇沙弥勝満」――」大隅和雄編『仏法の文化史』吉川弘文館、二〇〇三年、小倉慈司・山口輝臣『天皇の歴史09　天皇と宗教』講談社、二〇一一年、など参照。なお、天皇の菩薩戒受戒については、上川通夫「天平期の天皇と仏教――菩薩戒の受戒をめぐって」同『日本中世仏教形成史論』校倉書房、二〇〇八年（初出一九八九年）など参照。

43 高取正男『神道の成立』平凡社選書、一九七九年。

44 勝浦令子注42論文を参照。

45 西本昌弘「平城上皇の灌頂と空海」『古文書研究』六四、二〇〇七年、同「嵯峨天皇の灌頂と空海」『関西大学文学論集』五六―三、二〇〇七年、河上麻由子「清和天皇の受菩薩戒について」『日本仏教綜合研究』一一、二〇一二年など。

46 佐伯有清『高丘親王入唐記――廃太子と虎害伝説の真相――』吉川弘文館、二〇〇二年。

47 駒井匠「宇多法皇考」根本誠二・秋吉正博・長谷部将司・黒須利夫編『奈良時代の〈知〉の相関』岩田書院、二〇一五年、川尻秋生「弘法大師の成立――真言宗の分裂と統合」新川登亀男編『仏教文明と世俗秩序　国家・社会・聖地の形成』勉誠出版、二〇一五年など。

48 上島享「宇多天皇の宗教活動と熊野――中世熊野信仰の前史の考察」『和歌山県立博物館研究紀要』二一、二〇一五年。

Ⅲ　王権儀礼

即位儀礼と王権

藤森　健太郎

はじめに――「践祚《せんそ》」と「即位儀《そくいぎ》」――

王権の権威の中心には、君主の地位にある人物が存在する。その人物がその地位に就任することを、即位と言う。こう言う場合の即位は抽象概念である。

ある人物の君主位への就任は、ある特定の時点をもって確定される。君主の持つ権能の重さを思えば、就任時点が曖昧であってはならない。就任確定の明確な時点を形作るため、象徴的な行為がなされる。狭い意味での即位儀礼＝君主位就任確定の儀礼である。そもそも即位の語義は君主に相応しい場に位置すること、践祚は君主のみに許される階段をのぼることである。君主位就任確定を形作る具体的行為を示す語が先にあり、抽象概念たる即位はむしろ後発的とおぼしいほどに、君主位就任確定には儀礼的行為が必須である。

狭い意味での即位儀礼＝君主位就任確定儀礼に加え、新君主就任に関わる特別な諸儀礼がある。君主の行うべき恒例の行為であっても、新君主によるそれは初例になるので特別な意味を持たされる。日本の場合、前者には大嘗祭や一代一度仁王会などがある。後者には○○始の類いが見られる。

注意すべきは、狭い意味での即位儀礼にあらざる即位関連儀礼の中に「即位儀」があることだ。平安時代から現代に至るまでの「即位儀」では君主の就任確定はされない。しかし「即位儀」は関連儀礼というより君主位確定の即位儀礼そのものと思われがちである。即位の語が混乱を生む。仮に一代一度朝拝始のように呼ばれていれば、混乱は回避されたであろう。ただ「即位儀」が即位関連の朝拝始と割り切れないのにも一理ある。そこに現れる新君主はすでにその地位を確定させている。だが、彼は初めて高御座に即き、直接には官僚群に、観念的には全国家に向かって南面し、即位を告げ知らせる。初めて高御座に即くことは、高御座之業と称された統治権を襲った象徴として、関連儀礼と割り切れぬほどに重い。またその重みには奈良時代までの伝統がある。それでもなお確認しておこう。平安時代から現代まで「即位儀」で君主就任が確定するわけではない。

平安時代以後、君主位就任確定の儀礼的行為は、「即位儀」に先だってなされる。近代になってその行為は践祚と呼称が固まり、亡き先帝[注1]からの宝器[注2]の相承がその中核とされた。しかし前近代には先帝譲位が多いので、先帝死没を前提とする近代の践祚の概念のみからは解けないことが多くある。「即位儀」に先立つ君主位就任確定儀礼を何と呼ぶか、その中核すなわち君主位就任を確定させる行為は何なのか、前近代には単純でない。とはいえ「即位儀」に先立つ君主位就任確定儀礼の総称として、「践祚」の語を便宜用いてもよかろう。ただその際、先帝没後の宝器相承を中核として近代的に整理された践祚の先入観に引きずられないようにすべきである。

前置きとしては長きに及んだ。まとめよう。平安時代から現代まで、君主位就任確定の儀礼がまずあった。こんにちでは通常「践祚」と総称されている。この後しばらくして「即位儀」がある。新帝が高御座で群臣を前に

南面し、即位詔を発する儀礼である。本稿は、このふたつの儀礼を、考察の対象とする。[注3]

一　令制以前の即位儀礼

再三にわたり「平安時代以後」を強調した。「践祚」と「即位儀」がほぼ定式化し、そこからの変化を考察すれば大方理解できるのが、平安時代以後だからである。奈良時代までの即位儀礼は、いわば「践祚」と「即位儀」の成立過程ということになるが、史料が乏しく、平安時代以後と同等の精度で考察するのは難しい。それでも多くの研究者がこの難問に挑んできた。

もとよりいつの時代でも、列島の支配層の頂点にいる大王、後の天皇がその地位に就任する際、何らかの儀礼的行為があったことは間違いないだろう。『日本書紀』（以下『書紀』）では、雄略・清寧・武烈・孝徳・天武の諸天皇が、有司に壇（壇場）を設けさせて即位したとある。また、舒明・清寧両天皇の場合、璽（璽印）を皇位継承者に奉る記事がある。[注4]これらは具体的な儀礼行為である。璽印を奉る行為は形を変えながら後世へ続いていき、登壇行為も大極殿の高御座に即く行為に発展していったとみてよい。[注5]後世の「践祚」や「即位儀」はこれらの伝統を前提に形成された。

ところが研究史上、古い時代の大王・天皇の就任関連儀礼として大嘗祭に大きな関心が持たれ、議論が集まってきた。大嘗祭の方が日本固有の古態をとどめているように見えることや、比較的単純な「践祚」「即位儀」やその前身に比べて、深い意味を持つ神秘的な行為が行われているように見えることが大きな理由であろう。大嘗祭については本書で別に触れられるので詳述しないが、もちろん古代日本の最重要祭祀のひとつである。天神寿詞の奏上や剣璽の奉上儀礼が「践祚＝即位儀」から大嘗祭関連の場に移動し、践祚大嘗祭とも呼称されたことも無視できない。しかし「天皇霊を身につけて真の天皇になる」など、史料を超えた意味づけでもしない限り、大嘗祭は君主位就任確定儀礼でもなく、新君主の治世開始を告げるものでもない。

一九八〇年代、大嘗祭に偏重していた研究史を一新させる役割を果たしたのは、井上光貞氏の「古代の王権と即位儀礼」[注6]と岡田精司氏の「大王就任儀礼の原形とその展開――即位と大嘗祭――」[注7]であった。両氏は、『書紀』に見える断片的な記事にも精緻な分析を加え、中国的文飾を考慮しても、これら記事から古い時代の天皇（大王）即位儀礼を考察可能であるとしたのである。これを嚆矢に、古い時代の即位儀礼に関する重要な研究が輩出した。吉村武彦氏や熊谷公男氏の研究など[注8]である。

中国的文飾に留意しつつ断片的な記事から類推することになるので、細かい点では各論者間に少なからぬ違いはあるが、令制以前の即位儀礼についても、最大公約数的な共通見解を提示することが可能だろう。おおよそ七世紀について、前大王の葬送関連や遷宮を略した上で簡単に示せば、以下の二段階の存在が推定される。

①前君主が没すると、群臣から宝器の奉上がある。

②日時を空けて、壇場を準備し、新君主がそこにのぼる。

①では宝器を奉上するのが群臣とされている。いわゆる大和政権を構成する豪族層ということだろうが、彼らの総意ないし合意により新大王が推戴される形を取るとされる。井上氏は宝器奉上を、制度化されていないにしても後世の「践祚」の前身と見なす。

②は壇場に上っての即位、昇壇（登壇）即位である。岡田氏も指摘するように、有司をして壇を設けさせて即位するという文言自体は、中国的文飾、というより引用なのであるが、中国のそれが即位に際して天を祀るため

の壇を設ける意であったのに対し、『書紀』では新大王自身がそこに登ることによって即位したと解せる。岡田氏はこれを、壇の上に立つことによって大王位の聖なる資格をつけたものと評価する。岡田氏の議論は、大嘗祭に示されていると思われてきた神話的観念を「即位儀」の方に見いだそうとする傾向が強いので、神話的観念の反映の読み込みに積極的である。井上氏も、昇壇儀礼は後世の「即位儀」の前身と見なす。

さて、①と②ではいったいどちらが狭い意味の即位儀礼、すなわちその時点で明確に君主位就任を確定する儀礼なのか。後世の「践祚」と「即位儀」では前者が君主位就任確定儀礼であり、井上氏はどちらかというとこちらの「践祚」の前身と見なす①に君主位就任確定の評価を与えているように思える。いっぽう、岡田説のように天孫降臨神話の再現としての意義づけを持たされるのならば「即位儀」の前身とおぼしき昇壇が君主位就任確定上第一義のようにも思えるが、その岡田氏は前掲論文の結びで王位就任にとって最も重要な儀礼として、宝器の授受と高御座昇段をともに挙げる。あるいは就任確定時点を合理的かつ限定的に決定することができない段階ということであろうか。こうした曖昧さは、平安時代に「践祚」「即位儀」のセットが確立されるまでつきまとう。

ところで近年、人物や儀仗などを具象的に表現するいわゆる形象埴輪、特に群像から古墳時代の首長儀礼を復元考察できるようになってきている。形象埴輪の群像から古墳時代の首長儀礼を読み取ろうとする研究は、群馬県の保渡田八幡塚古墳を材料とする研究から本格的に始まり、真の継体陵と目される今城塚古墳の大規模群像の発見により、大きな画期を迎えた[注9]が、これら埴輪群が表現する儀礼は何なのか、そもそも単一の儀礼を表現しているものか、など基本的な点でも諸説あるのが現状である。[注10]

しかし、諸古墳の群像埴輪では、後世的に表現すれば群臣の列立・儀仗の陳列、跪いての言上やモノの奉上などの情景が表現されている。また、門と柵に画された何重もの空間や、その中で正殿というべき建物に向かって列する様子などもわかる。首長儀礼を挙行する舞台装置が五～六世紀にここまで充実していた以上、大王就任儀礼も相応の規模で行われていたと推定してもよさそうである。加えて、後の時代に宝器の中核を構成するとされる玉・鏡・剣は、古墳時代さらにはそれ以前から首長の威信財であったと推定されることにも注意すべきである。[注11]

冊封儀礼の問題も指摘しておきたい。周知の通り、五世紀のいわゆる倭の五王は、中国南朝から冊封されていた。こうした場合本来ならば、列島内部で最有力首長すなわち大王に就任する儀礼とは別に、中国からの冊を受ける儀礼が行われるべきとも思われる。今のところ実際に冊礼が行われたのか、行われたとしてどんな儀礼だったのかわからないが、五世紀固有の問題として留意される。

令制以前の即位儀礼にはなお興味深い論点が多いが、その完全な解明はなかなか難しい。考古学など諸学との連携がさらに必要であろう。

二　神祇令践祚条と奈良時代の即位儀礼

井上光貞氏や岡田精司氏は、大嘗祭ならぬ「践祚」「即位儀」やその前身に天皇就任儀礼を見るのと関連して、これらが令に規定されているとした。神祇令践祚条である。践祚条は、践祚之日に、中臣が天神之寿詞を奏し、忌部が神璽之鏡剣をたてまつれと規定する。この践祚之日は後世「即位儀」に先だって行われた「践祚」ではなく、また践祚大嘗祭でもなく、『続日本紀』（以下『続紀』）に記録される奈良時代の即位の日に他ならないとされる。端的に言えば、この時代には「践祚＝即位儀」と言うべきひとつの儀礼であったことになる。

大宝令以前の例ではあるが、『書紀』の持続四年（六九〇）正月一日の記事には、践祚条にあるような儀礼が実践されたことを裏付けるように、中臣による寿詞奏上、忌部による鏡剣奉上が登場する。これらの後に持統が「即天皇位」（具体的な儀礼行為を表しているのだとすれば登壇か）し、群臣の拝礼が行われたとされる。奈良時代の天皇の即位儀でも概ねこのような儀礼が行われたが、『続紀』では儀礼の細部を省略していると考えるのである。岡田氏自身が整理した表を基礎にやや簡略にして定式化すれば、

①天皇が大極殿高御座に登壇
②中臣の寿詞奏上
③忌部の鏡剣奉上
④即位宣命
⑤群臣拝礼

となる。

『続紀』に載せる即位宣命の多くが後世のそれに比して長大複雑であることはよく知られているが、それも畢竟④の中の問題であって、①〜③や⑤の有無を否定も肯定もするものではない。しかしながら、大極殿での即位が明記されている以上①がないことはまず考えられず、②③も大嘗祭関連の辰日節会にその後移動したことがわかるので、それ以前は「践祚＝即位儀」にあったことが間接的に証される。また④がある限り、⑤がないことは考えられない。やはり岡田精司説が、今なお最も有力な復元案だといえよう。

ここでは、宝器（鏡剣）奉上が忌部の職掌になっている。かつては群臣からされていたものである。これは、群臣からの推戴を必要とせず、王権の側が譲位や遺詔によって後継者を決定できるようになった象徴である。[注12]と同時に、特定の一氏族の役とはなっているが、なお伝統的な豪族層からの奉上であることを重視すれば氏族制的

遺風をも感じさせる。[注13] いずれにせよ即位儀礼に表れた王権のあり方の変化として捉えられている。

かくして相当正確に復元されていると見なされている令制・奈良時代の「践祚＝即位儀」だが、なお問題は残っている。

先の持統即位では、践祚条に規定されることになる要素がそろっており、さらに登壇・拝礼なども見えて、後の奈良時代の即位儀まで引き継がれる全要素が完全にあるように見える。ところが、翌日にも群臣の拝礼があり、それは元会儀＝元日朝賀儀礼と同様だったという。この日には臣下からの賀詞奏上[注14]も行われた。

さらにそのつぎの文武即位の際には、文武元年（六九七）八月一日に「受禅即位」とあるのに、即位宣命と言うべき詔が出たのは同一七日になってからである（『続紀』）。持統の記事とは違い、文武の記事からは具体的な儀礼行為がわからない。しかし一日の受禅即位では登壇・寿詞奏上・鏡剣奉上を行ったのだろうし、いっぽう一七日の宣命が群臣への宣読なしに下されたとは考えられず、群臣の参集・拝礼などが伴っていた可能性が高い。すると、持統・文武の場合、後世の「践祚」と「即位儀」の分離を一種先取りしたような日程になっていた可能性も否定できないのである。早く橋本義彦氏は「即位儀礼の沿革」の中で、文武天皇即位時の経過を、「践祚」と「即位儀」分離の初例と評価している。文武天皇即位時の儀礼のあり方を、約八〇年後の桓武天皇即位時における「践祚」と「即位儀」の分離の先駆と見たうえで、その定着を桓武即位時とするのである。[注15] 狭い意味での即位儀礼である「践祚」と「即位儀」の分離の萌芽は意外に早い、あるいは、より古い時代における宝器奉上と登壇の分離状態の伝統を引きずり続けた結果かもしれないのだ。

さらに前代の即位儀礼に引き続いて奈良時代の「践祚＝即位儀」でもよくわからないのは、この儀礼の中のいつの時点で新帝の就任が確定するのかである。岡田精司氏が高御座登壇に付した重い意義づけから言えば、その時点こそが最有力に見えるが、果たしてどうか。前述したように、岡田氏自身も同格として挙げている宝器奉上も軽視はできまい。

それに関連して問題になるのが、天平宝字二年（七五八）の八月一日、淳仁即位に関する記録の問題である。『続紀』によれば、同じ日にまず孝謙から淳仁への譲位詔が出て、つづいて淳仁が大極殿で即位したとされ即位詔が出ている。この時の譲位宣命を写した（聞き取りか）案が正倉院文書の中に残っており、[注16]譲位詔は、大極殿―朝堂での「践祚＝即位儀」に先だって、五位以上を内（内裏）に入れて宣せられたことがわかる。宝器の授受は明確でないが、譲位詔宣読は譲位の場合の「践祚」の先駆けとも見える。『続紀』の他の歴代ではこうした史料はないので、実際には他にも例があったがこの時だけたまたまわかるのか、この時に初めてこうした例が開かれたのか判然としないが、この時期、日本の高位者の就任儀礼が、唐の冊礼を意識しながら整備されていった[注17]一環として、天皇の就任すなわち即位儀礼も整備されようとした可能性がある。[注18]そうなると、すでにこの時、君主位就任確定の時点は、宝器の授受や高御座登壇から、譲位詔宣読の方に移りつつあった可能性も否定できない。少なくとも、その方向は萌していた可能性がある。その後も大極殿儀礼の方に即位の語がかかっていることも確かだが[注19]、それを言えば、明らかに君主位就任確定ではなくなっている平安時代の「即位儀」の日も正史に即位と記されているのである。

岡田精司氏が説くとおり、令制の即位儀は天孫降臨神話の再現としての性格を残しており、それゆえに降臨神話の瞬間の再演と見なされる高御座登壇を最重要の時点としながら、さらに宝器奉上にもこれに勝るとも劣らない意義を付与していたのかもしれない。[注20]しかしこれでは、例えば就任を確定する文書の読み上げというような、中国の冊礼で実現されていた合理的で原則的に疑いの余地がない君主位就任確定の時点を形成しにくい。他の高位者の就任儀礼が冊礼のように整備されていった中においてはより問題になったであろう。それが、譲位詔を冊礼になぞらえて狭い意味での君主位就任確定儀礼を構成していこうとする原動力になったのかもしれない。

七世紀末から八世紀の即位儀礼についてもその後に比べれば史料が著しく乏しい。未解明の問題が多く残っている。

三　平安時代的即位儀礼の成立

繰り返すが、平安時代にその後継承される「践祚」と「即位儀」の定例のセットが生まれる。しかし定例のセットがはっきり明示される現存史料は貞観期に成立したといわれる『儀式』である（ただし「践祚」については先帝譲位の場合のみ）。「即位儀」についてはより早い時期の記録と見てよい「淳和天皇御即位記」が残る。[注21] そこまでの経過には諸説ある。[注22]

先帝譲位の場合の「践祚」の儀礼である『儀式』譲国儀の次第は、おおよそ以下のようである。

①前天皇からの譲位宣命
②群臣称唯・退場
③新天皇拝舞・退場
④宝器が新天皇に追従

平安前期の「践祚」実例のうち先帝没後の場合の宝器の移動では、当然①②③はない。④の形式も異なり、新帝のいるところに警備を伴いつつ運ばれるのが通常である。

いっぽう、『儀式』などに見える「即位儀」の次第は非常に簡略になった。叙位などを略してまとめると、[注23]

①天皇が大極殿高御座に登壇

②即位宣命

③群臣拝礼

ということになる。[注24]もちろん、次第が簡略になったことが儀礼の意義の低下とは限らない。全官僚を総覧し、彼らに国家秩序を体感させることの重要性が減じたわけではないだろう。しかし、奈良時代の「践祚＝即位儀」と違って、この新たな「即位儀」に君主位就任確定の場面がないことはよりはっきりした。

筆者自身は、こうした定例のセットの成立を早く見る。光仁から桓武への譲位の際に先帝譲位の場合の定例、桓武没による平城即位の際に先帝没後の場合の定例、それぞれの原型ができたと考えている。従来から桓武即位時を践祚と即位儀の分離の初例とする説は多いので、突飛な考えではない。しかし例により正史等には儀礼の詳細は載らず、儀礼の細かい要素の初例を重視する立場からの意見にも理があり、変化の時期に諸説並立するのもやむを得ない。とはいえ平安時代前期に起こったとほぼ共通に認められている定例成立のおおまかな経過を示せば、以下の通りである。

奈良時代の皇位継承でも、「践祚＝即位儀」における忌部の奉上の瞬間まで宝器のありかが問題にならなかったのも不自然で、場合によって事実上の移動はあったのだろうが、ここに至って先帝譲位の場合でも先帝没後の場合でも、先帝から新帝への皇位交替即時の宝器の移動が公式の表だった儀礼となった。この「践祚」によって君主位就任は確定する。その後日時を置いて「即位儀」が行われ、新帝が初めて高御座に即き、即位宣命を出すようになった。いっぽうで、奈良時代の「践祚＝即位儀」にあった中臣による寿詞奏上と忌部による鏡剣奉上が

大嘗祭関連の儀礼に移された経過も解明されている。[注25]

先帝譲位でも先帝没後でも共通して宝器の移動を行うことから、これこそが君主位就任確定の上で最重要な「践祚」の中核であると考える論者が多い。[注26] その宝器の移動は奈良時代のように特定の氏族の役ではない。振返ると、君主の宝器の継承方法は、群臣からの奉献→特定の氏族からの奉上→官僚制的な移動と変化してきたことになる。そこに王権のあり方の変化を見る論者も多い。[注27]

以上が通説である。筆者はこれに部分的に違和感を表明してきた。違和感を抱く理由は端的である。『儀式』による譲国儀（先帝譲位の場合の「践祚」の儀礼）の記述では、譲位詔が読み上げられた時点から皇位継承者が新帝として扱われている。宝器が新帝に付属するのはその後である。[注28] その後の儀式書・記録、その点でほぼ例外はない。他方で、先帝没後の宝器の移動の場合、九世紀いっぱいまでの例では、天皇としての礼遇を受けるまで間がある。[注29]

現時点の筆者は以下のように考えている。早くは淳仁即位時に見えるように、新君主の即位を中国の冊書を意識して宣命宣読による任命に明確化・合理化しようという動きが、先帝譲位の場合の定例にまで昇華されて譲国儀に結実した。しかし中国の冊礼でも宝の授受が付属するように、君主の宝器の処理ももちろん顧慮しなくてはならない。そこで譲国儀では、新帝に宝器が追従していくということにした。君主に付属するモノが新君主について行くのはいわば当然のことであり、その意義は君主位就任確定の面では二義的なものである。いっぽう先帝没後の場合、当然譲位詔宣読はできず、また正確な理由は不明だが、遺詔を読み上げてその代替とするような儀礼もつくられなかった。[注30] そこで緊急的措置のような形式で、やや厳重な警戒のもと、宝器の移動が行われる。移動の宛先にいる人物が新君主になることは確定的であるから、そこで事実上新君主就任が確定しているのだとする通説も誤りではない。しかし、譲位詔を新君主就任の決定的根拠とし、しかも宝器移動を簡素かつ事務的にしてしまった以上、宝器の移動だけで天皇位確定の礼遇をするわけにはいかず、様々な手続きを経て釈服を機に礼遇を備え、その後「即位儀」を行うこととしたのである。

以上の筆者説のように考えると、宝器の即時移動の意義は通説に比べて相対的にやや軽く見積もられることになるが、譲位詔を読まれて新帝になったからこそ宝器が追従するとはいえ、その宝器の追従の方に実質的意義を見いだすことも可能であるし、奈良時代以前と比べて宝器移動の手続きが表向きにも官僚制的・事務的に処理されるようになったという評価は変わらず、かかる移動方式の変遷から王権のあり方の変遷を見る説と矛盾するものではない。

ただ、繰り返しになるが、こんにち「践祚」と総称して論じられる君主位就任確定儀礼でも、先帝譲位と先帝没後の儀礼的な次第・経過に当初相当の違いがあったことは確かである。そもそも呼称が異なっており、前近代においては前者を受禅などと呼び習わし、後者を践祚と呼ぶことが多い[注31]。近代以後の皇室制度は先帝没後の継承を原則としたのだから、後者の語を採用したのはむしろ正しい判断であったといえるが、前近代について「践祚」の語でひとくくりにすることには注意が必要なゆえんである。しかしつぎの摂関時代以後、先帝譲位と先帝没後の経過の違いは次第に小さくなり、それに関連して、宝器等の渡御の意義づけが重くなっていくのである。

四　摂関時代～院政時代における即位儀礼の変化

定例が形成されて以後、「践祚」の中核には重大な変化が何段階かにわたって起こる。受禅すなわち先帝譲位の場合と、先帝没後の践祚に分けて述べよう。

譲国儀（先帝譲位の場合の「践祚」儀礼）には本来、これから譲位を行う先帝と、譲位を受ける新帝の両者が参列する。先帝からの譲位詔が代読されると、譲位詔で呼びかけられる直接の対象になっている群臣は譲位を承る意の称唯で応える。新帝もこれを受け、謝意を表す。ところが、この場に新帝がいない例が現れる。それまでも、先帝・新帝揃っての譲位の儀礼を行わない例はあったが、異常な事態のもとで起こったことだった。[注32]そうではなく、一応調和的に譲位が行われたにもかかわらず、新帝が参列しないことが見られるようになり、さらにそういう場合の例が形成されていく。

大きな画期は三条天皇から後一条天皇への譲位である。この時、先帝と新帝は別の御所におり、また後一条天皇は幼帝であった。譲位詔が一応宣読されてから、前者から後者へ、宝器が行幸に準じて移動した。これはなし崩しでそうなったのではなく、藤原実資ら当時の廷臣が意識的に新儀として整備したのである（『小右記』等）。

その場にいない新帝の礼遇が、譲位詔宣読で定まったと実感できるかといえばどうであろうか。また、内侍によりいわば秘めやかなうちに新帝に追従する移動の方法に比べて、厳めしい警備と公卿以下の行列を従えて京内を移動する儀礼は、宝器についてはるかに重大な印象を与えたであろう。この後常にこうした例が踏襲されたわけではなく、譲国儀の原則は意識されていたが、幼帝即位の際などの時に応じて現れるこの仰々しい宝器移動の儀礼は、宝器の神聖さと皇位継承におけるその重さを意識させていったに違いあるまい。『儀式』以下の儀式書・記録などに拠る限り、譲位の場合の君主位就任確定において、譲位詔宣読こそが最重要のものとして記されていることは動かしようがない。しかしこのような新例が登場する背景には、すでに宝器重視の観念があったのであろうし、新例の登場によりそれはますます助長されたと考えられる。[注33]

先帝没後の践祚ではどうだろうか。九世紀いっぱいまでは、先帝没後即時に宝器が移動しても、皇位継承者が正式の天皇の礼遇を備えるまでに間があった。ところが次第にこうした顧慮が要らなくなってくる。この変化にはふたつの段階があった。まず、十一世紀後半に、実際には先帝が没していても、後付けで譲位詔を出す方法が行われた。[注34]もともと、摂関時代の天皇の中には、病状が末期になっていわば駆け込み譲位をした例がある。これには現役の天皇の死の穢れを忌避するという意図も大きかったはずだが、没後の「践祚」において新君主の礼遇が確定するまでの空白を避けたいという狙いもあったと思われる。没後の譲位詔という発想は、その延長線上にあるといえよう。

さらにそのつぎの段階は、いわゆる院政とともに現れた。先帝が没してしまっていても、そのときのいわゆる治天が存在していれば、その詔命により皇位継承が命じられるという方法である。もちろん、先帝のほかに治天が存在していたとしても、先帝から新帝に生前譲位する場合であれば、先帝からの譲位詔を出せばよい。問題は先帝が没してしまったとか不在である場合であって、その際、実際にはいない先帝からの譲位詔を出すなどということをしなくても、治天の命でことが進むようになったのである。この後、そもそも先帝没後の即位より先帝譲位の方が多い時代が続くので、治天が詔命を出さねばならない場面が頻繁にあるわけではないが、いずれにしても、先帝没後の皇位継承でも正式の礼遇確定との時間差などを考慮する必要はなくなった。ただ、伝国詔命の文言は、譲位詔を代替する機能を持つ割には、通常の任摂政宣命とさほど異なるところがなく、そちらに分類・認識されていることもある。実際、双方を兼ねているとみるべきであろう。新帝が即位するから摂政に任ずるという、見ようによっては即位の方が付随的にさえ読めてしまう表現なのである。鳥羽即位の際の弥縫策が例になった感が強いが、場当たりの対応が先例となっていくのはこの時代以後の宮廷で特別なことではない。いずれ

にしてもこの方法の出現は、いわゆる院政という王権の新たな段階を端的に象徴するものである。[注35]

さて、先帝没後の場合にも、先帝と新帝の御所が別区画である場合には仰々しい宝器移動が行われる。里内裏の常態化など、天皇・皇太子の御所の流動化もあって、先帝譲位の場合でも先帝没後の場合でも、宝器の京内移動が最も目立つようになっていく。

譲位の場合の譲位詔宣読の最重視は、冊書による明確で合理的な任命儀礼を他の高位者の任命儀礼とも合わせて整備していこうという動きの中で、奈良時代後半から平安時代初め、すなわち日本の儀礼が最も唐礼に近づいた時代に生まれたと筆者は考えている。しかしその後、皇位の非人格化・神聖化が進行していく中で、個人を超えて太古から伝わるとされた宝器を相承することの重みが再び強く意識されていき、合理的な任命儀礼を中核とするはずであった「譲国儀」の意味が理解されなくなり、いっぽう、宝器を相承するだけであったがゆえに問題があると考えられていた没後の践祚は、没後の譲位詔や治天の伝国詔命という工夫を介在にしながら、違和感のないものになっていったのだろう。

「践祚」の方がその本質に及ぶ変化が著しいが、「即位儀」にも変化がなかったわけではない。ただその変化は、どちらかというと、儀式次第の中核に及ぶ変化というより、儀礼をめぐる周囲の状況の変化という性格が強い。

最も目立つ変化は、参加者の減少である。ここでいう参加者とは、大極殿高御座に即く新君主に北面して立ち、即位宣命を発する新君主に対して拝礼などをする人たちである。これは元来一品・一位から無位に至る全階層の官人が参加すべきものであった。むろん、五位以上はともかく六位以下の膨大な下級官人が文字通りその場に立ったか疑問だが、無位までの版位が置かれていた意味は小さくないだろう。六位以下無位までの中で、職事官とそれに準ずる官職の者は参加が強く想定されていたはずである。五位以上、なかんずく三位以上の高官は言

うまでもない。[注36]

ところが摂関時代には、新帝と相対して朝堂院で北面する者は、公卿の中の数人と、ごく一部の五位以上や六位にまで減ってしまったらしい。そもそも狭い意味での君主位就任確定儀礼である「践祚」のほかに「即位儀」が必要なのは、新君主に就任した者が自分のもとにある官僚群を総覧する行為が別途あるべきだったからであり、その対象である官僚たちが南面する君主の視線からいなくなってしまったのでは、この儀礼の本旨が失われてしまう道理である。「即位儀」の変化は「践祚」に比べれば儀式次第の中核に及ぶ変化でないと述べたが、ある意味ではこれもまた、儀礼の本質にかかわる変化と言えるのかもしれない。

参加者が劇的なまでに減少してしまったというと、この儀礼のまったき衰退と取られかねないが、そうではない。「即位儀」は相変わらず盛儀だった。高位者は高位者で、摂関や母后などは新君主との近さ・後見関係を誇示して大極殿上に座を持ち、公卿その他は儀式の見学をかねて見物をする。[注37]それ以下の者たちも、今日の感覚からも驚くほど自由な場に位置して、見物に群れる。『御堂関白記』や『栄花物語』にあるように、会場内外の見物には女性も混じっていた。[注38]さらには、内裏から朝堂院までの行幸など、儀礼本体の周辺的行為までも二次的に儀礼化し、それがまた見物の対象となる。[注39]こうした、本来の参加者ならぬ者たちの位置や動きは、当該期の王権を囲む国家・社会の構造をはからずも表現してしまっている。「即位儀」は、令制本来の天皇―官僚が相対する関係とは異なる世界の表現となる。ミウチに囲まれた天皇の眼前には、確かに古からの伝統を踏んで儀礼的行為をつとめる少数の役も見える。だがその周囲には公卿／殿上人／地下・群庶が分節されつつ入り交じる見物の世界が広がっている。院政期になれば、近臣等を従えた院が廻廊の外から儀礼を間接統御することもある。[注40]

先の「践祚」における京内の宝器移動は、その神聖性ゆえに元来喧噪を避けるべきものと観念されたが、ここでも見物を排除することはできなかった。「践祚」も「即位儀」も、その核に古い時代から続く王権の正統性を象徴する古儀を、規模を縮小させつつむしろより神聖視して遺しながら、その実はその核を見物しに群れ集まる都市民をも巻き込んだ新しい意味での盛儀に変わっていったのである。古代以来の伝統を頑迷に主張しているように見えて、その実新たな時代にしたたかに適応する、この後も連綿と続く王権／王権儀礼のありようが見えてくる。

五 中世・近世の「践祚」と「即位儀」

中世・近世にも平安時代以来の「践祚」「即位儀」のセットが生き続ける。「即位儀」の場が朝堂院から太政官院さらには内裏に移ったのに象徴されるように、古代以来の伝統を引く儀礼の中核はさらに縮小されていくが、その重要性はそれなりに認識され続ける。主に経費の問題でついにこれらが大幅に遅延する時代があるが、その挙行がその時代の権力者に懇願されることに象徴されるように、少なくとも京都の王権の側は儀礼の復興を願い続けた。挙行が実現されれば、時代によって見物人の性格・構成は変わりながらも、相変わらず見物が群れ集まる。

さて、院政期に編まれた『江家次第』は、『西宮記』『北山抄』に続き、これらと並び称せられる儀式書である。しかしここに見る譲位の儀式の記述は、一見それまでの儀式書とは趣を異にする。それは、ほぼ定例通りの譲国儀を説く前に、幼主儀を付加しているからだ。[注41] そこでは、宝器が新帝の御所に移動した後、公卿たちの確認、蔵人の補任、清涼殿上雑器の設置、殿上簡の作成、瀧口・諸衛らの着任など、要するに天皇を中心とする宮廷秩序のいわば再起動が長々と記されている。これらは幼主の時に特有の話ではないはずである。現に、それにつづく定例の譲位の儀式、これに付属する上表の儀のあとに、殿上人・王卿以下を定める旨が簡単ではあるが記してある。また、先帝没後の場合でも、伝国詔命や宝器移動の後にこれらがあるはずである。

新帝が皇位を継承すれば、代ごとに定める宮廷の秩序を規定することや、蔵人の補任などを改めて行わなければならない。これは当然であるが、いっぽうで律令制に基づく国家機構は、その頂点に乗る君主の交代にかかわらず、いったんご破算にして再起動するのではなく、特段の命令がなくとも通常どおり運転していなければならない。ところが実質的な国家統治機構としての後者が有名無実になっていくこともあり、前者の宮廷社会の秩序再起動、代替わりごとに宮廷秩序を更新する機能の方が、「践祚」本来の中核的要素を超えて、皇位継承時の最重要な行為になっていく。

やや極端な言い方をすれば、代替わりごとに確認されねばならない宮廷秩序を再起動する根拠としてこそ新帝が必要なのだし、これが再起動しなければ続く「即位儀」も挙行できない。この新帝がなぜ正統な新帝たり得るのか、それも重要ではあるが、とにかく必要なものをあらしめねばならないという宮廷社会の要請がある。正統性を飾る論理やモノも、もちろんあるに越したことはない。だが、万一それらの一部が欠けていて「践祚」の儀礼に瑕疵があっても、宮廷社会はその必要性に応じて、新帝をあらしめてしまうのである。

新帝の正統性を保証するものとしてここまでに確立してきたのは、先帝の譲位詔・治天の伝国詔命、宝器の委譲である。前二者のいずれかと宝器移動とが揃えば万全と言える。ところが宝器を欠いた後鳥羽に始まり[注42]、ことに南北朝時代には、正統性の根拠がおおいに怪しくなる。（真の）宝器を欠くと非難し合い、ついには、伝国詔命も宝器もない「践祚」が敢行されるに至る[注43]。

この時期、皇位継承の正統性を主題とする古典が著される。言わずと知れた『神皇正統記』だ。そこでは、宝器継承の意義が重視される。[注44]後世際だって有名になったこの著は、今なおわれわれを縛っているように見える。これが特有の政治的主張のための論だということを忘れてはならない。

北畠親房からおおよそ一世紀遅れて、一条兼良が「代始和抄」を著す。[注45]「神皇正統記」とは対照的に淡々と記される即位儀礼の概要は中世の実態とよく合う。兼良は受禅を通例として譲位詔を中心に述べ、対する非常の措置として、治天による伝国詔命・宝器の移動からなる践祚を述べる。それが中世宮廷の多数派の認識であり、かつ、場合によってはより柔軟に対応してでも宮廷社会再起動を優先したのである。

中世の即位儀礼に関しては、即位灌頂が有名である。即位儀礼に関わる令は神祇令であった。岡田精司氏はそのこと自体をも、「即位儀」が神話的意義を持っていた証左とした。奈良時代の歴代即位宣命の多くも、高天原に始まる神話的正統性を長々と述べていた。平安時代になると宣命は淡泊となり、神話的な色を薄めた。[注46]もちろん神話的修辞が完全に消えることはないが、形式的で、生き生きとした観念の気配がない。やがて宝器の移動が仰々しくなったあたりから、神秘的な雰囲気が即位儀礼に戻ってくる。とはいえそれは、合理的な就任儀礼が変質して合理的に処理できない神聖性が表立ってくるというにとどまり、何か体系的な論理をまとうものではないように見える。

それに対して即位灌頂は仏教、なかんずく密教の体系的世界観の中に皇位継承さらには天皇を位置づけようとしたと目される点で注目に値する。[注47]もしこの狙いが万全に機能すれば、「即位儀」は大日如来と一体化して世を担う金輪聖王の誕生を意味することになるのだろう。儀礼の外形をほとんど変えずにその意義を体系的に変容させてしまう妙手に見える。中世日本を神仏の国として再解釈していく動きが即位儀礼に及んだ直接的な影響であることは間違いないが、しかし、宮廷社会を機能させる媒介としての秘伝の相承を伴うこの秘儀の意図がどこまで客観的に成功したのかは、はかりがたい。

近世には、ここまでに形成されてきた通例がほぼ安定的に回転する。江戸幕府がもたらした安定は王権儀礼の安定をもたらした。家康自身も「即位儀」を見物した。[注48] 日本固有の文化と目されたことどもへの関心が強まる。しかしそれは、大嘗祭に偏した関心のあり方の始まりでもあった。

近世の「即位儀」見物については、昨今大きな話題になった。[注49] 見物自体が近世に始まったのではないことは、ここまでの叙述で明らかだろう。[注50] とはいえ、近世の京都都市民特有の方式で見物がなされたことが詳しく明らかになったことは、興味深い成果であった。

中近世では関連史料は多くなるが、儀礼の中核が平安時代以来の通例の墨守で変化がないという先入観もあり（それ自体はある程度まで事実であるが）、それら諸史料について史料学的見地からの研究は進んできているものの、その内容精査が追従できているとは必ずしもいえない。特に「御譲位次第」「御即位次第」「御即位記」などと題される史料の書誌学的な調査が進んだ割には、そこに記された儀礼の内容精査はさほど進んでいない。これも今後望まれるところであろう。[注51]

六　近現代

孝明天皇が急死すると、明治天皇のもとに宝器が移された。突然のことゆえ、内々の宝器移動の後に改めて「践祚」を儀礼的に執行した。大政奉還・戊辰戦争を経てから「即位儀」となったが、いかにも唐風に感じられた礼服を廃し束帯に改める、高御座を御帳台に替える、焼香を廃して神道風の奉幣を行うなど、新時代の演出が施された。

明治二二年に定められた皇室典範（以下、旧典範）は即位儀の会場を京都と定め、同四二年の登極令・同附式により、宝器の移動ノ儀、践祚後朝見ノ儀を制定、それから時日を経て即位礼を行うこととした。[注52] 大正・昭和の両天皇はこれらに則って即位儀礼を行ったのである。意外に知られていないのが、明治天皇の即位儀礼と登極令附式の規定の間の差異である。これについては橋本義彦氏がまとめていて、高御座の復活、唐風（と認識された）装飾の一部復活が指摘されている。いっぽうでは、宣命使による宣命が廃止され、天皇自らが勅を発し、これに対して内閣総理大臣が寿詞を奏上するようになったごとく、時代による変化がさらに進行した面もある。[注53]

高木博志氏によれば、明治天皇の即位に際して唐風と目された要素の排除がなされたあと、次に明治政府が企図したのは、西欧の戴冠式から見ての違和感をなるべくなくすことであった。[注54] もちろん、近代天皇制自体がその正統性を連綿と続く伝統の観念に拠っていた以上、あからさまにすべてを西欧式の外見に改めることは到底できなかった。しかし例えば、大正天皇の即位の礼では、天皇の高御座と並んで皇后の御帳台が置かれた。連動して、皇后の側に女性たちの参列も規定された。それまで即位儀礼で特別な役を務める女性以外は、いわばお忍びの見物としてしか存在していなかったのである。こうした改変は西欧の戴冠式に倣ったものとしてよいだろう。

こうした変化を「虚構の伝統づくり」と論難できるかどうかは微妙である。これらはひそかに行われたとはいえないし、また、当時の識者にも新たな変化と理解された上でおおむね受け入れられていたのである。明治天皇即位の際に加えられた神道風の儀礼が旧典範時点で除かれたことも、近代の「即位儀」の一種の合理化、脱神話化、西欧の戴冠式との互換性志向、という意外な方向性を示唆している。ただ、このような改変が、国家のあり方さらには西欧の情勢に合わせて変化をし続ける即位の礼と対照的に、古儀を遺すあるいは遺すべき即位関連儀礼として、大嘗祭の再発見・重視をさらにうながしたとも言えよう。

さて、旧典範・登極令等では、先帝没による皇位継承しか想定していない。ゆえに前近代の「践祚」のうち、非常の場合の宝器の移動を本旨とする先帝死没後践祚のみを継承したことになる。しかも近代の天皇制では、院政を想定しない。すると、治天による伝国詔命もあり得ないことになる。ここに至って初めて、純粋に宝器の移動だけで構成される践祚が、唯一あり得べき君主位就任確定の儀礼としてはっきりと制定されたのである。いっぽう、践祚後朝見ノ儀は、明確な古儀の前身を持たない。敢えて言えば、宝器を受け取った新帝が宮廷の秩序を再起動したあとに、その範囲内から拝賀を受けることはあった。その近代的な後継とはいえるかもしれない。勅語が発されることもあって、「即位儀」の系譜を引く即位の礼と混同されがちなので注意が必要である。

旧典範・登極令は、第二次大戦後廃止された。新皇室典範に規定されているのは、即位の礼だけである。しかし平成の現天皇の即位にあたっては、典範に規定のない宝器等承継の儀と即位後朝見の儀を行った。事実上、伝統的な「践祚」の系譜を引く儀礼を行ったのである。新典範にも明記される即位の礼はそれからかなり間を空けて、東京皇居の宮殿で行われた。こちらは「即位儀」の系譜を引く。

おわりにかえて

大嘗祭の陰にあった「践祚」「即位儀」の研究が、昭和から平成の代替わりに前後して、井上光貞・岡田精司両氏らによって新画期を迎えてから、三十年少ししか経っていない。本書の性質上、即位儀礼に関説する研究を網羅して紹介できなかったことをお詫びしておくが、その数は決して少なくない。その研究史は、そのまま、平成という時代と重なる。

周知の通り、今般天皇の退位（譲位）が行われる。近代以後の君主位就任確定儀礼は、先帝没後の場合のみを想定していたがゆえに、前近代における先帝没後の「践祚」の形式を承け、さらに宝器の移動を強調・純化して制定・執行されたものと目される。それが今回の事態を受けてどのように変わるのか、儀礼史研究の立場からも、興味は尽きない。本稿執筆時点（二〇一八年一月）では、儀礼の詳細までは明らかでないから、今はこれ以上憶測をしないでおくが、いずれにせよ、皇位継承にかかる即位儀礼、なかんずく本稿で対象にした「践祚」と「即位儀」は、古くからの伝統を正統性の根拠とする王権の本質と、時代に適合して王権を存続させる方策とが複雑に入り交じるなかで、絶えず変化してきたのである。われわれは近日、その変化の最新版を見ることになるのだろう。

注

1　本稿中では、新帝の前代の天皇を先帝と呼ぶことにする。

2　日本の天皇の即位儀礼に関連する宝器（レガリア）として、鏡・剣・玉のいわゆる三種神器が有名である。しかし天皇位継承に係る宝器はこの三種に限らず、大刀契、節刀、鈴・印・鑰などがあり、歴史的な認識・それぞれの比重にも変遷があって、研究が重ねられている。本稿中では詳述できないので宝器と総称する。

3　以下の叙述全体について前提となる筆者自身の論考については、原則としていちいち注していないことをお断りしておく。前提とした論考は以下の通り。藤森健太郎『古代天皇の即位儀礼』（吉川弘文館、二〇〇〇年）、同「登壇と譲位詔——八世紀における「狭義の即位」の推移について——」（『ヒストリア』一八六、二〇〇三年）、同「天皇即位儀の転生——中世に生きる古代儀礼——」（三田古代史研究会編『政治と宗教の古代史』慶應義塾大学出版会、二〇〇四年）、同「王への視線——十世紀以降即位儀における見物について——」（『史学』七三—四、二〇〇五年）、同「唐と日本の即位儀礼——冊礼と「譲国儀」の関係を中心に——」（『唐代史研究』八、二〇〇五年）、同「天皇即位儀礼からみた古代の国家と社会」（『歴史学研究』八〇七、二〇〇五年）、同「『続日本紀』天応元年四月辛卯条の再検討」（『群馬大学教育学部紀要 人文・社会編』五八、二〇〇九年）。

4 このほか『古語拾遺』や『先代旧事本紀』には神武天皇の即位に関連する儀礼的行為の記述があるが、それぞれの編纂時までの観念を探る材料としては貴重としても、史実の片鱗を伝える記録として考察するのは躊躇される。

5 近年、吉江崇「律令天皇制儀礼の基礎的構造——高御座に関する考察——」（『史学雑誌』一一二—三、二〇〇三年）や樋笠逸人「八世紀における登壇儀礼の再検討」（『日本史研究』六二三、二〇一四年）など、登壇即位の伝統から高御座までの伝統と飛躍・断絶について、精緻な研究がある。筆者自身、高御座や「践祚＝即位儀」に前時代からの伝統や天孫降臨神話を岡田氏ほどに読み込むことには批判的であるが、今は、通説を重視した概説として、巨視的な観点から伝統の継続を言っているものと了解されたい。

6 井上光貞「即位儀とその成立」（『日本古代の王権と祭祀』東京大学出版会、一九八四年）

7 岡田精司「大王就任儀礼の原形とその展開——即位と大嘗祭——」（『古代祭祀の史的研究』塙書房、一九九二年〔初出一九八三年に加筆・補訂〕）

8 吉村武彦「古代の王位継承と群臣」（『日本歴史』四九六、一九八九年）、熊谷公男「持統の即位儀と「治天下大王」の即位儀礼」（『日本史研究』四七四、二〇〇二年）など

9 大阪府立近つ飛鳥博物館編『王権と儀礼——埴輪群像の世界』（大阪府立近つ飛鳥博物館、二〇〇五年）など参照。

10 人物をはじめとする群像埴輪の意義づけについては、多くの説が並立しているが、たとえば若狭徹「首長居館と水の祭祀——三ツ寺Ｉ遺跡を中心に」（『古墳時代の水利社会研究』学生社、二〇〇七年）が説くように、生前の被葬者が行った諸儀礼や、保持していた財物の誇示などが基本と見るべきではないかと思う。ただし、具体的にどのような儀礼であったか復元するのは、儀礼・祭祀に関わる考古遺物の知見増加にもかかわらず、簡単ではない。

11　大津透「天日嗣高御座の業と五位以上官人」（『古代の天皇制』岩波書店、一九九九年）が説くように、後世三種神器とよばれる宝器のうち、神璽と称されるに相応しいのは鏡剣のみだった可能性が高いが、玉も権力に付属する威信財としての伝統が古いことは間違いない。

12　熊谷公男前掲注8論文

13　大津透前掲注11論文

14　これは後世元日朝賀儀礼で奏上するよう規定された賀詞と同様のもので、前日の中臣による寿詞の奏上とは別の性格のものであろう。

15　橋本義彦「即位儀礼の沿革」（『日本古代の儀礼と典籍』青史出版、一九九九年〔初出一九九一年〕）。なお、この論文は、今に至るまで即位儀礼の歴史の通史概説として最も正確で優れたものと筆者は考えている。

16　続修一。『大日本古文書』四に「孝謙天皇詔勅草」の一部として所収（二八五頁）。

17　古瀬奈津子「儀式における唐礼の継受――奈良末～平安初期の変化を中心に――」（『日本古代王権と儀式』吉川弘文館、一九九八年〔初出一九九二年〕）、佐々木恵介「任大臣儀について――古代日本における任官儀礼の一考察――」（『聖心女子大学論叢』一〇〇、二〇〇三年）、同「古代における任官結果の伝達について」（笹山晴生編『日本律令制の展開』吉川弘文館、二〇〇三年）など参照。なお、奈良時代後半の諸就任儀礼への唐礼の影響の評価には両氏で違いがあるが、この時代中国冊書を参考にしつつ儀礼整備がなされたが唐礼との差異も残った、ということまでは共通の認識であるといえよう。

18　中国なかんずく唐代の即位関連儀礼については、尾形勇氏らの諸研究（尾形勇「中国の即位儀礼」〔『東アジアにおける日本古代史講座 九 東アジアにおける儀礼と国家』学生社、一九八二年〕、松浦千春「漢より唐に至る帝位継承と皇太子」〔『歴史』八〇、一九九三年〕）などの後、金子修一氏の精力的な研究により大きく進展した。その集大成は「中国古代の即位儀礼と郊祀・宗廟」（『中国古代皇帝祭祀の研究』岩波書店、二〇〇六年）であり、さらに皇帝の代替わりに関する重要資料の注釈書である『大唐元陵儀注新釈』（汲古書院、二〇一三年）が同氏の主編で上梓されている。本稿では中国の儀礼との関係について筆を割く余裕がないが、冊書と宝器の授受など、古代日本が参照したであろう中国の礼の理解については、同氏の研究を前提にしている。

19　ただし、桓武天皇の即位記事（『続紀』）に見える「即位」は平安時代的な「践祚」（先帝譲位の場合）の先駆けであり、大極殿での「践祚＝即位儀」ないし「即位儀」ではないと橋本義彦氏前掲書や筆者などは考えている。これに対し、加藤麻子「即位の変容と律令天皇制」（『史林』八八―二、二〇〇五年）は、『続紀』の中で「即位」の語義は一貫しているべきであるとして、桓武の即位記事も大極殿儀礼（筆者の言葉で言えば「践祚＝即位儀」）としている。

20 加茂正典「「奉翳女孺」考」（『日本古代即位儀礼史の研究』思文閣、一九九九年）が、奉翳が降臨の際の雲の表現ではなかったことを論証しているように、岡田精司氏が天孫降臨神話の反映として意義づけた儀礼的行為が本当にそうであったかどうか、より検証されるべきであろう。ただしその上でも、高御座への登壇に神話的意義を見いだすことはなお可能であろう。

21 『続群書類従』公事部所収

22 この間の経緯を巡る諸説の関係は複雑で、ここでは多くを省かざるを得ない。最新の研究として佐野真人「「譲国儀」儀式文の成立と変遷――新帝の上表を中心に――」（『神道史研究』六五―二、二〇一七年）があり、冒頭で諸説がわかりやすくまとめられている。

23 即位儀に付属する叙位については、畑中彩子「平安時代における即位叙位の特質――東宮官人を例に――」（『学習院史学』四一、二〇〇三年）などを参照。また、佐古成己氏によれば、即位叙位は、広く有位者に対して一律一階を授けるという、公民層への授位を目的とした律令天皇の有徳性を天下に普く示すという目的から、現天皇の側近を優遇して昇級させる儀式へと、平安初期までに性格を変化させたという（佐古愛己「勧賞叙位の一考察――中宮・東宮関連の勧賞を事例として――」〔『立命館文學』六二四、二〇一二年〕）。「即位儀」全体の性格変化とも通底する注目すべき見解である。なお、即位叙位は平安中期以後「御即位叙位」として即位儀からは分離独立した儀礼となる。

24 奈良時代の「践祚＝即位儀」と平安時代以後の「即位儀」との最大の違いは、寿詞の奏上や宝器の奉上がなくなったことだが、より儀礼の細部に着目すると、また別の変化を伺うことができる。すなわち西本昌弘氏が指摘されたように、「即位儀」と同構造とされる元日朝賀儀礼における拝礼等の変化が平安初期に起こったが（西本昌弘「古礼からみた『内裏儀式』の成立」〔『日本古代儀礼成立史の研究』塙書房、一九九七年、初出一九八六年〕）、これを大隅清陽氏は、現人神に対する宗教的な礼拝でもあったものが、平安初期に改めて中国の礼を継受しつつ合理化された象徴と見ている（大隅清陽「儀制令と律令国家」〔『律令官制と礼秩序の研究』吉川弘文館、二〇一一年、初出一九九二年〕）。「即位儀」における君主と臣下との関係の表現も、平安初期の間に変化したのである。これは即位宣命が脱神話化していく傾向とも関連があると言える。ただ、儀礼的表現の上において、奈良時代と平安時代以後との断絶面だけを強調するのも正しくない。たとえばごく最近も藤原宮で大宝元年（七〇一）の元日朝賀儀礼で立てられた幢幡と見られる旗竿遺構が検出されたが（飛鳥藤原第一八九次調査）、これ以後各宮で元日朝賀儀礼や即位儀礼等において、位置や敷設方法などに変化があるもののこれら幢幡が立て続けられた。宝幢については、吉川真司「大極殿儀式と時期区分論」（『国立歴史民俗博物館研究報告』一三四、二〇〇七年）、西本昌弘「孝謙・称徳天皇の西宮と宝幢遺構」（『日本古代の王宮と儀礼』塙書房、二〇〇八年、初出二〇〇四年）、石田実洋「所謂『文安御即位調度図』の祖本をめぐって」（『書陵部紀要』六四、二〇一二年）など近年に限っても優れた研究が多いので参照のこと。

25 加茂正典「大嘗祭〝辰日前段行事〟考」（前掲『日本古代即位儀礼史の研究』思文閣、一九九九年〔初出一九八三年〕）

26 柳沼千枝「践祚の成立とその意義」（『日本史研究』三六三、一九九二年）など

27 坂上康俊『日本の歴史05律令国家の転換と「日本」』第二章「天皇いかにあるべきか」一「神から人へ」（講談社学術文庫、二〇〇九年〔初出二〇〇一年〕）、など。なお奈良時代までの「践祚＝即位儀」では、寿詞奏上をする中臣、宝器奉上をする忌部のみならず、大盾桙という特別の儀仗を担当する物部系氏族も氏族制的遺風を背景に奉仕していたが、それも消えていく（橋本義則「朝政・朝儀の展開」〔『平安宮成立史の研究』一九九五年、初出一九八六年〕）。いっぽう、田島公「「氏爵」の成立――儀式・奉仕・叙位――」（『史林』七一―一、一九八八年）が指摘しているように、即位などに際しての氏爵では、儀礼への奉仕者としての由来を持つ氏族が氏爵に預かり、これら氏と諸行事の継承がはかられた。これは、光仁・桓武朝にはまだ儀礼において特殊な奉仕をする特定氏族の観念が残存していたものが、やがて次第に彼らが没落していく対策として行われたものであり、これも結局は儀礼をめぐる氏族制的遺風の希薄化のながれの中にあるといえよう。

28 土井郁磨「「譲位儀」の成立」（『中央史学』一六、一九九三年）

29 この間の経過については、柳沼千枝前掲注26論文や拙著が論じているが、臣下からの即位勧進の上表、大祓、釈服（除服）など、様々な行為が雑然としており、律令や礼制だけでは解けない印象があった。その後、稲田奈津子「日本古代の服喪と追善」（『日本古代の喪葬儀礼と律令制』吉川弘文館、二〇一五年、初出二〇一四年）により、七七日を意識した除服の存在が明確となったので、仏事と関連しつつ成立した日本独自の除服・公務復帰までの期間、正式の天皇としての礼遇を避けた、という理解でよいように思われる。七七日はいわば自動的に訪れるから、先帝死没践祚の安定性の評価を高く修正する必要はあるが、いずれにしても生前譲位の場合とはかなり異なる経過であったといえる。

30 遺詔そのものはもちろん存在する。問題は、遺詔でもって新帝の礼遇を決するような儀礼がつくられなかったという点で

ある。

31 近藤成一「践祚・即位・大嘗祭」(『別冊文芸　天皇制』河出書房新社、一九九〇年)

32 陽成天皇は事実上廃位されて光孝天皇が即位したが、譲位の形を取った。また、花山天皇は突如出奔・出家し、一条天皇が即位したが、これも譲位の形を取った。しかしいずれの場合も、先帝・新帝が揃って参列する譲位の儀礼は行わなかった。

33 佐々木恵介『天皇の歴史03天皇と摂政・関白』(講談社、二〇一一年)第五章「儀式・政務と天皇」1「即位儀礼と「神器」」は、筆者の研究を参考にしながら、この間の経緯をわかりやすく叙述しているので、是非参照されたい。

34 堀裕「天皇の死の歴史的位置――「如在之儀」を中心に――」(『史林』八一―一、一九九八年)

35 例えば、岡野友彦「院政とは何だったか――「権門体制論」を見直す――」(PHP新書、二〇一三年)は、「院政期以降の皇位継承には、院政を行う上皇(もしくは法皇)、すなわち治天の君による伝国詔宣(譲国詔宣)が必要になっていたことが挙げられる。(中略)治天の君による伝国詔宣は、三種の神器と同様、もしくはそれ以上の新帝起動システムとなっていた。」(同書一五八~一五九頁)と述べ、院政下の皇位継承における伝国詔の機能を極めて重視している。

36 虎尾達哉「律令官人の朝儀不参をめぐって」(『日本歴史』八一五、二〇一六年)が鋭利な一石を投じたごとく、実際の参加状況をも考慮すべきではあるが、儀礼を創出・維持する国家の側の意図はまた別の問題であり、理念的には全官人による新天皇への拝礼が「即位儀」の第一義であったことは動かないだろう。

37 末松剛「即位式における摂関と母后の高御座登壇」(『平安宮廷の儀礼文化』吉川弘文館、二〇一〇年)

38 藤森健太郎「王への視線――十世紀以降即位儀における見物について――」(前掲注3のうち

39 摂関期から院政期における各階層の儀礼見物については、藤原重雄「行列図について――鹵簿図・行列指図・絵巻――」(『古文書研究』五三、二〇〇一年)、仁藤智子「「都市王権」の成立と展開」(『歴史学研究』七六八、二〇〇二年)、野田有紀子「行列空間における見物」(『日本歴史』六六〇、二〇〇三年)、末松剛「宮廷儀礼における公卿の「見物」」(前掲注32書)など。なお近年樋笠逸人氏が、宮内庁書陵部蔵の九条本『御即位次第』が、大江匡房により嘉承二年(一一〇七)の鳥羽天皇即位に際して作成された儀式書であることを明らかにした(樋笠逸人「嘉承二年の『御即位次第』について」『歴史文化社会論講座紀要』一三、二〇一六年)。この儀式書の中には、新帝の御在所から「即位儀」会場までのいわゆる即位行幸の次第が含まれている。いわゆる里内裏が常態化する以前から、内裏から朝堂院までの移動をも行幸と呼ぶようになり見物が出ているが、即位行幸の次第についてのまとまった儀式書に光が当たったことは重要である。
40 たとえば『中右記』保安四年(一一二三)二月十九日条(崇徳天皇即位儀)では真言院から白河・鳥羽両院が事細かに指示を出している。
41 先述の通り、樋笠前掲注39論文が九条本『御即位次第』を大江匡房による鳥羽幼帝即位時の記録と確定させたことを考えると、幼主儀の主題化はさらに興味深いこととなる。
42 藤原重雄「源平合戦のなかの〈三種の神器〉――『玉葉』にみる「神鏡・剣璽」問題――」(『歴史読本』八二八、新人物往来社、二〇〇八年)
43 南北朝期にはこのような混乱がうち続いた末、北朝の上皇・天皇・皇太子がすべて南朝に奪われた上に宝器もないまま、後光厳天皇が即位するに至る(観応三年〔一三五二〕)。この際に後光厳の祖母である広義門院が治天に代わって伝国詔を出した明証も見いだせないように思う。
44 しかし、今谷明氏が鋭く指摘しているように(同氏「『神皇正統記』の成立と南北朝の動乱」〔『現代語訳 神皇正統記』二〇一五年、新人物文庫〕)、北畠親房は、後鳥羽の場合には剣璽がなくても後白河の伝国詔により正統の位を継いだと評価するのに、同じく剣璽を欠く光厳については、後伏見の伝国詔があったと思われるにもかかわらず、その在位を無視するかのごとき態度を取っている。つまり親房も、剣璽だけではなく複数の正当性を状況に応じて適用する当時の柔軟な思考を熟知し、都合のいいときには自分でもそれを用いているのに、南朝擁護の局面でことさら宝器による正当性を前面に押し出していると言えるのである。
45 『新訂増補故実叢書』二三、『群書類従』雑部所収
46 早川庄八「律令国家・王朝国家における天皇」(『天皇と古代国家』講談社学術文庫、二〇〇〇年〔初出一九八七年〕)
47 小倉慈司『天皇の歴史09天皇と宗教』第三章「「神事優先」と「神仏隔離」の論理」3「神祇から仏教へ」(講談社、二〇一一年)、松本郁代『中世王権と即位灌頂――聖教のなかの歴史叙述』(森話社、二〇〇五年)、同『天皇の即位儀礼と神仏』(吉川弘文館、二〇一七年)
48 『光豊公記』慶長十六年(一六一一)四月十二日条(『大日本史料』一二―八、一三九頁所収)
49 森田登代子『遊楽としての近世天皇即位式――庶民が見物した皇室儀式の世界――』(ミネルヴァ書房、二〇一五年)

50　森田前掲書も「即位儀」の見物を近世から始まったものとはせず、安徳天皇からとしているが、さらにそれ以前からあること は疑いない。
51　樋笠前掲注39論文はその意味でも重要である。
52　所功「「登極令」の成立過程」（『産大法学』二二―三、一九八九年）
53　橋本義彦前掲注15論文
54　高木博志「国際社会における天皇就任儀礼の互換性と固有性」（『近代天皇制の文化史的研究――天皇就任儀礼・年中行事・文化財――』校倉書房、一九九七年）

天武天皇殯儀礼の構造的研究

堀　裕

はじめに

天武天皇の遺体を前に行われた公的な殯儀礼は、『日本書紀』に比較的詳細に記されている。このため、殯を検討する研究は必ずといってよいほどこれに言及してきた。それにも関わらず、その全体構成の分析は、思いのほか取り組まれていない。この検討とは、やや大げさにいえば、天武天皇とは何かを問うことだと考える。

検討に先立ち、さしあたり吉田義孝氏の研究を取り上げることとしよう。吉田氏は、天武天皇の殯儀礼で行われた数多くの弔辞ともいうべき誄に注目し、誄と『古事記』との関係に迫った。氏の複数の論文が、同じ素材で、同じテーマを論じるものの、氏姓制度の問題を背景として、殯儀礼を三時期に区分した研究と、服属儀礼を中心に三つの内容に分類した研究[注1]があり、もっとも新しい論文[注2]では両者を統合する試みがなされている。これらの研究には、内容に変遷がみられ、やや異なる時期区分が行われることもあって注意を要する。本稿の関心に沿い、おもにもっとも新しい研究に従って紹介したい。

①天武天皇が、朱鳥元年（六八六）九月九日に没すると、九月二十七日から四日間、多くの人々が代わる代わる誄を行う儀式が開かれた。このうちの三日目の途中まで[注3]は、「宮廷組織や官僚支配機構」に関する誄がなされた[注4]。

②次は、朱鳥元年九月二十九日、つまり同じく三日目の途中から、持統二年（六八八）十一月五日までであり、殯の大部分の期間となる。この間、「氏に関する誄」が行われた。それは大きく、「礼也」と『日本書紀』が注記する「貴族大官」による儀礼的な誄と、隼人や馬飼部、蝦夷、国造など、服属に関わる誄の二つに分けられ、それらが長期にわたって繰り返し奏上されるとした。

これらの誄を受けて、持統二年十一月四日には、氏姓再編を受けた氏族の代表者が、祖先からの従属を述べた「諸臣各の先祖等の仕へ奉れる状」の誄が行われたとした。なお、この誄を三つ目の段階に区分する論文[注5]もある。

③埋葬当日に、「皇祖等之騰極次第」の誄、つまり「天皇家の系譜」に諡号を加える「日嗣」の誄が行われた。これは、「諸臣各の先祖等の仕へ奉れる状」の誄と一体のものであり、『古事記』序文で述べる「帝皇の日継」と「先代の旧辞」に対応し、「王権と貴豪族の間」で相互に確認されたものだとした。

吉田氏が示した、「諸臣各の先祖等の仕へ奉れる状」の誄と「皇祖等之騰極次第」の誄を一体のものとみる見解は、重要である。しかしながら、この時期区分に関しては課題が多い。

何よりも、すべての論文で、時期の区分と内容の分類を混在させてしまった。内容の分類に従い、「宮廷組織や官僚支配機構」に関する誄を服属儀礼とは異なる誄としているが[注6]、その結果、朱鳥元年九月に行われた四日連続の儀礼は、三日目の途中から、①と②という異なる段階になってしまったのである。これは、単に日付が連続するから分けるべきでないというだけでなく、内容からみても、すべて天皇に「仕奉」する[注7]という点で一括できよう。

同様のことは、②の持統二年十一月四日の「諸臣各の先祖等の仕へ奉れる状」の誄でもみられる。これと③の「皇祖等之騰極次第」の誄を一体とみる考えは、時間的に近接していることからみても首肯できる。しかし、敢えて両者を同じ時期区分としないのは、「諸臣各の先祖等の仕へ奉れる状」の誄が、内容からみて、二つ目の時期区分と同じ服属儀礼とみるからに他ならない。[注8]

次に、「氏に関する誄」のうち貴族だけで誄が行われる儀礼的な誄があるとする。それらは、殯宮でのいわゆる年中行事[注9]と関わって発せられたものが多い。[注10]

殯儀礼と即位儀礼との関係を追求した和田萃氏[注11]等は、これらの行事のうち正月一日の殯儀礼は、のちの持統天皇による朝賀や即位儀礼と連続し、八月の殯宮で行われた「嘗」は、大嘗祭と関係するとした。大嘗祭を本来的な即位儀礼と評価して、殯儀礼との関係を説く研究はこの他にも多くみられるが、[注12]そもそも本来即位儀礼であったと見なすことは困難である。[注13]このような年中行事の理解には従えない面があるものの、それに代わる案を提示する準備は今ない。ただし、年中行事の性格のごく一部であっても研究の積み重ねをしたい。

三つ目の課題として、百済王氏や蝦夷・隼人の参加を、単に服属儀礼として一括りにするのではなく、諸蕃やいわゆる夷狄という視点から捉える必要がある。

実は、蝦夷・隼人と殯儀礼との関わりを言及した研究は、思いの外少ない。和田氏[注14]は、殯期間中に、隼人によって行われた二度の誄について、誄を行った時期や賞の有無から、各々畿内に居住する隼人と九州南部から上番しに来た隼人とみた。[注15]また、殯儀礼における蝦夷と隼人の比較[注16]について、具体的な検討を行ったのは中村明蔵氏[注17]である。他の隼人の朝貢時期からみて、五月来朝は通常であることを指摘し、隼人よりはるかに遅れて参上した蝦夷に比べれば、指令に従ったものの強行はされていないと述べる。また、隼人の誄と同時に、皇太子が「公卿・百寮人等」を率いて「慟哭」していることから、皇太子への忠誠も誓ったとした。

中村氏の指摘は具体的で重要だが、蝦夷と隼人の比較を行う前提として、まずは殯儀礼の構造を明らかにすべきではないかと考える。

このように吉田氏の研究を手がかりに、これまでの研究を検討してきた。その結果を端的にいえば、殯儀礼を中途半端に個々の内容によって分類することを控え、まずは時期によってのみ区分すべきであるということを示した。ただし、これまでの研究の中でも、殯儀礼のあくまで特定の部分ではあるものの、時間の流れに沿って区分を試みた研究がある。それは、「喪礼」をめぐる研究である。

田中日佐夫氏[注18]は、舒明天皇の殯儀礼の終盤にみられる「喪礼」に注目し、それを画期として、殯儀礼が「魂呼い」から「魂しずめ」へと変わるとした。上野勝之氏[注19]も同様に、推古天皇と舒明天皇の殯から、「喪礼」や「喪」が開始された後に「日嗣」の誄があり、「喪礼」開始が時期を区分するものであると注意喚起している。また上野氏は、これとは別の箇所[注20]で、簡潔に天武天皇の「喪礼（葬送）の開始時には（略）盾伏舞が行われた」とも記述する。

両者の指摘は、殯儀礼の時期区分にとって示唆的な内容である。[注21]本稿の関心事項である天武天皇の殯儀礼の史料に「喪礼」の記述はない。そのため、結論からいえば上野氏の考えに近いのだが、どのようにして「喪礼」の開始時[注22]を示すことができるのか、またその意義を検討しなければならない。

以上の点を踏まえ、本稿では、天武天皇の殯儀礼の構造的分析を行い、それを基点に、七・八世紀の天皇の喪葬儀礼を展望したい。

一　天武天皇殯儀礼の時期区分

天武天皇の殯儀礼の概要とその時期区分を示すこととしたい。そこで、殯儀礼に加え、埋葬関係記事も含めて作成したのが左の表である。[注23]原則、ひとまとまりとみられる儀礼を内容によって別の区分に分けてしまわないこととして、仮に四つの時期に分けた。

表のなかで時期区分を示しているのは、下端の「区分」欄にあるⅠからⅣの数字である。表にはこのほかにも、分類のために「記号」欄を設けた。ここで使用したアルファベットの意味は、凡例でも示したように、Aは誄を行っている記事、Bは皇太子による「慟哭」がなされた記事、Cは埋葬に関する記事である。「月日」の欄に網掛けがなされているのは、その記事が年中行事とみられるものである。

なお、これまでもしばしば注意喚起がされてきたように、朱鳥元年（六八六）までは、『日本書紀』巻二九・天武紀であるのに対して、持統元年（六八七）以降は、同巻三〇・持統紀に当たるため、編者の違いが問題となる。[注24]記載される意図も異なっていることが想定される。そのため、仮に朱鳥元年と持統元年で文字等に違いがみられても、それが実態ではなく、巻の相違による可能性があることはあらかじめ確認しておきたい。

さて、朱鳥元年九月九日、天武天皇は飛鳥浄御原宮で没した。二日後には「始発哭」し、飛鳥浄御原宮の「南庭」に「殯宮」を「起」てている。九月二十四日には「南庭」に「殯」して「即発哀」がなされた。これよりのち、本格的な殯儀礼がみられる。

【第Ⅰ期】　天武天皇が没してからさほど時間を置かずに、九月二十七日から三十日までの四日間、連日僧尼に

表『日本書紀』にみる天武天皇の殯・葬記事

年号	西暦	月	日	殯・葬記事	記号	区分
朱鳥元年	686	9	9	（天武天皇没）		
		9	11	戊申。始発哭。則起殯宮於南庭。		I
		9	24	辛酉。殯于南庭。即発哀。		I
		9	27	甲子。平旦。諸僧尼発哭於殯庭。乃退之。		I
				是日。肇進奠。		I
				即誄之。第一大海宿禰菖蒲誄壬生事。次浄大肆伊勢王誄諸王事。次直大参県犬養宿禰大伴総誄宮内事。次浄広肆河内王誄左右大舎人事。次直大参当麻真人国見誄左右兵衛事。次直大肆釆女朝臣竺羅誄内命婦事。次直広肆紀朝臣真人誄膳職事。	A	I
		9	28	乙丑。諸僧尼亦哭於殯庭。		I
				是日。直大参布勢朝臣御主人誄大政官事。次直広参石上朝臣麻呂誄法官事。次直大肆大三輪朝臣高市麻呂誄理官事。次直広参大伴宿禰安麻呂誄大蔵事。次直大肆藤原朝臣大嶋誄兵政官事。	A	I
		9	29	丙寅。僧尼亦発哀。		I
				是日。直広肆阿倍久努朝臣麻呂誄刑官事。次直広肆紀朝臣弓張誄民官事。次直広肆穂積朝臣虫麻呂誄諸国司事。次大隅・阿多隼人及倭・河内馬飼部造各誄之。	A	I
		9	30	丁卯。僧尼発哀之。		
				是日。百済王良虞代百済王善光而誄之。次国々造等随参赴各誄之。	A	
				仍奏種々歌舞。		
持統元年	687	1	1	元年春正月丙寅朔。皇太子率公卿・百寮人等適殯宮而慟哭焉。	B	II
				納言布勢朝臣御主人誄之。礼也。	A	II
				誄畢。衆庶発哀。		II
				次梵衆発哀。		II
				於是、奉膳紀朝臣真人等奉奠。		II
				々畢。膳部・釆女等発哀。		II
				楽官奏楽。		II
		1	5	庚午。皇太子率公卿・百寮人等適殯宮而慟哭焉。	B	II
				梵衆随而発哀。		II
		1	19	（参考）甲申。使直広肆田中朝臣法麻呂与追大弐守君苅田等、使於新羅赴天皇喪。*		II
		3	20	甲申。以花縵進于殯宮。此曰御蔭。		II
				是日。丹比真人麻呂誄之。礼也。	A	II
		5	22	五月甲子朔乙酉。皇太子率公卿・百寮人等適殯宮而慟哭焉。	B	II
				於是、隼人大隅・阿多魁帥、各領己衆互進誄焉。	A	II

年	月	日	殯・葬記事	記号	区分
	7	9	（参考）辛未。賞賜隼人大隅・阿多魁帥等三百卅七人、各有差。		
	8	5	八月壬辰朔丙申。嘗于殯宮。此曰御青飯也。		
	8	6	丁酉。京城耆老男女、皆臨慟哭於橋西。		
	9	9	（天武天皇国忌）		
	9	10	辛未。設斎於殯宮。		
	10	22	冬十月辛卯朔壬子。皇太子率公卿・百寮人等并諸国司・国造及百姓男女、始築大内陵。	C	
持統2年 688	1	1	二年春正月庚申朔。皇太子率公卿・百寮人等適殯宮而慟哭焉。	B	
	1	2	辛酉。梵衆発哀於殯宮。		
	3	21	三月己未朔己卯。以花縵進于殯宮。		
			藤原朝臣大嶋誄焉。	A	
	8	10	八月丁亥朔丙申。嘗于殯宮而慟哭焉。		
			於是、大伴宿禰安麻呂誄焉。	A	
	8	11	丁酉。命浄大肆伊勢王奉宣葬儀。	C	
	11	4	冬十一月乙卯朔戊午。皇太子率公卿・百寮人等与諸蕃賓客適殯宮而慟哭焉。	B	Ⅲ
			於是、奉奠。奏楯節舞。		
			諸臣各挙己先祖等所仕状、遞進誄焉。	A	
	11	5	己未。蝦夷百九十余人負荷調賦而誄焉。	A	
	11	11	乙丑。布勢朝臣御主人・大伴宿禰御行、遞進而誄。直広肆当摩真人智徳奉誄皇祖等之騰極次第。礼也。古云日嗣也。	A	Ⅳ
			畢葬于大内陵。	C	
	12	12	（参考）十二月乙酉朔丙申。饗蝦夷男女二百一十三人於飛鳥寺西槻下。仍授冠位賜物各有差。		

（凡例）

「月日」欄　網掛けの月日は、年中行事とみられる記事。

「記号」欄　Aは誄を行っている記事、Bは皇太子による「慟哭」記事、Cは埋葬関係記事。

「殯・葬記事」欄　（　）内は要約記事、（参考）とあるのは殯・葬記事ではないが、参考として掲げた記事。

「区分」欄　4つに分類したが、その理由は本文を参照。


（補注）
・持統元年正月甲申条…持統三年正月辛酉条に田中法麻呂の帰国記事あり。なお、持統三年五月甲戌条に持統二年派遣とある。

よる「哭」「哀」が行われたほか、天武天皇に奉仕していたその職掌に応じ、その代表者によって誄が行われた（第Ⅰ期のA）[注25]。

初日は、天皇の身体と直接関わる職掌の担当者たちであった。天武天皇の扶養氏族とみられる大海宿禰による

「壬生事」に始まり、[注26]それぞれ「諸王事」「宮内事」「左右大舎人事」「左右兵衛事」「内命婦事」「膳職事」についてて誄を行っている。

二日目と三日目は、国家を支える官司の担当者たちが登場する。「大政官事」[注27]「法官事」「理官事」「大蔵官事」「兵政官事」「刑官事」「民官事」、そして「諸国司事」について順に誄を行った。これらの後には、天皇等に隷属する度合いが強く、畿内に居住していた「大隅・阿多隼人」[注28]と、「倭・河内馬飼部造」がそれぞれ誄を行っている。なお、敏達天皇の殯宮では、隼人が警護していたと『日本書紀』に記されており、[注29]天武天皇の殯宮でも同様であったと考えられる。

四日目には、百済王良虞が百済王善光に代わって誄を行い、続けて国造たちが「随二参赴一」いて、それぞれ誄を行った。その後、国造等が「種々歌舞」を「奏」している。

【第Ⅱ期】　持統元年正月から同二年八月にかけての殯儀礼では、皇太子が「公卿・百寮人」を率いて「慟哭」を行ったとする定型的な記事が四回も見られ、それがもっとも主要な行事とみられる[注30]（第Ⅱ期のB）。

皇太子の「慟哭」と重なる儀礼も含め、第Ⅱ期の行事には、二年続けて行われた行事が複数みられる。これらは、先にも述べたように、殯宮で行われた年中行事だとみられる（第Ⅱ期の月日が網掛の記事）。これらと関わってなされた誄（第Ⅱ期のA）は、すでに指摘があるように、有力貴族が一人で行っている。第Ⅰ期や第Ⅲ期でみられるような、天武天皇に奉仕する職掌に応じた誄や、氏ごとの誄、蝦夷の誄等がほとんど見られないことも、この時期の特色である。唯一の例外は、持統元年五月に、九州南部から訪れたとみられる隼人によって行われた誄である。この点は後で触れたい。

さて、殯宮で行われた年中行事そのものに注目すると、少なくとも三種類を確認することができる。そのうちの一つは、正月一日の行事である。持統元年と同二年ともに、「皇太子」が「公卿・百寮人等」を率いて、「殯宮」に「適」でて「慟哭」を行っていた。なお、持統元年の記事の場合、表で確認できる通り、さらに続きがあるが、おそらくは、持統紀が記す天武天皇殯儀礼の最初の記事であるため、詳細に記されているに過ぎず[注31]、翌年も同様の行事が行われたと推測される。

もうひとつは、三月の行事である。持統元年三月二十日と同二年三月二十一日には、ともに「花縵[注32]」を「殯宮」に進め、そののち誄が行われている。持統元年の記事には、「此曰二御蔭一。」と注記が施されている。

最後に、八月丙辰日の記事である。両年ともに八月の同じ干支の日[注33]に、殯宮で「嘗」が行われた。持統元年八月五日には、「嘗二于殯宮一。此曰二御青飯一也。」とあり、翌二年八月十日には「嘗二于殯宮一而慟哭焉。於レ是、大伴宿禰安麻呂誄焉。」とある。

このほかにも、天武天皇の国忌の翌日にあたる持統元年の九月十日に、「殯宮」で「斎」を設けている。翌二年の九月には、国忌の記事も殯宮での斎の記事もないものの、持統元年と同様の行事が行われた可能性は残る。

【第Ⅲ期】十一月四日に、「皇太子」が「公卿・百寮人等」と「諸蕃賓客」を率いて、「殯宮」に「適」でて「慟哭」した。「諸蕃賓客」は百済王氏を指すと考えられている[注34]。ここに「奠」を奉り、「楯節舞」を奏したのち、「諸臣」はそれぞれ「己先祖等所レ仕状」を挙げ、「遞進」で誄を行っている。おそらくこれと連動し、翌日には、「蝦夷百九十余人」が「調賦」を「負荷」し、誄を行った。

【第Ⅳ期】十一月十一日には、天武天皇への奉仕者を代表して、「布勢朝臣御主人」と「大伴宿禰御行」が「遞進」で誄を行った。その後、「当摩真人智徳」が、「皇祖等之騰極次第」を誄し奉ることで、おもな殯儀礼は終わりを迎える。『日本書紀』はここに「礼也。」と記し、「古曰二日嗣一。」と注記した。これらの儀礼が終わったその日のうちに、天武天皇の遺体は、「大内陵」に埋葬されたのである。

以上のように、天武天皇の死から埋葬までの間に行われた殯儀礼を仮に四つの時期に分類することを試みた。この区分の妥当性は、改めて検討したい。

二　殯儀礼が示す秩序

1　官人参加の諸形態

殯儀礼を官人の参加形態に注目して分類すると、おおむね三種類に分けることができる。大規模な行事は、第Ⅰ期と第Ⅲ期であり、両者を比較することで、殯儀礼の構造を明確にしたい。

これら大規模な行事を検討する前に、第Ⅱ期に集中する小規模・中規模の行事を確認しておかなくてはならない。小規模な行事とは、正月を除く殯宮の年中行事であり、主要な官人一人のほかは、参加の記録がない。中規模な行事とは、「皇太子率㆓公卿・百寮人等㆒適㆓殯宮㆒而慟哭焉。」という四回みられた定型表現を指す。四回のうち三回は、いずれも正月の行事であり、持統元年（六八七）の正月一日と五日、持統二年正月一日に当たる。残る一回は、持統元年五月二十二日に隼人が誄を行った時の記事である。

これら第Ⅱ期に官人が参加した儀礼は、これまでも指摘されてきたように[注35]、時に隼人の来朝も受けながら、天武天皇の徳化や慰撫、皇太子の孝と皇太子が全官人を率いる権力を持つ皇位継承者であることを示す機会であったとみられる。ただし、それらは、第Ⅰ期や第Ⅲ期に比べれば、やはり相対的に小規模な儀礼、期間を通じていえば中間的な儀礼であった。

殯儀礼のなかでももっとも盛儀であったのは、おそらく朱鳥元年（六八六）九月に催された第Ⅰ期の行事だと考えられる。もちろん、天武紀の記載方法が、行事を詳細に記す方針であったことが、この評価に影響を与えている可能性はある。しかし、少なくともほかに四日にわたる行事は見られず、ひとまとまりの行事としてはもっとも長い。また、殯儀礼の全期間を通じて、百済王氏や国造等が誄を行ったのは、少なくとも記録の上ではここだけである。そして、多くの論者[注36]が注目するように、最終日に国造等によるとみられる「種々歌舞」が奏されている。殯儀礼全体を通じて、歌舞が行われたのは、一般的な楽とみられる持統元年正月一日の「楽官奏レ楽」を除けば[注37]、第Ⅲ期の「楯節舞」に限られる。これらの点からみて、朱鳥元年九月の行事が、もっとも大規模であったとみてよい。

その意義はどこにあるのだろうか。天武天皇に奉仕する人々、もちろん隼人や馬飼部造も含めた人々が、次々と職掌に応じた誄を行ったということは、その語りによって、天武天皇への奉仕、また飛鳥浄御原宮での奉仕の様子を、殯宮で回顧・再現し、ひいては天武天皇を慰撫したと推測される。ここに百済王氏や国造等の誄が加わることによって、天武天皇の支配や徳化が、宮の周辺だけでなく、倭国内の国々や国外にあった国の王にまで及んでいたことが示されたと考えられる。

第Ⅰ期に次ぐ規模の行事が、第Ⅲ期である。第Ⅲ期では、定型表現の一部が改変され、「皇太子」が「公卿・百寮人等」だけでなく、百済王氏とみられる「諸蕃賓客」も加えた人々を率いて「慟哭」を行っている。翌日には蝦夷の参加もあったが、これはあとで触れたい。

初日の行事に注目すると、「奠」を奉るとともに、「楯節舞[注38]」の奏や「諸臣各挙二己先祖等所レ仕状一遞進誄」など特色のある行事が行われた。この誄は、諸氏が代々の王に奉仕してきた歴史を述べるものであったと考えられている。

これら第Ⅲ期の儀礼の特色を、第Ⅰ期と対比することで示したい。先に示した第Ⅰ期の儀礼は、やや視点を変えて述べるならば、天武天皇への奉仕とその徳化、つまり空間的支配を中心に儀礼が行われていた。これに対して第Ⅲ期は、国造等の参加は明確でないものの、空間的支配に加え、各氏の「先祖」に遡る時間的な支配関係が表現されたことに特色がある。殯儀礼の最初には、没してまもない天武天皇への奉仕が語られ、殯儀礼の終盤には「諸臣」によってその「先祖」から代々天皇に奉仕した歴史が述べられたといえよう。

これを踏まえて、埋葬の日に行われた第Ⅳ期の殯儀礼に注目するならば、吉田義孝氏が論じたように、天皇の系譜に関わる「皇祖等」の「騰極次第」の誄を行うという点で、七日前に行われた第Ⅲ期の殯儀礼と確かに一体であったのである。

2　蝦夷と隼人

天武天皇の殯儀礼には、百済王氏・「諸蕃賓客」が参加していた。また新羅へも、持統元年正月十九日に使者を派遣し、「天皇喪」を知らせている。[注39] のちの記事によれば、持統二年に派遣されたとも記されるのだが、[注40] いずれにしても、この使者は、新羅と待遇をめぐって対立し、持統三年正月八日に帰国していた。[注41] 第Ⅲ期の行事に、新羅の使節を招くことを計画していたのではないかと推測される。

このように、国外に居住する「諸蕃」を招いた殯儀礼は実現しなかったが、蝦夷と隼人は、遠方から参加していた。そこで、この時の両者の相対的な位置付けを明らかにしたい。天武天皇の殯儀礼に関わる記事のなかから、比較すべき両者の記事を抜き出すと次のようになる。[注42]

持統元年　隼人記事

①五月甲子朔乙酉。皇太子率㆓公卿・百寮人等㆒適㆓殯宮㆒而慟哭焉。於㆑是、隼人大隅・阿多魁帥、各領㆓己衆㆒互進誄焉。

②（七月）辛未。賞㆓賜隼人大隅・阿多魁帥等三百卅七人㆒、各有㆑差。

持統二年　蝦夷記事

③（十一月）己未。蝦夷百九十余人負㆓荷調賦㆒而誄焉。

④十二月乙酉朔丙申。饗㆓蝦夷男女二百一十三人於飛鳥寺西槻下㆒。仍授㆓冠位㆒賜㆑物各有㆑差。

中村明蔵氏[注43]は、①の記事で、皇太子の「慟哭」と隼人の誄が同日であることに注目し、これと第Ⅲ期の持統二年十一月四日に、皇太子が「諸蕃賓客」まで率いて「慟哭」を行っていることと比較した。その結果、隼人と「諸蕃賓客」が同じように取り扱われているとする。しかし、「諸蕃賓客」が、皇太子において率いられる対象であったのに対し、隼人はそれに従うことはできず、別に誄を行った点からみても、両者の待遇差は明らかある。むしろ比較すべきは、この「諸蕃賓客」の記事が、③の蝦夷の記事の前日にあって、両者が一連の行事とみられる点である。隼人も蝦夷もともに、皇太子の「慟哭」にともなって誄を行っていたのである。

中村氏は、①の隼人の来訪が、他の隼人の朝貢に多い五月であることを指摘している。ここから蝦夷の朝貢と比較し、その強制力の強弱を論じた。なお、これがたまたま通常の朝貢であるとは考え難く、天武天皇死没の情報を得た九州の隼人が、もっとも早い時期に来訪しようとすれば、必然的に持統元年五月になったと理解されよう。

その上で、中小規模の儀礼が続く第Ⅱ期にあって、殯儀礼全体の動きとは無関係に隼人の来訪があったことは、これが単なる服属儀礼というだけでは評価できないことを示している。隼人が天皇の宮の警固にあたってきたことなくしては、説明ができないのではなかろうか。これは反面、第Ⅰ期と第Ⅲ期に、「諸蕃」や蝦夷の参加がみられることの重要性を示している。ことに、殯儀礼終盤にあってもっとも盛儀であった第Ⅲ期に蝦夷が参加したことは、計画的と言わざるをえず、倭国の支配の周縁に蝦夷を位置付けようとしたとみられる。中村氏は、蝦夷の朝貢が、隼人に遅れること一年半と述べ、相対的に低い評価を与えているようだが、実態は逆であった。[注44]

改めて、四つの時期区分の意味を示したい。第Ⅰ期は、天武天皇の慰撫のため、第Ⅱ期は皇太子が中心に現れ、慰撫を継続的に実施した。第Ⅲ期は「喪礼」が開始され、代々の天皇に「仕奉」した氏の「先祖」の歴史を振り返ることで、天武天皇を皇祖に加える準備が始まっていた。直接これを受け、第Ⅳ期は、「皇祖等之騰極次第」が述べられ、和風諡号を与えられた天武天皇もその系譜に連なることとなるのである。

三　殯儀礼と「喪礼」

1　天武天皇の「奉宣葬儀」

殯儀礼から葬送儀礼への移行は、必ずしも明確な線引きができる訳ではなく、両者の間には過渡的な時間が存在したのではなかろうか。それは、当然殯儀礼のなかでもひとつの区切りになっていたと想定される。そこで、田中日佐夫氏や上野勝之氏の研究[注45]に導かれながら、推古天皇と舒明天皇の殯でみられる「喪礼」を取り上げたい。

推古天皇は、推古三十六年（六二八）三月七日に没すると「即殯㆓於南庭㆒」している。その後、同年九月二十日には「始起二天皇喪礼一。是時、群臣各誄二於殯宮一。」とあって、九月二十四日には遺詔に従って埋葬がなされた。[注46]ここに「喪礼」の語がみられる。

舒明天皇は、舒明十三年（六四一）十月九日に没すると、十月十八日には「殯二於宮北一。是謂二百済大殯一。是時、東宮開別皇子年十六而誄之。[注47]」と記され、没後ほどなく殯宮が建てられた。翌皇極元年（六四二）十二月十三日になって、「初発二息長足日広額天皇喪一。是日。小徳巨勢臣徳太代二大派皇子一而誄。次小徳粟田臣細目代二軽皇子一而誄。次小徳大伴連馬飼代二大臣一而誄。[注48]」とあり、「喪」が発せされている。その翌日には、「息長山田公奉レ誄二日嗣一。」ことが行われ、十二月二十一日に埋葬された。[注49]

これら「喪礼」等はいずれも、殯宮が建てられた直後ではなく、殯儀礼の終盤、埋葬の直前に始まっている。また、ともに「喪礼」が始まった日に、「群臣」等の誄が行われた。とくに舒明天皇の殯の場合、「奉レ誄二日嗣一」より前にも、「群臣」等の誄が行われていることが明らかである。

これらの点を踏まえ、天武天皇の殯儀礼に「喪礼」を当てはめてみたい。「喪礼」を始めた日に行われた「群臣」等の誄は、第Ⅲ期の「諸臣各挙二己先祖等所レ仕状一遞進誄」に該当し、「奉レ誄二日嗣一」は、第Ⅳ期の「皇祖等之騰極次第」の誄に該当するとみてよい。このように考えるならば、「喪礼」を始めたのは、上野氏が想定したように第Ⅲ期の初日か、あるいは、持統二年（六八八）八月十一日に伊勢王に命じて「奉二宣葬儀一」した時となる。たとえ前者であっても、「奉二宣葬儀一」が「喪礼」の始まりの契機となったことは間違いない。[注50]

「奉二宣葬儀一」は一般に、「十一月に山陵へ葬送することを宣したか[注51]」と理解されているが、時期区分という視点から、さらに検討を深めたい。

菊池威雄氏[注52]は、大嘗祭を本来的な即位儀礼と考える立場から、殯宮での「嘗」の評価を高めようとした。その研究の問題点は、今取り上げないが、私見によれば、「嘗」そのものに注目するのではなく、「嘗」と「奉二宣葬儀一」等との関係に注目することによって、菊池氏の研究の中から傾聴すべき指摘を見出すことができると考える。

第一に、持統二年八月十日に殯宮で「嘗」が行われ、その翌日に「奉二宣葬儀一」がなされていることから、「嘗」の儀礼は、「殯宮期間の節目にあたる重要な意味」をもっていたとする。これは同時に、「奉二宣葬儀一」も節目に当たることを指摘している。

第二に、持統二年八月の「嘗」には「慟哭」がともなっていたが、前年の「嘗」でも翌日に「京城耆老男女、皆臨慟二哭於橋西一」とあり、「嘗」と「慟哭」が連動していることを指摘した。持統二年の「慟哭」の主体を記さないこととともに、持統元年の「慟哭」の記事は興味深い。「京城耆老男女」の参加は、他に見られず、しかも飛鳥川にかかるとみられる橋の西で行われており、殯庭での儀礼でさえない。ここに持統二年だけでなく、持統元年の殯儀礼でも、「嘗」に画期を見出すことが可能ではないかと推測される。

ここで、北野本『日本書紀』に、「嘗」を「ナフライ」と読んでいる点が注目される。「ナフライ」であれば、神事のあとに、神饌と同じものを食することとされる。「ナフライ」と理解することに疑念を示す論者は多く、和田萃氏も、「(おほ)にえ」と読むべきであるとしたうえで、古代中国では、「嘗」が、秋七・八月に新たに熟した黍稷を祖先に供える祭であるとする説を踏まえ、「まだ熟成していない新穀を炊いで殯宮内に親供する儀礼であったらしい」として、大嘗祭などとの関係に注意を喚起した。

いま、この「嘗」の訓を明らかにする準備はない。ただし、持統二年八月の「嘗」が、「葬儀」開始ときっかけになっている点は、一連の殯行事の中のひとつの画期だといえる。また、持統元年八月の「嘗」も、「京城耆老男女」の「慟哭」のきっかけとなったことは間違いなく、国忌を除けば[注53]、正月から始まるその年の年中行事の最後であり、殯儀礼にとってやはりひとつの画期であったと推測したい。このような点から、「嘗」の行事が、殯儀礼のなかでもいわゆる「ナフライ」の側面があったとしても首肯されるのではないかと考える。

以上の分析から、先の第Ⅱ期と第Ⅲ期の間に、「喪礼」開始の区切りがあることを示した。

2　殯宮と山陵

天武天皇の殯儀礼における「喪礼」と時期区分を踏まえ、その後の天皇や太上天皇の殯儀礼を俎上にあげ、歴史的展開を示したい[注54]。よく知られているように、持統太上天皇から元正太上天皇までは火葬が行われたものの、持統太上天皇と文武天皇の二人の場合、殯宮がなお設営されている。しかもその期間は、それぞれ一年間と、五か月間であって、殯としてはごく一般的な期間[注55]であった。まずは、この時期の喪葬行事を概観しよう。

持統太上天皇は、大宝二年（七〇二）十二月二十二日に没すると、翌日には「作殯宮司」と「造大殿垣司」が任命され、十二月二十九日から、一年に及ぶ殯儀礼がはじまった[注56]。翌大宝三年正月一日には、天武天皇の殯の第Ⅱ期と同じく、殯宮を拝する正月行事が行われている[注57]。その後、同年十月九日に「御葬司」が設けられ、葬儀の準備が始まった。十二月十七日に、「従四位上当麻真人智徳率㆓諸王・諸臣㆒奉㆑誄㆓太上天皇㆒、諡曰㆓大倭根子天之広野日女尊㆒。」としたのち、「飛鳥岡」で火葬され、十二月二十六日には「大内山陵」に合葬されている[注58]。

文武天皇は、慶雲四年（七〇七）六月十五日に没した。翌日には、志紀親王等を「供㆓奉殯宮事㆒」させている。その後、元明天皇の即位を経た同年十月三日になって、「造御竃司」と「造山陵司」、「御装司」が任命された。十一月十二日には「従四位上当麻真人智徳率㆓誄人㆒奉㆑誄。諡曰㆓倭根子豊祖父天皇㆒。」としたのち、同じく「飛

鳥岡」で火葬され、十月二十日に「安古山陵」に埋葬されている。[注59]

元明太上天皇からは、殯宮が造営されなくなり、没してから埋葬までの期間がひどく短くなった。その元明太上天皇が、養老五年（七二一）十二月七日に没すると、十二月八日には「御装束事」と「営陵事」を行う人々が命じられた。すると早くも十二月十三日には、火葬ののちに「椎山陵」に埋葬されている。[注60]この後の殯の期間は、おおむねこの程度であった。

このように持統太上天皇と文武天皇までは、殯宮を造営している点で、前代の影響が強く残る。[注61]その一方で、その中身は元明太上天皇以降の前段階として変質していた面もある。そこで、山陵の造営に注目したい。殯の期間が短くなれば当然、山陵造営の期間も短くなる。山陵造営の担当者等の決定から埋葬までは、天武天皇の例が約一年間であったのに比べ、文武天皇が約一ヶ月、元明天皇はわずか六日間であった。その後も、たとえば称徳天皇が十三日、埋葬地に変更のあった桓武天皇でも十九日間に過ぎない。[注62]

次に、造営を担う構成員に注目したい。持統元年十月二十二日に開始された天武天皇の山陵の造営には、「皇太子率二公卿・百寮人等幷諸国司・国造及百姓男女一、始築二大内陵一。」とあって、皇太子を中心に、「公卿・百寮人等」だけでなく、「諸国司・国造」や「百姓男女」等、倭国各地の人々が集められていた。

『日本書紀』舒明即位前紀には、蘇我馬子の墓を造営するため、「蘇我氏諸族等悉集、為二嶋大臣一造レ墓而次二于墓所一。爰摩理勢臣壊二墓所之廬一、退二蘇我田家一而不レ仕。」と記される。同じ氏族の者たちが集い、墓の造営に勢力を傾ける様子がうかがえる。このことから、約一年に及んだとみられる天武天皇の造墓のために、殯儀礼と同様、造営の組織が当時の支配体制そのものを直接投影していたとみてよいだろう。[注63]

もちろん、元明太上天皇よりのちの山陵造営でも、少なくない人々が集められていた。具体的に分かる称徳天皇の場合、「左右京・四畿内・伊賀・近江・丹波・播磨・紀伊等国役夫六千三百人」、桓武天皇でも、「左右京・五畿内・近江・丹波等国夫五千人」が、山陵造営のために徴発されたとみられる。[注64]けれども、その組織は、「造山陵司」等[注65]のもとに集められた畿内とその周辺諸国の人々によって構成されており、官僚組織による職務分担といった側面が強い。同じ王の墓の造営といっても、天武天皇とは意味合いが全く異なっているのである。

ところで、文武天皇の場合、一ヶ月の山陵造営期間が、それ以前に比べて、一般的なのかは明らかでない。[注66]ただし、「造山陵司」を始め官僚制的な葬送組織が形成されており、天武天皇の山陵造営組織とは異なる。合葬のため山陵が造営されなかった持統太上天皇でも、「御葬司」は新しい組織であったと推測される。[注67]

これらの点は、天武天皇の第Ⅲ期についても同様のことが言える。皇太子が、「公卿・百寮人等」と「諸蕃賓客」を率いて慟哭したほか、楯節舞が演じられ、「諸臣」はそれぞれ「己先祖等所レ仕状」に関する誄を行った。翌日には蝦夷も誄を行っている。けれどもその後、天皇の死の儀礼に関しては、同様の慟哭や誄を見ることができない。[注68]もちろん持統太上天皇や天武天皇の殯儀礼の詳細は、明確ではないため、遺詔による挙哀の停止や期限を切った挙哀の実施から、「慟哭」に類したことは行われなかったと推測される程度に止まる。ただ、天武天皇の殯の終盤で、その支配構造を再現し、それに奉仕してきた氏達の歴史を語ることで構成されてきた重要な儀礼が、その後見られなくなったのは、山陵造営の変質と一体とはいえるであろう。

これは、天武天皇の殯の第Ⅳ期とした「日嗣」の誄が、その後も継承されていくのとは対照的である。こちらの誄は、中国皇帝の喪葬儀礼の要素が、[注69]直接反映していたためとみられる。

和田萃氏は、火葬の採用と殯宮不造営の時期にずれがある点について、過渡期であるとして詳細な検討を避けた。事実、検討の材料は限られており、火葬と薄葬の直接的な関係はなお課題である。[注70]ただし、天武天皇の殯でみられた、天皇の死が即国家を体現するような儀礼はその後見られなくなり、遅くとも元明太上天皇よりのち、おそらくは持統太上天皇にはこのような切り替わりがなされたと考えられる。

おわりに

天武天皇の殯儀礼の構造的な分析を試みた。限られた史料の内部を行き来する作業では、限界があることを承知しつつ、敢えて編んだ試論である。

二年以上に及んだ殯儀礼を四時期に区分し、天皇の死を迎えた直後の王のための慰撫から、天皇の系譜に位置づけられ、過去の王となっていく様子を時間的・空間的視点から明らかにしてきた。また、殯儀礼のなかでも「喪礼」と呼ばれる区切りは、その後変質しながらも、喪葬儀礼の中心を占めるようになっていった。この変質の過程で、天皇の死が王の死として迎えられた時代は、急速に変質していったのである。

関連して触れるべき研究は多いが、天武天皇の死、つまり彼は何者であったのかを示す作業は、とりあえずここで終えたい。

注

1　吉田義孝「柿本人麻呂における神話発想の基盤――古事記編纂事業との関連で――」・「古事記成書化の基礎」（『柿本人麻呂と

その時代』桜楓社、一九八六年、初出一九五四年加筆・一九五六年）、「天武殯宮の文学史的意義――誄と挽歌の関係を中心に――」（『国語と国文学』第四一巻第一一号、一九六四年）等。

2 吉田義孝「天武殯宮と古事記体系の確立」（『古事記序文の研究』おうふう、二〇一二年）。以下、吉田氏の研究について、とくに注記しない場合はここからの引用である。

3 吉田氏は、九月二十八日までとするが、その場合、時期区分と説明との間に、明らかな齟齬が生じている。そのため本文では内容分類に従って区切りを行っている。

4 吉田氏は、これらの誄は、飛鳥浄御原令の修定状況の報告と参加官人への内容の周知を目的としたとするが、従えない。

5 吉田義孝「柿本人麻呂における神話発想の基盤――古事記編纂事業との関連で――」（前掲注1）。

6 阿蘇瑞枝「誄と人麻呂殯宮歌の問題」（『柿本人麻呂論考』おうふう、一九七二年・増補改訂一九九九年、初出一九六二年）も「官職に関する誄」「被征服者もしくは被恩恵者の捧げる誄」、「礼として捧げられた誄」に分類する。なお、王海燕「六至七世紀日本大王（天皇）的殯喪礼儀与王位継承」（『歴史研究』二〇〇五年、第三期）が、誄を「初殯」段階（朱鳥元年九月）、「奉奠」段階（持統元年正月～同二年八月）、「臨葬」段階（持統二年十一月）に区分するのは、私見に近い。ただし、官司に注目するなど、吉田氏と同様の課題が残されている。

7 吉村武彦「仕奉と氏・爵位――大化前代の政治的結合関係――」（『日本古代の社会と国家』岩波書店、一九九六年、初出一九八六年・一九九三年改訂）等。

8 事実、犬飼公之「当麻智徳と柿本人麻呂――持統六年、留京歌周辺――」（『基督教文化研究所研究年報』第一六号、一九八四年）は、「皇祖等之騰極次第」の誄を除きすべて「扈従の側に立つ誄」と一括するが、本人も述べるように、これでは分類を行うこと自体の意味が失われる。

9 上野勝之『日記で読む日本史10　王朝貴族の葬送儀礼と仏事』（臨川書店、二〇一七年、一三六～一三九頁）。

10 阿蘇瑞枝「誄と人麻呂殯宮歌の問題」（前掲注6）は、これらの行事に「礼也」と注記があることに注目して分類した。坂本太郎他校注『日本古典文学大系68　日本書紀下』（岩波書店、一九六五年、四八八頁頭注七）は、『日本書紀』巻三〇筆者の特徴であると指摘する。つまり、同巻二九の箇所に見えないのは編集上の相違かもしれない。

11 和田萃「殯宮儀礼の再分析――服属と儀礼――」（『日本古代の儀礼と祭祀・信仰』上、塙書房、一九九五年、初出一九八〇年）。以

下、和田氏の研究について、とくに注記しない場合はここからの引用である。
12 菊池威雄「殯宮儀礼と新嘗」(『柿本人麻呂攷』新典社、一九八七年、初出一九八一年)、大前栄美子「原新嘗祭と殯宮儀礼――その相関関係と相互発展の過程――」(『日本書紀研究』第一四冊、一九八七年)、山折哲雄『死の民俗学――日本人の死生観と葬送儀礼――』(岩波書店、一九九〇年)、同『神と王権のコスモロジー』(吉川弘文館、一九九三年)等。
13 岡田精司「大王就任儀礼の原型とその展開(補訂)――即位と大嘗祭――」(『古代祭祀の史的研究』塙書房、一九九二年、初出一九八三年加筆補訂)。
14 和田萃「殯宮儀礼の再分析――服属と儀礼――」(前掲注11、一四一~一四四頁)。
15 直木孝次郎「隼人」(『日本古代兵制史の研究』吉川弘文館、一九六八年)も参照。
16 今泉隆雄「蝦夷の朝貢と饗給」(『古代国家の東北辺境支配』吉川弘文館、二〇一五年、初出一九八六年)は、殯儀礼への参加のための特例とみて、一般的な上番には含めない。
17 中村明蔵「天武・持統朝における隼人の朝貢」(『隼人と律令国家』名著出版、一九九三年、初出一九八八年)。
18 田中日佐夫『二上山』(学生社、一九六七年、六九・七〇頁)。
19 上野勝之『日記で読む日本史10　王朝貴族の葬送儀礼と仏事』(前掲注9、一二五・一二六頁)。
20 上野勝之『日記で読む日本史10　王朝貴族の葬送儀礼と仏事』(前掲注9、一三一頁)。
21 大場磐雄「葬制の変遷」(『古代の日本　第2巻　風土と生活』角川書店、一九七一年)は、時間の流れに沿って「殯斂儀礼」「葬送儀礼」「墓前儀礼」に分類し、和田萃「飛鳥・奈良時代の喪葬儀礼」(『日本古代の儀礼と祭祀・信仰』上、前掲、初出一九八二年)もそれに従う。これらは、殯儀礼と葬送儀礼をやや機械的に分けている。
22 石井輝義「七世紀における王権継承と殯」(『古代史研究』第一〇号、一九九一年)は、殯儀礼のどの段階で皇位継承者が決定するのかに関心を寄せ、推古天皇と舒明天皇の「喪礼」は、天武天皇の殯では、皇太子が殯儀礼に登場する持統元年正月一日以降の「礼」に対応するとした。
23 大赦や賜物の記事(『日本書紀』朱鳥元年十二月壬辰条、持統元年正月庚辰条、同年六月庚申条、持統二年六月戊戌条)も、殯宮儀礼と関連する可能性があり、持統太上天皇の殯期間でも、『続日本紀』大宝三年閏四月辛酉朔条に「大二赦天下一」とある。
24 殯儀礼に関わっては、榎本福壽「誄の受容」(『日本文学論究』第三五冊、一九七五年)を参照。

25 青木和夫「浄御原令と古代官僚制」（『日本律令国家論攷』岩波書店、一九九二年、初出一九五四年）、倉本一宏「天武天皇殯宮に誄した官人」（『日本古代国家成立期の政権構造』吉川弘文館、一九九七年、初出一九九四年）。

26 横田健一「日継の形成――誄と歴史意識――」（『日本古代神話と氏族伝承』塙書房、一九八二年、初出一九七六年）等。

27 青木和夫「浄御原令と古代官僚制」（前掲注25）は「神祇官や糺政台」がみられないのは「誄と関係ないか或は何れかの官の被官であったのか。」とする。太政官が人に仕えるのに対し、神祇官が神に仕えると認識されていたのではないかと推測する。

28 直木孝次郎「隼人」（前掲注15）。

29 『日本書紀』敏達十四年八月己亥条。

30 阿蘇瑞枝「誄と人麻呂殯宮歌の問題」（前掲注6）、菊池威雄「殯宮儀礼と挽歌」（『柿本人麻呂攷』前掲注12、初出一九八三年）等。

31 倉本一宏「天武天皇殯宮に誄した官人」（前掲注25）は、丹比真人麻呂、藤原朝臣大嶋、大伴宿禰安麻呂、大伴宿禰御行も納言と考え、この四人に「納言」が記されなかった理由について「五つの奉誄記事が同一、一連の書紀原史料に拠ったものであり（略）その原史料には最初に誄を奉った布施朝臣御主人にしか官名を記していなかったため」とする。「納言」だけでなく、同日条には「奉膳」の官職名もある。これも持統紀のうち、天武天皇の殯儀礼について最初に触れた記事だからではなかろうか。

32 花鬘を寺院で用いられる仏教荘厳具とする説のほか、五来重『葬と供養』（東方書店、一九九二年）は、死者を覆う傘状のものに切り紙などの飾りを付けたものとする。

33 和田萃「殯宮儀礼の再分析――服属と儀礼――」（前掲注11、一三九・一四〇頁）。

34 和田萃「殯宮儀礼の再分析――服属と儀礼――」（前掲注11、一四二頁）。

35 菊池威雄「殯宮儀礼と挽歌」（前掲注30）。なお、第Ⅲ期の皇太子の「慟哭」も含めて重視する。

36 和田萃「殯宮儀礼の再分析――服属と儀礼――」（前掲注11）、上野誠「天武天皇殯宮の芸能」（『古代日本の文芸空間――万葉挽歌と葬送儀礼――』雄山閣、一九九七年、初出一九九一年）等。

37 持統元年正月一日の記事の史料的な性質は、注31参照。

38 新川登亀男「東西史部の祓詞と楯節舞」（『日本古代の儀礼と表現――アジアの中の政治文化――』吉川弘文館、一九九九年、初出一九九四年）等。

39 中林隆之「古代君主制の特質と東アジア」（『歴史科学』二〇五号、二〇一一年）。

40 『日本書紀』持統三年五月甲戌条。

41 『日本書紀』持統三年正月辛酉条、同年五月甲戌条。

42 蝦夷に冠位を授けているのに対し、隼人にその記事がないが、今泉隆雄「蝦夷の朝貢と饗給」（前掲注16）は、七世紀の隼人に授位はされないと述べる。

43 中村明蔵「天武・持統朝における隼人の朝貢」（前掲注17）。

44 『日本書紀』では、蝦夷・隼人の順で記載されるほか、性格は異なる史料だが、『続日本紀』養老六年四月丙戌条でも「征ニ討陸奥蝦夷・大隅・薩摩隼人等ー将軍已下」とある。これに対し、唯一、隼人が蝦夷と正月に朝貢した『続日本紀』和銅三年正月壬子朔条と同月丁卯条では、隼人・蝦夷の順で記される。この時のみ、隼人の重要性に変化があったとみられる。なお、殯終了後、蝦夷の仏教関係記事が見られる。殯に来た蝦夷か、そうでなくても殯や持統天皇即位が関係している可能性がある。

45 田中日佐夫『二上山』（前掲注18）、上野勝之『日記で読む日本史10　王朝貴族の葬送儀礼と仏事』（前掲注9）。

46 『日本書紀』推古天皇三十六年三月癸丑条、同年九月戊子条、同月壬辰条。

47 『日本書紀』舒明十三年十月丁酉条、同月丙午条。

48 『日本書紀』皇極元年十二月甲午条。

49 『日本書紀』皇極元年十二月乙未条、同月壬寅条。

50 持統太上天皇や文武天皇の殯でも、埋葬のための「御葬司」等の任命が行われる。

51 坂本太郎他校注『日本古典文学大系68　日本書紀下』（前掲注10、四九二頁頭注一五）。

52 菊池威雄「殯宮儀礼と新嘗」（前掲注12）、「殯宮儀礼と挽歌」（前掲注30）。

53 持統元年の殯宮行事は、「嘗」より以降となると、天武天皇国忌の翌日に行われた「殯宮」での「設斎」に限られる。命日に限定して行われる仏教行事であり、本来の殯宮儀礼とは異なる。

54 稲田奈津子「喪葬令と礼の受容」（『日本古代の喪葬儀礼と律令制』吉川弘文館、二〇一五年、初出二〇〇二年）は、持統太上天皇は殯宮が設置される一方で、御葬司等の設置や服喪・挙哀の実施などから、殯儀礼から礼制を多く取り入れた葬送へと重心が移動するとした。ただし、持統太上天皇より前の喪葬の検討がなされていない。

55 明石一紀「古代の喪礼と親族」（『古代・中世のイエと女性――家族の理論――』校倉書房、二〇〇六年、初出一九九七年補訂）は、埋葬まで、五箇月の最低期間を経た上で、次の十月から十二月にいたって埋葬するという「しきたり」があるとした。持統太上天皇や文武天皇もそれに当てはまる。なお、埋葬月は、八月から十二月が一般的であり、埋葬月が二月、四月、七月となる特殊な四例のうち、孝元天皇、敏達天皇、斉明天皇の三例は、いずれも殯が長期に及んでいることから、殯の長期化と異例の埋葬月には関係があるかもしれない。また、天武天皇の殯の期間を中国の影響と考える説もある（上島秀友「天武天皇の殯儀礼に関する一考察――二十七ヵ月の殯が意味するもの――」塚口義信博士古稀記念会編『塚口義信博士古稀記念日本古代学論叢』和泉書院、二〇一六年）

56 『続日本紀』大宝二年十二月甲寅条、同月乙卯条、同月辛酉条。

57 挙哀停止の遺詔（『続日本紀』大宝二年十二月甲寅条）に従ったためか、「親王已下百官人等拝二太上天皇殯宮一也。」（『続日本紀』大宝三年正月癸亥朔条）とあって「慟哭」等は記載されない。

58 『続日本紀』大宝三年十月丁卯条、十二月癸酉条、同月壬午条。

59 『続日本紀』慶雲四年六月辛巳条、同月壬午条、十月丁卯条、十一月丙午条、同月甲寅条。

60 『続日本紀』養老五年十二月己卯条、同月庚辰条、同月乙酉条。

61 持統太上天皇の「百日斎」が「御在所」で行われている（『続日本紀』大宝三年四月癸巳条）が、天武天皇も没後百日目に斎を行っている。ただし、会場は、大官大寺等の五寺であり、無遮大会が開かれた（『日本書紀』朱鳥元年十二月乙酉条）。持統太上天皇の死の儀礼は、天武天皇を模倣している面がある。このように考える時、正月一日の行事だけでなく天武天皇の殯儀礼でみられた三月の花縵進上と、八月頃の「嘗」もまた行われたと推測されるが、それは、持統太上天皇と文武天皇の葬司任命、おそらくそれは「葬儀」の宣であり、ひいては「喪礼」の開始と関わる命令が、十月に行われていることとも矛盾しない。なお、持統太上天皇の百日斎の会場が「御在所」であったのは、天武天皇と異なり、七日毎の追善法会が、寺院で開始されたためであろうか。

62 『続日本紀』宝亀元年八月癸巳条、同年丙午条、『日本後紀』大同元年三月辛巳条、同月癸未条、同月丁亥条、四月庚子条。

63 菊池威雄「殯宮儀礼と挽歌」（前掲注30）は、皇太子が律令制度の見事な図式に則って山陵造営に当たっていると指摘する。

64 『続日本紀』宝亀元年八月癸巳条、『日本後紀』大同元年三月壬午条。
65 「造(作)山陵司」は、『続日本紀』に掲載された在位中に没した文武天皇・称徳天皇に限られ、元明太上天皇の「供営陵事」を除けば、他の天皇・太上天皇・后等は、「山作司」等である。
66 田沼真弓「吉凶判然意識の擡頭――殯を中心に――」(『日本文化研究』第二号、二〇一七年)は、孝徳天皇の死よりのちは、死没→埋葬→即位の原則があったとした上で、新しく服喪制を定めた文武天皇の場合、殯儀礼が、前代の影響を受けて長期に渡った結果、元明天皇即位後も継続されたのに対して、殯儀礼期間より短い「凶服一月」は、即位前に「凶服」が終わることを意図していたと述べる。すると文武天皇の山陵造営の開始は、元明天皇の即位後となり、特殊である。
67 稲田奈津子「喪葬令と礼の受容」(前掲注54)。
68 『続日本紀』延暦八年十二月丙申条によれば、高野新笠が没した時に、桓武天皇は、「率二皇太子及群臣一挙哀」をするほか、諸国でも挙哀が行われた。
69 王海燕「古代日本の宮都と南庭――殯宮儀礼を中心に――」(『栃木市学』第一七号、二〇一三年)。
70 明石一紀「古代の喪礼と親族」(前掲注55)、渡部真弓「古代喪葬儀礼の研究――奈良時代における天皇喪葬儀礼の変遷――」(『神道史研究』第四〇巻第二号、一九九二年)等は火葬と殯の衰退は関係しないとする。火葬採用について、明石氏は、北康宏「律令陵墓祭祀の研究」(『日本古代君主制成立史の研究』塙書房、二〇一七年、初出一九九九年)と同じく、皇位継承方法の変化を挙げ、渡部氏は、三名田隆信「わが国上世における火葬の風習について」(『史泉』第五号、一九五六年)の指摘を踏まえ、新羅王の火葬の影響とする。

祥瑞災異と改元

水口　幹記

はじめに

二〇一九年（平成三十一）四月三十日、現天皇が退位し、翌日新天皇が即位することが、二〇一七年十二月一日に宮内庁で開かれた皇室会議によって決定した。会議は、議長である安倍晋三内閣総理大臣の他、衆参両院の正副議長や最高裁長官、皇族、宮内庁長官ら計十名で構成され、近代日本初の譲位がなされることが濃厚となった。この譲位については、二〇一七年八月八日に現天皇が発したいわゆる「おことば」（高齢であることを理由として、在位三十年での退位をにじませた内容）に端を発しており、憲法との関わり（天皇の政治活動に当たるか否か）との議論もわずかながらではあるがなされたが、上記の日程で決着を見た。そして、新天皇即位に伴い、同日（五月一日）に、平成からの改元が行われることも決まり、平成は三十年と四ヶ月で幕を下ろすこととなったのである。

年号の選定に関しては、候補名の考案・候補名の整理・原案の選定・新年号の決定の順で行われる。その際、国民の理想としてふさわしいようなよい意味を持つものであること・漢字二字であること・書きやすいこと・読みやすいこと・これまでに元号又はおくり名として用いられたものでないこと・俗用されているものでないことが留意される（以上、第一次大平内閣での、昭和五十四年〔一九七九〕十月二十三日の閣議報告による）。新年号も恐らく、こうした手順で選定されるものと思われる。

このようにして選定された新年号は、新天皇の譲位もしくは死去まで使用される。それは、周知の通り、現在の制度が一世一元制であるからである。しかしながら、本稿で対象とする古代においては、必ずしもそうではなかった。むしろ、天皇一代の間に複数回改元することも多々あった。

そこで、本稿では、日本で年号が制定された七世紀から古代の前期までの年号・改元について触れ、その特徴や意義について述べていきたい。

一　七世紀の年号・改元と祥瑞

まずは、表を見て頂きたい。本表は、大化以降、平安前期までの年号一覧である。[注1] 表からは以下の三点を読み取ることができる。一つは、大化・白雉・朱鳥の七世紀段階の年号。これらは、それぞれが単発であり、継続性がない（大化から白雉は「改元」とされているが、両年号の存否が問題となる）。二つは、大宝以降であり、以後継続的に年号が設定されるようになった（改元が繰り返されるようになった）もので、それがそのまま現在の平成年号にまでいたっている。三つは、表で改元の「理由」としたところの変化である。醍醐天皇の昌泰年号までは、代始（天皇の代替わりによる改元）と祥瑞によっていたものが、延喜になり新たな理由（革年）が加わり、以降、祥瑞を理由とする改元が消え、代わって災異が増えてきている。また、延長以降は、年号の出典が判明するもの（すなわち、明確に書物から用語を借用するもの）が増えてくるのも一つの特徴である。本稿では、これら三点を基本にして改元について叙述していくが、まず本節では、七世紀段階の年号・改元について、特に初の祥瑞年号である「白雉」を中心に述べていきたい。

日本初の年号とされる「大化」については、その存在が疑われている。大化年号の設定については『日本書

表　古代前期の年号

	天皇	年号	西暦	理由					出典
				代始	祥瑞	災異	革年	その他	
1	孝徳	大化	645	○					
2		白雉	650		○				
3	天武	朱鳥	686					○	
4	文武	大宝	701		○				
5		慶雲	704		○				
6	元明	和銅	708	○	○				
7	元正	霊亀	715	○	○				
8		養老	717		○				
9	聖武	神亀	724	○	○				
10		天平	729		○				
11		天平感宝	749		○				
12	孝謙	天平勝宝	749	○					
13		天平宝字	757		○				
14	称徳	天平神護	765	○					
15		神護景雲	767		○				
16	光仁	宝亀	770	○	○				
17		天応	781		○				
18	桓武	延暦	782	○					
19	平城	大同	806	○					
20	嵯峨	弘仁	810	○					
21	淳和	天長	824	○					
22	仁明	承和	834	○					
23		嘉祥	848		○				
24	文徳	仁寿	851	○	○				
25		斉衡	854		○				
26		天安	857		○				
27	清和	貞観	859	○					
28	陽成	元慶	877	○	○				
29	光孝	仁和	885	○					
30	宇多	寛平	889	○					
31	醍醐	昌泰	898	○					
32		延喜	901		△	△	○		
33		延長	923			○			文選
34	朱雀	承平	931	○					漢書
35		天慶	938			○			漢書
36	村上	天暦	947	○					論語
37		天徳	957			○			周易
38		応和	961			○	○		晋書
39		康保	964			○	○		尚書
40	冷泉	安和	968	○					（礼記）

＊西暦は元年の年

紀』にのみ記されており（孝徳天皇即位前紀、「改二天豊財重日足姫天皇四年一、為二大化元年一」）、肯定論はこの記述を事実とみて論じ、否定論は『日本書紀』編纂時の創出、あるいは、大化以降のある時点において遡及的に追号されたものとみて批判を加えている。否定論に関しては、さらに、「大化改新詔」の存否問題と絡めて論じられているものもあるが、大化年号については、現在のところ概ね否定論が主流であるといえよう。ただし、大化年号設定の時期に関しては、意見が分かれている。[注2]

続く、白雉年号については、「白雉」という動物が有している思想的意味、白雉の進献者名や地域、宮中で行われた進献儀式の次第などが『日本書紀』中に詳細に記述されており、上掲したように簡単に触れられているだけの大化年号設定と大いにその扱いが異なっている。『日本書紀』白雉元年（大化六〔六五〇〕）二月戊寅条（九日）・甲申条（十五日）両条がそれであり、以下に簡単に内容を紹介しよう。[注3]

大化六年二月九日に穴戸国の国司であった草壁連醜経が、正月九日に国造首の同族である贄という人物が麻山で捉えた白雉を進献した。それに対し、百済君（豊璋）や沙門等、道登、僧旻らに諮問を下し、その意味するところを求めたところ、白雉が「休祥」（よきしるし）であるということになった。そのため、白雉を園に放した。

それから約一週間後の十五日に百官人等が参加して、朝廷で白雉を天皇に進献する儀式が執り行われた。まず、白雉を輿に乗せ、左右大臣らが孝徳天皇の前まで運び、それを天皇と皇太子（中大兄皇子）が見た。続いて、百官人等を代表し巨勢大臣が天皇の徳を称え、奉賀し、それに対して天皇が詔を下し、白雉と改元する旨を述べた。最後に、穴戸堺に鷹を放つことを禁じ、百官人等に賜禄を行い、また進献した醜経への褒賞を行った。

つまり、全体としては戊寅条では白雉の意味づけが行われ、それを受けて甲申条では儀式・改元・褒賞が行われたという流れである。そして、甲申条に「改㆓元白雉㆒」と記されている白雉年号についても大化年号同様に、その存否が疑われている。

たとえば、岡田芳朗氏は「大化よりさらに実存性の疑わしいのは白雉である。『日本書紀』以外に何らこれを証明するものがない。そのうえ『日本書紀』の記事そのものが、きわめて詳細すぎて、改元に至るまでの経過があまりにも奈良朝における瑞祥改元と酷似していることである」と批判する。[注4] 確かに、岡田氏の指摘通り、白雉進献の経過は後代の祥瑞進献のそれとよく似ており、編纂時にある程度構成に手を加えた可能性は十分ある。また、近年では、同様に新川登亀男氏[注5]・河内春人氏が、白雉年号の遡及的な追号説を主張しており、筆者も持統朝に追号した可能性を述べたことがある。

しかし、ここで注意しなくてはならないのは、そのことが記事全体を否定する論拠と直結するわけではないということである。戊寅条の諮問の様子や、甲申条の白雉進献儀式の詳細な記述は後代では見られない部分であり、両条の特徴的な部分である。白雉改元の存否と記事全体の存否とは切り離して考えるべきであり、かつ、記事全体を丁寧に分析した上で、白雉改元について考察するべきだと、筆者は考える。

白雉年号が重要なのは、それが白雉という祥瑞に基づいた名称であるという点である。祥瑞とは、天が地上の支配者の政治を誉める際に下される瑞（しるし）である。『論語』子罕篇の「子曰く、鳳鳥至らず、河、図を出さず。吾れ已んぬるかな、と」とは、孔子が、聖天子が出現しないことを嘆いたことばであるが、そこに鳳凰が現れないことが一つの証拠としてあげられており、早くから中国では広く認識されていた思想であった。祥瑞の反対に、天の譴責として現れるのが、災異（怪異や災害）である。[注6] 日本の年号設定においてまず登場したのが、祥瑞であり、以後、延喜改元まで重要視されていく。

『日本書紀』の記事において、白雉が祥瑞であること、またその意味するところが語られるのは、戊寅条である。新川氏は、本条が『後漢書』帝紀と重なる表現が多いことから、「「白雉」年号制定に関する『日本書紀』の一連の記述は、『後漢書』帝紀を踏まえて作成されたところが圧倒的に多い」とし、その記述を後世の述作であると認定する（なお、白雉年号制定記事は、甲申条にあるため、甲申条自体も後世の手が加わっていると見ていると思われる）。新川氏の論は、白雉と共に「白鳳」という年号が同時期に存在していた（白鳳は白雉の異表記であると考えられる）ことに対して、その名称の成り立ちを中心的に語っており（百済系と結びつく孝徳天皇集団による「白雉」と高句麗系と結びつく藤原鎌足家による「白鳳」という、名称利用が異なっていると指摘）、白雉の持つ意味自体、あるいは、進献儀式についてはあまり深く触れられていない。また、氏は、戊寅・甲申両条文にあらわれる「白雉」と「雉」とを分離して検討する。そして、「白雉」とある箇所には「西」が関連していることに着目し、五行の「白」と「西」を結びつけ、意味があったことを述べる。しかし、奇妙なのは、ではなぜ「西」なのか、そして五行の「白」なのか、百済系が「西」「白雉」を重視したのかが明確に語られず（氏が規定する百済系の中には、『日本霊異記』上巻第十二縁に「高麗学生」と記載される道登が含まれているはずなのであるが、そのことについての説明はない）、論旨が摑みにくくなっている。また、「雉」については、「「雉」をめぐる何らかの行事が斉明末年までに存在した可能性は高い」と進献儀式の元となる出来事の存在を認めるものの、「どのような性格のものであったのかは不詳」と、具体的には語らない。そのため、氏の説では条文全体が有機的に結びついていない印象を受ける。

筆者は、拙論において以下のことを論じている。推古朝以降、『漢書』『後漢書』的な知識は確実に列島内で根付いていっていたことを確認し、その上で、戊寅条での白雉の意味づけが、同時代的である隋や唐からの影響ではなく、『漢書』や『後漢書』に見られる意味合い――皇帝の徳が遠く辺境にまで行き届いていることの象徴物としての「白雉」――によるものであり、これが白雉が出現した穴戸国の持つ境界地域としての意味に合致し、天皇の徳の広がりを表す存在であることを指摘した。そして、進献儀式には、対外的パフォーマンスの意義と、対内的パフォーマンスの意義とが含まれており、それらが無理なく結合している儀式であることを述べた。具体的には、進献儀式が唐代に行われていた朝賀の儀をモデルに組み上げられていたこと、それは儀式に参列していた朝鮮三国の人びとにも感じ取れるものであり、日本が中国的世界観を導入していたこと――さらには、その中心に日本があること――をアピールする場であったことであり、一方、白雉は在地レベルでは贄としての存在に過ぎず、それが中央に進献されたことにより、上記の意味づけがされたのだが、贄はそもそも食することにより国魂を体内に取り入れる意味合いを持ち、天皇が境界地域である穴戸までを支配していることをアピールするものであった。しかし、実際はこの白雉は食されておらず、儀式において群臣等が輿に載せた白雉（聖なる存在としての白雉）を天皇に捧げ、それを天皇に「見」せている。古代において「見る」行為は、国見行為に象徴されるようにその対象物や対象物の出た土地を我が物とすることを意味すると同時に、生命力を体内に取り入れ魂を振り動かす行為でもあった。孝徳天皇は、中大兄皇子らによるクーデターによって即位するという異例の方法で即位した天皇であり、それは、従来の即位儀礼での群臣によるレガリア献上を行わずに即位した、いわば不完全な状態であった。それを解消したのが、白雉をレガリアに見たてて群臣等に進献させ、それを天皇が見ることにより、天皇自身のタマフリが行われ不完全から完全へと即位を完成させることとなる白雉進献であったのである、と結論づけた。

以上のように、両条文は、さまざまなモチーフが有機的に結びついて理解することができるのであり、条文全体を検証することが大切なのである。ただし、両条文の中でも「白雉」年号だけは、無くても条文は成立するため、追号である可能性は高いのである。その時期に関しては、諸説分かれているが、筆者は持統朝であった可能性を指摘している。

本節の最後に、白雉・白鳳、朱鳥・朱雀と同年号の異表記問題について新たな視点を提示している河内氏の説に触れておきたい。氏によると、異表記は、朱鳥・朱雀に関しては音声としての「アカミトリ」(『日本書紀』朱鳥元年七月戊午条)が前提にあり、そこから文字表記として二種生じたのであり、同様に白雉・白鳳も口誦を前提とした「シロキトリ」のようなものがあり、そこから派生したのではないかという。氏は「その元は白雉進献儀礼に因んで「シロキトリ」に類する語で口誦され」と述べており、白雉進献については史実であるように記している。となると、動物としての「白雉」が前提となるのであって、それを「シロキトリ」と読んだことが「白鳳」を生み出したとなるのではなかろうか。その点、疑問が残る説ではある。

二　八世紀の年号・改元と祥瑞

七〇一年、大宝律令が発布された。儀制令26公文条には、「凡公文応レ記レ年者、皆用二年号一[注7]」と規定され、文書行政における年号使用が本格的に開始された(天平十年頃〔七三八〕のものといわれている大宝令唯一の注釈書である「古記[注8]」にもこの文言があることから、大宝令にもこの規定の存在が確認できる[注9])。そもそも、「大宝」年号公布とともに、「新令」(大宝令)が正式に施行されたのであり(『続日本紀』大宝元年三月甲午条。「対馬嶋貢レ金。建レ元為二大宝元年一。始依二新令一改二制官名・位号一」)、大宝年号は新律令制定と密接な関係があることは明らかである。

そして、この大宝年号は、対馬から「金」が貢納されるという祥瑞出現による（上掲大宝元年三月甲午条）。以降、一部の代始を除く改元理由のほとんどが祥瑞によるという時代を迎えることとなる（前掲表参照）。本節では、そのうちいくつかの年号・改元を取り上げ、その背景をみていこう。

まずは、養老改元（七一七）について触れる。この改元は、美濃国に出現した「美泉」を理由としている。そして、これは、政治的に仕組まれた可能性が高い。改元までの過程を『続日本紀』によって、逐っていこう。

八月七日（甲戌条）、元正天皇は行宮を造営させるために、美濃国へ多治比広足を派遣し、翌九月十一日（丁未条）に美濃行幸へ出発した。十二日（戊申条）、天皇は近江国に到り淡海を観望した。その際、山陰道・山陽道・南海道の国司らが行在所にて土風の歌儛を奏しており、十八日（甲寅条）には、美濃国でも東海道・東山道・北陸道の国司らが行在所にて風俗の雑伎を奏している。二十日（丙辰条）には、美濃国当耆郡に幸し、多度山の美泉を覧じ（「覧二多度山美泉一」）、五位以上の従駕者に物を賜った。ここで覧じた美泉が改元の理由となる（後述）。二十二日（戊午条）に、主典以上の従駕者及び美濃国司らに物を賜い、郡領以下雑色らに位一階を進め、また、不破郡・当耆郡の今年の田租と方県郡・務義郡の百姓の行宮に供せる者の租を免じている。二十七日（癸亥条）に、近江国に還幸し、従駕の五位以上及び近江国司らに物を賜い、郡領以下雑色らに位一階を進め、志賀郡・依智郡の今年の田租と行宮に供せる百姓の租を免じている。美濃国・近江国の行幸関連者への手厚い処遇となっている。その後、二十八日（甲子条）に、平城宮に還幸した。なお、『万葉集』巻三―二八七の「志賀に幸せる時に、石上卿の作る歌一首〈名闕けたり〉」と、二八八の「穂積朝臣老の歌一首」は、左注に「右、今案ずるに、幸行の年月審らかにせず」とされているが、この養老元年の行幸の際に詠まれたものであったことが指摘されている。注10

そして、その二か月後の十一月十七日（癸丑条）に、改元の詔を発したのである。

天皇臨レ軒、詔曰、朕以二今年九月一、到二美濃国不破行宮一。留連数日、因覧二当耆郡多度山美泉一、自盥二手面一、皮膚如レ滑。亦洗二痛処一、無レ不二除愈一。在二朕之躬一、甚有二其験一。又就而飲浴之者、或白髪反レ黒、或頽髪更生、或闇目如レ明。自余痼疾、咸皆平愈。昔聞、後漢光武時、醴泉出。飲レ之者、痼疾皆愈。符瑞書曰、醴泉者美泉。可二以養レ老。蓋水之精也。寔惟、美泉即合二大瑞一。朕雖二庸虚一、何違二天貺一。可下大二赦天下一、改二霊亀三年一、為中養老元年上。

本条では、その後、高齢者に位や物を賜ったり、「鰥寡孤独疾病之徒」などに賑恤するなど弱者救済策が盛り込まれ、また、「美濃国司及当耆郡司等、加二位一階一。又復二当耆郡来年調・庸、余郡庸一」と、再び当該地域への手当を行っている。

ところで、本条で注目したいのが、美泉に対する評価方法である。まず、実際に天皇が使用したところ、肌がなめらかになるなどの効果が現れたと記し、続けて中国の事例（後漢光武帝の事例）を持ち出し、さらには「符瑞書」によってこれが「醴泉」であると解釈し、その上で、「美泉即合二大瑞一」と判じているのである。改元を行うために、いくつかの読み替えがなされていることがわかるであろう。

ここにでてくる「大瑞」は、令用語である。儀制令8祥瑞条には、

凡祥瑞応見、若麟鳳亀竜之類、依二図書一合二大瑞一者、随即表奏。〈其表唯顕二瑞物色目及出処所一、不レ得下苟陳二虚飾一、徒事中浮詞上。〉上瑞以下、並申二所司一、元日以聞。其鳥獣之類、有二生獲一者、仍遂二其本性一、放二之山野一。余皆送二治部一。若有レ不レ可レ獲、及木連理之類、不レ須レ送者、所在官司、案験非レ虚、具画レ図上。其須レ賞者、臨時聴レ勅。

とあり、大瑞と判断されたらすぐに表奏すること、上瑞以下は正月に奏聞することが規定されている。この条文は、唐令（儀制令復旧第一二条）を継受したものであり、[注11] 大瑞・上瑞という用語も同様に受け継いでいる。

日本において大瑞と上瑞以下とを判断するのは治部省においてであり、治部省には祥瑞を大瑞・上瑞・中瑞・下瑞のランクに四分類した一覧があった。それが、『延喜式』巻二十一・治部省式の冒頭に配されている祥瑞条である。本条文は、唐で作成された礼部式を引き写して作成されているのだが、唐と異なる点もある。それは、品目名の下に双行で記された説明文があることである。たとえば、冒頭の大瑞では、

景星〈徳星也。或如二半月一、或如二大星一而中空〉、慶雲〈状若レ烟非レ烟、若レ雲非レ雲〉

とあるが如くである。本条文は、大宝令制定時にはまだ日本には存在していなかった可能性が高い。祥瑞ランクが初めて見えるのが、『続日本紀』和銅五年（七一二）九月己巳条の黒狐進献に対しての「即合二上瑞一」であり（リストには「玄狐」が上瑞に含まれている）、遅くとも和銅期には本リスト（当初は「瑞式」と称されていた）が備わっていたと考えられる。ただし、当時はまだ品目名だけで、説明文は付されていなかった。しかし、奈良時代末になると偽の祥瑞が進献されるなど（『続日本紀』神護景雲二年（七六八）十二月甲辰条など）、祥瑞をめぐり混乱が生じ、桓武朝に「瑞式」に手が加えられ、新たに説明文が付されたと考えられる。そして、説明文は『芸文類聚』祥瑞部・『顧野王符瑞図』・『孫氏瑞応図』を主として参考し、そのほかに『宋書』符瑞志・『修文殿御覧』休徴部を補助的に参照して作成したと思われる。[注12]

養老改元での「醴泉」は、本リストでは大瑞に含まれ、「美泉也。其味美甘、状如二醴酒一」とある。『太平御覧』巻八七三・休徴部二には「白虎通曰、徳至二淵泉一、則醴泉湧。醴泉者美泉也。状如二醴酒一、可二以養レ老也一」とあり、養老改元詔で引用された「符瑞書」と同文言が見られる。恐らく「符瑞書」には、ここの「白虎通」

が所載されていたのであろう。

さて、さきほども述べたが、この改元は、政治的な思惑が強く働いたと思われる。その根拠の一つが、改元詔と同日に、「授二美濃守従四位下笠朝臣麻呂従四位上、介正六位下藤原朝臣麻呂従五位下一」と、美濃国守と介という関係者の叙位がなされていることである。改元直前に藤原房前が朝政に参議することとなり（十月丁亥条）、不比等を中心とする藤原氏の勢力が一段と強くなった時期であることから、元正の行幸は美濃守であった笠麻呂と介であった藤原麻呂とが協議し、不比等の意図と結びついて行われていたものであるとの意見がある。[注13] 一方、この行幸が不比等企図のもと行われたと認めるものの、その政治的意図は不比等の顕彰ではなく、元正を中心とした新体制の安定を図らんとしたものであったとする意見もある。[注14] 他には、行幸と改元は、孝行という元正天皇の徳を示すことにより、即位の正統性を示すという政治的意図があったとするもの[注15]や、美濃地域の特色から意図を論じる説[注16]などがある。

実は、藤原麻呂は多くの祥瑞進献に関わっていた。[注17] 特に注目されるのは、養老・神亀・天平と三度続けて改元に関わる祥瑞進献に関与していたと思われることである。神亀改元に際しては、『続日本紀』養老七年（七二三）十月癸卯条に「左京人无位紀朝臣家〔家神カ〕献二白亀一。長一寸半、広一寸、両眼並赤」とまずあり、白亀が左京人から進献されたことが確認できる。この亀は同月乙卯条で大瑞と判断され、神亀へ改元されることとなった。祥瑞進献の際には獲得者から国司（間に郡司の介在を想定しても大過ない）を経て中央へ進献されるのが通常である。[注18] そのため、ここでも、左京という特殊地域の責任者である左京大夫の関与を想定しても間違いなく、この時の左京大夫は麻呂であった。

そして、天平改元の契機となった祥瑞も亀であった。まず神亀六年（七二九）六月己卯条に、「左京職献二亀長五寸三分、闊四寸五分一。其背有レ文云、天王貴平知百年」とあり、麻呂の名前は見えず、ただ左京職とだけある。しかし、改元の宣命の載る天平元年八月癸亥条には「京職大夫従三位藤原朝臣麻呂等伊負図亀一頭献」とあり、実際には京職大夫の麻呂が進献に深く関与していたことが明らかとなる。この進献には、麻呂の他に唐僧道栄や光明子の母である県犬養橘宿禰三千代が関与していた可能性が指摘されている。[注19]

なお、奈良時代には多くの瑞亀が進献されるが、そのうち元正天皇は霊亀進献直後に即位し改元（和銅から霊亀）を行っている。また、神亀改元は聖武即位、天平改元は光明立后、宝亀改元は光仁即位と、いずれも皇位継承・立后といった皇権に関わる大きな出来事に際して出現しており、皇権を安定させる役割が瑞亀に期待されていたようである。[注20]

では、麻呂はなぜ多くの祥瑞進献に関与しているのであろうか。『尊卑文脈』麿卿伝には、

平生為レ人恵弁多能属レ文。雖三才為二世出一、沈二湎琴酒一。常談云、上有二聖主一、下有二賢臣一。如レ僕何為畢、尚事二琴酒一耳。及二其終一レ命、朋友泣血云々。

とあり、麻呂は常に琴酒に耽り、文学的才能があったという。『万葉集』には「京職藤原大夫、大伴郎女に贈る歌三首〈卿諱を麿と曰ふなり〉」（巻四—五二二～五二四）として、大伴坂上郎女に贈る歌三首が載せられているが、麻呂の文学的才能に関して注目すべきは、『懐風藻』に載る麻呂の漢詩である。そこには「従三位兵部卿兼左右京大夫藤原朝臣萬里、五首」（九四～九八番）とある。そのうち、冒頭の「暮春於二弟園池一置酒」の序には、こう記されている。

僕聖代之狂生耳。…貪レ名狥レ利、未レ適二冲襟一。対レ酒当レ歌、是諧二私願一。…千歳之間、嵇康我友、一酔之飲、伯倫吾師。不レ慮二軒冕之栄一レ身、徒知二泉石之楽一レ性。…夫登レ高能賦、即是大夫之才。體レ物縁レ情、豈非二今

日之事一」。……

麻呂は自分を「聖代之狂生」といい、出世のことは考えないと述べる。こうした考えは、「讃酒歌一三首」（『万葉集』巻三―三三八～三五〇）を詠む大伴旅人に代表されるように、当時、一部の知識人の間では共通の認識であった。そしてそれは、中国文人の影響による。前掲序の「千載之間、嵆康我友、一醉之飲、伯倫吾師」の嵆康や伯倫（劉伶）、「弾レ琴仲散地。下レ筆伯英書」（九四）の仲散＝嵆康や伯英、「放曠遊二嵆竹一、沈吟佩二楚蘭一」（九六）の嵆康や屈原など、麻呂の詩にも多くの中国文人の名が詠み込まれている。

この中で特に目に付くのが、嵆康である。嵆康は魏の人で、いわゆる「竹林七賢」の一人に数えられている人物である。嵆康及び竹林七賢について触れられているものに、『三国志』巻二十一・王粲伝注所引『魏氏春秋』、『晋書』巻四十九・嵆康伝を初めとする各氏伝、『文選』各詩賦、『世話新語』各篇等がある。これらのうち、麻呂が確実に影響を受けているのは『文選』であろう。麻呂の詩の序文にも『文選』によった一節があると指摘されている。[注21]

『文選』には嵆叔夜の名で幾つもの詩賦や文章が収載されている。「琴賦」（巻十八）、「与二山巨源一絶交書」（巻四十三）、「養生論」（巻五十三）等がそうである。麻呂は「千載之間、嵆康我友、一醉之飲、伯倫吾師」と詠む際、「与二山巨源一絶交書」の「老子、荘周、吾之師也」という一節が念頭にあった可能性が考えられる。

さらに麻呂には、深く傾倒する嵆康の「養生論」からの影響が見える。しかもそれは養老改元の契機となった醴泉に関してである。「養生論」とは、神仙になることは不可能だとしても、神仙に近い境地に到達することは、不断の努力を以てすれば一般の人間にも可能であると説いたものであるが、神仙に近い境地に達するための方法を述べた部分に、

善養レ生者、…然後蒸以二霊芝一、潤以二醴泉一、晞以二朝陽一、綏以二五絃一。…若レ此以往、恕レ可下与二羨門一比レ寿、
王喬争レ年上。何為其無レ有哉。

と醴泉に触れた一節がある。醴泉の進献は『続日本紀』中には、養老改元時以外にはなく、それ以前にも持統紀七年（六九三）十一月己亥条に一例あるだけで、当祥瑞への麻呂の深い関与がうかがわれる。

『文選』以外の漢籍からの引用も見られる。「夫登レ高能賦、即是大夫之才」（九四序）は、『漢詩外伝』七の「君子登レ高必賦」、『漢書』巻三十・芸文志の「登レ高能賦可三以為二大夫一」、初唐の詩人楊炯の登秘書省閣詩序の「登レ高而賦、群公陳二力於大夫一」（『楊炯集』巻三）の影響による。[注22]

嵆康に関してもそれは言える。麻呂は「放曠遊二嵆竹一」（九六）と詠むが、『文選』の嵆康の詩賦からでは、嵆康と竹林を結び付けることはできない。「嵆竹」の用語は、張正見（南朝梁陳の文人）の「賦得白雲臨酒」（『漢魏六朝百三家集』巻一百六）に、「疏葉臨二嵆竹一」とある。『懐風藻』の判事紀末茂の詩「臨レ水観レ魚」（二五）は張正見の釣竿篇の盗作といわれており、[注23]何らかの形で張正見の詩は伝わっていたものと考えられる。このように、麻呂は『文選』に限らず、様々な漢籍に造詣が深く、そこから多くの知識（祥瑞の知識を含む）を吸収していた。

麻呂の知識の吸収方法は書物からだけではなかろう。宴席で多くの文人たちと交わり、知識・情報を得ていたであろうことは想像に難くない。また、僧が祥瑞進献に関与した例は何例かあり（前節白雉改元の事例、『続日本紀』大宝二年（七〇二）四月乙巳条の飛驒国僧隆観など）、当時の知識層である僧から直接的に祥瑞の知識を得ていたことも考えられる。麻呂の場合、それは唐僧道栄からであったと考えられる。

道栄が祥瑞に関与するのは、上述した天平改元の契機となる祥瑞亀進献のときである。この祥瑞は、河内国古市郡の人賀茂子虫が獲ているのに、それを何故か京職大夫である麻呂が進献しており、そこに道栄が絡んできて

いる。天平元年八月癸亥条には、

勅、唐僧道栄、身生二本郷一、心向二皇化一、遠渉二滄波一、作二我法師一。加以訓二導子虫一、令レ献二大瑞一。

とあり、子虫に対して、子虫が獲た亀は祥瑞であると「唐僧」道栄が訓導しているのである。道栄は、他に、もう一箇所で登場する。それは、奈良時代の〈漢音〉政策に関してである。[注24] 養老四年（七二〇）十二月癸卯条には、次のようにある。

詔曰、釈典之道、教在二甚深一。転経唱礼、先伝二恒規一。…宜下依二漢沙門道栄・学問僧勝暁等一転経唱礼上。余音並停レ之。

本条は、仏教における〈漢音〉重視を目的とした詔であるのだが、ここで注目したいのは、「漢沙門」道栄らを最新の発音の基準としていることである。〈漢音〉は当時唐で主流となっていた最新の音韻のことであり、道栄は最新の知識を身にまとっていたことになる。そして、彼は唐の最新知識を多くもたらした可能性が高く、祥瑞の情報ももたらしたものと思われる。その情報とは、玄宗先天二年（和銅六年〔七一三〕）八月の

江州献二霊亀一。六眸、腹下有二玄文象卦文一。　（『冊府元亀』巻二十四）

とある霊亀のことである。「悲哉図不レ出」（『懐風藻』九七）と『論語』を出典としながら詠む麻呂が、この最新情報をもとに、背に「天王貴平知百年」と刻まれた亀を進献したのである。

また、奈良時代は、仏教に関わる祥瑞進献や改元があるのも特徴の一つである。たとえば、神護景雲の改元は、参河国に慶雲が現れたことによるのだが、これに対し、政府は同日に僧六百人を招き西宮寝殿において設斎を行っている（『続日本紀』天平神護三年（神護景雲元年〔七六七〕八月乙酉条）。そして、改元の詔では、「三宝毛諸天毛天地乃神太知毛共仁示現賜弊流奇久貴伎大瑞乃雲尓在良之止奈毛念行須」と、諸天や天地の神と共に三宝が大瑞である慶

雲をもたらしたのであるという解釈が示されている（同月癸巳条）。当時は、称徳天皇の庇護のもと道鏡が政治に関与していた時期であったことが影響していると思われる。

三　祥瑞から災異へ——延喜・延長の改元——

奈良時代には、一代中での複数回の改元はむしろ一般的であったが、平安時代になると、しばらく一代一年号の時代が続いた。それでも、改元の理由については奈良時代から変化はなく、代始及び祥瑞によるものであった。久しぶりの一代中の改元となった仁明朝の嘉祥改元は、「白亀」出現によるもの（『続日本後紀』承和十五年〔八四八〕六月庚子条）であり、このときは、天皇が藤原良房を中心とする臣下からの改元要請に押し切られたものであった。[注25]

ところが、醍醐朝になると、昌泰から延喜、延喜から延長と二度の在位中の改元が行われ、それのみならず改元理由にも変化が現れた。醍醐朝は日本の改元史上、一つの大きなエポックメイキングとなったのである。それは、三善清行の建言からはじまっている。[注26]

昌泰四年（九〇一）二月二十二日、三善清行は醍醐天皇に対して、当年が辛酉の年にあたるため、改元すべきとの勘文「請三改元応二天道一之状」（いわゆる、『革命勘文』）を提出した。

三善清行は、淡路守従五位下三善氏吉の三男であり、母は佐伯氏の出身である。清行は大学少允、少内記、大内記などを歴任ののち、一時備中介として任国へ赴いていたが、昌泰三年には、念願の文章博士に補せられた。『革命勘文』はその翌年に提出されている。[注27]

革命勘文とは、当該の辛酉の年が革命にあたるか否かについて、紀伝・明経・算・暦・陰陽の諸道から勘申されたものである。辛酉革命とは、『易緯』に「辛酉為二革命一、甲子為二革令一」とあったということから、辛酉の年は、一定の法則により革命すなわち天帝の命令が革まる年にあたることがあるという思想である（同様に、甲子の年には、時の制令が革まるため、「甲子革令」と称される）。[注28] 清行は昌泰四年がまさにその革命の年にあたるとして、醍醐天皇に『革命勘文』を提出したのである。

『革命勘文』は以下の四カ条の論拠から成り立っている。

一、今年当二大変革命年一事
一、去年秋彗星見事
一、去年秋以来老人星見事
一、高野天皇改二天平宝字九年一為二天平神護元年一之例

従来、『革命勘文』が取り上げられるときは、ほとんどが第一条である。全体の分量としても、第一条が最も割かれているわけであるが、特に

易緯云、辛酉為二革命一、甲子為二革令一。鄭玄曰、天道不レ遠、三五而反、六甲為二一元一、四六二六交相乗、七元有二三変一、三七相乗、廿一元為二一蔀一、合千三百廿年。

とある『易緯』鄭玄注の解釈（特にその数字の妥当性・整合性）をめぐっての紀年に関する論争が古くから行われている。[注29]

その結果、昌泰から延喜への改元が行われた。その理由としては、「改二昌泰四年一、為二延喜元年一。詔書去歳之秋、老人垂二寿昌之耀一、今年之暦辛酉呈二革命之符一云々」（『革暦類』。『大日本史料』一ノ二、八七三頁）、「延喜二

十二年〈昌泰四年七月十五日改元。依㆓辛酉革命、老人星㆒也〉」（『帝王編年記』巻十五・醍醐延喜条）、「七月十五日、改為㆓延喜元年㆒。依㆓逆臣幷辛酉革命㆒也」（『扶桑略記』巻二十三裏書。延喜元年七月十五日条）と、辛酉革命・老人星（祥瑞）、そして逆臣が挙げられている。逆臣とされ、その直前に大宰府へ左遷となった菅原道真も改元を知ったときの詩「読㆓開元詔書㆒」（『菅家後集』四七九[注30]）に、

開元黄紙詔、延喜及㆓蒼生㆒。
一為㆓辛酉歳㆒、一為㆓老人星㆒。

と、辛酉歳と老人星を理由として挙げている。すなわち、『扶桑略記』の逆臣は後世の付会である可能性があるが、共通するのは、延喜改元は辛酉革命と老人星の出現によって行われたと認識されていることである。延喜改元は、日本で初めて行われた革命改元であるとされることが多いが、老人星という祥瑞出現も根拠となっていることに注意をしておきたい。なぜならば、それは、辛酉革命のみを理由として改元することは、それまでの歴史を鑑みて難しかったであろうことを指し示すからである。そのことは、『革命勘文』を提出した三善清行が最も理解していたと思われる。

清行は、『革命勘文』の中で、改元すべき理由として、辛酉年・老人星出現のほかに、彗星出現を挙げている。しかしながら、上記諸資料では彗星出現を改元理由として認めているものはない。元来彗星は災異現象であって、それまでの歴史上認めにくいものであった。その点は清行も承知しており、『革命勘文』の中では、彗星を祥瑞であるかのように文章に細工を施していたことが明らかとなっている。[注31]清行も災異を改元の理由として挙げるのを躊躇ったものと思われるのである。

とはいえ、延喜改元によって、それまで代始を除いては祥瑞出現のみを理由としていた改元に、革命（及び革

令）が加わったというのは、改元の歴史上大きな変化であった。祥瑞でなくても改元できる可能性がひらけたのであり、延喜改元は、改元の歴史上の変革の過渡期であったと考えられるのである。その延喜改元に続いてなされたのが、延長改元であった。[注32]

　延喜二十三年（九二三）閏四月十一日、年号を延喜から延長と改元した。『日本紀略』同日条には、

　詔、延喜廿三年、為二延長元年一。依二水潦疾疫一也。有二大赦一。

と、大赦を行ったことと共に、その理由として「水潦」（ながあめ）と「疾疫」が挙げられている。まさに、災異による改元であったことがわかる。実は、災異改元はこの延長改元が日本の歴史上初めてのこととなるのだが、そのほかにも、日本の歴史上、閏月改元の唯一の事例であるという異例なものでもあった。さらには、その年号決定の過程も異例であった。『西宮記』臨時一（乙）・改年号に、

　延長年号、博士所レ進字不レ快、有レ勅以二文選白雉詩文一被レ改〈閏月改レ之。延喜元年八月廿九日、改元之由告二神明一〉。

とあるように、延長年号は、博士等が勘申した年号候補に対し、醍醐天皇が「不快」を表明し、そのため、自ら『文選』所収の白雉詩によって、「延長」年号を定めたというのである。この延長の事例は、後に先例として扱われる（『三長記』建久十年（一一九九）四月二十七日条）など、後世へ強い影響を与えていた。

　では、醍醐天皇は、なぜこのような異例な形での改元を推し進めていったのであろうか。

　醍醐天皇が出典とした「文選白雉詩」は、『文選』の巻一・賦甲・京都上に収載されている。ただし、「白雉詩」は独立して収載されているものではなく、漢の班孟堅（班固）の「東都賦」に付された五篇の詩の一つとして収められている。[注33]

啓霊篇兮披瑞図、　霊篇を啓きて瑞図を披き、
獲白雉兮效素烏。　白雉を獲て素烏を効す。
嘉祥阜兮集皇都。　嘉祥阜かにして皇都に集まる。
発皓羽兮奮翘英、　皓羽を発し翘英を奮ひ、
容絜朗兮於純精。　容は絜朗にして於純精なり。
彰皇徳兮侔周成、　皇徳を彰すこと周成に侔しく、
永延長兮膺天慶。　永く延長して天慶を膺けん。

最後の句に出てくる「延長」が醍醐天皇が典拠とした用語になる。「東都賦」は、張衡の二京賦（「西京賦」「東京賦」）、左思の三都賦（「蜀都賦」・「呉都賦」・「魏都賦」）など『文選』に複数収載される京都賦の一つで、「東都賦」の前には「西都賦」が置かれる。班固の両都賦は、『文選』の冒頭を飾るもので、『文選』を代表する文章でもある。そして、京都賦はほとんどが架空人物による討論という形態を取り、大別すると豪奢と節倹の道を説く二種類の賦があるという。[注34]班固の両都賦も同様であり、西都（長安）の奢侈に対し、東都（洛陽）の倹約や節度規律の美を説いている。こうした「東都賦」の末尾に、「明堂詩」「辟雍詩」「霊台詩」「宝鼎詩」が配され、その最後に「白雉詩」が置かれているのである。

『文選』は周知の通り、日本において長く利用された書物である。これを年号の出典とした醍醐天皇は、当然のことながら、『文選』及び、所収の「東都賦」「白雉詩」、作者である班固を熟知していたと思われる。

班固は、『文選』の中に残された文章も多いのだが、班固の事績として特記されるのは、父の死によって受け継がれ完成された『漢書』の編纂である。

『漢書』は日本にも早くから伝来し、『史記』『後漢書』とともに「三史」として広く参照されていた。そして、平安朝になると三史を中心とした講書及び講書竟宴が催されるようになり、講書修了後に開催される竟宴では、講書した書物を対象とした漢詩が詠まれることとなった。これらの詠史詩の中には、史書の編者が対象となっているものもあり（たとえば、『漢書』に関しては「班史」〔『扶桑集』所収源訪「北堂漢書、詠レ史、得二李広一」〕と表現されているものがある）、史書と編者は当時の人びとに一体で認識されていたようなのである。

そこで注意したいのが、醍醐朝では、『漢書』が重要視されているように思えることである。醍醐朝になって初めての漢書講書である延喜三年（九〇三）の講書では、旬（十日）ごとに蔵人に対し『漢書』の試験を行い、その出来によって賞罰があることが示されている（『西宮記』臨時二・蔵人所講書事）。蔵人にとって『漢書』が学ぶべき基礎教養と位置づけられたことになるのである。以降、漢書講書は何度か行われている。

その中でも、延長改元の直前に行われている延喜十九年（九一九）から二十二年にかけて大学寮北堂で行われた漢書講書は示唆的である。このときの講者は、文章博士菅原淳茂であり、翌年の二十三年三月に竟宴が行われている。そして、この竟宴で詠まれた詩序が『本朝文粋』巻九に残されている。作者は紀在昌で、「蘇武」を得て詠詩している。その中に、

班孟堅之修二斯書一也。摭二北闕之故事一、正二西都之前史一。

という文章がある。ここでの「西都」は前漢を指すのであろうが、「西都」という用語は明らかに「西都賦」を意識したものと考えられる。班固の修史事業を班固の言葉で説明したのである。他にも、詩序中の「錦摛」は「西都賦」の「蘭茝発レ色、曄曄猗猗、若摛レ錦布繡、燭二燿乎其陂一」に、「惇誨」も「西都賦」の「命二夫惇誨故老、名儒師傅一」にそれぞれ依っている。[注35] 本詩序は、明確に班固の両都賦を意識して詠まれているのであり、

当時、両都賦が当然の基礎知識となっていたことをうかがわせる。醍醐天皇も「文選白雉詩」を熟知していたであろうことは想像に難くない。

しかし、なぜ醍醐天皇は「文選白雉詩」から「延長」という用語を選んだのであろうか。そもそも「延長」は、『漢書』や『後漢書』など歴代史書にも見られ、『文選』でも顔延年「赭白馬賦幷序」（巻十四・賦庚・鳥獣下）に「歯算延長、声價隆振」と記されるなど数多くの漢籍に見られる用語である。にもかかわらず、『西宮記』では醍醐天皇が「白雉詩」からこの用語を選んだと出典が明記されている。

当時日本で流行していた『文選』は李善注であった。[注36]「白雉詩」の李善注には、

獲白雉兮效素烏〈范曄後漢書曰、永平十年、白雉所在出焉。東観漢記、章帝詔曰、乃者白烏神雀屢臻、降レ自二京師一也。〉

彰皇徳兮侔周成、永延長兮膺天慶。〈韓詩外伝曰、成王之時、越裳氏献二白雉於周公一。河図曰、謀道吉、謀徳吉、能行レ此大吉、受二天之慶一也。〉

と、白雉に関する情報が示されている。中でも注目したいのが、『後漢書』と『韓詩外伝』の文章である。前者は『後漢書』巻二・明帝紀・永平十一年是歳条「時麒麟、白雉、醴泉、嘉禾所レ在出焉」を出典としており、後者は『芸文類聚』などの類書類にも含まれる特に有名な文章である。

そして、これらの文章が載るのは、中国古典のみではない。第一節で触れた『日本書紀』大化六年二月戊寅条にも、両文章が載り、続く甲申条でも詔内で両例に触れており、古くから日本においても有名な事例であったのである。

醍醐朝では、『日本書紀』が再び注目される出来事があった。それは、日本書紀講書が開催されていることで

ある。養老四年（七二〇）五月癸酉に、舎人親王等により「日本紀」が撰進されて以降、奈良・平安期に公的に『日本書紀』を読む「日本書紀講書」が数度開催された。このうち、醍醐朝のものは、延喜の日本書紀講書であり、延喜四年（九〇四）八月二十一日から同六年十月二十二日までの約二年間かけて行われた（「延喜竟宴和歌序」）。博士は藤原春海であり、尚復として矢田部公望・葛井清鑑・藤原忠紀が務め、当時文章博士であった三善清行も参加している。延喜講書でも、他の講書同様に「私記」が作成され（『本朝書籍目録』では「延喜四年私記」とある）、『釈日本紀』に所収される「公望私記」（「延喜公望私記」）がそれであると言われている。

日本書紀講書は、神代から持統紀まで全ての巻を読むことを基本方針としている。[注37]当然、第一節で触れた白雉進献に関わる孝徳紀もその中に含まれている。延喜講書でもそれは行われていたようで、講書後の竟宴で読まれた和歌（日本紀竟宴和歌）の中に、孝徳紀に関わるものもある。藤原玄上が「天万豊日天皇」の題を得て詠んだ、「食す国の　法垂れ給ふ　大御世は　難波の長柄　とこそ聞こゆれ」がそれである。日本書紀講書を通じて、改めて白雉進献に注目が集まったとしても不思議ではない。

ただし、『釈日本紀』を見ても、延喜講書で「白雉」に関する議論が行われた形跡はなく、また、醍醐天皇は講書には参加していない。とはいえ、二年にも長き期間、内裏内の宜陽殿東廂で開講されていたのであり、また、開講期間中になされた延喜六年（九〇六）五月からの史記講書では、藤原時平・藤原清経・殿上侍臣・紀長谷雄・高向宿禰らが講に預かる中、日本書紀講書にも参加していた式部大輔の藤原菅根が博士を務めており（『日本紀略』延喜六年五月十六日条など）、何らかの形で日本書紀講書内での情報が醍醐天皇に詳細に伝わっていた可能性は十分考えられる。そもそも、延喜講書開催については「甲子歳、降₂綸旨₁」（「延喜竟宴和歌序」）とあり、天皇の意志が強く感じられるのである。

ではなぜ、この白雉進献の情報が重要なのか。それは、この進献が大化から白雉への改元の理由であり、そして、その後続く祥瑞改元の端緒となっているからである。日本の改元の歴史上、白雉改元の持つ意味は非常に大きい。また、第一節で見た通り、改元の詔のみならず、進献儀礼が詳細に記述され、読者にとっても記憶に残りやすい内容となっているのである。

延長改元は、歴史上初めての災異による改元である。上述したように、延喜改元で改元理由に変化が生じた。それまで祥瑞のみであったものに、別の理由が付加されるようになり、改元理由として祥瑞が絶対条件とはならなくなっていた。とはいえ、一度の改元で認識が一新されることは考えづらく、祥瑞の影響はまだ残っていたであろう。そうした状況の中、災異を理由に改元を行うことになった。醍醐天皇は、数ある漢籍の中から、日本初の祥瑞改元である白雉改元を連想させる「文選白雉詩」から「延長」の用語をあえて選び取ったのではないだろうか。災異のみでの改元ではあるが、やはり、延長改元は延喜改元で生じた変革の過渡期にあったというべきなのだと考える。

おわりに

醍醐朝の二度の改元により、認識に変化が生じた。そのことは、『元秘別録』巻一所収の『新儀式』逸文の、改元に関する次の記載からうかがえる。

新儀式云、践祚明年有二改元事一〈年内改元非レ礼、誤也〉。預先大臣奉レ仰、召二文章博士二人一、令レ勘二中年号字一。奏聞、勅定下給。又大臣令三内記作二詔書一。先奏二其草一、次献二清書一、御画日畢、下二所司一。納言覆奏之

事、皆同二他詔書一〈或詔末曰二赦免一〉。又或拠二嘉瑞一、或以二変動一、一代之間再有二改元一、其儀亦進レ之。此
詔相二加赦免一、或賑レ之。

『新儀式』は、弘仁期の『内裏式』『内裏儀式』、貞観期の『儀式』の後を継ぐ儀式書の一つで、『儀式』の内容が古義となった段階で、それを補訂する目的で作られたとされる。成立は、村上天皇の晩年に当たる応和三年（九六三）から康保四年（九六七）の間とされ、それに先立つ同朝編纂の『清涼記』をもとに先例などを追加して作成されたという。注38

本逸文は、践祚の翌年改元にまず触れ、その後、天皇在位一代の間に改元をすることがある場合について述べている。その中で、在位中の改元の理由として、「或拠二嘉瑞一、或以二変動一」と、「嘉瑞」と「変動」が挙げられている。

表でも明らかなように、延喜改元以降、祥瑞を理由とした改元がなくなり、災異・革命（革令）を理由とする改元が増加してくる。そのため、「嘉瑞」は、村上朝では改元理由としてはすでに採用されず、過去の事例の説明となっていることは明らかであり、後者の「変動」こそが、新たに獲得した認識なのである。なお、この場合の「変動」とは、「嘉瑞」と対比されていることから、祥瑞以外の全ての改元理由（災異・革命・革令など）を含み込む認識であったと考えられよう。

【付記】本稿は、科学研究費助成事業基盤研究（B）（一般）「前近代東アジアにおける術数文化の形成と伝播・展開に関する学際的研究」（課題番号：16H03466）による研究成果の一部である。

注

1 本表は、所功編著『日本年号大事典』（雄山閣、二〇一四年）を基に、一部知見を踏まえ作表したものである。

2 「大化」年号の存否をめぐる諸説については、河内春人「年号制の成立と古代天皇制」（『駿台史学』一五六、二〇一六年）のまとめが便利である。なお、以降、河内氏の説は全てこれによる。

3 以下、白雉に関する私説は、拙稿「表象としての〈白雉進献〉――文化受容における軋轢回避の様相――」（同『日本古代漢籍受容の史的研究』汲古書院、二〇〇五年）による。

4 岡田芳朗「年号の始行」（同『日本の暦』木耳社、一九七二年）。

5 新川登亀男「「大化」「白雉」「朱鳥」年号の成り立ち」（新川登亀男・早川万年編『史料としての『日本書紀』――津田左右吉を読みなおす』勉誠出版、二〇一一年）。以降、新川氏の説はこれによる。

6 祥瑞災異については、安居香山『緯書と中国の神秘思想』（平河出版社、一九八八年）にわかりやすく説明されている。また、災異については、佐々木聡「災異思想と『開元占経』」（水口幹記編『古代東アジアの「祈り」――宗教・習俗・占術』二〇一四年）も簡便である。

7 条文番号は、井上光貞等校注『日本思想大系　律令』（岩波書店、一九七六年）による。

8 井上光貞「日本律令の成立とその注釈書」（前掲注7『律令』所収）。

9 『令集解』同条に「古記云、用二年号一、謂大宝記而辛丑不レ注之類也」とあり、干支の記載を否定している。

10 仁藤敦史「美濃行幸と養老改元――変若水の滝と醴泉の伝承――」（『美夫君志』九三、二〇一六年）。

11 唐儀制令復旧第一二条成立の変遷については、大隅清陽「儀制令における礼と法――律令法系の構造的特質をめぐって――」（同『律令官制と礼秩序の研究』吉川弘文館、二〇一一年。初出は一九九三年）参照のこと。唐令は仁井田陞『唐令拾遺』（東京大学出版会、一九三三年）に載る。

12 治部省式祥瑞条については、拙稿「延喜治部省式祥瑞条の構成」、「延喜治部省式祥瑞条の成立過程」、「延喜治部省式祥瑞条における『修文殿御覧』の利用について」（前掲3拙著所収。それぞれ初出は一九九八年、一九九七年、一九九八年）及び、虎尾俊哉編『訳注日本史料　延喜式』中（集英社、二〇〇七年）治部省式祥瑞条（水口執筆）による。

13 野村忠夫「古代国家展開期の岐阜市域」（『岐阜市史』通史編原始・古代、一九八〇年）。この野村の説を受けた和田萃「養老改元」（同『日本古代の儀礼と祭祀・信仰』中、塙書房、一九九五年。初出は一九七九年）は、行幸先で風俗歌舞などが行われていることから、諸国司らが不比等政権の発足を祝賀するためのものであったと、述べる。

14　井上亘「元正政権論」（同『日本古代の天皇と祭儀』吉川弘文館、一九九八年。初出は一九九二年）。

15　前掲注10仁藤論文。

16　早川万年「元正天皇の美濃行幸をめぐって」（『岐阜県歴史資料館報』二〇、一九九七年）。

17　以下、藤原麻呂の祥瑞関与や知識については、すべて拙稿「藤原麻呂の祥瑞関与」（同『古代日本と中国文化　受容と選択』塙書房、二〇一四年。初出は一九九五年）による。

18　福原栄太郎「祥瑞考」（『ヒストリア』六五、一九七四年）、柄浩司「六国史の祥瑞記事について」（『中央史学』一〇、一九八七年）参照。

19　岸俊男「県犬養橘宿禰三千代をめぐる臆説」（同『宮都と木簡』吉川弘文館、一九七七年）。

20　祥瑞と皇権との関係については、東野治之「飛鳥奈良朝の祥瑞災異思想」（同『史料学遍歴』雄山閣、二〇一七年。初出は一九六九年）に指摘がある。

21　「対レ酒当レ歌」が、魏武帝短歌行「対レ酒当レ歌、人生幾何」に、「體レ物縁レ情」が、文賦「詩縁レ情而綺靡、賦体レ物而瀏亮」の李善注「詩以レ言レ志、故曰レ縁レ情。賦以レ陳レ事、故曰レ体レ物」によるという。小島憲之校注『日本古典文学大系　懐風藻・文華秀麗集・本朝文粋』（岩波書店、一九六四年）による。

22　前掲注21小島校注による。

23　前掲注21小島校注による。

24　〈漢音〉政策については、拙稿「奈良時代の言語政策――〈漢音〉学習を中心に――」、「非唐人音博士の誕生――古代における唐認識再検討への覚書――」（前掲注17拙著。初出は共に二〇〇六年）参照のこと。

25　中野渡俊治「古代日本における公卿上表と皇位」（同『古代太上天皇の研究』思文閣出版、二〇一七年。初出は二〇一一年）。

26　以下、延喜改元については拙稿「天文・祥瑞の典拠とその意味――『革命勘文』における類書・図書の利用について――」（前掲注3拙著。初出は一九九九年）による。

27　所功『三善清行』（吉川弘文館、一九七〇年）。

28　佐藤均「革命勘文・革令勘文について」（佐藤均著作集刊行会『革命・革令勘文と改元の研究』山下印刷、一九九一年。初出は一九七九年）。

29　明治以降では、古くは那珂通世「上世年紀考」（『史学雑誌』八―八～一二、一八九七年）がある。代表的なものとして、前掲注27所著・28佐藤著のほかには、岡田芳朗「三善清行と革命改元」（岡田芳朗・中村恵次・瀬山健一・奥富敬之『日本古代史の諸問題』福村出版、一九六八年）、所功「三善清行の辛酉革命論」（『神道史研究』一七―一、一九六九年）、大谷光男「三善清行の『革命勘文』について」（『創立百周年記念二松学舎大学論集』一般教育編、一九七七年）、斎藤実「辛酉革命と甲子革令――「易緯」鄭玄注の解釈を中心として――」（『日本大学芸術学部紀要』二〇、一九九〇年）、武田時昌「三善清行『革命勘文』所引の緯書暦運説」（『中村璋八古稀記念東洋学論集』汲古書院、一九九六年）などがある。

30　番号は、川口久雄校注『日本古典文学大系　菅家文草・菅家後集』（岩波書店、一九六六年）による。

31　清行は『革命勘文』を提出する以前の昌泰三年十一月二十一日に「預論二革命一議」（『本朝文集』巻三十一）と題される書を朝廷に提出した。そこには、「伏惟陛下誕二守文之聖主一、既当二草創之期数一。故即位之初、遇二朔旦冬至之慶一、改元之後、頻呈二寿星見極之祥一、長星垂二掃旧之象一、衆瑞表二維新之応一」と、明らかに彗星も「衆瑞」に含んでいる。

32　以下、延長改元については、拙稿「災異改元のはじまり――醍醐朝の延長改元をめぐって――」（『日本歴史』八四二、二〇一八年）による。

33　読み下しは、中島千秋『新釈漢文大系　文選』賦編上（明治書院、一九七七年）によった。

34　CHARLES VERNON「京都賦の対話部分について」（『中国中世文学研究』一二、一九七七年）。

35　柿村重松『本朝文粋註釈（新修版）』下（冨山房、一九六八年）を参照した。ただし、柿村は「惇誨」の出典を「東都賦」と誤っている。

36　東野治之「奈良時代における『文選』の普及」（同『正倉院文書と木簡の研究』塙書房、一九七七年）。

37　日本書紀講書に関する基本事項や研究史については、拙稿「弘仁の日本書紀講書と文章経国思想」（前掲注17拙著）参照。

38　清水潔「清涼記と新儀式と天暦蔵人式」（『皇學館論叢』九―一、一九七六年）、森田悌「『儀式』と『新儀式』」（『国書逸文研究』一三、一九八四年）。

不堪佃田奏にみる政務・儀式・年中行事

大日方　克己

はじめに

『西宮記』『年中行事障子文』などの儀式書・年中行事書には、節会的行事や祭儀と並んで多くの政務も年中行事として記載されている。そもそも律令国家自体が、調庸貢納物の納入期限、各種公文書の作成手続きや提出期限をはじめとして、さまざまな行政・政務のスケジュールを決め、運営するシステムになっていた。大宝・養老律令や延喜式などの法規定をみても一目瞭然であろう。平安期に入ってそれらが「年中行事」として体系化されていく。毎年繰り返される政務のなかにも、形式化、儀式化されつつその中に位置づけられていくものもあった。高度に形式化、儀式化されているからこそ、そこに抽象化された国家の意思決定と行使のシステムの理念、支配理念を読み取ることも可能である。ここではそうした問題意識から不堪佃田奏をとりあげて、その実質的意味から儀式化、年中行事化、そしてそれが表す王権の支配理念とその虚実について考える素材を提起してみたい。

一　不堪佃田奏とその成立

1　不堪佃田奏

不堪佃田奏とは、諸国から言上された不堪佃田解文が天皇に奏上され、租のうちの一定数免除が裁許されるという儀式的政務である。不堪佃田とは「租・地子を輸すべき田でありながらその年には播種されなかった田地」[注1]のことであり、租の増減と関わるので、年中行事的に毎年一定時期に問題にされることになる。『西宮記』『年中行事障子文』などでは九月七日が奏の式日とされている。

『西宮記』『北山抄』『江家次第』などの詳細な記事から、平安中後期における政務手続きと儀式次第が知られる。まずは『西宮記』恒例三・九月の「諸国言上不堪佃田事」に拠って、不堪佃田を処理する次第を示してみよう。

（1）八月三十日以前に、諸国から坪付帳を進上する。この坪付帳が「不堪解文」などとも称される。（2）九月一日に大弁に申上され、（3）五日に一大臣に申上され、（4）七日に奏上される。（5）日を定めて大臣以下が着陣して不堪解文を議定する。遣使を停止して三分の二を免除するか、遣使して実検し坪付帳を進上させるか、申請のままに認めるかを議定する。（6）その結果を再度奏上する。

『西宮記』臨時一・官奏事では、その不堪佃田の奏上は官奏の一つとして次のように三度行われるとしている。①最初の奏上に対し、天皇は年来の言上数を勘申させることを命じる。②勘申結果とあわせて再度奏上し、天皇は諸卿に対して定め申すことを命じる。③公卿の定の結果をまた奏上する。応和三年（九六三）から①と②をあわせて一度で奏上するようになったという。二度奏になってからの最初の奏が荒奏、二度目の奏が和奏と呼ばれるようになる。『北山抄』でもほぼ同様な手続きを記している。

なお『北山抄』巻三・拾遺雑抄上によれば、不堪佃田を奏上する国は、伊賀・伊勢・尾張・遠江・駿河・相模・武蔵・安房・上総・下総・常陸・近江・信濃・上野・下野・陸奥・越前・加賀・能登・越中・越後・但馬・因幡・伯耆・出雲・石見・播磨・備前・備後・安芸・長門・淡路・阿波・讃岐・土佐に固定されていた。播磨もみえるが「不言上」と注記され、当初は言上していたが、ある時期からしなくなったことがうかがえる。それは後述するように寛仁四年（一〇二〇）以降のことである。

この不堪佃田奏については多くの研究が積み重ねられてきている。とくに坂本賞三によって王朝国家体制の中核となる国司と中央政府の関係の中に不堪佃田奏を位置づけられてから重要性が注目され、佐藤宗諄によって儀式化の過程が明らかにされて[注3]研究が大きく進展した。それらを承けて佐々木宗雄は十世紀以降の受領制と密接にかかわる不堪佃田政務と奏の位置づけを提示し、[注4]鈴木一見も『北山抄』にみえる不堪佃田処理の構造を明らかにし、受領と公文勘会の関係から鎌倉時代まで見通して論じた。[注5]さらに三谷芳幸は不堪佃田政務儀式が続けられていくのは中央政府による国土支配の象徴的表現でもあったからだとし、[注6]有富純也はそれらを念頭に置きつつ、官人給与制との関係で十世紀以前の不堪佃田奏の位置づけを行った。[注7]とくに受領制のなかでの不堪佃田奏の位置、形式的であっても続けられていく意味が論じられるようになってきた点は重要である。

2　不堪佃田・損田と処理方法

不堪佃田は損田とともに九世紀以来の地方支配においてたびたび問題としてとりあげられてきたが、すでに八世紀から律令支配体制のなかで存在した概念である。

養老賦役令水旱条は「凡田、有二水旱虫霜一、不レ熟之処、国司検レ実、具録申レ官」と、災害等によって収穫量の減じた田を国司が調査して太政官に報告することを定めている。そして損つまり減少分が五分以上の場合は租を、七分以上は租と調を、八分以上は課役ともに、それぞれ免除するとしている。天平十二年（七四〇）「遠江国浜名郡輸租帳」[注8]では「不堪田」と「堪田」に二分したうえで、堪田は「輸租田」「輸地子田」「不輸租田」に分けている。「輸租田」は賦役令規定に基づいた損五分以上で租が免除される「見不輸田」、損四分以下での損分の租が免除される「半輸田」、租が規定通り収取される「得田」からなっている。そしてそれらを通計して租の収取額が記載されている。このように不堪田と損田は租の収納と直接かかわるだけに、国司による正確で虚偽のない報告が求められていた。

九世紀に入ると、この損田や不堪田の報告について国司の責任が厳しく追及されるようになった。弘仁十年（八一九）五月二十一日太政官符（『類聚三代格』巻七牧宰事）は、国司が、賑給されるべき飢民の数、破損した官舎・堤防などの支度数および損田数を偽って多く報告した場合に公廨を奪うことを規定したものである。そのなかで損田については、これまでどおり九月末までに損状を報告したうえで、追って実録帳の提出を義務づけている。この実録帳は損田の坪を記した坪付帳のことだと解される。[注9]

この損田の報告に対して、実否を調査する使者が派遣される場合があった。大同元年（八〇六）十一月二日太政官符には諸国覆損使のことがみえ、[注10]これ以前から損田調査の使が派遣されていたことがわかる。前述の弘仁十年五月二十一日太政官符でも「遣使覆検」とみえる。これらが延喜主税式上・損田条の損田使派遣規定につながる。さらに承和十二年（八四五）には五畿内諸国損田不堪佃田使の程限が定められた（『続日本後紀』承和十二年九月乙丑〔二十一日〕条）。これは延喜主税式上・諸使程限条の検損幷不堪佃田・賑給・疫死等使の程限規定の成立とみなされる。[注11] 損田使、不堪佃田使などの復命の期限を、それぞれの国によって定めたものである。

この承和年間から、青苗簿連年進上停止をうけて不堪佃田が問題として重視されるようになり、[注12] 調査のための不堪佃田使の派遣が増加していった。[注13] 国司による不堪佃田・損田の過大申請、虚偽申請が問題視されてきたからである。

仁寿四年（斉衡元年〔八五四〕）十月一日太政官符（『類聚三代格』巻七牧宰事）では、不堪佃田・損田数を虚偽言上した国司は解任し、以後叙用しないという罰則が打ち出された。あわせて不堪佃田については八月中、損田は十月中という上申期限が定められた。この不堪佃田の上申は、延喜主税式下・不堪佃田条の規定につながる。それは国司解の形式をとり不堪佃田と堪佃田を注すこととされており、田地しか記されないので、不堪佃田の問題は租だけにかかわるものになる。

延喜年間に入ると不堪佃田の新たな制度がつくられていく。延喜十三年（九一三）ころまでには、主税寮の租帳勘会において、国内田数の十分の一を例不堪として租穀を免除し、それを超えた部分を過分不堪とする方式がとられるようになった。[注14] しかし過分不堪の言上数と実数の乖離は相変わらずみられ、延喜十八年六月二十日太政官符（『政事要略』巻六十交替雑事）で、言上数と実数が異なっていた場合の国司に対する厳罰が規定された。一方で相違が十分の一以下の場合は罪とせず、国司に填納させる方針が打ち出されている。そのかわり不堪佃田とあわせて開発を義務づけることで租の確保を図っている。延長五年（九二七）に、開発により前司の言上数を必ず増加させること、当任の間も毎年の開発数を言上させることを国司に義務づけ、承平元年（九三一）には不堪佃田の開墾を命じている。[注15]

この間、不堪佃田使に任命されても忌避する例が生じている。たとえば延長四年（九二六）の備中国不堪佃田使散位刑部貞茂は病だとして木工算師大原茂則に代わりに返事を申上させている（『類聚符宣抄』六延長五年四月十九日宣旨）。また承平七年には遣諸国交替・不堪佃田・損田使等が病と称して赴任しない事態が問題になっている（『別聚符宣抄』承平七年九月八日宣旨）。

国司と不堪佃田使をめぐるこうした状況のなかで、天慶五年（九四二）には、先年の官符定数の三分の二を免除することが提起された。『西宮記』恒例三に「已上何箇国不レ副二進別譜一、須レ返二却解文一、而或兵乱之後、経二営軍役一、各申下不レ能二開発一由上、若依二先年官符定数一、可レ免二三分之二一歟（天慶五年定文）」とあり、このころから認可された不堪佃田数の三分の二が免除される方式が定着していく。[注16] このように半ば機械的に免除が認定されることになれば、不堪佃田使の派遣は不要で、停止されることになる。[注17] こうして『北山抄』や『西宮記』にみえる不堪佃田の言上と免除方式が形成されていった。

3　不堪佃田奏の成立と変化

次に不堪佃田処理の過程で行われる天皇への奏上＝不堪佃田奏についてみておきたい。儀式化の過程についてはすでに佐藤宗諄の検討があるが[注18]、それをふまえつつ、以下では官奏と不堪佃田使との関係および年中行事化に着目したい。

『西宮記』や『北山抄』では、いずれも官奏事項のなかに不堪佃田奏が記されている。実際に鎌倉期に至るまで官奏事項であることは一貫している。所功は官奏は寛平年間に成立し、『西宮記』臨時一・官奏の勘物に「寛平四年四月廿六日、中納言已上当日上二官奏一。事損不堪解文、雖二枚数多一、先給二表巻紙一、後給二解文一。（史披二目録一候二気色一、伝二仰旨一」」とみえる記事が、官奏として損田・不堪佃田が奏上された初見になるのではないかとした。[注19] それをうけて佐々木宗雄は、官奏とは、太政官組織を介してではなく、日常の政務を担当する上卿から直接上奏されるようになった方式を指すとしたうえで、この寛平四年（八九二）こそが官奏そのものの成立になるとした。[注20] これに対して、官奏の成立はもう少し遡るという批判がある。[注21]

官奏になるかは別にしても、損不堪佃田解文の奏上自体は寛平年間以前に遡るとみられる。慶雲三年（七〇六）九月二十日勅は、水旱虫霜による不熟で調庸を免ずべき戸が五十戸以上になる場合は太政官に上申し、三百戸を超える場合には奏聞することが定められていた。『政事要略』巻六十交替雑事・損不堪佃田事は、賦役令水旱条の令集解を引用しているが、そのなかの穴記が慶雲三年九月二十日格の三百戸以上の奏聞に対して「未レ知依二国言上之状一、官奏聞歟、為当国司作二奏書一歟」と、国の言上状を奏聞するのか、国司が「奏書」を作成して奏聞するのかと問い、国の言上状を奏聞するのだと答えている。少なくとも穴記の成立した九世紀初頭には、三百戸以上の不熟を言上した国司解状が奏聞されることになっていたと考えられる。また諸国の賑給申請も貞観式成立段階までには国解をそのまま奏上する形式になっていたとされる。[注22]

このように三百戸以上不熟の場合の諸国言上の奏上が行われることになっていたことと、前述の不堪佃田免除方式の変化の段階をあわせて考えれば、不堪佃田についても不堪佃田使の派遣とともに承和年間以降に奏上が始まったとみてよいのではないだろうか。

『北山抄』巻三拾遺雑抄上・不堪定事には、「往昔、遣レ使勘定、随二其勘定一裁許。近例、為レ省二事煩一、停レ使被レ免二三分之二一」とあり、かつては不堪佃田使を定め、その勘定によって免除を裁許していたとされる。『貞信公記抄』によると、延喜十八年（九一八）には九月七日に不堪佃田奏があり、すぐに不堪佃田使定、延長三年

（九三五）は九月七日に奏、十九日にも奏があり不堪佃田使定が行われている。不堪佃田の奏上を経て不堪佃田使が定められ派遣されたことがわかる。『本朝世紀』によれば、天慶四年（九四一）の場合は、九月五日に不堪佃田定が行われて不堪佃田使が派遣され、十二月二十五日には淡路国不堪佃田使が帰京して太政官に報告している。

また『西宮記』恒例三・不堪佃田事に収載されている「勘文」の形式は、官符定数、前年の言上数と開発田数、年々の増減を基本に構成されている。奏聞を経て不堪定で決定される「定文」は①不堪佃田使派遣を停止して三分の二を免除する、②言上された不堪佃田数と開発田数が相違するので、先年の官符定数により、不堪佃田使派遣を停止して三分の二を免除する、③天慶五年定文として、「兵乱之後、経営軍役」により開発ができないため、先年官符定数により三分の二を免除する、④年来不堪佃田を言上してこなかったので不堪佃田使を派遣する、⑤前年以前の不堪佃田数が確定していない場合には、前年以前の不堪佃田数を定めて後に定めること、などを記している。ただし④は「近年不注」とし、実際には不堪佃田使は派遣されていないことを示している。

こうした点を考えると、不堪佃田使は本来、不堪佃田奏上をうけて派遣されるべきものであったこと、その後その都度不堪佃田使を派遣して実検する代わりに、一定数、とくに天慶五年定文に示されているように、先年官符の三分の二を免除することになったこと、それによりこれまで不堪佃田を言上せず新たに言上してきた場合だけ、不堪佃田使が派遣されることになっていたことがわかる。天慶五年定文の「兵乱」とは平将門、藤原純友の兵乱を指すものであろう。

このように九世紀の承和年間以降に不堪佃田の奏上と不堪佃田使派遣がはじまった。それを承けて、さらに不堪佃田使の覆奏と免除の奏上という三度の奏が成立した。天慶五年以降不堪佃田使の派遣を停止し、官符定数の三分の二を免除する方式に変更されたため、初度奏で不堪佃田使定を命じるかわりに、年来の言上数の勘申を命じるだけの内容になった。しかしそのため初度奏と第二度奏と二回も奏を重ねる意味がなくなったと考えられ、応和三年（九六三）から荒奏と和奏の二度の奏に変更され、『西宮記』『北山抄』の形式になったとみられる。

4　年中行事化する不堪佃田奏

この不堪佃田奏は『年中行事御障子文』などでは九月の年中行事として、九月四日の次に「不堪佃田事」、「七日、奏諸国奏上不堪佃田解文事」と記されている。

『年中行事障子文』は、内裏清涼殿の殿上間東に立てられている年中行事障子のテキストを書き写したものである。[注23] 続群書類従に『年中行事御障子文』として収録されているものは、仁和年間から寛平年間（八八五～八九八）に原形が成立し、長和年間から寛仁初年ころ（一〇一二～一〇一七ころ）に若干の行事が追加されたと考えられている。[注24]

この『年中行事障子文』と同様に九月七日の年中行事として不堪佃田奏を記しているのが、十一世紀前半成立の『小野宮年中行事』、『新撰年中行事』、十二世紀初頭成立の『江家年中行事』、十二世紀初頭に原形が成立し十三世紀前半にかけて加筆・追記されていった『年中行事秘抄』、十二世紀から十三世紀前半にかけて相次いで成立した中原家流年中行事書『師遠年中行事』『師元年中行事』『師光年中行事』などである。

『西宮記』も前述のように、恒例三・九月に年中行事の一つとして「諸国言上損不堪佃田事」が記されている。そのなかで九月七日奏の割書きとして「第一奏報云、令レ勘二中年来言上之敷数一、近代、無二此詞一」とすることから、九月七日は応和二年（九六二）以前の三度の上奏のうち初度の奏の式日とされていたことがわかる。応和三年以降は荒奏の式日として継承されたものと思われる。いずれにせよこれらの日取りは、『小野宮年中行事』や中原家流年中行事書にも記されている。

一方で『西宮記』は、臨時一（甲）の官奏事項のなかにも不堪佃田奏の詳細を記している。官奏は、本来その都度必要に応じて行われるものであり、毎年式日が決められて執行される年中行事ではない。そのため『西宮記』は「恒例」ではなく「臨時」のなかに収めているが、その儀式次第を不堪佃田奏の場合を中心に記述している。官奏の内容として不堪佃田奏の占める位置の大きさが示されている。実際、十一世紀には官奏事項は不堪佃田奏、減省申請、不動倉鉤文にほぼ限定されている。[注25]

十一世紀末に成立した『江家次第』も九月の年中行事として不堪佃田政務を記している。まず九月五日の「不堪佃田申文」が記される。これは『西宮記』の九月五日「申一大臣」に相当する。続いて「不堪定」、「官奏」が記されている。「官奏」儀のなかに、「官奏内覧〔殿上、直盧、里亭〕」「官奏〔陣作法如常、官奏有内覧〕」「官奏〔付海藻減省〕」「折衝時官奏」が挿入され、このうちの「官奏内覧」は不堪佃田奏の場合を記している。『江家次第』では不堪佃田奏は九月五日の「申大臣」を経て、「官奏」の儀として奏上されることが示されているわけである。

これに対して年中行事項目の中に記されていない儀式書、年中行事書がある。十世紀後半に成立した『九条年中行事』、十一世紀初頭に成立した『政事要略』、『北山抄』などである。

『政事要略』は巻三十までの「年中行事」の項ではなく、巻六十交替雑事のなかに「損不堪佃田事」として、令以来の法的規定の沿革を中心に記述している。『北山抄』も巻一・二の年中要抄ではなく、巻三の拾遺要抄上のなかで官奏の次に記されている。また巻十の吏途指南のなかにも不堪佃田政務に関わる記述が各所にみえる。『政事要略』も『北山抄』も受領の問題として、解文を奏上する官奏や交替政のなかに位置づけていることがわかる。

『九条年中行事』では、正月から十二月までの年中行事を記しているが、[注26]奥に申政時、御服事、御画事、詔書、覆奏事、廃朝事、雑穢事などの項目をたて、さらにその後に諸国申官諸公文の期日、申大中納言雑事、申一上事、諸節会充諸司季禄未行事、不堪佃田事・損田事、各種宣旨（大宣旨、小宣旨、口宣、国宣旨）の例などを配置している。これらは大臣・大中納言への上申事項、そのうちの天皇へ上奏するものなど、各種文書を類別した一覧になっている。

不堪佃田については、まず諸国申官諸公文のなかに、大帳、租帳、調帳、正税帳に続けて「不堪佃田者、八月内申」「申損田、十月内申」と、不堪佃田と損田の申上を配し、さらに「申大中納言雑事」の項のなかに「不堪幷損田等使勘定帳事」、「不堪佃田事」、「申一上事」の項のなかに「不堪幷損田坪付帳事」を入れている。またその後に独立した項目として「不堪佃田事」を立て、「八月卅日以前、進二坪付帳一。九月一日申二大弁一。五日申上。七日奏」と他の儀式書等と同様な政務日程を記している。このように『九条年中行事』では、不堪佃田は通常の年中行事とは別に、日程が定められた諸国上申、上奏の政務事項として位置づけられていることがわかる。

このように儀式書、年中行事書のなかの位置はやや異なっているが、毎年行わなければならない行事として、また奏上が官奏の中核を占めるものとして位置づけられている点では共通する。天慶五年以降、不堪佃田使を派遣せず先年官符を基準に免除が確定するようになると、それまでの不堪佃田免除が確定していることが前提条件となった。つまり毎年行われ続けなければ、不堪佃田を言上しても免除されないことになり、何らかの事情でその年に行われなくても、次年度以降必ずその年のものも行わなければならなくなったのである。

正暦四年（九九三）の場合をみてみよう。『本朝世紀』十月二十六日条に「被レ定二諸国司申請去正暦二年不堪佃田事一」、閏十月二十六日条に「被レ定二去年不堪田一」とある。それ以前の正暦元年十月十七日条、十二月十三日条に不堪定がみえるので、正暦二年以降行われなかった不堪田言上と定が、正暦四年になって一挙に順次行われたのである。

その後も、寛弘元年（一〇〇四）には八月二十三日に「去年不堪定[注27]」、九月十四日に「当年不堪申文[注28]」、寛弘二年には十二月二十五日に「去年不堪定[注29]」があった。寛弘三年も十二月十日に「定去年不堪文[注30]」、寛弘七年には四月五日に「去年不堪田文」、九月四日に「去年不堪田荒奏[注31]」があり、十六日にさらに「去年不堪佃田文七枚」が追加され[注32]、十七日は四日分と十六日分をあわせて定にかけられ、二十日に和奏されている[注33]。長和元年は、まず十月十一日に「去（寛弘）七年不堪佃田事相定」められ[注34]、十二月五日に「申去年（寛弘八年）不堪佃田文」、八日に「奏官奏。去年不堪初度奏」、九日に「定去年不堪文」とあり（以上『御堂関白記』）、この後、和奏が行われたものとみられる。

治安元年（一〇二一）も、『小右記』によれば十一月十六日に三十五ヶ国の不堪申文があり、上総・常陸・越中・越後四ヶ国の不堪解文には受領官の署がなく、加署させるため返却し、残り三十一ヶ国分を十一月二十三日に奏上（荒奏）した。それに先立つ十一月三日に、去年寛仁四年（一〇二〇）の不堪定と当年定のどちらを先に行うかを議していた。寛仁四年は十一月八日に荒奏され、関白頼通が見て下した後、左大臣藤原顕光が死去したため、不堪定が行われないままになっていた。十二月九日に去年（寛仁四年）不堪定が行われ、十六日に和奏されて確定した後、二十二日に当年（治安元年）の不堪定が行われ、二十七日に和奏されている。事情はやや異なるものの、通例の後不堪と同様に、まず去年の不堪定・和奏で確定した後、当年分の定と和奏が行われる手順を踏んでいる。

このように、不堪佃田の免除が前年を基準に定められることになったために、不堪佃田奏は翌年以降に延期されても旧年分から順次行われなければならない手続きとなった。それは同時に、不堪佃田を奏上するためには、前年以前も奏上して免除を認められていなければならないため、不堪佃田を申上する国が固定化されていくことにもなった。また日程が定められたといっても九月七日の式日に行われた例は稀で[注35]、多くは十月から十二月に行われている。

二　受領と不堪佃田奏

1　後不堪と公文勘会

儀式化し、年中行事体系のなかに組み込まれた不堪佃田政務だが、そのことが直ちに形骸化を意味するわけではない。受領と公文勘会に密接にかかわり重要な役割を果たしていたことは指摘されてきた[注36]。では不堪佃田奏がどのように展開し、鎌倉期まで続けられていったのだろうか。

受領に責任を集中させる受領制は、調庸総返抄等の成立や、税帳勘会を中心とした公文勘会の変化により九世紀末以降に成立していく。この受領を監察統制するためのシステムとして受領功過定があった。十一世紀には前任者の任終年から自身の任期中の公文勘済を条件に受領功過定を受けなければならなかった。公文勘会および受領功過定の審査項目として最も重要なものは、進納物の勘済であったり、国衙官物の欠失の有無であった[注37]。その税帳や租帳の勘会のために必要だったのが不堪佃田申請だった[注38]。

この公文勘会と不堪佃田奏の関係は、後不堪の状況とその推移をみることでより明確になる。『北山抄』巻三拾遺雑抄上・官奏は後不堪の二つのタイプを記している。

①一種者、或曰、後所二言上一也。〔開発坪付目録帳二通外、副二違期由国解一。官以二黄本古続例一於二違期状端一、又注二等勘文挿中風記一。大弁申二上卿一由也。入二一度奏一被二裁許一也。〕②一種者、当年。或曰、以前雖二言上一、前年不二言上一。仍今年雖レ入二両度奏一、諸卿定二申彼年帳一、奏下定後可二定申一由上。其後次第申二彼年帳一了、及二当年文一也。入二三度奏一被二裁許一。風記〔大弁〕申二上卿某大臣奏了由一。〔二度弁名。〕

すなわち、①期日に間に合わず遅れて提出され、一度の奏で裁許されるもの。②以前に不堪佃田を言上していたが、前年に言上していなかった場合で、言上していなかった年の定と奏を行ったうえで、当年の定と奏を行うもの。言上しなかった年が複数年にわたっている場合には、各年分を順次行って当年分までたどりつくというものである。

治安元年（一〇二一）ころまでは、当年不堪佃田奏が行われず翌年以降に延期して「去年不堪」などとして行われる例が多かった。治安元年は前述のように十二月に去年不堪定・奏が行われた後に、当年不堪佃田奏が行われたが、同時に新たなケースが見られるようになった。十二月九日の去年不堪定に先立って、因幡国後不堪二枚が官奏に入れられ、前年の例によって三分の二が免除されたことである。これは『北山抄』にみえる後不堪①のタイプであり、しかも二年分が一括して奏上、免除されたものだと判断される。『小右記』をみていくと、以後このようなケースが多くなっていく。

治安三年にはさらにもう一段変化した後不堪がみえる。『小右記』によると、まず閏九月十一日に下総国後不堪三ヶ年分を惟宗博愛の「懇切有レ令レ申」により奏に入れることになった。十一月二十一日に当年荒奏が行われたが、「究済公事国々司可レ有二愁申一」によって伊賀・甲斐・長門等の減省・後不堪等を加え、さらに先に申上していた相模国後不堪も加えている。このうち伊賀国は守藤原頼祐の任終年、長門国は守橘元愷の任終をうけて（姓欠）幸敏が守になって申上したものだった。[注39] 十二月一日には武蔵守（姓欠）光衡が、後不堪が官奏に入らないことを愁い実資に訴えているが、左大史小槻貞行は公事を究めた国から先に官奏に入れると明言している。結局十二月五日の不堪定を経て、八日に和奏が行われた。ここで最終的に後不堪が減省文とともに官奏に入れられ、前年の例により三分の二を免除されることが認められた。後不堪は他の公文とあわせて受領任期中の勘済のなかで一括して行われはじめていたことがわかる。

長元元年（一〇二八）の場合は、前年万寿四年九月八日に不堪申文があったものの、書式不備などが指摘され（『小右記』）、荒奏は長元元年二月一日に行われた。『左経記』によると、「去年依㆑無㆓官奏㆒、勘㆓公文㆒之停滞国々、今年除目以前可㆓勘畢㆒之由、令㆓愁申㆒云々」とあり、不堪佃田を含め各種公文が官奏されて裁可を得ることが公文勘会のためにも必要で、それが滞ってしまっていることを受領たちが訴えている。しかもそれが除目以前に行われることを求めているのは、除目に先立って受領功過定のあることが慣例となっており、受領層にとっては切実な問題だったからである。この日の官奏に入れられたものは四十九通、うち副文が十六通なので、不堪佃田文は三十三通になる。結局二月十七日〜十九日の県召除目[注40]の後の三月二十九日に不堪佃田定にかけられ[注41]、四月十一日に和奏が行われた。[注42]

この長元年間以降、『小右記』の記録では後不堪①がほとんどを占めるようになっていく。十一世紀に不堪佃田を奏上する国が三十五ヶ国にほぼ固定化されたことを背景に、受領の公文勘会にあわせて、期日に遅れたもの、前年以前のものも後不堪①として一括処理するようになったものと考えられる。

この傾向は十一世紀末以降になるとより顕著になる。永長元年（一〇九六）は十月二十八日に和奏が行われたが、当年不堪が十五ヶ国に対し、後不堪が九ヶ国にのぼった。さらに後不堪が続出し、十二月八日には後不堪だけ十五通が追加で奏された（以上『中右記』）。康和五年（一一〇三）十二月十三日の和奏も同様で、当年不堪十五通に対し、後不堪十通だった（『中右記』）。長治二年（一一〇五）も十二月二十六日に当年不堪十六通が和奏された後（『中右記』）、十二月二十九日に後不堪が奏上されている（『殿暦』）。

十二世紀に入ると、受領の任終年に公文勘会に必要な年度分（前任者任終年と自身の任期分）の不堪佃田解文を一括して後不堪として処理しようとする例が出てくる。たとえば嘉承二年（一一〇七）十二月二十五日には出雲守藤原家保の後不堪五通が一括処理されている（『中右記』）。家保はこの年が任終年であり[注43]、前任藤原忠清の任終年[注44]と自身の任期四年の計五ヶ年分の不堪解文だと考えられる。

また元永二年（一一一九）十二月十八日の和奏では、因幡国不堪五通・減省一通、尾張国不堪二通、山城国減省一通、当年不堪十二ヶ国が一括処理されている（『中右記』）。因幡守は藤原宗成、重任八ヶ年の任終年で[注45]、父宗忠が知行国主として公文勘会のために奔走していた[注46]。尾張守源師俊も任終年であり、同年十二月二十九日には前任高階為遠任終年の永久三年（一一一五）雑米抄帳の免除を申請して認められている[注47]。安芸守藤原為忠は二年目である[注48]。少なくとも、藤原宗成（宗忠）と源師俊は任終年で公文勘会のために、未奏上分の不堪解文を一括処理してもらおうとしていたことは明らかであろう。

2　公文勘会・不堪佃田奏の変化と無実化

元永年間前後を境に不堪佃田を奏する国の数は著しく減少する。元永二年（一一一九）には当年不堪十二ヶ国だったが、保安元年（一一二〇）には九ヶ国（『中右記』十二月二十八日条）、大治二年（一一二七）には八ヶ国（『中右記』十二月十三日・十八日・二十六日条）、長承元年（一一三二）には五ヶ国（『中右記』十二月四日条）と減少していく。長承三年（一一三四）に至っては、当年不堪六通に対して、後不堪が下総五通・伊勢三通の計八通で（『中右記』閏十二月二十四日・二十五日・二十七日条）、後不堪の数の方が多くなっている。

また院の指示で年末や受領功過定直前に後不堪として官奏に入れられる例も目立ってくる。たとえば永久二年（一一一四）には任終年を迎えた下総守紀久実の不堪文五通が白河院の指示で年内に奏上されている（『殿暦』十二月二十七日条）。保延三年（一一三七）正月二十四日・二十六日には尾張・因幡の不堪解文計十一通が官奏されているが、除目以前に官奏として奏上されるべきとの院宣によるものだった（『殿暦』）。

後不堪にとどまらず、当年不堪佃田奏自体も数年間行われない事態も生じた。保延六年（一一四〇）〜康治二年（一一四三）の四年間は当年不堪佃田政務が行われていない。保延六年は荒奏の後、定以降が行われず、以後康治元年まで荒奏・定・和奏すべてが行われていない。康治二年十月二十八日になってようやく、保延六年分の不堪定が行われている（『台記』康治二年十月二十八日条）。康治二年には引き続き、十一月二十四日に永治元年（一一四一）分の当年不堪申文・荒奏、二十八日に不堪定・和奏、十一月三十日に康治元年分の不堪申文・荒奏、十二月二日に不堪定・和奏と滞留していた旧年分を一挙に処理し、十二月四日にようやく康治二年当年不堪申文・荒奏、二十二日に不堪定・和奏を行っている（『台記』『本朝世紀』）。

こうしたなかで不堪佃田奏をせず、免除官符も発給されないまま受領功過定を受ける例もみられるようになった。久安三年（一一四七）は十二月十三日に不堪申文と荒奏、十六日に不堪定と和奏が行われ、あわせて山城、上総、信濃の減省四通も奏上された（以上『台記』）。このとき、民部権大輔藤原親隆に対して、上総・信濃受領時の公文勘会を不堪佃田官符がないままに認める宣旨が下されている。

応レ令下民部省不レ尋二不堪佃田官符一勘中会上総・信濃両国公文上事

右、得二民部権大輔藤原朝臣親隆去月廿二日解状一偁、謹検二案内一、去天治二年三月廿一日、拝二任上総介一、歴二任限一之間、以二長承元年十二月廿五日一、遷二任信濃国一。雖レ為二各最已狭少之境一、殊廻二緒良之治一、欲レ令レ勘二治公文之処一、上総国前司藤原師保、任以後并二十三箇年、又信濃国前司藤原盛重、任五箇年已不レ申二請不堪佃田一、是各依レ作二満本数一歟。作二満起請一由。雖レ不レ申二請不堪佃田一、不レ尋二官符一、被レ勘二会公文一之例、蹤跡多存。近則、播磨守惟憲、安房守親忠、信濃守重時等是也。評定之処、盍レ蒙二裁許一者。望請天恩、早因二准前例一、被レ下二宣於所司一、不レ尋二彼官符一、被レ勘二会公文一者、将レ仰二勤王之節一者。右中弁藤原朝臣朝隆伝宣、権大納言藤原朝臣宗輔宣、奉レ勅依レ請者。

久安三年十二月八日　左大史小槻宿禰奉[注49]

上総国は藤原師保の康和四年（一一〇二）から前任藤原敦俊の天治元年（一一二四）まで二十三ヶ年[注50]、信濃国は大治二年（一一二七）十二月二十日に守に任じられた前任藤原盛重の任期中の五ヶ年[注51]、それぞれ不堪佃田を申請してこなかったとする。これまでも不堪佃田を申請、奏上せずに公文勘会を受けた例は多いので、前例にならって、官符なしのまま公文勘会を認めるよう藤原親隆が申請し、宣旨によって認可されたのである。

藤原親隆はこのとき公文勘会に使うためとして、上総国の公文勘会対象年度中の天治元年（一一二四）～大治四年（一一二九）四ヶ年分の東大寺封戸物返抄を発行されている。[注52] そしてこの直後、久安三年十二月二十一日に受領功過定を受け、尾張守に任じられるとともに従四位下に叙せられている（『公卿補任』保元三年条）。

前例としてあげられている播磨守藤原惟憲の場合は、寛仁四年（一〇二〇）から治安三年（一〇二三）までの任期中[注53]の四ヶ年の不堪佃田を申請しないままま、不堪佃田を処理して公文勘会を受けたという。そうすると播磨国は少なくとも寛仁四年以降は不堪佃田は申請してこなかったことになる。また安房守藤原親忠は任期中の保延三年

（一一三七）度から天養元年（一一四四）度、[注54]信濃国も藤原盛重の前任源重時の保安元年（一一二〇）から[注55]それぞれ不堪佃田申請をしていなかったという。

このように十一世紀前半から不堪佃田を申請、奏上し、免除を認定されて官符を発給されるという手続きをふまないまま、公文勘会を受けていた例がみられたのである。先例として挙げられた受領たちは遷任を重ねており、受領功過定も受けていなかった可能性は高い。藤原親隆は、なし崩しに無実化してきた実態を承けて、不堪佃田申請をせず過去の免除も確定していなくても公文勘会を受けられることを、宣旨の発給により「合法化」されようとしたと考えられる。そうした事態に危機感をもったからこそ、藤原頼長が「此事専不レ穏、諸国陵夷、起レ自二如レ此之事一歟」[注56]と厳しく批判したのであろう。

さらに公文勘会と受領功過定自体が実態をもたない形式と化してくると、まったく実質的意味をもたない不堪佃田奏も行われるようになる。仁安二年（一一六七）の場合、十二月二十四日に不堪佃田定・和奏が行われ、尾張国康治二年、安芸国元永元年（一一一八）、阿波国永久四年（一一一六）の後不堪も奏に入れられた（『兵範記』）。過年度分の後不堪は、順次処理して当年分にたどりつくことになっていたのであるから、今さら五十年も前の後不堪一年分だけを提出しても、直近の不堪佃田免除までたどりつけない以上、ほとんど無意味であり、受領にとっても何のメリットもない。しかし、無実化してしまったがために、逆に数十年も前の後不堪を大真面目に奏してもかまわない、文字通り形式的な儀式としてとり行われ続けることになったといってもよいである。

3　鎌倉期の不堪佃田奏

『玉葉』承久二年（一二二〇）三月十四日条には不堪佃田奏がまったく形骸化した段階での意識がみえる。二十五日に予定される殿上所充の文書について、記主左大臣九条道家と左大史小槻国宗が問答した。そのなかで官奏についても不審な点が多々あると話題になり、後不堪について次のような問答が交わされた。

一後不堪奏事

申云、有㆓二様㆒。一者九月七日以後、坪付到来之時、官加㆓飛脚違期勘文㆒入㆑奏也。二者一年若多年不㆑申㆓坪付帳㆒之国々、功過之時上㆑之、或加㆓飛脚遠部（違期カ）之勘文㆒、或空止㆓官底㆒之由ニテ入㆑奏是也。近例或雖㆑不㆑申㆓上卿㆒、直加㆓袖書㆒入㆑奏。但正礼先申㆓一上㆒之後入㆑奏也。而経㆓時行（刻カ）㆒之間、上卿有㆑煩。仍年来無㆓此儀㆒、愚息道時勘定例、先申㆓上卿㆒之後、可㆑入㆑奏之由令㆑申也。仍八九年用㆓此説㆒。予仰云、正礼尤可㆑然。但官奏已無実也。至㆔此来（更カ）守㆓古儀㆒、為㆑人有㆑煩。自今以後可㆑用㆓略儀㆒也。

『北山抄』と同様に二種の後不堪をあげる。一つは奏の式日に遅れた場合に、違期勘文を加えたうえで奏に入れるもので、『北山抄』の①とほぼ同じ。もう一つは過去に不堪佃田を奏上したことがあるが、一年または多年にわたり申上されてこなかった場合である。『北山抄』の②に対応するが、やや異なった実態と認識がみえる。それは受領功過のときに後不堪を上申するというもので、十一世紀後半以降に一般化した実態をふまえたものになっている。

さらに後不堪の処理の仕方でも、まず一上に申上すべきところ、煩いになるので近例は上卿に申さずに袖書に加え奏に入れてきた。子小槻道時（通時）が先例を勘定して上卿への申上を経て奏に入れることを上申し、八～九年その通りにしてきたと、国宗が述べた。それに対して道家は、すでに官奏は実態を失っており、古儀を守ることは煩いになるばかりなので、今後は略儀、つまり上卿を通さず直接奏に入れることを指示している。形式化してしまっている以上なるべく簡略化すべきだという道家の意識がみえる。

こうした状況は、その前後の記録でも明確である。たとえば『三長記』建永元年（一二〇六）の場合をみてみよう。[注57] 記主三条長兼はこの年十月二十日に参議・左大弁に昇任し、不堪佃田奏に関わった。九月二十五日に不堪荒奏が行われ、翌日条に記す奏報によると、奏文九枚のうち、伊勢国建久六年（一一九五）～八年の三ヶ年分三枚の「不堪田佃坪付帳」については、それぞれ前年の三分の二免除とされた。奏に入れられ一度で処理される後不堪である。伊賀・伊勢・越前・安芸・長門・讃岐の五枚は当年不堪佃田坪付で、諸卿の定に付すことを命じている。それを受けた不堪定と和奏は十一月五日に行われた。『猪隈関白記』の翌日条に記す奏報によると、奏文九枚のうち伊賀国当年、伊勢国建久九年（一一九八）～正治二年（一二〇〇）三ヶ年分の不堪佃田坪付計四枚については三分の二免除とされる。伊賀国当年分は荒奏・定を経て和奏されたものだが、伊勢国の三ヶ年分は、荒奏にみえた三ヶ年分に引き続く年度分の後不堪である。免除が認定されていない過去の年度から順を追って後不堪を行っていることがわかる。残り伊勢・越前・安芸・長門・讃岐国の当年分五枚は、過年度分を定めた後に定めるようにと却下されている。

伊勢国はこの年の後不堪で建久六年～正治二年の六ヶ年分が定められたが、まだ建仁元年（一二〇一）～元久二年（一二〇五）が定められていないので当年分が定められないという。同様に越前国は康和三年（一一〇一）～元久元年の一〇五ヶ年分、安芸国は文治元年（一一八五）～元久二年の二一ヶ年分、長門国は永万元年（一一六五）～元久二年の四一ヶ年分、讃岐国は応保二年（一一六二）から元久二年までの四四ヶ年分をそれぞれ定めた後に定めよとされている。

このようにほとんどの場合当年分を奏上しても、未定の過年度分を順次定めることを命じて却下するとともに、いくつかの国について過年度分を後不堪として処理する形式になっている。しかも処理される過年度分が百年以上も前の場合さえある。たとえば承元二年（一二〇八）十一月二十二日の荒奏では、下野国の康和三年（一一〇一）・

四年、十八日の和奏では康和五年・長治元年（一一〇四）・二年分がそれぞれ後不堪として奏上され免除が定められている。それでもなお承元元年までの百ヶ年分以上が未定のため却下となっている。[注58]このように百年以上も前の不堪佃田坪付帳を処理したり、処理を命じるなど、およそ非現実的なことを形式的に繰り返していくことが鎌倉期の不堪佃田奏だった。

こうした不堪佃田奏は鎌倉中期ころまでは記録に散見する。[注59]その後は、たとえば『民経記』文永四年（一二六七）九月七日・同六年九月七日、『深心院関白記』文永三年九月七日条、室町期に入って『後深心院関白記』永和元年（一三七五）九月七日条、『薩戒記』応永三十一年（一四二四）九月七日条に具注暦の年中行事暦注として「不堪田奏」が記されている程度である。不堪佃田奏は、どうやら鎌倉後期までには行われなくなったようである。しかし具注暦の年中行事暦注としては室町期まで一部では記され続けていたらしい。

おわりに

このように、当初は租の収取と天皇による免除の裁許という実際の手続きとしての意味と機能をもって成立した不堪佃田奏は、十世紀中葉以降、受領の責務の定額化に合わせて一定数免除が慣例となり、公文勘会にも必要な手続きとなった。その意味で受領制の一部として実質的意味をもって機能する儀式となった。公文勘会が任期中分一括して行われることとあわせて、十一世紀後半以降には不堪佃田の一括奏上、処理も行われた。十二世紀に入って不堪佃田を申請しなくしても公文勘会を受けられる形式も整えられた。それは公文勘会と受領功過自体が形骸化し、受領制が変質していくなかでのことだった。そのなかで、不堪佃田免除自体、実質的意味を失っていた。不堪佃田奏も実質的機能を失った文字通り形式儀式と化していった。数十年、ときには百年以上も前の年度であっても、不堪佃田奏は形式的に鎌倉期にも続けられていった。

そこまでしてなぜ不堪佃田奏が続けられたのだろうか。『江家次第』では、九月の年中行事として不堪佃田奏とそれに続けて官奏を配置する。官奏事項のうち主要なものが不堪佃田であることを示している。国司から上申された解を天皇が直接判断を下す官奏は、理念的には天下の統治者としての天皇の政治的判断、支配理念を象徴する儀式だったといえる。不堪佃田奏は本来、田地と租の支配とも密接にかかわっていた。それゆえに、実態が失われていったからこそ、かえって理念上の天皇による国土支配を象徴する儀式として、非現実的な内容であっても形式的に、年中行事的に繰り返し行われていったのであろう。それが鎌倉期まで続けられ、消滅していくことは、鎌倉期における天皇統治理念と実態、その変化のなかで論じなければならない問題であろう。

注

1 佐藤宗諄「王朝儀式の成立過程――不堪佃田奏を中心に――」『平安前期政治史序説』東京大学出版会、一九七七年。
2 坂本賞三『日本王朝国家体制論』東京大学出版会、一九七二年。
3 佐藤宗諄注1論文。
4 佐々木宗雄「十～十一世紀の位禄制と不堪佃田制」『日本王朝国家論』名著出版、一九九四年、初出一九八九年。
5 鈴木一見「不堪佃田についての一考察――北山抄の解釈からみる平安財政史の一考察――」『国史談話会雑誌』三七、三八、一九九七年。
6 三谷芳幸「班符と租帳」『律令国家と土地支配』吉川弘文館、二〇一三年、初出二〇〇六年を補訂。中込律子「『北山抄』巻

十吏途指南にみる地方支配政務」（『平安時代の税財政制度と受領』校倉書房、二〇一三）も同様の指摘をする。

7　有富純也「九・十世紀の不堪佃田・損田と律令官人給与制」『日本古代国家と支配理念』東京大学出版会、二〇〇九年。

8　正倉院文書正集十六、『大日本古文書』正倉院編年二―二五八～二七一頁。

9　佐々木宗雄「十～十一世紀の土地支配」、注4著書所収、初出一九八四年。

10　『類聚三代格』巻十五損田幷租地子事弘仁七年十一月四日太政官符所引。

11　『訳注日本史料 延喜式』中、主税寮上82諸司程限条補注。

12　西別府元日『律令国家の展開と地域支配』思文閣出版、二〇〇二年。

13　有富純也注7論文

14　延喜主税式・勘租帳条「勘二租帳一者、皆拠二当年帳一、即通二計国内一、十分以レ得二七分已上一為レ定。若有二不堪佃一者、聴レ除二十分之一一。如レ過二此限一者、各申レ官聴レ裁」、『政事要略』巻五七交替雑事（雑公文）延喜十三年八月二十三日宣旨、および佐々木宗雄注4論文。

15　以上、『政事要略』巻六十交替雑事（損不堪佃田）承平元年（九三一）十二月十日太政官符。

16　不堪佃田免除の計算については、鈴木一見注5論文を参照。

17　佐々木宗雄注4論文。

18　佐藤宗諄注1論文。

19　所功「「官奏」の成立と儀式文」『平安朝儀式書成立史の研究』国書刊行会、一九八五年、初出一九八四年。また所論文では、この勘物を「宇多天皇御記」逸文としている。

20　佐々木宗雄「十～十一世紀の政務執行と王権」、注4著書所収。

21　吉川真司「申文刺文考――太政官政務体系の再編について――」『律令官僚制の研究』塙書房、一九九八年、初出一九九四年、同「上宣制の成立」『律令官僚制の研究』、岡村幸子「官奏の系譜」『史学雑誌』一〇八―一一、一九九九年。

22　岡村幸子注21論文。

23　平安後期成立の『年中行事秘抄』や『帝王編年記』によれば、年中行事障子自体は、仁和元年（八八五）に太政大臣藤原基経によってはじめて立てられたものだとされる。

24 所功「「年中行事」の成立」、注19著書所収。

25 森田梯「奏請制度の展開」『日本古代の政治と地方』高科書店、一九八八年、初出一九八五年。

26 ただし冒頭から二月途中までは諸本とも欠失している。また群書類従所収本は十二月七日から晦日追儺の冒頭部分も欠落しているが、本稿では十二月も欠落なく残存している宮内庁書陵部所蔵本に拠った。

27 『権記』寛弘元年八月二十三日条。『御堂関白記』同日条、『小右記』同日条。

28 『権記』寛弘元年九月十四日条、『御堂関白記』同日条。

29 『御堂関白記』寛弘二年十二月二十五日条、『権記』同日条。『御堂関白記』によれば翌二十六日に官奏があり、不堪佃諸国申文十余枚が追加されている。

30 『御堂関白記』寛弘三年十二月十日条、『権記』同日条。

31 以上『御堂関白記』。なお『御堂関白記』寛弘七年九月四日条は「去年不堪佃田荒奏也。無二国次目録一見レ奇不レ少、文返給。仰二文書具可レ申由一。候レ奏大弁、極無レ便。似レ不レ知二前例一」と記している。

32 『御堂関白記』寛弘七年九月十六日条。ただし淡路国文については、難ありということで留めおかれている。

33 『御堂関白記』寛弘七年九月十七日条、二十日条。二十日条には「奏二官奏一、是去年定度也」と記される。

34 『御堂関白記』長和元年十月十一日条。『小記目録』にも同日付で「陣定〔有不堪定事〕」みえる。

35 平安期で確実なものは延喜十八年・延長二年・三年・四年（『貞信公記』）、後は鎌倉期の建仁三年（『猪隈関白記』）程度しか見いだせない。『猪隈関白記』建仁三年八月三十日条に「来月七日、式日可レ有二官奏一〔荒奏〕」とあるように、式日は意識されていた。

36 佐々木宗雄注4・9・20論文、鈴木一見注5論文など。

37 公文勘会、受領功過定のシステムとその展開については、寺内浩『受領制の研究』塙書房、二〇〇四年、参照。

38 正税帳・租帳と不堪佃田申請の関係については、鈴木一見注5論文で具体的に検討されている。

39 『小右記』治安三年十一月十一日条に伊賀守藤原頼祐が主計寮勘文を実資のもとに持参したことがみえ、『類聚符宣抄』第八越勘・長元七年七月十五日太政官符によれば、万寿元年二月十九日に源光清が伊賀守に任じられた。また長門守は『小右記』治安三年六月五日条に橘元愷、十二月十七日条には（姓欠）幸敏がみえる。

40 『日本紀略』『小右記』『魚魯愚別録』『除目大成抄』など。
41 『左経記』長元元年三月二十九日条、『日本紀略』同日条。
42 『左経記』長元元年四月十一日条、『日本紀略』同日条。
43 藤原家保は長治元年正月二十八日に出雲守に任じられ（『為房卿記』）、嘉承二年に秩満となっている（「杵築大社造営遷宮旧記注進」、北島家文書、鎌倉遺文七〇一七）。
44 藤原忠清は承徳元年正月二十九日に出雲守に任じられ（『中右記』同年正月三十日条）、長治元年正月二十八日に淡路守に遷任した（『為房卿記』）。藤原忠清、藤原家保らの出雲守として状況は、大日方克己「平安後期の出雲国司――白河・鳥羽院政期を中心に――」『山陰研究』一、二〇〇八年。
45 藤原宗成は天永元年七月二十九日に因幡守に任じられた（『中右記』『殿暦』『永昌記』）。
46 『中右記』元永二年十二月二十九日条。
47 『朝野群載』巻二十六諸国公文 元永二年十二月日尾張国司解、元永二年十二月二十九日宣旨。なお両文書により源師俊は永久三年十二月十六日に尾張守に任じられたことがわかる。また『中右記』元永二年十二月十五日条によると、この日尾張守を辞している。
48 藤原為忠が安芸守に任じられたのは元永元年正月十八日（『中右記』）、天治二年正月十五日に参河守に遷任した（『二中歴』）。
49 『台記』久安三年十二月十三日条。
50 藤原師保は康和四年正月二十三日に上総介に任じられ、天仁二年十二月五日に正五位下に叙せられているが、このときまで上総介としてみえる（以上『殿暦』）。翌天永元年十一月一日には藤原長実が上総介としてみえるので（『殿暦』）、師保の上総介任期は康和四年から天仁元年までの重任八ヶ年である。その後の受領としては、平末兼（『中右記』永久二年十一月四日条）、藤原敦俊（『中右記』元永二年七月三十日条）がみえる。藤原敦俊が天治二年二月十日に卒去したため（『中右記目録』）、その後任として藤原親隆が上総介に任じられたのである。
51 藤原盛重は大治二年十二月二十日に信濃守に任じられ（『中右記』）、長承元年十二月二十五日に肥後守に遷任した（『中右記』）。
52 久安三年十二月十日付「東大寺別当覚信書状案」（東南院文書一―三七三（『大日本古文書』東大寺文書一、五三二頁）、平安遺文二六三八）。端裏書に「東大寺上総返抄　民部権大輔」とある。鈴木一見注5論文参照。

53　藤原惟憲は、寛仁四年（一〇二〇）正月三十日に播磨守に任じられ（『公卿補任』治安三年条）、治安三年（一〇二三）十二月十五日に大宰大弐に遷任した（『小右記』）。

54　藤原親忠は、保延二年（一一三六）十一月四日に安房守に任じられ（『中右記』）、康治二年（一一四三）四月三日にも安房守見任であるが（『本朝世紀』）、久安元年（一一四五）閏十月二十三日には高階泰基が安房守としてみえるので（『重憲記』）、親忠の任期は保延二年末から天養元年までの重任八ヶ年と推測される。

55　源重時は保安元年正月二十八日に信濃守に任じられ（『中右記』）、大治二年十二月二十日に相模守に遷任した。その後任で同日に信濃守に任じられたのが親隆の前任藤原盛重である。

56　『台記』久安三年十二月十三日条。

57　このときの不勘佃田政務については、鈴木一見注5論文参照。

58　『猪隈関白記』承元二年十一月二十二日条、二十三日条、十二月十八日条、十九日条。

59　『百錬鈔』建長六年（一二五四）五月二十九日条に「被㆑行㆓官奏不堪佃田定事㆒」、また『経俊卿記』建長六年九月十九日条に「今夜被㆑行㆓官奏去年荒奏㆒」などとみえるのが、最も遅い時期の記録の一つであろう。

王権と服忌

井上　正望

はじめに

まず次の史料をみてみたい。養老喪葬令2服錫紵条である。

凡天皇、為㆓本服二等以上親喪㆒、服㆓錫紵㆒。為㆓三等以下及諸臣之喪㆒、除㆓帛衣㆒外、通㆓用雑色㆒。

これは、天皇が自身の「本服二等以上親」[注1]の喪に「錫紵」という特殊な服を着ることを述べたものである。かつてこの「錫紵」を喪服と理解することが一般的だった。[注2]事実平安期以降、錫紵を喪服である「素服」と同一視する史料が多数みえる。しかし本条の「本服」に注目した稲田奈津子氏[注3]は、錫紵が本来喪服でなかったことを明らかにした。この条文は天皇が二等以上親の喪に対し「絶服」する場合の服装に関するものであり、従って喪服規定とはなり得ず、同様に錫紵も喪服ではあり得ない。稲田氏は更に、実例でも桓武天皇が母皇太夫人高野新笠崩御に伴い「服喪における倚廬に相当」する西廂に出御して錫紵を着した例[注4]まで、つまり奈良時代に天皇服喪はなかったことを指摘した。実際本条集解古記は親への服喪を否定している。これにより天皇服喪はいつ始まったかという論争が生じた。例えば山下洋平氏は、天応元年（七八一）の光仁太上天皇崩御時（今上桓武父）と捉え、[注5]小倉久美子氏は承和七年（八四〇）の淳和太上天皇崩御時（今上仁明伯叔父）とする。[注6]また稲田氏は両氏の見解を受け、山下説の光仁崩御時や自説の新笠崩御時を「判断が難しい」として保留しつつ、淳和崩御時に先立つ天長元年（八二四）の平城太上天皇崩御時（今上淳和兄）を天皇服喪の実例として挙げる。更には奈良時代における天皇服喪の実施を否定した自説に対し、「積極的に天皇服喪を否定する根拠があるわけでもない」とも述べ、[注7]消極化している。そもそも稲田氏は天皇服喪実施は奈良時代になかったとしつつも、令で想定はしていたのではないかと推定する。[注8]このように天皇服喪の研究は論者によって様々であり、混迷を深めているように感じられる。[注9]

また稲田氏は、服錫紵条集解諸説などの解釈は「後付けの理屈にすぎず、（中略）本条の解釈から天皇服喪について考察するのには限界があり、限られた実例を丁寧に検討していくほかない」と述べる。[注10]しかし集解諸説からの考察に限界があると断ずるには尚早ではなかろうか。また実例についてもいまだ検討の余地がある。併せて九世紀後半以降の服錫紵条理解に関する時代的変遷についても十分研究されているとは言い難い。

加えて喪葬令は中国的礼秩序に基づくことが知られる一方で、「姓」や衣服令の研究などから、中国皇帝の場合と異なり、日本の天皇が中国的礼秩序を超越した存在であったことも知られる。[注11]令における天皇服喪の想定の有無という問題は、中国的礼秩序における天皇の位置づけを考える上で重要だと考えるが、この点も不明である。そこで本稿では、令における天皇服喪の想定の有無を明らかにすると共に、天皇服喪の成立と展開を再検討する。併せて中国的礼秩序における天皇の位置づけの変化を考えたい。

一　天皇服喪の成立

1　大宝・養老令とその解釈

まず稲田氏が注目した「本服」とは、同氏や滋賀秀三氏[注12]によると以下の通りである。中国では出嫁や出継のほか、政治的身分秩序や家父長主義の家族秩序を維持するため、本来の血縁関係に基づく服を絶ったり（絶服）、軽くしたり（降服）することが行われていた。このような「社会的な服の降等事由の影響を受けていない、ないしはその影響を観念的に除去した」本来の服を「本服」と言う。特に皇帝は「傍期を絶つ」、即ち傍系親族に対しては絶服する。従って養老令服錫紵条で言う「本服二等以上親」とは、「本来は服喪すべき（実際には絶服する）二等以上親」を意味するため、稲田氏は同条が天皇の絶服を前提に立条されたことを明らかにした。なお「絶服」について稲田氏は廣池千九郎氏の理解[注13]に基づき、「国君は宗族を絶つとの考えから、傍期を絶って服さないこと」と定義づける[注14]。従って稲田氏は奈良時代に天皇服喪実施はなかったとする一方、服錫紵条の『本服』は、天皇の絶服があって初めて意味をなすのであり、裏を返せば絶服の対象にならない父母・祖父母などに対する天皇の服喪も、当然想定されていたと考えるべき」とする[注15]。それでは令で天皇服喪は本当に想定されていたのだろうか。

そこで「為二本服一二等以上親喪一、服二錫紵一。」の集解古記を見てみよう[注16]。

古記云、本服、謂二天皇即位則絶レ服、則①准下有二心喪一之時上、服二錫紵一。退則脱耳。（中略）若自不レ臨者不レ服耳。然案レ礼、天子絶二傍期一。（中略）②令意於二父母一亦絶二服期一也。（中略）問、「以三文称二本服一、何知レ絶二服期一也。」答、「③若不レ絶二服期一者、文称レ臨二五月以上服親喪一、可レ云二本字不レ合レ称故、絶二服期二可レ知也。」

このように古記は、天皇は即位すれば服を絶つ、特に傍線部②より、父母にも服を絶つと解釈することから、傍期を絶つ（＝傍期以外即ち直系親には服喪する）中国皇帝と異なり、日本の天皇は服喪しないと理解していた。本稿では特に傍線部③に注目したい。ここから明石一紀氏は大宝喪葬令段階で、錫紵着用対象が「本服二等以上親」ではなく「本服五月以上服親」だったことを指摘した。[注17] 以上のことは天皇服喪に関する先行研究も言及はしている。しかし大津透氏が大宝令では「等身が服紀で表示されていたが、内容上はほぼ同文」としており、以降の先行研究もこの理解を継承するようである。従って具体的な検討はない。

それでは大宝・養老服錫紵条は「ほぼ同文」なのだろうか。それには両服錫紵条の、天皇の「本服五月以上服親」「本服二等以上親」がそれぞれどの範囲を指すか考える必要がある。まず養老令の二等以上親は次の通りである。

父母・養父母・夫・子（以上一等親）、祖父母・嫡母・継母・伯叔父・姑・兄弟姉妹・夫之父母・妻・妾・姪・孫・子婦（以上二等親）

このうち服錫紵条の主体が天皇であることを考慮すると、在位中の天皇に夫がいる場合を令が想定しているとは考え難いため、夫以外が該当する。一方大宝令の五月以上服親を『令集解』喪葬令17服紀条所引古記に基づく明石氏復原案によると次の通りである。

君・父母・夫・本主・出母（以上一年）、祖父母（五月）

同様に主体が天皇であることを考慮すると、大宝服錫紵条の対象は、

君[注18]・父母・祖父母[注19]

に絞られる。このように大宝服錫紵条は、「本服」即ち絶服対象者のうち、君・父母・祖父母のみを対象とした

条文であり、[注20]それ以外の親族には、服喪は勿論錫紵着用すらできない。このように大宝令段階では、解釈以前に、令本文で父母・祖父母への絶服を明示していたのである。従って少なくとも大宝令段階で、天皇服喪は全く想定されていなかった、寧ろ全面的に否定していたことが確実である。また「絶服」の定義も、稲田氏が想定した「傍期を絶って服さないこと」はあくまで中国皇帝の場合であり、日本の天皇における「絶服」は、少なくとも大宝令では傍期如何に拘らず「服を絶つこと」と理解せねばならない。以上のことは、大宝令段階の「天皇服喪を積極的に否定する根拠」たり得るものと考える。

続く養老令では「臨二本服五月以上服親喪一」から「為二本服二等以上親喪一」に改めたが、やはり天皇服喪は想定されていなかったと考える。まず注意すべきは、動詞が「臨」から「為」に改められたことである。「臨」は稲田氏が指摘するように臨喪を意味する。古記の言う「退則脱耳」「若自不レ臨者不レ服耳」といった解釈は、臨喪時の錫紵に関するものだろう。一方で古記は前掲傍線部①から、臨喪時に「心喪之時」に準じて錫紵を着すとしている。従って古記は錫紵が心喪時の服であり、臨喪時もそれに準じて着すと理解していたことになる。ここから、養老令で動詞が「為」に改められたことで、服錫紵条は「臨喪時の規定ではなくな」り[注21]、「心喪服」[注22]の規定になったと考える。[注23]

さて大宝令段階の、天皇は服喪しないという原則からは、中国的礼秩序を超越した天皇の姿をみてとることができる。つまり服錫紵条は、天皇は服喪しない、と明示することで、天皇が中国的礼秩序を超越した存在だと主張する意図があったと考えられる。それを部分的でも服喪可能と改めることは、中国的礼秩序に対する天皇の位置づけにおいて劇的な変化である。しかし大宝令施行から養老令施行までの間に、そもそも錫紵着用の実例すら全くみえない中で、そのような大きな変化を想定することは困難である。また服錫紵条集解令釈は「天皇即位則絶㆓服期㆒。唯有㆓心喪㆒。故称㆓本服㆒也。」と述べ、古記と同様「絶㆓服期㆒」とする。これは後述の同条義解が「服絶㆓傍期㆒」とするものとは異なり、令釈もまた大宝令や古記同様、天皇は傍期に限らず服全般を絶つとしていたと考える。寧ろ養老令で「本服二等以上親」に改めたのは、大宝令で君・父母・祖父母に限っていた錫紵着用を、傍系も含む二等以上親に拡大するためだった可能性がある。従来六国史での錫紵着用の実例は、前述の皇太夫人高野新笠崩御時や太皇太后藤原順子崩御時（貞観十三年〈八七一〉）、それに文徳陵焼亡時（同十年）の三例のみとされてきたが、新たに次の例を指摘したい。『日本紀略』天長元年九月辛未・壬申条である。

辛未。（中略）無品因幡内親王薨。桓武天皇女也。壬申。帝（淳和）著㆓素服㆒、不㆑聴㆑朝。

これは因幡内親王薨去（今上淳和姉妹）に伴い、淳和が「素服」を着し廃朝を行った記事である。この史料自体は既に知られていたが、具体的な検討はない。文中の「素服」とは喪服だが、兄嵯峨に引き続き唐風化に熱心だった淳和が、当時の天皇の在り方からは勿論、傍期を絶つ中国皇帝の在り方からも逸脱する傍系二等親への服喪を行ったとは考え難い。寧ろ後述の通り、『日本紀略』編纂時点では錫紵と素服が完全に混同されていることから、元の『日本後紀』に「錫紵」とあったものを、『日本紀略』編者が編纂当時の理解に引きずられて「素服」としてしまった可能性がある。従って本稿ではこの記事を傍系二等親に対する錫紵着用の実例とみる。これは『令義解』より前であり、養老令に基づく例と言えよう。以上から養老令は、天皇服喪を想定しないという点では大宝令と同じだったと考える。

2　天皇服喪成立前夜

次に錫紵着用の初例である皇太夫人高野新笠崩御時をみてみよう。

（前略）天皇《（桓武）》服㆓錫紵㆒、避㆓正殿㆒、御㆓西廂㆒、率㆓皇太子《（安殿親王）》及群臣㆒挙哀。（後略）[注24]

これは母の喪に際し、子の桓武が錫紵を着し、正殿を避けて西廂に遷り挙哀したものである。ここから稲田氏は、西廂を「倚廬に相当」するとし、「天皇はここにおいて初めて錫紵を喪服として着し、服喪した」とみた[注25]。しかし小倉氏が指摘するように、この西廂への移動は挙哀のためであり、倚廬とすることはできない[注26]。従ってこれを天皇服喪とみることはできない。一方で山下氏は、新笠崩御に先立つ天応元年の光仁太上天皇崩御時に、子の桓武による服喪が行われたとする。その理由は光仁崩御時が臣下の「従服之儀」の確かな初例だとすることによる[注27]。「従服之儀」とは、君主の服喪期間に臣下がお付き合いして服喪するものだが、山下氏はこれが確認できるとして、桓武も服喪したとみるわけである。しかしこれより後の新笠崩御時に桓武は素服ではなく錫紵を着した。山下氏はこれについて、「『錫紵』を素服として着用し」たと想定するが、その根拠は、『続日本紀』延暦九年三月庚子条での節宴停止理由を「以㆓凶服雖㆑除、忌序未㆑周也㆒」とすることと稲田氏同様西廂を倚廬とみたことだった[注28]。前者は「凶服は除いたが母への服紀一年には至っていない」というものだが、この「凶服」を桓武の喪服と断定はできない。岩波新日本古典文学大系脚注もこの「凶服」を「百官の喪服」とする。また後者も前述の通り成立せず、令釈段階でも天皇服喪が未成立と考えられることを併せると、この時既に錫紵が喪服と化していたとは考え難い。一方、養老令で錫紵が臨喪服から心喪服に改められたと指摘した。「従服之儀」とみえるものは、光仁・新笠に対する桓武の心喪に合わせて臣下の服喪を指示したものではなかろうか。そう考えれば『続日本紀』の「凶服」も、桓武の心喪服と百官の喪服の総称である可能性が生じる。以上から、光仁・新笠崩御時を天皇服喪の初例とはできない。しかし光仁・新笠という父母の喪に際し、桓武によって錫紵や「従服之儀」を用いた、中国的礼秩序に基づく新たな儀礼が試みられたことは認められよう。

続いて次の史料をみたい。『日本後紀』大同元年（八〇六）三月癸未条である。

（前略）是日、上（安殿親王）著レ服。服用二遠江貲布一、頭巾用二皂厚繒一。百官初素服。（後略）

これは桓武崩御に伴い、子皇太子安殿親王（平城）が着服した記事である。この服は「遠江貲布」を素材とし、後述の淳和崩御時に今上仁明が着した「素服」と同じ材質であるため、安殿親王は素服、即ち喪服を着したと考えられる。服錫紵条集解令釈には「三后・皇太子、可レ服二本服一」とあることからも、皇太子の服喪は妥当だろう。

さて、桓武崩御・安殿親王即位時は践祚の研究で非常に重要である。柳沼千枝氏は、安殿親王に対し三度行われた即位勧進のうち、第二勧進（『日本後紀』四月辛亥条）で安殿親王が「余小子」を自称したことに注目した。これは『礼記』巻二、曲礼下第二に「天子未レ除レ喪、曰二予小子一。〈謙、未三敢称二一人一。〉」（〈 〉は鄭玄注）とあるものと同じであり、「天子が即位しても、まだ先帝の喪が終わらない間は、『予小子』という。謙遜して、『予一人』とは言わない」[注29]という。従ってこの段階の安殿親王が実質的には既に天皇になっており、「先帝の喪中であるため名目上皇太子号を称しているにすぎない」とする。[注30]また藤森健太郎氏[注31]は即位勧進の意義として、「たとえ父子間の継承であっても、臣下を参集させたうえでの譲位詔布告を経ない皇位継承がコンセンサスを得るには、臣下を巻き込んだ儀礼的実践が必要であった」とする。その上で藤森氏は第二勧進として臣下が安殿親王に提出したのはあくまで「上啓」で、相手は「殿下」であるため、天皇としての実質的な地位は確定していても礼遇は備わっていない。その具備を求めたのが第二勧進とする。そして第三勧進（五月庚午条）では「上表」が「陛下」に提出され、それに「勅」で応えたことなどから、安殿親王が天皇としての礼遇を既に備えていることを指摘する。またこの第三勧進は「天皇即位儀」実施を要請したとする。これに対し安殿親王は全国大祓と釈服を命じることで応えた。これは大祓・釈服が「天皇即位儀」の前段階として重要であり、「これらの実行を命ずることは『天皇即位儀』挙行を容れたことの間接的表現たりえた」という。

中国では柩前即位があるように、服喪の有無は皇帝即位に関係がない。[注32] ところが日本では、服喪中の皇太子安殿親王が「天皇即位儀」を実行する前段階として、大祓・釈服を必要とした。このことは、天皇は服喪しないという原則がこの時も存在したことを示すと言えよう。しかし一方で安殿親王は、依然として服喪中ながらも第二勧進に対する回答で天子の自称たる「余小子」を称し、第三勧進では更に「陛下」と称される。従って安殿親王は服喪中であっても、第二勧進に応えた時点で実質的には天皇の地位と礼遇を備えており、天皇は服喪しないという原則が建前と化していることがわかる。このように、桓武による父母の喪への中国を意識した対応を経て、桓武自身の崩御時には天皇服喪成立の一歩前まで来たのである。その直後の『類聚国史』巻三十五、帝王十五、諒闇、大同元年十月庚午条での桓武の改葬時に、文武百官が素服を一日着したのに対し、平城の着服はみえないことから、この時点でも天皇服喪はいまだ成立していなかったと考えられる。しかし以後天皇服喪はいつ成立してもおかしくない状況になったと考えられ、その意味で桓武崩御時は天皇服喪成立前夜と言うことができよう。

3　天皇服喪成立

このような状況で生じたのが天長元年の平城太上天皇崩御である。『日本後紀』が残らないため詳細は不明ながら、稲田氏が指摘したように、この時淳和は兄平城を父に擬して服喪したと考えられる。[注33] 筆者はこれを天皇服喪の初例と考える。更に承和七年の淳和太上天皇崩御時に、仁明は淳和を「為二人之後一者、為二其子一故也」として「素服」を着した。[注34] これは『大唐開元礼』巻一百三十二、凶礼、五服制度、斬衰三年にみえる「為二人後一者為二所レ後父一」に基づくものと考えるが、養老令ではこれを養父母に改めていたことが知られる。[注35] 養父母への服喪期間は養老服紀条によれば実父母より軽い五月だが、仁明は淳和に対し、易月制により一年を十三か月として月を日に換算した十三日間を意識して服喪したことがわかる。[注36] これは父母と同じ期間であり、中国で「為二人後一者為二所レ後父一」を実父と同等に扱うという在り方を導入したものと言えよう。

また、淳和崩御に先立って『令義解』が施行された。[注37] 服錫紵条義解は次の通りである。

謂、凡①人君即位、服絶二傍期一、唯有二心喪一。故云二本服一。（中略）②其天皇為二考妣一、令条無レ文。依二式処分一也。（後略）

傍線部①から義解は「本服」について、従来の解釈と異なり「絶二傍期一」とする。つまり天皇は死者が「傍期」でなければ服喪できることを意味し、ここにおいて漸く天皇服喪は法的に可能となったのである。これは桓武の父母に対する対応、そして淳和が兄平城を父に擬して服喪したことを経た結果であった。

なお傍線部②で、義解は天皇の父母に対してはその都度対応を決めるとすることからもわかるように、傍期以外、つまり服錫紵条を適用せず服喪できる親族に父母を想定していたことが確実である。更に稲田氏や小倉氏は傍期以外を「父母・祖父母など」とし、父母に限定しないとみている。先行研究が言う「など」の具体的内容は不明だが、中国における傍期以外の親族の内訳は、基本的には直系尊属（父母・祖父母・曾祖父母・高祖父母）と正妻・長子・長子妻である。[注38] これをそのまま義解が想定する傍期以外に当てはめてよいかは疑問だが、一方で義解が傍期以外をどこまで想定していたかは不明とせざるを得ない。例えば後述の通り、天皇祖父母に対する服喪の初例は貞観十三年の太皇太后藤原順子崩御時だが、『三代実録』十月五日丁未条には祖母への服喪について「議[注39]」を用いた非常に長い記事が残されている。その中で橘広相は次のように述べる。

（前略）作二義解一者只挙二考妣一、不レ及二祖父母一者、蓋以為、令文倂レ為二一等已上親一也。（後略[注40]）

文意はあまり明確ではないが、本稿では稲田氏のように「義解を作る者、只だ考妣を挙げ祖父母に及ばざるは、蓋し以為らく、令文に『二等已上の親の為』と偁うによるなり」と読んでおく。[注41]広相は、義解が服錫紵条を適用しない傍期以外として父母のみを挙げたのは、あくまで例示であり、実際には祖父母も含まれる、と考えたことになる。但しこれはあくまで広相の解釈に過ぎない。

一方で義解施行後の天皇祖父母崩御の初例は嘉祥三年（八五〇）の太皇太后橘嘉智子崩御時（今上文徳祖母）である。しかし『文徳実録』に文徳の服喪は窺えない。勿論史料にみえないことは服喪がなかったことと直結するものではないが、もし仮に服喪が行われていた場合、順子崩御時にその例が直近の先例として参照されるはずである。しかし実際には嘉智子崩御時の例は一切みえない。また、既に祖父母への服喪の実例があるのであれば、順子崩御時のような議論の紛糾は起こらないだろう。従って嘉智子崩御時に天皇服喪はなかったと考える。義解施行後でも祖父母に対する天皇服喪はすぐには実施されなかったのである。義解が傍期以外として祖父母など父母以外の直系親も想定していたかは不明だが、少なくともそれはすぐには定着しなかったと言えよう。義解段階で確立していたのはあくまで父母に対する天皇服喪であり、それ以外については順子崩御時まで、想定はされていたかもしれないが未確立だったのである。

二　天皇服喪の展開

1　皇太子服喪と践祚

前章では、令制当初否定されていた天皇服喪が、桓武朝の唐風化を経て特に父母に関して成立する過程をみてきた。そして、桓武崩御時における皇太子安殿親王の「天皇即位儀」挙行に大祓・釈服が必要だったことから、この時点で天皇は服喪しないという原則が建前とはいえ存在したことを指摘した。一方で仁明崩御・道康親王（文徳）即位時（『続日本後紀』嘉祥三年三月己亥条・『文徳実録』同日条～四月甲子条）や、即位勧進が消滅した文徳崩御・惟仁親王（清和）即位時（『三代実録』天安二年（八五八）八月二十七日乙卯条～十一月七日甲子条）も、「天皇即位儀」はやはり服喪が明けた後に行われている。いずれも父母への天皇服喪が既に確立していることから、中国同様服喪が明けるのを待つ必要はなかったのではないかと思われる。本章ではまずこの点を考えたい。

まず仁明崩御・道康親王即位時には即位勧進も行われた。藤森氏も述べる通り、今回の一連の即位勧進は安殿親王に対するそれに比べかなり急いで行われたが、これは易月制導入によると考えられる。つまり即位勧進は道康親王の服喪期間中にせねばならないという意識があったことを意味する。そして道康親王が天皇としての礼遇を備えた画期は、後述するが、服喪終了時（四月癸丑条）とみるべきである。藤森氏の指摘の通り、文徳即位時は「平城天皇即位時の先例に比して即位勧進の重要性は低下していると」考えられる。

なお藤森氏は、道康親王が礼遇を備えた画期として、服喪終了時がより相応しいとしつつも、第三勧進が容れられた時点ととる余地もあるとする。前述の通り安殿親王の時には、第二勧進に応えた時点が画期となり天皇としての礼遇を備えた。一方道康親王の場合、第二勧進では礼遇を備えることを容れず、第三勧進（四月庚戌条）に対して、藤森氏が述べるように漸く要請を容れる旨応えたと考えられる。しかし道康親王が第三勧進に応えた際に使用した文書様式は、依然として「令」であった。[注42]安殿親王とは異なり、道康親王は第三勧進に応えた段階でも、礼遇を将来的に備えることを容れたのみで、未だ実際に備えてはいなかったことを明確に示すと言えよう。そして第三勧進の三日後である四月癸丑条に「帝公除、百官吉服。大二祓於朱雀門前一」とある。この記事は服喪終了を述べたものだが、この中の「帝」が道康親王を天皇として扱った初見であり、ここにおいて道康親王は漸く天皇としての礼遇を実際に備えたのである。このように考えれば、道康親王が天皇としての礼遇を備えた画期として、第三勧進を容れた時点ととる余地はなくなるのではなかろうか。以上から文徳即位時において、天皇としての礼遇は服喪終了を以て備える、とされていたことがわかる。

以上を踏まえて、即位勧進が消滅した文徳崩御時に、皇太子惟仁親王が服喪中に即位しなかった理由を考えてみよう。まず文徳崩御時の惟仁親王の動きを『三代実録』からみると次のようになる。まず天安二年八月二十七日に文徳が崩御すると、惟仁親王は「皇太子直曹」で「天子神璽宝剣節符鈴印等」を献上され（剣璽渡御）、二十九日に「皇太子」は皇太夫人（藤原順子）と同輿して東宮に遷った。そして九月四日に「東宮」は「成服」し（服喪開始）、易月制で短縮された服喪期間を経て十六日に「今上」・百官は除服し、大祓が行われた（服喪終了）。そして十一月七日に至って「天皇即位儀」が行われた。このうち九月十六日甲戌条にみえる「今上」は、惟仁親王を天皇として扱った初見であり、藤森氏が指摘するように「九月四日に成服してから十三日間の服喪期間が終了した十六日を画期として清和天皇は正式の礼遇を備え」たと考えられる。従って即位勧進が消滅しても、皇太子惟仁親王が天皇としての礼遇を備えるには、文徳即位時と同様服喪終了が画期であり必要だったのである。以上が、天皇服喪が成立し即位勧進が消滅した後の文徳崩御・惟仁親王即位時でも服喪中の即位がなかった要因と考える。

2　太皇太后藤原順子崩御時

天皇服喪の展開で重要なのは、太皇太后藤原順子崩御時（今上清和祖母）である。前述の通り『三代実録』貞観十三年十月五日丁未条には、この時の対応を巡る「議」の長大な記事がある。詳細は稲田氏の註釈[注43]に譲るが、その内容は、祖母太皇太后の喪について、中国の例や養老喪葬・儀制令と義解を元に議論したものである。まず冒頭と結末をみよう。

五日丁未。天皇（清和）服二錫紵一。近臣皆素服。（中略）是時、天皇為二祖母太皇太后一喪服有レ疑未レ決。於レ是令二諸儒議レ之。（中略）朝議定二心喪五月、服制三日一焉。

従来も指摘されてきた通り、この記事から清和は祖母に対し錫紵を「喪服」として着した。当時天皇服喪は成立していたが、錫紵はあくまで天皇絶服時に着す服であって喪服ではなかった。それにも拘らずこの時錫紵を「喪服」としたことは以後の天皇服喪を大きく変えるものとなった。一方で錫紵を「喪服」として着すまでに、清和の喪服に関する疑問とそれに対する「議」が出されている。[注44]そこでまず橘広相の「議」をみてみよう。

（前略）錫紵是君弔二臣喪一之服、而非二喪服一也。唐天子喪服、用二斬衰・斉衰一。而国家制レ令、殊以二錫紵一為二喪服一。（後略）

このように広相は、錫紵とは本来君主が臣下の喪を弔うための服であって喪服ではなかったが、日本が令を定めるに際し、この錫紵を喪服として規定した、と理解していたことがわかる。しかしこれは「本服」を正しく理解していれば生じない考えである。前述の通り「本服」は「本来は服喪すべき（実際には絶服する）親族」であり、「本服」に対し着す錫紵は喪服ではあり得ない。従って広相が「本服」の意味を理解していなかったことがわかる。一方都言道（後の良香）・菅原道真の「議」には次のようにある。

（前略）拠二周官司服一、錫衰是君弔レ臣之服。不レ可下為二祖母太后一施上レ之。然則先葬暫服二斉衰一、既葬即便除レ之。（後略）

このように両人も錫紵は臣下喪を弔うための服とした上で、臣下でない祖母太皇太后に錫紵を着すことは不適当であり、中国における祖母への喪服である斉衰を着すべきとして錫紵を「喪服」とみない。しかし最終的に清和は錫紵を「喪服」として着した。これは広相の誤解に基づくものと考えられ、本稿ではここを以て錫紵が喪服に変化したと考える。

そして以上の対応が引き起こしたのは、錫紵の性質変化だけではなかった。即ち服錫紵条も本来とは逆に天皇の喪服規定へと転換してしまったのである。天皇服喪の成立は桓武以来の唐風化の結果であり、清和による祖母への錫紵着用も、中国の先例を多分に含んだ「議」を用いたことから、清和や広相ら当事者たちにしてみれば唐風化の一環だったと考えられる。しかしそれは正確な理解の下行われたのではなかったのである。以後「本服」の意味は次第に忘れられ、服錫紵条自体の理解も大きく転換することとなってしまった。

3　源惟時卒去時

さて、次に『西宮記』巻十七、袍、延喜五年（九〇五）九月二十六日条をみてみよう。

延喜五年九月廿六日。右大将（藤原定国）奏㆓源惟時卒状㆒。酉四刻服㆓錫紵㆒。令云、「凡天皇為㆓本服二等已上親喪㆒、服㆓錫紵㆒」云々。而年来不㆑行、只不㆑聞㆑朝三日而已。此度為㆑存㆓令条㆒、始行㆓此服㆒。〈伝聞、前代不㆓必行㆒㆑之。〉

これは源惟時なる人物の卒奏を受け、醍醐が錫紵を着した記事だが、それまで錫紵着用はなく、今回「始めて」行ったという。ここから稲田氏は当時錫紵着用は定着していなかったと考えるようである。[注45] しかしそれは疑問である。前節でみた順子崩御時の例はその後も度々先例として参照される有名な例であり、延喜五年段階でそれが忘れられていたとは考え難い。また『新儀式』巻五、臨時下、三等親已上喪服㆓錫紵㆒事から、醍醐自身、昌泰三年（九〇〇）の皇太后班子女王崩御時（今上醍醐祖母）に素服を着し服喪している。ここでは「素服」とあるが、順子崩御時以降錫紵が「喪服」と化したため、この当時錫紵と素服は同一と考えられる。現に『新儀式』では錫紵と素服を完全に混同している。では源惟時卒去時の「始めて」錫紵を着したとは如何なる意味を持つのだろうか。

この惟時という人物に注目すると、『大日本史料』第一編之三、同日条が述べるように世系不明である。しかし「惟時」という名前と文脈から、彼が今上醍醐の男性二等以上親なのは間違いない。天皇の男性二等以上親には、具体的には父・養父・子（以上一等親）、祖父・伯叔父・兄弟・姪・孫（以上二等親）が該当する。このうち、父・祖父はそれぞれ宇多・光孝であるため除外する。養父も、天皇の養父ほどの人物が系譜不明とは考え難いことから除外する。また、養老仮寧令4無服殤条から、服喪対象は八歳以上とされる。従って惟時は八歳以上と考えられるが、この時醍醐は二十一歳である。注46 従って仮に惟時を醍醐の子とすると、惟時は昌泰元年以前の生まれ、つまり醍醐が十四歳以前の時の子ということになる。あり得なくはないが可能性は低い。また醍醐の「第一」皇子は『日本紀略』延喜十一年十一月二十八日条によれば克明親王（延喜三年生）である。これは親王・源氏を問わず醍醐男子と判明している人々の生年からみても妥当である。従って惟時を醍醐の子とすると、「第一」皇子より年長ということになってしまう。以上から惟時が醍醐の子である可能性は低く、子も除外する。孫も、二十一歳の人物に八歳以上の孫がいるとは考え難いため除外する。以上の消去法の結果残るのは、伯叔父・兄弟・姪のいずれかである。即ち惟時は醍醐の傍系二等親とみて間違いなかろう。前述の通り天長元年に、傍系二等親に対し服錫紵条に基づく錫紵着用がされたが、錫紵が喪服と化した九世紀後半以降については次の二史料をみたい。まず『三代実録』元慶元年（八七七）二月十四日丙申条である。

十四日丙申。先レ是無品平子内親王薨。内親王者、太上天皇《(清和)》之姑也。是日、詔曰、「天子絶二傍期一。但未レ審二太上天皇応レ絶以不一。宜レ令三博士等権二議之一。」於レ是（中略）善淵朝臣永貞（中略）等奏議曰、「礼記中庸云、（中略）今拠二検此文一、天子絶二傍期一、礼制明白也。又尭・舜・禹三聖、皆揖譲之君也。経籍之中、無レ貶二尊号一。太上天皇重不レ降。然則可レ絶二傍期一、不レ違二礼意一。」

これは同月十日の平子内親王薨去（仁明皇女、今上陽成四等親）に関する記事である。今上陽成の服喪は問題となっていないが、一方清和太上天皇にとっては姑、つまり傍系二等親の喪である。そのため太上天皇の清和が姑に服喪すべきか傍期を絶つべきかが問題とされ、『礼記』やその正義に基づく「議」が出された。『礼記』の内容は割愛するが、天子が傍期を絶つことに関する内容である。その上で、尭・舜・禹が「揖譲之君」であり、「無レ貶二尊号一」しと述べる。これは、彼らが位を譲った後も、その地位が落とされたことは確認できない（つまり天子同様に扱われたと推定できる）ことを述べたと考えられる。従って太上天皇についても、天皇同様傍期を絶つべきと主張したものである。この場合、主体が順子崩御時同様清和であることを考えれば、清和や周囲の人々がかつて錫紵を「喪服」としたことを忘れているとは考え難い。従って仮に服喪するなら、着すのは「喪服」となった錫紵と想定されることから、この時服を絶つとしたことで、清和は錫紵を着さなかったと考えられる。またこの判断は当時、天皇が傍期を絶つことが前提なのは言うまでもない。

次に、『後中記』仁治三年（一二四二）十月十三日条[注47]には次のようにある。

（前略）於二二等以上親一者可レ有二錫紵之儀一云々。但仁和大臣多薨去之間、主上《(宇多)》無二錫紵一者、給レ姓列二群臣位一之故歟。（後略）

これは「仁和大臣多薨去」で宇多が錫紵を着さなかったというものである。「仁和大臣多」とは、仁和四年

（八八八）に薨去した右大臣源多（今上宇多伯叔父）を指す。ここでは錫紵を着さなかった理由として、記主資頼は臣籍降下のためかと推定するが、問題の惟時は源氏ながら錫紵着用対象とされており、この段階で臣籍降下と錫紵着用は関係ない。以上から延喜五年まで、傍系二等親への錫紵着用は定着していなかったと考えられる。

4　天皇「服親」の形成

ところが惟時に錫紵を着した延喜五年以後、傍系二等親に対する錫紵着用の実例が急増し定着する。[注48] 更に先に触れた『新儀式』三等親已上喪服二錫紵一事には次のようにある。

天皇聞二食二等已上親幷大臣喪一、（中略）先召二陰陽寮一、令レ勘下申裁二縫御素服一幷著御之時上。（中略）時剋縫殿寮令レ昇二御服辛櫃一、参二蔵人所一供レ之。蔵人相二加御冠一、盛二柳筥一置二高坏一、予置下可二出御一之所上。〈昌泰三年出二御清涼殿東栄一。延喜七年出二御同殿北廊一。同廿二年出二御南廊小板敷一。其後多用二南廊一。〉其儀立二廻御屏風一、敷二細貫莚二枚一。不レ加二用尋常御座一。刻限出御、錫紵著給。（後略）

これは天皇が二等已上親の喪に際して行う服喪儀礼の式次第である。これによると天皇は「可二出御一之所」に出御した上で素服＝錫紵を着すという。その具体例として、昌泰三年例（皇太后班子女王崩御時〔今上醍醐祖母〕）、延喜七年例（皇太夫人藤原温子崩御時〔今上醍醐継母〕）、延喜二十二年例（是忠親王薨去時〔今上醍醐伯叔父〕）の三例が列挙されている。このように、今上醍醐の直系二等親と傍系二等親に対する服喪儀礼が同列に扱われていることがわかる。以上から、延喜五年を初例として、傍系二等親に対する天皇服喪が成立したことがわかるだろう。従って源惟時に対し「始めて」錫紵を着したとは、錫紵一般について述べたのではなく、傍系二等親に対し「始めて」錫紵を着したことを特記したものと考える。これは藤原順子崩御時に錫紵を「喪服」として着し、服錫紵条が天皇の喪服規定となってしまったことを背景とする。こうして二等以上親を範囲とする天皇「服親」が形成されていった。

なお、錫紵が「喪服」と化した貞観十三年以後も延喜五年まで傍系二等親に対する錫紵着用はなかったが、これは前掲の平子内親王薨去の例からもわかる通り、義解のいう「傍期を絶つ」という解釈が「喪服」である錫紵に適用されていたためだろう。[注49] つまり当時の人々の多くは広相同様「本服」の意味を理解できなくなっていたのである。例えば『西宮記』巻十二、皇后崩裏書所引九暦逸文天暦八年（九五四）正月二十二日条をみてみよう。

廿二日。天皇（村上）及侍臣除二素服一。但女御・更衣不レ除、御近親王卿不レ除。以上為レ守二本服一。（後略）

これは太皇太后藤原穏子崩御（今上村上母）に伴い、同月十日から服喪が開始されたが、天皇・侍臣は母に対する服喪一年を易月制によった上で二十二日に除服したものである。一方で女御・更衣や近親王卿は「為レ守二本服一」め服喪を継続したという。この「本服」を「本来は服喪すべき（実際には絶服する）親族」という元の意味で考えることはできない。記主藤原師輔は「本服」を、易月制で短縮された服喪期間に対する本来の服喪期間という意味で使っていることは明らかである。以上から、当初礼秩序を超越し服喪しない存在だった天皇が、桓武以来の唐風化の結果父母の喪に服すようになり、更には服錫紵条が服喪規定となってしまったことで、天皇服喪は傍系二等親にも広がったのである。

服錫紵条理解におけるこのような状況が確定的となるのは、時代は下るが、承保元年（一〇七四）の上東門院崩御時（今上白河曾祖母）である。これは天皇曾祖父母崩御の初例だが、この時今上白河は、上東門院が三等親だからという理由で服喪しなかった。[注50] これは服錫紵条の対象が二等以上親に限られているからであり、たとえ直系尊属であっても三等親の曾祖母への服喪は行われなかったのである。二等以上親を範囲とする天皇「服親」はここにおいて確立したと言えよう。[注51] 事実これ以後、天皇曾祖父母崩御時は同様の状態となる。[注52] 曾祖父母への絶服は中国皇帝の場合と全く逆である。中国皇帝は傍系親族には絶服する一方、直系尊属には一貫して服喪する。しかし日本の天皇は、傍系であっても二等以上親であれば服喪し、直系尊属であっても三等以下親であれば服喪しないという、中国皇帝といわば裏返しの関係となってしまったのである。これは順子崩御時に、誤った理解に基づいて錫紵を「喪服」として着し、結果服錫紵条が天皇の喪服規定となってしまったために生じた、天皇服喪の成れの果てであった。

おわりに

服錫紵条理解の転機となった貞観十三年に、順子への服喪が行われた背景の一つとして、清和にとって順子が自身の擁護者[注53]という特別な存在だったことが考えられる。本稿では更に、順子崩御が貞観格式施行と同時期[注54]であることに注目したい。川尻秋生氏が指摘するように、貞観格には天皇の服装に関する規定が臨時格として採られた。[注55] そして『三代格』巻一、序事、貞観格序の記述とも併せ、「九世紀の半ばに至って、天子が礼の秩序を民と共有するという中国的礼秩序の一端が、我国の法に組み込まれたことを」示す。[注56] このように貞観格からは、かつて中国的礼秩序を超越していた天皇を、その中に積極的に組み込もうという姿勢が窺える。従って貞観格式施行と同時期の順子崩御時に、初めて祖母に対する天皇服喪を行おうとしたことも、清和と順子という個人的要素のみならず、天皇という地位自体を中国的礼秩序の中に積極的に位置づけようとする試みの一つだったと考える。そしてこの試みを、「議」という中国的礼秩序に基づく形式[注57]で行ったことも、それを象徴していると言えよう。

しかし清和や広相ら当事者たちが、自分たちでは唐風化している「つもり」だったのに対し、その結果が中国皇帝の服喪と裏返しの関係になってしまったのは皮肉なことであった。こうして令制当初は全面的に否定されていた天皇服喪を、桓武以来の唐風化で実現し、中国的礼秩序の中に天皇を位置づけようとしてきた努力は、結果として令制当初とも中国皇帝の服喪とも異なる独特な姿へと変貌させていったのである。

注

1 本稿における等親は、養老儀制令25五等条によった。

2 増田美子『日本喪服史【古代編】——葬送儀礼と装い——』（源流社、二〇〇二）、大津透「天皇の服と律令・礼の継受」（『古代の天皇制』岩波書店、一九九九、初出一九九七）。以下両氏の指摘は全てこれらによる。

3 稲田奈津子「喪葬令と礼の受容」（『日本古代の喪葬儀礼と律令制』吉川弘文館、二〇一五、初出二〇〇二）。

4 『続日本紀』延暦八年（七八九）十二月丙申条。

5 山下洋平「平安時代における臣下服喪儀礼」（『九州史学』一五六、二〇一〇）。

6 小倉久美子「日本古代における天皇服喪の実態と展開」（『日本歴史』七七三、二〇一二）。

7 稲田奈津子「日本古代の服喪と喪葬令」（前掲注3書、初出二〇一三）。

8 稲田氏前掲注3論文。

9 以上の他、天皇服喪に関する主な研究に、山下洋平「律令国家における臣下服喪儀礼の特質——唐制との比較を通して——」（『史学雑誌』一二一—四、二〇一二）、同「后・皇太子のための臣下服喪儀礼からみた日本古代王権の特質——唐代の事例を参考として——」（『古代文化』六五—二、二〇一三）、上野勝之「モガリから喪葬へ」（倉本一宏監修、日記で読む日本史10『王朝貴族の葬送儀礼と仏事』臨川書店、二〇一七）などがある。

10 稲田氏前掲注7論文。

11　吉田孝「「律令国家」と「公地公民」」（『律令国家と古代の社会』岩波書店、一九八三、初出一九七二・一九七九）、武光誠「日本衣服令制に関する一考察」（『律令制成立過程の研究』雄山閣出版、一九九八、初出一九七九）、大隅清陽「唐の礼制と日本」（『律令官制と礼秩序の研究』吉川弘文館、二〇一一、初出一九九二）。この他武田佐知子「日本衣服令の特質」（『古代国家の形成と衣服令』吉川弘文館、一九八四）のように、日本の衣服令が「体現しようとした礼的秩序は、中国的な礼の秩序とは別の次元のもの」と捉える研究もある。

12　滋賀秀三「親族称謂および服制について」（律令研究会編『訳注日本律令』五、東京堂出版、一九七九）。

13　廣池千九郎「中国喪服制度の研究」（『東洋法制史研究』創文社、一九八三、初出一九〇八）。

14　稲田氏前掲注3論文。

15　稲田氏前掲注3論文。

16　傍線は筆者。また引用関係は「 」で、細字注は〈 〉で表した。以下同じ。

17　明石一紀「大宝律令と親等法――服紀条・五等親条の意義――」（『日本古代の親族構造』吉川弘文館、一九九〇、初出一九八四）。以下明石氏の指摘は全てこれによる。

18　ここでの「君」は太上天皇を指す。服紀条の「君」に太上天皇が含まれるか否かは集解諸説でも意見が分かれる。周知の通り大宝令施行から間もない大宝二年（七〇二）に持統太上天皇が崩御したが、『続日本紀』十二月甲寅条に持統が遺詔で「勿二素服・挙哀一」れと命じたことがみえる。ここから稲田氏は、服喪と挙哀という「中国的・律令的な儀礼」を辞退したとはいえ、初めてそれに言及したことから、「律令制に基づく新しい儀礼を積極的に取り入れようとする持統の姿勢が窺え」るとした（前掲注3論文）。また山下氏は、遺詔で「百官・諸国官人に対して、彼らが、新たに導入した中国的儀礼である臣下服喪儀礼の主体である、ということを意識させた」とした（前掲注9二〇一一年論文）。このように、持統崩御時に臣下による服喪は実施されなかったものの、それが強く意識されたことがわかる。以上から大宝令編者は、「君」に太上天皇も含むことを想定していたと考える。

19　ここで出母は除いたが、出母は古記に「出母・々為レ妣是也。安二在家一曰レ母、父被レ出曰二出母一也。俗云二知々爾夜麻礼爾多流於毛一也。」とあるものである。この「知々爾夜麻礼爾多流於毛」とは、明石氏が想定した通り「父に止まれにたる母」と読み、父に離縁された母を指すのだろう。但し服錫紵条の主体は天皇であるため、父に離縁されたとは即ちキサキを廃されたことを指す。このような人物への錫紵着用が想定されていたとは考え難く、そもそも母が失脚している天皇の存在自体想定し難い。従って本稿では出母を除く。

20 日本の服錫紵条の元となったのは唐復旧喪葬令四（『唐令拾遺』『唐令拾遺補』より。北宋天聖喪葬令宋4も参照）の規定だが、これは臣下に対する臨喪服の規定である。大宝令はこの規定を継受するに当たって、臣下に対する服という性質を除いたと考える。

21 稲田氏前掲注3論文。

22 稲田氏前掲注7論文。

23 なお小倉氏は、平安期の史料に心喪服・心喪装束と称される服がみられることから、稲田氏の錫紵＝「心喪服」説に違和感を覚えるとする（「書評　稲田奈津子著『日本古代の喪葬儀礼と律令制』」〔『歴史評論』八〇六、二〇一七〕）。しかし小倉氏の考える心喪服は後述する天皇服喪成立後の服であり、天皇が服喪と心喪両方を行うようになった後のものである。従って養老令段階の錫紵＝心喪服は平安期以降の心喪服と同一でないと考える。

24 前掲注4参照。

25 稲田氏前掲注3論文。

26 小倉久美子「日本古代喪空間の変遷――殯宮から倚廬成立まで――」（『万葉古代学研究年報』十五、二〇一七）。倚廬とは、特定の関係者の喪に際し忌み籠りするための仮の施設である。これに関しては別稿で扱う予定である。なお小倉氏は前掲注6論文で、この時の錫紵を古記に基づき、「天皇が喪に臨まなければ必ずしも着用するものではなく、たとえ着用したとしても臨んだ場から退出すれば脱ぐ」という性質を持つと捉えた。しかしこれは大宝令段階の臨喪服だった錫紵に関する解釈である。養老令で錫紵が心喪服に改められたため、古記の錫紵をそのまま養老令段階の錫紵に当てはめることはできないと考える。

27 山下氏前掲注5論文。

28 山下氏前掲注9二〇一三年論文。

29 全釈漢文大系12『礼記』上、巻二、曲礼下33条通釈。

30 柳沼千枝「践祚の成立とその意義」（『日本史研究』三六三、一九九二）。

31 藤森健太郎「九世紀の即位に付属する上表について」（『古代天皇の即位儀礼』吉川弘文館、二〇〇〇、初出一九九六）。以下藤森氏の指摘は全てこれによる。

32　例えば『日本後紀』延暦二十四年六月乙巳条。服喪と柩前即位の関係については、渡部真弓「日・中喪葬儀礼の比較研究――日本古代及び中国唐代を中心に――」（『國學院大學日本文化研究所紀要』七一、一九九三）を参照。

33　稲田氏前掲注7論文。

34　『続日本後紀』五月甲申条。

35　胡潔「親等、服紀と親族名称」（『律令制度と日本古代の婚姻・家族に関する研究』風間書房、二〇一六、初出二〇〇七）。なお、大宝令の養父母については明石氏論文参照。

36　『続日本後紀』五月甲午条。但し、実際は同月甲申条から戊戌条までの十五日間服喪している。実際の服喪期間が日取りの都合で延長されたり短縮されたりする例は多々みられることから、今回もそれによる可能性がある。

37　『令義解』施行は、『三代格』巻十七、文書幷印事、承和元年十二月五日詔参照。なお撰進は、『令義解』巻一、序から前年の天長十年二月十五日。

38　滋賀氏訳註【名五二】註7（前掲注12書）。なお、曾祖父母・高祖父母は厳密にはそれぞれ斉衰五月・三月で「期親」ではないが、唐名例律52称期親祖父母条の、「諸称二期親一及称二祖父母一者、曾・高同。」との規定から、祖父母から曾・高祖父母まで本宗直系尊属は全て同一視される。同氏訳註【名五二】註1参照。

39　「議」については川尻秋生「日本古代における「議」」（『史学雑誌』一一〇―三、二〇〇一）参照。

40　校訂は稲田奈津子「藤原順子のための天皇喪服儀――註釈『日本三代実録』貞観十三年九月二十八日～十月七日条――」（『法史学研究会会報』十八、二〇一四）によった。以下同じ。但し字体は新字体に改めた。

41　稲田氏前掲注40論文。

42　ここでの「令」は厳密には令旨である。これについては川尻秋生「九世紀における唐制受容の一様相――中世文書様式成立の史的前提――」（『日本史研究』六六七、二〇一八）も参照。

43　稲田氏前掲注40論文。

44　小倉氏はこの記事から「錫紵を既に着用しているにもかかわらず、いまだその疑問を拭いきれていない様子がうかがえ」るとする（小倉氏前掲注6論文）。しかしそれは疑問である。恐らく小倉氏は「天皇服二錫紵一」と「天皇為二祖母太皇太后一喪服有レ疑未レ決。」以下の記述順を、純粋に時系列順と考えたと思われる。しかし服喪開始後に喪服について議論させるのは不自然だろう。寧ろ「天皇服二錫紵一。近臣皆素服。」などという記述は、この日の長大な記事の見出しとして冒頭に掲げたとみるのが妥当ではなかろうか。本稿ではあくまで先に「議」が出され、その結果清和は錫紵を「喪服」として着したと解釈する。

45 稲田氏前掲注7論文。

46 『日本紀略』醍醐践祚前抄記から、醍醐は元慶九年(仁和元年〈八八五〉)生まれ。

47 『後中記』は藤原(葉室)資頼の日記。翻刻は『大日本史料』第五編之十五、同年九月十二日条によった。

48 例えば延喜七年の源是恒卒去時(今上醍醐伯叔父)など。

49 「倚期を絶つ」との解釈が延喜五年以降適用されなくなることについては別稿で扱う予定である。概要のみ述べると、翌延喜六年に服親の喪には御簾を下し、それ以外には下さないという区別が成立する。これは倚期を絶っていない天皇の姿を隠すためと考える。これで天皇の喪服姿を隠し、表向き服喪していないとみなすことが可能となった。

50 『中右記』嘉保元年(一〇九四)二月五日条・大治四年(一一二九)七月十五日条、『後中記』仁治三年十月十三日条など参照。

51 このような天皇「服親」の確立が、天皇の親族意識に影響を与えたであろうことは想像に難くない。

52 例えば陽明門院崩御時(今上堀河曾祖母)、白河院崩御時(今上崇徳曾祖父)など。典拠はいずれも前掲注50『中右記』参照。

53 服藤早苗「九世紀の天皇と国母――女帝から国母へ」(『平安王朝社会のジェンダー――家・王権・性愛』校倉書房、二〇〇五、初出二〇〇三)。

54 貞観格は貞観十一年九月七日施行、貞観式は同十三年十月二十二日施行。いずれも『三代実録』参照。

55 『北山抄』巻四、拾遺雑抄下、御服事所引貞観臨時格、『小野宮年中行事』御服事・皇后御服事・皇太子御服事所引貞観臨時格。

56 川尻秋生「平安時代における格の特質」(『日本古代の格と資財帳』吉川弘文館、二〇〇三、初出一九九四)。

57 川尻氏前掲注39論文。

Ⅳ 王権論の諸相

長岡は「荒都」か？

――都市と王権――

久米　舞子

はじめに

都市は、巨大で複雑な社会を形成する。内と外とが混じり合い、異質な要素が出会う場である。私たちが垣間見ることができるのはその断片ばかりで、都市全体を対象とし、それを理解することは大変に難しい。都市の境界が曖昧となり、都市と農村という社会の二分法がその意味を失ってしまった現代社会において、都市を捉えることはますます困難になっている。しかしそれでもなお、都市としか呼びえないその場所は、多様な背景をもつ人々を惹きつけ魅了して止まず、その重要性を増し続けている。

それゆえ都市研究は、様々なアプローチをとって都市と向き合い、それを読み解こうとしてきた。王権論もまた、そうしたアプローチの一つである。都市と権力とは、歴史上において常に密接な関係をもってきた。そのため、都市と王権という課題は、世界史に広くみられるものであり、比較の方法として有効であるといえるだろう。[注1]

日本古代の都市をめぐる、歴史学からの研究は、都城制と都市論という二つの方向から行われてきた。[注2] 都城制からの研究とは、都城の成立・展開を国家や律令制のそれと対応させてとらえるものであり、岸俊男『日本古代宮都の研究』[注3] が主導的な役割を果たしてきた。発掘調査の成果をふんだんに取り入れ、歴史学と考古学の双方から、検討が深められている。この都城制研究の進展を受けて、都城をいかに都市の歴史に位置づけるかという視点から議論を進めてきたのが、都市論からの研究である。都市を対象とする隣接諸学との理論的な接点を探ってきたところに、その特徴がある。

日本古代史における、都市論からの研究の先駆けとなったのは、一九六〇・一九七〇年代の狩野久氏と鬼頭清明氏である。狩野氏は、「『都市と農村』＝社会的分業の視角」から古代の都市を論じ、「独自の経済的基礎をもたず、農村から生まれた自立的な中世都市と比べて、古代の都市は全く農村の中のコブ的存在である」[注4] と結論づけた。「アジアの古代都城は、農村のなかに形成された専制君主の宿営地であり、農工未分離の経済的構造のうえにできた余分の胎児にすぎないとみるべきであり、その意味では、これはいかなる点からも都市とよぶべきものではない」[注5]。こうした狩野氏の議論は、カール・マルクス『資本制生産に先行する諸形態』[注6] に依拠したものである。

一方、鬼頭清明氏は、その著書『日本古代都市論序説』において、より包括的に日本古代の都市を論じた。「都城制研究の進展」は、「社会分業史的視点や、さらには社会構成史との関連」といった「古代の「都市」の問題への接近を可能にしつつある」。このように当時の研究状況をとらえる鬼頭氏は、「「都市」史として平城京等の都城をどう歴史的に位置づけるのかという問題」に自覚的であった。鬼頭氏は、やはりカール・マルクス『資本主義的生産に先行する諸形態』[注7] を前提に、マックス・ウェーバー『都市の類型学』[注8] を参照し、農村からの分離と都市ゲマインデの存在を尺度として、広・狭両義の都市のカテゴリーを設定する。しかしながら、日本古代の都市はその広・狭どちらの都市カテゴリーにもあてはまらず、「平城京は非農村的性格、「都市的」現象を増大させた点では、たしかに都市への萌芽的要素をふくんでいたけれども、それは社会的分業の自然生的発展にもとづくものではなく、実物貢納経済にもとづく政治的強制としての都城の設定と、その中での造営事業によって生じた」との理解に立ち、「平城京は日本の都市史の前史の一部を構成するもので、そこには都市的様相がみえるとはいえ、本質的にはアジア的都市であって、都市概念には入らない」[注9]と結論づけた。日本古代の都市は、その研究の原点において、都市ではないと否定されることから始まったのである。

「日本の古代宮都を都市ではないと否定することによって、都市論はその結論から先に進めない非生産的な状況に陥ってしまった」[注10]。都市論からの研究が停滞するなかで、一九九〇年代そして二〇〇〇年代に入り、その弊害が指摘されるようになる。狩野氏や鬼頭氏が依拠した、マルクスやウェーバーの理論に対する批判もまた説かれるようになった。浅野充氏は、マルクスのアジア社会認識そのものに歴史的制約があるとして、「マルクスのアジアの都市理論をアジア古代の都市研究の前提とすべきではない」と述べる。ウェーバーの都市理念型はまた、近代市民社会の歴史的前提を探るなかで、北ヨーロッパの中世都市を典型とし、都市ゲマインデを論じたものである。まずは「アジアの古代社会の中での都市といわれるもの」[注11]のあり方を捉えるべきであるとする、浅野氏の主張は正当なものであろう。

都城を都市ではないと否定することは、都市の歴史との接点を失うことになり、有益ではない。都城を都市としていかにとらえるかをめぐって、研究が進められているのが現在の状況であるといえる。[注12]

そうしたなかで、「現象としてのアジア古代の都市を幅広く具体的にとらえながら、そこに「都市性」（都市的要素）がどのようにみられるのかという、都市の実態に注目する」[注13]研究の蓄積が進んだ。都市性（都市的要素）とは、ルイス・ワース「生活様式としてのアーバニズム」[注14]に由来する語である。シカゴ学派の都市社会学の成果をまとめあげたワースのアーバニズム論は、都市を人口の大きさ・人口密度・異質性によって定義し、これらの要因によって、都市特有の生活様式であるアーバニズムが生み出されるとした。しかしながら、都市性（都市的要素）の議論には、都市における権力という課題が組み込まれておらず、それが等閑視されてしまうという問題がある。[注15]仁藤敦史氏は、「「都市性」（都市的要素）の追究が、閉塞状況にあった古代都市論を豊富化するという意味で、十分な有効性があったことは高く評価」しつつ、「豊かな都市像が解明されたのは事実であるが、差し当たり理論的枠組みの構築を目指さないことにより、旧来の議論との接点がなくなったことが弊害として生じた」[注16]と指摘する。

しかしアーバニズムの理論が根底的な批判を受けたにもかかわらず、社会学や文化人類学においてシカゴ学派の業績は今なお参照され、再評価されている。それは彼らの都市フィールド調査という方法の先駆性に負うところが大きいのであろう。また都市が生み出す都市性や「都市的なるもの」[注17]の可能性を探る試みも、繰り返し行われている。

現代社会においては、都市と都市以外との差異は極めて小さくなり、むしろ都市性が社会全体を特徴づけているとさえいえる状況にある。都市を思考することは、現代社会を思考することにつながる。歴史学からの都市研究に求められるのは、まず史料から事実を一つ一つ積み重ね、歴史的な都市の実態を明らかにすることであろう。そして、そのような都市の実証的な研究を根拠として、都市とはいかなる社会か、それが都市を取り巻く人々にとってどのような意味をもったのかを問いかけることから、都市性は見出されるであろう。そうした都市性への接近によって、都市の可能性や新たな都市への認識を提示することができると、私は考える。

一　平安時代の旧都長岡

日本古代史における都市研究の先駆けとなった狩野久氏は、「帝都がかわれば都市的景観はたちまちに荒廃してしまう性格のもの」と述べた。それは「わが国古代の都市は、全くその独自の経済的基盤をもたない[注18]」ためであり、都城は都市ではないとする根拠の一つとされてきた。

また仁藤敦史氏は、貴族の「みやこ」意識を検討するなかで、『万葉集』にみえる「荒都歌」を取り上げ、「政治都市としての性格が強い古代都城は、天皇の居住により強い政治的求心性が維持されますが、いったん廃都されるならば、都市機能は維持されなくなり、急速に荒廃してしまいます。こうした政治都市としての性格を「荒都歌」を生み出す前提としてまず押さえる必要があります[注19]」と述べる。

王権が去ったのちの都市として想起されてきたのは、柿本人麻呂による近江荒都歌「……大宮は　ここと聞けども　大殿は　ここと言へども　春草の　繁く生ひたる　霞立ち　春日の霧れる　ももしきの　大宮所　見れば悲しも」（『万葉集』巻一、二九）を嚆矢として歌われた「荒都」であり、あるいは『日本三代実録』貞観六年（八六四）一一月七日庚寅条の「平城旧京、……延暦七年遷二都長岡一、其後七十七年、都城道路、変為二田畝一。内蔵寮田百六十町、其外私窃墾開、往々有レ数」、大和国によって都城の道路、変じて田畝と為ると描写された、平城旧京のイメージであった。

しかしながら、王権が去ったのちの都市の実態について、どれだけの研究が積み重ねられてきたといえるだろうか。平城京については、舘野和己氏による研究の蓄積[注20]があるものの、史料的な制約のために、その他の旧都に対する歴史学からの分析が充分に行われてきたとはいえない。

ここで取り上げるのは、平安時代の旧都長岡である。平安遷都後の長岡京についてもまた、『向日市史』[注21]や『長岡京市史』[注22]を基礎として研究を主導してきたのは、発掘調査に基づく考古学からの検討であった。[注23]『伊勢物語』五八には、男が「長岡といふ所に家つくりて」、「ゐなかなりければ、田刈らむ」とする姿が描写される。長岡は「ゐなか」であった。また『今昔物語集』巻一一第三二「田村将軍始建清水寺語」には「其ハ新京ヲ見ムト思テ、長谷ノ城ニ至ラムト為ニ……」との記述がある。しかしこの出典とみられる『清水寺縁起』（『大日本仏教全書』一一七、寺誌叢書一）には「念向㆑北之故行㆓長岡城㆒之間」とあり、『今昔物語集』の編者は「長岡城」を思い当たらず「長谷ノ城」に書き換えたと推測される。一二世紀前半には、知識の上でも長岡京の存在が薄れていたことがうかがえる。

ここでは、平安遷都後の長岡について、二つの視点から考察を行う。長岡に王権が都城をおき、それが去ったことは、この場所の歴史にいかなる影響を与えたのか、どのような意味をもったのか。また長岡は、平安京にとっては都市の郊外にあたる。[注24]そのような場所と平安京との関係とは、どのようなものであったのか。この二つの視点から、長岡という都市のできる場所の歴史への接近を試みたい。

長岡の名称が、史料上に初めて現れるのは、『続日本紀』延暦三年（七八四）五月一六日丙戌条にみえる「相㆓乙訓郡長岡村之地㆒、為㆓遷都㆒也」である。また長岡京左京一条三坊二町の発掘調査において、「長罡□」の墨書をもつ七世紀後半の須恵器の坏蓋片が出土し、[注25]長岡の名称の成立がこの時期まで遡ることが確認された。

長岡京への遷都の理由は、『続日本紀』延暦六年（七八七）一〇月八日丁亥条に「以㆓水陸之便㆒、遷㆓都茲邑㆒」、同七年（七八八）九月二六日庚午条に「水陸有レ便、建二都長岡一」とあるように、水陸の便にあった。長岡が位置する山背（山城）国乙訓郡には、遷都以前から山陰道が通り、南を流れる淀川に面した山崎には橋が架けられていた。『日本書紀』垂仁一五年八月壬午朔条に「唯竹野媛者、因二形姿醜一、返二於本土一。則羞二其見一レ返、葛野、自堕レ輿而死之。故号二其地一謂二堕国一。今謂二弟国一訛也」、『古事記』垂仁条には「其弟王二柱者、因二甚凶醜一、返二送本土一。於レ是円野比売……又到二弟国一之時、遂堕二峻淵一而死。故号二其地一謂二堕国一。今云二弟国一也」とある。丹波道主王（旦波比古多々須美知宇斯王）は、垂仁天皇のもとに娘たちを嫁がせたが、竹野媛（円野比売）は容姿を理由に本土に返された。彼女はその途上、堕国（弟国）で自死したという。大和から丹波に向かう山陰道が、乙訓を通っていたことがわかる。

山崎橋については、「天平十三年記」（『行基年譜』所引）に「架橋六所」として「山崎橋　在二乙訓郡山崎郷一、神亀二―九月十二日始起」とあり、行基が神亀二年（七二五）に山崎橋を架けたとする。[注26]『続日本紀』延暦三年（七八四）七月四日癸酉条には「仰二阿波・讃岐・伊予三国一、令レ造二山埼橋料材一」とあり、長岡京への遷都を前に、山崎橋の料材の調達が指示された。

さらに『続日本紀』延暦四年（七八五）正月一四日庚戌条には「遣レ使、堀二摂津国神下・梓江・鯵生野一、通二于三国川一」とあり、淀川と三国川とを直結させるべく掘削が行われ、難波を経ずに淀川と瀬戸内海とを結ぶ新しい流路が開かれた。山中章氏はこうした政策を、「難波津の廃止と山崎津の設置こそ、桓武王権が目指した新しい流通構造の創出の核心事業であった」、「伝統を打破する流通・経済機構の再編であり、外交権の一元化であった」[注27]と評価する。

延暦三年（七八四）、桓武天皇は長岡京へ遷都し（『続日本紀』同一一月一一日戊申条）、同一三年（七九四）、そこを離れた

（『日本紀略』同一〇月二八日丁卯条）。

長岡京が廃されると、その故地はいかに位置づけられたのか。『日本三代実録』元慶六年（八八二）一二月二一日己未条には、次のような記事がみえる。

勅、山城国葛野郡嵯峨野、充元不レ制、今新加レ禁。樵夫牧竪之外、莫レ聴二放レ鷹追レ兎。同郡北野、愛宕郡栗栖野、紀伊郡芹川野・木幡野、乙訓郡大原野・長岡村、久世郡栗前野・美豆野・奈良野、宇治郡下田野、綴喜郡田原野、天長年中、既禁レ従レ禽、今重制断。……

長岡村は、天長年中（八二四～八三四）には王権が占有する禁野とされていた。中島信親氏は、この長岡村が宮の旧地を指すとし、「宮域は禁野として国家に管理され[注28]」たとする。また長岡京域の土地は、貴族や行政機関に下賜された。延暦一六年（七九七）には、山城国府が葛野郡から「長岡京南」へ移転する（『日本紀略』同八月二五日戊寅条）。また『延喜式』内膳司4園神祭条から、「長岡園」の設置が確認できる。なお旧都の土地を示すにあたり、『日本後紀』延暦一八年（七九九）八月二日癸酉条まではすべて「長岡京」、同二三年（八〇四）一一月一七日戊子条以降は一例（大同四年〔八〇九〕三月一八日癸亥条）を除き「山城国乙訓郡」と表記される。「この間の延暦十九年（八〇〇）は班田が行われた年であり、この班田を期に条坊制から条里制へと地割が変更されていった[注29]」ためであろう。

長岡に住む貴族もいた。『日本紀略』弘仁七年（八一六）二月二五日辛酉条には「幸二典侍従三位小野朝臣石子長岡之第一、命二文人一賦レ詩」とあり、嵯峨天皇が従三位典侍の小野石子の長岡第に行幸する。『古今和歌集』巻一七、雑歌上九〇〇の詞書には「業平朝臣の母の皇女、長岡に住み侍りける時に……」とあり、在原業平母で桓武天皇女である伊都内親王は、長岡に居住した。

長岡京の寺院について、『続日本紀』延暦九年（七九〇）九月三日丙寅条に「於二京下七寺一誦経」とあり、長岡京には少なくとも七寺が存在したとみられる。史料や発掘調査[注30]からは、長岡京が廃された後にもこうした寺院が存続したことが確かめられる。川原寺[注31]には、伊予親王とその母藤原吉子が幽閉され（『類聚国史』大同二年（八〇七）一一月二日乙酉条）、また誦経や法華経の書写が行われた記録がある（同大同五年（八一〇）七月一三日辛亥条、同二九日丁卯条、同天長四年（八二七）正月五日丁卯条）。川原寺とともに誦経が行われた長岡寺（同大同五年（八一〇）七月一三日辛亥条）は、願徳寺（宝菩提院[注32]）であると考えられる。応永二一年（一四一四）書写の『法輪寺縁起』（『大日本仏教全書』一一七、寺誌叢書一）によれば、広隆寺の薬師像は、貞観六年（八六四）にこの願徳寺から移されたものだという。また早良親王が幽閉された乙訓寺[注33]（『日本紀略』延暦

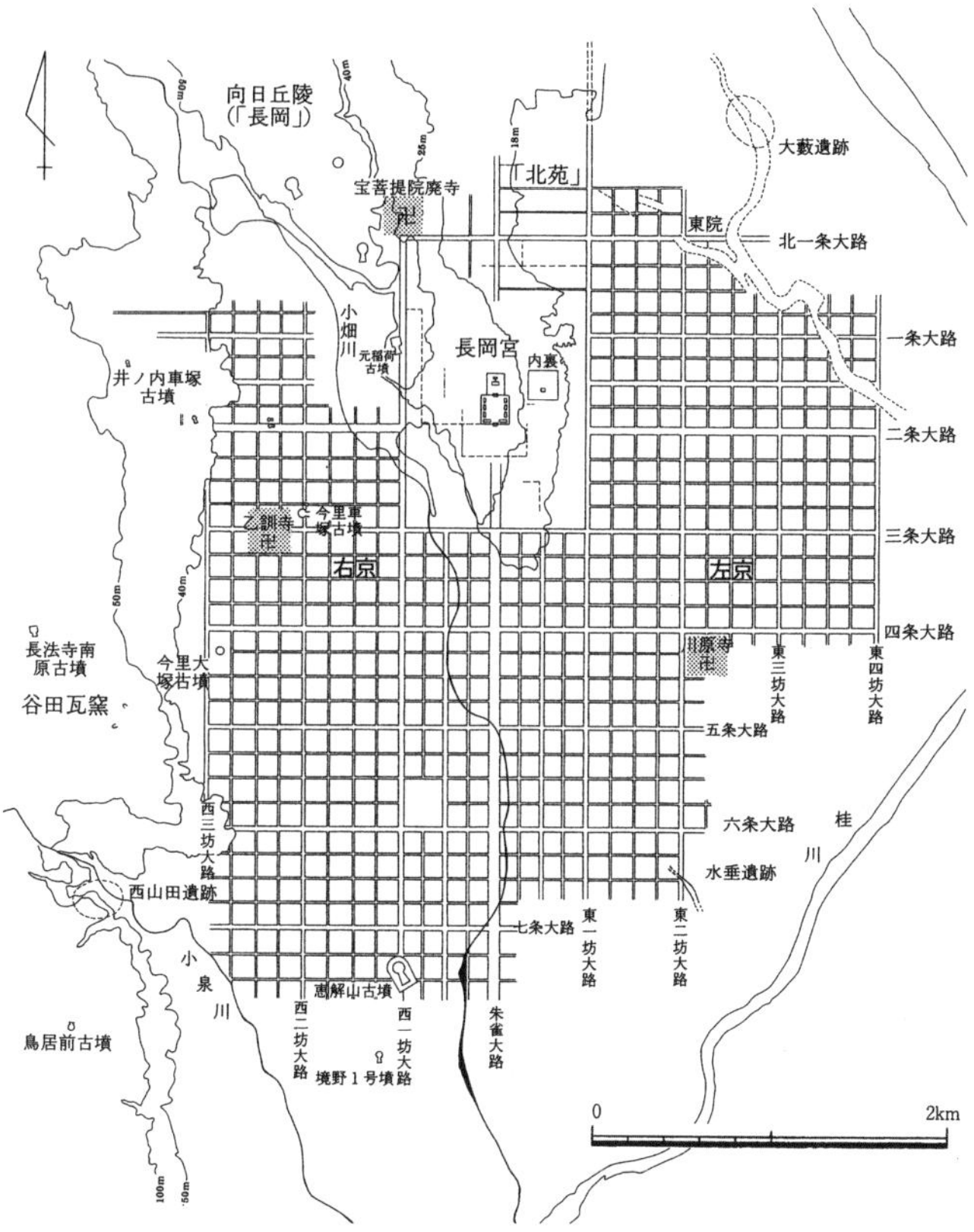

挿図１　長岡京（國下多美樹『長岡京の歴史考古学研究』吉川弘文館、2013年、31頁）

四年（七八五）九月二八日庚申条）には、後に空海が居住する。弘仁三年（八一二）一一月五日付最澄書状（『伝教大師消息』、『続群書類従』二八上、釈家部）によれば、最澄はこの寺に彼を訪ねた。また空海は乙訓寺の柑子を嵯峨天皇に献じており、『性霊集』巻四、二七「献柑子表」にその詩が残る。

『延喜式』神名上5山城国条にみえる「乙訓郡十九座」のうち、長岡京と関わりが深いのが乙訓坐火雷神社である。長岡京遷都にともない、乙訓神は賀茂上下神・松尾神と共に神階叙位（『続日本紀』延暦三年（七八四）一一月二〇日丁巳条）および修理を受けた（同二八日乙酉条）。また『延喜式』臨時祭26祈雨神祭条にも「乙訓社」とあり、『続日本紀』大宝二年（七〇二）七月八日癸酉条をはじめ、平安遷都後にもしばしば祈雨止雨に関わる記事がみられる。さらに向神社（『日本三代実録』天安三年（八五九）正月二七日甲申条に初出）や神足神社（『日本文徳天皇実録』仁寿四年（八五四）一〇月一七日戊辰条に初出）もまた、かつての長岡京域に所在した。

長岡京から王権が去ったのち、その宮域と推定される長岡村は禁野とされ、王権による統制を受けたと考えられる。また長岡京の名称は、およそ九世紀を境として、乙訓郡へと変更される。京域の故地は貴族や行政機関に下賜され、旧都に位置した寺院や神社は、平安遷都後も存続し、王権との関わりを続けた。

長岡京の外港として、京と一体的に運営されたと考えられる山崎について、その平安時代における位置づけはいかなるものであったのか。『延喜式』主税寮上116諸国運漕雑物功賃条には、山陽・南海道の海路として「与等津」までの船賃と「与等津」から平安京への車賃がみえ、平安京の外港は、山崎津から淀津へ変更されたと考えられる。その一方で、『延喜式』兵部省78畿内駅馬条には「山城国　駅馬〈山埼廿疋〉」とあり、山崎には山城国で唯一の駅が設置されていた。同雑式51宇治山崎橋条によれば、摂津・伊賀・播磨・安芸・阿波の正税が山崎橋の敷板の料として充てられており、山崎橋は恒常的に維持するものとされていた。

平城太上天皇の変では、山崎橋に頓兵が置かれ（『日本後紀』大同五年〔八一〇〕九月一一日戊申条）、承和の変でも山崎橋が警護された（『続日本後紀』承和九年〔八四二〕七月一七日己酉条）。天安二年（八五八）には文徳天皇の死去にともない山崎道が警護されており、この道は西方の「通路之衝要」であるという（『日本三代実録』同八月二七日乙卯条）。承平・天慶の乱に際しては、山崎に警固使が定められ（『貞信公記抄』天慶三年〔九四〇〕二月二三日己未条）、藤原慶幸は兵士を率いて山崎関に向かった（同二五日辛酉条）。

嵯峨天皇は、水無瀬野や交野での遊猟のために、山崎駅を行宮として用いた（『日本後紀』弘仁二年〔八一一〕閏一二月一四日甲辰条、同四年〔八一三〕二月一六日己亥条）。山崎には離宮（『類聚国史』弘仁五年〔八一四〕二月一七日乙未条）が設けられ、河陽宮と呼ばれた（同一〇年〔八一九〕二月二一日己巳条）。『文華秀麗集』巻下、九六～一〇九には、ここで詠まれた「河陽十詠」とそれに関連する詩が収められている。淳和・仁明天皇はこの離宮を用いたが（『類聚国史』天長八年〔八三一〕二月一八日丁亥条、『続日本後紀』承和一二年〔八四五〕二月二五日壬寅条）、九世紀後半には行幸が途絶え荒廃したといい、山城国の奏により長岡京南にあった山城国府がここに移転する（『日本三代実録』貞観三年〔八六一〕六月七日庚戌条）。

山崎津には「酒家」（『日本後紀』大同元年〔八〇六〕九月二三日壬子条）が店を構え、「三百余家」（『日本文徳天皇実録』斉衡二年〔八五五〕一〇月一八日癸巳条）を超える家屋が建ち並んだ。壱演によって相応寺が建立された山崎橋の近辺は、もと「漁商比屋」（『日本三代実録』貞観八年〔八六六〕一〇月二〇日辛卯条）であり「累代商賈之廛、逐㆓魚塩利㆒之処」（同九年〔八六七〕七月一二日己酉条）であった。

『日本三代実録』貞観一六年（八七四）一二月二六日庚辰条によれば、「奸猾之輩好㆓城辺之地㆒、避㆓使等検察㆒、亦

触レ類応レ弾之事、多在二山埼・与渡・大井等津頭一」、奸猾の輩は検非違使の検察を避けて城辺の地を好み、山崎・淀・大井などの津頭はとりわけ非法行為が多いという。この起請を受け「津頭及近京之地」は、検非違使の管轄に含まれることになった。[注34]

山崎には駅が置かれ、橋が架かり、津が機能した。離宮が営まれ、やがて山城国府が移転し、商業地として栄えたとみられる。奸猾の輩もまたこの地を好み、そのため検非違使の検察対象とされた。長岡京から平安京へと都が遷り、その外港こそ淀津へと変更されたものの、交通の要衝としての山崎の重要性は衰えることがなかったとみられる。

二　長岡における交通

寺戸

平安京から出る七道はすべて、羅城門を起点とする。足利健亮氏によるこの提言[注35]は、平安京に関わる交通路を考えるうえでの基盤となる。平安京羅城門から山陽・南海道の首駅である山崎駅に至る経路としては、鳥羽の作り道・久我縄手ルートと、それより西側で現在の西国街道に近いルートが想定されている。[注36]このうち後者は、長岡を経由する交通路にあたる。

『類聚国史』延暦一二年（七九三）正月二一日庚子条に「遷二御於東院一。縁レ欲レ壊レ宮也」、同一三年（七九四）正月乙亥朔条に「廃朝。以二宮殿始壊一也」とあるように、長岡宮は平安京への遷都を前に解体された。平安京に建物を移築し、再利用するためと考えられる。[注37]足利氏は、「そういう資材が移動した道として、長岡宮背面と平安京羅城門を直結する道はまことにふさわしい[注38]とし、この道が西国街道の起源になったと考えた。

『今昔物語集』巻二七第四二「左京属邦利延値迷神語」には、この西国街道ルートが詳細に描写される。三条天皇の石清水行幸[注39]に供奉した左京属「邦ノ利延」[注40]は、京職という職掌から九条で留まるべきであった[注41]。しかし彼はそれを越えて行幸に追従したために、「長岳ノ寺戸」でひとり道がわからなくなり、「山崎ノ渡」へ行き着くことができず、迷わし神によって堂々巡りをさせられる。仕方なく彼は「寺戸ノ西ノ方ナル板屋堂ノ檐」で夜を明かした。寺戸は、前章でみた願徳寺に通じる地であったことに由来する名称と考えられ、現在の向日市寺戸町に名を残す。「長岳ノ寺戸」の表記

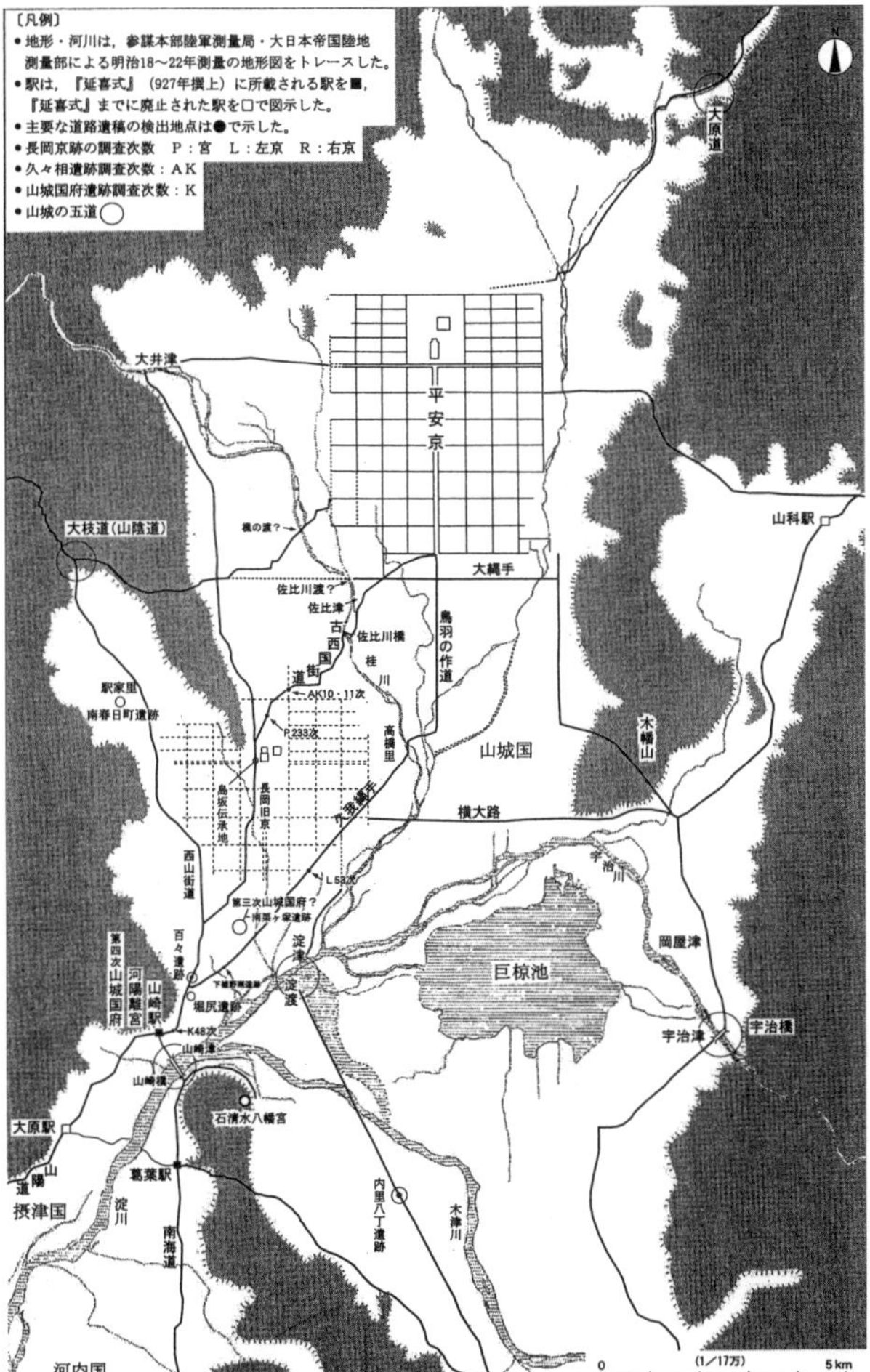

挿図２　平安時代前・中期の交通路（古閑正浩「平安京南郊の交通網と路辺」『日本史研究』551、2008年、８頁）

からは、寺戸が長岡という地域に包摂されていたことがうかがえる。寺戸西の板屋堂とは、願徳寺の一堂であろうか。ここはかつて、長岡宮が所在した場所であった。

平安京から南西方へ向かうにあたっては、羅城門より出京するルートと共に、七条大路西末から出京するルート[注42]もまた利用されるようになる。これは寺戸付近で、西国街道に合流する交通路である。『左経記』治安二年（一〇二二）一一月一日丁卯条は、後一条天皇の大原野行幸における、その行幸路巡検を記録する。

巳剋右少将相共、率二史々生官掌木工検非違使等一、始レ自二朱雀門一至二于大原野社一巡検。木工寮以レ札立二作路国之界一、及二未剋一到レ社。……此間降雨。及二申剋一帰京。山城国司於二寺戸辺一供給。入夜雨、戌剋許帰宅。終宵雷雨。国充〈始レ自二朱雀門一至二于七条大路一（左京）、始レ自二七条大路一至二于浄福寺巽角一（右京）、始レ自二浄福寺巽角一至二于皮島中間一（大和）、始レ自二皮島中間一至二于道寺一（河内）、始レ自二道寺一至二于狼河一（摂津）、始レ自二狼河一至二一鳥居一（和泉）、桂川浮橋（山城）。……〉

右大弁として行事所に関わった源経頼は、官人たちを率いて、朱雀門から大原野社までの行幸路を巡検した。木工寮が路に札を立て、その作路を担う国充を決めていく。その経路は、朱雀門から朱雀大路を南行、七条大路西末より出京し、桂川を渡る。その先は現地比定の難しい地名が多いが、「皮島」は『和名類聚抄』山城国葛野郡にみえる「川嶋」（現在の京都市西京区川島）と考えられ、ここより南へ向かって西国街道に合流し、さらに西の大原野社へ向かうルートをとったのであろう。寺戸は、川島を経て南下する物集女街道と、西国街道との交差点にほど近い。巡検の帰路には、その「寺戸辺」で山城国司による供給が行われたという。

供給とは、公的任務を負った使者が中央から地方へ派遣される際に、通過する国々から食料などの供給を受ける制度を意味する。[注43]供給は、廐牧令22乗伝馬条に駅伝制として規定される。この制度は、駅・郡において駅稲・

正税を料物として行われ、郡では伝使のほか、供給・逓送機能をもつ文書を携行する往来人に対しても、同様に供給を行った。その前提には「国造クラスの在地首長層間の逓送供給[注44]」があるという。平安中期には駅伝制はすでに機能を停止していたが、「駅伝制崩壊後も、国司の力によって供給は維持されていた[注45]」。寺戸における、源経頼ら行幸路巡検の使に対する山城国司の供給は、これにあたるものであろう[注46]。

『山槐記』治承三年（一一七九）四月二七日乙卯条において、藤原忠親は女房らと共に善峯寺の別所を訪れる。この時にも七条大路西末より出京し、寺戸を経由するルートがとられた。

寅剋〈不二秉燭一、日未レ出〉向二善峯別所一〈西山、当二大原野西南一、去二彼社一二許里、山半樹見所也〉。女房為レ求二終焉地一所レ向也。女房二人、共人十人許相具、侍従忠季在レ共。予女房出京用レ車。又出車一両、女房二人乗レ之。於二七条西大宮一□件所替牛。於二物集縄手辺一、出車女房乗レ輿、超二中山一〈大原野方山□近辺也〉。予車猶廻二南方一、於二寺戸一替牛。次又於二大原野分路辺一〈参大原［　］此山寺［　］〉替牛。一許里其西方車不レ通、仍女房乗レ輿。予雖レ相二具手輿一、自第三□騎馬至、于山中乗レ輿。経二善峯本堂前一、至二于件堂一。……

善峯寺は、大原野社の西南、現在の京都市西京区大原野小塩町に所在する。藤原忠親は、女房らと牛車で出京するにあたり、まずは七条西大宮で牛車の牛を交換する替牛を行った。出車の女房二人は物集縄手辺で輿に乗り換え、大原野方面へ中山（向日丘陵）を越えていった。忠親らはそのまま南方へ回り、「寺戸」で再び替牛、さらに大原野への分路辺で替牛を行った。その一里ほど西方で牛車は通行できなくなり、女房は輿、忠親は騎馬、そして山中では彼も輿に乗り換え、善峯寺に至った。

ここでは牛車の牛を交換する替牛の場として、七条西大宮と寺戸、大原野分路辺が記録される。七条西大宮か

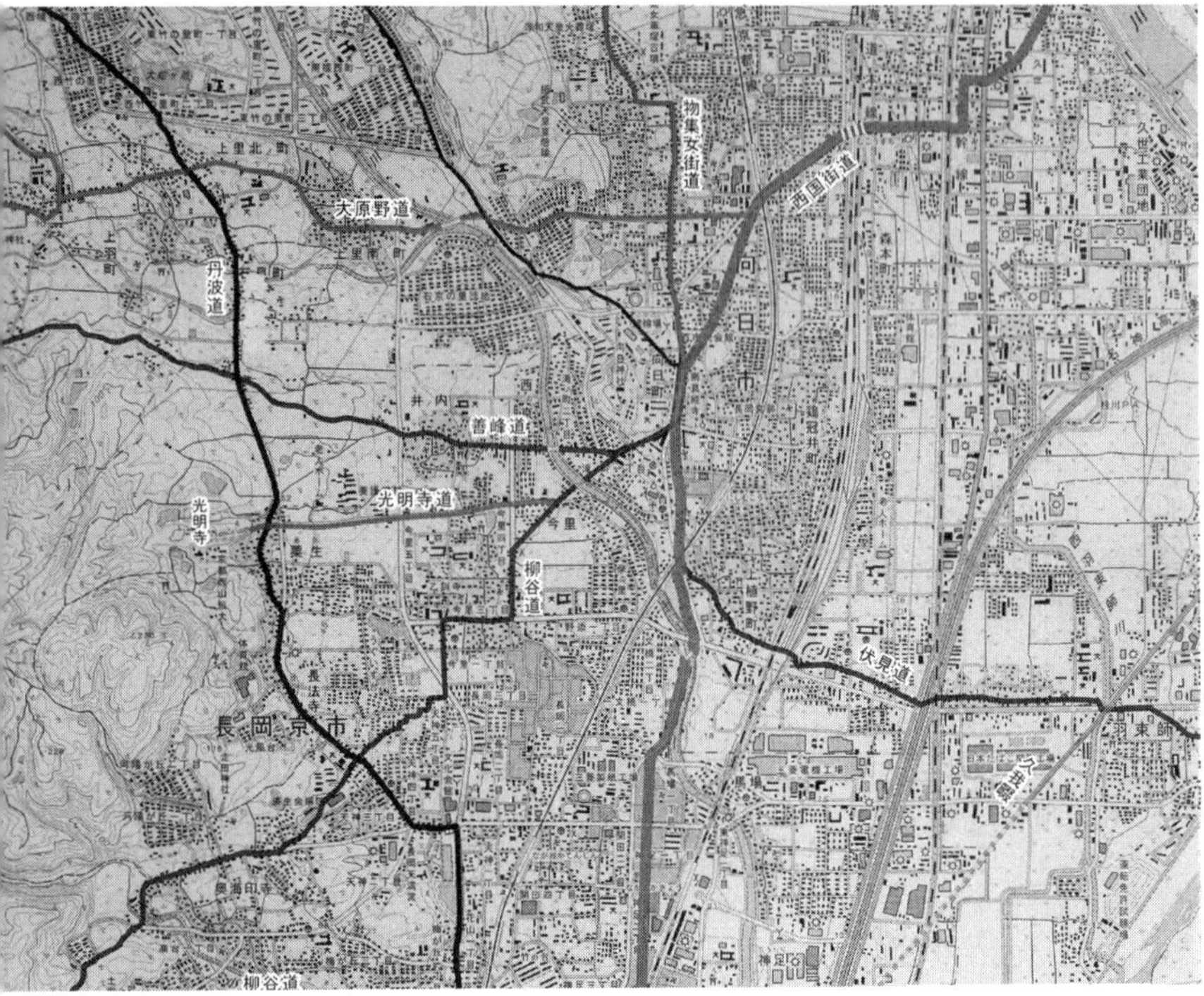

挿図３　近世乙訓の道（『乙訓の西国街道と向日町』向日市文化資料館、2015年、36・37頁）

ら物集縄手に向かった彼らは、七条大路西末から出京したと推測される。西国街道と物集女街道との合流点に近い寺戸、および大原野と善峰寺への分路は、衢《ちまた》であり交通の要衝であったのだろう。替牛が行われるのは、そのような場所であった。

長岡の寺戸は交通の要衝であり、また都市の近郊として人々が居住する場でもあった。『今昔物語集』巻二八第三〇「左京属紀茂経鯛荒巻進大夫語」には、「長岳」に住む「左京ノ属」である「紀ノ茂経」が登場する。説話は「宇治殿ノ盛ニ御マシケル時」、すなわち藤原頼通の全盛期である一一世紀半ばに設定されている。『小右記』寛仁三年（一〇一九）七月二〇日乙亥条には、「阿波介ム姓為時云者、有㆓膂力之聞㆒。住㆓山城国寺戸云処㆒、又在㆓前伊予守為任許㆒」とある。相撲人として名前が挙がっ

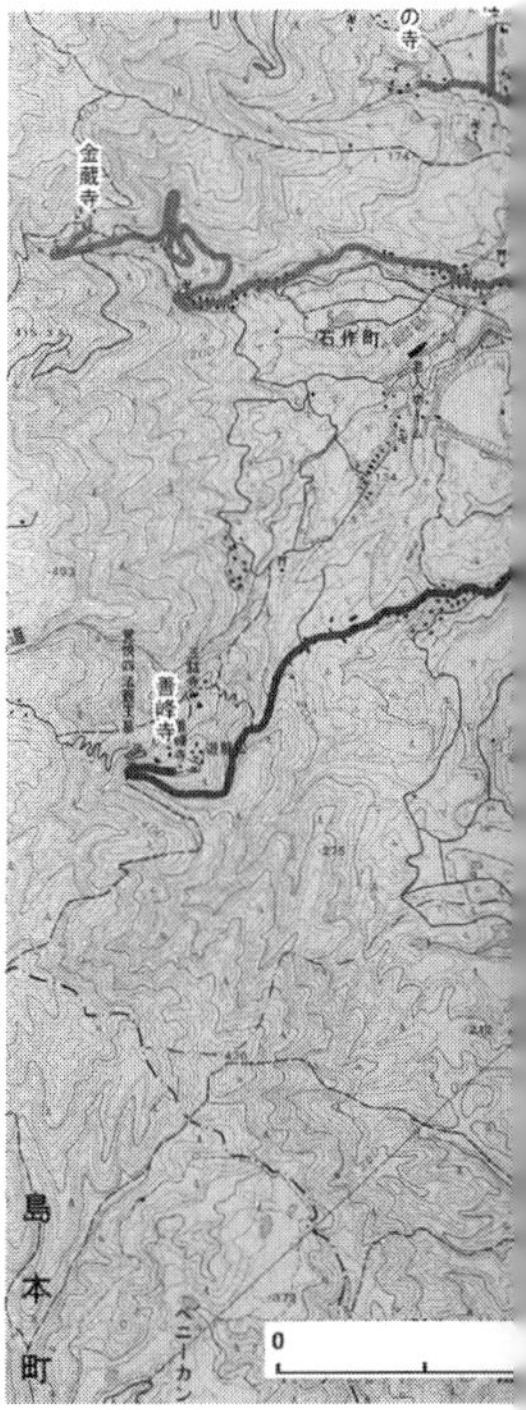

た阿波介の為時は、寺戸に居住し藤原為任に仕えるという。長岡やそこに包摂される寺戸は、京職の官人や平安京の貴族に仕える国司が居住する、都市の郊外であった。

寺戸はまた、延久の荘園整理令によって停止されるまで、石清水八幡宮の荘園とされていた。延久四年（一〇七二）九月五日付太政官牒（石清水田中家文書、『平安遺文』一〇八三）には、次のようにある。

壱処　寺戸・蝦手井両処　乙訓郡

右、同符称、同勘奏称、国解状云、雖レ無二田畠一、住人等募二神威一不レ随二国務一。本寺注文云、件処依レ無レ募二田畠一、無二指公験一、住人等為レ奉二仕権現御燈油一、処レ奉レ備也者。依レ無二公験一、理致不明、可レ被二停止一者。同宣、奉レ勅、件庄同令二停止一者。

寺戸および隣接する蝦手井に田畠はなく、それゆえ荘園であることを証明する公験はないと、石清水八幡宮は主張する。また神威を募って国務に従わない寺戸・蝦手井の住人は、石清水八幡宮に燈油を奉仕するという。田畠のない寺戸が石清水八幡宮の荘園とされたのは、そこが交通の要衝であり、西国街道を通じて八幡宮とつながりをもったためであろう。

嶋坂

『土佐日記』は、承平五年（九三五）に土佐国より帰任する紀貫之の旅程を記録する。彼は、二月一一日に「山崎の橋」を目に捉え、相応寺のほとりで船に留まった。一五日に「船より人の家に移る。この人の家、喜べるやうにて、饗応したり」。彼は一六日になって牛車で上京し、「島坂にて、人、饗応したり」。そして桂川を渡り、入京したという。この山崎や島坂における、土佐守である紀貫之への饗応は、前節で指摘した国司（ここでは山城国司）による供給を意味するのではないか。では山崎から平安京へ向かう交通路上に位置し、供給が行われたと考えられる嶋坂とは、どのような場であったのか。

『親信卿記』天延二年（九七四）閏一〇月二五日己巳条は、検非違使による津廻りを記録する。ここにもまた、嶋坂の地名が確認される。

有二津廻事一、仍退レ内向二西市一。而官人等早去、追比レ至二嶋坂一、纔以追及〈左佐俊、尉興輔、惟時、志清理、元平、府生公蔭、右佐共政、尉親信、府生茂兼。自余官人各申二障之由一。〉先廻二山崎津一〈刀禰前行、次看督長、次府生・志・尉・佐列廻。〉次着二政所一、勘二刀禰一令レ進二過状一、便宿二此所一。

検非違使である平親信は、津廻りのため西市に向かうが、官人たちはすでに出発した後であった。親信は、「嶋坂」で彼らに追いつく。山崎津に到着すると、検非違使たちは刀禰に先導させて巡検を行った。そして政所で刀禰に過状を提出させ、ここに宿した。なお彼らは翌日、さらに淀津・今山崎津へ回り、巡検を行っている。平親信は右京の七条大路に面する西市から、嶋坂を経て山崎津へ向かう。彼は七条大路西末から出京したのではないか。この経路が、一〇世紀後半にはすでに利用されていたことが推測される。また嶋坂は、平安京から山崎へ向かう行路にあって、官使が一時的に待機あるいは休息をとる、そのような場所として機能しており、そのため親信はここで先行する検非違使たちに追いつくことができたと考えられる。

嶋坂の名は、長岡宮に造営された嶋院[注47]に由来する。「嶋」とは「庭園に池を造り、中に嶋を設けるという造園法[注48]」を意味する。『続日本紀』延暦四年（七八五）三月三日戊戌条には「嶋院」における曲水の宴が記録される。『日本霊異記』下三八は、同年に藤原種継が暗殺された場所を「長岡宮嶋町」としており、これも嶋院を指すと考えられる。また長岡京左京三条二坊一・八町遺跡から出土した木簡には、（表）「嶋院（線刻）≡物守斐太一人飯参升」、（裏）「〈□□□□□〉十月廿三日領[注49]」の記載があり、嶋院で物守にあたる斐太（飛騨匠）の飯を差配した木簡であると考えられる。嶋坂は、かつて長岡宮に設けられた嶋院の故地である。一〇世紀にはその場所を交通路が縦断し、そこは国司の供給の場、官使の休息の場として用いられた。

向日神社の成らぬ柿の下

『中右記』大治四年（一一二九）一一月七日辛亥条は、崇徳天皇による大原野行幸を記録する。「今日有レ行二幸大原野一。……其路従二東洞院・六条・大宮・七条一通行、於迎明神一［　］駄餉事密々供二御々膳一。未剋着二御社頭一」、行幸路は、土御門烏丸殿を出門し、東洞院・六条・大宮大路を経て、七条大路西末から出京したと考えられる。そして「迎明神」すなわち向日神社（向神社）での駄餉を経て、大原野社に至った。駄餉とは、外出先の野外での食事を意味する。『長秋記』同日条は、さらにこの行幸の様子に詳しい。

大原野御幸也。……自二東門一出御、南行、自二近衛大路一東行、自二東洞院一南行、自二六条一西行、自二大宮一南行、自二七条一西行、西大宮京職留立、桂河浮橋五町余云々。過差専甚。於二不レ成柿下一有二駄餉事一。御案二輿芝壇一、左兵衛督陪膳、侍臣従之。関白参給、御輿後方立給。本自乗車参仕。事了進発。未始着二御社頭一。……事了還御。依レ不二大将候一、下官称二警蹕一。于時日没程也。過二向明神一之間秉燭、無二駄餉一。戌刻着二本宮一。

源師時はこの行幸で、七条大路西末を出京して桂川の浮橋を渡り、「不成柿下」で駄餉が行われたとする。また帰路では「向明神」すなわち向日神社で駄餉がなかったと記す。成らぬ柿木は、向日神社前に生えていたのであろう。

向日神社は、平安遷都後の天安三年（八五九）に、史料に初見する（『日本三代実録』同正月二七日甲申条）。現在の向日市向日町に存し、西国街道に面して鳥居を構える。その位置はかつての長岡宮域にあたる。おそらく向日神社前の成らぬ柿木は、西国街道沿いに生えていたのではないか。先にみた『山槐記』治承三年（一一七九）四月二七日乙卯条において、善峯寺別所へ向かう藤原忠親は、七条西大宮と寺戸、そして大原野分路辺で替牛を行った。崇徳天皇の大原野行幸もまた、この忠親と同様のルートを辿り、大原野分路で大原野方面へ向かう経路をとったと考えられる。向日神社の成らぬ柿の下という場所は、寺戸・嶋坂と同じく、かつての長岡宮域に重なりあい隣りあって所在したのであろう。そのため供給の場である寺戸・嶋坂に準じ、ここで駄餉が行われたのではないか。

田中貴子氏は「境界の柿木」において、平安京の内外に生える三本の実の成らぬ柿木について論じる。それらが位置するのは、宇治の北・五条の道祖神・西坂本である。田中氏は「実成らぬ木には神仏が宿る」こと、また柿木そのものが神聖なものであり、これらの「成らぬ柿木が「異界」との境界であること」を指摘した[注50]。向日神社の成らぬ柿木もまた、この系譜に加えることができるであろう[注51]。この柿木が境界と認識されていたために、その下で駄餉が行われたと推測される[注52]。

長岡と境界

『和名類聚抄』山城国乙訓郡にみえる郷名「長岡」は、「現在の向日市鶏冠井町を中心に、向日町・上植野町・

森本町・寺戸町の大半を含むことはほぼ間違いない」[注53]とされる。寺戸、嶋坂、向日神社の成らぬ柿の下は、いずれもこの範囲に含まれる。これらの場所は、かつての長岡宮域に位置し、西国街道と物集女街道が分岐する交通の要衝に、おそらくは互いに重なりあい隣あって所在した。そこは境界の地と認識され、供給や駄餉、替牛に利用され、休息の場となったと考えられる。またこれらの場所は平安京の郊外でもあり、山崎や大原野社、善峯寺、石清水八幡宮への経路として記録に残された。その住人には、京職の官人、国司の職をもち平安京の貴族に仕える者がおり、あるいは石清水八幡宮に燈油を奉仕する人々がいた。石清水八幡宮が田畠のない寺戸を荘園としたのは、交通路の掌握を図ったためとも推測される。そもそも長岡京は、水陸の便ゆえに都城として設定されたのであった。その故地は、やはり水陸の便ゆえに記録されたといえる。

その一方で、寺戸、嶋坂、向日神社の成らぬ柿の下といった場所は、それぞれに来歴を異にする。寺戸は長岡京遷都の以前から存したと考えられる願徳寺に由来する名称であり、嶋坂は長岡宮に造営された嶋院からその名を継ぎ、向日神社に成らぬ柿の下という場所が形成されたのは、長岡京が去ったのちのことであろう。ここには、長岡京が置かれた時代を貫いて、場所の記憶が交錯している。

三　古代から中世へ

応徳三年（一〇八六）、白河上皇の後院である鳥羽殿が造営される（『扶桑略記』同一〇月二〇日甲寅条）。これを契機として、平安京南・南西方の交通路の再編がなされたと考えられる。堀河天皇の石清水行幸にあたって『中右記』嘉保二年（一〇九五）三月五日庚子条に「行幸浮橋先例偏被レ用二山埼一、而従二院中程一用二淀津一。当時初行幸又被レ用レ淀、可レ随レ仰也。但如二云々説一、還御之次可レ御二鳥羽殿一者。然者淀近候、可レ有二便宜一歟如何。仰云、尤可レ然、可レ用レ淀者」とあり、行幸において淀川を渡るための浮橋はこれまで専ら山崎に設置されてきたが、白河上皇になって淀津を用いている。これは還御の際に天皇が鳥羽殿へ立ち寄るためであり、淀の方が近く便宜がある、とする考えがあった。同三月一二日丁未条の行幸点地でも、「往年被レ用二山埼路一、従二院中程一被レ用二淀路一也」とあり、山崎路から淀路への経路の変更が確認される。大村拓生氏は、「石清水への渡河点である山崎が放棄され、鳥羽殿との関係から淀（後に大渡の橋が確認される）へ変更されたのである。果たして一二・一三世紀の山崎の実態は、貴族の日記など京の史料からではよくわからなくなるが、これは交通路の再編で軽視されたためだと思われる」[注54]と述べる。

また供給の担い手についても、変化がみられる。堀河天皇の石清水行幸の点地において、『中右記』嘉保二年（一〇九五）三月一二日丁未条は、次のように記す。「午時許至二宿院一占二蔀屋跡一。……爰別当法眼頼清・少別当覚信幷俗別当参来、有二饗餞儲一。……此処供給山城国所課也。国司依二事不一レ叶、随二申請一兼日止レ之。仍内々兼日遣二云別当頼清許一也」、石清水八幡宮の宿院において、石清水別当の頼清と少別当の覚信が、行幸点地の使である藤原宗忠らに饗餞を儲けた。この供給は本来山城国の所課であるが、国司から調達できないとの申請があり、内々に頼清に指示があったという。同三月一九日甲寅条の行幸路の巡検においても、「申時許着二宿院一、別当法眼頼清聊儲二饗餞一。如二点地日一」とあり、やはり石清水八幡宮別当の頼清が饗餞を儲けた。大津透氏は、各国が供給を調達できないために「十一世紀末ごろから、国司の部内への賦課に対して中央が関与するようになり、院の権力などを背景に中央から荘園等にも課すことがおこる」[注55]とする。供給の所課を務められない山城国に替わり、白河上皇の関与のもと、石清水八幡宮別当の頼清が台頭してくるのである。

頼清による供給の調達は、石清水行幸に限られなかった。『中右記』永長二年（一〇九七）二月一〇日乙未条にみえる堀河天皇の春日行幸の点地では、次のようにある。「八幡別当法印頼清聊有二盃酌儲一〈淀辺小屋、行事史・検非違使等相招勧二盃酌一〉仍暫逗留。法印被レ来暫言談。……点地巡検之日供給、本自山城国司所役也。而国守事不レ叶由申請、仍兼日止レ之」。頼清による官使への盃酌の儲が、淀辺の小屋においてもたれた。行幸路の点地や巡検における供給は、本来山城国司の所役であることも記されている。この行幸行事においては、「巳時許着二美津頓宮御所一。……爰八幡別当法印頼清近辺小屋ニ聊有二盃酌儲一。与二左少弁一相共行向。頃而立二此処一」（同三月四日戊午条）、「巳時許着二美津頓宮一。……八幡別当法印頼清小屋ニ儲二盃盤一、与二左少弁一相共頃間休息。午初許立レ淀」（同二七日辛巳条）とあり、美津（美豆）頓宮近辺の小屋においても、頼清による盃酌が儲けられた。

さらに『為房卿記』寛治五年（一〇九一）八月二五日庚戌条には、「淡州午刻進発〈衣冠〉、向二鳥羽宿所一、石清水別当頼清運二饗餞七百余前一。権尚書相共行向」とあり、藤原為房男の為隆が淡路守として赴任するに際しても、頼清は鳥羽宿所に饗餞を運んだ。『時範記』承徳三年（一〇九九）二月九日壬午条において「未剋宿二山埼一。八幡別当設レ餞。又入夜来臨」、因幡守として赴任する平時範に対し、山崎において餞を儲けたのもまた、頼清である。石清水八幡宮別当の頼清による供給の調達は、石清水行幸に限られず、春日行幸や任国に赴任する国司にも及んだ。

おわりに

都城は、王権によって設定された、その中心となるべき都市である。その意味で政治都市と呼ばれる。しかしながら、都市は全くの空白地帯に造営されるのではない。すでにある交通路を前提に、その境界の場を集約、編成することによって、王権は中心としての都市を設定する。都城を政治都市としてとらえる視点からは、王権が都市を去ったのち、その空間は打ち棄てられ荒都となると考えられてきた。しかし都市であったその場所は、そもそも境界性をもつがゆえに都市として選定されたのであり、王権が去ったのちにもその機能は残存し、地域社会のなかで一定の役割を果たし続ける[注56]。

山城国乙訓郡の長岡という場所は、淀川に面する山崎を南に擁し、山陰道が南北を縦断する交通の要衝であった。長岡は都市を設定するにふさわしい可能性をもっており、そのために王権の中心である都市として選定されたと考えられる。長岡京が廃されてのちにも、長岡はその水陸の便ゆえに、平安京から山陽・南海道へとつながる山崎への経路として、さらに平安京とその郊外の寺社を結ぶ交通路として、史料に記録された。そして長岡には寺戸、嶋坂、向日神社の成らぬ柿の下のような場所が立ち現れてくる。かつての都城の中心から、再び交通の要衝たる境界へ、往来する人々の営みによって、その場所は標しづけられ続ける。

長岡は都城ではなくなったが、「都市的な場」であったと私は考える。「中世都市論[注57]」でこの言葉を初めて用いた網野善彦氏は、都市的な場について「市津関渡泊、浦浜」「道の交わるところ、道の傍」「墓や山林、河海まで広げることもできる[注58]」と述べた。しかしながら、この言葉を具体的な対象に限定し、「都市になりそこねた、都市の予備軍」として位置づけることは、この言葉がもつ可能性を狭めてしまうであろう。また都市的な場と名付けることをもって結論とし、その場所の性格や機能について思考停止に陥ることは避けなければならない。小野正敏氏が述べるように「そういう場が持っている共通する都市性や普遍性みたいなものを見いだすための言葉[注59]」として改めて見直すことが必要ではないか。

長岡がもつ都市性は、そこが交通の要衝であることに由来する。それを前提として長岡京は設定されたのであり、都城が廃されたのちにもその機能は存続した。また平安京からみれば、長岡はその郊外に形成された都市的な場の一つであった。そこは往来する人々によって供給や駄餉、替牛が行われ、休息の場となった。都市平安京をめぐる交通は、長岡のような都市的な場に支えられていたといえる。

都市と都市的な場とを分けるのは、都市民の存在であろう。平安時代の長岡には、平安京の貴族に仕える国司や、京職の官人が居住し、寺戸の住人は石清水八幡宮に燈油を奉仕した。石清水八幡宮の荘園として寺戸が伸張し、鳥羽殿造営による交通路の再編もまた行われなかったならば、長岡にはさらなる集住が進み、都市として発展する可能性があったかもしれない。しかし現実はそうではなかった。長岡は史料からは消えていくが、地域社会の交通の一端を担う都市的な場として機能し続けたと考える。中世になって、長岡には貴族や寺社の荘園が入り組んで設定された。そして一五世紀になり、寺戸は西岡一一ヶ郷の一郷（山城国桂川用水差図案『東寺百合文書』ツ函三四二）として、再び歴史の表舞台に姿を現すことになる。

注

1　今谷明「王権と都市」『岩波講座天皇と王権を考える第三巻　生産と流通』岩波書店、二〇〇二年、同編『王権と都市』思文閣出版、二〇〇八年

2　北村優季「古代都市史研究の特質」『平城京成立史論』吉川弘文館、二〇一三年（初出一九九六年）

3　岸俊男『日本古代宮都の研究』岩波書店、一九八八年

4　狩野久「古代都城研究の視角」『日本古代の国家と都城』東京大学出版会、一九九〇年（初出一九六二年）、二六〇・二六二頁

5 狩野久「律令国家と都市」注4書（初出一九七五年）、二二六頁
6 カール・マルクス『資本制生産に先行する諸形態』岡崎次郎訳、青木書店、一九五九年。なお狩野氏は、原秀三郎「日本古代国家史研究の理論的前提」『日本古代国家史研究』東京大学出版会、一九八〇年（初出一九七五年）に、都市と農村の関係の理論的解明をゆずるとする（狩野注5論文、二二五頁）。
7 カール・マルクス『資本主義的生産に先行する諸形態』手島正毅訳、大月書店、一九六三年
8 マックス・ウェーバー『都市の類型学』世良晃志郎訳、創文社、一九六五年
9 鬼頭清明『日本古代都市論序説』法政大学出版局、一九七七年、三・五・二四七・二五〇頁
10 佐藤信「宮都の形成と変容」『新体系日本史六　都市社会史』山川出版社、二〇〇一年、六頁
11 浅野充「アジア古代の都市論研究の理論的検討と視点」『日本古代の国家形成と都市』校倉書房、二〇〇七年（初出一九九二・一九九九年）、二八九・二九一頁
12 王権による政治的な場の設定を、いつから都市と認めるかについては、現在のところ新益京（藤原京）からとする理解が通説の位置にある。寺崎保広「古代都市論」『日本古代の都城と木簡』二〇〇六年（初出一九九五年）は、「天皇の宮に対する京域の設定をもって古代都市の成立」（三頁）とし、条坊で区画された京域の設定を、都市住民の成立として評価する。一方で「条坊制の成立とは、直接には律令制にもとづく都城の住民管理方式の成立を意味するのであり、都市住民の成立そのものを意味するわけではない」（古市晃「都市の成立」『日本古代王権の支配論理』塙書房、二〇〇九年〔初出二〇〇二年〕、一八四・一八五頁）として、条坊制を都市成立の指標とすることを批判する見解もある。
13 佐藤注10論文、六頁
14 ワース「生活様式としてのアーバニズム」高橋勇悦訳、『都市化の社会学』誠信書房、一九六五年、増補版一九七八年
15 社会学においても、ワースらシカゴ学派のアーバニズム論は根底的な批判を受けた。カステルは、アーバニズムとは「競争段階の資本主義工業化に結びついている社会組織化の様式に対応するもの」であり、シカゴ学派がそれを「都市といった特別の生態的形態によって生産され」ると解釈したことを、都市イデオロギーであると批判する。都市を生態学的モデルでとらえ、アーバニズムのような文化の生産を自然であるととらえることは、都市における資本主義に起因した社会的矛盾や、国家・権力の問題を覆い隠してしまうと論じた（マニュエル・カステル『都市問題』恒星社厚生閣、一九八四年、七〇・七二頁）。

16 仁藤敦史「古代都市の成立と貧困」『歴史学研究』八八六、二〇一一年、六頁
17 アンリ・ルフェーブル『都市革命』今井成美訳、晶文社、一九七四年
18 狩野注4論文、二六〇・二六二頁
19 仁藤敦史「古代都城の首都性」『年報都市史研究』七、一九九九年、一〇頁
20 舘野和己「平城京その後」『日本古代国家の展開』上、思文閣出版、一九九五年、同「平城宮その後」『日本国家の史的特質』古代・中世、思文閣出版、一九九七年、同『古代都城廃絶後の変遷過程』平成九年度～平成一一年度科学研究費補助金基盤研究C2研究成果報告書、二〇〇〇年
21 『向日市史』上巻、一九八三年
22 『長岡京市史』本文編一、一九九六年
23 山中章「長岡京廃都後の土地利用」『長岡京研究序説』塙書房、二〇〇一年（初出一九九〇年）、古閑正浩「廃都後における長岡京地の再編と瓦」『古代文化』五六、二〇〇四年、中島信親「平安京遷都後の長岡宮・京」『都城制研究』六、二〇一二年
24 平安京の郊外を都市の境界的な空間ととらえ、その全体像を考察した先行研究として、古橋信孝『平安京の都市生活と郊外』吉川弘文館、一九九八年がある。
25 高橋敦・馬場健司・山口均「長岡京跡左京第四九二次（7ANDTD-5地区）～左京一条三坊二町、東二坊大路～発掘調査報告」『向日市埋蔵文化財調査報告書』六八、二〇〇五年
26 『扶桑略記』では、行基による山崎橋架橋を、神亀三年（七二六）のこととする。
27 山中章「難波解体と長岡京遷都」『桓武と激動の長岡京時代』山川出版社、二〇〇九年、一五〇・一五九頁
28 中島注23論文、一〇四頁。中島氏は、九世紀の長岡宮・京域について、確認できる遺跡の大半が公的施設か寺院であり、利用される土地もごく一部に限られることから、「遷都直後からしばらくは、国家機関による統制を強く受けており、旧京として特殊な地域と理解されていたのであろう」（一〇四・一〇五頁）とする。
29 中島注23論文、九一頁
30 長岡京域の発掘調査や採集資料からは、史料から確認できる以外にも複数の寺院が長岡京期前後に存在したと考えられる。長岡京市友岡の鞆岡廃寺では、奈良後期から長岡京期の掘立柱建物が検出され、奈良から平安期の瓦が散布する（小田桐淳「鞆

岡廃寺」『長岡京市史』資料編一、一九九一年、四四一～四四六頁）。また向日市上植野町の吉備寺廃寺では、寺院に関連する地名が分布し、布目瓦の出土や、奈良から平安期の土器類が散布がみられる（中山修一「長岡京の史脈」注21書、三四九頁、中塚良「長岡京跡右京第四五六次（7ANFKR4地区）～右京四条一坊三・四町、四条条間南小路、吉備寺遺跡、吉備寺廃寺～発掘調査概要」『向日市埋蔵文化財調査報告書』四七、一九九八年）。

31 長岡京左京四条三坊三町における発掘調査により出土した、長岡京期の遺構・遺物から、当地が川原寺跡と推定されている（鈴木広司・吉崎伸・長宗繁一「長岡京左京四条二・三坊」『昭和六〇年度京都市埋蔵文化財調査概要』一九八八年、長宗繁一・吉崎伸・鈴木廣司「長岡京左京四条三・四坊」『昭和六二年度京都市埋蔵文化財調査概要』一九九一年）。

32 願徳寺（宝菩提院）は、発掘調査から七世紀後半に創建され、長岡宮の西北辺に隣接する長岡京右京北一条二坊に位置したとされる（高橋美久二「寺院の成立」注21書、二〇九～二一二頁）。

33 乙訓寺では、発掘調査により飛鳥時代後期（白鳳時代）の瓦が確認されており（中尾秀正「乙訓寺窯跡・乙訓寺」『長岡京市史』資料編一、一九九一年、三九〇～四〇一頁）、この寺は七世紀後半に創建され、長岡京右京三条三坊・四条三坊に位置したと考えられる。

34 『類聚三代格』貞観九年（八六七）一二月二〇日付太政官符には、山崎・大津の津頭で「諸司諸家人」が車馬を強雇するため、往還の煩いとなり傭賃の輩は生計を失うとある。また『貞信公記抄』天暦二年（九四八）六月四日辛巳条によれば、伊予国の米が「伊与山埼宅」に隠し納められているという。こうした行為が検非違使の検察対象とされたと考えられる。

35 足利健亮「平安京外縁部の計画」『日本古代地理研究』大明堂、一九八五年（初出一九七六年）、一二六・一二七頁

36 鳥羽の作り道・久我縄手ルートを想定するのは、足利健亮「平安京南の計画道路体系」（足利注35書〔初出一九七三～一九八二年〕）であり、西国街道ルートを想定するのは岩松保「奈良・平安時代における乙訓地域の交通路」『京都府埋蔵文化財情報』七三、一九九九年である。また古閑正浩「平安京南郊の交通網と路辺」『日本史研究』五五一、二〇〇八年は、考古資料を中心にこれら二ルートを検討する。

37 平安京からは長岡宮式の瓦が多く出土しており、長岡京から平安京へ運ばれ再利用されたと考えられる（上原真人「前期の瓦」『平安京提要』一九九四年）。

38 足利健亮「国府と古道」注21書、五二六頁

39 『御堂関白記』長和二年（一〇一三）一一月二八日丙辰条に「石清水行幸。……御出午時、山崎御々船」とあり、三条天皇の石清水行幸は長和二年に行われ、この行幸において山崎を経たことが確かめられる。

40　邦利延は、長徳二年（九九六）一一月二五日付高向国明宅検封注文（三条家本『北山抄』裏文書、『平安遺文』三六八）に署名する「左史生　国利□」であると考えられる。『大間成文抄』長保二年（一〇〇〇）の「長保二秋　左京少属従七位上国宿禰利述（左弁官庁直史生）」から、彼は左弁官局の庁直の史生から左京少属へ転任したことが確認される。また『権記』同一二月五日戊申条に「以二左史生県永国一補二庁直史生一、［　　］利述任二官替一」とあるのは、転任した彼のポストに、新たに県永国を補任したことを示す。

41　『中右記』嘉保二年（一〇九五）三月一二日丁未条にみえる堀河天皇の石清水行幸点地では「至二九条一左右京職留了」、また同一九日条の巡検では「於二九条一京職下部留了」とあり、いずれも京職の官人は平安京の境界である九条において留められた。

42　平安京では「多くの大路が、「〜大路末」と称される形で京外へと延びていた」（金田章裕「郡・条里・交通路」『平安京提要』角川書店、一九九四年、四〇三頁）。また七条大路西末から出京する道について、「平安京と桂を結んで山陰道に合流する「山陰支道」とでも呼ぶべき道路は早くから開発されていたに相違ない。おそらく、近世の山陰道のルートは平安時代の「山陰支道」を踏襲していると推定しても大きな誤りはないだろう。そうすると、この道路は平安京の右京八条四坊にとりついて七条大路に接続していたことになる」（山田邦和「「前期平安京」の復元」『京都都市史の研究』吉川弘文館、二〇〇九年〔初出二〇〇二年〕八七・八八頁）とされる。地理学や考古学からのこうした指摘は、史料からも確認することができる。寛弘二年（一〇〇五）の藤原彰子の大原野行啓において、『小右記』同三月八日丙辰条は、行啓に供奉した藤原公季が「七条辺」で退帰し、『大鏡』人、道長（雑々物語）では、彼は「西の七条」で引き返したとする。この行啓においては、七条大路西末から出京する経路がとられたと推測される。長元七年（一〇三四）二月八日付播磨大掾播万貞成解（九条家本『延喜式』巻四裏文書、『平安遺文』五二四）では、播磨国から上京した播万貞成の従者が、「西七条之末」において西七条刀禰に連行される。西七条末は、山陽道と平安京を結ぶ道の出入り口であったと考えられる。また『行親記』長元一〇年（一〇三七）三月九日壬午条にみえる後朱雀天皇の石清水行幸では、朱雀門から朱雀大路を南行、「七条大路」を西折し、「西七条辺」で降雨にあったという。この行幸においても、七条大路西末から出京したと考えられる。『時範記』承徳三年（一〇九九）二月九日壬午条において、因幡守として赴任する平時範は、朱雀大路から「七条」を西行し、「西七条辺」で衣冠を布衣に着替え、山崎へ向かった。そこでは、石清水八幡宮の別当である頼清が餞を儲けたという。このように七条大路西末は、平安京の出入り口の一つであった（久米舞子「松尾の祭りと西七条の共同性」『日本歴史』七四二、二〇一〇年、六〜八頁）。一一世紀にはこの交通路がしばしば利用されており、次節でみるように、それは一〇世紀後半まで遡ると推測される。

43 早川庄八「「供給」をタテマツリモノとよむこと」『中世に生きる律令』平凡社、一九八六年（初出一九八〇年）、一四〜一七頁

44 大日方克己「律令国家の交通制度の構造」『日本史研究』二六九、一九八五年、二〇頁

45 大津透「力役制度の展開」『律令国家支配構造の研究』岩波書店、一九九三年（初出一九九〇年）、二九三頁

46 向日市の鶏冠井山畑遺跡の発掘調査において、長岡宮朝堂院下層から七世紀後半を初見とする掘立柱建物群が検出され、乙訓郡衙にあたると考えられている（丸嘉樹・山本輝雄「乙訓中学校周辺の長岡宮跡下層遺構について」『長岡京』六、一九七八年、高橋美久二「弟国評から乙訓郡へ」注21書、二四五〜二四八頁、山中章「乙訓「郡衙」の変遷」『長岡京研究序説』塙書房、二〇〇一年（初出一九九一年））。鶏冠井町は寺戸町に隣接し、当遺跡は西国街道と物集女街道の分岐点付近に位置する。長岡京遷都のために乙訓郡衙が廃され、さらに平安京への遷都を経た後に、かつての乙訓郡衙に近接する寺戸で供給が行われたと想定され、郡衙と交通路、そして供給との関係がうかがわれる。

47 発掘調査により、長岡宮の朝堂院西方官衙地区から方形に区画された複廊遺構が検出された。この遺構の評価をめぐって、これを長岡宮の西宮とし、その南西に嶋院を推定する説（『向日市埋蔵文化財調査報告書』九一、二〇一一年）のほか、嶋院そのものの複廊遺構として推定する説（部会ニュース〈古代史部会〉山中章「長岡宮嶋院と西宮」『日本史研究』六四九、二〇一六年）がある。

48 岸俊男「「嶋」雑考」『日本古代文物の研究』塙書房、一九八八年（初出一九七九年）、二八三頁

49 『向日市埋蔵文化財調査報告書』三五、長岡京木簡二解説、一九九三年、六七・六八頁

50 田中貴子「境界の柿木」『あやかし考』平凡社、二〇〇四年

51 明応三年（一四九四）成立の『広隆寺縁起』（川尻秋生「史料紹介内閣文庫蔵『広隆寺縁起』」『寺院史研究』一、一九九〇年）によれば、広隆寺の本尊である薬師像は、乙訓社前の「一木杭」（明応八年（一四九九）成立の『広隆寺来由記』（『大日本仏教全書』一一九、寺誌叢書三）では「一神木」）から彫り出されたという。乙訓社については、現在の角宮神社あるいは向日神社に比定する説があるが（上田正昭「乙訓の神々」注21書、二二八・二二九頁）、『広隆寺縁起』および『広隆寺来由記』は、この乙訓社が「今向日明神」であると記す。一五世紀末には、向日神社前は霊験仏を生む神木の立っていた場所として認識されていた。

52 『今昔物語集』巻二八第四〇「以外術被盗食瓜語」では、宇治北の成らぬ柿木の下の木影で、大和国から瓜を馬に積んで運ぶ下衆たちが「息居テ冷ケル」。境界である成らぬ柿木の下は、往来する人々の休息の場所であった。駄餉の場であった向日神

社の成らぬ柿の下との共通点がうかがえる。

53　高橋注46論文、二四一頁

54　大村拓生「鳥羽と鳥羽殿」『中世京都首都論』吉川弘文館、二〇〇六年（初出二〇〇〇・二〇〇二年）、一一八頁

55　大津注45論文、二九九頁

56　本稿に関連して述べれば、「荒都」近江大津宮が置かれた大津は、延暦一三年（七九四）に再び古津から大津へと改称された（『日本紀略』同一一月八日丁丑条）。旧都となっても、大津は津としての機能を維持していたと考えられる。また『類聚三代格』延暦一五年（七九六）一一月二一日付太政官符によれば、禁制にも関わらず大宰府管内の津から国物を運漕させる「官人百姓商旅之徒」「奸徒」がなお多く、彼らはみな難波に集まるという。難波宮が停止され、津の機能が山崎へ移された後にも、難波が津として健在である様子がうかがえる。

57　網野善彦「中世都市論」『網野善彦著作集第十三巻』岩波書店、二〇〇七年（初出一九七六年）

58　阿部謹也・網野善彦・石井進・樺山紘一『中世の風景（上）』中央公論新社、一九八一年、二二九頁

59　「全体討論「都市的な場」」『中世都市研究一七　都市的な場』山川出版社、二〇一二年、二〇一頁

比売朝臣・姫帝・姫太上天皇

――女帝と女官に付された「ヒメ」をめぐって――

伊集院　葉子

はじめに

七世紀まで、男女の個人名に性差がないことは比較的知られている。[注1] 地位を示す名号（「大王」や「王」など）にも男女の区別はない。『古事記』が男女同じように「○○王」と記すのは、古代の呼称を反映しているわけである。『日本書紀』は、「○○皇子」「○○皇女」とするが、これは後世に定めた男女別の名号を、過去に遡って記しているからである。名で男女を区別することが制度として明確に確認できるのは、七世紀末の戸籍編成からである。[注2] また、名号に男女の区分を導入した制度として「親王」「内親王」号があるが、このほかにも、七～八世紀初頭には、王族女性を対象とした「ヒメ王」や、貴族女性を対象とした「比売朝臣」など、号やカバネに女性のみ「ヒメ」を冠する事例がみえる。王族・貴族女性らに「ヒメ」が冠され、女性であることがことさらに示されたのである。

「天皇」号は男女共通の君主号だが、『日本書紀』『続日本紀』の和風諡号では、女性天皇は「〇〇姫天皇」と表記される。また、寺院縁起には「姫帝」「姫太上天皇」と表記する例がみられる。これらの「姫」の意味は何か。「女帝」は女性天皇を指す律令用語だが、それと「姫帝」は同じなのか、違うのだろうか。古代の日本で、性差観念（＝性別を重視する考え方）が出現し浸透していく経過を、女帝や女官に付された「ヒメ」という名号に着目し検討していきたい。

一　先行研究からみる古代の名と名号の特徴

1　古代の人名表記の特徴と「メ」「ヒメ」の意義

古代の人名表記の特徴は、男女を書き分けないということである。

角田文衞氏は、律令制前の女性名を網羅的に精査し、その特徴を「接尾語に厳重な男女の区別を設けない」ことだとした。[注3]このため、古代史料は「男女の書き分けに消極的[注4]」という特徴をもつことになる。

このような古代の人名表記が転換するのは、律令制導入と戸籍編成によってである。

義江明子氏は、徴税と徴発のための男女区別の必要から、女性のみ名の末尾に「メ」が付されたとし、戸籍の「メ」と文献にみえる「ヒメ」が男女を区分するためのジェンダー記号であることを明らかにした。[注5]なお、戸籍では「メ」に「女」ではなく「売」「咩」などが用いられるが、その理由について桑原祐子氏は、「女」が法制上は「不課」を意味する用語である点に着目し、個人名であることを明示するために接尾語として「売」が選択されたと指摘している。[注6]

古代女性の名の語尾に「ヒメ」が付されることは、『日本書紀』『古事記』『風土記』に多くの事例があり、比売、比女、比咩、日女、毗売、比彌、姫、媛などの漢字があてられている。こうしたなかで『日本書紀』の用法の特徴に言及したのは時野谷滋氏であった。時野谷氏は、『日本書紀』では若干の例外を除き、女帝・皇女・皇孫への美称として「姫」を用い、自余の女性に「媛」をあてるという使い分けが行われていることを明らかにした。漢字は「好字」が採択されたという。時野谷氏は、『日本書紀』では「尊」と「命」を書き分けている（神代紀上）ように、「姫」「媛」の書き分けも編者たちの共通理解になっていたか、選修者の一人によって全体を通して整理された可能性を指摘した。[注7]

2　天皇の讃え名と諡号における「ヒメ」

天皇の名には、生前の実名や讃え名と死後の諡号があり、諡号には和風諡号と漢風諡号がある。漢風諡号は八世紀後半にいっせいに付与されたものであり、そこにジェンダー（性による差異）はみられない。問題は実名・讃え名と和風諡号である。

山田英雄氏は、おくり名の習慣は本来日本には存在しなかったとしたうえで、八世紀前半の持統・文武らの諡号の変更経緯が『日本書紀』編纂とかかわっていることを指摘した。和風諡号は最終的には『日本書紀』完成時までに変更を伴いながら付されたものだという。[注8]児島恭子氏は、和風諡号の初めは持統天皇への諡「大倭根子天之広野日女尊」だとし、わが国の諡号採用の契機を大宝令に求めた。[注9]和風諡号のうち女性天皇にはすべて「ヒメ」が付されている。その意義は、第三章で詳しくのべていきたい。

また、義江明子氏は、推古天皇の讃え名「トヨミケカシキヤヒメ」を分析し、「ヒメ」が女性一般への敬称にとどまらない特別な意味をもつことを指摘した。[注10] 義江氏によると、「王族女性内部での特別の尊貴的地位を示す称号」としての「ヒメ」は、六世紀以降に世襲王権が形成されるなかで推古朝に成立したという。さらに、義江氏は、『日本書紀』の伝承上の斎王に付された「ヒメ」という接尾辞を分析し、用明紀で伊勢神宮に奉仕したとされた酢香手姫皇女が「酢香手姫」という名を帯びたのは、その存在と事跡が斎王形成史のうえで画期をなし、「一種の〝職位〟として位置づけられた」からだと推定。推古の讃え名「トヨミケカシキヤヒメ」と並ぶ原斎王の尊称としての「ヒメ」の成立を指摘した。[注11]

二　七〜八世紀の「ヒメ」号

1　「ヒメ」＋「王」「朝臣」「旦臣」

次に、七〜八世紀の諸史料にみえる「ヒメ」のうち、「王」「朝臣」「天皇」に冠されているものを検討したい。『日本書紀』『古事記』などに多い人名の最後に「ヒメ」が付される表記（〇〇ヒメという形式のもの）ではなく、ここでは、「ヒメ〇〇」という形態の表記をみていく（「〇〇ヒメ」表記については次節以降でとりあげるが、編纂段階での追記が多く含まれると思われる）。

（一）姫王（比売王）

①『日本書紀』

舎人姫王（推古十一年七月丙午条。欽明二年三月条では舎人皇女とも表記）・吉備姫王（皇極即位前紀）・上宮大娘姫王（皇極元年是歳条）・倭姫王（天智七年二月戊寅条）・額田姫王（天武二年二月癸未条）・鏡姫王（天武十

二年七月己丑条など）・山背姫王（朱鳥元年四月丙申条[注12]）

②『古事記』

糠代比売王（敏達記。『日本書紀』敏達四年正月是月条では糠手姫皇女）

直木孝次郎氏は、『日本書紀』天武五年（六七六）八月丁酉条が皇親女性を「皇女、姫王」と記すのに対し、持統五年（六九一）正月癸酉条は「内親王、女王」と記述することを根拠に、「姫王」は浄御原令（六八九年）で「女王」に改められたもので、実体は同じだとした。『日本書紀』初見の舎人姫王は制度化後の追記であり、「姫王」は乙巳の変（六四五年）ごろに制度化し浄御原令施行まで用いられたとする。直木氏は「額田王」という呼称は慣例的・便宜的なものだとした[注13]。

しかし、虎尾達哉氏によると、天武朝以前には一世王と二世以下の王は称号のうえでは区分されず、天武朝に皇子号の成立によって一世王の特殊身分化が行われたという[注14]。皇女と分離した「姫王」号を天武朝より前に遡らせることは難しいのではないだろうか。また、親王号の成立も大宝令（七〇一年）によるもので、『日本書紀』の「内親王」は文飾とみなければならない。先述したように、斎王形成史上の位置づけとかかわって特定の王族女性に「ヒメ」が付されたとする義江明子氏の所説からは、上掲した記紀の女性名のなかに「〇〇＋ヒメ王」ではなく「〇〇ヒメ＋王」型の個人名が含まれる可能性もある。「糠代（糠手）ヒメ＋王（皇女）」はその一例とみられる。記紀の「ヒメ王」を一律にみることには慎重であるべきで、直木氏による七世紀半ばの「姫王」号成立説は再検討の余地があると思われる。

（二）比売朝臣

①粟原寺露盤銘（和銅八年＝七一五年）

寺壹院四至（限二東竹原谷東岑一　限二南大岑一／限二樫村谷西岑一　限二北忍坂川一）

此粟原寺者、仲臣朝臣大嶋、惶惶誓願、奉二為大倭国浄美原宮治天下天皇時、日並御宇東宮一、敬二造伽檻《ママ》一之。

爾故(a)比売朝臣額田、以二甲午年一始、至二於和銅八年一、合廿二年中、敬二造伽檻一、而作二金堂一、仍造二釈迦丈六尊像一。和銅八年四月、敬以進二上於三重宝塔七科露盤一矣（下略）

②醍醐寺本『諸寺縁起』西大寺縁起竄入「薬師寺流記資財帳[注15]」

薬師寺旧流記資財帳云、一、金銀銅鉄銭鍬幷供養具、託、糸、綿、長布、交易庸布、紺布、裌帳布、白米等有員、繁故略レ是、右以二養老六年（壬戌）十二月四日一、納賜平城宮御宇天皇者、

一、伎楽弐具、以二天平三年辛未四月七日一、同天皇納賜者、

一、奴婢（四十七口、五十六口）、又（四人、五人）、又（八人、卌八人）、又（十八人、七人）[注16]、已上藤原御宇天皇或(b)伊賀比売朝臣、或官仰諸国買取、或平城宮御宇天皇納、或買取奴婢也

云々、文繁故略レ之、

（中略）

一、利稲七万七千四百束（信乃国二千四百束、常陸一万五千束、武蔵一万五千六百、遠江二千四百、安房三千六百束、駿河二千四百、甲斐一千二百、上総一万二百、下総一万六千五百、美乃八千百、）（下略）

①の粟原寺露盤銘は、奈良県多武峰・談山神社所蔵の国宝・粟原寺三重塔伏鉢（奈良国立博物館寄託）に刻まれたものである。草壁皇子の追善のために仲臣朝臣大嶋が発願した寺を、傍線(a)比売朝臣額田が引き継

挿図１　「比賣朝臣額田」の名が刻まれた粟原寺三重塔伏鉢（国宝、談山神社蔵。画像提供：奈良国立博物館）

ぎ甲午の年（六九四年）から二十二年かけて和銅八年（七一五年）に完成させたいきさつが記されている。「比売朝臣」という氏姓が古代史料で確認できないため、比売朝臣額田が誰であるかは諸説あり、定説をみていない。[注17]

②の「薬師寺流記資財帳」の成立年は不明であるが、東野治之氏によると、資財帳中の国名に安房国（養老二年設置、天平十三年廃止、天平宝字元年再置）があり、奈良時代の天皇名も平城宮御宇天皇だけであること、年紀に天平三年（七三一年）があることなどから天平三年〜十三年の資財帳だという。[注18]

東野氏は、①②の「比売朝臣」に関し、カバネのアソミの表記は大宝令施行後も「旦臣」「阿曽美」などの揺れがあったことをあげ、七〜八世紀初めの「朝臣」をカバネと断定することに疑問を投げかけた。東野氏は、「比売朝臣」の「朝臣」は文字通り「朝に仕える臣」の意であり、「トネ」と読むべきだとする。比売は「ヒメ」で、したがって「比売朝臣」は「ヒメトネ」であり、意味を「宮廷に仕える女子一般を指す称」だとした。東野氏は、傍線(b)伊賀比売朝臣も同じく「伊賀のヒメトネ」と訓じ、これらの表記はアソミの表記が固定化する前、八世紀初頭以前に由来すると推測した。[注19]

（三）女旦臣

長屋王家木簡

(c)□〔神カ〕女旦臣一牒　(d)春日女旦臣一牒（『平城宮発掘調査出土木簡概報』25、五頁上）

長屋王家木簡の人名に、傍線(c)「(神)女旦臣」、傍線(d)「春日女旦臣」という表記がみられる。東野治之氏はこの「女旦臣」も「ヒメトネ」と読む。[注20]

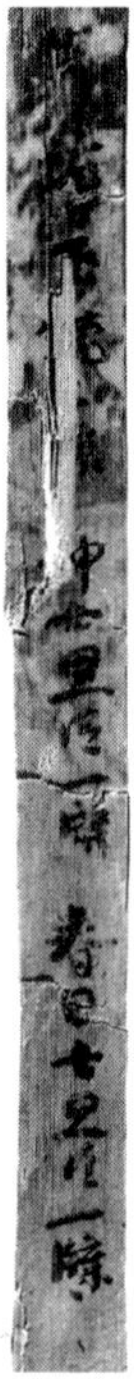

挿図2　「女旦臣」と記された木簡（画像提供：奈良文化財研究所）

しかし、七世紀末に姓の制が整えられ、八世紀にかけて男女の出仕法も整備されたもとで、これらの「比売朝臣」「女旦臣」を「ヒメトネ」と読むことができるのだろうか。

「旦臣」と記した木簡は他にも「下道旦臣吉（備麻）呂」（『藤原宮木簡』二―六一四）、「左大舎人寮少允正八位下高（椅）旦臣男足」（『木簡研究』五―八三頁（39））、「坂本旦臣梶取」（『藤原宮木簡』二―六三二）などがあり、「朝臣」の最も古い例は藤原宮出土木簡の「引田朝臣」（奈良県教育委員会編『藤原宮』〔奈良県史跡名勝天然記念物調査報告二五〕、木簡番号109）だという。[注21] 文献史料でも、神亀三年（七二六）山背国愛宕郡雲下里計帳に「阿部旦臣筑紫」がみえる（『大日本古文書』一―三七四）。このうち、「左大舎人寮少允正八位下高（椅）旦臣男足」は、『続日本紀』では「椅」が「橋」と通用する（延暦六年八月甲辰条）ことから、和銅四年十一月辛卯条にみえる「正七位上高橋朝臣男足」だとみてよいだろう。これら男官の「旦臣」「朝臣」を姓とみることに異論はないと思われる。姓を「旦臣」と記された「朝臣」姓の男官がいたということは確認できる。

一方、女性の「比売朝臣」「女旦臣」をどう読むべきか。これも、朝廷に仕える女性（女官）に関する当時のしくみに即して考えるべきだろう。

八世紀には、貴族女性は、女官の正規の出仕ルートである「氏女《うじめ》」として、氏《うじ》からの推挙で官仕した（養老後宮職員令18氏女采女条）。出仕したのちは、女孺（女竪）として天皇（後宮十二司）および后妃・二世以上の皇親の家政機関に配属された。

こうした女官のなかには、春日朝臣出身者も複数おり、「大春日朝臣」とも書かれて『続日本紀』に名を留める。大春日朝臣家主（養老七年正月丙子条）、春日朝臣家継（天平十四年十月戊子条）、春日朝臣方名（宝亀八年五月乙丑条）らである。このうち家継は、塩焼王事件に連座して土佐国に配流された女孺であり、つまり女官だったことは確実である。家主は定例的な正月の授位で、内侍司典侍をつとめた大宅朝臣諸姉や元正天皇の女官だった薩妙観らとともに昇叙されており、出仕していたと判断される。

「神女旦臣」の「神」は古代氏族の「三輪」であり、『日本書紀』には「三輪朝臣」「大三輪朝臣」として、『続日本紀』には「大神朝臣」として多くの人名がみえる。そのなかに、大神朝臣豊嶋（天平九年二月戊午条）、大神朝臣妹（天平宝字四年正月丙寅条）、大神朝臣東方（天平神護二年十一月丁巳条）らの名がある。豊嶋は、天平九年の定例的な授位で上掲の春日朝臣家主とともに昇叙された。妹と東方も六位以下の位階から五位に昇っており、そこからは日常的な考課の結果としての昇叙がうかがわれる。女官だとみてよいだろう。

貴族層における女性と姓表記のあり方を示唆する例が、『万葉集』にみえる。『万葉集』では、大伴坂上郎女の母である石川郎女は、大伴氏の家政に関わって表現される際には「大家（大刀自の意：伊集院）石川命婦」と記され（巻三―四六一番歌左註）、夫である大伴安麻呂との相聞においては「石川郎女」（巻四―五一八番歌）と記されるが、元正太上天皇の側近として詠歌した際には「内命婦石川朝臣」と記された（『万葉集』巻二十―四四三九番歌）。出仕の場（この場合は元正の御前）において石川郎女は、氏名《うじな》＋「朝臣」（姓）で表記されたのである。これが宮廷における公式の呼び名だったからにほかならない。このことは、八世紀には本人の出仕の有無と呼称や姓表記が密接に結びついていたことを示しているといえよう。[注22]

長屋王家にも女竪が配属されたことは令の規定からみて当然であり、[注23]神女旦臣、春日女旦臣も、そのような女竪であったと考えるのが合理的だろう。公的に配属された女竪であったからこそ、姓を付されて表記されたのではないか。

以上から考えれば、姓の「朝臣」表記が未定着だったなかで、男女ともに「旦臣」と記されることもあったとする解釈が自然ではないだろうか。比売朝臣額田は、仲臣朝臣大嶋と同姓であったために仲臣が略されたもので、「仲臣朝臣額田」だっただろう。伊賀比売朝臣は「伊賀朝臣」某、神女旦臣と春日女旦臣は、神（三輪）朝臣および春日朝臣という姓を帯びた女竪だったと思われる。正式名称としては、『続日本紀』で統一的に表記されているように、男官・女官とも「〇〇朝臣」であり、ときに「〇〇旦臣」と書かれたのである。では、粟原寺露盤銘や長屋王家木簡、薬師寺流記資財帳にみられた「比売朝臣」「女旦臣」の「ヒメ」付加の意味はなにか。「姫王」（「比売王」）表記の意味とあわせて、三章でのべたい。

2　戸籍の「ヒメ」

次に、戸籍の個人名では「ヒメ」は、どう現れているのだろうか。

天武十四年（六八五）～大宝元年（七〇一）の間に記された「嶋評戸口変動記録木簡」（二〇一二年、福岡県太宰府市国分松本遺跡出土）に「夜乎女」「得麻女」とあることにより、戸籍名の「メ」付記は持統朝から浄御原令制下までは確実に遡ることが明らかになった。[注24]一方、八世紀の戸籍や解文などに末尾が「ヒメ」の女性名があるが、多くは「オヒ」「タヒ」などの語幹に「メ」が付されたもののようである。「ヒメ」は、少なくとも八世紀前半には、個人名の接尾辞としては一般的ではなかったとみるべきであろう。[注25]

3　最古の「ヒメ」号

ここで、「ヒメ」とは何か。名号としてはどこまで遡れるのかを検討しておきたい。

（一）『日本書紀』『古事記』『風土記』『万葉集』

『古事記』には女性名の接尾辞として「比売」「毗売」などがある。しかし同書の成立は八世紀初め（七一二年）であり、その時点で女性名に付された可能性もある。『日本書紀』では「ヒメ」という接尾辞に「姫」「媛」の書き分けが施されたことは先述した通りである。[注26]

『風土記』には、ヒメ、トジなどの敬称がみられるが、『風土記』自体、和銅六年（七一三）以降に撰進が開始されたものである。女性への一般的な敬称としてのヒメの使用をうかがわせるものではあるが、名号としての「ヒメ」号成立時期をはかる物差しとはしがたい。『万葉集』には、「息長足日女命」「松浦仙媛」「天豊財重日足姫天皇」などの記載があるが、いずれも天皇・キサキ名か、伝説上の女性への敬称である。『万葉集』は、貴族・豪族女性への敬称にはイラツメ（女郎、郎女）やヲトメ（娘子）を採用している。

（二）『天寿国繡帳銘』

斯歸斯麻　宮治天下　天皇名阿　米久爾意　斯波留支　比里爾波　乃彌己等　娶巷奇大　臣名伊奈　米足尼
女　名(e)吉多斯　比彌乃彌　己等爲大　后生名多　至波名等　已比乃彌　己等妹名　(f)等已彌居　加斯支移
比彌乃彌　己等復娶　大后弟名　(g)乎阿尼乃　彌己等爲　后生名孔　部間人公　主斯歸斯（下略）[注27]

『天寿国繡帳』は、厩戸王の死後、妻であったタチバナノオホイラツメが、「天寿国」に往生した夫のさまを見たいと願い、祖母の推古天皇の許しを得て采女らを動員して作らせたものである。百箇の亀甲が縫いとられ、その上に四字ずつ合計四〇〇字が刺繡されて、厩戸王およびタチバナノオホイラツメの系譜と繡帳作製の由来が綴られていたという。[注28]

銘文には、次のような女性名がみえる。

(e)吉多斯比彌乃彌己等（キタシヒメノミコト＝蘇我稲目の女である堅塩媛）

(f)等已彌居加斯支移比彌乃彌己等（トヨミケカシキヤヒメノミコト＝推古天皇）
(g)乎阿尼乃彌己等（オアニノミコト＝堅塩媛の姉妹）

繡帳製作時の大王で、タチバナノオホイラツメの祖母であるトヨミケカシキヤヒメと、曾祖母にあたるキタシヒメは「ヒメ」が付されるが、キタシヒメの姉妹であるオアニには「ヒメ」は付されない。一方、『日本書紀』でもキタシヒメは「堅塩媛」と記されるが、オアニは「小姉君」[注29]である（欽明二年三月条）。大王である推古に「ヒメ」が付されている以上、それが「キミ」より上位の敬称であることは明白である。キタシヒメは欽明天皇のキサキで推古の母であり、死後には推古によって欽明の檜隈大陵に改葬された（『日本書紀』推古二十年二月庚午条）。『天寿国繡帳銘』でも「大后」と記されているように、推古系王族にとっても蘇我氏にとっても重要な位置づけがされた女性である。だからこそ大王推古と同じ名号が付されたのであり、ここからは、「ヒメ」に込められた特別な尊貴性が明らかである。

（三）上宮記逸文[注30]

鎌倉時代に成立した『釈日本紀』所引「上宮記曰一云」（『上宮記逸文』）に、『日本書紀』に応神五世孫と記された継体天皇の系譜が記載されており、「踐坂大中比弥王」「田宮中比弥」など「ヒメ」が付される女性名がみえる。しかし、「上宮記逸文」の系譜が複数の系譜をもとにした編纂物であり[注31]、最終的成立は記紀以降という指摘[注32]を踏まえると、このなかに「ヒメ」という語がみえるからといって、ただちに年代を遡及することはできない。

（四）『上宮聖徳法王帝説』[注33]

『上宮聖徳法王帝説』にも「伊斯比女命」「支多斯比売命」「止余美気加志支夜比売天皇」らの女性名がみえるが、『帝説』も、主要部は八世紀、系譜部分はやや先んじる八世紀初頭に成立したものだという[注34]。

以上、「ヒメ」号をみてきた。個人名の接尾辞ではなく名号として特定の意味をもって確立したのは推古朝と推定され、[注35]それが『天寿国繡帳銘』に反映されたとみておきたい。ただし、ジェンダーとのかかわりでは、繡帳は、「ヒメ」が女性にたいする敬称（おそらく最上級の）であることを明示するが、同時にそれを、名前の末尾に一律に付された七～八世紀のジェンダー記号と同列には論じることはできない。

三　律令国家の成立とジェンダー概念

1　律令における男女の名号区別

養老令の規定から、皇親の名号などに関して男女同じものと異なるものをあげると、次のようになる。

皇兄弟子は男女いずれも「親王」であり、以外の皇親男女は「諸王」である（継嗣令1皇兄弟子条）。なお、姓は男女同じである。

ところが、皇兄弟子、皇親は別の令規定では「親王」「内親王」（家令職員条1一品条、衣服令2親王条、同8内親王条）、「王」「女王」（後宮職員令16朝参行立次第条、衣服令3諸王条、同9女王条）となり、性別が区分けされる。天皇に対する自称も、男は「臣」、女は「妾」（儀制令3皇后条）であり性差がみられる。

臣家の姓に性差は設けなかったが、皇女、二世王以下には「内親王」「女王」として「内」「女」を付すのである。その目的の一つが、国家からの給付や待遇のための性別区分であることは明白である。

一方、継嗣令1皇兄弟子条本註には「女帝子亦同（女帝の子もまた同じ）」とあり、令制用語である「女帝」

と、第3節で提示する「姫帝」の関係が問われる。わが国では双系的な社会の基層のうえに女性天皇が輩出した。これに対し、継嗣令のベースである唐封爵令が男帝・父系を基本とする条文であったために、日本令では「女帝」を付記する必要が生まれたのであり、法制用語として男女を区別する際には「男帝」「女帝」と並称されたのである。[注36]したがって「女帝」は、女性に一律に「ヒメ」「メ」を付加するジェンダー記号とは異なるものと判断しておきたい。そのうえで、法制用語ではない分野で女性天皇にだけ冠された「ヒメ」が帯びる、社会的価値観のありようを考察したい。

2　天皇の諡号における「ヒメ」「ヒコ」号の定着

持統の和風諡号は、はじめ「大倭根子天之広野日女尊」（『続日本紀』大宝三年〔七〇三〕十二月癸酉条）だったが、養老四年（七二〇）成立の『日本書紀』では「高天原広野姫天皇」（巻三十）とされている。山田英雄氏によれば、大宝三年に「大倭根子天之広野日女尊」の諡号が贈られ、その後『日本書紀』編纂までに「高天原広野姫天皇」の諡号が贈られたか修正され、『日本書紀』に後者が記載されたのだという。[注37]女性天皇に付された「ヒメ」が、『日本書紀』の編纂に伴って「姫」に統一されていく経過がみてとれる。

『日本書紀』の天皇の和風諡号をみると、神武～仲哀までは綏靖を除き「彦」が付される。しかし、応神～持統は、男帝の諡号に「彦」はみえず、女帝のみ「姫」が付される。

これまで「ヒメ」は「ヒコ」と対置される称だと考えられてきた。しかし、冒頭で述べたように、古代の個人名に性差はないのであり、それは王族も同様であった。名号という点でも、推古朝の遣隋使がのべたとされる「アメタリシヒコ」（『隋書』倭国伝）の称は、大王一族が名乗ってきた「高光る日の御子」の洗練されたものであり男性に限定する理由はないという。[注38] 君主号にも男女の別はなかったと結論できるだろう。

慶雲四年(七〇七)に死去した文武天皇の諡号は「倭根子豊祖父天皇」(『続日本紀』慶雲四年十一月丙午条。のち「天之真宗豊祖父天皇」に改められた)であり、そこに「ヒコ」はない。ところが、天平勝宝八歳(七五六)に死去した聖武に「天璽国押開豊桜彦尊」が贈られ(天平宝字二年〈七五八〉八月戊申条)、中断を経て、平城天皇の和風諡号に「彦」が付されたが、以後は途絶えた。天皇諡号がヒコとヒメの対になるのは八世紀中期で、ごく新しく、[注39] かつ短命である。

これはまさに、名号によって性別を明らかにするという制度の反映である。七世紀末から八世紀初頭にかけて、天皇・皇親・貴族女性に「ヒメ」が冠され、そのひとが男性ではなく、まぎれもない女性であることが表現されるように変化した。それが、「某姫天皇」「比売朝臣」「姫王」(大宝令では「女王」)という表記としてあらわれているのである。この変化は、律令国家建設と軌を一にする。七世紀後半から八世紀初頭にかけて律令官僚機構づくりが指向され、大宝元年(七〇一)の大宝令によって二官八省を中心とする機構が成立するが、それは、天皇の政務を支える行政システムに女性を包摂しながらも、二官八省からは排除するという矛盾を含んだものとなった。官僚機構における男女別官司編成の準備は天武朝には始まっており、天武二年(六七三)の男女別出仕規定の公布はその一端とみなされる(『日本書紀』天武二年五月乙酉条)。「比売朝臣」「女旦臣」の表記は、ちょうど、男女ともに「宮人」であったものが、官人と「宮人」に区分けされ、男女官司の分離が進行し、男官が二官八省などに、女官(宮人)が後宮十二司に配置されていく時代に現れた。[注40] そして、大宝令施行からしばらく経過したのち、男女区分の浸透にともない、「比売朝臣」の称はみえなくなるのである。ジェンダー区分けの成立にともなう変化であり、古代女帝の終焉とともに男帝の諡号から「彦」が消えるのも、同様の意味を持つとも考えられよう。

3　「姫帝」と「元明姫太上天皇」

第二章で、薬師寺流記資財帳に記された「比売朝臣」を考察したが、薬師寺史料には、天皇に対しても「ヒメ」を付し、「姫帝」「姫太上天皇」とする記載がみえる。

（一）姫帝

薬師寺縁起（醍醐寺本）

爰第元明天（天智第四女、第三十三(h)姫帝、治九年、文武）和銅元年（戊申）即位、同三年（己酉）遷二都奈良平城京一、譲二位於子飯高天皇一（第四同婦元明天王女(i)姫帝、治十年、）太上天皇

養老二年（戊午）、移二伽藍於平城京一（下略）

（二）姫太上天皇

薬師寺僉議《せんぎ》状（永保二年〔一〇八二〕十月五日付、薬師寺本薬師寺縁起収載）

薬師寺、養老二年（戊午）、(j)元明姫太上天皇奏聞下レ勅、従二彼高市郡本薬師寺一、移二建於此添下郡平城右京一、今寺

去天平及宝亀年中注録寺家流記云（下略）

寺院縁起は、八世紀には、元興寺・大安寺・法隆寺の各伽藍縁起幷流記資財帳のように作成年次（天平十九年〔七四七〕）が確定できるものもあるが、薬師寺縁起については、それが最初に作られた時期は不明である。

薬師寺はたびたび火災や戦禍を被り、平安中期の天禄四年（九七三）には金堂と塔をのぞく大半の堂宇が焼失した。現存の薬師寺縁起諸本は、この火災からの復興事業が一区切りついた長和四年（一〇一五）に撰述された「長和の縁起」を原本とする。[注41] 上掲の醍醐寺本の第一行目の第二字「第」は薬師寺本によれば「弟」であり、また元

明天皇の「皇」が欠けているなど、書写・撰述過程での誤写や脱字、追記がみられるが、それを踏まえてもなお、薬師寺の起源と変遷に関する基本的な史料である。[注42]

（一）は、元明から元正朝にかけての薬師寺の移建にかかわる部分であり、（二）は、薬師寺本に収載された平安中期の僉議状の冒頭部分である。元明および飯高（元正天皇の名〔『本朝皇胤紹運録』〕）の二人が「姫帝」（傍線(h)(i)）と記され、僉議状では「元明姫太上天皇」（傍線(j)）の表記がみられる。

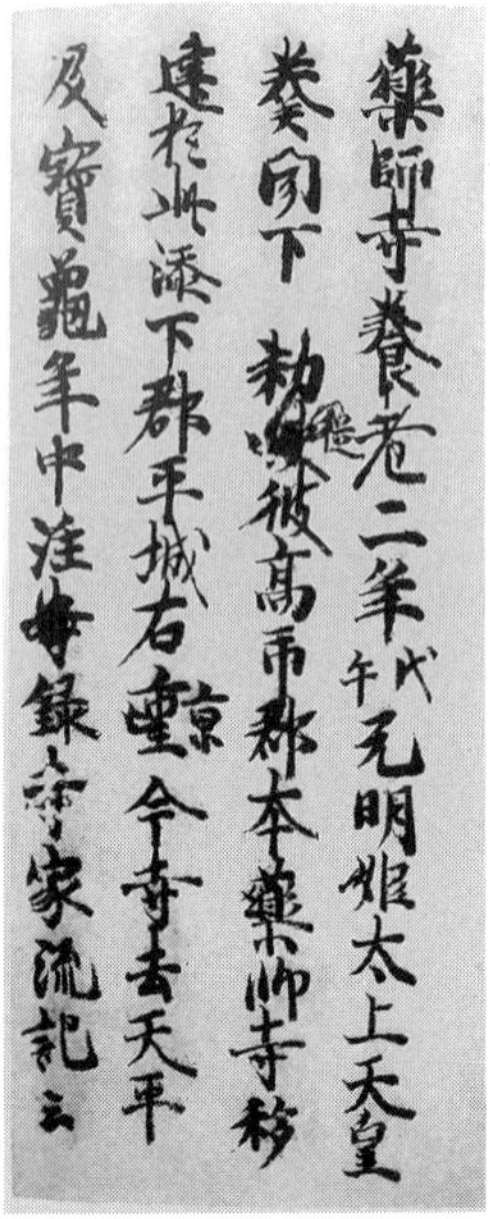

挿図３　薬師寺僉議状
（里文出版刊『薬師寺』〔1990年〕より）

薬師寺縁起は、同寺の創建や移建などに関与した三人の女帝のうち、持統・元明を漢風諡号で記載し、元正を生前の名により「飯高天皇」と記す。[注43] これは、持統・元明に諡号が贈られ、元正天皇は健在だったときに原縁起が作成されたことを示唆する。つまり、もともとは持統・元明は宮号（某宮馭宇天皇）もしくは和風諡号、元正は実名で記載されていたが、両天皇に漢風諡号が贈られたのち、平安中期の「長和の縁起」作成時までに宮号・和風諡号が削除され漢風諡号に書きかえられたことを推察させるのである。

平城京遷都にともなう薬師寺の移建について「長和の縁起」は「太上天皇養老二年戊午、移二伽藍於平城京一」とし、僉議状は「養老二年戊午、元明姫太上天皇奏聞下レ勅、従二彼高市郡本薬師寺一、移二建於此添下郡平城右京一」とする。[注44] 僉議状は、より詳しく、薬師寺移建が奏聞に応じた元明の勅によって実行されたことを明記するのである。このような独自かつ詳細な情報は、僉議状が、薬師寺移建に近い年代に作成された文書を参照したことをうかがわせる。私見では、これら元明天皇の詳しい関与の記載こそ、薬師寺の原縁起に書かれたものだと考える。

その成立は、養老五年（七二一）十二月七日の元明太上天皇の死から遠くない時期ではないだろうか。『続日本紀』養老六年十二月庚戌条には、元明の一周忌追善行事の締めくくりのように、「勅奉㆓為浄御原宮御宇天皇㆒、造㆓弥勒像㆒。藤原宮御宇太上天皇釈迦像。其本願縁記、写以㆓金泥㆒、安㆓置仏殿㆒焉」という記事が置かれる。それによると、元正（飯高）天皇が、浄御原宮御宇天皇（天武）のために弥勒像を、藤原宮御宇太上天皇（持統）のために釈迦像を造らせ、「本願縁起」を金泥で写させて仏殿に安置したという。薬師寺はもともと、天武が、皇后（のちの持統）の病気平癒を祈願したことに由来する寺であり、「長和の縁起」は、天武を第一代本願、持統を第二代本願、元明を第三代本願とする。右の『続日本紀』記事は、天武・持統に加え、前年に死去した元明を第三代本願と位置づけた原縁起の成立を示す史料ではないだろうか。

元明は、自身の諡号を「其国其郡朝庭馭宇天皇」とすべきことを遺詔し（『続日本紀』養老五年十月丁亥条）、山陵の石碑に「大倭国添上郡平城之宮馭宇八洲太上天皇」と刻まれた（元明天皇陵碑）。元明の死からまもなく撰述された縁起には宮号＋「太上天皇」と記された可能性が高い。元明にはのちに和風諡号「日本根子天津御代豊国成姫天皇」が贈られた。「長和の縁起」作製にあたって参照された文書では、宮号部分が「姫」を含む諡号に置き換えられて、さらに漢風諡号に上書きされたものの、「姫」は残ったという経過だったとみておきたい。

先にみた女官への「ヒメ」の付与は、男女別官司編成にあたっての男女区分の要請と軌を一にするものであったと思われる。女性皇親への「ヒメ王（姫王）」号導入も、そのような時期に、皇親男女の号にジェンダーが持ち込まれた結果だと考えることができるだろう。臣家女性・皇親女性への「ヒメ」の付与と合わせ考え、「姫帝」「姫太上天皇」は、八世紀のなかでもとりわけジェンダー区分が成立していく時期の過渡的観念を反映した表記だと推定しておきたい。「姫」をあてたのは、漢字「姫」の使用を天皇・皇親に限定した『日本書紀』の表記に引きずられたからであろう。

おわりに

「ヒメ」は、もともとは列島社会のなかで自然発生的に生まれ、幅広く用いられた女性リーダーへの尊称の一つであろう。それが、最上級の尊称・名号に発展し、七世紀末〜八世紀にかけて、男女の制度的区分に対応するジェンダー記号に転化した。八世紀初頭には漢字表記「姫」が現れ、一時期、女帝・皇親に独占的に使用されたが、平安時代には高貴な女性一般への敬称になっていったのである。

「ヒメ」は推古の讃え名の一部を構成するが、この段階では「王族女性内部での特別の尊貴的地位を示す称号」[注45]であって、そこにジェンダー機能を見いだすことは困難である。「ヒメ」号がジェンダー記号に転化する画期は、男女別の出仕法を規定した天武朝だとみておきたい。性別の明確化は、男女別の官司編成が進められた時期と重なる。大宝令を経て『日本書紀』編纂過程で「ヒメ」は特別な意味を付加された。七〜八世紀に女帝・女官双方が、公的には男女共通の「天皇」であり、男官・女官ともに「朝臣」でありながら、他方で女性のみに「ヒメ」と冠し性別を明記する社会的観念のあらわれが見いだせることと、やがて古代女帝の終焉を迎えることとは無関係ではない。律令に含まれる男系・父系継承の原理を契機に、ジェンダー概念が社会的に浸透していくという面から考察する必要があると思われる。

注

1 角田文衞『日本の女性名』上、教育社歴史新書、一九八〇年。義江明子『つくられた卑弥呼』ちくま学芸文庫、二〇一八年。
2 注1義江文献、一四八～一五〇頁。
3 注1角田文献、六九頁。
4 東野治之「『上宮聖徳法王帝説』の成立と史料価値」東野治之校注『上宮聖徳法王帝説』岩波文庫、二〇一三年、一三三頁。東野氏は、大宝令制下の成立という『上宮聖徳法王帝説』の系譜でも、厩戸王の母の「穴太部間人王」という表記について、男女の書き分けのない「古風な表記を留める」と指摘している（一四頁）。
5 注1義江文献、一四四～一五一頁。義江明子「〝卑弥呼たち〟の物語」（赤坂憲雄ほか編『いくつもの日本Ⅵ女の領域・男の領域』二〇〇三年、岩波書店）も参照されたい。
6 桑原祐子「「正倉院文書」に於ける女性名の表記――女性名の構成要素「―メ」」『万葉』一三九、一九九一年。
7 時野谷滋「『日本書紀』の用字三題――姫と媛と彦――」『藝林』二五二、二〇〇四年。
8 山田英雄「古代天皇の諡について」『日本古代史攷』岩波書店、一九八七年、一二二～一二三頁。
9 児島（長久保）恭子「和風諡号の基礎的考察」竹内理三編『古代天皇制と社会構造』（校倉書房、一九八〇年）。なお、水野祐氏は和風諡号は推古以後拡充・制度化され、大宝令の制定とともに確立し、元明・元正朝の修史の際に記紀にみられる形態に統一されたとした（「諡号考」『日本古代王朝史論序説』新版。一九九二年、早稲田大学出版部、一五二～一五三頁）。和田萃氏は和風諡号の開始を安閑・宣化朝においた（「和風諡号の成立と皇統譜」（上田正昭他編『ゼミナール日本古代史』下、光文社、一九八〇年、三三四頁）。
10 注1義江文献、一六一～一六五頁。
11 義江明子「伝承の斎王――〈ヒメ〉名称を手がかりに――」『大美和』一二九、二〇一五年、八～九頁。
12 『日本書紀』には、飯豊女王（顕宗即位前紀）、栗下女王（舒明即位前紀）という表記がある。飯豊は「臨朝秉政」したとされる女性であり「女王」は神功皇后紀所引「魏志云」「晋起居注云」中の「倭女王」と同じく、女主の意である可能性がある。栗下女王の表記は、八世紀前半、宮人トップを王族女性が占めた（西野悠紀子「桓武朝と後宮――女性授位による一考察――」総合女性史研究会編『日本女性史論集2　政治と女性』吉川弘文館、一九九七年、三八～四二頁。初出一九九二年）ことを投影した文飾だろう。
13 直木孝次郎『額田王』吉川弘文館、二〇〇七年、一〜七頁。
14 虎尾達哉「律令国家と皇親」『律令官人社会の研究』塙書房、二〇〇六年、一一六〜一二三頁。初出一九八八年。
15 護国寺本『諸寺縁起集』西大寺縁起にもほぼ同文の「薬師寺流記資財帳」竄入がある。
16 護国寺本は、奴婢施入数を「奴婢四十七口、五十六口、又四人、五人、又八人、廿八人、又一人、二人、又十人、十一人、」とする。
17 大嶋の妻または女子説（福山敏男『奈良朝寺院の研究』高桐書院、一九四八年、一四五頁。岸哲男「「比売朝臣額田」について——栗原寺三重塔伏鉢銘の意味——」『二松学舎大学論集』（昭和五十一年度）一九七七年、一五頁）、額田王説（神田秀夫『初期万葉の女王たち』塙書房、一九六九年、二四五〜二四八頁）など。
18 東野治之「大宝令前の官職をめぐる二、三の問題——大・少納言、博士、比売朝臣——」『長屋王家木簡の研究』塙書房、一九九六年、二九八〜二九九頁。
19 注18東野論文、二九五〜三〇〇頁。東野氏は、「ヒメトネ」と訓じる論拠に『延喜式』中務省女官季禄条の「宮人」の訓「比売刀祢」や、『日本書紀』仁徳四十年是年条の「内外命婦」の古訓「ウトノヒメトネ」をあげた。
20 注18東野文献、四四一頁。なお、「比売朝臣」「女且臣」を「ヒメマヘツキミ」と読む見解もある（川崎晃「藤原不比等」三田古代史研究会編『法制と社会の古代史』慶應義塾大学出版会、二〇一五年、一五一〜一五三、一六四頁）。
21 『藤原宮木簡』二「解説」奈良国立文化財研究所、一九八〇年、六六頁。
22 伊集院葉子『古代の女性官僚』吉川弘文館、二〇一四年、二四〜二七頁。
23 伊集院葉子「八世紀の五位直叙と女竪」『専修史学』六二、二〇一七年。
24 同木簡については、坂上康俊「嶋評戸口変動記録木簡をめぐる諸問題」（『木簡研究』三五、二〇一三年）を参照されたい。
25 美濃国戸籍には、男性名「加比」「乎加比」と女性名「乎加比売」がみえる（『大日本古文書』（編年）、一—六〜七）。天平十四年十一月十四日「尼宝蔵優婆夷貢進解」にみえる「小治田朝臣於比売」（『大日本古文書』（編年）八—一三三）なども名の語幹「オヒ」に「メ」が付いた例だろう。なお、『続日本紀』には「賀茂朝臣比売」（天平七年十一月乙未条）がみえるが、八世紀末の撰であり、個別の分析が必要と考える。本稿では保留しておきたい。
26 注7時野谷論文。

27 飯田瑞穂「天寿国繡帳銘の復原について」『聖徳太子伝の研究』吉川弘文館、二〇〇〇年。本稿における繡帳銘文は飯田氏の復原による。

28 天寿国繡帳の制作年代は、飯田瑞穂氏は推古朝とし（「天寿国繡帳銘の復原について」）、義江明子氏は、系譜の形式・観念に限定すれば七世紀前半とした（「「娶生」系譜にみる双方的親族関係」『日本古代系譜様式論』吉川弘文館、二〇〇〇年、六二、八九～九〇頁）。仏教美術史の立場から大橋一章氏は、繡帳に描かれた連珠文や錣葺建築、俗人の服制は推古朝当時のものを反映していること、僧侶の服制、蓮華化生・変化生・蓮華などのような特殊な図像がいずれも「中国南北朝時代の仏教美術に直結」することなどを緻密に考証し、繡帳と銘文が推古朝に制作されたものであることを明らかにした（『天寿国繡帳の研究』吉川弘文館、一九九五年、一六三～一六五頁）。ここでは、推古朝～オホイラツメ生存時までの作製と考えて考察をすすめたい。なお、東野治之氏は、持統朝に新たに銘文を付したか新たに製作されたとし（「天皇号の成立年代について」『正倉院文書と木簡の研究』塙書房、一九七七年、四一二頁）、大山誠一氏は銘文成立を奈良時代とする（「天寿国繡帳銘の成立」『長屋王家木簡と金石文』吉川弘文館、一九九八年）。銘文を含む天寿国繡帳の制作過程については、大橋一章氏より御教示をいただいた。記して感謝したい。

29 荒木敏夫氏によるとキミは王妻を含む一般的な尊称だという（「倭王・王妻・太子」『日本古代王権の研究』吉川弘文館、二〇〇六年、五四～五八頁）。

30 『釈日本紀』巻十三述義九、男大迹天皇系譜。引用は国史大系本による。

31 横田健一「『記』『紀』の史料性」『日本書紀成立論序説』塙書房、一九八四年、三一九頁。初出一九五九年。

32 矢嶋泉「『上宮記』逸文所引「一云」の資料性」『青山学院大学文学部紀要』三八、一九九七年。

33 『上宮聖徳法王帝説』の引用は、注4東野文献によった。

34 注4東野論文、一三九、一四二～一四三頁。

35 注11義江論文。

36 義江明子「王権史の中の古代女帝」『日本古代女帝論』塙書房、二〇一七年、九四頁。同『古代王権論』岩波書店、二〇一一年、一八七頁。

37 注8山田論文、一一〇～一一一頁。

38 注36義江論文、六九頁。

39 注11義江論文、八頁。

40 伊集院葉子「古代女官研究の視点」『日本古代女官の研究』吉川弘文館、二〇一六年。

41 主要な写本は、①醍醐寺の『諸寺縁起』収載縁起（醍醐寺本、建永二年〔一二〇七〕書写、重文）、②護国寺の『諸寺縁起集』収載縁起（護国寺本、康永四年〔一三四五〕ごろ書写、重文）、③薬師寺に伝わる縁起（薬師寺本。奥書によれば主要部分の書写は元弘三年〔一三三三〕）である（町田甲一企画、安田暎胤・大橋一章編『薬師寺』里文出版、一九九〇年、三三二～三三三頁）。「長和の縁起」に引用された「流記」「旧流記」の成立年代や史料的性格に関しては、下記の研究も参照されたい。堅田修「寺院縁起の研究」『大谷大学研究年報』三一、一九七八年。長谷川誠「長和の薬師寺縁起に引用の天平「流記」」『筑波大学芸術年報』一九八三年。澤田浩「『薬師寺縁起』所引天武系皇親系図について」『国史学』一四二、一九九〇年。

42 薬師寺縁起の写本については、注41『薬師寺』のほか、東野治之氏が「文献史料からみた薬師寺」（『大和古寺の研究』塙書房、二〇一一年。一九二～一九五頁）で詳細に考証しており参照されたい。本稿は、注41『薬師寺』の写真版によった。また、薬師寺縁起に関して、薬師寺の山本潤氏からご教示を賜った。記して感謝したい。

43 天皇が実名で記される例に「軽天皇」（山代真作墓誌）と書かれた文武がある。

44 ただし、薬師寺伽藍北方の井戸から霊亀二年（七一六）の年紀が記された木簡が出土したことなどにより、造営自体は養老二年以前から始まっており、養老二年は寺籍の移転の年だとみられている（奈良文化財研究所『薬師寺発掘調査報告』一九八七年、五～六頁）。

45 注11義江論文、八頁。

（本研究はＪＳＰＳ科研費ＪＰ１８Ｋ００９３６の助成を受けたものです）

日本古代の正史編纂と王権

久禮　旦雄

はじめに——古代史学史研究の近年の成果について

近年の日本古代の史学史研究を回顧するとき、重要なのが、平成十八年（二〇〇六）に行われた、歴史学研究会古代支部会ミニシンポジウム「国史編纂」である。その成果は翌年『歴史学研究』八二六号掲載の「小特集　古代国家と史書の編纂」として刊行された。内容は以下の通りである。[注1]

関根淳「国史編纂の資料と作業」／遠藤慶太「勅撰史書の政治性——ふたつの桓武天皇紀をめぐり」／細井浩志「官撰史書の書名と性格——唐との比較より見る8世紀の修史事業」／長谷部将司「『続日本紀』成立以降の『日本書紀』——『日本書紀』講書をめぐって」／河内春人「『王年代紀』をめぐる覚書」／水口幹記「書評　遠藤慶太『平安勅撰史書研究』」

同年には、遠藤慶太『平安勅撰史書研究』（皇學館大学出版部）が刊行されているが、それに先立ち、平成十六年（二〇〇四）に長谷部将司が『日本古代の地方出身氏族』（岩田書院）、平成十七年（二〇〇五）に細井浩志が『古代の天文異変と史書』（吉川弘文館）、水口幹記が『日本古代漢籍受容の史的研究』（汲古書院）といった関連する研究成果を発表していることも見逃せない。[注2] いわば古代史における史書や歴史意識といった研究テーマの盛り上がりの中で、企画されたものである。

冒頭には歴史学研究会編集委員会による特集の趣旨が掲載されており、「国家による史書の編纂はそれ自体イデオロギー的な営為であり、支配権力の正統性・価値観・世界観をアピールする手段でもあった。それゆえ、いかに客観的に見える記事であっても、その内容を検討するにあたっては、編纂主体である国家権力のスタンスを常に念頭におかねばならない。それを明らかにするためにも史書編纂を具体的に究明する必要があろう」と述べられている。[注3]

ここではまず、「史書編纂がイデオロギー的営為」であることが指摘されている。これは、『古事記』を（また『日本書紀』についても）、「八世紀初めに律令国家として完成を見るにいたる…天皇の世界を根拠づけるものとして、現実が何に負うているかを、まるごと語る物語」として読み解くべきとする神野志隆光に代表される「作品論」を視野に入れての表現であることが推測される。[注4]

もっとも、「作品論」的研究については、歴史学の立場からすれば、『古事記』を律令国家の成立を正統化するものという指摘はそれほど目新しいものではなく、そして『古事記』と『日本書紀』の源流となった史料群との緊張・影響関係を論じないため、結果的に史書編纂の経緯が不明確になってしまうとの批判がある。[注5] 神野志氏自身が、自らの研究について「『古事記』『日本書紀』の語るところは、現実の古代に還元することができない。それはテキストにおいて成り立つ「古代」として見るべきである」とし、自らのかつての研究について、「『日本書紀』が構成した「歴史」を、そのまま歴史に還元してしまった…語りえないものを語ってしまった」と「自己批評というか、自己解体」している。[注6]氏のいうところは、一部に行われているような、国文学における「作品論」的立場の研究成果を歴史学に応用することへの拒否と捉えることも可能である。

先ほどの特集趣旨は続いて、「編纂主体である国家権力のスタンス」を明らかにするため「史書編纂を具体的に究明する必要」を指摘する。即ち、「律令国家の正統化」のようなイデオロギーを結論として、それに合致する内容を史書の中に求めるのではなく、史書の編纂過程に現れる国家の姿勢から、そのイデオロギーの内実を、具体的に明らかにしようとする。[注7]ここに「作品論」の克服という姿勢を読み取ることもできよう。

以後、古代国家による史書編纂の具体的過程の研究が、このシンポジウムの報告者たちを中心として活発となる。そして平成二十七年（二〇一五）、皇學館大学研究開発推進センター（史料編纂所第一部門　六国史編年史料）の研究事業として、約十年前と同じタイトルで行われたシンポジウム「国史編纂」が開催された。当日の報告者と報告タイトルは、遠藤慶太「『古事記』と帝紀」／関根淳「天皇記とその前後」／河内春人「『日本書紀』系図一巻と系譜意識」／笹川尚紀「都夫良意富美伝承考」／細井浩志「国史の編纂――『日本書紀』と五国史の比較――」となっており、この内容は、『日本書紀の誕生――編纂と受容――』（八木書店）としてまとめられた。[注8]

筆者に与えられたテーマは「正史編纂と王権」である。このテーマは、既に述べた近年の古代史学史研究が最も中心として扱ってきたものである。その中にあって、独自の成果を提示することは難しい。そこで、以下ではまず、先学の研究成果に基づき、日本古代の正史（国史）の性格と意義について述べ、続いて、古代の歴史叙述のうち、「正史」にならなかったものの内容を検討する。その上で、なにが「正史」と異なるかを論じ、最終的に日本古代における「正史」とは何であったかを考えてみたい。

一　日本古代の正史（国史）の性格（1）

「正史」とは何か。『日本国語大辞典』（第二版）は「正確な事実の歴史、また国家、政府などで編修された歴史」とし、あるいは「中国の古代から明までの各時代の、最も正統と認められた紀伝体の歴史書」を意味すると記す。『隋書経籍志』では「是れより世に著述あり、皆班（班固らの『漢書』）・馬（司馬遷の『史記』）に擬して、以て正史と為す」とあり、『大漢和辞典』ではこれに基づき、「紀伝体の歴史」を意味するとしている。

しかし、本書で筆者が与えられた課題としての「正史」は、中国の史書をモデルとして、日本古代律令国家により編纂された六国史（『日本書紀』『続日本紀』『日本後紀』『続日本後紀』『日本文徳天皇実録』『日本三代実録』）を指す。

中国で「正史」とされるのは「二十四史」（史記・漢書・後漢書・三国志・晋書・宋書・南斉書・梁書・陳書・魏書・北斉書・周書・隋書・南史・北史・旧唐書・新唐書・旧五代史・新五代史・宋史・遼史・金史・元史・明史、これに新元史を加えて「二十五史」、更に清史稿を加えて「二十六史」とも）であるが、天文・暦法・典籍の管理を行う太史令を務めた司馬遷による『史記』や、宮中の典籍の管理校正に関わる典校秘書の職にあった班固らの『漢書』など、いわば半官半民のかたちで作られたものも含んでおり、後世（「二十四史」は清代の乾隆帝による決定）にさかのぼって「最も正統」と定められた。もっとも後代になると、修史機構が整備され、史書編纂は完全に国家事業となる。そこでは皇帝の言行は日々記録され、三ヶ月ごとに「起居注」として史館に送られる。それをもととして、皇帝一代ごとの「実録」が編纂され、さらにそれがまとめられ王朝ごとの紀伝体による「国史」が編纂される（その内容は皇帝の伝記である「伝」、重要人物の伝記である「伝」、経済や天文、祭祀などのテーマ別の通史である「志」、そして歴史事象についての年表である「表」により構成される）。これは唐代以降、帝政が終わる清に至るまで（修史事業そのものはその後も）継続された。[注9]

これに対して、日本の六国史は唐代以降の中国の修史機構をモデルとしたため、一貫して国家事業として行われ、そして十世紀初頭に途絶してしまった。日本では「正史」＝「国史」であるのに対して、中国ではそうではないことは興味深い相違点である。これは、日中における漢字読解・記述能力を習得した人間の数の絶対的な違いによるものであろう。

ここで日本の国史＝正史である六国史の内容について、先学の業績によりながら、六国史のそれぞれの成立過程・特徴を見ていくこととする。さらにいくつかのポイントに絞って、六国史全体に共通する性格について述べておこう。[注10]

（1）『日本書紀』全三十巻。神代から持統天皇朝までを扱う。養老四年（七二〇）に舎人親王により「系図一巻」とともに奏上される（『続日本紀』）。その編纂事業は天武天皇十年（六八一）に天武天皇が川島皇子・忍壁皇子・廣瀬王・竹田王・桑田王・三野王・上毛野三千・忌部子首・阿曇稲敷・難波大形・中臣大嶋・平群子首に「帝紀及び上古諸事」の編纂を命じた（『日本書紀』）ことに始まると考えられ、和銅七年（七〇九）には紀清人・三宅藤麻呂に対して「国史」の撰に加わることが命じられている（『続日本紀』）。このほか、稗田阿礼とともに『古事記』を著した太安麻呂も編纂に参加したとされる（『弘仁私記』）。『日本書紀』は『古事記』や以後の国史（五国史）のように完成に際しての上表文や序文をもたないため、その編纂過程についてはわからないことが多い。

（2）『続日本紀』全四十巻。文武天皇元年（六九七）から桓武天皇朝の延暦十年（七九一）までを扱う。延暦十三年

（七九四）と延暦十六年（七九七）の二回の上表文が残っており、桓武天皇に対して二度に亘り奏上が行われたことがわかる。

二つの上表文によれば、当初、文武天皇元年から天平宝字元年までは「曹案」三十巻が存在していたが、光仁天皇が石川名足・淡海三船・当麻永嗣に再編纂を命じた。しかし作業は進まず、その間に天平宝字元年の草稿は紛失する始末であった。おそらく同じ頃、天平宝字二年から宝亀年間の歴史編纂が石川名足・上毛野大川に命ぜられた。しかしこれも「案牘」としてまとめられるに留まった。桓武天皇は、前半部分について菅野真道・秋篠安人・中科巨都男に内容の圧縮も含めた再編纂を命じ、後半部分についても藤原継縄と真道・安人による再々編纂を行わせた。延暦十三年に前半が完成して継縄と真道により奏上され、三年後に後半が出来上がり、更に桓武天皇朝の部分が編纂され、既に完成している部分とあわせて『続日本紀』として菅野真道により（継縄は前年に死去）提出された。

（3）『日本後紀』全四十巻（現存十巻）。桓武天皇朝の延暦十一年（七九二）から淳和天皇朝の天長十年（八三三）までを扱う。序文によれば、弘仁十年（八一九）、嵯峨天皇が、藤原冬嗣・藤原緒嗣・藤原貞嗣・良岑安世に編纂を命じた。第一次編纂体制というべきこの段階では、『続日本紀』の最後の年から二十年しか経過しておらず、果たして完成を想定していたのかはわからない。結局未完成のまま、緒嗣以外の三人が没するに至った。

第二次編纂体制は淳和天皇の治世において発足し、緒嗣のほか清原夏野・直世王・坂上今継・藤原吉野・小野岑守・島田清田に編纂の続行を命じる詔が下った（同時に任命されたかは不明）。しかしこの作業は、編纂が淳和天皇の即位後まもなく命ぜられたとしても、その治世が十年ほどであったため、進展ははかばかしくなかったようである。

次の仁明天皇の時代になると三たび詔があり、第一次編纂命令以来の緒嗣、第二次編纂命令以来の吉野に加え、源常・藤原良房・朝野鹿取、そして布瑠高庭・山田古嗣により編纂が行われ、最終的に承和七年（八四〇）、完成が報告されることとなった。

（4）『続日本後紀』全二十巻。仁明天皇の即位年である天長十年（八三三）から、嘉祥三年（八五〇）の崩御・葬送までを扱う。文徳天皇の勅命により斉衡二年（八五五）、藤原良房・伴善男・春澄善縄・安野豊道により編纂が開始された。完成は次の清和天皇朝の貞観十一年（八六九）であるが、その序文には編纂に関わったものとして、良房・善男・善縄のほか、藤原良相（良房の弟）と県犬養貞守の名があり、編纂の過程で、良相は病死し、善男は応天門の変で失脚、貞守は地方に転出したため、最終段階は良房と善縄によって行われたとされている。安野豊道については序文に登場しないが、地方に転出したことがわかっているので、それに代わって貞守が編纂スタッフに任命されたのではないかと想定されている。

なお、清和天皇は天安二年（八五八）に九歳で即位しており、史書編纂に対して関与できるはずもなかった。そのため、編纂を主導したのは、天皇の外祖父で太政大臣であった良房であったと思われる。六国史の編纂については、天皇の代替わりがあるとスタッフの再任命も含めた交替があることが多いが、『続後紀』については新しいスタッフの補充がほとんど行われていないことも、文徳天皇朝からの連続性が強い事業であったことを示すものであろう。

（5）『日本文徳天皇実録』全十巻。嘉祥三年（八五〇）の文徳天皇の即位から天安二年（八五八）の崩御までのわずか八年間を扱う、六国史中最も少部の史書である。序文によれば清和天皇朝の貞観十三年（八七一）に藤原基経・南淵年名・都良香・大江音人・善淵愛成・島田忠臣に編纂が命ぜられた。しかし編纂事業は進展せず、まもなく休止状態となったようである。

清和天皇が譲位すると、即位した陽成天皇は編纂を督励したが、相前後して年名・音人が没したため、元慶二年（八七八）に藤原基経・菅原是善に詔が下され、それ以前からの編纂スタッフであった良香・忠臣とともに編纂を行うことになった。もっとも、陽成天皇は父帝と同じく九歳で即位しているため、ここでも編纂の主導権は良房の甥で後継者となった右大臣基経のもとにあったと考えるべきであろう。是善の子・菅原道真による序文は編纂において都良香が活躍したことを特に記す。あまりにも尽力したためか良香は完成を目前にした元慶三年二月に四十六歳で急死した。『文徳天皇実録』が完成・上表されたのは同年十一月のことである。
（６）『日本三代実録』全五十巻。清和天皇朝の天安二年（八五八）から、陽成天皇朝を経て、光孝天皇が崩御した仁和三年（八八七）までを扱う。『文徳実録』から一転して六国史中最大の巻数を誇る。序文によれば、その編纂事業は、宇多天皇朝に、源能有・藤原時平・菅原道真・大蔵善行・三統理平が命じられたことに始まる（『日本紀略』には寛平四年のこととし、能有・時平・善行の名をあげる）。『続日本紀』以来、編纂スタッフのトップに藤原氏が就くという慣例を破り、文徳源氏の源能有をその地位に就けたことに宇多天皇の改革の姿勢を読み取ることが出来よう。
しかし、寛平九年に右大臣を極官として源能有が病没し、同年宇多天皇が譲位すると、事業が一時中断した。まもなく、醍醐天皇が即位すると再び時平・道真・善行・理平に編纂が命ぜられ、従来の藤原氏をトップとする体制に回帰することになった。その後、昌泰四年（九〇一）正月に道真が太宰権帥に左遷され（昌泰の変）、二月には理平が越前介となり地方に転出する。スタッフはこの段階で時平・善行のみとなるが、編纂作業はほぼ完了していたと思われ、七月の「延喜」改元をはさんで、翌八月に完成が醍醐天皇に報告されることとなった。

以上、六つの国史＝正史それぞれの概要を述べた。個々の史書ごとに当時の政権中枢との関係のもと、変化はあるが、おおむね皇族か藤原氏・源氏がトップとなり、実際の編纂作業の中心となる公卿クラスの人物（文人官僚であることが多い）、編纂作業に関わる文人官僚や大外記のポストにある中級貴族などによるチームが、そのたびごとに任命されていることは共通している。

十世紀の村上天皇の撰になる『新儀式』には「国史を修す」として、「三・四代を隔てて（国史を）修す。先に其の人を定む（第一大臣、執行参議一人、大外記幷びに儒士の中に択堪筆削に堪へる者一人を択び、制して作らしむ。諸司の官人、事に堪へる者四・五人、其の所に候ぜしむ）とする。この中で規定された国史編纂（撰国史所）のメンバーは実際に行われたものとほぼ一致している。八世紀の養老職員令では「中務卿」の職能として「監修史書」、その部下である図書頭の職能として「修撰史書」とあり、これらのポストが属する中務省で史書編纂が恒常的に行われていたようにも読み取れるが、現実にそのような動きがあった形跡はない。

二　日本古代の正史（国史）の性格（2）

ここで、六国史全体に共通する特徴についてまとめておこう。

1　六国史の継続性と相補の姿勢

六国史は全てがその書名に「日本」を含んでおり、また『続日本紀』『日本後紀』『続日本後紀』は前代の史書を継承するものという自らの位置づけを書名に含んでいる。「日本」は七世紀の我が国の王権が、唐帝国（正確には武則天による「周」の時代）に対し、従来の呼称である「倭」に代わり主張した国号（王朝名）である。[注11]『日本書紀』はまさにその時代に編纂が開始された。神田喜一郎は、『日本書紀』は元来、『日本書』（漢書・唐書のような王朝の歴史書）の「紀」（本紀＝皇帝の伝記）と記されていたのが、のちに一体のものと誤解されたと指摘する。[注12]実際に「日本書　紀」と書かれた時代があったのか、ということは明確ではないが、その書名に、神代から天孫降臨を経て、天武・持統天皇による律令国家「日本」の成立（文武天皇即位の直前）までを一貫した展開過程として描くという意味が込められていたことは確かであろう。

細井浩志は「書紀は新生日本国（律令国家）が、自らの起源と正統性を描いた、自画像としての歴史だった」とし、「天皇」ではない、中国王朝の臣下としての「倭王」の歴史は、その記述から排除され、逆に「帝国」としての神功皇后の三韓征伐の記事などが強調されたとする。[注13]『続日本紀』以降の史書名には、このような『日本書紀』の中で書かれた天孫と神々の関係、あるいは天皇と豪族・貴族との関係に基づく「日本」の歴史を「後」の時代にも「続」けて継承していく姿勢がうかがえるのである。[注14]

その意味では、六国史には、それぞれに成立の経緯があったとしても、前代の史書を継承し、補うという姿勢をとることが多い。たとえば、『日本後紀』大同元年（八〇六）四月庚子条では、桓武天皇の崩御の記事に続けて「山城国紀伊郡柏原山陵に葬す。天皇、諱は山部。天宗高紹天皇（光仁天皇）の長子なり〔前史闕きて載せず。故に此に具に記すなり〕。母は高野大皇太后と曰ふ」として、前史（『続日本紀』）では記述のない桓武天皇の実名や系譜について記している。『続日本紀』が桓武天皇朝の半ば、延暦十年までを記し、続きを『日本後紀』が受け持つという変則的なかたちになったために、このような記述が生まれたとされる。[注15]

2　六国史の断絶性と更新の姿勢

しかし一方で、前代の史書の内容とは異なる内容を記す例も見られる。

『続日本紀』天平勝宝元年（七四九）十一月己酉条には、「八幡大神託宣し、京に向かふ」とあり、同十二月丁亥条には、「八幡大神の禰宜尼大神朝臣杜女…、東大寺を拝す」との記事が見える。この時には聖武太上天皇、孝謙天皇、光明皇太后も共に東大寺に行幸しており、八幡神に一品、比売神には二品が授けられた。その際、左大臣橘諸兄が、詔を受けて八幡神に申し上げた内容として、「…豊前国宇佐郡に坐す広幡の八幡大神に申賜へ、勅りたまはく、『神我れ天神地祇を率ゐいざなひて必ず成し奉らむ。…銅の湯を水と成し、我が身を草木土に交へて障ること無くなさむ』と勅り賜ひながら成りぬれば、歓しみ貴みなも念ひたまふる。…」とあり、八幡神が天神地祇を率いて大仏造立に協力しようと託宣したと語られている。笠井昌昭によれば、これ自体が、記紀神話の神々では対応できない「王法と仏法とをつなぐ新しい神とその神話」、記紀神話を補う『続日本紀』の「新しい神話」である。[注16]

この「王法と仏法とをつなぐ新しい神」という性格が、尼として即位（重祚）した称徳女帝が僧侶である道鏡に皇位を譲ろうとする事態に際して、宇佐八幡の託宣が問題になった理由であろう（宇佐八幡宮託宣事件）。この事件についても、史書によって記述内容が異なることが指摘されている。事件そのものが『続日本紀』により作り上げられたという見解もあるが、[注17]しかし、「皇位の問題という朝廷の重大事を、さほど時を経ない段階で新しく創作する事は実質的に不可能ではないか」という長谷部将司の見解が妥当であろう。[注18]

託宣事件については、①『続日本紀』神護景雲三年九月己丑条、②『類聚国史』天長元年九月壬申条（『日本後紀』逸文)、③『日本後紀』延暦十八年二月乙未条(和気清麻呂薨伝)がそれぞれ記している。以下、長谷部の見解をもとに、これら複数の「物語」について述べることにしたい。

長谷部はこのうち、①『続紀』の記事で中心となるのは、「…清麻呂行きて神宮に詣ず。大神託宣して曰く、「我が国家は開闢以来、君臣定まれり。臣を以て君と為すこと未だ有らざるなり。天つ日嗣は必ず皇緒を立てよ。无道の人は宜しく早く掃ひ除くべし」と。清麻呂来り帰りて、奏すこと神の教えの如し。是に於いて道鏡大いに怒りて清麻呂の本官を解き、…除名して大隅に配す。」とある部分とし、「神託事件の責任を道鏡に転嫁し、…天皇の地位の不可侵性を強調しようとする意図が明確に見て取れる」もので、「新王朝の正当性を謳い上げるために利用された」「物語」であったとする。注19

これに対し、『後紀』の記事は、②和気清麻呂の子である真綱が提出した上表文と③清麻呂伝に由来するものであり、③では、八幡宮に向かう前の清麻呂の行動について記され、「是より先路真人豊永、道鏡の師為り。清麻呂に語りて云はく、「道鏡若し天位に登らば、吾何の面目を以て其の臣為るべし。我二、三子とともに今日の伯夷と為るのみ」と。清麻呂深く其の言を然りとし、常に到命の志を懐く。…」と、宇佐八幡に赴く以前から、道鏡の即位に批判的な考えを持っていたというエピソードが加えられ、清麻呂の主体性が強調されている。

宇佐八幡宮での託宣の際にも、「清麻呂祈りて曰く、今大神教える所、是れ国家の大事なり。託宣信じ難し、願はくば神異を示されむことを、と。神即ち忽然として形を現す。其の長さ三丈ばかり。色満月の如し。」と、託宣を確かなものとするために神の出現を請うなど、より積極的に事件に関わる清麻呂の姿が記されている。

これについて、長谷部氏は原史料である清麻呂伝を提出した和気氏が、天皇の「忠臣」としての清麻呂を顕彰しようとし、王権側は薬子の変と、その際の八幡・香椎宮への奉幣を踏まえて、王権の守護神としての八幡神を顕彰する必要があったため、「王権側と氏族側の利害関係が一致したところに、新たな神託事件の「物語」として…創出され」たものとされている。[注20]

また、②は、神護寺の整備と定額寺化、真言宗の道場とすることが申請され、認められたものだが、その中では、「時に大神託宣す。夫神に大少有り、好悪同じからず。善神は淫祀を悪み、貪神は邪幣を受く。我皇緒を紹隆し、国家を扶済せむがため、一切経及び佛を写造し、最勝王經萬巻を諷誦し、一伽藍を建てよ。凶逆を一旦に除き、社禝を萬代に固めむ。汝此の言を承け、違失有ること莫かれ、と。…」と、自らの勢威を強めるために仏教事業を行うことを求める八幡神の託宣が語られ、その後、光仁天皇が「親ら詔書を作り」この事業の遂行を命じ、更に桓武天皇が「先功を嘉して」定額寺化が行われたと語っている。長谷部氏は、和気真綱が大伴親王（淳和天皇）の春宮大進に任じられていることから、淳和天皇の「藩邸の旧臣」（皇太子時代からの天皇の側近）であり、その関係から、天長元年にこの上表文の提出が行われたとしている。[注21]

以上のような長谷部氏の指摘を踏まえて考えると、真綱上表文において、八幡神の託宣により道鏡による即位が挫折した結果、即位が可能となった光仁天皇と、その子桓武天皇の事業を受け継ぐものとして神護寺の整備が語られ、淳和天皇の兄である平城天皇・嵯峨天皇との関係が語られていないことは、淳和天皇朝における皇統意識を反映したものであり、それが『日本後紀』に吸収されたと考えられる。

八幡神に対する仏教事業は、その後も継続して行われており、『続日本後紀』天長十年（八三三）十月戊辰条には「景雲の年の八幡大菩薩の告げる所に縁りて、天長年中に至り、大宰府に仰せて一切経を写得せしむ。是に至りて便に弥勒寺に安置し、今更に復た一切経を写し神護寺に置かしむ」とある。また『日本三代実録』貞観十七年三月廿八日辛亥条には「…是れより先、故太政大臣藤原朝臣（良房）今上（清和天皇）垂拱、百霊を馭し、無爲に萬民を安んずがため、八幡大菩薩の奉爲に豊前国に於いて一切經を写せしめ、故傳燈大法師位行教に其の事を検ぜしむ。…」と、清和天皇の皇位の安定を目的として、藤原良房が八幡神のために豊前国弥勒寺の一切経を写さしめたことが記されている。行教の関与も含め、石清水八幡宮の創立を考える上で重要な記事である。清和天皇朝に再びこの事業が回顧されているのは、託宣事件により、皇位の守護神とされた八幡神の加護を求めるとともに、太政大臣藤原良房が、「忠臣」清麻呂に自らを重ねあわせようとする意図もあったのかもしれない。

なお、国史に収められることはなかったが、思託により延暦七年（七八八）に撰された仏教関係者の伝記集である『延暦僧録』の「感瑞応祥皇后菩薩伝」（藤原乙牟漏伝）には、その父である藤原良継（宿奈麻呂）について「孝謙天皇の時、太宰府帥に任ぜられ、百姓を撫育する事、赤子に同じ。…八幡神、感じて境外の防を寛げ、山を移し海を塞ぎ、以て西の鎮めと為す。」とある。藤原良継が太宰帥となったのは正確には孝謙天皇が重祚した称徳天皇朝のことであるが、その際、八幡神の加護を得たとしている。これは、乙牟漏が桓武天皇の皇后となり、平城天皇・嵯峨天皇を生んでいることを考えると、光仁天皇・桓武天皇と継承された皇統の継承者たちと八幡神との関係を、和気氏とは別に、藤原式家との方向から構築しようという動きがあったことを推測させる。しかし、藤原乙牟漏は皇子たちが即位する前に世を去り、良継の子である宅美がおそらく夭折し、式家自体もその後、藤原冬嗣を出した北家に比して衰退していったことから、この「物語」＝「神話」は『延暦僧録』に痕跡を留めるに終わったものであろう。

同じ事件について、史書ごとに異なる語りがあり、それぞれが後世に影響を与える一方で、国史に収められなかった「物語」＝「神話」があったことにも注意しておきたい。

3　六国史の恣意性と客観性

すでに和気氏と八幡神についての記述について、長谷部氏の見解をもとに述べたように、国史の記述は、その直接的な編纂主体である王権と、それに対して様々な資料を提出する氏族の相互承認により成立するものであり、王権と氏族の関係の変化による改変はあり得たとしても、王権側による恣意的な記述、極端な曲筆は不可能であり、ある程度の客観性は確保されていたと思われる。

そのようなあり方は、遠藤慶太によれば『日本書紀』にはじまるものとされる。遠藤氏は、『日本書紀』は編纂終了後、資料を提供した諸豪族の前で読み上げられ（養老講書）、形式的とはいえ、その内容に対する同意を得て完成したとする。[注22]

しかし、時として王権側が国史の記事について、強引な内容改変を行うこともあった。既に坂本太郎が指摘し、遠藤氏も言及するところであるが、『続日本紀』は桓武天皇のもとで、その治世である延暦十年までをその編纂対象としている。いわば同時代史までを含んだ正史なのである。その中には、皇太弟であった早良親王を桓武天皇の側近である藤原種継暗殺の首謀者として断罪し、早良親王を死に至らしめた経緯も記されていた。その後、早良親王の怨霊がささやかれるようになると、その部分を削除することを命じた。だが、桓武天皇の次の平城天皇の時代になると、その側近であり、種継の子である藤原仲成・薬子兄妹が、父の業績を顕彰するため、早良親王の死に関する記事を復活させ、更に薬子の変で仲成・薬子が敗れて死去すると、嵯峨天皇により再び記事は削除された（六国史のダイジェストである現行『日本紀略』には記事が残っている）。同時代史を書くことの難しさを物語るエピソードである。[注23]もっともこのようなことが頻繁に行われたとは考えにくい。

三　多様な歴史叙述の存在

改めて日中の史学史を比較の観点から見るならば、中国には紀伝体に対して編年体（宋代・司馬光の『資治通鑑』など）や紀事本末体（南宋代・袁枢の『通鑑紀事本末』など）があり、そしてまた、「雑史」や「稗史」と呼ばれる、民間主体で編纂された歴史叙述が存在することに気づく。日本の場合は、六国史は編年体であるが、『続日本紀』以降は官人の薨卒伝というかたちで紀伝体の一部を吸収したとされる。そして、六国史とは異なる歴史叙述も存在することは確かである。では、そのような正統とされない歴史叙述は、どのようなかたちをとるのであろうか。

既に吉田一彦は、国史とは異なる古代の歴史叙述が、〈加国史〉〈反国史〉〈非国史〉という枠組みで理解できることを指摘している。[注24] 吉田氏の議論を整理すると以下のようになる。

【吉田一彦による古代歴史叙述の分類】

〈加国史〉…国史（多くは『日本書紀』）の記述を認めつつ、独自の記述を加えたもの。

　藤原仲麻呂らによる『藤氏家伝』など。

〈反国史〉…国史に大枠は依拠しながら、その記述に反論し、異なる歴史を記すもの。

　斎部広成の『古語拾遺』など。

〈非国史〉…国史を前提としない歴史叙述。

　薬師寺僧景戒による『日本霊異記』など（仏教の文脈での歴史叙述）

ここで吉田氏のいう〈反国史〉は必ずしも「反国家」ということではない。例えば、津（菅野）真道が延暦九年（七九〇）に百済王氏と連名で桓武天皇に提出し、連から朝臣への改姓を願った上表文には、「国史・家牒」に基づき、自らを百済王の子孫とし、応神天皇朝に日本に「書籍」と「儒風」（儒教）を伝え、「皇太子の師」となった辰孫王（智名王）の玄孫にあたる三人がそれぞれ葛井・船・津氏の祖となったとする（『続日本紀』延暦九年七月辛巳条）。しかし、『日本書紀』では、応神天皇の皇太子・菟道稚郎子の師となったのは西文氏の祖である王仁であり、『古事記』では彼が『論語』と『千字文』をもたらしたとしている。真道の上表文は、「国史・家牒」によるとしながらも、内容は『日本書紀』と矛盾する〈反国史〉の立場であるが、その上表が認められ（菅野朝臣の賜姓）、更に真道が編纂に関わった『続日本紀』に上表文が掲載されたことで、「国史」の一部となったと吉田氏は述べる。[注25]

請田正幸によれば、百済系フミヒト（書記官）の氏族は、共通する始祖伝承（百済王による派遣・典籍の将来・皇太子の師を務めるなど）を有しており、その時の政治状況により、どの氏族の始祖伝承が国史に掲載されるかが変化するとしている。『日本書紀』の場合は壬申の乱で文禰麻呂が活躍したため、西文氏の始祖伝承である王仁の業績が掲載されたが、『続日本紀』では、渡来系の母（高野新笠）を持つ桓武天皇により、坂上田村麻呂らとともに重用され、安殿親王（のちの平城天皇）の東宮学士（皇太子の師）を務めた菅野真道の存在が、国史上の立場を逆転させたと推測される。[注26] 斎部広成による『古語拾遺』も、当時の平城天皇に対して、宮廷祭祀の由来を語り、現状への不満を述べたものであった。その意味では〈反国史〉の立場の歴史叙述は決して「反国家」ではなく、むしろ現在の「国史」を批判することで、未来の「国史」たることを期待したものであった。

その意味ではむしろ吉田氏のいう「反国史」は、将来において「国史」＝「正史」に成りうるという可能性も含め、「非正史」、即ち「正史（国史）に非ざるもの」という表現が的確かもしれない。後述するように、吉田氏が「非国史」とする『日本霊異記』などは、むしろ「異正史」、つまり「正史とは異なるもの」とするべきであろう。以下ではそのような分類をもとに、特に「非正史」を中心に議論を進めたい。

【吉田分類の一部修正案】

〈加正史〉…正史（国史、多くは『日本書紀』）の記述を認めつつ、独自の記述を加えたもの。

〈非正史〉…正史（国史）に大枠は依拠しながら、その記述に反論し、異なる歴史を記すもの。

その記事が正史に採用される可能性がある。

〈異正史〉…正史（国史）を前提としない歴史叙述、異なる歴史意識によるもの。

四　正史に非ざるもの――『万葉集』『懐風藻』『風土記』の歴史叙述

七世紀から八世紀にかけて数度の編纂過程を経て成立し、その最終段階において大伴家持が関与したと考えられている『万葉集』はその左注に『日本書紀』を引いており、その編纂か、後補の段階で『書紀』を参照したと思われる。しかし、その内容については『書紀』やその後の国史と一致しないところも少なくない。

坂本太郎は、『万葉集』に収められた大伴家持の「族に諭す歌」（巻二十、四四六五～四四六七）の左注に「右、淡海真人三船の讒言に縁りて、出雲守大伴古慈斐解任せらる。是を以て家持此の歌を作る也」とあるのに対して、『続日本紀』天平勝宝八歳五月癸亥条には「出雲国守従四位上大伴宿禰、内竪淡海真人三船、朝廷を誹謗し人臣の礼无きことに坐して、左右衛士府に禁ず。…詔ありて並びて放免す」とあり、相違することについて、三船と古慈斐が朝廷を誹謗して罰せられたというのが真相で、『万葉集』は大伴氏寄りの立場から古慈斐を庇い、その結果として淡海三船を批判することになったとする。[注27]

『万葉集』と国史の内容の齟齬は他にも確認できる。柿本人麻呂による高市皇子への挽歌には、「渡会の　斎きの宮ゆ　神風に　い吹き惑はし　天雲を　日の目見せず　常闇に　覆ひたまひて　定めてし　瑞穂の国を　神ながら　太敷しきまして…」（巻二、一九九）とあり、高市皇子が天武天皇の指揮下で活躍した壬申の乱に際し、伊勢神宮が神風を吹かせたと考えられていたことが読み取れるが、これについて『日本書紀』には言及がない。

天武天皇が戦いに先立ち、天照大神を「望拝」したことは、『日本書紀』天武天皇元年六月丙辰条に見え、それが編纂段階の文飾ではないことは、『書紀』の記述の下敷きとなった「安斗宿禰日記」逸文（『釈日本紀』所引）に、ほぼ同内容の記述が見えていること、そして乱の終結後、神宮の祭祀のために、伊勢国に大伯皇女が派遣され、律令制下の斎宮制度のルーツとされていることからも明らかである。それにも関わらず、いわゆる「神風」についての記述が『書紀』に見えないことについて、井上通泰は「世情一般の評判となるには至らなかったから…書漏した」が、「人麻呂は…従軍の老人などから聞いて居た」のではないかとしている。[注28]また、西田長男は、『日本書紀』の壬申の乱関係の記述の資料となる「日記」「家記」を書いた舎人たちが、この時の戦闘に参加していなかったからではないかと推測している。[注29]山村孝一は、「歌語「神風」は伊勢神宮とは関係なく、地名「伊勢」にかかる枕詞」で、高市皇子挽歌にのみ、枕詞とは違う「神風」が見えることから、これは人麻呂による独自の使用例であり、「神宮からの神風も史実ではなく、天武の祈願に応えて勝利をもたらした天照大神の神威を象徴する言葉」と論じている。[注30]

別稿で述べたように、『日本書紀』は、同時代の東アジアの価値観である儒教や法家の立場に近づけるため、神社や神話を積極的に評価しておらず、むしろ冷淡と感じられる時もある。[注31]そのため、「神風」についても言及しなかったのであろう。いずれにせよ重要なのは、『日本書紀』においてわざわざ一巻を割き、重要な位置づけを与えられている壬申の乱の経緯について、『書紀』と異なる内容が公然と語られ、それが問題視された様子もないことである。

同様のことは、八世紀に淡海三船が撰したとされる漢詩集『懐風藻』についても言える。この中では、三船自身が天智天皇の子孫ということもあってか、漢詩に付された作者の「伝」に、壬申の乱の勝者である天武天皇を批判し、天智天皇の血統を賞揚する姿勢が読み取れることは、既に指摘されている。[注32]そこでは、壬申の乱の敗者である大友皇子は「淡海帝（天智天皇）の長子」で「皇太子」とされ（『日本書紀』では大海人皇子が「大皇弟」であり、大友皇子は「太政大臣」である）、父の側近の藤原鎌足から「恐るらくは聖朝万歳の後。巨猾の間釁有らむ」（天智天皇崩御の後、悪賢い人物が皇位を狙う）と警告されたと記す。つまり、大友皇子を打倒し、壬申の乱により即位した天武天皇を簒奪者と位置付けているのである。

また、大友皇子の子である葛野王は、持統天皇朝で、高市皇子の薨去後に行われた皇位継承をめぐる議論の際に「我が国家の法と為る、神代以来、子孫相承けて、以て天位を襲げり。若し兄弟に相及ばさば、則ち乱此より興らむ」として直系継承を主張したとする。その主張により、天武天皇と持統女帝（天智天皇の皇女）の子である草壁皇子の子・珂瑠皇子＝文武天皇の皇位継承権が確定したとされるが、ある意味で、これもまた、天武天皇の即位の根拠を否定するともいえる内容である。

このような天智天皇を重視する歴史観は、八世紀においてかなりの広がりを持っていた。例えば、元明天皇（草壁皇子の妃、天智天皇の皇女）の即位の詔には、「是はかけまくもかしこき、近江大津宮御宇大倭根子天皇の天地と共に長く、日月と共に遠く、改むまじき常の典と、立ち賜ひ敷き賜へる法を…」とあり、自らの統治を天智天皇が立てた「不改常典」によると語られている。むしろ『懐風藻』において葛野王の発言が文武天皇の即位を正当化する役割を果たしており、元明天皇は文武天皇生前の譲位の意思を受けて即位したことを考えると、持統・元明女帝にとっては、父である天智天皇の権威こそが頼るべきものであったのかもしれない。注33 しかし、それにも関わらず、正史で語られるのは、天武天皇の壬申の乱の勝利であったのは、廟堂において、舎人皇子ら天武天皇の皇子や大伴氏に代表される功臣たちが大きな力を持っていたことによるものであろう。注34

正史と一致しないということでは、和銅六年（七一三）の元明天皇の命を受けて「解」（公文書の形式の一つ）として提出された地誌である『風土記』にも、よく似た内容が含まれている。

既に先学が指摘するところではあるが、『風土記』に収められている地名由来伝承などにはしばしば天皇が登場する。しかし、その中には「倭武天皇」「息長帯比売天皇」（『常陸国風土記』）、「宇治天皇」「市辺天皇命」（『播磨国風土記』）など歴代に入らない「天皇」の名前がみえる。それぞれ景行天皇の皇子であるヤマトタケルノミコト、仲哀天皇の皇后で、応神天皇の母である神功皇后、応神天皇の皇子である菟道稚郎子、履中天皇の皇子である市辺押磐皇子のことを指すものであろう。神功皇后については、『日本書紀』において「摂政」とされており、それ故に「天皇」と認識されることもあったと思われるが、その他の皇子たちについては有力皇族ではあるが、実際に即位していたとは考えにくい。ではなぜ、このような記述が存在するのであろうか。

田中卓は、『大安寺伽藍縁起流記資財帳』に「仲天皇」とみえ、また『万葉集』に登場する「中皇命」とみえる人物について、間人皇女のこととする立場から、『風土記』にみえる、『日本書紀』には即位記事のない「天皇」の例をあげ、元来「スメラミコト」と訓まれていたものが、漢字で表記される際に「皇尊」「皇命」と記さ

れることもあったとしている。[注35] なお、義江明子は「皇命」は「スメミコ」と訓まれていたとする。[注36]

このような漢字表現の揺れが『日本書紀』そのものにも及んでいたことは田中氏により指摘されている。『日本書紀』神功皇后即位前紀には、新羅への出兵が二度行われたという記事を「一云」として記し、その中で「…是に於いて天皇之を聞き、重ねて震忿を發し、大いに軍衆を起こし、頓に新羅を滅さむと欲す…」と記している。また六十二年条にも「一云」として、「沙至比跪、天皇の怒りを知りて、敢て公に還らず。乃ち自ら竄伏る。…妹乃ち夢に託して言はく「今夜夢に沙至比跪を見る」と。天皇大いに怒りて云はく「比跪何ぞ敢へて來る」と…」とある。これは『書紀』の本文に併記された「一書」であるため、神功皇后の言動が「天皇」として『日本書紀』に先行する史料に記されていたことを示すものである。田中氏はこのほかに、同六十二年条に「新羅朝す。即年に、襲津彦を遣して新羅を撃たしむ。百済記に云はく…加羅国の王の妹既殿至、大倭に向かひて啓して云はく、「天皇、沙至比跪を遣して、新羅を討たしむ」。…天皇大いに怒りたまひ…」とあることも指摘している。[注37] これは、あるいは帰化人（渡来人）により記された「百済記」かその原史料の段階では「倭王」と書かれていたものを『日本書紀』に引用する際に、「天皇」と書き換えようとして失敗したものかもしれない。[注38] 同じ文中で日本のことを「大倭」としているのも、元来「倭」とあったものに「大」と追記したものかと推測される。

いずれにせよ、国家の命令により制作され、公文書として提出された地誌に、『日本書紀』では天皇とされていない人物が「天皇」として表記され、そのような表現の揺れが『日本書紀』そのものにも、先行史料の引用というかたちで内在しているということは、「正史」というものの性格を考える上で、興味深い事実である。

以上検討してきた事例からは、現在の王権の正統性を示す上で重要な歴代天皇の名前や、当時の政権の成立に直結する内乱の評価について、かならずしも「正史」である『日本書紀』の内容と一致しないものが存在し、王権もそれを許容していることがわかる。これについては、別稿でも論じたように、そもそも日本古代の王権は、皇室の由来である天孫降臨神話についても、皇室が天孫の子孫であるということを押さえておけばある程度のバリエーションを許容していることと共通するところがあるように思える。注39

その一方で、国家により存在・流通が許されなかった史書も存在する。

『日本後紀』大同四年（八〇九）二月辛亥条には「勅するに倭漢惣歴帝譜図、天御中主尊を標して始祖と為し、魯王・呉王・高麗王・漢高祖命等、其の後裔に接す。…愚民迷執して、輙ち実録と謂ふ。宜しく諸司官人蔵する所を皆進むべし。若し情を挟みて隠匿し、旨に乖き進らざる者有らば、事覚らかなる日には必ず重科に処せむ。」とあり、「倭漢惣歴帝譜図」という歴史書の流通が、平城天皇朝に禁止されたことが記されている。次の嵯峨天皇朝に作成された『弘仁私記』の「序」には「帝王系図（天孫の後悉く帝王と為す。此の書に云はく、或いは新羅・高麗に到りて国王と為り、或いは民間に在りて帝王と為るといへり。茲に因りて延暦年中に符を諸国に下し、之を焚かしむ。而るに、今猶ほ民間に在る也。）」とあり、禁止は桓武天皇朝の出来事としている。いずれにせよ、平安時代初期に、他にあまり例を見ない史書を対象とした禁書・焚書が行われたことがわかる。

これらの記事によれば、渡来系氏族が、自らの祖としてきた中国・朝鮮の皇帝・国王について、『古事記』の冒頭に「天地初発の時、高天原に成る神」として登場する天御中主神（『日本書紀』では「一書」に登場する）の子孫と位置付ける系譜が広く存在していたらしい。河内春人は、『新撰姓氏録』の序文や『続日本紀』の賜姓記事から「渡来系氏族は孝謙朝頃には（日本の）神統譜との結びつきへの指向性を持ち始め、8世紀後半から9世紀初頭にかけて氏姓秩序が混乱するなかで天御中主は急速にクローズアップされてくる」「こうした行為は桓

武・平城朝において否定された。しかし、それを完全に抑制することは困難」であったと論ずる。[注40]

関根淳は、このような「〝焼失〟による…史書の解消」は、それ以前にも存在したとする。即ち『日本書紀』皇極四年（六四五）六月己酉条には「蘇我臣蝦夷等誅さるるに臨みて、悉く天皇記・国記・珍宝を焼く。船史恵尺、即ち疾りて焼かるる所の国記を取り、中大兄に奉献す」とあり、乙巳の変において蘇我蝦夷がその死に臨み、聖徳太子が父の馬子とともに編纂したと『書紀』にある天皇記・国記を焼き払ったが、おそらくその編纂スタッフであった渡来系の船史恵尺が国記のみを取り出し、中大兄皇子に献じたとする。関根氏は国記はのちの戸籍のような役割を担っていたのに対し、天皇記は「新たな〈欽明王系＋蘇我氏〉という王族を正当化・権威化するために編纂された」「蘇我系の「帝紀」」であったため、蘇我本宗家を滅ぼして成立した改新政府にとって不要なものであり、そのまま「焼失するに任された」と論じている。[注41]

これらの史書の「解消」が、蘇我本宗家との婚姻関係を持たない押坂彦人大兄皇子の血統による皇位継承のきっかけとなった乙巳の変（大化改新）や、奈良時代の天武・持統系皇統を王権から排除した桓武・平城天皇朝の成立の後に行われていることは興味深い。「天皇記」は改新政府にとって、自らの血統を傍流として記すものであったであろうし、渡来系氏族を母にもち、その祖を百済の王家、さらには大陸の神々に結び付けようとしていた桓武天皇からすれば、日本の神統譜を渡来系氏族の系譜と結びつけた系譜は、自らの系譜関係を整理する上で、混乱をもたらすものであったと思われるからである。

これらの事例から、日本の史書において注意を払われることは、皇室と氏族の系譜関係であり、それが王統の交替によって変化する場合、従来の史書が脱落し、許容されなくなることがあったと考えられる。逆に言えば、系譜関係について押さえておけば、歴代天皇や政治史上のエピソードについては、ある程度のバリエーションは許されたのではなかろうか。

そう考えると、『続日本紀』養老四年（七二〇）五月癸酉条に「是れより先、一品舎人親王直を奉りて日本紀を修す。是に至りて功成りて奏上す。紀卅巻、系図一巻」として、『日本書紀』に付随していたとされる「系図一巻」が、前述した『弘仁私記』序に「更に此の日本書紀三十巻並に帝王系図一巻〔今図書寮及び民間に見在す〕」とあるにも関わらず、今日伝わらない理由については、様々に議論のあるところだが、天武・持統天皇の皇統のもとで編纂された『日本書紀』に付随する系図は、天智天皇の皇統に属する桓武天皇以降の天皇にとって、それほど重要なものではなく、「消失するに任された」からではないかと推測される。[注42]

おわりに――正史の終焉とその理由

平安初期に入ると、『古語拾遺』や『高橋氏文』のように、国史と相互補完的な関係にある歴史叙述が現れる。それとは別に、従来の国史とは全く異なる歴史観をもつ歴史叙述も登場する。

前述したように、吉田一彦は、平安時代初期に薬師寺僧景戒により著された仏教説話集『日本霊異記』について、歴史書でも文芸書でもなく、「宗教書なのであり、仏教の力を具体的な霊験譚から記した「仏書」」であるとし、『日本書紀』を中心とした書物群とは異なるものとしている。[注43]

しかし、『日本霊異記』に独自の歴史意識を読み取ることも可能である。出雲路修は、『日本霊異記』を延暦六年（七八七）に「説話集という方法による日本仏教史」として編纂され、その後、弘仁年間に「さまざまな「あやし」の世界を描いた」説話集として再編されたとする。[注44]

既に別稿で述べたところであるが、『日本霊異記』は、雄略天皇からはじまり、仏教伝来を経て、聖徳太子や聖武天皇といった人物を賞揚し、最終的に高僧善珠が桓武天皇の皇子に転生し、嵯峨天皇の前世が伊予国の僧侶寂仙であったとして全体を締めくくる。これは輪廻転生を前提とし、出家者こそが天皇にふさわしいとする、現実には宇佐八幡託宣事件と、その後の道鏡の失脚により否定された価値観であり、仏教以前から仏教伝来を経て、仏教国家が達成されるという歴史観である。[注45]

このような歴史観・価値観は、『日本書紀』における天孫降臨神話を起点とし、皇室と氏族の系譜関係を中心として構築された正史の秩序とは相いれないものである。平安時代に入り、皇室と氏族との系譜関係が、次々と編纂される六国史の中で、再編・再生される一方で、このような独自の歴史叙述が生まれていたことは注意しておいてよいだろう。

そして、嵯峨天皇が寂仙の転生であったとする説話は、のちに『日本文徳天皇実録』嘉祥三年（八五〇）五月壬午条に記された皇后橘嘉智子伝の中に吸収され、伊予国神野郡の修行者上仙が嵯峨天皇（神野親王）、そしてその生活の世話をしていた同郡橘里の姥が橘嘉智子として生まれ変わったと記されている。このような仏教転生譚の吸収は、皇室と氏族の関係を語る国史そのものの価値を揺るがしていくことになったのかもしれない。

最終的に、国史の編纂は『日本三代実録』の後もしばらくの間続いていたらしく、朱雀天皇朝に撰国史所が設置され、断続的にスタッフが任命されていた。しかし、安和二年（九六九）以降、国史編纂の動きは見られなくなる。

その理由については、例えば昌泰の変（菅原道真失脚）をいかに記すかについて、議論がまとまらなかったためとする見解もある。[注46]しかし、ここでは国史編纂の動きが止まるのとほぼ相前後して源高明が失脚した安和の変

が起こっていることに注目したい。[注47]

安和の変は、さまざまな時代背景が想定されるが、最終的には藤原摂関家と賜姓源氏との政治抗争であり、藤原氏も源氏も、皇室のミウチとして廟堂にその地位を占めた氏族である。彼らが中心となる平安時代の王権と、古墳時代以来の諸氏族が政治に参加する飛鳥・奈良時代の王権とでは、その性格が大きく異なることは長山泰孝が指摘するところである。[注48]

前述したように、日本の古代の国史において揺るがすことのできない枠組みは、皇室と氏族との関係を語る系譜であった。しかし、平安時代も半ばになると、そのような『日本書紀』以来の氏族は廟堂から姿を消し、神話に直接の由来を持たない藤原氏と源氏が王権の准構成員として政治の主導権を握るようになる。その段階で八世紀以来の国史はその役割を終えたと思われる。

注

1 『歴史学研究』八二六（二〇〇七）

2 長谷部将司『日本古代の地方出身氏族』（岩田書院、二〇〇四）、細井浩志『古代の天文異変と史書』（吉川弘文館、二〇〇五）、水口幹記『日本古代漢籍受容の史的研究』（汲古書院、二〇〇五）、遠藤慶太『平安勅撰史書研究』（皇學館大学出版部、二〇〇七）。なお、『古事記』についても、三浦佑之『古事記のひみつ 歴史書の成立』（吉川弘文館、二〇〇七）、矢嶋泉『古事記の歴史意識』（吉川弘文館、二〇〇八）、関根淳「日本古代『史書』史をめぐって――三浦佑之氏『古事記のひみつ』を読んで――」『上智史学』五二（二〇〇七）などの業績が発表されている。

3 歴史学研究会古代史部会「特集趣旨」前掲注1掲載。

4 神野志隆光『古事記 天皇の世界の物語』（日本放送出版協会、一九九五）、同『古事記と日本書紀「天皇神話」の歴史』（講談社、一九九九）など。
5 下鶴隆「国譲り神話の解釈について――口誦句分析からみた令前のオホミヤ」『市大日本史』三（二〇〇〇）、榎村寛之「神話と伝承――日本古代史と隣接諸学の関係」『歴史評論』六三〇（二〇〇二）
6 神野志隆光「作品論的立場は、何を可能にするか」『奈良女子大学21世紀COEプログラム報告集Vol. 8若手研究者支援プログラム（一）』（奈良女子大学21世紀COEプログラム、二〇〇六）
7 前掲注3
8 遠藤慶太・河内春人・関根淳・細井浩志編『日本書紀の誕生――編纂と受容――』（八木書店、二〇一八）。
9 池田温「中国の史書と続日本紀」同『東アジアの文化交流史』（吉川弘文館、二〇〇二、初出一九九二）。
10 坂本太郎『六国史』（吉川弘文館、一九七〇）、笹山晴生「続日本紀と古代の史書」同『平安初期の王権と文化』（吉川弘文館、二〇一六、初出一九八九）、坂本太郎・黒板昌夫編『国史大系書目解題　上』（吉川弘文館、二〇〇一）、皆川完一・山本信吉編『国史大系書目解題　下』（吉川弘文館、二〇〇一）、関根淳「戦後六国史研究の潮流」『日本歴史』七二六（二〇〇八）、遠藤慶太『六国史――日本書紀に始まる古代の「正史」』（中央公論社、二〇一六）、細井浩志「国史の編纂――『日本書紀』と五国史の比較」『岩波講座　日本歴史21　史料論』（岩波書店、二〇一五）。
11 吉田孝『日本の誕生』（岩波書店、一九九七）。
12 神田喜一郎「『日本書紀』という書名」『日本古典文学大系　日本書紀下　月報』（岩波書店、一九六五）
13 細井前掲注10論文。
14 笠井昌明「〔改稿〕神話と歴史叙述――記・紀から『太平記』へ」同編『文化史学の挑戦』（思文閣出版、二〇〇五）。
15 遠藤前掲注2書、遠藤慶太「桓武天皇と『続日本紀』」『皇學館大学研究開発推進センター紀要』3（二〇一七）。
16 笠井前掲注14論文。
17 中西康裕『続日本紀と奈良朝の政変』（吉川弘文館、二〇〇二）。
18 長谷部将司「神託事件「物語」の構築過程」同『日本古代の地方出身氏族』（岩田書院、二〇〇四、初出二〇〇二）。
19 長谷部前掲注18論文。
20 長谷部前掲注18論文。

21　長谷部将司「「忠臣」清麻呂像の完成」前掲書所収（初出二〇〇一）。
22　遠藤慶太「古代国家と史書の成立――東アジアと『日本書紀』――」同『日本書紀の形成と諸資料』（吉川弘文館、二〇一五、初出二〇一〇）、同『東アジアの日本書紀――歴史書の誕生』（吉川弘文館、二〇一二）。
23　坂本前掲注10書、遠藤前掲注10書、遠藤前掲注15論文
24　吉田一彦『日本書紀の「呪縛」』（集英社、二〇一六）。
25　吉田前掲書。
26　請田正幸「フミヒト集団の一考察　カハチの史の始祖伝承を中心に」直木孝次郎先生古稀記念会編『古代史論集　上』（塙書房、一九八八）。
27　坂本太郎「古典私観――万葉集と日本書紀」同『坂本太郎著作集第四巻　風土記と万葉集』（吉川弘文館、一九八八、初出一九七三）。
28　井上通泰「柿本人麻呂と漢文学　第二」同『万葉集雜攷』（明治書院、一九三二、初出一九二九）。
29　西田長男「曽富理神――古事記の成立をめぐる疑惑――」同『日本神道史研究　第十巻　古典編』（講談社、一九七八、初出一九六五）。
30　山村孝一「歌語「神風」考 古代の和歌と政治と神祇信仰の相互関係について」『日本文学』四六―五（一九九七）。
31　拙稿「神話の形成と日本書紀の成立」前掲注8書所収。
32　田中卓「懐風藻の成立」同『田中卓著作集10　古典籍と史料』（国書刊行会、一九九三）、細井浩志前掲注10論文。
33　藤堂かほる「律令国家の国忌と廃務 8世紀の先帝意識と天智の位置づけ」『日本史研究』四三〇（一九九八）。
34　仁藤敦史『女帝の世紀 皇位継承と政争』（角川学芸出版、二〇〇六）。
35　田中卓「中天皇をめぐる諸問題」同『田中卓著作集11　壬申の乱とその前後』（国書刊行会、一九九九、初出一九五一）。
36　義江明子「形成期の皇祖観をめぐって」『日本列島社会の歴史とジェンダー　ニューズレター』第6号（二〇一八）。
37　田中卓「神功皇后をめぐる紀・記の所伝――特に神功皇后紀の成立について――」前掲『古典籍と史料』（初出一九七二）。
38　土橋誠氏のご教示による。
39　榎村寛之「八世紀の王権と神話」『宮城学院女子大学キリスト教文化研究所　研究年報』三七（二〇〇七）、前掲拙稿「神話の

形成と日本書紀の成立」

40　河内春人「『王年代紀』をめぐる覚書」『歴史学研究』八二六（二〇〇七）。

41　関根淳「古代国家の形成と史書」『歴史評論』八〇九（二〇一七）。

42　薗田香融「『日本書紀』の系図について」同『日本古代財政史の研究』（塙書房、一九八一、初出一九六七）、荊木美行「帝王系図と古代王権」同『東アジア金石文と日本古代史』（汲古書院、二〇一八、初出二〇一五）、河内春人「日本書紀系図一巻と歴史意識」前掲注8書所収。

43　吉田前掲注24書。

44　出雲路修「解説」『新日本古典文学大系30　日本霊異記』（岩波書店、一九九六）。

45　拙稿「『日本霊異記』における僧侶転生譚とその背景」京都仏教説話研究会編『説話の中の僧たち』（新典社、二〇一六）。

46　細井浩志「『日本紀略』後篇と『新国史』」前掲『古代の天文異変と史書』（初出、二〇〇二）。

47　笠井昌昭「大鏡の歴史思想」同『古代日本の精神風土』（一九八八、ぺりかん社）

48　長山泰孝「古代貴族の終焉」『続日本紀研究』二一四（一九八一）。

付記
本研究はＪＳＰＳ科研費（17K18384）「古代東アジアの祭祀文化の伝播・受容から見た神祇令の法文化史的研究」の成果の一部である。

対外交流と王権

平野　卓治

はじめに

対外交流は、「経済的側面では、商品交換や商業および生産技術の交流であり、政治的領域では戦争や外交をふくむ対外諸関係であり、精神的領域においては文字の使用から法の継受にいたる多様な交流[注1]」をふくむものであり、当該期の王権のあり方を規定する。と同時に王権のあり方が、当該期の対外交流の諸相を規定するということができよう。こうした点をふまえ、ここでは多様な王権と対外交流の中から次の二つをとりあげ、日本古代の王権と対外交流の特徴の一端にふれることにしたい。

一つは、倭王権が切り結んだ様々な対外交流の中で、六世紀後半にはじまる高句麗との公的な交流の開始とその展開の様相を検討する。倭王権は、それまで鋭く敵対していた高句麗と六世紀後半以降に公的交流を開始し、高句麗の滅亡まで、それまで交流のあった百済・新羅と同じように交流を展開していった。倭王権は、どのような形で公的交流を開始し、それは王権にどのような高句麗認識を生み出し、その後の王権の対外交流を規定していったのかを考えてみたい。[注2]

第二は、倭王権は外国使の迎接方式をどのように展開していったのかを検討する。[注3]他の王権の使者をどのように対応するかに、それぞれの段階での王権の特質が示されるとみられるからである。

古代の律令国家は、中華思想に基づき、中国の「賓礼」にならって、外国使の迎接方式・儀礼を整備した。それは郊労・慰労・労問、朝賀、国書や進物の献上、饗宴、国書授与などの要素から構成されていた。特に、中核となる国書や国信物の進上、饗宴の儀礼は、天皇が出御して執行された。それでは、こうした「賓礼」に基づく迎接儀礼は、倭王権段階ではどのような形で執行されていたのであろうか。中核となる国書や国信物の進上、饗宴の儀式の空間に注目しつつ概観し、それぞれの段階の王権のあり方を考えてみたい。また、高句麗使に対する迎接の様相を検討し、その特徴もみていきたい。

一　倭王権と高句麗の交流

1　高句麗との公的交流の開始

広開土王碑文にみられる百済と結んで高句麗に対抗する倭の姿や、四七八年の倭王武の宋への上表文に「句驪無道、図欲二見呑一、掠二抄辺隷一、虔劉不レ已。毎致二稽滞一、以失二良風一、雖レ曰レ進レ路、或通或不。」と高句麗の非道を訴え、「至レ今、欲三練レ甲治レ兵、申二父兄之志一。義士虎賁文武効レ功、白刃交レ前亦所レ不レ顧。」と高句麗との戦いが累代の宿願であることが述べられている（『宋書』倭国伝）ように、倭王権の高句麗に対する姿勢は、百済を媒介として鋭く敵対するものであった。この関係が大きく転換するのが、六世紀後半である。

『日本書紀』には、応神天皇や仁徳天皇の時代に高句麗が「遣使朝貢」してきたとの記事がみられる（応神天皇二十八年九月条・仁徳天皇十二年七・八月条など：以下、天皇の二字は略す。）が、いずれも説話的記事であり、事実を伝えるものではない。

高句麗との公的な交流の始まりを伝えるのは、欽明三十一年（五七〇）から敏達二年（五七三）に至る一連の記事である。これらの記事は、敏達三年（五七四）の三回目の高句麗の使者に関する記事をふくめ、比較的詳細に伝えられており、高句麗との交流の開始が倭王権にとって極めて重要な出来事と認識されていたことを示唆している。ここではこれらの記事を概観し、その問題点を考えてみたい（以下、史料の出典は特に記さない限り『日本書紀』）。

（A）欽明三十一年四月条

幸二泊瀬柴籬宮一。越人江渟臣裙代、詣レ京奏曰、高麗使人、辛二苦風浪一、迷失二浦津一、任レ水漂流、忽到二着岸一、郡司隠匿、故臣顕奏。詔曰、朕承二帝業一、若干年、高麗迷レ路、始到二越岸一。雖レ苦二漂溺一、尚全二性命一。豈非二徽猷廣被、至徳巍々、仁化傍通、洪恩蕩々一者哉。有司、宜於二山城國相楽郡一、起レ館浄治、厚相資養。

（B）同年七月是月条

是月。遣二許勢臣猿與吉士赤鳩一、發レ自二難波津一、控二引船於狭々波山一、而装二飾船一、乃往迎二於近江北山一。遂引二入山背高威館一、則遣二東漢坂上直子麻呂・錦部首大石一、以為二守護一。更饗二高麗使者於相楽館一。

（C）敏達元年五月朔条

天皇問三皇子與二大臣一曰、高麗使人、今何在。大臣奉對曰、在二於相楽館一。天皇聞之、傷惻極甚。愀然而歎曰、悲哉、此使人等、名既奏二聞於先考天皇一矣。乃遣二群臣相楽館一、検二録所レ献調物一、令レ送二京師一。

（D）同年五月丙辰条

天皇、執二高麗表疏一、授二於大臣一。召二聚諸史一、令二讀解一之。是時、諸史、於二三日内一、皆不レ能レ讀。爰有二船史祖王辰爾一、能奉二讀釋一。由レ是、天皇與二大臣一倶為讃美曰、勤乎辰爾。懿哉辰爾。汝若不レ愛二於學一、誰能讀解。宜従レ今始、近二侍殿中一。既而、詔二東西諸史一曰、汝等所習之業、何故不レ就。汝等雖レ衆、不レ及二辰爾一。又高麗上表疏、書二于烏羽一。字随二羽黒一、既無二識者一。辰爾乃蒸二羽於飯気一、以レ帛印レ羽、悉写二其字一。朝庭悉異之。

（A）では、高句麗使は漂着したかのように記されているが、「国書」をもった使節であり、偶然の漂着ではないことは確実である。

高句麗が、敵対関係にあった倭王権に使者を送ることになったのは、この時期の高句麗を取り巻く国際情勢に規定されたからに他ならない。それは六世紀の新羅による高句麗領域への侵食による軍事的対峙と、五六〇年代に始まる新羅の北朝・北斉、南朝・陳への自主外交によってもたらされた脅威に対応するためであったとみられる。[注4]

高句麗の使者に対して倭王権は、使者を迎接するために山城国相楽郡に客館（高威館＝相楽館）を造り（A）、難波津から運んだ飾船によって近江に迎え、客館に安置、饗応している（B）。

相楽館の所在地は、京都府木津川市山城町上狛周辺と推定されている。上狛には七世紀初めの建立になる高麗寺跡があり、発掘調査により法起寺式の伽藍配置、瓦積みの金堂基壇が検出されている。相楽館もこの付近に存在したとみられる。また相楽郡には大狛・下狛郷があるように、高句麗使がたどった北陸地域から近江の琵琶湖の西地域、山科、宇治、南山城を経て大和の磐余・飛鳥に至るルート沿いには高句麗からの渡来人が居住するようになる。[注5]

相楽館に安置された高句麗使は「高麗献物幷表、未レ得二呈奏一。経二歴数旬一、占二待良日一。」（欽明三十二年〔五七一〕三月是月条）という状況にあったが、大王（欽明）が死去したため、それは次の大王（敏達）代まで持ち越されることになった。

敏達元年（五七二）五月、群臣が相楽館に派遣されて「調物」が検録され、国書が受領され、大王のもとで解読されることになる（C・D）。ここで注意されるのは、「調物」の検査や国書の受領が、大王が高句麗使と直接会見せず、客館に群臣が派遣される形で行われている点である。このような対応は、高句麗に対する警戒をもった対応ともいわれるが、[注6]大王宮における「賓礼」が成立する以前の倭王権の客館での迎接方式であり、[注7]高句麗使に対する警戒をもった対応ではなかったといえよう。しかし、先にみたように難波津からわざわざ飾船を運んでの迎接や、客館への安置後、国書の受領までに時間を要している点などから、倭王権内部において高句麗との公的交流に対して特別な対応が論議された可能性はあろう。

これらの一連の記事の中で、特に注目されるのは（D）の国書をめぐる記事である。すなわち、集められた諸史は三日内に高句麗の国書を読み解くことができなかったが、王辰爾のみが解読できた。また、高句麗の国書は黒い鳥の羽に記されており、読み解くことができなかったが、辰爾はもち米を蒸籠で蒸して、その湯気を烏の羽にあてて湿らせ、それを帛に押しつけて、文字を読みとったという。

この記事では、前半の文章が理解できなかったということと、後半の文字が書いてあるのが読み取れなかったという話とは、うまくつながっておらず、また、何故に烏羽に記されていたのかなどの疑問がある。国書が解読不可能であったのは、国書が「中原高句麗碑」にみられるような高句麗様式による独特の漢文で記されていた可能性があり、それ以前に国交がなかったために、国書による意思の疎通が十分に図れなかったことを意味すると理解できるとの指摘もある。[注8] しかし、この記事は王辰爾がきわめて優れた文字の解読者であったことを説話化したものと捉えるべきであろう。

王辰爾は船氏の祖であり、百済から招かれた学者たちの一人で、帰国しないで倭王権に留まった人物であったとみられる。[注9] すなわち、この記事は百済系渡来人の祖が高句麗の国書を解読したという功績を語るものであり、換言すれば、高句麗と倭王権との交流の開始には、百済、百済系渡来人が深く関与していたことを主張するものであろう。倭王権からすれば、この記事は、これまで敵対関係にあった高句麗との公的な交流開始にあたり、百済あるいは百済からの諸博士に意見を徴したことを示唆するものであろう。高句麗との交流を開始するにあたり、倭王権は群臣のみならず、百済からの諸博士を交えて論議を行い、その方針を決定したと推測されよう。それは、倭王権にとって高句麗が、百済を介して鋭く敵対する存在であったという過去の事実に規定されたからに他ならないであろう。

高句麗使が帰国する前に、「調物」の一部を誤って地域首長である「道君」に与えてしまったことをめぐり、大使と副使等とに内訌が生じ、客館内で大使が殺害されるという事件が起こっている（敏達元年六月条）。高句麗使節の内部において倭王権との交流、あるいは倭王権の対応をめぐって意見対立が存在していたことを窺わせるものであろう。

高句麗使は、続いて敏達二年（五七三）にも「越」に着くが、「朝庭猜二頻迷レ路、不レ饗放還。仍勅二吉備海部直難波一、送二高麗使一。」（敏達二年五月条）というように、倭王権は饗さずに放還し、吉備海部直難波を送使としている。この送使をめぐっては次のような記事が『日本書紀』に残されている。

（E）敏達二年七月朔条

於二越海岸一、難波與二高麗使等一相議、以二送使難波船人大嶋首磐日・狭丘首間狭一、令レ乗二高麗使船一、以二高麗二人一、令レ乗二送使船一。如此互乗、以備二姧志一。倶時發船、至二数里許一。送使難波、乃恐二畏波浪一、執二高麗二人一、擲二入於海一。

（F）同年八月丁未条

送使難波、還来復命曰、海裏鯨魚大有、遮三囓船與二檝櫂一。難波等、恐二魚呑一レ船、不レ得二入海一。天皇聞之、識二其謾語一。駈二使於官一、不レ放二還國一。

（G）敏達三年七月戊寅条

高麗使人、入レ京奏曰、臣等去年相二遂送使一、罷二帰於國一。臣等先至二臣蕃一。臣蕃即准二使人之禮一、禮二饗大嶋首磐日等一。高麗國王、別以二厚禮一々之。既而、送使之船、至レ今未レ到。故更謹遣二使人幷磐日等一、請二問臣使不レ来之意一。天皇聞、既数二難波罪一曰、欺二誑朝庭一、一也。溺二殺隣使一、二也。以二茲大罪一、不レ合二放還一。以断二其罪一。

これらによれば、送使となった吉備海部直難波は、自分の船に乗る大嶋首磐日・狭丘首間狭を高句麗使の船に乗せ、高句麗人二人を難波の船に乗せて出発したが、波浪を畏れ、高句麗の二人を海に投げ込み殺害してしまった（E）が、難波は鯨魚のために船が壊され、目的を果たせなかったと報告（F）した。翌年、再度、高句麗からの使人が到着し、入京して、大嶋首磐日らを礼饗したこと、高句麗国王が、送使の船が来ないのでその理由を尋ねるために再度使者を送ったことを奏上したので、吉備海部直難波の罪が明白になり断罪された（G）としている。

吉備海部直難波は他の史料にはみえないが、吉備海部氏は吉備地域の首長であり、吉備地域にいる海部の集団を管轄することを職務として倭王権に奉仕した氏族であった。一族には、日羅を百済から召喚する使者となった吉備海部直羽嶋がおり（敏達十二年七月朔条・是歳条）、海部を率いて外交使者としての職務も行う氏族であったことが知られる。すなわち吉備海部氏は倭王権を構成する群臣層の一画を担った氏族であったとみられる。[注10]

このような倭王権の職務の一端を担う首長が、高句麗使を殺害するという事件が伝えられたのは、倭王権内部には高句麗との通交の成立を快く思わなかった一派が存在したことを示唆していよう。また、先にみた国書を解読した王辰爾の一族は、吉備に置かれた白猪屯倉の経営に深く関わっており（欽明三十年正月・四月条、敏達三年十月条）、吉備海部直羽嶋が百済に派遣されている点もふまえるならば、吉備海部氏は百済・百済系渡来人と密接な関係をもっていたと憶測される。

こうした点から、これまで敵対していきた高句麗との通交を始めるに当たり、それに反発する勢力が倭王権の群臣層の中、あるいは王権中枢部に関与する百済系渡来人などにも存在していたことが推測されよう。

2　高句麗との交流の展開

倭王権と高句麗との交流は、次の推古期以降に大きく展開していく。

五八九年に隋が成立すると、高句麗の外交戦略は、東南からの新羅の攻勢に対処しつつ、西方の隋と敵対していくことになり、倭との外交が大きな比重を占めることになった。[注11] 高句麗嬰陽王代（五九〇～六一七年）には、倭王権と人的・物的に積極的な交流が展開された。

推古三年（五九五）五月丁卯条には「高麗僧慧慈帰化。則皇太子師之。」とあり、高句麗僧慧慈の来朝を伝えている。慧慈は、以後二〇年間倭に滞在し、厩戸皇子（聖徳太子）の仏教の師として近侍した僧侶であり、厩戸皇子の死を伝え聞いた際、期日を示して死去したという逸話が伝えられている（推古元年四月己卯条・同二十九年二月条）。新羅では、対隋外交に活躍した円光、金春秋の対唐外交を支えた慈蔵など外交活動に僧侶の活躍がみられる。慧慈は、倭王権の権力中枢にある厩戸皇子と密接な関係をもっており、その滞在期間が倭王権の対隋外交の期間とも重なることから、外交文書の作成など倭王権の対隋外交に関与していた可能性があろう。[注12]

また推古十年（六〇二）には高句麗僧の僧隆・雲聡が来朝している（推古十年閏十月己丑条）。彼らの動向は知ることができないが、この年は、倭王権が高句麗・百済と連繫して、新羅を攻撃する準備を整えた時期であり、彼らも倭王権の外交ブレーンとして迎えられた可能性もあろう。

推古十三年四月朔条には、

天皇詔二皇太子・大臣及諸王・諸臣一、共同發二誓願一、以始造二銅繡丈六佛像、各一軀一。乃命二鞍作鳥一、為二造レ佛之工一。是時、高麗國大興王、聞三日本國天皇造二佛像一、貢二上黄金三百両一。

とみえ、飛鳥寺の造仏用に高句麗王から黄金三〇〇両が献上されている。飛鳥寺は百済の造寺工に指導されて造営されたが、発掘調査の結果、一塔三金堂の伽藍配置をもつことが判明しており、それは高句麗の清岩里廃寺と定陵寺のみに類例があることが注目される。[注13]

また推古十八年三月条には「高麗王貢二上僧曇徴・法定一。曇徴知二五経一。且能作二彩色及紙墨一、幷造二碾磑一。蓋造二碾磑一、始二于是時一歟。」というように、高句麗から絵の具、良質の紙や墨の製法、水力を利用した臼である碾磑が僧侶を介して伝えられている。

こうした高句麗の倭王権に対する積極的な人的・物的交流を媒介にして、倭王権は高句麗の力を認識し、百済とともに新羅に対する軍事的連繫が生み出されていく。

推古九年（六〇一）三月戊子条には「遣二大伴連囓于高麗一、遣二坂本臣糠手于百済一、以詔之曰、急救二任那一。」とみ

える。倭王権は翌年に来目皇子を将軍として新羅攻撃のために二万五千人の軍衆を筑紫に出動させており、この記事は、それに先だって高句麗・百済に出兵を促すものであったとみられる。[注14] 六〇二年八月、百済は新羅阿莫山城を攻め、翌年八月には高句麗が新羅北漢山城に侵攻しているが、この出兵は、倭王権からの要請に応じるものであったと考えられ、ここに倭王権と高句麗・百済との軍事的連繫が成立したことをみることができる。新羅に対する利害関係で百済と一致した高句麗の倭王権への積極的な外交政策が、倭王権と高句麗・百済の軍事的連繫を作り出したと考えられるが、倭王権は高句麗の軍事力を高く評価していたのであろう。

推古二十六年（六一八）八月朔条には、

高麗遣レ使貢二方物一。因以言、隋煬帝、興二卅萬衆一攻レ我。返之為レ我所レ破。故貢二献俘虜貞公・普通二人、及鼓吹弩・抛石之類十物、并土物・駱駝一匹一。

とあり、高句麗が隋の軍隊を退けたことを告げ、俘虜を献上していきている。五九八年以降、六一一・六一三・六一四年と高句麗は隋の攻撃にさらされたが、すべて退けており、それらの情報は高句麗から、あるいは百済を介して、逐次倭王権にもたらされていたであろう。巨大な国家である隋を退ける高句麗という情報は、倭王権に高句麗の軍事力を高く評価させることになったといえよう。こうした倭王権と高句麗・百済の軍事的連繫は、基本的には、高句麗・百済が唐・新羅に滅されるまで継続されていく。

六一八年に成立した唐は、六三〇年に東突厥、六三五年に吐谷渾、六四〇年に高昌国を倒し、高句麗に迫るが、それは東アジア諸国に動揺をもたらした。このような中で、高句麗では六四二年に泉蓋蘇文の政変、百済では六四二〜六四三年に義慈王・大大夫恩古の政変、新羅では六四七年に毗曇の乱と金春秋の執政というように、連鎖的に各国において軍事権と外交権を中心とした権力集中が図られた。倭王権においても、王位継承にからみ、親百済・高句麗派と親唐派の対立があり、大化元年（六四五）に乙巳の変が起き、政治改革と権力集中がなされる。[注15] しかし、対外的には、唐と結んだ新羅とは対立し、高句麗・百済の働きかけに対応する路線が選択されていく。

大化元年（六四五）七月丙子条には「高麗・百済・新羅、並遣レ使進レ調。百済調使、兼二領任那使一、進二任那調一。」と記されているが、注目されるのは次の高句麗、百済の使者への詔である。

詔二於高麗使一曰、明神御宇日本天皇詔旨、天皇所遣之使、與二高麗神子奉遣之使一、既往短而将来長。是故、可下以二温和之心一相継往来上而已。

又詔二於百済使一曰、明神御宇日本天皇詔旨、始我遠皇祖之世、以二百済國一、為二内官家一、譬如二三絞之綱一。中間以二任那國一、属二賜百済一。後遣二三輪栗隈君東人一、観二察任那國堺一。是故、百済王随レ勅、悉示二其堺一。而調有レ闕。由レ是、却二還其調一。

これによれば、高句麗との交流は過去には短い伝統しかないが、将来は長く続くので、「以温和之心相継往来」としている。それに対して、百済に対しては「内官家」として、あくまで朝貢国・属国的位置を確認している。倭王権の高句麗と百済に対する認識の差をみることができよう。[注16]

東アジア諸国間の国際関係は、刻々と変化する現実的かつ流動的な情勢の中、倭王権は、両国に対する認識は異なる側面をもちながらも、高句麗・百済と結ぶという路線を変更することはなかった。その背後には、隋に次いで唐にも対抗していく高句麗の軍事力への高い評価と信頼が存在していたのであろう。

伝説的な記事ではあるが、『日本書紀』仁徳天皇十二年八月己酉条には

饗二高麗客於朝一。是日、集二群臣及百寮一、令レ射二高麗所レ献之鐵盾的一。諸人不レ得レ射二通的一。唯的臣祖盾人宿

禰、射二鐵的一而通焉。時高麗客等見之、畏二其射務之勝工一、共起以拝朝。明日、美二盾人宿禰一、而賜レ名曰二的戸田宿禰一。

とあり、高句麗が献上した鉄盾と鉄的をめぐる記事がみえる。的臣の祖先が鉄的を射通し、それを高句麗の使者が畏れたという、的臣という氏族の祖先伝承である。このような祖先伝承が高句麗のもたらした鉄製の武具をめぐって語られる背景には、高句麗の武力・軍事力に対する倭王権の評価があったと考えられる。

また、倭王権にそのような評価、外交路線をとらせた背後には、倭王権の外交政策にかかわる高句麗僧の存在もあったのではないだろうか。推古期の慧慈や、『日本書紀』の編纂史料となった滅亡期の百済・高句麗に関する外交史である「日本世紀」を著した高句麗からの渡来僧道顕[注17]などがその代表であったと推定される。

二　倭王権と外国使迎接方式

1　外国使迎接方式の展開と王権

倭王権の外国使に対する迎接方式がうかがえるのは、『日本書紀』の雄略紀にみえる「呉国」からの使者に関する記事である。

雄略天皇十四年正月戊寅条には、呉に遣わされた身狭村主・檜隈民使博徳が呉国使らを伴い住吉津に泊したことがみえる。是月条には「為二呉客道一、通二磯歯津路一。名二呉坂一。」とあり、呉国使を迎えるために「磯歯津路」を造成している。三月には群臣が呉使を迎え、檜隈野（呉原）に安置し（同年三月条）、四月には根使主を「共食者」に任命し、石上高抜原にて呉国使を饗している（同年四月朔条）。史料の信憑性に問題を残すが、王権は呉国使に対して、道を整備するなどの特別な対応を示しつつも、王宮（大王雄略の泊瀬朝倉宮）では迎接せず、それ以外の場所で饗応していること、また使者は倭王とは直接会見していないことがうかがえる。

このような王権の迎接方式は、先にみたように、初めての高句麗使への対応でも同様であり、敏達十二年（五八三）是歳条にみえる百済からの日羅の迎接でも同様である。すなわち、この段階の倭王権は、外国使の迎接に関しては、王宮以外の場所・施設――客館での迎接を行い、大王は直接使者に会わないという方式をとっていたとみられ、[注18]それは当該期の王権の性格、大王を中心とした秩序形成の未熟さに規定されたものと推測される。

倭王権の外国使の迎接方式は、推古大王の時期に整備されていった。その具体的な様子は、推古十六年（六〇八）、隋に派遣された小野妹子の送使としてやってきた隋使・裴世清を迎える一連の儀式（推古十六年四月、六月丙辰、八月癸卯、九月乙亥・辛巳条）、推古十八年（六一〇）七月にやってきた新羅使・任那使を迎える儀式（推古十八年七月、九月、十月丙申、丁酉、乙巳、辛亥条）にみることができる。

前者の事例をみると、四月に隋使は筑紫に来朝し、それにともない難波に新館が造営される。八月に難波津に到着し、飾船三〇艘で江口に迎えられ、新客館に入る。八月三日には飾騎七五匹で海石榴市の術（衢）で迎接を受け、次いで十二日に小墾田宮で信物と国書を奉呈し、十六日に「朝」で饗応を受ける。九月五日には「難波大郡」で饗宴が開かれ、十一日に帰国の途についている。また「自二難波一至レ京置二大道一。」（推古天皇二十一年（六一三）十一月条）とみえ、難波から飛鳥への道路の整備が記録されているが、これも外国使の迎接を意識したものとみることができる。

このように、九州の筑紫、難波津とそこに設けられた客館、道、大和における客館、大王宮といった一連の迎接のための空間が整備され、迎接・郊労、王宮での儀礼と饗応などの諸儀式も整備されたのである。これらは隋の『江都集礼』に基づいて整備されたものと指摘されてきたが、[注19]推古期の迎接儀礼は隋朝の儀礼との関連性は見られず、中国南朝の影響が強かったことが指摘されている。[注20]「賓礼」にもとづいた迎接儀礼であるか問題があるが、外国使の迎接儀礼において大王の宮が使用されるようになったこと、信物と国書を奉呈の儀式や饗応において大王が外国使と直接会見することなかったことは注目すべき点であろう。

それでは、こうした外国使の迎接方式は、これ以後の王権においてどのように展開していくのであろうか。特に中核となる信物と国書の奉呈儀式や饗応が執行される場・空間に注目しながらみてみたい。

舒明大王の代には、唐使・高表仁が来日している。高表仁は対馬に泊し（舒明四年〔六三二〕八月条）、難波の「江口」で迎接を受け、神酒が給与されている（同年十月甲寅条）。王宮での儀式の記事は見えないが、『旧唐書』倭国伝に「表仁、無二綏遠之才一、与二王子一争レ礼、不レ宣二朝命一而還」とあり、これは国書・信物の受納の儀で、伝達次第が違ったために起こったトラブルか、倭国王が直接会見しないことなどによるものとみられる。[注21]おそらく王宮（飛鳥岡本宮）での儀式は行われていたと推測される。

また、来朝した百済・新羅などの使者に対しては、「饗二百済客於朝一」（同七年〔六三五〕七月辛丑条）、「饗二新羅客於朝一。因給二冠位一級一。」（同十一年〔六三九〕十一月朔条）などの記事がみえ、王宮の「朝」＝「朝庭」で百済・新羅使が饗応されていることが知られる。同時に、饗宴の場を介して冠位が賜与されている点は注目されよう。

次の皇極大王の代でも、百済使が「朝」で饗応され、「中客」以下に爵位が授けられていることがみえる（皇極元年〔六四二〕七月乙亥条・八月丙申条）。また、いわゆる「乙巳の変」が飛鳥板蓋宮での「三韓進調儀礼」の場として記載されていることは、信物の受納の儀式に王宮の「庭」が使用されていたことを推測させる。

難波長柄豊碕宮に宮を移した孝徳大王の代では、百済使・新羅使・高句麗使・任那使がしばしば来朝していることがみえるが、儀式の場が知られる記事はみえない。しかし大化三年〔六四七〕に制定された七色十三階冠位制は「此冠者、大会、饗客、四月七月斎時、所着焉。」（大化三年是歳条）とされ、「饗客」すなわち外国使などへの饗宴の場における着用が指示されている。これは、迎接の儀式が前代までと同様に難波長柄豊碕宮など王宮の「庭」などにおいて執行されたことに対応するものと考えられよう。難波長柄豊碕宮に比定される前期難波宮は、内裏の南に内裏南門をはさんで、十四以上の建物――朝堂が整然と配置され、朝堂に囲まれて「朝庭（庭）」が存在する。朝堂は複廊で囲まれ、規模も巨大である。[注22] しかし新たな大王宮がつくられながらも、王権の迎接方式は前代とは変わらず、大王は使者とは直接会見しなかったと推測される。

斉明大王の代では、「是歳、於㆓飛鳥岡本㆒、更定㆓宮地㆒。時、高麗・百済・新羅、並遣㆑使進㆑調。為張㆓紺幕於此宮地㆒、而饗焉。」（斉明二年〔六五六〕是歳条）とみえ、王宮予定地での饗宴が行われている。この時期、飛鳥寺域西辺から飛鳥川までの地域で、須彌山像や槻木を構成要素とした広場「飛鳥寺の西」が、蝦夷・都貨邏人などを饗応する空間として使用されている。[注23] これは、王宮である飛鳥岡本宮とは別に饗宴の場として整備された空間といえる。先の王宮予定地での外国使の饗宴は、王宮（川原宮）が仮宮であったための措置ともみられるが、外国使に対しては「王宮」へのこだわりがあり、「飛鳥寺の西」という別空間は利用されなかった可能性があろう。

天智大王の大津宮に関しては、百済、新羅の使者らの進調記事はみられるが、そこでの儀礼や饗応を示す記事、想定させる記事は確認できない。[注24]

次の天武天皇の時代には、新羅、高句麗の使者、耽羅の使者などがしばしば来日するが、王宮の使用を直接示す史料はみえない。しかし、新羅王子金中元らの来朝に関して「中元禮畢以帰之。自㆓難波㆒発船。」（天武天皇四年〔六七五〕八月丙申条）とあり、「禮畢」の表現から一定の儀礼が実施されたことが推測できる。また記事には

「召京」、「向京」の表現がみられ、それは王宮での儀礼の存在をうかがわせる。

天武天皇の飛鳥浄御原宮の構造は、発掘調査によって明らかになっている。それは、後岡本宮を継承した内院（「旧宮」）と新たに設置された東南郭（「新宮」）から構成される。内院は、内安殿・向小殿のある天皇の私的空間である内郭北院と、中心となる東西棟建物（外安殿・大安殿）と付随する南北棟建物から構成される公的空間とみられる内郭南院とからなり、内郭南門とその南側に「庭」が存在した。一方、東南郭は中央に東西棟の正殿、南に南北棟建物があり、南に門が無く、西に門が開く。東南郭の南側は臣下の空間で、「朝庭」とよばれた。[注25]

それでは、こうした構造の宮において、外国使に対する儀礼空間はどこに求められるであろうか。小墾田宮以降、内裏の前殿空間とその南の「庭」を利用されてきたとみられるが、飛鳥浄御原宮ではそれを明確にすることはできない。「飛鳥寺の西」の空間、難波宮の利用なども考えられるが、確証がない。つまり整備された飛鳥浄御原宮は、王権として十分な外交儀礼の空間を持ち得なかったといえる。[注26]

これまで概観したように、外国使の迎接方式、特に信物と国書の奉呈儀式や饗応が執行される空間は、王宮外の客館から王宮の「庭」、王宮が変遷しても「庭」は使用されるという変遷がみられた。これは、それぞれの段階の王権のあり方に規定されていたとみることができよう。

外国使の儀式の場として王宮が利用されることは王権として画期性を示している。王宮は、天上世界と大王の支配する「天下」的世界の結節点であり、大王の統治の場であった。[注27]また、大王を頂点とする序列を明示する冠位は、王宮の「庭」で第一に機能するものであり、その冠位を外国使に授与することは、まさに大王の秩序に外国使を取り込むことを意味したといえよう。[注28]「王殺し」後に新しい大王を核とした集権的秩序の構築を行った推古[注29]の時代から、外国使の迎接の空間として王宮の利用が始まるのもこうした理由によろう。これは、クーデタにより、大王を核とした秩序構成を確認した孝徳の王権[注30]における広大な「朝庭」空間を擁した難波長柄豊碕宮においても、外国使への儀式やその空間は変化しなかった。

譲位により中断された皇極王権のリスタートとなる斉明の王権は、大王としての資質を顕示するため、「倭京」の造営、阿倍比羅夫の派遣などの政策、「軍事王」としての「親征」などを実施し[注31]、蝦夷・夷人らに対する特別な饗応空間として、「飛鳥寺の西」の空間を整備したが、外国使に対しての迎接儀礼は王宮に拘泥した可能性がみられる。また内乱により簒奪した王権である天武王権は、専制的、神的権威のもと、官人貴族層全体の「共同利害」を守る機構としての国家形成を進め[注32]、飛鳥浄御原宮を整備したが、外国使を迎接する儀礼空間は不十分なものにとどまった。

大極殿という天皇の独占的空間をもち、外国使に対する儀礼・饗応の場としても機能する朝堂院をもつ宮が作られ、中華思想の確立とそれを体現する空間——天皇としての儀礼空間が成立するのは、藤原宮であった[注33]。それは、「賓礼」にもとづく儀礼の確立を意味し、これまでの王権の迎接方式や迎接空間から飛躍した画期的なものであった。

大宝元年（七〇一）の元日朝賀儀が、天皇の出御のもと、朝堂院に「蕃夷使者陳㆓列左右㆒」し、「文物之儀、於是備矣」（『続日本紀』大宝元年正月朔条）と記されたのは、それを象徴的に示している。

2　王権の外国使迎接方式と高句麗

外国使迎接方式における儀式空間の変化を軸に、王権の変化との対応を概観したが、六世紀後半に公的交流が開始された高句麗に関しては、どのような迎接方式がとられたのであろうか。次にこの点を検討し、王権のもつ認識・世界観との関連を考えてみたい。

高句麗に対する迎接方式に関しては、詳しく伝える史料はないが、新羅・百済からの使者と同様の形の儀式が執行されたと推測できる。たとえば、舒明二年（六三〇）三月朔条には「高麗大使宴子抜・小使若徳、百済大使恩率素子・小使徳率武徳。共朝貢。」と高句麗と百済が朝貢していきたことを伝えるが、同年八月庚子条には「饗高麗・百済客於朝」とあり、これらの使者には大王宮での饗応がなされことがみられ、新羅使などへの対応と同じであったと推測される。

このことは、難波津には高句麗のための客館が存在したことからもうかがえる。

推古十六年（六〇八）四月条には「為二唐客一更造二新館於難波高麗館之上一。」とみえ、隋使・裴世清を迎えるための新客館を「高麗館之上」に造営することが命じられている。これは、隋使の来朝以前、すでに難波津には高句麗の迎えるための客館が存在していたことを示している。皇極元年（六四二）二月壬辰条には「高麗使人、泊難波津。」とあり、同月丁未条には「遣二諸大夫於難波郡一、検二高麗國所レ貢金銀等、幷其献物一。」とみえ、「難波郡」で高句麗の献物が検査されている。続いて、同戊申条には

　饗二高麗・百済客於難波郡一。詔二大臣一曰、以二津守連大海一可レ使二於高麗一、以二國勝吉士水鶏一可レ使二於百済一、以二草壁吉士眞跡一可レ使二於新羅一、以二坂本吉士長兄一可レ使二於任那一。

というように、「難波郡」と称される施設でも高句麗使に対して一連の儀式が行われている。

このように、難波津には高句麗のための客館の他に迎接の儀式を行う諸施設が設けられていた。また、舒明二年（六三〇）是歳条には「改修二理難波大郡及三韓館一。」とあるように、難波津には、高句麗の客館だけではなく、百済・新羅の客館も置かれていた。すなわち、難波津には高句麗・百済・新羅など個別に客館が建ち並ぶととも

に、難波郡（難波大郡・難波小郡）といった儀式や宴会を行う施設が整備されていたのである。注[34]

ところで、倭王権が迎接儀礼でもって対応するのは、高句麗・百済・新羅が「調」を貢進する場合であった。「調」は、中国における租税としての観念を六世紀前半に新羅を経由して継受したものであり、倭王権は首長層を媒介とした大王への貢納・奉仕を基盤とした固有税制であるミツキを表す概念として使用した。倭王権が「調」の貢進を求めるのは、列島内の首長と結ばれる関係と同次元の関係を対外的に拡大したものといえる。注[35]

高句麗・百済・新羅は、朝鮮半島における相互の対抗関係と隋・唐との関係に規定され、倭王権が要求する「調」の貢進に応える形での交流を展開したが、これが『隋書』に「新羅・百済、皆以㆑倭為㆓大国㆒。多㆓珍物㆒、並敬㆓仰之㆒、恒通使往来。」とみえる、倭を「大国」として認識した実態であろう。しかし、倭王権の世界観は諸外国を蕃夷に位置づける中華思想とは異なるものであったとみられる。

前節でも示したように、大化元年（六四五）七月丙子条には「遣使進調」した高句麗使に対して「高麗神子奉遣之使」とみえ、高句麗王を「高麗神子」としている。広開土王碑文に「出自北扶余、天帝之子、母河伯女郎」とあるように、高句麗王は天帝の子を主張していたが、倭王権はそれを承認していたと理解できる。これは後に渤海が「天孫」を称した際に、日本はそれを認めないこと（『続日本紀』宝亀三年（七七二）二月己卯条）とは対照的である。倭王権は、中国・朝鮮半島諸国・周辺種族を「国＝クニ」という同一の範疇で把握し、個別に関係を切り結ぶという世界観をもっていたとされている。注[36]

しかし、高句麗・百済・新羅からの「進調」の積み重ねが、「三韓館」や「三韓進調之日」（皇極四年六月甲辰条）というように、三国は倭王権へ「進調」する存在として、一括して「三韓」と把握する認識を形作ることになった。

説話的記事であるが、応神天皇七年九月条に

高麗人・百済人・任那人・新羅人、並来朝。時命㆓武内宿禰㆒、領㆓諸韓人等㆒作㆑池。因以、名㆑池號㆓韓人池㆒。

とあり、朝貢していきた高麗人・百済人・任那人・新羅人に池を作らせ、それを「韓人池」とよんだとしているのも、こうした認識に基づくものであろう。

実際の隋・唐と高句麗・百済・新羅をめぐる国際関係によって、この「進調」による交流は変化していく。例えば新羅は、六五五年以降、六六八年まで倭王権との公的交流を断絶している。しかし、倭王権はあくまで高句麗・新羅・百済を一括して「三韓」と認識し、高句麗もそれを形作る不可欠の要素と位置づけられる。これが高句麗・百済が滅亡した以後も、その存在に拘泥していく基盤を形作ったと考えられよう。

中華思想をもつ日本律令国家において、平安時代はじめの養老令の法解釈である「穴記」が「外蕃高百新等是」（『令集解』賦役令外蕃還条）と蕃国として高句麗・百済・新羅を掲げるのも三国を「三韓」と認識したことに規定されたものであろう。

おわりに

倭王権と高句麗との公的交流は、王権をとりまく国際的政治世界に規定されて始まったが、人材、文物、技術、思想・イデオロギーなど、多様な面での交流の展開により、倭王権の高句麗認識・評価が形成されていった。それが、七世紀に権力集中を行った倭王権に、唐・新羅と結ぶという路線はとらず、高句麗・百済に対応する路線が選択させることになったとみられる。ここに、新しい対外交流が倭王権を規定していった様相の一端を

みることができよう。

また、七世紀の倭王権は独自の世界観を形成しつつ、外国使の迎接方式を整備していったが、王宮での儀式のあり方は変化せず、大王は外国使と会見しないという、「賓礼」にもとづく外交儀礼とは次元を異にするものであった。しかし、王権は高句麗・百済と新羅をその中へ位置づけ、高句麗・百済・新羅が「調」を貢進する場合にはそれで対応し、中華思想とは位相を異にする世界観を形成していた。こうした王権は、律令国家の成立により克服され、中華思想にもとづく「賓礼」とその儀礼空間が作り上げられた。

日本律令国家は、中華思想をもつ国家として成立したが、その中華思想を充足させるためには、六六〇年に滅亡した百済、六六八年に滅亡した高句麗の存在が不可欠であった。

律令国家は「百済王」姓、「高麗王」姓を創出したが、それは百済王権・高句麗王権を取り込んだ国家であることを表象するという意味をもっていた。[注37]「高麗王」姓に続く「肖奈王」姓の成立も同様の意図をもったと考えられる。それと共に、神亀四年(七二七)に始まる渤海との交流では、日本は渤海を、かつて「進調」してきた高句麗の後身と把握、認識し、朝貢形式の交流を要求する。その高句麗観の典拠には、高句麗との交渉に関する様々な記録を集めたものと推測される「高麗旧記」(『続日本紀』天平勝宝五年(七五三)六月丁丑条)があげられている。[注38] このように律令国家段階においても、六世紀後半以降に積み重ねられた王権と高句麗との交流は、その世界観を大きく規定していたといえよう。

注

1　石母田正『日本の古代国家』第1章「国家成立史における国際的契機」(一九七一年)。

2　倭王権と高句麗との交流に関しては、平野卓治「日本の古代史料にみる倭王権・日本律令国家と高句麗」(高句麗研究会編『高句麗研究18　高句麗 正體性』二〇〇四年)、「日本古代の王権と交通――倭王権と高句麗の公的交通の始まりと展開――」(『東アジアの古代文化』一二一、二〇〇四年)で論じており、本稿もこれに全面的に依拠している。

3　外国使の迎接方式、「賓礼」にもとづく外交儀礼に関する主な研究は次の通りである。鍋田一「古代の賓礼をめぐって」(柴田実博士古稀記念会編『日本文化史論叢』一九七六年)、同「六―七世紀の客館」(『日本法制史研究』一九八〇年)、同「六・七世紀の賓礼に関する覚書――『日本書紀』の記載について――」(瀧川政次郎博士米寿記念会編『律令制の諸問題』一九八四年)、田島公「日本律令国家の『賓礼』――外交儀礼より見た天皇と太政官――」(『史林』六十八巻三号、一九八五年)、同「外交と儀礼」(岸俊男編『日本の古代7　まつりごとの展開』一九八六年)、森公章「古代難波における外交儀礼とその変遷」(『古代日本の対外認識と通交』所収、一九九八年)、浜田久美子「外交儀礼の形成」・「外交儀礼の確立と展開」(『日本古代の外交儀礼と渤海』第一章・第二章、二〇一一年)、廣瀬憲雄「外交儀礼と君臣秩序」(『東アジアの国際秩序と古代日本』第二部、二〇一一年)。各々の論点は多岐にわたるが、ここでは六〜七世紀の王権の迎接方式に関して概観し、それに関係する論点に言及することにする。

4　李成市「高句麗と日隋外交」(『古代東アジアの民族と国家』所収、一九九八年)

5　和田萃「船氏の人々――渡来した人たちがはたした役割――」(『ものがたり日本列島に生きた人たち3文書と記録』二〇〇〇年)、鈴木靖民「掃守氏と相楽神社」(『古代対外関係史の研究』所収、一九八五年)。

6　栗原朋信「上代の対外関係」(『対外関係史』一九七八年)

7　田島公注3「外交と儀礼」。平野卓治「日本古代の客館に関する一考察」(『國學院雑誌』八十九巻三号、一九八八年)。

8　李成市注4論文。

9　和田萃注5論文。

10　吉備海部氏、海部に関しては、吉田晶「古代邑久地域に関する一考察」(『吉備古代史の展開』所収、一九九五年)。

11　李成市注4論文。

12　注11に同じ。

13　和田萃「渡来人と日本文化」（『岩波講座 日本通史』第3巻古代2、一九八四年）、大橋一章『飛鳥の文明開化』（一九九七年）など。
14　山尾幸久『古代の日朝関係』後編第二章「ヤマト国家の展開と東アジア」（一九八九年）
15　鈴木靖民「東アジアにおける国際変動と国家形成――七世紀の倭国」（『倭国史の展開と東アジア』所収、二〇一二年）
16　山尾幸久「大化前後の東アジアの情勢と日本の政局」（『日本歴史』二二九号、一九六七年）
17　「日本世紀」は『日本書紀』の巻二十六（斉明天皇紀）と巻二十七（天智天皇紀）に四カ所の引用があり、巻二十七にその関係記事がみられる。これらの記事は藤原鎌足への誄の記事（天智天皇八年十月条分注）を除き、滅亡期の百済・高句麗に関するものであり、「日本世紀」は高句麗僧道顕による当該期の外交史とみることができる。その編纂時期は、「日本」国号の使用されていること、「釈＋某（名）」の法名表現は八世紀初頭ごろから用いられるようになる中国風の表現であることなどから、八世紀初頭頃の成立と考えられている（加藤謙吉「日本書紀と外交資料」〔遠山美都男編『日本書紀の読み方』所収、二〇〇四年〕）。このような外交史が記述されたのは、道顕が倭王権の外交政策に深く関与していたためではないかと憶測する。
18　鍋田一注3「古代の賓礼をめぐって」・田島公注3「外交と儀礼」、平野卓治注7論文。
19　瀧川政次郎「江都集礼と日本の儀式」（岩井博士古稀記念事業会編纂委員会編『典籍論集』一九六二年）、鍋田一注3「古代の賓礼をめぐって」・田島公注3「外交と儀礼」など。
20　榎本淳一「比較儀礼論」（荒野泰典ほか編『日本の対外関係2　律令国家と東アジア』二〇一一年）。浜田久美子注3書は、推古朝の外交儀礼は「賓礼」とみることはできないと指摘している。
21　田島公注3「外交と儀礼」。
22　前期難波宮では、実務的な役割を果たす官衙的機能をもつ施設を内裏の南の空間に統合・配置したとみられ、それは分掌されていた職務を大王のもとに集結すること、大王の眼前で貢納・奉仕を示すことを意図したとみられる。林部均「前期難波宮の成立」（『古代宮都形成過程の研究』所収、二〇〇一年）。
23　今泉隆雄「蝦夷の朝貢と饗給」（高橋富雄編『東北古代史の研究』一九八六年）・「飛鳥の須彌山と齋槻」（『古代宮都の研究』所収、一九九三年）
24　石上英一「律令制と古代天皇支配による空間構成」（『講座前近代の天皇』第4巻、一九九五年）は、『懐風藻』における大友皇子の「侍宴」の詞と新羅使金東厳への対応から、中華世界像の再構築が天智天皇政権で達成されたと指摘されている。この指摘をふまえるならば、大津宮に中華世界像を体現する空間が設定されていたと推測できよう。また、『家伝』上には「浜台」「浜楼」での饗宴がみえる。これは王宮にふくまれる施設ではなく、「飛鳥寺の西」の広場と類似した饗宴施設であったとみられる（浅野充「律令国家と宮都の成立」〔『日本古代の国家形成と都市』所収、二〇〇七年〕）。

25 飛鳥浄御原宮の構造に関しては、林部均『古代宮都形成過程の研究』（二〇〇一年）、同「遣隋使と飛鳥の諸宮」（氣賀澤保規編『遣隋使がみた風景――東アジアからの新視点――』二〇一二年）参照。

26 森公章「倭国から日本へ」（森公章編『日本の時代史3 倭国から日本へ』二〇〇二年）、林部均注25論文。

27 石上英一注24論文。熊谷公男「蝦夷と王宮と王権と」（『奈良古代史論集』第三集、一九九七年）、同『日本の歴史03 大王から天皇へ』（二〇〇一年）。

28 律令国家における「賓礼」にもとづく迎接儀礼では、外国使に位階が授与されており、その意義に関しては、平野卓治「律令位階制と『諸蕃』」（林陸朗先生還暦記念会編『日本古代の政治と制度』一九八五年）で論究した。

29 荒木敏夫『可能性としての女帝――女帝と王権・国家――』（一九九九年）、佐藤長門「七世紀における合議制の機能と構造」・「七世紀における倭王権の展開過程」（『日本古代王権の構造と展開』所収、二〇〇九年）。

30 注29に同じ。

31 熊谷公男注27著書、荒木敏夫、佐藤長門注29論文。

32 注31に同じ。

33 田島公注3「外交と儀礼」、林部均注25論文。

34 平野卓治注7論文。

35 石上英一「古代国家と対外関係」（『講座日本歴史』2古代2、一九八四年）・「古代東アジア地域と日本」（『日本の社会史第1巻列島内外の交通と国家』、1一九九二年）。

36 河内春人「『天下』論」（『歴史学研究』七九四号、二〇〇四年）。

37 田中史生「『王』姓賜与と日本古代国家」（『日本古代国家の民族支配と渡来人』所収、一九九七年）

38 石井正敏「神亀四年、渤海の日本通交開始とその事情」・「日本・渤海交渉と渤海高句麗継承国意識」（『日本渤海関係史の研究』所収、二〇〇一年）。

蝦夷・隼人と王権
――隼人の奉仕形態を中心にして――

熊谷　公男

はじめに

本稿では、古代、列島の南北の周縁部に居住していた蝦夷・隼人と王権の関わりについて考えてみたい。本論に入るまえに、蝦夷と隼人とについて予備的な説明をしておく。列島北部の住民である蝦夷（エミシ）は、おおむね越後国北部と陸奥・出羽両国、さらには東北北部の国郡制未施行地域から渡嶋《わたりのしま》（＝北海道）にかけての地域に住んでいた。現在の地名でいえば、新潟市付近―米沢盆地―阿武隈川河口付近を結ぶ線よりも北側である。ただし九世紀初頭には、その南限は秋田・山形県境付近―宮城県北部のラインまで北上する。一方、隼人の居住域は、古代の薩摩・大隅両国のうち国府周辺の非隼人郡を除いた地域で、現在の鹿児島県の大半を占める。

蝦夷も隼人も、一義的には国家による政治的な区分であるが、そのなかには一般の倭人とやや異なる文化をもつ人びとが含まれていた。国家は、彼らを支配に取り込むことを正当化したり、王権を権威づけ、粉飾するために、その文化の異質な部分をことさらに強調した。景行紀のヤマトタケル伝承では、蝦夷は洞穴や樹上に住み、毛皮を着て動物の生き血を飲むなど、およそ倭人とはかけ離れた野蛮な存在として描かれている。隼人もまた、律令制下の朝儀において、緋色の肩巾《ひれ》をまとって吠声《はいせい》（犬の鳴き声）を発したり、溺れるしぐさを表現した「風俗歌舞」を演じるなど、人目を引く異質な存在であった。しかしながら、景行紀の蝦夷記事には漢籍が利用されており、本文で論じるように、朝儀での隼人の特異な服装と役割も決して隼人社会の伝統的な習俗そのままではなかった。いずれも王権の特定の意図の所産という側面をつよくもっていたのである。

これらの点で蝦夷・隼人と王権の関係には類似点があることは事実であるが、もう一方で、王権と両者の関係をくらべてみるとむしろ対照的なことが少なくない。古代史学界で、蝦夷を夷狄とみなすことには異論をみないが、隼人に関してはいまなお夷狄とみるべきかどうかをめぐって論争がつづいているのは、この点が関係している。なお近年の隼人と王権の関係をめぐる議論は、筆者には、隼人は夷狄か否かという問題に偏りすぎていて、それが朝儀における隼人の役割の考察にも影響をおよぼしているように感じられるので、本稿ではこの問題は最小限にとどめた。

筆者は、これまで蝦夷を重要な研究テーマとしてきた。そのような一人の蝦夷研究者の目からみて、蝦夷・隼人と王権の関係がどのように映るかを述べてみることにしたい。本稿では、とくに王権との関係において議論の多い隼人を中心に考察を進めていくことにするが、従来の研究は、律令制下ではとくに隼人の奉仕形態を朝儀に即して考察するという視点が十分でなかったように思われ、律令制以前についてはこれまでほとんど利用されてこなかった重要な史料の存在に気がついたので、それらを中心に考察を進め、最後に王権と蝦夷・隼人の関係について改めて総括してみたいと思う。

一　律令制下の朝儀における蝦夷と隼人

蝦夷・隼人と王権との関係を端的に示すものとして、まず律令制下における両者の朝儀への関わり方を取り上げてみよう。

蝦夷は、七世紀後半の斉明朝以降、ほぼ毎年、王都に朝貢してくるようになり、それは宝亀五年（七七四）に朝貢が停止されるまでつづく。そのうち七世紀後半代は、後述するように、王京において蝦夷単独の服属儀礼が執りおこなわれていたが、大宝律令施行を境に大極殿・朝堂院で元旦に執りおこなわれる朝賀などの正月行事に参列するようになる。[注1] 蝦夷は、朝賀参列後、正月の節会に参加したり、授位・賜禄を受けたが、それはあくまでも朝賀への参列と方物（調賦《みつき》）の貢献に対する王権側の返礼という意味合いにとどまるもので、朝貢の最大の目的は元日朝賀への参列と方物の貢献であった。[注2]

律令制下の朝賀は、年頭に当たって百官人や諸蕃（新羅・渤海）の賓客、それに蝦夷、ときとして隼人や南島人などの〝化外の民〟が朝庭（朝堂院の庭）に列立して、大極殿の高御座に着座している天皇に拝礼を行う儀式であって、即位儀や受蕃国使表儀（蕃客入朝儀）とともに大儀とされた（『延喜式』巻四五 左右近衛式）。朝賀は、天皇を頂点とする君臣関係を可視的に示すと同時に、そのような君臣秩序を年ごとに更新していく儀礼であり、諸蕃や夷狄の参列という点をふまえると、天皇を中心とする日本的な華夷秩序を臣下のまえに示すという意義も有していた。

律令制下では、隼人もまた定期的に朝貢してきた。ただしそのあり方は蝦夷とは大きく異なる。隼人の朝貢は、明確なところでは天武十一年（六八二）七月、持統三年（六八九）正月にみえ（いずれも『日本書紀』）、斉明元年（六五五）の「是歳、……蝦夷・隼人、率レ衆内属。詣レ闕朝献。」という『日本書紀』の記事も、この年の蝦夷の朝貢はほかの記事からも確かめられるので、隼人についてもしいて造作とみる必要はない。そうすると、遅くとも七世紀後半の斉明朝には朝貢が行われていたことになる。

隼人の朝貢形式が大きく変わるのが、奈良時代初頭の和銅・霊亀年間である。霊亀二年（七一六）には、大宰府が「薩摩・大隅二国貢隼人、已経二八歳一、道路遥隔、去来不レ便。或父母老疾、或妻子単貧。請、限二六年一相替」（『続日本紀』同年五月辛卯条）と、薩摩・大隅両国の隼人が朝貢してからすでに八年が経過し、故郷の父母・妻子が生活に困苦しているので、今後は六年ごとに新たに朝貢してきた隼人と交替したいと願い出て認められている。したがって隼人の朝貢の六年相替制が定められたのは霊亀二年であり、[注3] 以後、延暦二十年（八〇一）に停止される（『類聚国史』巻一九〇 隼人）まで六年ごとの交替を原則とした。

蝦夷が毎年朝貢を原則としたのに対して、隼人が六年ごとであった点が異なるが、両者の根本的な相違はむしろその目的にあった。既述のように、蝦夷が毎年朝貢をするのは、朝賀へ参列するためであった。一方、隼人が朝賀に参列したことが知られるのは和銅三年（七一〇）のみである。隼人の朝貢の目的は、つぎに隼人が朝貢してくるまでの六年間在京し、その間にさまざまな朝儀で吠声を発して王権を守護することにあった。

さて、隼人は朝貢してくるとまずミツキ（御調・調物）を貢上し、さらに風俗歌舞を奏上した。『日本書紀』巻二神代下第十段の海幸・山幸の話の第四の一書には、兄が弟の山幸に服従を誓った箇所にその歌舞のしぐさを示すと思われる描写があり、「学二其溺苦之状一」という説明が付されている。すなわち風俗歌舞は、隼人の先祖の海幸が天皇家の先祖の山幸に累代の服属を誓ったさまを儀礼的に再現するという意味があり、隼人の服属儀礼であった。奈良時代には、隼人はそれを朝貢のたびに天皇のまえで演じたのである。

この風俗歌舞で注目しておきたいのは、養老職員令60隼人司条の隼人正《かみ》の職掌に「教㆓習歌儛㆒」とあることである。風俗歌舞は、「方楽」「土風歌舞」「俗伎」などともよばれるように、薩摩・大隅の地域性のつよい歌舞とみられ、[注4]朝貢隼人が来朝後ほどなく奏上するものであった。そのような短期間で歌舞を「教習」するのは困難であろう。

しかしながら風俗歌舞は朝貢時ばかりでなく、大嘗祭でも演じられたし、天平宝字七年（七六三）正月十七日に渤海使を迎えて行われた踏歌節会では、唐・吐羅・林邑・東国等の楽とともに「隼人」楽が演じられた（『続日本紀』同年正月庚申条）。これは風俗歌舞のことであろう。踏歌節会に風俗歌舞が演じられたことが知られるのはこのときだけであるが、「大替隼人」（朝貢隼人）の風俗歌舞を廃止したのが延暦二十四年（八〇五）正月十五日で、踏歌節会の前日なので（『日本後紀』同年正月乙酉条）、それは恒例行事であったとみてよい。[注5]これら大嘗祭や節会などで演じられる風俗歌舞は、単なる服属儀礼ではなく、民俗芸能的性格を有していたとみられるが、隼人正の「教㆓習歌儛㆒」という職掌がまったくの空文でないかぎり、これらの行事で演じられた歌舞は隼人司が一定のアレンジを加えたうえで隼人に「教習」したものとみることができよう。

隼人の朝貢の最大の特色は、来朝した隼人がそのまま都にとどまり、つぎの朝貢隼人と交替するまで朝庭の儀式や行幸などで隼人特有の奉仕を行うことにあった。『延喜式』巻二十八隼人司式には、元日朝賀・即位・蕃客入朝などの大儀、践祚大嘗祭、行幸、御薪進上儀などにおいて、隼人が吠声を発することが規定されている。朝賀などの大儀の際には、大衣《おおきぬ》・番上隼人・今来隼人・白丁隼人ら一七〇人余の隼人が応天門外の左右に分陣して待機し、朝儀に参列する群官が応天門から入場する際に、いっせいに胡座《あぐら》から立ち上がって、今来隼人が群官に向かって吠声を三節発するのである。隼人の吠声は邪気・邪霊をはらう呪力があると考えられていた。[注6]しかも蕃客入朝儀では、天皇が臨軒しないときには隼人は参陣しないことになっていた。これは、隼人の発吠が天皇のためになされるものであることを物語っている。[注7]ほかに隼人が吠声を発する朝賀・即位・践祚大嘗祭・行幸・御薪などの行事は、御薪をのぞけばいずれも天皇の存在が不可欠であり、御薪もまた宮中で使用される薪を献上する儀式であるから天皇との関わりが深い。(補注)したがって隼人の吠声は、すべて天皇からの辟邪を目的としたものであったと理解される。要するに、律令制下の隼人の奉仕の本質は、吠声のもつ呪力による王権の守護であった。[注8]

鈴木拓也氏が明らかにしたように、吠声を発する今来隼人とは、最後の朝貢隼人が延暦二十四年（八〇五）に薩摩・大隅に帰郷する際に、その一部（男女各二〇人程度）を畿内にとどめ置いて王権の守護に奉仕させた隼人のことと考えられる。[注9]その奉仕形態は、奈良時代に朝貢隼人が担っていたものを、後述のように大幅に縮小した形ではあるが、引き継いでいるとみてよい。朝儀には、さらに今来隼人と同じ衣服・装備の白丁隼人一三二人が加わった。白丁隼人は大儀の期間中だけ臨時に招集される畿内隼人である。

『延喜式』によれば、五畿内のほか近江・丹波・紀伊等の諸国に隼人が居住していたことが知られる。畿内周辺の諸国も含まれるが、本稿では便宜的に「畿内隼人」とよぶことにする。畿内隼人は定期的に朝貢してくる朝貢隼人とは系譜を異にし、朝廷での奉仕形態も異なっていた。番上隼人・白丁隼人、それに隼人司でさまざまな竹製品の製作に従事した作手隼人などは畿内隼人から選抜された。大儀などの儀式で隼人を率いた大衣も、畿内隼人の譜第の家がらから大隅・阿多各一名が任じられた。

これらの畿内隼人がいつごろ移住してきたのかが問題となるが、井上辰雄氏[注10]以来、天武朝を重視する説が有力である。これは律令制以前の隼人をどう評価するかという問題と結びついているが、次節でも述べるように、天武朝移住説は確かな根拠がないうえ、何のために多くの隼人を天武朝に移住させたのかが説明されていないという問題点がある。

話を白丁隼人にもどすと、かれらは今来隼人とまったく同じ格好をして参陣しながら、吠声を発することはなかった。それは、本来の意味としては、鈴木拓也氏のいうように、畿内周辺に居住してすでに代を経ている畿内隼人よりも、薩摩・大隅から来朝して間もない今来隼人の方がつよい呪力をもっていると考えられたからであろう。[注11]では、白丁隼人はいったい何のために招集されたのかというと、これも鈴木氏が指摘するように、八世紀に儀式で吠声を発したとみられる朝貢隼人が二〇〇～三〇〇人規模であったのにたいして、今来隼人はわずか二〇人にすぎなかったので、一三二人の白丁隼人を加えることで、八世紀の大儀に近い形を再現しようとしたものと解される。[注12]

ここで筆者が注目したいのは、こう考えられるとすると、隼人の朝貢停止は大儀における隼人の奉仕形態に大きな変化をもたらしたということである。それまで朝貢隼人がになっていた発吠は、たかだか一〇分の一程度の今来隼人に引き継がれることになったのである。その人数の大幅な減少を補うために新たに加えられたのが白丁隼人であった。かれらは装備こそ今来隼人とまったく同じだったが、肝心の吠声を発することがなく、ただ参陣して群官が入場してくる際に胡座から立ち上がることだけが役目であった。これは、いってみれば人数合わせのためのエキストラ的な存在といってよい。

鈴木氏は朝貢隼人や今来隼人などの吠声を発する「隼人の呪力に対する期待は、まさに信仰そのものと言ってよい」として、番上隼人や白丁隼人などの畿内隼人との奉仕形態の差異を説明している。[注13]

隼人の王権守護という特殊な役割の底流に隼人の呪力に対する信仰があることは鈴木氏の指摘の通りと思われ

るが、筆者は、延暦二十年（八〇一）の隼人の朝貢停止の時点で、隼人の呪力に対する信仰はすでに形骸化していたと考える。というのは、隼人の朝貢停止は、いわば王権守護のための呪力の供給源を絶つということであるから、かりにこの時点で王権が隼人の呪力の威力を信じていたとすれば、朝貢停止は自殺行為にも等しいことになろう。王権みずからそのようなことを行うはずもないので、朝貢停止の時点で国家側の呪力に対する信仰は、すでに大幅に減退していたと考えざるをえない。今来隼人にしても、『延喜式』隼人司式には、死闕は畿内隼人から補充するよう定められているが、この規定は鈴木氏が明らかにしたように、大同四年（八〇九）正月の太政官符で成立したとみられる。したがってこの時点で今来隼人は、つよい呪力をもたないと考えられていたはずの畿内隼人に、近い将来にすべてとって代わられるであろうことも容易に予測できたはずであり、『延喜式』施行の時点ではすでにそうなっていたことが確実視される。したがって『延喜式』の規定で吠声を発するのが今来隼人に限定されているのは、呪力への信仰によるものではなく、儀式の伝統的な形式を墨守していたにすぎないとみるべきであろう。

　このようにみてくると、隼人司式に規定された今来隼人の朝儀での役割は、八世紀の朝貢隼人の奉仕形態を引き継いでいるとはいえ、形骸化がいちじるしく、もはや儀礼のもつ本来の意義はあまり意識されなくなっていて、もっぱら朝儀の伝統的な形式の維持にその目的の中心がうつっていたとみた方がよいと思われる。

　つぎに隼人の吠声を取り上げたい。さきに隼人司の職掌に歌舞の教習があることを取り上げたが、隼人特有の吠声もまた、畿内隼人から補任される大衣が教習することになっていた。これは、朝儀で発せられる吠声が二次的に再構成されたものであったことを示していると考えられる。隼人司式では、吠声について「凡今来隼人、令二大衣習レ吠。左発二本声一、右発二末声一。惣大声十遍、小声一遍。訖一人、更発二細声二遍一」と規定されているが、隼人本来の吠声が、ここまで細かく発し方が定まっていたとは考えがたく、これは朝儀にふさわしい形式に再構成されたものと解される。だからこそ、大衣が隼人に吠声の発し方を教習する必要があったのである。

大衣は、隼人司式に「凡大衣者、択二譜第内一、置二左右各一人一。〈大隅為レ左。阿多為レ右。〉教二導隼人一、催二造雑物一、候レ時令レ吠。若有レ闕者申レ省。省即申レ官補レ之。」（〈 〉内は割注。以下同じ）とあるが、その初見は、狩野文庫本『類聚三代格』巻四大同三年（八〇八）七月二十六日太政官奏に「正一員。令史一員。使部四員。直丁一人。大衣二人。……」とみえている。これは隼人司が、同年正月にいったん衛門府に吸収合併され、半年後の同年七月にこんどは衛門府が左右衛士府に併合されることになった際に、兵部省の被管として再置されたときのものである。再置に際して「十羊九牧」の煩を省くために佑一人と使部二人を減員するとしているが、大衣については、このとき定員に変化のなかった正・令史・直丁などとともにとくにふれられていない。したがって、大衣は衛門府の被管であった旧隼人司の段階から置かれていたとみてさしつかえない。また畿内隼人の譜第の家がらから左右の大衣各一人を選任し、大隅を左、阿多を右とするという隼人司式の規定も、大衣が伝統的なポストであることを物語っている。このことからも、朝貢停止以前から隼人司に大衣が置かれていて、朝貢隼人に吠声を教習するなどして、隼人の統括にあたっていたとみてよいであろう。

つぎには朝儀の際の隼人の服装についてみてみよう。大儀では、まず大衣と番上隼人が当色《とうじき》（位階相当の色の朝服）と横刀《たち》を身につけ、白赤の木綿《ゆう》の耳形鬘《かづら》（紅白の木綿で作った耳形の髪飾り）をまとった。残りの今来隼人と白丁隼人はまったく同じ出で立ちで、大横の布衫と布袴に緋帛の肩巾《ひれ》（赤い絹製の領巾《ひれ》）と白赤の木綿の耳形鬘をまとうのである。それに加えて手には赤・白と墨の鉤形の文様を描き馬髪を編着したいわゆる「隼人の楯」と槍をもち、横刀を帯びていた。中村氏は、緋色の肩巾は他に類例がなく、白赤の木綿の耳形鬘も隼人に独特のものではないかとし、[注14]武田佐知子氏も今来隼人と白丁隼人が身につけた大横の布衫はほかに例がないとしている。[注15]

このように隼人の服装・装備はすこぶる特異なものであったが、それらは隼人が異民族、ないし夷狄であることを示すととらえるのが一般的である。[注16]一方、伊藤循氏は衫・袴も領巾や鬘もそれ自体としては古代社会にひろく存在したものであるから、それらを異民族や夷狄の指標とすることはできないとして批判している。[注17]このようにこれまでの議論は、隼人の服装が夷狄のものであるか否かという問題に集中しているが、そのまえに、まず平城宮から実物が出土した「隼人の楯」をも含めた隼人の出で立ち全体が、朝儀の場でどのような視覚的効果を生み出したのかということを議論すべきであろう。伊藤氏の批判は重要な指摘を含んでいるが、そもそも隼人の服装・装備を個々の構成要素に分解し、色彩・文様なども捨象してしまったのでは、朝儀における隼人の服装の意義を考えることができなくなってしまうことに留意すべきである。

筆者の立場から隼人の服装・装備全体を見わたしてまず気がつくことは、朝議に参加する大衣・番上隼人・今来隼人・白丁隼人の四種の隼人は、服装からみると、大衣・番上隼人と今来隼人・白丁隼人とに大きく二分されることである。前二者の服装は、耳形鬘を除けば隼人らを引率する隼人司の官人と同じで、官人的といえよう。ただ、わずかに白赤木綿の耳形鬘だけが、かれらが隼人であることを標示する役割をはたしているとみられる。一方、後二者は手にもつ「隼人の楯」はもちろんのこと、大横の布衫も緋帛の肩巾も、それ自体としてはほかに例のないことが指摘されている。さらに前二者と共通する耳形鬘も装着している。そのような異様な出で立ちの今来隼人と白丁隼人あわせて一五二人が、群官入場の際にいっせいに胡座から立ちあがり、二〇人の今来隼人が群官に吠声を浴びせるのであるから、その儀礼的効果が絶大であったであろうことは、だれしも認めざるをえないと思われる。

ただ、もう一方で注意されるのは、さきに指摘したように隼人の服装が全体として大きく二分され、大衣と番上隼人はむしろ官人に近いことである。もし大横の布衫や緋帛の肩巾などが異民族、あるいは夷狄の指標という意味をもつのであれば、四種の隼人全体が同じ服装に統一されてしかるべきであろう。ところが隼人全体に共通しているのは、わずかに耳形鬘だけであって、要素的には少ないといわざるを得ない。では、特異な服装・装備が共通する今来隼人・白丁隼人だけを異民族、あるいは夷狄とみることは可能であろうか。筆者はそれも困難と考える。というのは、今来隼人と白丁隼人では、本来の系譜が大きく異なるからである。前者が朝貢隼人の系譜を引くのに対して、白丁隼人は畿内隼人から招集されるので、むしろ番上隼人に近い。したがって服装の相違は、民族的相違を標示するものではありえず、朝儀での役割の相違に対応したものであったと考えるしかない。

中村氏は、このような隼人の「異装・異俗」を律令国家によって強制されたものとし、それらが「そのまますべて隼人の風俗であったかどうかについては疑問が残る」[注18]としているが、筆者も基本的にこの考えに賛成である。朝儀における隼人の服装・装備の個々の構成要素はいずれも列島社会に見出せるという伊藤氏の指摘を想起すれば、隼人の「異装・異俗」は、朝儀において隼人の特異な役割を際だたせるために、列島内の既存の服装・装備に独特の意匠や目立つ色彩を施して、律令国家が意図的に創り出したものに相違なく、儀式の場においてのみ装着されたものと考えられる。とすれば、隼人の日常生活からはまったく遊離した服装であったことになる。

以上、服装・装備も含めて、律令国家段階における隼人の王権奉仕のあり方をみてきた。では、このような隼人の奉仕形態が成立するのはいつごろであろうか。さきに隼人が和銅三年（七一〇）の朝賀に参列したことにふれたが、そのときのことは『続日本紀』和銅三年正月壬子朔条には、「天皇御二大極殿一受レ朝。隼人・蝦夷等、亦在レ列」と特記されている。これ以降、隼人の朝賀への参列は確認できなくなるのである。それはなぜであろうか。

伊藤循氏は、文武四年（七〇〇）・大宝二年（七〇二）と反乱を起こした「荒ぶる民」隼人を「和銅二年（七〇九）に征討した蝦夷とともに元日朝賀に参列させ、天皇による辺境支配を儀礼の場で現出しようとした」とするが、[注19]隼人の反乱からはすでに八年ほど経っており、しかも前年の蝦夷征討は出羽国設置へむけた比較的小規模なものとみられる。もしそのような理由で隼人を蝦夷とともに朝賀に参列させるのなら、隼人の反乱と空前の規模の蝦夷の反乱があいついで起こった養老四年（七二〇）の直後こそふさわしいと思われるが、そのようなことはみられず、説得力にとぼしい。

一方、菊池氏は、霊亀二年（七一六）以降隼人が朝賀に参列しなくなる理由は、一つはこの時期までに九州南部において国郡制が進展し、大隅・薩摩地域が令制国に編成されて国家の枠内に取り込まれたことであり、もう一つは霊亀二年に隼人の朝貢の六年相替制が成立したことにともない、隼人の在京勤務が制度化されたとみられることであるとする。[注20]筆者は後者の理由がもっとも重要であると考える。隼人の王権奉仕の本質は、次節でも述べるように、律令制施行の前後を通して、吠声をともなう王権守護にあったと考えられる。そのうち律令制下では、その王権奉仕の形態がほぼ朝儀と行幸での発吠による儀礼的な守護に限定されるところに特徴がある。それにともなって隼人は、朝賀では朝庭（朝堂院の庭）での列立には加わらず、その正門（のちの応天門）の外で待機し、官人の入場の際にいっせいに起立して吠声を発することを任務とするようになる。したがって朝賀での発吠が制度化されれば、隼人は必然的に朝庭での列立に加わることはできなくなるのである。

さきに隼人の朝貢停止が、大儀における隼人の奉仕形態を大きく変えたことをみたが、そうであれば六年相替制による朝貢隼人の在京勤務の成立もまた、隼人の王権守護のあり方に大きな影響をおよぼしたことが予想される。

霊亀二年の『続日本紀』の記事に、「薩摩・大隅二国貢隼人、已経二八歳一」（同年五月辛卯条）とあるように、和銅二年（七〇九）の朝貢以来、朝貢隼人は都に留め置かれていた。したがって、朝貢隼人による在京勤務の奉仕形態が整えられていくのはこのころとみてよい。そして霊亀二年に六年相替制が定められるので、和銅～霊亀の時期に隼人による在京勤務のあり方が整備されたとみられる。とすれば、和銅三年の朝賀に隼人が蝦夷とともに参列したのは、朝儀に即して考えるかぎり、この時点ではまだ朝賀での発吠が行われていなかったためと解さざるをえないであろう。

隼人の律令的な奉仕形態は、右にみたように平城遷都の直後に制度化されるとみられるが、その重要な契機となったのが、『続日本紀』が「文物之儀、於レ是備矣」（大宝元年正月乙亥朔）と記す大宝律令を契機とする朝儀の整備であったと思われる。これ以降、隼人の王権守護は、朝儀での発吠による儀礼的な奉仕を中心とする方向に変化しはじめ、それが最終的に霊亀二年の六年相替制の制定に相前後して成立したと考えられる。蝦夷も相前後して、それまでの個別の服属儀礼の挙行から朝賀への参列へと変化するのである。

このように六年相替制成立後は、隼人は、朝貢後、六年間都にとどまり朝儀において儀礼的に王権を守護する在京勤務を行うようになる。菊池達也氏はそのことをとらえて、隼人の朝貢は「実態としては、「朝貢」儀礼をともなう上番とみなすべきだ」とし、朝貢にすべて「 」を付して表記している。[注21] それに対して、霊亀二年以降も『続日本紀』に「朝貢」と記されているので、菊池説は適切でないという批判が出されている。[注22] 隼人の朝貢の目的が朝儀での王権守護の奉仕にあったとみるべきことは菊池氏の主張のとおりであるが、だからといって当時

「朝貢」とよばれていた明証があるものすべてに「　」を付けるのはかえって誤解をまねきかねないであろう。

律令制下の隼人の王権守護において筆者が注目したいのは、律令国家は、後文で詳述するように、『万葉集』で「名に負う隼人の夜声」といわれ、隼人の象徴とされていた吠声さえも朝儀にふさわしい形態にアレンジし、それを隼人に教習して朝儀の場で発させていたばかりでなく、「異装・異俗」を強調した服装・装備を儀式の場で隼人に身につけさせて、その吠声を効力あるものに見せる演出まで行っていたことである。さらに職員令には隼人司が歌舞の教習を行うことも規定されているから、そのような演出は風俗歌舞にもおよんでいたことになる。これは、服装や楯と同様に、朝儀で強調された隼人の異俗性が、決して隼人本来のものではなく、王権によって意図的な作為が加えられたものであることをさらに裏づけるものである。

このように隼人の朝儀における役割と服装・装備は、隼人固有のものをある程度は核にしていたであろうが、全体としては律令国家が朝儀にふさわしいものとして創り出したものととらえることができる。ただし隼人の異俗性は、右にみたように、民族の指標という意味合いはうすかったので、筆者はそれを石上英一氏のいう「擬似民族集団[注23]」としてとらえようとしているわけではない。むしろそれらは、歴史上しばしばみられる「創られた伝統[注24]」の一つの事例として理解されるべきものと考えている。

本節の最後に、朝儀における蝦夷・隼人と王権との関係を比較すると、どのようなことがいえるかということを考えてみたい。

律令制下の蝦夷・隼人と王権との関係は、対照的であることが少なくない。まず天皇を中心とした君臣関係と、天皇と諸蕃・夷狄との日本的華夷秩序の確認の場である朝賀では、蝦夷は百官人や蕃客とともに朝庭に列立し、大極殿の高御座に座す天皇に拝礼を行うのに対して、隼人は、和銅三年次をのぞけば、朝庭には入場せず、その入り口である朝堂院正門の外で左右に分陣して待機し、群官が入場する際に立ち上がって吠声を発した。朝賀の儀礼的性格からみて、蝦夷は夷狄として参列し、しかも天皇に拝礼を行うことから、朝賀の場で天皇への服属を誓っていたことになる。一方隼人は、朝堂院正門（応天門）の門外で王権守護のために発吠することを任務とし、朝賀自体に参列しないわけであるから、朝賀ではいわば君臣関係・華夷秩序の埒外に置かれていたといえよう。ただし隼人は朝貢してきたときに、天皇出御のもと、服属儀礼としての風俗歌舞を奏上することになっていた。これは伊藤氏のいうように、在京期間中に朝貢隼人が王権守護に奉仕する前提として服属、忠誠を誓うという意味をもつと考えられるので、注25 隼人はすでに王権に服属を誓っているのである。したがって隼人が朝賀に参列しないのは、夷狄として位置づけられていなかったということに必ずしも直結するわけではなく、朝儀に即して考えれば、大儀の構成上、発吠による王権守護が優先されたために、朝庭に列立することができなくなったとみるべきであろう。和銅三年の朝賀に朝貢隼人が蝦夷とともに参列したのは、それ自体としては夷狄と位置づけられたと考えるしかないが、それは同時に、既述のように朝貢隼人が朝堂院の門外で発吠することがまだ定まっていなかったことをも示すものだったのである。

では和銅三年の事実から国家は一貫して隼人を夷狄とみなしていたとみてよいかというと、それはむずかしい。これ以降、朝賀に隼人を参列させないことを原則とするようになるのは、やはり蝦夷とは対照的な扱いであって、王権は隼人を夷狄として官人たちに顕示しようとすることにさほど積極的でなかったとみてよい。そして何よりも、王権守護という王権にもっとも密着した重要な任務を、王化にも浴さず〝まつろわぬ〟存在と観念された夷狄に行わせるのは大いなる矛盾ではなかろうか。

二　律令制以前の王権と蝦夷と隼人

律令制以前の蝦夷については、上毛野氏の祖先伝承からとられたとみられる反乱伝承が仁徳紀、舒明紀などにみえており、何度か反乱を起こしたとみられる。その蝦夷も、遅くとも六世紀後半代には王権に服属し、朝貢してくるようになる。『日本書紀』敏達十年閏二月条（五八一）には蝦夷の「魁帥《ひとごのかみ》」（族長）綾糟が来朝して、王宮近傍の泊瀬川（初瀬川）の河原で、敏達天皇を前に三輪山に向かって水をすすって子々孫々にわたる王権への服属を誓うようすが伝えられている。この記事は記述が具体的で、七世紀以降の蝦夷の服属儀礼のあり方とも異なっているので、六世紀代の事実を伝えているとみてよい。七世紀後半の斉明朝には、王宮のある飛鳥の一角に須弥山の石像を作り、そのもとで蝦夷をはじめ、覩貨邏《とから》、多禰嶋（種子島）、粛慎《あしはせ》などの化外の民の饗応が行われているが、それは朝貢や服属儀礼に対する返礼であったとみられる。このように律令制以前には、蝦夷はある程度定期的に朝貢してきて、王宮の近傍などで単独で服属儀礼を行っていた。[注26] また持統二年（六八八）には、天武天皇の殯宮で蝦夷一九〇人余が調賦《みつき》を背負って誄をしているのは、王権へ忠誠を誓う意味があり、ミツキの貢納が蝦夷の奉仕形態に不可欠な要素であったことを物語っている。

つぎに律令制以前の隼人と王権の関係を考えてみたいが、それに先だって検討しなければならない問題がある。それは、律令制以前（天武朝以前）には「隼人」という呼称自体が存在しなかったとする永山修一氏の説についてである。永山氏は、天武朝からはじまる隼人の王都への朝貢によってはじめて南九州の人々が「隼人」と名づけられたとし、それ以前の記紀の「隼人」をすべて編纂時の潤色とみなす。さらに、延暦期の隼人の朝貢停止にともなって隼人の呼称も消滅すると考えて、「隼人」という呼称は天武朝から桓武朝の間だけ朝貢を契機に用いられた呼称という見方を提示している。[注27]

しかしながらこの見解は、近年批判や疑念の表明が相ついでいるように、成り立ちがたいであろう。それはまず伊藤循氏が指摘しているように、『唐会要』巻九九倭国条に永徽五年（六五四）に使わされたの遣唐使の言として、「倭国東海嶼中野人、有二耶古・波耶・多尼三国一、皆附庸」と、耶古（屋久島）・多尼（種子島）とならんであげられた波耶（ハヤ）が隼人のことと考えられるからである。したがって、天武朝以前に「ハヤ国」「ハヤの人」が存在したことは否定できず、「天武紀以前の『書紀』の隼人記事の前提には、歴史的実態が存在した」と考えるべきとする。さらに朝貢停止後も、畿内隼人は隼人とよばれ続けることからみると、隼人の本質は朝貢ではなく「仕奉」、すなわち王権への奉仕にあるとしている。[注28]筆者も賛同したい。

さて、律令制以前に隼人が倭王権に服属し、王権との関係がすでに生じていたとすると、改めて注目されるのが直木孝次郎氏の研究である。[注29]直木氏は、大化前代の兵制研究の一環として隼人を取り上げ、記紀の隼人関係記事を概観しつつ、「隼人は朝廷とくに天皇と密接な関係にあることを語る多くの伝承をもって」おり、「『記』『紀』成立以前に、……天皇の側近に仕えていた時期があったと推定される」という重要な指摘をしている。この時期の隼人の職掌としては、「軍事的任務」（昼夜の守護人）と「芸能的任務」（俳優の民）に大別され、「隼人の本来もっていた軍事的任務の起源を説明するのが、海幸は昼夜の守護人として仕えるという『記』の所伝であ」り、狗吠も「令制以前からの慣行として存在した」としている。さらに注目されるのは、「隼人が九州南部から畿内と近国に移住させられているのは、大和朝廷が隼人を軍事的に利用しようとしたためと思われ」、その「移住は、天武朝以前のかれらがまだ軍事的に重要視されていた時期に行われたと考えてよい」という見解も表明している。

直木氏の見解は、十分に論証されていないところもあるが、賛同できるところが多く、律令制以前の隼人に関する先駆的研究と評価できよう。ただし、直木氏のいう「芸能的任務」は、律令制下では風俗歌舞が大嘗祭や踏歌節会などでも演じられるが、律令制以前にはそのような場での芸能的な奉仕は想定しがたい。以下に述べるように、その段階ではもっぱら王権守護の「軍事的任務」に従事する前提となる服属儀礼として演じられたと解されるので、律令制以前の隼人の職掌は「昼夜の守護人」としての「軍事的任務」に一括して理解するのが適当であろう。

記紀に散見する特定の天皇・皇子に近習して奉仕する隼人（近習隼人）について、最近、菊池氏は、このような隼人は律令制下にはみられないことから、「記・紀が編纂される以前の古い段階の奉仕の様相が残され」ているとして、律令制以前の隼人も王権に奉仕していたとしているが、[注30]これも直木説の延長線上の説として理解が可能である。

ちなみに隼人をハヤヒトともいったことは、つぎに取り上げる『万葉集』でも「早人」と書かれていることから確かめられる。その語源には諸説あるが、『唐会要』では、波耶は耶古・多尼と並べられているから地名とみるべきで、「ハヤ」に住む人ということでハヤヒトとよばれ、それが節略されてハヤトになったとみるのが穏当であろう。これについて菊池氏は、「吠える人という意味で「吠人」（ハイト）と付けられ、時代が過ぎるにつれて「ハヤト」「ハヤヒト」と呼ばれるようにな」ったとするが、[注31]ハイは吠の音であり、トは人の訓の節略された形であるから、このような一貫性のない組み合わせから語源を考えるの語呂あわせに近く、説得力に欠ける。菊池氏は隼人＝吠人からさらに進んで、これを吠声による奉仕形態に由来する人姓の一種とみなし、五世紀後半段階には「人制」に組み込まれていたという重大な結論を導いているが、人姓と人制は決して同じではない。雄略朝に人制が想定されるようになったのは、ワカタケル大王の時期の刀剣銘に「杖刀人」「典曹人」がみえることが最大の根拠である。注32 ほかに雄略紀にみえる「養鳥人」などもふくめて、いずれも王権での奉仕形態を明確に表現した名称ばかりで、「隼人」とは大きく異なる。この点からみても、氏の説は性急にすぎよう。

筆者は、隼人は律令制以前から「昼夜の守護人」として王権に奉仕していたとみてよいと考えるが、そのもっとも重要な任務は王宮（いわゆる皇子宮もふくまれよう）の警護であり、大王や王子への近習もその一環であろうと考えている。以下、そのことを明らかにするために、まず『万葉集』巻十一の二四九七歌を取り上げたい。この歌は隼人を題材とした和歌として有名で、隼人研究ではよく引用されるが、これまで律令制以前の隼人の奉仕形態を考える素材として使われたことはなかったように思われる。

まず新日本古典文学大系本によって和歌の原文と読み下しをつぎに掲げる。

早人　名負夜音　灼然　吾名謂　孋恃

（隼人の名に負ふ夜声いちしろくわが名は告りつ妻と頼ませ）

この和歌の「夜声」を解釈するにあたって重要な意味をもつと思われるのが、同巻二五一六歌の左注に「以前百四十九首、柿本朝臣人麻呂之歌集出」とみえることである。すなわち問題の二四九七歌は「柿本朝臣人麻呂歌集」（以下、「人麻呂歌集」と略記）から『万葉集』に載録された歌なのである。この点はこれまでの隼人研究では注意されてこなかったが、この和歌の時期を推定するうえできわめて重要な事実であろう。とはいえ「人麻呂歌集」は、成立時期や収録歌の作者、さらにはその特徴的な文字表記法などをめぐって国文学界で長年論争が続きつづいている謎の多い歌集である。門外漢の筆者の能力を超える問題が少なくないので、ここでは二四九七歌の成立時期を推定するに必要な事柄にかぎって、主として多田一臣氏の簡明な整理[注33]によって説明しておきたい。

『万葉集』は「人麻呂歌集」から三〇〇首を超える和歌を収録しているが、「人麻呂歌集」とはよばれても、人麻呂に近しい人物や民間に流布していた歌も含んでいるとみられる。それらは文字表記のうえから助辞を表記しない「略体歌」と表記する「非略体歌」に二分される。非略体歌は、別人の作とされる少数のものを除いて、ほぼ人麻呂の作とみるのが一般的であるが、逆に略体歌は、多少は人麻呂の作が含まれるにしても、大半は宮廷や民間に流布していた歌とされる。略体歌は『万葉集』のなかで「人麻呂歌集」の歌にだけみられる、きわめて特徴的な文字表記法である。二四九七歌も、みられるように略体歌で、隼人の夜声に託して女の気持ちを詠んだ「寄物陳思（物に寄せて思ひを陳べたる）」の歌である。

従来は、略体歌→非略体歌→音仮名表記と発展段階的に和歌表記史のなかに位置づけた稲岡耕二氏の説[注34]が通説であったので、略体歌は『万葉集』中の和歌としてはもっとも古い部類に入ると考えるのが一般的であった。ところが近年相ついだ歌木簡の出土によって、すでに七世紀中葉に和歌は一字一音の音仮名表記がふつうであったことが確認され、稲岡氏の図式は成立しがたくなった。現在では、「人麻呂歌集」の時期にはすでに三種の和歌表記法が併存していて、どの表記法によるかは和歌の筆録者の選択によると考えられるようになってきている。

つぎに「人麻呂歌集」の歌の年代であるが、人麻呂は斉明朝に生まれて天武朝に朝廷に出仕し、平城遷都以前に没したと推定されている。『万葉集』には「人麻呂歌集」採録歌とは別に、題詞に「柿本朝臣人麻呂作歌」と表示される歌がある。それらの「人麻呂作歌」は人麻呂作とみてほぼ誤りないが、作歌の推定年代は持統三年（六八九）から文武四年（七〇〇）の間とされている。これはすべて持統の天皇・太上天皇の在位期間中に収まるので、宮廷歌人としての人麻呂の活躍時期は持統の在位期間にかぎられることになる。したがって人麻呂の作品であれば、この時期の歌とみてさしつかえないが、問題の二四九七歌は「人麻呂歌集」の略体歌であるうえ、女性の歌とみるのが一般的なので、人麻呂の作品ではありえず、成立時期は別に考える必要がある。
「人麻呂歌集」というからには、人麻呂の作品でなければ、人麻呂が採集した和歌と考えるのが順当なところであろう。事実、略体歌の筆録者が人麻呂であることは自明とする見方が大勢を占めるとされているが、なかには「人麻呂歌集」の成立時期を平城遷都後とみる説もある。多田氏もまた、巻十一の略体歌で、春日山を詠んだ二四五四歌は平城遷都後の官人の作であろうと推定している。

このように人麻呂死後の歌の混入が考えられるにしても、それはあくまでも例外的な存在とみるべきであるから、ここでは「人麻呂歌集」からの採録歌の成立時期は、略体歌も含めて、ひとまず人麻呂の宮廷歌人としての活動期（六八九～七〇〇）をある程度さかのぼることはあっても（伝承歌の場合）、大きくはくだらないとみておくことにする。

さてそうすると、さしあたって古代史研究の立場から注目されるのは、二四九七歌は大宝律令施行以前に詠まれた可能性がきわめて高いということである。いままでこの歌をそのような観点から解釈した研究はないように思われる。

この歌の「夜声」に着目した中村明蔵氏は、隼人が吠声を発する元日朝賀・即位・蕃客入朝などの大儀がいずれも昼の儀式であるのに対して、夜行われる大嘗祭の大嘗宮神事の際にも発吠したので、「夜声」とはこの大嘗祭のときのものではないかと推測している。[注35] しかしながら、筆者はこの中村説には、二つの理由で疑問をもつ。一つ目は、中村氏は二四九七歌が「人麻呂歌集」からの採録歌であることにふれておらず、したがって大宝律令施行以前に遡る可能性にも言及していないこと。二つめの疑問は、「夜声」が大嘗祭の夜の神事の吠声のことだとすると、天皇一代に一度だけのまれな行事ということになり、隼人を象徴するほど有名とされていることにそぐわないように思われること。とくにこの歌の成立を大宝律令施行以前とした場合、大嘗祭は持統天皇のときからはじまるとみるのが今日の通説なので、その不自然さはさらにつのることになろう。「隼人の名に負ふ夜声」というからには、都びとにとって日常的で、なじみ深いものと考えるべきではなかろうか。

　実は、国文学界でははやくから中村説とはまったく異なる解釈が行われている。沢瀉久孝氏は、「隼人の名に負ふ夜声」を「宮門を衛る隼人がその名にふさはしい夜警の声」（傍点―引用者）と訳しているし、[注36] 稲岡氏も隼人が「警衛に際し特殊な声を発した」と注している。[注37] 両氏ともその根拠として『延喜式』巻七践祚大嘗祭式の規定をあげているのは、夜警の史料ではないので正当とはいいがたいが、それに加えて『日本書紀』神代下第十段一書第二末尾の「是以、火酢芹命苗裔、諸隼人等、至レ今不レ離二天皇宮墻《みかき》之傍一、代吠狗而奉事者矣」という一文を根拠にあげていることは注目される。この一書第二では、なくした釣り針の返還を求められた弟の山幸（彦火《ひこほ》火出見《ほでみ》尊）が海神からもらった潮溢瓊《しおみつたま》と潮涸瓊《しおひるたま》を使って兄の海幸（火酢芹《ほのすせり》命）を屈服させ、兄が弟に「吾子孫八《あがうみのこのや》十連属《そつづき》」にわたって「俳人《わざひと》」として仕えることを誓ったことが語られている。俳人とは「俳優《わざおき》の民」（第十段正文）などともいわれ、ここでは溺れるしぐさの歌舞（＝風俗歌舞）を演じる人を意味した。さらにこの箇所には「一云、狗人《いぬひと》」と、「俳人」の異伝が載せられている。この「狗人」とは、吠声を発して天皇に奉仕することにちなむ呼称であるから、この神話は風俗歌舞の縁起譚であると同時に、吠声の由来を説くという意味ももっていたことになる。

　このように王権に奉仕する隼人は、俳人とも狗人ともよばれたが、両者は楯の両面であって、狗人として王権守護に奉仕するためにはまず俳人として風俗歌舞を奏上して服属を誓わなければならないという関係にあった。記紀に載せられた海幸・山幸神話は、そのうちもっぱら王権奉仕の前提となる風俗歌舞の縁起を説いたものであるが、それは実質的に狗人としての王権奉仕の由来をも語るものでもあったのである。

隼人の王権奉仕を考えるうえで重要なよび方がもう一つあった。それが直木氏も注目している「昼夜の守護《まもり》人《ひと》」である。これは『古事記』上巻天孫降臨段の海幸（火照命《ほでり》）・山幸（火袁理命《ほをり》）の話の末尾で、火袁理命が「僕者、自今以後、為二汝命之昼夜守護人一而仕奉」といって服属を誓った言葉のなかに出てくる。『古事記』は、このあと「故、至レ今、其溺時之種々之態不レ絶、仕奉也」と結んでいる。この古事記の文章は、「其溺時之種々之態」（＝風俗歌舞）で王権に仕えてきたと読みたくなるが、「其溺時之種々之態」で「昼夜の守護人」として「仕奉」することはできないから、ここは「不レ絶」までをひと続きとみて、「途絶えることなく風俗歌舞を奏上して服属を誓ってきた」の意に解すべきであろう。そのことを前提に「今」に至るまで「昼夜の守護人」として「仕奉」してきたという意味に解される。

ところで、これら「俳人」「狗人」「昼夜の守護人」という呼称や「不レ離二天皇宮墻之傍一、代吠狗而奉事者矣」とか「其溺時之種々之態不レ絶、仕奉也」といった王権への奉仕形態を述べた箇所は、いずれも「自今以後」とか「至レ今」という語句を付すことによって「今」の現実世界を神話によって根拠づけようとする〝縁起〟的文章を構成していることが注意される。したがってその部分では「今」の現実が語られていることになる。そこで本稿では、この部分を積極的に歴史史料として活用することにしたい。

これらの史料を総合すると、隼人は、まず「俳人（俳優の民）」として風俗歌舞を奏上して王権に服従を誓い、ついで「狗人」として吠声を発して天皇から邪霊を遠ざけることで「昼夜の守護人」として「今」に至るまで王権に「仕奉」してきたということになろう。

さらに「昼夜の守護人」の奉仕形態については、さきの第十段一書第二の「至レ今不レ離二天皇宮墻之傍一、代吠狗而奉事者矣」という縁起的文章が重要な手がかりを与えてくれる。「天皇宮墻」は王宮の塀（大垣）のことであるから、隼人が吠狗して「昼夜の守護人」として奉仕したのは王宮の大垣周辺、それも出入り口である門（宮門）の近辺であったと考えられよう。とすれば、隼人はときおり吠声を発しながら王宮を警護することを日常業務としていて、それは夜間にもおよんでいたことになる。筆者は、この王宮警護に際して夜ごと発せられる隼人の吠声が王宮の近傍にも聞こえたので、「隼人の名に負ふ夜声」とよばれ、都びとの間で隼人を象徴するものとされるようになったのではないかと考える。

記紀で「今」に至るまでとされている隼人の王権への奉仕形態を以上のように考えると、二四九七歌の「隼人の名に負ふ夜声」とは「昼夜の守護人」として王宮警護を行う隼人が夜警の際に発した吠声のことと解され、それは夜ごと「宮墻」越しに都びとにも「いちしろく」聞こえるものであったのである。

では、その「今」とはいつのことであろうか。さしあたって記紀の成立時期である八世紀初頭が思い浮かぶが、記紀の編纂は天武朝（六七二～六八六）からはじめられたので、もう少し幅をもたせて、そのころから八世紀初頭にかけてとみておくのが穏当であろう。

一方、職員令の隼人司の職掌には、宮あるいは宮門警備に関することはまったくみえない。隼人司は衛門府の被管で、隼人正の職掌としては、隼人の検校、名帳のこと、歌儛の教習、竹笠の造作をあげるにとどまる。ただし直木氏は、隼人司が衛門府の被管とされていることや、宝亀二年（七七一）まで帯剣していたこと（『続日本紀』宝亀二年三月戊辰条）をあげて、「かつては隼人の任務に軍事的なもののウェイトが大きかったが、律令的兵制の整備とともにそれが次第にうすれ、特殊な歌舞が宮廷をかざるものとして珍重され、令の規定となったのであろう」としているし、中村氏もまた、「かつては隼人が皇子や天皇の近習として身辺に仕えたことや、ほかに屯倉の警備にあたった」という氏自身の説[注38]や帯剣していたことをあげて、律令制下の隼人が「宮城門や宮門の守衛にあたる任務を自明のこととしている」と解し、隼人司に軍事的任務があったことを論じているが、同時に「奈良時代には、その任務から遠ざかりつつある」ことも指摘している。[注39]

要するに直木氏も、中村氏も、律令制以前の隼人は軍事的性格をつよくもっており、それが律令制下にもある程度引き継がれていたので、隼人司が衛門府の被管とされたとしている。筆者もおおむね両氏の説に賛成であるが、なぜほかの衛府ではなく衛門府の被管なのかがやや曖昧であるし、すでに指摘があるように、隼人が屯倉の警備に関わっていたという明確な根拠はない。筆者は、隼人司が衛門府の被管とされた最大の理由は、右に論じたように、律令制以前の隼人のもっとも重要な任務が「昼夜の守護人」として「宮墻」周辺で王宮の警衛を行うことであり、それが宮城門と宮門の警護を担当する衛門府の職掌に近かったためにその被管とされたと考える。

このように律令制以前の隼人の王権奉仕は王宮警護を中心としたものであったという私見は、隼人司が衛門府の被管とされていることの歴史的前提として理解されるのである。しかも、律令制の隼人司では宮門・宮城門警備が職員令の職掌に明記されておらず、もはや中心的な職務ではなくなっているので、「今に至るまで」「昼夜の守護人」として「天皇の宮墻」の警備を職務としてきたとされる「今」とは、記紀の編纂期のなかでも、大宝律令施行以前の段階とみるのがもっともふさわしいと考えられよう。そしてこのように考えてはじめて、「人麻呂歌集」の略体歌である二四九七歌の年代観とも齟齬しない理解が可能となると考える。

以上、律令制以前の隼人と王権の関係を検討してきたが、基本的には律令制下と同じように発吠による王権守護をもっとも重要な任務としたと考えられる。ただしそれは、律令制下のように朝儀の場で儀礼的に天皇を守護するのではなく、門号氏族のトモ（律令制下の門部の前身）などとともに王宮・皇子宮などの警護の任にあたり、その際に隼人は吠声も発したとみられる。大王・王子などに近侍する近習隼人も、このような任務から派生したものとして理解が可能である。要するに、隼人を隼人たらしめていたのは吠声をともなう王権守護の奉仕であって、その点では律令制下と同じであるが、律令制以前は実際に王宮の警護に携わっていたことからみて、隼人の軍事的性格はよりつよかったとみなくてはならないであろう。

では、このような隼人の奉仕形態はいつごろまでさかのぼると考えたらよいであろうか。『日本書紀』には履中即位前紀に近習隼人刺領巾の説話がみえ、『古事記』履中段にも隼人曾婆加理の名で同様の話が載せられている。これらは、隼人の名がまったく異なっていることからも説話伝承の類であって、おおざっぱに近習隼人の存在を推定することはできても、その年代を考定する根拠とはなりえない。そこで海外史料に目を転じると、四七八年の倭王武の上表文に「東征㆓毛人㆒五十国、西服㆓衆夷㆒六十六国、渡平㆓海北㆒九十五国」という有名な一節がある。東の「毛人」に対して西は「衆夷」とされている。これがどのあたりを指すかが問題となるが、ワカタケル大王に「典曹人」として仕えたという江田船山古墳大刀銘の存在からみて、それよりも南の地域を指しているとみられよう。そうすると、それはのちの隼人の居住域と重なってくる。その地域の人々が「衆夷」とよばれているので、この段階には「隼人」という呼称はまだ成立していないと考えられる。

現段階では、確実な根拠からこれ以上時期を限定することはできないが、既述のように、筆者は『日本書紀』敏達紀の蝦夷の魁帥綾糟の話などから、六世紀半ばごろに蝦夷概念が成立したのではないかと考えている。隼人概念は、『唐会要』の記事などから、少なくても七世紀半ばまではさかのぼることが確実視され、蝦夷概念との関係からみれば、六世紀までさかのぼる可能性は十分にあるのではないかと推測される。

また、隼人がこのような日常業務を遂行するためには、畿内への移住が必須とされたことは想像にかたくない。現在、畿内隼人の移住時期は、八色の姓での大隅直氏への忌寸姓の賜与や具体的な隼人の朝貢記事がみえはじめる天武朝とするのが定説になっているが、明確な根拠はない。賜姓は、それ以前に大隅直氏が畿内に移住していたことを示すにすぎないし、朝貢が移住に直結しないことも明らかである。何よりも、この説ではなぜ天武朝に隼人を移住させる必要があったのかが明確に説明されていない。律令制以前の隼人の王権奉仕が認められるとすれば、隼人の畿内およびその周辺への移住も、当然、その時期までさかのぼりうることになろう。筆者は、つとに直木氏が述べているように、畿内隼人の主体は、王宮警備に従事した「昼夜の守護人」や近習隼人の子孫であろうと考えている。

おわりに

以上、律令制下と律令制以前にわけて王権と蝦夷・隼人の関わりを、隼人を中心にみてきた。最後に、蝦夷と隼人を対比させる形で両者の王権と関わりの特質を考えてみたい。

まず、両者の類似点としては、蝦夷も隼人も反乱を起こしたことがあり、それを支配下に置くために城柵を築き、柵戸とよばれる移民を移住させる政策をとったことがあげられよう。また定期的に都まで朝貢してきたことも両者に共通する。

しかしながら、これらの点も具体的にみていくと両者の相違はすこぶる大きい。隼人の反乱は七〇〇〜七二〇年の間にかぎられるのに対して、蝦夷の反乱は『日本書紀』にみえる伝承的な記事を別にしても、和銅元年（七〇八）の出羽の蝦夷の反乱から元慶二年（八七八）の元慶の乱まで、断続的に起こっている。とくに宝亀五年

（七七四）から弘仁二年（八一一）にかけての三十八年戦争の時期は、慢性的な戦乱状態が続いた。国家が投入した人員も費用も、対蝦夷戦の方がはるかに大きかったことは明白である。

城柵に関しても同様に、東北地方では大化年間の渟足・磐舟柵にはじまり、弘仁三年（八一二）の徳丹城に至るまで数多くの城柵が築造され、遺跡も多数知られている。一方、隼人に関する城柵は、文献的にも考古学的にも、確実なものは一つも知られていない。[注40]

両者には国郡制の進展にも大きな差があった。隼人の居住地が和銅六年（七一三）の大隅国の日向国からの分置によって薩摩・大隅の二国体制がととのうのに対して、蝦夷の居住地は、一二世紀に至るまで岩手・秋田両県の北部と青森県の全域が、国郡制未施行地であった。さらにその北に渡嶋蝦夷の居住地である北海道が連なっていた。したがって国郡制の進展からみると、隼人の居住地が八世紀早々に国郡制に組み入れられたのに対して、蝦夷の居住地は、古代を通してその北部には広大な国郡制の未施行地がひろがっていたのである。これまた、両者の大きな相違点といえよう。

蝦夷・隼人それぞれの居住地と国家支配の関わりをくらべてみると、これだけの相違が指摘できる。この点を基礎に考えれば、王権と蝦夷・隼人双方との関係に相違が生じるのはむしろ当然のことであって、それを無視して安易に一括りにすべきではないと考える。

そのひとつの表れが朝貢である。蝦夷の朝貢が朝賀への参列を目的にしたものであったが、隼人の朝貢は六年間の在京勤務に従事することを目的にしていた。これは同じ朝貢であっても、蝦夷のそれは王権への服属の確認が目的であったのに対し、隼人のそれは王権守護の奉仕を行うことが最大の目的であって、服属の確認はその前提という位置づけであった。これまた根本的ともいうべき相違であろう。南島からの朝貢も八世紀前半で途絶え

るので、かつて熊田亮介氏が述べたように、夷狄の主体が一貫して蝦夷であったことは動かしがたいのである。[注41]

では、隼人は明確に夷狄とはされなかったのかというと、そうではない。和銅三年の朝賀に蝦夷とともに参列しているのだから、その理由はどうあれ、このとき夷狄として位置づけられたことは否定しがたい。ところがその後の隼人は朝賀に参列せず、王権守護のために、門外で入場する参列者に向かって吠声を発するという役割を担いつづけるのである。これは、王権が隼人を夷狄として位置づけることよりも王権守護の任務を優先させた結果であるとはいえても、このことをもって夷狄として位置づけられていなかったとまでいうのは解釈の過剰であろう。要するに、律令国家の主たる関心事は隼人にどのような形で王権守護の任務を担わせるかということであって、そもそも隼人を夷狄として位置づけるか否かということにはさほど関心をはらっておらず、一貫した方針ももちあわせていなかったというのが実状であったと考えられる。そういう意味で、隼人は夷狄か否かという問題のみを取り出して議論しても、あまり意味がないのではないかというのが私見である。

注

1　今泉隆雄「蝦夷の朝貢と饗給」（『古代国家の東北辺境支配』吉川弘文館、二〇一五年、初出一九八六年）。
2　熊谷公男「節会に参加する蝦夷」（『講座 東北の歴史』三、清文堂出版、二〇一三年）。
3　中村明蔵「隼人の服属儀礼と習俗」（『古代隼人社会の構造と展開』岩田書院、一九九八年）。菊池達也「隼人の「朝貢」」（『律令国家の隼人支配』同成社、二〇一七年、初出二〇一二年）。
4　中村明蔵「畿内隼人の諸問題」（『地域史と歴史教育』木村博一先生退官記念会、一九八五年）。
5　菊池達也「畿内における隼人の奉仕」（前掲注3『律令国家の隼人支配』）。

6　中村明蔵「隼人の呪力とその系譜」（『新訂 隼人の研究』丸山学芸図書、一九九三年、初出一九七五年）。なお松村武雄氏も隼人が「呪術宗教的な力能」を有していることを強調している（「海幸・山幸の神話」『日本神話の研究』三、培風館、一九五五年）。
7　菊池氏、前掲注3論文。
8　伊藤循「隼人の天皇守護と夷狄論批判」（『古代天皇制と辺境』同成社、二〇一六年、初出二〇一二年）。菊池氏、前掲注4論文。
9　鈴木拓也「律令国家転換期の王権と隼人政策」（『国立歴史民俗博物館研究報告』一三四、二〇〇七年）。
10　井上辰雄「畿内隼人の成立年代」（『隼人と大和政権』学生社、一九七四年）。
11　つとに直木孝次郎氏も、「今来隼人が発声したのは彼らがまだ都の風にそまず、早くから畿内に移された隼人より咒力に富むと考えられていたことがおもな理由であろう」（「隼人」『日本古代兵制史の研究』吉川弘文館、一九六八年）と述べている。
12　鈴木氏、前掲注9論文。
13　鈴木氏、前掲注9論文。
14　中村明蔵「隼人の領巾」（『熊襲・隼人の社会史研究』名著出版、一九八六年、初出一九八〇年）。
15　武田佐知子「日本古代における民族と衣服」（『古代日本の衣服と交通――装う王権 つなぐ道――』思文閣出版、二〇一四年、初出一九八七年）。
16　中村明蔵「隼人司の役割について」（『熊襲・隼人の社会史研究』名著出版、一九八六年）。鈴木氏、前掲注9論文。武田氏、前掲注15論文。
17　伊藤氏、前掲注8論文。
18　中村氏、前掲注16論文。
19　伊藤氏、前掲注8論文。
20　菊池氏、前掲注3論文。
21　菊池氏、前掲注3論文。
22　鈴木拓也「律令国家と夷狄」（『岩波講座 日本歴史』五、岩波書店、二〇一五年）。
23　石上英一「古代東アジア地域と日本」（『日本の社会史』一、岩波書店、一九八七年）。
24　エリック・ホブズボウムほか編『創られた伝統』（紀伊國屋書店、一九九二年）。
25　伊藤氏、前掲注8論文。

26 熊谷公男「蝦夷の誓約」（『奈良古代史論集』一、一九八五年）。同「蝦夷と王宮と王権と――蝦夷の服属儀礼からみた倭王権の性格――」（『奈良古代史論集』三、一九九七年）。同『古代の蝦夷と城柵』（吉川弘文館、二〇〇四年）など。
27 永山修一（『隼人と古代日本』同成社、二〇〇九年）。
28 伊藤循「隼人研究の現状と課題――永山修一氏『隼人と古代日本』とその後――」（前掲注8『古代天皇制と辺境』）。
29 直木氏、前掲注11論文。なおこの文献については、本巻編者の仁藤敦史氏の教示を得た。以下に直木説とするものは、すべて本論文をさす。
30 菊池達也「大化前代の隼人と倭王権」（前掲注3『律令国家の隼人支配』、初出二〇一六年）。
31 菊池氏、前掲注30論文。
32 吉村武彦「倭国と大和王権」（『岩波講座 日本通史』二、岩波書店、一九九三年）。
33 多田一臣『柿本人麻呂』〈人物叢書 新装版〉（吉川弘文館、二〇一七年）。
34 稲岡耕二『万葉表記論』（塙書房、一九七六年）。
35 中村明蔵「隼人と都びと」（『小野重朗先生傘寿記念論文集 南西日本の歴史と民俗』第一書房、一九九〇年）。
36 沢瀉久孝『萬葉集注釋』巻第十一（中央公論社、一九六二年）。
37 稲岡耕二『萬葉集全注』巻第十一（有斐閣、一九九八年）。
38 中村明蔵「熊襲と隼人をめぐる諸問題」（前掲注6『新訂 隼人の研究』）
39 中村氏、前掲注16論文。
40 『続日本紀』文武三年（六九九）十二月甲申条にみえる「三野・稲積二城」を日向・大隅両国にあてる説があるが、鈴木拓也氏のいうように（「文献史料からみた古代山城」『条里制・古代都市研究』二六、二〇一一年）、九州北部の山城とみるのが妥当であろう。
41 熊田亮介「古代国家と蝦夷・隼人」（『古代国家と東北』吉川弘文館、二〇〇三年、初出一九九四年）。

（補注）脱稿後、鷺森浩幸「御薪儀礼と隼人」（『奈良学研究』一七、二〇一五年）の存在を知った。合わせて参照いただきたい。

（付記）本稿をまとめるにあたっては、東北学院大学大学院で熊谷明希君とともに八年間行った演習での学びが大いに役立った。記して感謝の意を表したい。なお熊谷君の研究成果は、『古代王権の隼人支配とその転換』と題する学位論文としてまとめられ、公開されているので、合わせて参照されたい。

氏族と王権
――高橋氏による「高橋氏文」作成をめぐって――

長谷部　将司

はじめに

律令国家の成立から約百年、八世紀末から九世紀の平安時代初期には、いくつかの氏文と呼ばれる典籍類が作成された。そのほとんどは逸文であるが、一部は今に伝わり、内容は律令国家の正史である『日本書紀』（以下、『書紀』と表記する。）などに依拠しつつも、独自の解釈や史料を駆使して自らの立場の正統性の確認を求めたものが多い。そのため、氏文の多くは六国史などの官撰史書に対する私撰史書と位置づけられ、これら私撰史書の作者とされる氏族の多くが宮廷祭祀に関わる氏族ということもあり、おおむね没落しつつあったかつての有力氏族による生き残りのための必死の抵抗の産物とされてきた。

だが、この捉え方自体は間違いではないと思うが、やや一面的に過ぎよう。なぜなら、この観点からは私撰史書の受容者側の視点が置き去りにされてしまうためである。すなわち、これまでの研究では、氏族側のややもすれば一方的な主張を拒否せずに受け止め、かつ一部は承認した王権側の意図や必然性をすくい取る視点が希薄であった。ゆえに、本稿では私撰史書の発信者である氏族とその最大の受容者である王権との関係性について再確認した上で、高橋氏および「高橋氏文」の再検討を通して、私撰史書の背後に見える関係性の変化、特に王権側の思惑を浮かび上がらせていきたい。

一　氏族と王権との相互依存関係

日本古代の氏族が単なる血縁集団ではなく、共通の祖先を戴く擬制的な同族集団かつ政権内の職務を分掌する政治組織であることは、津田左右吉氏の指摘より自明となった。[注1] 律令国家成立以前の氏はヤマト政権の進展にともない五世紀末から六世紀初め頃に成立し、大王から賜与される氏（ウジ、ウヂ）および姓（カバネ）によって表象される。氏とは集団の祖とされる人物による大王への奉仕すなわち「奉事根源」にちなんで大王から賜与され、氏族が「名負」とした集団表象であり、吉田孝氏が始祖の名前と捉え、[注2] 熊谷公男氏は祖先たちの功績と捉えた、[注3]「奉事根源」を想起させる「祖名」をその子孫が受け継ぐことで、現在の大王に対して祖先と同内容の奉事を担い続けることを保障する。この構造は、吉村武彦氏が王権に対する「仕奉」すなわち「つかへまつる」意識を律令制下まで継承される全ての臣民の「基層意識」として抽出したことでより明確化された。[注4] なお、須原祥二氏は職掌に由来した氏に加えて地方の国造層に多い地名に由来した氏にも名負の要素を認め、全ての氏は名負氏であると断じた。[注5]

このように氏は基本的に支配者集団を構成するが、長山康孝氏が大化前代の有力氏族の多くが奈良時代以降に没落した理由として独自の確固たる基盤を持ち得なかった点を指摘し[注6]、また中村友一氏が氏姓の賜与は大王（天皇）の専権事項であることを強調したように[注7]、氏は王権に依存せざるを得ない非自立的な存在でもあった。ただし、須原祥二氏はウジがしばしば複数の名を負いつつ主体的に選択していた点を指摘し[注8]、北康宏氏も名が有する権益性を重視して改めて王権とウジとの相互依存関係を強調した[注9]。

とはいえ、諸氏族が現在のみならず将来にわたり支配者集団の一員として生き残るためには、その「奉事根源」を常に有効なものとしなくてはならず、状況によっては「奉事根源」の大幅な変更・更新を行う必要も発生する。一方の王権側にとっても、自らの権力を維持するために支配者集団を掌握し続けなくてはいけない。特に多数の官人を養成する教育機構の未発達など律令導入期の実情をふまえると、旧来の支配者集団に置き換わる新たな官僚集団を準備することは実質的に不可能であった。しかも、統治技術の継承方法としては、自らも身近に接した父祖の経験の継承がほぼ唯一といってよい。ここに律令貴族層の再生産装置としての蔭位の制が正統性を持ちうる根拠がある。井上光貞氏が指摘した律令国家における律令制と氏族制との二重構造[注10]は、以上の観点からも必然であった。

また、集団構成が基本的に不変だったこともあり、七世紀以前の君臣関係の理念も律令体制に適応可能な状態に改変された形で温存された。例えば「仕奉」観念は吉村氏が律令制下までを見通したこともあり、松下正和氏が八世紀の「仕奉」は王権側から官人貴族層に強制した観念と指摘した[注11]ような意識の温度差は見受けられるも、吉川真司氏が一元的な〈君恩（禄）－奉仕（上日）〉関係を基礎とする律令官人制の成立をあとづけ[注12]、大隅清陽氏が仕奉と君恩との互酬的関係から五位以上を氏族制的な「仕奉」理念で再編したとするなど[注13]、比較的順調に律令制に入り込んだ。

一方で「奉事根源」による「名負」については、中村友一氏が八・九世紀の名負氏の実態を整理して多くの残存状況を指摘したが[注14]、この多くは○○部などの下級官人であり、五位以上のいわゆる貴族層は少ない。この点に関しては、むしろ熊谷公男氏が『古語拾遺』に記された「当年之労」の語に着目して、律令体制導入の前後で多くの「奉事根源」が改変されたことを指摘した点[注15]を重視したい。氏族系譜の重層構造および姓と系譜の密接な関係については、溝口睦子氏によって既に指摘されていたが[注16]、「奉事根源」の改変にともない氏族系譜も更新されるという指摘を受けて、筆者もかつて官撰史書に載録された薨卒伝などを通じた氏族秩序の再編を指摘した[注17]。なお、そこでは集合的記憶の概念を用いつつ、諸史料における受容客体の問題を顕在化させたが、この視点は文学研究で活発な記紀神話などのテキスト論的解釈にも通じる。

いずれにせよ、氏の構成員および大王（天皇）を頂点とする氏の集合体としての支配者集団に継承される記憶は、七世紀以前の「祖名」のみに「奉事根源」を集約させる段階から、七世紀末から八世紀初頭にかけて文書記録としての「奉事根源」を伴うようになった。ここでは「当年之労」を背景として新たな「奉事根源」を獲得することもしばしばあり、中国的な姓概念の導入により氏と姓が合わさった姓（セイ）[注18]に包含された「祖名」と共存する、ある種の二重構造が発生する。そして、この二重構造を解消する方法が改賜姓による「祖名」の変更ということになる。

だが、そもそもこの二重構造は解消されるべきものか。氏族側からすれば複数の「奉事根源」は自らの立場を維持するための安全弁の拡大につながり、王権側からしても諸氏族を自らにつなぎ止めるための回路が多いことはむしろ好ましい。確かに姓（セイ）の導入によりそれ以前の氏族集団が有していた多層的な氏名は一本化されるが、彼らが有した複数の「奉事根源」を一本化する必然性はない。それこそ藤原氏の例のような、「当年之労」を前面に押し出してかつての「祖名」の記憶を抹消する形の改賜姓を否定するつもりはないが、旧来からの「奉事根源」が文章化されて集合的記憶に組み込まれることで、かえって姓（セイ）の融通性は高まっていくのであり、それがかつての「祖名」にとらわれない改賜姓を促す一因にもなった可能性も十分に考えられる。

二　高橋朝臣の成立――膳臣からの転身――

「高橋氏文」の作成主体はその書名通り高橋氏でよいと考えるが、そもそも高橋氏とはいかなる氏族か。「高橋氏文」とほぼ同時期の九世紀初頭に編纂された『新撰姓氏録』（以下、『姓氏録』と表記する。）では、左京皇別上に高橋朝臣が立項されており、そこでは

阿倍朝臣同祖。大稲輿命之後也。景行天皇巡二狩東国一、供二献大蛤一。于レ時天皇、喜二其奇美一、賜二姓膳臣一。天渟中原瀛真人天皇（諡天武。）十二年、改二膳臣一賜二高橋朝臣一。

と、阿倍朝臣氏と同族で、景行天皇への食膳奉仕により本姓の膳臣を賜わり、天武天皇十二年（六八三）に高橋朝臣と改めたとされる。[注19] なお、現存する『姓氏録』は抄本だが、室町時代に成立した『太子伝玉林抄』膳姓高橋姓事にも『姓氏録』の逸文と考えられる一文が確認でき、そこでは

姓氏録第八巻云。高橋朝臣本系。
阿倍朝臣同祖。大彦命之後也。孫磐鹿六獦命、大足彦忍代別天皇（諡景行。）御世、賜二姓膳臣一。十世之孫小錦上国益、天渟中原瀛真人天皇（諡天武。）御世、改二高橋朝臣姓一。三世孫五百足。男従八位上犬養。次鷹養。裔孫従五位上祖麻呂、従七位下石畠也。（已上勘文引レ之。）

と、膳臣を賜姓された人物として大彦命の孫磐鹿六獦命の名が明示される。

膳氏は七世紀以前のヤマト政権の有力氏族の一つであった。『書紀』では孝元天皇の子大彦命の後裔氏族として阿倍臣・膳臣・阿閇臣・狭狭城山君・筑紫国造・越国造・伊賀臣の七氏を列挙する[注20]一方、『古事記』では同じく大毘古命の子比古伊那許士別命を膳臣の祖とする[注21]。また『書紀』景行天皇五十三年十月条では、

至二上総国一、従二海路一渡二淡水門一。是時、聞二覚賀鳥之声一。欲レ見二其鳥形一。尋而出二海中一。仍得二白蛤一。於レ是、膳臣遠祖名磐鹿六鴈、以レ蒲為二手繦一、白蛤為レ膾而進之。故美二六鴈臣之功一、而賜二膳大伴部一。

と、天皇の上総国行幸に際して磐鹿六鴈が白蛤を膾にして献上した功により膳大伴部を賜ったとされ、大王への食膳奉仕を名に負う、膳大伴部や膳部を統括する伴造としての膳臣氏の「奉事根源」が語られる。これらの記載が『姓氏録』の記載の前提となっており、両者より【孝元天皇―大彦（毘古）命―大稲輿（比古伊那許士別）命―磐鹿六獦（鴈）命＝膳臣～】という皇別氏族としての系譜が導き出される。

さらに、六世紀前後になると膳臣を称する人物がしばしば登場する[注22]。その多くが対外関係に従事しており、佐伯有清氏はそこに同族阿倍氏との関係性を指摘するが、六世紀末には膳傾子が「大夫」[注23]と称され娘を廐戸皇子（聖徳太子）の妃とするなど、膳氏はヤマト政権内の中枢構成員として活躍している。その結果として、天武天皇十三年（六八四）十一月に「膳臣」は他の五十一氏とともに朝臣を賜姓され[注24]、ついで持統天皇五年（六九一）八月に「膳部」は他の十七氏とともに「其祖等墓記」の進上を命じられた[注25]。この墓記が『書紀』編纂の原史料の一つとして採用された可能性は高く、磐鹿六鴈の事績を中心とした膳臣氏の「奉事根源」の記載にも大きな影響を与えたことは間違いない。

ただし、『姓氏録』では膳臣の高橋朝臣賜姓は天武十二年とされており、『書紀』との整合性がとれない。この

齟齬に関しては、古く本居宣長は『古事記伝』にて、天智朝で中臣鎌足が藤原を賜与されたにもかかわらず天武十三年の朝臣賜姓記事に中臣のみが登場する点をふまえ、膳氏も天武十三年以前から高橋を称していた可能性を指摘した。一方、後藤四郎氏は『先代旧事本紀』の高橋臣の存在より高橋氏を膳氏の支流と捉え、天武十三年に朝臣を賜姓された本宗の膳氏がその後衰えるのと入れ替わり高橋氏が朝臣を賜姓され本宗となったと結論づけた。[注26]これに対して、佐伯有清氏は『書紀』で高橋臣を確認出来ず、天武十三年以降に膳朝臣も確認できない点より高橋氏を膳氏の本宗と考え、石上氏の例をふまえ朝臣賜姓と同時かほど近い段階で高橋と改めたと指摘した。[注27]この佐伯氏の指摘はおおむね妥当と思われるが、時期についてはもう少し検討が必要だろう。この点を確認するため、以下に改めて天武天皇十三年の朝臣賜姓記事と持統天皇五年の墓記提出記事を載せる。

A『書紀』天武天皇十三年十一月戊申朔条

大三輪君、大春日臣、阿倍臣、巨勢臣、膳臣、紀臣、波多臣、物部連、平群臣、雀部臣、中臣連、大宅臣、栗田臣、石川臣、桜井臣、采女臣、田中臣、小墾田臣、穂積臣、（中略）、凡五十二氏賜レ姓曰二朝臣一。

〔（ ）内および傍線部は筆者、以下も同様。〕

B『書紀』持統天皇五年八月辛亥条

詔二十八氏一、大三輪、雀部、石上、藤原、石川、巨勢、膳部、春日、上毛野、大伴、紀伊、平群、羽田、阿倍、佐伯、采女、穂積、阿曇。上二進其祖等墓記一。

蘇我氏の後裔である石川氏は、A段階で既に石川臣を称するが、それ以前に石川臣を名乗る人物は確認できない。ただし蘇我臣を名乗る人物も壬申の乱からAまでの間で確認できないことから、おそらくこの間に改姓したと考えられる。藤原氏はAでは藤原ではなく中臣とあるが、A以前で藤原を称するのは鎌足ただ一人であり、そもそも藤原姓は鎌足個人に与えられたものと考えられる。だが、Aの前年まで中臣連を称していた[注28]大嶋がAの翌年には藤原朝臣を称しており、[注29] Aの朝臣賜姓直後より氏族レベルで藤原を称するようになったと考えられる。[注30] 石上氏はAではまだ物部連のままだが、天武天皇十年（六八一）に物部連を称していた麻呂[注31]が朱鳥元年（六八六）に石上朝臣を称することからも、[注32] 藤原氏と同様に朝臣賜姓を契機として石上への転換が図られたのであろう。

この結果からは、A・B間はもちろん前後の記事においても氏姓表記はかなり意識して記載されており、そこに曖昧さは感じられない。そう考えると、Bにおける「膳部」（膳の二字表記）の記載を無視することはできない。膳氏は朝臣賜姓直前の天武天皇十一年（六八二）に膳臣摩漏が卒した後[注33]、『書紀』では確認できず、『続日本紀』（以下、『続紀』と表記する。）段階の文武天皇二年（六九八）に高橋朝臣嶋麻呂が高橋氏として初めて登場する。[注34] 以上の点より、B以前の高橋改姓は現実的ではない。いずれも天武年間に改姓した石川・藤原・石上氏からは少し遅れるが、壬申の乱にまつわる負の記憶を抹消して新たな氏族的展開を志向したとも考えられるこの三者と、そこまで負の記憶を抱えていないであろう膳氏とをあえて同列に扱う必要はない。

ただし、少々遅れるとはいえ持統年間に膳氏は職掌に関わる祖名を捨てて、おそらくは本拠地の地名に関わる高橋[注35]を新たな氏名として選択しており、その必然性はどこにあったのか。このことを考える上で示唆的なのは、持統天皇即位時における祭祀の施行状況である。『書紀』持統天皇四年（六九〇）正月戊寅朔条によれば

　物部麻呂朝臣樹㆓大盾㆒。神祇伯中臣大嶋朝臣読㆓天神寿詞㆒。畢忌部宿禰色夫知奉㆓上神璽剣鏡於皇后㆒。皇后即天皇位。公卿百寮、羅列匝拝、而拍㆑手焉。

と、持統の即位にあたり、物部氏による大楯立て、中臣氏による天神寿詞の奏上、忌部氏による神璽剣鏡の奉上などが挙行された。なお、熊谷公男氏はこの儀礼を後の神祇令践祚条に受け継がれる即位儀の初例と考え、この時期に急速に整えられつつあった古代天皇制のイデオロギーを表現するために創出されたと捉えている。[注36] 次いで

『書紀』持統天皇五年（六九一）十一月戊辰条によれば

大嘗。神祇伯中臣朝臣大嶋読二天神寿詞一。

と、大嘗祭において中臣氏による天神寿詞の奏上が行われた。これらの儀式に関わった人物のうち、物部朝臣麻呂は既に石上を称している石上朝臣麻呂であり、中臣朝臣大嶋も藤原朝臣大嶋を既に名乗っていた。しかも両者とも直後の記載ではそれぞれ石上・葛（藤）原に戻っており、[注37]ここからは彼らが即位儀や大嘗祭といった祭祀の時のみ旧来の名負氏を名乗った（名乗らせた）ことが判明する。ここに律令国家成立を目前に官僚制への移行を進めながら、同時に天皇の神格化・権威強化を実現させるために名負の伝統も捨てずに利用する王権側の姿勢を見ることができる。なお、『延喜式』によれば、大嘗祭に際して高橋朝臣は膳部などを率いて奉仕し、鰒の汁漬けを膳屋より嘗殿へ運ぶ役割を担うとされている。[注38]この規定がいつまで遡りうるかは不明だが、膳部の統括者としての名を負っていることからも、儀式整備期である持統天皇の大嘗祭でもこの条文と同様か、もしくはこれに類した奉仕を行っていた可能性は高い。

律令制の導入が進む中、諸氏族の中には名負によって半永久的に担保されていた祖業が失われること、すなわち祖業にともなう既得権益を失うことを危惧する者もいたであろう。その傾向は名負による権益が強いほど顕著であることが予想され、特に膳氏のように祭祀に深く関わる氏族にはその傾向が強かったと思われる。そのような時に持統が祭祀を創出・再構築しながらも、祭祀の中で名負の要素を維持する（または創出する）姿勢を見せたことに、ひとまず安堵したのではないか。しかも石上・物部や藤原・中臣のように、官僚制に適応した（かのような）新しい氏名と旧来の名負の氏名が両立しうることも示された。ここに膳氏が次代での飛躍を視野に、すなわち「当年之労」の架上を期待して氏名を高橋と改め得る条件が整った。その点でも、高橋朝臣への改姓はおそらく持統天皇五年十一月以降のそれほど遠くない時期と考える。

三 「高橋氏文」の成立——八世紀後半の高橋氏——

高橋朝臣への改姓を主導した人物としては、文武天皇二年（六九八）に直広肆（従五位下相当）だった高橋朝臣嶋麻呂[注39]と、大宝元年（七〇一）に直広参（正五位下相当）だった高橋朝臣笠間[注40]の二名が想定される。中でも笠間はこの時左大弁で執節使の粟田朝臣真人に次ぐ遣唐大使に任命され（ただし渡唐せず）、その後も造大安寺司[注41]や持統太上天皇御葬司の造御竈副[注42]を歴任し、和銅三年（七一〇）に従四位下で卒（死去）したように[注43]、高橋氏として最初の氏上であったと考えられる。また、養老二年（七一八）に従五位下を授けられた高橋朝臣安麻呂[注44]は、その後宮内少輔・大輔や右中弁を歴任[注45]し、その間の神亀元年（七二四）には海道の蝦夷反乱を鎮圧するための副将軍として陸奥国に派遣され[注46]、最終的には天平十年（七三八）に従四位下で大宰大弐に任命される[注47]などの活躍を見せた[注48]。だが、高橋氏で四位以上に昇進するのはこの安麻呂が最後となった。『続紀』でもこの前後を通して他に何人もの高橋氏の官人を確認できるが、全て五位止まりであり、かつての「大夫」層ないしはそれ以上の地位を目指して改姓した高橋氏だが、その目論見は外れ、八世紀中期以降は何とか五位以上を死守することが現実的な課題となっていた。そのような状況下で作成されたのが「高橋氏文」であった。

「高橋氏文」とは現存する一書ではなく、『本朝月令』および『政事要略』中の三か所に引用された逸文であり、江戸時代に伴信友が『高橋氏文考註』として一書にまとめて校訂・注釈を施したことで広まった。その記載内容はやはり断片的だが、六国史にはない独自の所伝なども多く含み、その史料的な評価には慎重にならざるを

得ないが、歴史学のみならず文学の方面でもこれまでにもしばしば引用されてきた。注49

なお、伴信友は逸文を記載内容の時系列に沿って以下の三章に配列した。

第一章　『本朝月令』六月、朔日内膳司供忌火御飯事

第二章　『政事要略』巻二十六、十一月中卯新嘗祭事

第三章　『本朝月令』六月、同日神今食祭事

簡単に内容を確認すると、第一章は高橋氏の前身である膳臣氏の「奉事根源」、すなわち景行天皇五十三年の天皇の東国行幸時における、磐鹿六鴈（獦）命による供奉と現地での御膳奉仕（とその褒賞としての膳大伴部の賜与）について述べたもので、基本的な内容は先述した『書紀』のそれと矛盾するものではない。次いで第二章は景行天皇七十二年の磐鹿六鴈命の死去に際して、天皇から「膳職乃長」や「上総国乃長」「淡路国乃長」を子孫に世襲させることを認められたもので、『書紀』に全く見えない独自の伝承となっている。これらの祖先伝承に対して、第三章では延暦十一年（七九二）三月十九日太政官符を引用する形で、八世紀に断続的に発生した高橋氏と安曇氏の祭祀時における対立とその結末について述べたものである。

この「高橋氏文」を考える上でまず検討しなくてはいけないのは、その成立時期と記載内容の信憑性である。成立時期については、第一章の末尾に

自二纒向朝廷歳次癸亥一、始奉二貴詔勅一所二賜膳臣姓一、天都御食乎伊波比由麻波理天仕奉来、迄二于今朝廷歳次壬戌一、并二十九代、積二年六百六十九歳一。延暦十九年。

とあるが、伴信友は分註より今朝廷を桓武天皇、壬戌を延暦元年（七八二）と捉え、ただし延暦十九年（八〇〇）ではその間の六六九年間に矛盾が生じるため、第三章の延暦十一年より「九」を「一」の誤りとして延暦十一年成立

と考えた。以後この説が流布しているが、早川万年氏は延暦十八年（七九九）十二月の諸氏本系帳提出命令をふまえて延暦十九年成立の可能性を示唆した。[注50]

ここで問題となっている、「高橋氏文」の原史料とも考えられる本系帳であるが、そもそも諸氏族は八世紀半ばまでは天皇の代替わり毎に本系（帳）を提出することになっており、定期的に内容が更新されていた。[注51]そして、八世紀後期には代ごとの提出こそ求められなくなるが、延暦十八年十二月には全国の諸氏族に対して翌年八月までの本系帳提出が命じられた。この命令に実効性があったことは、実際に讃岐国の「伊予別公」からも本系帳が提出されたことで確認でき、最終的に畿外諸国は除かれるも、集積された諸氏の本系帳が『姓氏録』の原史料となったのである。[注52]

話を「高橋氏文」に戻すと、原史料の本系帳が百年単位で更新され続けていたことを考慮すれば、個別の記載内容が最初に記された時期はそれこそ千差万別であり、一つの記載の中でも後世の書き換えによる重層化は必然と考えられる。「癸亥」「壬戌」「十一年」「十九年」のような年紀の矛盾は、この重層化の過程で修正しきれずに残されたと考えられ、一方で後世に『本朝月令』や『政事要略』の編者が参照した「高橋氏文」が、散逸前の一書にまとまっていた段階のものであることもほぼ疑いない。その点を考慮すれば、延暦年間以降の加筆修正の可能性は確かに否定できないが、一書としての「高橋氏文」は延暦十九年の成立とすべきであろう。

次に検討すべきはその内容の信憑性についてだが、第一章・第二章はそもそもが伝承的な記載であるので省略し、作者側にとって直近の課題である八世紀を対象とした第三章に限定して検討する。第三章は、「高橋氏文云、太政官符二神祇官一、定下高橋安曇二氏、供二奉神事御膳一行立先後上事。（中略）。延暦十一年三月十九日。」として、高橋氏と安曇氏による神事での御膳への供奉の際の先後を巡る争論についての顛末を載せる。煩雑ではあるが、行論の都合上、以下に対立の経緯について述べた箇所を抜粋する。

①但至二于飯高天皇御世一、霊亀二年十二月神今食之日、奉膳従五位下安曇宿禰力、語二典膳従七位上高橋朝臣乎具須比一曰、力者官長年老。請二立レ前供奉一。此時乎具須比答云、神事之日、供二奉御膳一者、膳臣等之職、非二他氏之事一。而力猶強論、乎具須比不レ肯。如レ此相論、聞二於内裏一。有二勅判一、累レ世神事、不レ可二更改一。宜二依レ例行一レ之。自レ爾以来、無レ有二争論一。

②至二于宝亀六年六月神今食之日一、安曇宿禰広吉、強進前立、与二高橋波麿一相争、挽二却広吉一。事畢之後、所司科レ祓。于時波麿固辞、無レ罪何共為レ祓。是言上聞、更有二勅判一、上中之祓、科二広吉一訖。其後広吉等、妄以二偽辞一、加二付氏記一、以レ此申聞、自得レ為レ先。因レ茲、高橋朝臣等、雖レ不二敢披一レ訴、而憂憤之状、稍有二顕出一。

③去延暦八年、為レ有二私事一、各進二記文一。即喚二二氏一、勘二問事由一、兼捜二検日本紀及二氏私記一、乃知二高橋氏之可一レ先。而事経二先朝一、不レ忍二卒改一。思三欲令二一先一後、彼此無一レ憂。雖レ未レ勅二所司一、而毎レ臨二祭事一、宣二知二氏一、逓令二先後一。

④而今、内膳司奉膳正六位上安曇宿禰継成、去年六月十一月十二月三度神事、頻争在レ前、猶不レ肯進。仍勅下応レ逓二先後一之状上、比来頻已告訖。宜三此度依レ次、令二高橋先一。而継成不レ奉二宣勅一、直出而退、竟不二供奉一。為レ臣之理、豈如レ此乎。宜下稽二故事一、以定二其次一、兼論レ所レ犯、准レ法科断上者。

①霊亀二年（七一六）十二月の神今食に際し、位階官職の序列を主張する内膳司の奉膳安曇宿禰力と膳臣氏以来の名負としての伝統を主張する典膳高橋朝臣乎具須比が供奉の前後を巡って争い、この時は慣例を優先すべしという裁定が下った。その後しばらく問題は発生しなかったが、②宝亀六年（七七五）六月の神今食にて安曇宿禰広

吉が強引に高橋波麿の前に立とうとするなど対立が再燃すると、広吉は氏記を改竄して上奏し先立の地位を獲得したので、高橋氏の不満は強まった。そのため、③延暦八年（七八九）に両氏の私記を進上させ『書紀』と対照させた結果、高橋氏の優先が確認されたが、安曇氏が先に立つという先朝の先例もあるので、以後は両氏が交互に先に立つことが決定された。だが、④延暦十年（七九一）の三度の神事にて奉膳安曇宿禰継成が交互の決まりを破り強引に前に進んだため、改めて勅命が下り交互の遵守が求められたが、今回も継成は従わず、退出して供奉しなかった。以上が延暦十一年三月に至る顚末であり、その後は『書紀』における両氏の「奉事根源」と安曇氏による改竄とされた「奉事根源」の内容が記され、最終的に継成を遠流に処すという決定を記して記載を終える。

この太政官符の内容については、高橋氏による一方的な記載が可能な氏文（本系帳）という史料的性格のため、黒崎輝人氏が造作説を提示するなど[注53]、どこまで信用できるかという問題がある。ただ、『類聚国史』延暦十一年（七九二）三月壬申条に

> 流二内膳奉膳正六位上安曇宿禰継成於佐渡国一。初安曇高橋二氏、常争下供二奉神事一行立前後上。是以去年十一月新嘗之日、有レ勅、以二高橋氏一為レ前。而継成不レ遵二詔旨一、背レ職出去。憲司請レ誅レ之、特有二恩旨一、以減レ死。

と、「高橋氏文」と骨子が同じ記事が存在することから、官符そのものの存在を否定する必要はない。高橋氏の立場を強調する加筆がなされた可能性はあるが、安曇氏との争論という前提からも偽作や大幅な造作は不可能という早川万年氏の指摘[注54]が妥当であろう。

四 「奉事根源」への回帰——高橋・安曇両氏と王権——

とはいえ、「高橋氏文」で高橋氏が主張した内容そのものが事実に即しているかはまた別問題である。②の宝亀六年が「高橋氏文」成立の二十五年前、太政官符の十七年前であり、関係者の少なからずがまだ存命で彼らの目に触れる可能性も高いことを考慮すれば、それほど大胆な改変は不可能であろう。だが、七・八十年以上前の出来事とされる①に関しては、何世代も前の話で、かつ朝廷の記録管理もまだ整っていない段階のため[注55]、正確な情報が伝来されなかった可能性も高い。内容の扱いにはより慎重になる必要がある。

例えば、争論の相手であった安曇氏は、本姓が安曇連で、『古事記』では「綿津見神[注56]」、『書紀』では「少童命[注57]」と海神の後裔とされる神別氏族[注58]であり、『書紀』応神天皇三年十一月条には

処々海人、訕哤之不レ従レ命。〈訕哤、此云二佐麼売玖一。〉則遣二阿曇連祖大浜宿禰一、平二其訕哤一。因為二海人之宰一。故俗人諺曰、佐麼阿摩者、其是縁也。

と、祖である大浜宿禰がまつろわぬ海人を平定したという海人集団の統率者としての「奉事根源」を有する。海人集団による贄（海産物）の貢上との関係で御膳供奉を担うようになったと考えられるが、七世紀には軍事・外交などで活躍する人物を輩出し、天武天皇十三年（六八四）には宿禰を賜与され[注59]、持統天皇五年には墓記の提出を命じられた十八氏の一つにも数えられる[注60]など、膳氏に引けを取らない有力氏族であった。また、「高橋氏文」第三章にて高橋朝臣側が安曇氏側の造作と断じた記載中では、

又安曇宿禰等款云、御間城入彦五十瓊殖天皇御世、己等遠祖大栲、成レ吹レ火始奉二御膳一者。

と、崇神天皇の時代に安曇氏の遠祖大栲が火を吹いて御膳に奉仕したとされる。確かにこの内容は『書紀』に見えないが、『延喜式』には大嘗祭において炊飯の際の火吹きという、上記伝承の反映とも思われる役割が安曇宿禰に与えられている。[注61]しかも、おそらくはこの伝承をもとに宝亀年間に一度は安曇氏の主張が認められており、造作者とされた広吉も「高橋氏文」成立の前後を通じて処断されることなく五位官人として活躍を続けている。これらの諸点からは、安曇氏の神事における御膳奉仕が七世紀に遡るものであり、神事での御膳奉仕が高橋氏が主張するような膳氏の専権事項ではなかった事がうかがえる。

さらに、神今食についても再確認が必要である。神今食は律令に記載がない祭祀で、官撰史書での初見は延暦九年（七九〇）まで待たなくてはいけない。[注62]ただ、平城京跡出土の二条大路木簡に「神今木」と表記されたものがあることから、八世紀前半の天平年間には成立していたことが判明する。[注63]なお、鎌倉時代成立の『二十二社註式』では霊亀二年六月の創始とされているが、そこまで断定することはためらわれるにせよ、①が神今食の草創期段階であるという点は認めてよいだろう。

そうすると、①の勅判が代々続いてきた神事は改めるべきではなく例に依れとするだけで、②以降の裁決で常に最大の関心事とされた供奉の前後に答えていないことの不審さが腑に落ちる。そもそも新規の祭祀であった神今食に「累世」の「例」は存在しないため、この「例」は既に定式化した他の祭祀、おそらくは後世ほぼ同内容の次第を有する新嘗祭の「例」と考えられる。つまり、本勅は新嘗祭に準じて神今食を挙行すべしという、新儀式の次第を決定させたものといえる。儀式草創期としてはいかにもありそうな話だが、ここでは高橋・安曇氏の先後争いは蚊帳の外である。さらに、この時期の高橋氏は「奉事根源」の維持よりも律令貴族層としての「当年之労」をいかに獲得しようかという時期であり、前者を声高に叫ぶ必然性もあまりない。加えて、①と②の間隔が六十年近く開いている点も考慮すると、実際のところ②以前の高橋氏と安曇氏の間に本質的な対立は存在しなかったのではないか。両氏の対立は「高橋氏文」作成時の状況を踏まえて誇張された可能性が高い。

それでは、なぜ八世紀後半になって二氏は激しく対立するようになったのか。①・②間で両氏に関わる大きな出来事といえば、神護景雲二年（七六八）に、

是日、勅、准レ令、以二高橋安曇二氏一任二内膳司一者為二奉膳一。其以二他氏一任レ之者、宜二名為一レ正。

と、内膳司における奉膳の呼称は高橋・安曇氏の任時にのみ用い、他氏の場合は正とするよう改めたことである。[注64]そもそも内膳司の長官は律令の規定から司の長官呼称の正ではなく奉膳、かつ定員も二名と極めて例外的であり、ここに律令以前の氏姓制下の残照を読み取る見解は間違いない。[注65]ただし、奉膳は正六位相当の官職であり、八世紀前半までの高橋氏であればあくまで官途の通過点であった。だが、八世紀後半の没落しつつある高橋氏にとっては、奉膳の地位がむしろ官途の最終地点手前の死守すべき既得権益となる。

そのような状況下での神護景雲二年の決定は、決定を下した王権側からすれば、旧来の有力氏族の多くが没落しつつある中、かつての「奉事根源」を再確認し、高橋氏の既得権益を再承認して内廷の運営と祭祀の継続に寄与させることで、天皇権威の維持・向上を図ろうとしたものと考えられる。高橋氏だけでなく安曇氏も共に優遇しようとするのは、旧来からの伝統という側面もあるが、片方に何かがあっても大丈夫という持続性の確保という点でも必然であった。だが、高橋氏側からすれば、王権側の優遇は喜ばしいものだったと思うが、同時に優遇された安曇氏の存在には危機感を抱いたであろう。高橋氏と安曇氏の力関係は、七世紀末から八世紀前半にかけてはほぼ高橋氏の優勢が保たれていたが、八世紀後半にはほぼ同等となっていた。ここに両者の利害がぶつかる状況となり、②以降の激しい対立となって表面化したのである。

ただし、この対立が発生した際にも、王権側は基本的に一方に肩入れしない姿勢を貫いている。②段階では安曇氏側の主張を受け入れるも、③段階で高橋氏側が反撃するとその主張も承認した上で、儀式毎の交替という両者併存の裁定を下す。ここには、諸氏族の上昇志向、生き残りへの意志を汲み取る形で、王権側にとって都合が良い、利用価値を見出したものを積極的に自らに取り込んでいくという、王権の権威強化・安定化への強い志向性がうかがえる。結果的に、④で安曇氏側がある意味自滅したことで、ようやく高橋氏の優位が確立したのであるが、この状況は決して王権側が意図したものではなかった。注66

そして、おそらく高橋氏側にもその自覚はあっただろう。だからこそ、半ば偶然の産物ではあるが、安曇氏が失脚したこの機会を捉えて自らの位置づけ及び安曇氏に対する優位性を固定化させようとしたと考えられる。そのための作業が「高橋氏文」の作成であり、実際には八世紀末における高橋氏の「当年之労」であったものを、『書紀』段階の膳臣氏の「奉事根源」に重層化させて提示し、王権および支配者集団内に提示したのである。結果として、高橋氏の思惑は効果を発揮し、「高橋氏文」は後世の儀式運営の際の補助史料としてしばしば儀式書に引用され、高橋氏も奉膳の職を後世まで継承していくことになる。

おわりにかえて

本稿で検討したような氏文作成の事例としては、他に忌部（斎部）氏による『古語拾遺』、卜部氏による『新撰亀相記』、物部（石上）氏による『先代旧事本紀』などを挙げることができる。そして、これらの氏族がことごとく朝廷の祭祀に深く関わった氏族であることは偶然ではない。だが、これは祭祀関係氏族のみが氏文編纂に自覚的であったことを示すものではなく、後世の祭祀担当者のみならず儀式に関与する多くの貴族層にとって、これらの記載内容が繰り返し確認すべき起源および先例として認識されたため、儀式書への引用などを通じて後世まで受け継がれたのであり、もっぱら記載内容の史料的性格によるものであろう。本系帳提出の例からも明らかなように、祭祀に密接には関わらない他の多数の氏族であっても、実際には氏文を作成していた可能性が高い。その点でも、高橋氏の行動原理は祭祀関係氏族に限定されない普遍性を有していると考えられる。

ただ、本稿では紙幅の都合もあり、高橋氏という一氏族の事例を挙げたのみで終わってしまった。今後の方向性として、まずは祭祀において競合する氏族との対立という成立背景に共通点を有するも、その優劣関係が逆という、忌部氏による『古語拾遺』作成についての再検討が必須である。別の機会に改めて検討を加え、本稿で示した高橋氏・「高橋氏文」との共通点および相違点をそれぞれ見出すことで、個別氏族の事例に回収されない氏族と王権間の関係性の実相を、より明確な形で提示できるようにしたい。

注

1 津田左右吉『日本上代史の研究』(岩波書店、一九四七年)。

2 吉田孝「律令時代の氏族・家族・集落」(『律令国家と古代の社会』岩波書店、一九八三年)、同「祖名について」(『奈良平安時代史論集』上巻、吉川弘文館、一九八四年)。

3 熊谷公男「〝祖の名〟とウヂの構造」(『律令国家の構造』吉川弘文館、一九八九年)。

4 吉村武彦「古代の王位継承と群臣」(『日本古代の社会と国家』岩波書店、一九九六年、初出一九八九年)。

5 須原祥二「「仕奉」と姓」(『古代地方制度形成過程の研究』吉川弘文館、二〇一一年、初出二〇〇三年)。

6　長山泰孝「古代貴族の終焉」（『古代国家と王権』吉川弘文館、一九九二年、初出一九八一年）。
7　中村友一「賜氏姓・改賜氏姓から見る氏姓制」（『日本古代の氏姓制』八木書店、二〇〇九年）。
8　須原祥二、前掲注5論文。
9　北康宏「大王とウヂ」（『岩波講座日本歴史』二、岩波書店、二〇一四年）。
10　井上光貞「日本の律令体制」（『岩波講座世界歴史』六、岩波書店、一九七一年）。
11　松下正和「古代王権と仕奉」（『王と公』柏書房、一九九八年）。
12　吉川真司「律令官僚制の基本構造」（『律令官僚制の研究』塙書房、一九九八年、初出一九八九年）。
13　大隅清陽「律令官人制と君臣関係」（『律令官制と礼秩序の研究』吉川弘文館、二〇一一年、初出一九九六年）。
14　中村友一「律令制導入前と律令制下の氏姓制」、同「平安時代前半の氏姓制」（いずれも前掲注7書、初出二〇〇七年）。
15　熊谷公男「令制下のカバネと氏族系譜」（『東北学院大学論集』歴史学・地理学一四、一九八四年）。
16　溝口睦子『日本古代氏族系譜の成立』（学習院、一九八二年）。
17　拙著『日本古代の地方出身氏族』（岩田書院、二〇〇五年）、同「日本古代の氏族秩序と天皇観」（『歴史学研究』九一一、二〇一三年）。
18　加藤晃「我が国における姓の成立について」（『続日本古代史論集』上、吉川弘文館、一九七二年）。
19　佐伯有清『新撰姓氏録の研究』考証篇一（吉川弘文館、一九八一年）。他に膳氏・高橋氏については、後藤四郎「内膳奉膳について」（『書陵部紀要』一一、一九五九年）、狩野久「御食国と膳氏」（『日本古代の国家と都城』東京大学出版会、一九九〇年、初出一九七〇年）、日野昭「膳氏の伝承の性格」（『日本古代氏族伝承の研究』続、永田文昌堂、一九八二年、初出一九七六年）、小林泰文「高橋・安曇二氏と内膳奉膳」（『日本古代史論輯』桜楓社、一九八八年）、森田喜久男「旧伴造氏族の動向」（『日本古代の王権と山野河海』吉川弘文館、二〇〇九年）など。
20　『書紀』孝元天皇七年二月丁卯条。
21　『古事記』孝元天皇段。
22　佐伯有清、前掲注19書。
23　六世紀の群臣の範囲について、加藤謙吉氏は十二氏、倉本一宏は十七氏と想定し、両者とも膳氏を含めるが、佐藤長門氏は八氏として膳氏を含めず、膳氏を准群臣と捉えた。加藤謙吉「大夫制と大夫選任氏族」（『大和政権と古代氏族』吉川弘文館、一九九一年、初出一九八六年）、倉本一宏「氏族合議制の成立」（『日本古代国家成立期の政権構造』吉川弘文館、一九九七年、初出一九九一年）、佐藤長門「倭王権における合議制の史的展開」（『日本古代王権の構造と展開』吉川弘文館、二〇〇九年、初出一九九六年）。

24 『書紀』天武天皇十三年十一月戊申朔条。

25 『書紀』持統天皇五年八月辛亥条。

26 後藤四郎、前掲注19論文。

27 佐伯有清、前掲注19書。

28 『書紀』天武天皇十二年十二月丙寅条。

29 『書紀』天武天皇十四年九月辛酉条。

30 高島正人『藤原不比等』（吉川弘文館、一九九七年）。

31 『書紀』天武天皇十年十二月癸巳条。

32 『書紀』朱鳥元年九月甲子条。

33 『書紀』天武天皇十一年七月己酉条。

34 『続紀』文武天皇二年七月癸未条。

35 吉田東伍『大日本地名辞書』では、高橋の地を『書紀』武烈天皇即位前紀の歌謡や『万葉集』の歌などから大和国添上郡櫟本（現奈良県天理市櫟本町）付近に比定する。なお、『延喜式』神名式上大和国条では添上郡に高橋神社が見える。

36 熊谷公男「持統の即位儀と「治天下大王」の即位儀礼」（『日本史研究』四七四、二〇〇二年）。

37 『書紀』持統十年十月庚寅条、同・持統天皇七年三月庚子条。

38 『延喜式』大嘗祭式卯日条。

39 『続紀』文武天皇二年七月癸未条。

40 『続紀』大宝元年正月丁酉条。

41 『続紀』大宝二年八月己亥条。

42 『続紀』大宝三年十月丁夘条。

43 『続紀』和銅三年正月壬戌条。
44 『続紀』養老二年正月庚子条。
45 『続紀』養老四年十月戊子条、同神亀元年四月丙申条、同天平四年九月乙巳条。
46 『続紀』神亀元年四月丙申条、同神亀二年閏正月丁未条。
47 『続紀』天平十年十二月丁卯条。
48 なお、征夷副将軍時の持節大将軍が藤原朝臣宇合、大宰大弐就任時の大宰少弐が藤原朝臣冬嗣と、安麻呂は何かと藤原氏式家との関係がうかがわれる。冬嗣がこの後まもなく反乱を起こして誅殺され、式家も一時的に逼塞を余儀なくされることを考慮すると、安麻呂および以降の高橋朝臣氏にも何らかの余波があった可能性も考えられる。
49 「高橋氏文」については、小谷博泰「高橋氏文の筆録年代について」(『甲南大学紀要』文学編一七、一九七五年)、植松茂「氏文の成立と構造」(『日本神話の成立と構造』有精堂出版、一九七六年)、多田一臣「高橋氏文」(『古代文学』二一、一九八二年)、早川万年「高橋氏文成立の背景」(『日本歴史』五三二、一九九二年）、神野志隆光「二元化への運動」（『古代天皇神話論』若草書房、一九九九年、初出一九九四年）、工藤浩「高橋氏文の研究」(『氏族伝承と律令祭儀の研究』新典社、二〇〇七年、初出一九九八年)、影山尚之「解題『高橋氏文』」(『高橋氏文注釈』翰林書房、二〇〇六年)など。
50 早川万年、前掲注49論文。
51 拙稿「律令体制下の氏族秩序」(前掲注17書)。
52 拙稿「『新撰姓氏録』編纂における畿外氏族」(『史境』五四、二〇〇七年)。
53 黒崎輝人「月次祭試論」(『日本思想史研究』一〇、一九七八年)。
54 早川万年、前掲注49論文。
55 細井浩志「八世紀の記録保存と『続日本紀』」(『古代の天文異変と史書』吉川弘文館、二〇〇七年、初出二〇〇〇年)。
56 『古事記』伊邪那岐命・伊邪那美命段。
57 『書紀』神代上、第五段一書六。
58 『姓氏録』右京神別下、安曇宿禰に「海神綿積豊玉彦神子穂高見命之後也。」とある。
59 『書紀』天武天皇十三年十二月己卯条。

60 『書紀』持統天皇五年八月辛亥条。
61 『延喜式』大嘗祭式卯日条。
62 『続紀』延暦九年六月戊辰条。
63 訳注日本史料『延喜式』上（集英社、二〇〇〇年）四時祭式上神今食条の頭注・補注。
64 『続紀』神護景雲二年二月癸巳条。なお、本条の規定は『延喜式』式部省式上内膳長官条に継承されている。
65 瀧川政次郎「上代の隅田川両岸地帯」（『國學院雑誌』五六―五、一九五六年）、後藤四郎、前掲注19論文など。ただし定員二名の意義については、毒味という任務の特殊性によるとの坂本太郎氏の見解が妥当であろう。坂本太郎「安曇氏と内膳司」（『坂本太郎著作集』七、吉川弘文館、一九八九年、初出一九七五年）。
66 実際のところ、九世紀以降に奉膳としての安曇氏は確認できず、律令貴族層からもほぼ脱落するが、『儀式』や『延喜式』では践祚大嘗祭や新嘗祭・神今食などの際に引き続き高橋氏とほぼ同様の役割が与えられていた。

あとがき

ようやく、古代王権についての本書の完成が迫ってきた。序文で言及した「天皇のおことば」以降、生前退位にともなう制度的な整備が進んでいる。終身在位を原則とする皇室典範の改定ではなく、譲位は特例的な扱いにすることや、歴史的な太上天皇・皇太后ではなく、上皇・上皇后とすることなどが決まった。一世一元の原則に配慮した結果なのか、元号の発表は譲位の直前まで延期されるようである。天皇制という伝統的な制度を象徴天皇制という現状にどのように合わせて制度変更するのかは、天皇の地位は「国民の総意に基づく」と規定された日本国憲法を前提とすれば、国民が考えるべき重要な課題である。本書は、歴史学の専門家だけでなく、広く国民に読んでいただくことで、歴史的事実としての古代天皇制度が参照され、こうした現代的課題を考える素材として活用していただきたいというのが、編者としての強い要望である。

平成三十年十二月

編　者

執筆者一覧

伊集院 葉子	いじゅういん ようこ	日本古代史	川村学園女子大学非常勤講師
井上　正望	いのうえ まさみ	日本古代史	早稲田大学大学院研究生
榎村　寛之	えむら ひろゆき	日本史･奈良平安時代史	三重県立斎宮歴史博物館
大日方 克己	おびなた かつみ	日本古代史	島根大学教授
神谷　正昌	かみや まさよし	日本古代史･平安時代	豊島岡女子学園高等学校教諭
熊谷　公男	くまがい きみお	日本古代史	東北学院大学名誉教授
久米　舞子	くめ まいこ	日本古代史	国際日本文化研究センター
久禮　旦雄	くれ あさお	日本法制史	京都産業大学准教授
佐々田　悠	ささだ ゆう	日本古代史	宮内庁正倉院事務所技官
佐藤　長門	さとう ながと	日本古代史	國學院大學教授
関根　淳	せきね あつし	日本古代政治史	富士見丘中学高等学校教諭
中林　隆之	なかばやし たかゆき	日本古代史	専修大学教授
仁藤　敦史	にとう あつし	日本古代史	国立歴史民俗博物館教授
仁藤　智子	にとう さとこ	日本古代史	国士舘大学准教授
長谷部 将司	はせべ まさし	日本古代史	茨城高等学校・中学校教諭
平野　卓治	ひらの たくじ	日本古代史	日本大学教授
藤森 健太郎	ふじもり けんたろう	日本古代史	群馬大学教授
古市　晃	ふるいち あきら	日本古代史	神戸大学准教授
堀　裕	ほり ゆたか	日本古代史	東北大学准教授
水口　幹記	みずぐち もとき	東アジア文化史	藤女子大学准教授

監修

鈴木　靖民	すずき やすたみ	日本古代史･東アジア古代史	横浜市歴史博物館館長

古代王権の史実と虚構　〈古代文学と隣接諸学 3〉

2019年2月15日　発行

編　者　仁藤　敦史

発行者　黒澤　廣
発行所　竹林舎
112-0013
東京都文京区音羽1-15-12-411
電話03(5977)8871　FAX03(5977)8879
印刷　シナノ書籍印刷株式会社

ISBN 978-4-902084-73-3

古代文学と隣接諸学〈全10巻〉

監修　鈴木靖民

第1巻　古代日本と興亡の東アジア　編集　田中 史生

第2巻　古代の文化圏とネットワーク　編集　藏中 しのぶ

第3巻　古代王権の史実と虚構　編集　仁藤 敦史

第4巻　古代の文字文化　編集　犬飼 隆

第5巻　律令国家の理想と現実　編集　古瀬 奈津子

第6巻　古代寺院の芸術世界　編集　肥田 路美

第7巻　古代の信仰・祭祀　編集　岡田 莊司

第8巻　古代の都城と交通　編集　川尻 秋生

第9巻　『万葉集』と東アジア　編集　辰巳 正明

第10巻　「記紀」の可能性　編集　瀬間 正之